为梦想而辩论

——“新国辩”纪实

陈先兵 编

·广州·

图书在版编目（CIP）数据

为梦想而辩论："新国辩"纪实 / 陈先兵编．—广州：中山大学出版社，2016.9

ISBN 978-7-306-05812-6

Ⅰ．①为…　Ⅱ．①陈…　Ⅲ．①辩论－语言艺术　Ⅳ．①H019

中国版本图书馆 CIP 数据核字（2016）第 203727 号

为梦想而辩论——"新国辩"纪实

wei meng xiang er bian lun ——"xin guo bian" ji shi

出 版 人：徐　劲

策划编辑：陈　露

责任编辑：赵爱平

封面设计：罗　强

责任校对：秦　夏

责任技编：汤　丽

出版发行：中山大学出版社

电　　话：编辑部 020-84111996，84113349，84111997，84110779

发行部 020-84111998，84111981，84111160

地　　址：广州市新港西路 135 号

邮　　编：510275　　传　真：020-84036565

网　　址：http：//www.zsup.com.cn　E-mail：zdcbs@mail. sysu.edu.cn

印 刷 者：虎彩印艺股份有限公司

规　　格：787mm × 1092mm　1/16　　40.25 印张　589 千字

版次印次：2016 年 9 月第 1 版　　2016 年 9 月第 1 次印刷

定　　价：99.00 元

编者的话

无需讳言，我们生活在一个既充满希望，又喧嚣浮躁的时代。在政治话语和功利价值主导的社会评价体系当中，“梦想”似乎变得那么遥不可及，而怀抱梦想、追逐梦想、矢志不渝地践行梦想的人们更显得弥足珍贵。

这本书虽然不尽完善，却是承载着辩论梦想的平台，它记录了或许将继续记录一群拥有辩论梦想，并持之以恒推动辩论竞技专业化的年轻人的奋斗足迹。在他们心中，辩论不仅是阐释真理的实践活动，更是培育理性精神，推动社会进步的神圣事业。近年来，为了扩大辩论的影响力，这群年轻人不仅亲自举办辩论赛事、开展理论研究、组织巡回演讲、在大学开设辩论课程，而且积极参加各类语言类节目，借助大众传媒不断提升辩论的影响力。在他们的努力下，不仅辩论事业重获新生，而且专业化的辩论体系也初具雏形。

《为梦想而辩论——“新国辩”纪实》是我们从国际华语辩论邀请赛（“新国辩”）当中节选的能够代表当前华语辩坛最高水平赛事之一的文字汇编，其中不仅有辩手的辩词，而且包含裁判对赛事和辩手的评价以及裁决依据。为了拓展理论深度，本书还收录了目前华语辩坛知名人物的相关文章以飨读者。衷心感谢蒋昌建、林正疆、路一鸣、胡渐彪、黄执中、周玄毅、马薇薇、邱晨、袁丁、刘京京、陈铭等辩坛同仁为推动华语辩论事业的发展所做出的努力，感谢北京师范大学珠海分校熊文洲、邵博菡、李楠、丁小轩、罗强、邵帅、肖扬、时洪雨以及辩论队所有同学为“新国辩”的成功举办和本书的出版所付出的辛劳。

我们相信，这本书的出版仅仅是一种尝试，也是一个起点。辩论事业的发展需要更多拥有“梦想”的同仁们和我们并肩努力。

陈先兵

2016 年 4 月 7 日于凉都凤凰山

“国际华语辩论邀请赛”赛事发展历程

自 2013 年中央电视台宣布无限期停办“国际大专辩论赛”（简称“国辩”），世界高校华语辩论赛最高级别赛事处于空缺状态。2013 年 11 月第一届“国际华语辩论邀请赛”在珠海举办，通过最专业的赛制、最强大的评审阵容、世界顶级高校辩论队的参与，已在华语辩坛获得“新国辩”的称号，“国际华语辩论邀请赛”目前已成为世界最高级别高校辩论邀请赛之一。

厚积薄发，扬思辩之风

“国际华语辩论邀请赛”的赛事前身，是 2011—2012 年由共青团北京师范大学珠海分校委员会主办，北京师范大学珠海分校校辩论队承办“两岸四地”辩论邀请赛。

第一届“两岸四地”辩论邀请赛参赛学校包括来自广东、香港、澳门、台湾四地的中山大学、香港中文大学、香港大学、澳门科技大学、台湾东吴大学、台湾政治大学等8所高校，并邀请到了华语辩论圈资深辩手黄执中、马薇薇担任评委嘉宾，于2011年12月打响赛事系列开端。

第二届“两岸四地”辩论邀请赛在第一届赛事的基础上升级革新，新加入了暨南大学、新加坡国立大学、马来西亚精英大学、台湾大学，学校数量由8所增加到12所，正式升级为国际型辩论赛事，评委阵容也实现升级，新邀请到了路一鸣、周玄毅、胡渐彪、袁丁、陈铭等担任评委嘉宾，于2012年12月进行。

从“新”出发，启求真之智

基于多年办赛的经验，尤其是两届“两岸四地”辩论邀请赛的磨练，主办方进一步提升赛事水平，“国际华语辩论邀请赛”应运而生。

第一届“国际华语辩论邀请赛”于2013年11月19日至11月24日在珠海举办，比赛邀请到中国大陆、香港、澳门、台湾、新加坡、马来西亚、澳大利亚等地的24所学校参赛，由路一鸣、蒋昌建、林正疆、黄执中等16位活跃于华语辩坛的辩手担任专业评委。赛事共37场，工作人员178人，参赛人员153人，累计入场观众超过13000人次，赛事视频网络点击量超过32万人次。赛事最终由台湾大学夺冠，澳大利亚莫纳什大学的辩手王梅获终场最佳辩手称号。

本次辩论赛的辩题经过精心设计，包括“性交易合法化是/不是一种国家进步的表现”“性和爱应/不应该分离”“知道的越多越像世界的孤儿/宠儿”“门当户对是/不是过时的婚恋价值观”“网络舆论能/不能提升民主觉醒”等紧扣时代脉搏的话题，体现了时事性、人文性和公益性，引起广泛的关注。

本届比赛上演了一场致敬“国辩”20年的明星表演赛，各位辩坛前辈再现20年前“国辩”经典辩题——“人性本善还是人性本恶”，点燃了全场热情。明星表演赛由路一鸣担任主席，刘京京、郑秋桦、胡渐彪、黄执中组成正方代表队，陈铭、邱晨、马薇薇、周玄毅组成反方代表队，蒋昌建、林正疆、萧峻仁担任评委。八位名辩才思敏捷、旁征博引，滔滔雄辩、扣人心弦，上演这一场华语辩坛难得一见的思想博弈。三位评委的评语亦是妙到毫颠，让全场观众屏息聆听。作为主席的路一鸣诙谐控场，应对自如，在比赛最后，他撕碎手中的评审结果："为了让这场比赛成为一个新的经典，成为我们永久记忆的话题——请不要说没有人知道答案，我知道。但是我什么时候告诉你们，取决于今天的辩题——人性本恶与本善。"

时隔一年，第二届“国际华语辩论邀请赛”于2014年11月25日至11月30日再度起航，参赛高校24所，评审19人，赛事共37场，工作人员186人，参赛人员193人，赛事视频网络点击量超过700万人次。赛事最终由香港中文大学夺冠，香港中文大学四辩詹青云获终场最佳辩手称号。

第二届“国际华语辩论邀请赛”的最大特色在于在邀请队伍上打破以“国家”或“现行政治区域”为单位的观念，而以“辩论圈”为代表单位。我们认为，当一个地区内，有相当数量的辩论队伍，常年有共同参与、共同竞技的辩论赛事，基本上就已经形成了一个辩论圈。为了推动全球华语辩坛技术交流，本次赛事划定了16个受邀的辩论圈：除了澳门、澳大利亚、马来西亚、台湾、香港、新加坡辩论圈，英国辩论圈首次受邀参与；中国大陆地区则有北京、福建、广东、湖北、江苏、上海、四川、天津、西安这8个辩论圈受邀参与。

第二届“国际华语辩论邀请赛”开创“哲理辩论”赛事形式，引发了华语辩论圈极大的关注与讨论。

在传统的竞技赛事中，由于时间以及规则的限制，辩论赛双方的攻防更加激烈、紧凑，增加了赛事的交锋精彩性，但同时也丧失了进一步思考与讨论的可能。而双方辩手为了获得比赛的胜利，往往更重视攻防战场，而牺牲了理论的深度、层次。

基于此，第二届国际华语辩论邀请赛，设计了一套全新的赛制，赛制对辩手短环境交锋不做主要考量，决胜以哲理深度、推论周全度为最主要标准。另外，尽量缩小每队的队员数目。人越多，场上临场的见解分歧就越大，不利于对一个课题进行深化探讨。同时在本届赛事中将这一赛制进行了实施，邀请了黄执中先生与周玄毅先生分别作为正反双方的辩手，马薇薇女士作为提问团的团长。赛事以“犬儒主义是 / 不是精神解脱之道”为题进行辩论，收到热烈的反响，形成广泛热议。

如今，“国际华语辩论邀请赛”已成为一项培养学生科学精神、人文精神的校园文化项目，是大学生交流思想、砥砺学术的重要途径，深受大学生们的欢迎，也成为学校提高人才培养质量的重要载体。2015 年，我们在国际华语辩论邀请赛组委会的基础上，成立了口语传播实训与研究中心，邀请了胡渐彪先生在北京师范大学珠海分校开设“辩论与逻辑”选修课，受到了全校师生的广泛关注，一度成为学校最难抢到的选修课。以胡渐彪先生为代表的一批知名辩手，在学校讲授辩论的基本知识、方法及技巧，组织学生探讨社会热点问题，培养学生的辩论技能与辩论实践能力，在辩论中提升语言表达能力，增强沟通能力，使学生养成积极思考的习惯，丰富学生的课余生活，在校园中形成了尊重与挑战并存、包容与批判精神并重的优良素质，成为北师大珠海分校的特有学术品质之一。

“国际华语辩论邀请赛”通过辩论的形式将华语更广泛地传播到世界各地，使华语——世界上使用人数最多的语言得到更好的发展和传播，进一步传承和发展中国文化。

目录
CONTENTS

Chapter 1

第一章

新国辩　启航

2013 新国辩正赛决赛

2013 新国辩“国际好辩论”季殿赛

2013 新国辩“国际好辩论”冠亚赛

2013 新国辩“致敬国辩二十年”明星赛

2013 新国辩正赛决赛

比赛场次

2013 年国际华语辩论邀请赛决赛

比赛辩题

正方：沉默更可怕

反方：愚昧更可怕

对阵双方

A 组出线队伍：（正方）莫纳什大学

一辩：张世嘉

二辩：包江浩

三辩：李　挺

四辩：王　梅

G 组出线队伍：（反方）台湾大学

一辩：李哲伟

二辩：丁冠羽

三辩：张子龙

四辩：游佳璇

比赛辩词实录

正方陈词 1

正方一辩：

大家好，世界上所有的罪恶和悲剧都源自于人类的沉默和愚昧。要去追问沉默的人更多还是愚昧的人更多，不会有答案；要去追问沉默更严重还是愚昧更严重，亦不会有答案。唯一可以追问的是，身处在世界中的我们如何去理解自身的愚昧和沉默。

什么是可怕？不知道大家有没有看过一部电影叫《寂静岭》。罗斯身处雾气弥漫的小镇，陌生没有尽头，死亡和邪灵随时会出现在你的面前，而你却无法抵御，唯一可以做的，就是逃跑、寻找。可是恐惧随之而来，因为逃跑、寻找永远没有尽头，绝望压抑而无助。黑暗中不见光明，未知中没有希望。

沉默是不作为，不表态。愚昧则是缺乏知识，不明事理。而沉默和愚昧何者更可怕，便是哪一种选择会让我们的世界失去希望。

首先，在自我认知的判断上，愚昧的可怕是因为错误的自我判断，让我们做出了错误的选择。可是在与这个世界不断的互动、碰撞过程中，我们就会吸取教训，懂得事理。我们每一个人都从愚昧中来，我们付出代价，所以我们收获，我们经历痛苦，所以我们获得幸福。可沉默不一样，当我们沉默，我们就不再表态，不再作为，从而就失去了与世界打磨的可能，这很可怕。不仅因为沉默代表一个人的内心对正义的不坚持、胆怯和冷漠，更因为沉默断绝了更好的世界对我们的期许，错误不再被纠正，邪恶不再被打败，荒谬不再被驱逐。比起在跌跌撞撞中勇于寻找光明的我们，冷漠怯懦的我们只会让世界永远停止于恐惧的黑暗之中，不再值得被期待。

其次，在对世界的认知上，愚昧的可怕同样是错误会造成伤害，但沉默意味自我的失声，代表所有的伤害将永无止境地进行下去，因为只要是真理，便可以在自由的交流和辩论中被探索、被寻找，而沉默就只会让我们遥远地站在真理的彼岸，自我折磨。这就是为什么美国宪法第一修正法案将言论自由和新闻自由作为国家建立之根本，而任何民主国家，亦要求我们消除一切让我们沉默的可能。因为我们相信，人类本就从愚昧中来，而我们只要愿意真诚地互相探讨，愿意让别人看见自己的观点，更文明的世界就会从博弈和冲突中出现，而沉默只是停在一个失声的泥淖之中，让整个世界失去希望。

综上，我方认为沉默比愚昧更可怕，谢谢。

反方质询 1

反方四辩： 你好，对方辩友想请问一下。

正方一辩： 你好。

反方四辩： 如果今天有个状况是这个人又沉默又愚昧，那这个状况是不是我们双方都不讨论？

正方一辩： 对，有点比较不出来。

反方四辩： 好，谢谢您。好，再来想问对方辩友第二个问题。您方说沉默是一个永无止境的概念，那我现在想请问一下，有没有可能有沉默是好的沉默？比如说明哲保身的沉默，比如说忍辱负重的沉默。

正方一辩： 是自身的沉默。是自身不和世界做交流的沉默。我们今天主要探讨的。

反方四辩： 对，那是不是自身也有这种好沉默。

正方一辩： 好沉默比较少。

反方四辩： 好，反正也有就对了。

正方一辩： 不太多不太多。

反方四辩： 那您方刚刚的立论都没有提到对不对。

正方一辩： 不太多，因为沉默不与世界做交流，错误与世界做交流可以做纠正，正确与世界做交流可以带领人们往前走。

反方四辩： 我方提醒您一下呦，您方一辩一开始申论的时候就说比人数比不出来，对不对，所以您多跟少怎么比，不知道。

正方一辩：多跟少没有办法比，因为沉默……

反方四辩：您方刚才说好的沉默比较少，没关系，您方之后推论。再问您方一个问题，您方说，愚昧是可以从碰撞当中改善的，那么请问沉默为什么不能改善呢，如果您方认为愚昧和愚昧可以变聪明。

正方一辩：沉默跟沉默碰撞应该只会得到更沉默。

反方四辩：那这样，愚昧跟愚昧碰撞不是就更愚昧了吗？

正方一辩：不一定，愚昧跟愚昧，错误跟错误碰撞。因为愚昧不是每个人的愚昧都一样。你的愚昧和我的聪明碰在一起就会变聪明了对不对。

反方四辩：很好，对方辩友，您方有没有发现，您方论证我们的世界是有人愚昧有人聪明，那我是不是也可以说您方的世界是有人沉默有人说话。

正方一辩：对方辩友，不对。我们论证你方世界是愚昧跟愚昧碰撞也可以往真理的走，因为过去人类都在愚昧之中嘛，还是往真理的方向走的。

反方四辩：那请问，愚昧和愚昧碰撞要能出现真理，是不是要有聪明人？

正方一辩：不一定。

反方四辩：来，那请问谁带领愚昧往前走。

正方一辩：即使有差，但你有你的聪明我有我的愚昧，您的聪明可以带领我的愚昧往前走。

反方四辩：那你有你的沉默，我有我不沉默的地方，我们两个不也可以彼此互补吗？

正方一辩：不是，沉默有个螺旋的漩涡，大家沉默的话……

反方四辩：好，没关系。那不然您方请再论证，为什么愚昧的程度比较容易改，而沉默比较不容易改啊。

正方一辩：因为愚昧你只要愿意不沉默，与别人去做交流，你就会往前走……

反方四辩：一个原意想要变聪明的人，他是不是就不那么的愚昧了？

正方一辩：不一定。

反方四辩：那么，那他是不是比较……

正方一辩：一个人觉得自己很聪明，其实他很愚昧，可他很勇于表达，对方辩友，那他是不是不愚昧，愚昧的人也可以勇于表达嘛。

反方四辩：哇，这种自以为是的愚昧我方认为更可怕了。

正方一辩：不一定，不一定哦。

反方四辩：对方辩友想请问，今天一个沉默的人是不是也可以用他的沉默来表达他的意见？

正方一辩：用沉默表达意见，不一定。

反方四辩：对，比如说我弃票，这是不是一种意见。

正方一辩：对方辩友这不是沉默，这是您在去选择立场啊。

反方四辩：谢谢对方辩友。

反方陈词 1

反方一辩：

问候在场各位。

沉默是指在对外的表现上不积极地说出意见，愚昧指的是愚蠢而不明事理。我方对于更可怕的比较标准是何者带来的伤害更严重，何者就应该被评价为更可怕，督促我们尽力去消除。

沉默与愚昧两者不是非黑即白的互斥概念，因为一个人可以既沉默也愚昧，刚刚从上一轮的质询答辩过程当中，对方辩友也同意了像这种既沉默又愚蠢的例子不讨论。所以为什么愚昧会更可怕呢？大家想想哦，所有的好事碰到愚昧都变成坏事了。忠变成愚忠，孝变成愚孝，仁变成妇人之仁，爱变成溺爱，信变成淹死自己的尾生抱柱信，义变成流氓角头的黑道道义，和平都变成张伯伦的姑息政策，自信会妄自尊大，谦虚都会变成妄自菲薄。所有的好事碰到愚昧都变成了坏事，而坏事碰到愚昧呢？就更糟而已。清朝末年，中国人被洋人欺负，这个态势已经很糟了，愚昧不明事理的义和团还跑出来瞎搅和，引来八国联军，签下《辛丑条约》，付出巨额赔款，让渡大量主权，让原本积弱的清朝更加无可救药了。

而沉默是什么？沉默是不说话、不积极地表示意见。一个人为什么会不说话？有时候是有他的原因、有他的苦衷的，有时候是为了顾全大局的退一步海阔天空，有时候是为了韬光养晦忍辱负重的积蓄力量。战国时代，蔺相如面对廉颇的傲慢，不与相争，保持沉默，就是为了顾全大局，结果让赵国的国势蒸蒸日上，这有什么可怕的呢？韩信面对胯下之辱，保持沉默，就是为了日后的雄图霸业，这有什么可怕的呢？所有的事情遇到愚昧都会使态势更糟，但事情遇到沉默有时候是会有转机的，所以愚昧带来的结果更为严重，更应该被评价为更可怕，更应该被我们尽力去消除。

回过头来，刚刚对方辩友告诉我们什么？他们给出来我们的判准是：一个人沉默之后他就不再与外面联系了，可是一个人沉默有没有办法去改变呢？他只要遇到一个没那么沉默的人，就有机会去哄哄他，说说话吧，聊聊天吧，不要搞自闭了，说一说嘛，谈谈嘛。就如同对方辩友刚刚跟我们讲说，我们这世界当中有愚昧的，也有没那么愚昧的，两者可以碰撞出不一样的火花，同样的嘛，世界一定也不是全部的人都是沉默的，一定有沉默的跟没那么沉默的，跟一些比较喜欢说话的，彼此也可以碰撞出火花。所以按照对方辩友的判准，根本无法证成他方命题，谢谢。

正方质询 1

正方四辩：各位好，对方辩友你好。

反方一辩：对方辩友您好。

正方四辩：您好，想先和您确认几个东西。

反方一辩：好。

正方四辩：您方觉得什么叫作沉默？

反方一辩：嗯，沉默就是不说话，不积极地表示自己的意见。

正方四辩：不积极地表示自己的意见，还是没有表示自己的意见？

反方一辩：呃，有什么差别吗？只是不表达意见嘛。

正方四辩：好，那我这样问您，沉默和非暴力不合作有没有差别。

反方一辩：非暴力不合作其实他们不沉默，他们会出来抗议诶。

正方四辩：所以非暴力不合作不是沉默对不对？

反方一辩：他们在表达，他们在很积极地表达自己的意见。

正方四辩：那您方在刚才质询中问的那个叫投弃权票，那到底是沉默还是不是沉默？

反方一辩：直接弃票，他们是不说的。那没有说出自己的建议就弃票。

正方四辩：今天没有说话就叫作不沉默吗？

反方一辩：那么简单解释一下就是，那不投票的人他们不会在街上喊说，我不要，我不投，不投票。可是一个不合作运动的人，他们会在街上去大声……

正方四辩：来来来，不好意思打断一下。您方也说了，非暴力不合作以一种迂回或者说没有那么积极的方式，只要表达出自己的态度，跟沉默是不一样的。

反方一辩：他们很积极。

正方四辩：您方的沉默除了言语上的不说话，动作中的不作为叫不叫沉默？

反方一辩：动作中的相对不作为当然也算是沉默，我方也同意。

正方四辩：相对不作为，对不起，什么叫作相对不作为？

反方一辩：好啦，那就不作为啦，没关系。

正方四辩：所以是不作为对不对？

反方一辩：好。

正方四辩：好，谢谢达成共识。那再来一个，您方觉得什么叫作可怕？

反方一辩：可怕，我方的判准是哪种造成的问题更严重，更应该被消除，更应该被评价为可怕。

正方四辩：好，那什么叫作愚昧？

反方一辩：愚昧就是愚蠢，不明事理。

正方四辩：不明事理，什么叫作不明事理。

反方一辩：就是不明白什么是正确的，什么是不正确的，不明白怎么做可以达到他想要达成的目的。

正方四辩：啊，那请问一下，那愚昧应该和邪恶是有差别的吧？

反方一辩：愚昧跟恶人，不全然有直接的关系。

正方四辩：对。不全然有直接的关系，那好。再问一下您，您方今天觉得这个伤害更重，这个东西是从什么角度论证出来的？

反方一辩：呃，从什么角度？呃，给对方辩友举一个简单的例子，在那个二战的时候，有一个德国牧师，他看到这个社会民主主义者被抓走了，被这个……这个共产党，被抓走了，他保持沉默。因为他这个时候他觉得，这样对自己好，可结果他被抓走了……

正方四辩：对，那他可怕吗？好，谢谢。

正方陈词 2

正方二辩：

今天对方辩友先告诉我们说他们有好的沉默，那么我们来想想有没有好的愚昧呢？在这个世界当中，我们有的时候对于完美的向往，对于这个世界是不是非黑即白的向往，这个东西根本不存在嘛，不可能的嘛。但这样的愚昧我们说它是好的愚昧还是坏的愚昧呢？不一定嘛，所以说对这个世界认知的不完整，对这个世界理解得不透彻，有的时候也不一定完全是坏的嘛。今天你们有好的沉默，我们为什么不能有好的愚昧呢？单纯比哪一个东西有更好的，能不能比出今天哪一个更可怕呢？显然不行，这一点您方等会儿继续跟我们作答。

第二，对方辩友今天对沉默的定义，就是没有表态。但，重点是没有表态就叫作行为上所有的缺失，态度上所有的缺失，今天非暴力不合作这样的行为没有做出，但是它表达了一种态度，它就不是沉默。所以说对方辩友，今天不能把这些东西都归到沉默当中，真正的沉默在于完全与世界相隔绝，完全不表达内心的想法，封锁起来，人与人之间黑漆漆的一片，这就是沉默。如果今天只是我不说话也表达了我一种态度，这叫不叫无言的表达？这不能叫作沉默呀对方辩友。

对方辩友，今天接着往下论述的逻辑在于，今天好事碰到了愚昧就变成坏事了。的确，乍一听很可怕，处理起来又繁复，种种多样的蠢。但是，好事遇到了沉默会怎么样？在这样的一个过程当中，由于行为和态度的缺位，我们好像想不出答案，为什么？因为当好的事情遇到了沉默根本就不会出现。今天，当我们把任何的善，你选择了沉默，就叫没有善，今天任何的真诚遇到沉默叫没有真诚，今天所有的东西在这样的表达当中全部缺位了，还存在您方今天所说的这些真善美吗？可见沉默能让所有的东西都淹没在滚滚的、深深的夜幕当中，看不到是什么了。善到底在哪里啊？到底好事情碰到了沉默怎么就继续好了下去呢？您方接下来继续给我们论述。

所以说今天我们说愚昧，其实是一个认知的不足，说到底是人与神的区别，因为人在全知全能的神面前，永远不可能是聪明的，永远是愚昧的。然而，今天沉默在于，人与人之间的差别，差在公正良心，差在你有没有表达的勇气。可问题来了，今天人不是神不可怕，但人不再是人是最可怕的事情。所以说对方辩友，在美国波士顿的犹太人屠杀纪念馆有这样一段文字，当初他们捕杀共产党人，我选择沉默，他们捕杀犹太人，我又选择了沉默，后来他们捕杀公会成员，我再次选择了沉默，可当有一天我发现他们奔我而来了，没有人为我说话，这就是沉默的可怕。谢谢。

反方质询2

反方三辩： 各位好。对方辩友，我可以总结一下您方的论证，就是沉默的世界会越来越糟，而愚昧的世界愚昧激荡可能变好，是不是这个意思？

正方二辩：对的。

反方三辩：好，对方辩友，让我确认一下哦。我方认为有好的沉默的意思是在质疑您方沉默会不会越来越糟，跟有没有好的愚昧有什么关联？

正方二辩：对方辩友，今天您方也有论证好的愚昧会越来越糟的责任吧。

反方三辩：对方辩友，有没有好的愚昧是我方论证成不成立的问题，而有没有好的沉默是您方论证成不成立的问题，对不对？

正方二辩：所以说对方辩友，那您接下来论述沉默当中变好的转机在哪里？

反方三辩：对方辩友，听我的问题。我的问题是您方要论证沉默的世界只会越来越糟，而只要这个世界有好的沉默，沉默世界就不一定越来越糟，对不对？

正方二辩：对方辩友，不是这样。

反方三辩：那是怎么样？

正方二辩：今天在这个沉默的世界当中，好的事情都没有表达出来，都不复存在，但是您方有个论证责任，就是转机在哪里。

反方三辩：好，对方辩友，这是第二点。第一点先请教，有好的沉默您方同意，只是您方认为沉默之后，这个好事情也不见了，是这个意思吗？

正方二辩：对，存在这样的情况。

反方三辩：对方辩友，请教一下，一个人高调行善跟默默行善，他沉默地行善，请问行善变不好了吗？

正方二辩：对方辩友，默默行善叫作做沉默吗？这个时候也存在他自己应有的表达吧，只是我不愿意用那么高调的态度来表达，对不对？

反方三辩：好，对方辩友认为一个高调的行善比较沉默还是默默行善比较沉默，这是不是只是个程度问题？

正方二辩：他们俩都不沉默，这就是最大的问题。

反方三辩：好，对方辩友，您方要这样讲的话，那我们也可以说，只要你还有思想能力就叫作不愚昧呢。

正方二辩：对方辩友，不对啦，今天如果你有思想但完全不表达出来，只在自己的小世界里面就沉默了嘛。

反方三辩：对方辩友，我在问的是愚昧的定义，如果您方认为只要不是完全不作为就叫沉默，那我是不是可以认为只要还有思考能力就不叫愚蠢？

正方二辩：对方辩友，思考和作为好像是两个不一样的概念，今天我在自己的世界里面，我思考了种种，最后我决定不作为。

反方三辩：对方辩友，请教一下，愚昧的定义是不明事理嘛，对不对？

正方二辩：对，不分善恶，不明事理。

反方三辩：对，好好。对方辩友，您方认为一个愚昧的世界可以越来越好是因为愚昧可以互相激荡，对不对？

正方二辩：对方辩友，不是愚昧世界会越来越好，我方没有这个论证责任。

反方三辩：对方辩友，您方这个愚昧世界有可能越变越好，对不对？

正方二辩：对。

反方三辩：对，好，对方辩友，那请问，愚昧到不知道如何与人沟通，愚昧到不知道如何思考，愚昧到没有任何优点，请问这个时候如何变好？

正方二辩：对方辩友，这样来回的变化没有意义。我方可不可以说因为我沉默到根本不知道什么东西，沉默到连说话都不会？

反方三辩：对方辩友，您方不就是说要沉默到什么事情都不做吗？

正方二辩：对方辩友，那您方今天也要论证愚昧到什么都不做才公平比较。

反方陈词2

反方二辩：

各位好。刚刚的质询答辩我们可以非常清晰地理解到，今天的正方把这个题目推向了一个非常极端的沉默，就是这个世界上没有人发出任何的意见，没有任何的行为，没有任何的眼神，没有任何的呼吸。这对我方来讲没有意义，我方也可以告诉大家，这个世界的人可以没有大脑，没有思考，没有神经系统，这样子的讨论我方告诉大家太脱离现实了。

如同对方辩友在定义愚昧的时候可以告诉我们，人与人之间的愚昧是相对性的愚昧，当然，沉默也是。这也是为何我方在跟大家讨论不合作运动，在定义里面，它可能会倾向于是一种沉默的抗议。因为相比于茉莉花革命，相比于各国暴力活动的革命，这个不合作运动选择的是一种更韬光养晦的方法，选择的是一种更平和的方法，因为他知道，有的时候完整地表达了自己的意见，未必是一种最好的表达方式。换言之，选择性的沉默就是一种与愚昧区别的关键点，因为我们知道有些地方该沉默，有些地方不该沉默，所以从这个地方去讨论，我方觉得啦，在这个立场底下，去论证沉默与愚昧何者更可怕，我们会发现两边的世界都不再是世界。

所以我们回过头来，现在讨论一下对方的例子好了。对方辩友说在一个沉默的世界里面，他们会懂得放弃，人人都不表达意见，所以就跟在纳粹末期的时候的那个牧师一样。对方辩友在讲这个例子的时候，非常巧妙地避掉了最前面的因果关系，是谁导致了这个愚蠢的结果，是谁给整个日耳曼民族带来了这个愚蠢的思想，这个愚昧对方辩友看不见。所以我们告诉大家，如果这个世界上人人都只会沉默，那人人都只是个鲁滨逊，活在自己的世界，活在自己的国度，不会有什么纠纷；但是如果人人都愚昧，很可惜的，我们不会再站在这边打辩论，因为人人都只是个衣冠禽兽，都只是个猿猴，他们不愿意思考，他们坚持己见，他们没有理智，他们不愿意妥协，他们也不会去沟通。我们讲沟通，对方辩友告诉大家言论自由多可贵，对方辩友不要忘记，言论自由永远都没有被无限上纲的一天，时至今日，在我们任何言论出现的时候，我们都需要要求一件事，就是人要先理性地思考，才能够发表这样子的言论，这也是事实上在各国虽然高唱言论自由的大旗，可是我们还是会对言论自由做出有限度的钳制，是因为人在发展的过程之中，我们意识到了，当人失去理智的时候，这样子的愚昧才是最可怕，对于社会而言最严重的侵害。当我们都知道活在民主的社会很珍贵的时候，愚昧的民主只会带我们走向真正的灭亡之路，谢谢大家。

正方质询2

正方三辩：对方辩友你好。

反方二辩：你好。

正方三辩：请问第一个问题，您方认为我方讨论极端的东西无意义对不对？

反方二辩：没错。

正方三辩：那您方也不要用极端，您方说我方说全世界都沉默，不存在嘛，那您方全世界都愚昧存在吗？

反方二辩：所以我方刚刚没有想要这样讨论的意思。

正方三辩：对嘛，所以说您方之后不要用这样的例子哦。

正方三辩：第二个问题，您方刚刚跟我说，第二次世界大战的时候日耳曼民族实行了暴行，你说这个行为很愚昧，你说你要找那个愚昧的头，对不对？

反方二辩：呃，我方讲的是您方刚刚举沉默这个例子，我方告诉你要往前看。

正方三辩：先别急，先别急，我方问的是，您刚刚是不是说我们要找那个愚昧的头在哪儿？

反方二辩：告诉你，头是愚昧的。

正方三辩：好，头是愚昧。不错，我就要这个。来，问您，希特勒愚昧吗？

反方二辩：愚昧。

正方三辩：好，你怎么知道的呢？

反方二辩：事后来判断。

正方三辩：哦，事后判断。我告诉你，搞不好他就觉得，嘿嘿，操纵你们好开心哦。

反方二辩：没错，所以他是一种固执己见的愚昧。

正方三辩：他是固执己见，还是他为了实现自己的目的专门在干坏事？是被他愚弄的人愚昧，还是操作他们的人愚昧？请论证。

反方二辩：对方辩友，两者都有各自的愚昧。

正方三辩：都愚昧。

反方二辩：都有各自的愚昧。

正方三辩：在您方的价值世界里，只要做错事，必然是愚昧的，对不对？

反方二辩：对方辩友，钻木取火是一种食古不化的愚昧，所以我方告诉你……

正方三辩：如果我今天做坏事，我害别人，我也是愚昧？

反方二辩：做坏事害别人吗？我方觉得这对你的前程不太好，是件愚昧的事。

正方三辩：哈哈，是愚昧，好。今天我们不小心做错事，是不是愚昧？

反方二辩：看你做错怎么样的事。

正方三辩：好，没问题，所以说如果我今天打辩论打得不好也是愚昧。

反方二辩：呃，蛮愚昧的吧。

正方三辩：我做的不好吗？

反方二辩：不是啊，就是你，没什么逻辑，也就是件愚昧的事情嘛。

正方三辩：所以您方知道啦，没什么逻辑了嘛，对不对？不是所有的情况都是愚昧，是我被某样东西蒙蔽了，这叫愚昧。请教一下下一个问题，您方说我方在给大家论证很极端的情况，可是请问您，我们现在讨论一个从世界上突然冒出来的新兴人类，我们新生出来的孩子，这个孩子应该会说话吧？

反方二辩：不会。

正方三辩：不会，好，了不起。对方辩友，正常人会思考吗？会吗？

（时间到）

反方二辩：谢谢。

正方三辩：谢谢。

反方质询小结

反方三辩：

各位好，对正方三点批评，我方一点一点回应。

第一点，对方定义偏颇，对方说沉默就是什么都不做，但是愚昧却是还有一点想法，这个定义偏颇。而这个定义的第二层偏颇是，愚昧可教，小婴儿可以教他说话，但是沉默又不可打破，难道愚昧的人教一教会了，沉默的人不能聊一聊，啊，就敞开心胸了吗？所以说这是对方辩友在定义上的极端。

第二点，对方辩友没有成功地比较说沉默的好与坏，究竟会造成世界怎么样的结果。我方有些沉默是不与人沟通，不跟任何人讨论，放纵事情恶化；但有些沉默是韬光养晦，顾全大局，例如勾践卧薪尝胆，这是一种沉默。前面的逻辑我们已经说过了，定义不能偏颇到完全的不作为，我方认为相较的，跟直接出兵这种超级不沉默比较，勾践已经相较沉默了。而投票例子也是一样的，今天我主动出去炫耀说，我反对政府跟我在家里不出去投票，也是相对的沉默，这一点对方辩友没有比较。

第三点，就要批评对方辩友偷换这个题目的概念，对方辩友今天论证的其实不是沉默很可怕，而是失去言论自由，大家不讨论事情了，这个时候会变得很可怕。可他们漏了一个观念，是言论自由的失去有可能是大家都不说话，但有另外一种可能是什么，大家都只说一种话。在大家都只说一种话的时候，像“文化大革命”的时候，红卫兵在胡搞瞎搞，大家只说其中一种话；纳粹分子只听希特勒说的，大家全部都说同一种话。在这种情况下仍然会造成对方所担忧的。言论自由失去了，这个社会大家都不会变得更好了，因为每个人都只坚持那一个想法，而不愿意跟其他不同的想法沟通。过去的教廷烧死了布鲁诺，为什么？因为教廷的人他非常地刚愎自用，他非常地愚昧，他觉得布鲁诺那种思想是错误的。所以在面对这些其他思想的时候，一个不沉默的人也可能造就如正方所说的一样的后果，我们看不到希望，因为那群人坚持要把希望给盖上去。

最后，一点澄清，则是对方辩友认为在愚昧的状况之中，有些人的愚昧也是好的愚昧，或者是一些对黑白是非的坚持，对方辩友认为是好的愚昧，但我方认为不是这样的。这叫什么？这叫慧根。今天如果有一个人，他被人骗了，我会说，“啊，你好笨哦，怎么会被人骗了呢？”有人告诉你说，“我在这边绑架，汇十万块来。”这个人就傻傻汇钱，我们就会说，他被骗了还有点笨。可是另外一个，你不用教他他就知道什么是行善，知道有人要掉到井里的时候要去救他，这个时候，我们说这个人是什么，你有善念，你有慧根，孺子可教也，是这个的概念。

所以呢，纵观整场比赛我们会知道对方辩友的判准很简单，在我质询的时候确认过了，他方认为沉默的世界只会越来越沉默，而愚昧有可能变好，但是是定义偏颇造成的结果，我方发现正方没有办法比较沉默世界究竟会不会真的变得那么可怕，就算不沉默，我方又论证了愚昧有可能反而会躁进啊，弄巧成拙，适得其反，或者是遵循一言堂，像邪教组织的人一样，他听从邪教的麻原彰晃的命令去放毒气，去杀害更多的人。愚昧造成的，有可能跟正方一样，一言堂，失去声音，更可能造成更大的危害。谢谢。

正方质询小结

正方三辩：

我们来看对方的论点是怎么说的。他方说愚昧是可以完全没有思考能力的一个人，错了，为什么呢？愚昧不是说我不会思考，而是说我们认为某种东西是对的，可这种东西事实上不是对的。所以说，这个东西怎么去验证它呢？怎么去解决它呢？是要把它拿出来，跟现实去对照，跟真理去对照，发现你错了。如果你始终停留在那儿，这辈子不会解决。但是，对方辩友跟我们描述的这个状况，他跟我们说，在希特勒、在邪教的情况，你看这么多人愚昧，我告诉你，希特勒首先不愚昧，邪教主也不愚昧，他就是用你的愚昧在作案。可是你说，唉，这就是他们愚昧的错啊。不好意思，不光是愚昧的错。同样，在这些世界中也有沉默的人，他们看到这样的情况，他不去拯救他们；看到情况，他不去告诉他们这错了。所以我们发现在这种事件的比较中，有些人沉默有些人愚昧，有些人造成情况，另外一些人也造成了这种不好的影响，您方怎么比较？所以说您方的那个伤害的例子啊，那个比较标准不能使用。

我们再来往下看，套用我方标准我们来看看，今天愚昧其实是可以被改变的，为什么可以被改变？对方辩友说我们总需要聪明的人。对方辩友，我真诚地跟你说，这个世界上不这么需要聪明的人，为什么？因为每个人的愚昧都是不同的，每个人对不同的认知结构都有不同的愚昧。我是学市场营销的人，我方四辩是会计人，我对会计一切无知，我在会计上非常愚昧，她在市场营销上非常愚昧，可这不要紧，因为如果我们两个互相沟通，发现有问题、有差异，我们就会寻找方法获得认知，求得共同。这种情况下，我们就会成长。世界并不一定需要那些聪明的人，而需要的是我们不那么聪明的人互相交流，让我们变得更聪明。

各位，我们想想看，对方辩友给我们描述的愚昧非常可怕，可是我方今天恰恰希望在座所有的年轻人怀一点愚昧的心，因为这个世界太聪明了，太聪明了，它总是告诉我们最好的方法，最有效的方法，可是我们那些最笨的事情，从来就没有人做了，法制要追求完美的法制，太难了，这笨蛋吧，怎么会有人做呢？做得不成功的。世界和平，太难了，这个东西，根本不可能完成，你干嘛要想这个事，你好好给我工作就行了嘛。我们每一个人都怀着这样的想法，这个世界告诉我们这样的想法，因此，我们不会去挑战了，因为我们对世界的某种认知，认同了，怯懦了，我们向它服从了，可这种服从我们说，我们要打破它，因为我认为世界上最好的价值是虚心若愚，饥渴求知。谢谢。

自由辩论

正方四辩：各位好。质询完了，您方又不认，再和您确认一次，这个沉默是个中性词，您方今天一定要拿其中不那么坏的沉默来和我方讨论，那两个恋人之间含情脉脉不说话，这样的沉默今天也要来讨论吗？

反方三辩：对方辩友，这个当然要来讨论啊，您方怎么会不讨论呢？

正方一辩：因为您方告诉我嘛，含情脉脉注视对方，表达了充分的爱意，可是没有说话，是不是就沉默了？

反方四辩：所以您方在沉默方应该要论证好的和坏的怎么比，那倒想请问对方了，我方的好的愚昧是什么啊？

正方二辩：对方辩友，按照您的说法，含情脉脉，手拉着手也叫沉默啊，我们不用说话，两个人手拉着手，对视一下，信息都沟通到了，怎么沉默了？

反方一辩：对方辩友，您方告诉大家一个人为什么会愚昧，是因为他被操控。对方辩友，那一个人为什么沉默？是不是他被压抑？压抑之后会怎么样？会反扑。

正方一辩：对方辩友，不一定被压抑，因为现在中国很多人会发现，这个事不干我事，自扫门前雪，别人的事高高挂起，这就是造成沉默的原因。

反方二辩：对方辩友，在德国到了末期之后，大家会发现干自己的事，沉默是不是被打破了？

正方四辩：来，对方辩友告诉我，所有的沉默都是由于愚昧吗？

反方三辩：对方辩友，不一定。那我方倒想请教，你认为沉默跟愚昧又有什么关联呢？

正方三辩：因为愚昧可以被沉默所打破，但是愚昧，所以说愚昧本身不可怕。

反方四辩：我没说过，沉默跟愚昧都存在的时候不讨论。倒想请问对方辩友了，到底愚昧，什么是好的愚昧呢？

正方二辩：对方辩友一会说不讨论，一会又说沉默是由愚昧导致的，两个东西都有关联，到底要说什么啊？所以还是问您了，为什么美国的第一宪法修正案把新闻自由、自由发声写入他们的宪法?

反方二辩: 对方辩友，理由是他们看透了自由要以理性为前提。再来问您方了，如果我方告诉您方，沉默之前可能有愚昧，是不是我方只是想告诉你这种例子可能不能拿来讨论了?

正方三辩: 对方辩友，那为什么美国不把我们要理性放入宪法的第一章呢? 请问。

反方三辩: 对方辩友，您方说言论自由，那我方不是也说了吗，只有一言堂不也失去言论自由吗? 您方论证是论证沉默更可怕还是失去言论自由更可怕?

正方四辩: 对方辩友不要逃，为什么所有的民主国家都要求个人的言论自由和国家的新闻自由?

反方四辩: 对方辩友，那如果我今天言论自由是让一群愚昧的人不断去打压别人的话，那是不是也是言论自由想要避免的事情呢?

正方二辩: 言论自由就是要让更多的人言论，尽量用言论矫正言论，但沉默就没有言论，哪个更可怕?

反方一辩: 对方辩友，您刚刚说中国人觉得不干我的事，为什么中国人会这样想? 不就是因为在以前的那年代，干自己的事，去做这些事情会被政府抓，会被压抑，而被压抑之后，不会反扑吗?

正方四辩: 你看你看，对方辩友的矛盾又来了，他说了今天又愚昧又沉默的时候不讨论，可是当我方问您的例子的时候，您方就说这些沉默都是由于他们的愚昧呀。那对方辩友我再问您了，所有的沉默都是由于愚昧吗? 如果今天两者同时存在的时候不讨论，那我们到底应该讨论哪一种情况呢?

反方二辩: 所以我方只是提醒您方，您方的例子可能不太适用来论证您方的立场。

正方三辩: 对方辩友，我方说各个国家，民主国家保障言论自由是不是就防止你被沉默嘛。

反方三辩：对方辩友，不对，我方说了今天言论自由，大家不说话，相安无事的沉默，不一定有问题，而一言堂压迫别人言论，这种愚昧才是很可怕的不是吗？

正方三辩：对方辩友，我们为什么会压迫，就是因为我们害怕言论嘛，只要言论，只要我们不沉默，我们的愚昧就可以被打破嘛，这不恰恰论证我方立场吗？

反方四辩：对方辩友，言论自由不会苛责一个不说话的人，但是言论自由会苛责一个愚昧的人，是打压别人，所以言论自由其实也是害怕愚昧的。

正方二辩：对，对方辩友看到没有，言论自由，愚昧不可怕，因为可以被矫正，但是今天没有言论自由就没有可能矫正，哪个更可怕？

反方二辩：对方辩友，恰恰好跟您方的立场矛盾，所以言论自由，这个立法，是不是说明了沉默也可以被矫正呢？

正方一辩：对方辩友，不对啊，言论中就是允许愚昧或者不愚昧的人共同发声，互相矫正互相的观点嘛。请问您，朝鲜这个国家只有三家电台、一家报纸，好不好啊？

反方三辩：对方辩友，如果这些人都被洗脑，洗脑得很愚昧，他们不知道事情出问题了，这个时候才会没办法改变。大家都沉默，大家还是看得到，眼睛都是雪亮的，直到有一天他发现问题太大条了，太过分了，他们会群起反扑，这是沉默压抑后的力量不是吗？

正方三辩：对方辩友，你理解错误了。言论自由不是让愚昧的人不发声，不是防止那些愚昧的人阻止别人发声，同样也防止聪明的人不让人发声。所以言论自由恰恰论证我方立场。

反方四辩：对方辩友，就说了言论自由是允许有人不发言的嘛。倒想请教对方辩友了，今天舆论如果打压言论自由的话，您方乐见吗？

正方一辩：对方辩友，舆论为什么会打压言论自由啊，舆论是促进言论自由嘛。请问您了，朝鲜这个国家的例子回应一下嘛，如果朝鲜广开媒体，所有人都可以自由说话，是不是朝鲜这种愚昧的状态会被截止？

反方一辩：对方辩友，你说愚昧改过，愚昧有机会改，可是我方告诉你沉默也有机会改。一个人被压抑到一个极致之后，他会爆发出来，不然革命是怎么来的？

正方二辩：所以对方辩友您就告诉我嘛，如果今天朝鲜广开言路，打破沉默，是不是愚昧就能有所改善呢？

反方三辩：对方辩友，不一定，如果之前被洗脑太彻底，很多家报纸，报道一模一样的内容，大家都好愚昧，不知道事情出问题了，这些媒体不会报道不同的内容，不会监督政府的话，有很多愚昧的媒体有什么用？

正方四辩：来，对方辩友告诉我，您方来自台湾，台湾的解放是不是由于开放了党禁和报禁？

反方四辩：对啊，可是最近媒体一直胡言乱语，搞得大家都不想要再看媒体了。

正方三辩：所以说您这个情况我们是不是要恢复到党禁报禁最好呢？

反方二辩：对方辩友，这只是说明，沉默是个中性，它不可怕，并不能论证沉默就，就一定是坏事了。

正方四辩：看，到了这里又来了，对方辩友今天比较哪个东西更可怕，应该是拿这两个词中最可怕的东西来比较吧。你方说沉默是个中性词，愚昧是个贬义词，拿一个中性词和贬义词来比较哪个更可怕？那我方怎么办？

反方三辩：对方辩友，题目又不是我定的，怪我吗？

正方一辩：所以对方辩友您看到了嘛，朝鲜另外半岛，南方那边，韩国就独立了，韩国独立开报禁之后，这个国家就自由了嘛。问一下，作为一个人来说，他具有独立思想之后，谁不是从？哪个人不是从愚昧中走过来的呢？

反方三辩：对方辩友，您方只是说，这个沉默不沉默是个必要条件，我方论证愚昧是关键，因为就算你不沉默仍然愚昧，无济于事，而如果你不愚昧了，就算不沉默了，我们还是有其他方法打破国家的限制，这才是真正关键所在不是吗？

正方三辩：对方辩友，您方的前提是所有人都愚昧，没有人会说话，互相之间，一定愚昧到连话都不会说了。对方辩友，这种情况是不是您方所说的极端例子呢？

反方二辩：我方只有说愚昧到被洗脑的例子，我方没有像您方一样讨论那么极端的，您方不用那么害怕嘛。

正方三辩：对方辩友，不是我方害怕，是您方乱扣帽子，我请问您，我们每个人是不是都从愚昧中来，愚昧到底可怕在哪里呢？

反方三辩：对方辩友，我觉得因为我不那么愚昧，我有慧根，所以才会成长，不是吗？

正方四辩：来，对方辩友告诉我，人们从愚昧中而来，那么您告诉我愚昧有什么可怕？

反方二辩：正是因为我们从愚昧中而来，我们害怕愚昧，所以我们要驱逐愚昧。人要学习，要长知识，要讨论，要理性，要驱逐愚昧。

正方一辩：原来呢，对方已经同意了，每个人都是有慧根的，只要你不沉默，互相学习就可以进步嘛。

反方三辩：对方辩友，我也是从沉默来啊，在我妈妈的肚子里的时候难道我会说话吗？

正方三辩：对方辩友，所以说我在妈妈肚子里，我也，我不说话就叫沉默，我晚上的时候睡觉，不说话，我也叫沉默吗？

反方三辩：所以说嘛，我们在讨论的是一个关键要素何在，而对方辩友论证的时候发现，有没有沉默跟有没有开明，跟有没有言论自由不一定有关联，所以关键的是在愚昧。因为沉默了，你仍然愚昧，没有用，但你就算很沉默，不愚昧，我们仍然会有革命啊，不是吗？

反方总结陈词

反方四辩：

大家好，今天对方辩友就告诉我们一个好简单的概念，告诉我们说愚昧可以改，沉默不能改。好比他说，今天我可能懂一点东西，而他懂一点东西，我们两个交流交流，那么我们就从愚昧变成不愚昧了。那我方是不是也可以说，我在一些议题上面沉默一点，你在一些议题上面沉默一点，我们两个交流交流，我们两个的议题都不沉默了嘛。所以对方辩友不能够这么地偏颇，说他们的都不会改，我们的都会改。

好，我们回过头来看看，我方今天跟大家说的判准是什么。我方今天跟大家说因为愚昧，它可以把好的事情变成不好的事情，就好像今天愚忠愚孝。那对方辩友说了，在他们的情况底下，沉默也会让好的事情消失，那事实上不对。好比说今天一个人他好好地活着，我就认为这是一件好事情，那这算不算沉默？我们刚刚举的一个例子是说，今天一个人默默地行善，他叫作沉默，对方辩友就说，不是啊，他都行善了，怎么叫沉默？那这样世界上就没有人沉默，因为只要一个人活着，他只要有在动，他只要有在做事情，对方辩友都说那不叫沉默了。所以，因此今天，政府实施一个好政策的时候，如果你只是沉默的，乖乖地照做，事实上这个好政策还是会被落实，除非对方辩友告诉我们说，不，那不叫沉默，大家都要躺在家里的床上一动也不动，那才叫作沉默，但显然不可能。

好，那回过头来看看，我方今天跟大家说，愚昧会让好的事情变糟，也会让糟的事情变更糟。什么意思？就好像我们今天说了，其实希特勒就是一个非常愚昧的人，对方辩友不要以为他很聪明。他呢，曾经有一个愚昧就是，他喜欢妄自菲薄，那他也喜欢捏造事实的愚昧，他曾经为了骗大家他的军队很多，所以他就多编了一些他的军队的号码，结果，编呐编呐，他自己都忘了，你看他蠢到这种境界，他以为他编的军队真的存在，然后就派那些军队去打仗了。你说，这样子的人还愚不愚昧？当然很愚昧。而这样子的愚昧是可以进行一个恶性循环的，也就是我方说的，他从一个自欺欺人的愚昧变成一个掩耳盗铃的愚昧，进而产生更严重的后果，这也是我方跟大家说的，今天愚昧跟沉默相比之下，愚昧是没有一个下限的。

好，再来，我方今天要跟大家说的是，对方辩友在三辩的时候提出了一个观点，告诉我们说，我们人那么聪明干嘛，我们笨一点嘛，我们干嘛追求一个完美的法律跟一个完美的世界，我听了之后吓一跳，也就是说今天我们好不容易大家在这边，一起讨论出了一个比较好的法治社会了，结果对方辩友就说不要，不要往这边前进，你们干嘛那么聪明，你们愚昧一点好了，反正这世界上没有一个完美的存在。好，先说，这世界上有没有一个完美的世界，完美的真理，完美的法条？我不知道，但我绝对知道的是，朝这个方向走绝对是比较好的。我们今天朝完整的保障人权，朝完整的保障男女平等，为什么今天就算男女平等没办法做到实质上完全的平等，我们还是应该往这个方向走，而不是像对方辩友那样消极的态度，你就一心觉得，反正也不可能走到目标嘛，那我就鼓励大家都笨一点好了，我们干脆不要有这个追求完美的态度。对方辩友的这个世界观反而会让这个世界变得没办法进步。反观我方跟大家说的，能不能改是一回事，问题是，今天如果愚昧是一个造成不断恶性循环的因子的话，那么我们应该要想尽办法避免愚昧，而不是像您方提倡愚昧。

所谓沉默是今晚的康桥，有些沉默这么的美丽，我们何必害怕？我方今天要跟大家说的就是，愚昧就是你明天的奈何桥，不要再愚昧下去了。谢谢大家。

正方总结陈词

正方四辩：

各位好。中国人真是了不起，什么样的文字都可以拿来玩味。打嘴仗没有意思，所以今天首质的时候我就问您了，沉默是什么？我知道沉默是金，可是今天如果您方要拿沉默中这些金的东西，和愚昧这个贬义词来进行比较，我方比不过。如果两个东西要拿来比较，我们必然要拿他集中比较可怕的东西，他负面的东西，来比较哪个更可怕。所以今天当我方问您说，一男一女含情脉脉对视，此时无声胜有声，您方告诉我这也是今天要比的沉默。如果我说今天有一个事件，比如说像小悦悦事件，她躺在这个地方，有人在旁边围观，看了几句，说了几句，走了，有的人一言不发走了，两种都是沉默啊。您方好像只要是不动动嘴，只要没有发出声音都叫作沉默，还有好的沉默。那愚昧呢，愚昧是一个完完全全的贬义词吗？如果按照您方这样的说法，我方也可以跟您打嘴仗，硬凹啦，因为在真理面前，我们超愚昧，这个世界上不可能有世界和平，如果你想着这样的东西，好愚昧，这才是我方三辩说的。那这样愚昧，或者是有些人有这样的赤子之心，他真的不到黄河不死心，那么极致的追求，这样的愚昧，那也是好的愚昧啊。对方辩友如果今天一定要拿这两个词做文章，拿其中好的部分来讨论，我方觉得没有意思，因为我方今天讨论的是哪个更可怕。

我方为什么觉得沉默比愚昧更可怕，我方的论点是告诉您，我们生来就愚昧，我们永远没有办法走出一个绝对的愚昧的概念，因为站在很多事情、很多人的面前，我们都愚昧。站在真理面前我们愚昧，我们自以为这样的辩论能够让我们找寻真理，可是其实我们知道的永远都不够多，站在神灵面前我们愚昧，因为人们经过了这么多年的进化，可是站在全知全能的神灵面前，我们觉得我们还是愚昧，因为我们知道的不够多。可是这并不可怕，因为我们本来就是从愚昧中走来，我们本来就是赤条条地来，一无所有，可是这么多年，这么多时间的进步，站在历史的维度，我们敞开心扉，我们不沉默，我们能互相地沟通，互相地交流，我们没有沉默，于是我们走到了今天。所以我们不怕，因为只要我们还敢发生，这条路我们必然还能走下去。所以我方说站在历史面前我们的愚昧，站在真理面前我们的愚昧，站在神灵面前我们的愚昧，那不是最可怕的，因为我们还怀有愿意去追寻，愿意去打破，愿意去开口，愿意去发声的态度。如果没有这个态度，那就可怕了。所以今天和您站在一起，我们站在智者的面前辩论，我们双方今天这样子说话，或许显得挺愚昧的，我们没有办法掌握真理，在有些人看来我们今天这样的交流不够聪明，可是没有关系，因为人类也就是这样，在神灵看来不那么聪明，在真理看来不那么聪明，这不可怕，可怕的是如果今天站在真理面前，我不敢发声了，站在神灵面前，站在全知全能的神灵面前，我们人类丧失了继续发声的勇气，这才是最可怕的事情。

所以今天我方和您方探讨的东西并不是从一个综合的，一个两者都有的情况下来讨论，我方要和您论证的是，对于这个世界我们能做些什么。对于这个世界我们也许有的时候愚昧，有的时候沉默，可是我们相信只要我们敢于不沉默，只要我们敢于发声，我们的愚昧会被纠正；只要我们敢于不沉默，只要我们敢于发声，我们可以让我们的愚昧慢慢地变好；可是如果我们沉默了，那么什么都没有了。谢谢各位。

比赛点评实录

胡渐彪（印象票投给反方）：

年轻的先开始吧，没任何别的意思啊。这场，精彩！精彩的原因在于，整场打下来的这个缠斗或者竞斗，在概念上发生，而概念双方抓得挺细致，虽然有的不小心缠着缠着就缠去了另一方的这个概念的争夺上，不过没关系。

我是这样子认知的，正方的主线，是提出来说，沉默比愚昧更会使得世界没有希望，所以更可怕。他还有另外半条线，是价值论述，是人其实都是愚昧的，在神面前，在智者面前，每一个人都有其愚昧一面，不用怕，最重要的是你要敢发声、敢争取，那你就有机会进步。不过这一个不在今天辩题的主战场上出现，所以第一条线依然是他的最主要那条主线。反方的主线是想说，愚昧更可怕，因为愚昧会使好事变坏事，甚至坏事可能更烂，沉默是寂静，没啥问题。

好了，那双方在推论上我都觉得可以成立，自己都圆了起来，呃，判准我会放在双方在竞斗的过程中，出现的怎么样的一个格局。反方对正方这一条主线，就是沉默会使世界更没有希望，做出了几点攻击。他抽他的前提，前提就在于说沉默到底等不等同于绝无作为，他提出了像不合作运动啊，或者乖乖地执行政府制定的一连串好政策啊，由于沉默不代表绝对不作为，所以不见得沉默就会使世界没有希望。反方也面对了正方抽他根基的打法。反方的主线是说，愚昧会使好事变坏事，或者坏事甚至更坏。正方抽的就是说，愚昧不见得都是坏的愚昧，一个好的愚昧啊，出现好的愚昧的时候不见得会把坏事变坏吧。那其实双方的这两个攻点，我觉得都是准的，都抽中了对方的死角。那在这样的情形之下，我怎么判准？我怎么会把票投给反方呢？我就看几方面。

第一方面就是，在咬这个点上的时候，谁咬得更狠。我觉得反方在打法上更加贯彻，然后他直指的那个点上面有好几重打法，我是看的比较鲜明。例如说他对于挑战正方的一些概念，就是愚昧和愚昧之间的冲击会带来进步，沉默和沉默之间的好的冲击也会有进步。这个其实是反驳对方攻击的一个点，但是这一个点后来被连上去，作为对正方那个毫无希望的一个打击，对吧？因为这个是为什么呢？因为这个就在于说反方那时候有提出一个点，就是说，其实今天愚昧和愚昧之间冲突，似乎有带来进步的可能的。你们在前面盘问的时候出了这个点，对吧？就总有聪明的一面嘛，因为总有聪明一面，所以愚昧和愚昧之间冲突会有改进。你前面一承认了这个点，到时候反方就在台上的时候用这个点反过来的逻辑说，相对沉默跟相对不沉默的那一面的冲击也会带来进步，对吧？所以这一个点我会觉得，我会把它判成是反方把它抓来，对正方无希望的那一点的否定。呃，还有就是，反方对于正方这一点上的攻击提出了比较多的这些个例子，不合作运动啊，政府做出了一些好政策，我们乖乖执行就会进步啊之类的。那相较之下我会觉得正方在打斗的过程中，对于抽对方的这个根基点，做得不够，我直观上觉得，对我感受上的冲击力，不如反方对正方的打击冲击力大，这是第一重。

第二重考量就是，纯粹看台上的机巧。那从台上刚才自由辩的一来一往的过程中，我觉得反方回应上更机巧，所以我就纯粹在，一，对对方的打击力度上，反方给我的感觉更强烈；二，台上的机巧上，反方我觉得会更强一些，我因此把票投给反方。谢谢。

路一鸣（印象票投给反方）：

我必须承认，相对于正反双方的选手而言，我是个愚昧的人，我经常被他们带的找不着北。这是一个大起大落的比赛，既有灵光乍现，让我们血脉偾张的时候，也有云里雾里让我们不知所云的时候。恐怕是因为双方准备比赛的时间不长，而正方选择了一个富有哲学思想的主体框架。在所有的人都具有某种程度的愚昧这个前提之下，我们就要正视它，我们就要正视自己与生俱来，而且不可改进的愚昧，因为没有人会接近，会实现彻头彻尾的智慧，不愚昧。在这个前提下，我们就要看沉默给我们带来的是什么。所以正方二辩的这个发言，他的陈词，特别像是总结陈词，穿透力特别强。他说人不是神，没有问题，可沉默的情况下，人不再是人，这是我们面临的最可怕最可怕的现象，所以他深深地打动了我。但是到了三辩的时候，他说我们要鼓励大家，这个世界太聪明了。我以为他是从另外一个哲学的角度去反击，这个世界由于聪明过度带来的各种影响，但是后来他的解释确实没有让我听懂，没有让我理解他到底想说什么。尤其是这个自由辩论阶段，他们对这个命题一会儿会站在这样的角度，刚才我分析的，我猜测的，他们的这个跌宕起伏，哲学性的框架，去面对对方的这个挑战；一会儿呢，又回到我们对这个辩题的惯常理解，就是沉默会怎么样，愚昧会怎么样。所以他对这个框架的把握有点若即若离，那我听的就是，经常就是跌宕起伏，一会儿听得特别心花怒放，一会儿确实不知道他们想干什么。

反方其实也一样，我在下边发愁了半天，不知道最后把票投给谁，因为这是印象票，我甚至不知道我的分数票给谁更多一些。反方呢，虽然让我们听清了，但我们确实也更清楚地看到了他们身上的这么多问题。沉默，是一个相对的概念，呃，所有的这个邪恶的行为都变成了愚昧，他们解释的这个愚昧，这恐怕也是挑战我们的常识了吧。

为什么把印象票投给反方，是因为他们至少每个人错的还都一样，反正就是这些错误他们咬死了啊，你认为那是错误，不，他们认为不是，他们每个人都很一致地贯彻他们大概认同的那个立场。但正方确实是，有的人给我的印象很突出，他对辩题的理解相当深入，我第一次听到了，这个辩题我们听第五回了吧，我第一次听到了用这种方式来解构这个沉默、愚昧。自我认知啊，它不再是外在对你的评价了，是自我认知啊，这个沉默。但是它确实，有的人是这样说的，有的人不是这样说的，嗯。所以一方的发言让我觉得自己很愚昧，另一方的发言让我觉得自己其实应该保持沉默，我说完了。

萧峻仁（印象票投给反方）：

内容方面我想前面两位高手都说得七七八八了。基本上我觉得今天正方呢，是站在一个很高的角度来谈这个辩题的。他们一开始的开宗，因为他们是从人类的整个发展史来看，从以前走到现在，我们一直都是有愚昧的，但是这愚昧能够不断地、慢慢地打破，而这打破的关键是在于不沉默，我听到的是这样。当然，他们有从世界观自我来谈，但是整条线是这样子的。

这样子的一个大的框架呢，我觉得在接下来的辩位呢，甚至自由辩的时候都没有很好地发挥，这也有关系到你们的价值，那个对于愚昧的价值呢，三辩太快地提出来了，而不是去深化你们的主线。也就是说其实我明白三辩讲什么，就是说有一些东西根本是不可能的，但是我们愚昧一点去相信它，那么我们可能会改变现状，是吗？我觉得反四也是已经捉错点了，还花了很大的篇幅去反驳这一点，我觉得正方要讲的其实是说，有一些东西是完全不可能改变的，人会死，但是无所谓，我们去相信我们要长生一点嘛。这样子的一个，所以我们医病吧，而不是要放弃自己，这样子一个看法。我觉得这一点太快打出来，结果使得你们自由辩就有点混乱，因为有太多条线，反方又一直攻击，结果你们整个自由辩也没有很好地打出来。

而反方今天就用了一个，我觉得实在是太简单的立论，但是这简单有好处，它基本上就讲，我跟你看，愚昧碰到好的事情也会变坏，碰到坏的事情就更坏，沉默就不一定哦，沉默遇到好的，可能有很多理由的沉默，所以这么多的理由，你怎么断定这个沉默一定是坏的。这样子的一个很简单的立论呢，我觉得在今天的比赛就起了积极的作用，对他们队，因为可能筹备的关系，所以这样轻松上阵的立论呢，我觉得在整场自由辩跟二辩三辩甚至质询的时候呢，都很好地利用了这样子一个方法来逼问对方。而我觉得另外一个判决点就是我觉得，正方今天真的是在谈言论自由，尤其在整个自由辩的时候，是谈没有言论自由社会不会进步，我们必须要有言论自由，社会才会进步，所以沉默更可怕。这跳去沉默这一点，我没有办法帮你连接，尤其是反方已经攻击你了，言论自由本身不一定会带来好的事情，然后言论自由也会被压抑，我觉得跟沉默之间的关系没有很好地处理。

然后我觉得还有一个判决点就是自由辩的，嗯，反方呢都是向正方全面开攻，而且点破了就走，我觉得这一点是比较好的。而正方尝试要捍卫自己的立论，但是因为立论的线太多了，所以我觉得正方显得有点混乱，在自由辩的时候。所以我把印象票投给了反方，我分数票真的很接近。

蒋昌建（印象票投给正方）：

这个，正疆，我们好朋友，他让我压轴，我坚决不压轴，对吧？因为我想把最坏留在最后。其实呢，台湾大学队呢，我们跟它有非常丰富的感情，而且呢，我本人在今天的打分当中，我也不知道我算那个小分的情况是什么。那这个莫纳什大学队呢，实际上是素昧平生，我对它了解不多，但可能是因为素昧平生了解不多，它今天的这种表现呢，可能超出我的预期，在情感上面呢，可能在我的那个胜负的天平和砝码上呢，它落下了一个至关重要的力量，我只能是这样讲。

好，那么言归正传，我想顺便跟三位持这个反方胜的立场的朋友们探讨一下，不是要改变你们的立场。你们都在说反方在自由辩论当中辩才无外滔滔不绝，力挽狂澜，但是我仔细分析一下评判的结构，在所有的总分当中，它只占百分之二十的分数。所以呢，是不是一锤定音，或者是一招定乾坤，很难讲，但是我是寄希望说，我接下来的评判不要一言九鼎，让你们改变主意，其实我知道你们不会改哈。好，我之所以觉得正方略胜一筹，我还是回到我前场的点评，我不觉得在辩论技巧方面，或者说是在自由辩论的交锋方面、反应能力方面，正方是高人一等，我倒是被它的立论和结辩当中的情怀所感动。

那么正方实际上在立论的过程当中呢，非常鲜明地提出来两点：

第一点呢，就是说，在善和恶，或者说愚昧和沉默同时具备的情况下，我们是不是没有必要来进行比较。我觉得为双方节约了大量时间成本。

第二个呢，正方呢也提出来一个辩论的非常重要的技巧，那就是评判哪一个更可怕的基本的前提，看谁伤害更大。这是我们一般的逻辑，但是正方呢提出来另外一个思想，就是不单单要衡量伤害的大小，还要衡量伤害的持续时间的长短。因此它给出了一个判断可怕和不那么可怕的标准，那就是看谁能够带来永无止境的伤害，所以呢，他就觉得沉默可能会带来永无止境的伤害，但是我不排除愚昧也可能造成伤害，但是时间持续的可能并没有那么长。那么这个是一个很好的一个立论。那么当然，立论的最后呢，实际上他也讲到了一个价值的立场，那就是把沉默跟言论的自由勾连起来，来谈到只要打破沉默，只要开声，那么人类就有希望。那么这一点呢，我觉得呢，的确有点振奋人心。

那么接下来呢，最后的结辩阶段我也觉得可圈可点，它并没有纠缠人类在沉默和愚蠢方面的一些具体的知识，而是思考一个更深层次的问题，那就是说在人神之间，人很软弱无力的情况下，或者是说在人的认识和客观的真理面前，人始终存在着一定的距离的情况下，人应该何去何从。实际上人应对着自己软弱无力，或者是说存在着这样的一个距离的唯一的武器，就是打破沉默，勇敢地质问和勇敢地怀疑。而这恰恰都是人神共进的一个唯一的利器，那么从这种程度上来讲，正方非常地聪明，它不否定神的伟大的同时，也赞扬了人的光明。

所以在这个情况下呢，我很欣赏这样的一个价值的定位，所以我的天平呢，会略倾向正方一点。那么为什么说反方在我的评判过程当中，可能略少那么一两分，我也不知道总分是怎么样的一个情况，反方在自由辩论的时候，在结辩的过程当中呢，可能有些误解了正方的一些思想。正如这个一鸣同志，他刚才说始终不了解正方的三辩在说什么的时候，其实正方的三辩就讲了一句话，什么叫作愚昧。愚昧通常就是明知山有虎，但是我偏向虎山行，明知不可为，我为之，这是愚昧。但是大家设想一下，人类历史的进步，就是在人一个个地持着这样的愚昧心，甚至是不撞南墙不回头的这样一个情况下，才把人类的进步很辛苦地拖拉到了今天，所以他在歌颂愚昧的这样一个好的一面的同时，实际上也给沉默的好的一面留下一个辩论的空间，那也就是说无论是好的沉默还是好的愚昧，我们不要在可怕和不可怕在这个层次上多来进行辩论，我觉得这是一个非常聪明的做法。那总而言之呢，我是觉得说，正方在自由辩论的后半段，正如渐彪所说的，稍微有点动摇，甚至是出现了弱势，但是在整个的辩论的过程当中，我个人觉得呢，还算是行云流水，配合的是密缝无间。

那这个反方台湾大学队呢，我觉得有一个精神我们是要向它学习的，非常地儒雅，而且可以说是巧藏机锋，在当仁不让的同时，这个它有没有排山倒海的吃相，太过于难看的姿态。所以从某种程度上来讲呢，我如果从表现的风格当中，我觉得呢，台湾大学的风格还是可以继续高扬的。好，谢谢大家。

林正疆（印象票投给正方）：

大家好。我首先必须要先称赞一下台湾大学，因为我昨天评过台湾大学的比赛，今天又评台湾大学的比赛，两场比赛所展现出来的水平差距让我觉得恍如隔世。我觉得他们今天的表现，不管是在口条、仪态或者是论点设计，或者是临场表现方面，都是第一流，而且绝对不辜负他们的优良传统。好，非常优秀，非常优秀。

我也可以先说明一下，我的阶段性分数，是台大赢。那为什么我的印象分数是投给正方，我以下稍微跟各位交代一下。我要先说明的是，我逐渐步向老化的过程里面，一共具有以下三大特征：第一大特征是坐着打瞌睡，躺下睡不着；然后第二大特征是上车就睡觉，下车就尿尿；最后一项特征就是跟本案有关的，什么呢？就是我新的常常记不住，旧的常常忘不掉。

先讲个题外话吧，因为今天正方四辩的总结陈词一开始的两句话是我十八年前总结陈词一开始的两句话，我不晓得是巧合，还是她故意的。但是因为正方说，如果我们保持沉默的话，会让伤害永远持续下去，所以我告诉你我听到了，而且让我想起了十八年前的一些美好回忆，谢谢你。

那么接着要和各位做一下说明的是，这一场比赛啊，基本上我认为其实正方的论点一直在变化。他一开始的时候是认真地跟你聊沉默，到后来的时候，他大喇喇地告诉你，他打的是言论自由如果失去的话更可怕，他把沉默跟言论自由划在一起了。这种光明正大的偷换，我们说偷换就是不让人家知道，他这叫光明正大地换，有点令人难以置信，那通常敢光明正大地换，就要付出惨重的代价，他也果然付出了。因为台湾大学并不是吃素的，他从头到尾不断地去攻击，如果你要和我谈言论自由的话，言论自由的一环就是保持沉默的权利，如果你能从诉讼法上来讲更好，不过我知道你们其中没有念法律系的，如果你们能够从人权的角度来讲更好，不过至少我听到了。然后呢，反方也不断去攻击，其实按照言论自由的概念，一言堂，不沉默更可怕，你的言论自由根本无法支撑你的命题。

其实我觉得前半段，台大的攻击是完全成立的，以至于在我的分数票上没有办法扭转。为什么我把印象票投给了正方？理由很简单，因为在正方四辩总结陈词的时候，我看到了她把正方前面偶尔灵光一闪的东西力挽狂澜，那是一个类似于启蒙时代有着人定胜天的观念，她把所谓的沉默界定为人类不再挑战上帝，人类屈服、认命，而不再自强不息，她把沉默跟放弃自强不息之间画上等号。前面稍微提到，在她总结陈词的时候，她花了非常大的篇幅，在口条、仪态方面都打动我。

我把印象票给正方的原因只有一个，因为我性格浪漫嘛，我相信世界上有力挽狂澜这回事，我相信。因为我觉得辩论当然要看团队，但是我内心深处的底蕴当中，仍然相信在某些情况下，如果你能够深深地打动我，或者是你对你的论点负责任跟付出努力的话，我感受到你的诚意的话，我会相信人间有所谓的力挽狂澜。所以我把印象票先投给正方。最后的票啊，我还在想啊。

那最后我要跟各位做一下说明的是，今天这场比赛够水准，不枉费冠亚赛的品质，那么很高兴事隔十多年后，再度回到神州，有这个机会能看到这么优秀的比赛，希望以后有更多的机会能够常常跟各位交流，谢谢。

蒋昌建（二次发言）：

我非得要讲这一句，跟结论没有关系。呃，我觉得这场比赛当中呢，两个女生都非常的优秀，我尤其要讲到这一点。台大的女生呢，实际上在整个的比赛中呢，她是一个定海神针，你不要看三位男生非常积极踊跃，但只要落在台大的这位女生的身上呢，实际上让我们内心自然升腾起一种安全感。尤其是在她的这个总结陈词的过程当中，她那种据理力争、绵里藏针、不卑不亢，甚至呢，铁肩担道义啊，同时呢，看起来又是举重若轻的这样一个曼妙的姿态啊，不是一个化妆师能够化出来的。所以我是非常欣赏这位女生，女将。如果说台大愿意培养的话，将来是辩才，一定前途无量。

还有一位呢，就是正方的这位女生，我也不知道她的来路哈。这个，我跟正疆在下面看的时候，我通常就一句话，就是不管谁张口，不管你的辞藻怎么样，不管你的立论怎么样，不管你的措辞怎么样，甚至不管你来自什么样的文化背景，你的一言一句是不是能够直击人心。但我发现，这位女生她做到了，她甚至在眼睛不跟你对视的时候，光靠语言的力量，她就会去融化我作为评委的那个戒备的心灵。所以呢，她只要讲上一句话的时候，我在等待着她下一句话的抚慰，在一定的程度上来讲，我和正疆就像襁褓中的婴儿，当她谈到人类的这个脆弱可以通过这种不沉默的方式，来为人类的尊严争所谓的一席之地的时候，我不知道正疆的感受是什么，我突然感觉到我作为一个人的美好。所以最后要说一句话，如果时间能够倒流三十年，说不定啊，我就是她的粉丝，甚至会写一封永远寄不到她手上的情书。谢谢大家。

2013 新国辩“国际好辩论”季殿赛

比赛场次

2013 国际华语辩论邀请赛主题活动“国际好辩论”季殿赛

比赛辩题

正方：沉默更可怕

反方：愚昧更可怕

对阵双方

君臣佐使队　导师：刘京京

一辩：香港浸会大学　林　森

二辩：马来西亚博特拉大学　王溪雨

三辩：台湾东吴大学　徐子萦

四辩：中山大学　池　也

角度队　导师：黄执中

一辩：暨南大学　周欣汶

二辩：西安交通大学　赵海鸽

三辩：北京师范大学珠海分校　肖　扬

四辩：马来西亚精英大学　颜如晶

比赛辩词实录

正方陈词1

正方一辩：

大家好。开宗明义，沉默指的是不沟通、不交流，而愚昧则指的是没有知识、不辨是非。而我方今天之所以认为沉默更可怕，是因为沉默会使社会无法进步，而愚昧只会让社会多走弯路。接下来我方将论证两个方面：第一，为什么沉默会使社会无法进步；第二，为什么社会无法进步是一件可怕的事情。

根据辩证法，任何社会上的进步来自观念上的革新，而观念的革新必须有两个必要的条件：第一，它必须有两种相互对立的观念；第二，这两种相互对立的观念必须进行碰撞和交流以提炼出新的观念。只有这样，才能引领社会和时代的变革，而沉默却让新观念的产生成为不可能。因为当社会陷入沉默的时候，意味着这个社会只会存在一种单一的声音，而不会出现另一种对立的声音。而这样的话我们就无法通过发声来与这个声音碰撞，以此形成一个新的观念。我们无法发现社会问题，也不能提出新的解决方案。这个时候，整个社会的进程就会停滞。最好的一个例子就是，当汉代董仲舒提出独尊儒术之后，任何对儒术的挑战都会被视为威胁而被抹杀掉，这个时候，儒学的不断革新其实就停滞了。而儒学作为封建王朝的指导思想，它的僵化无疑会使整个封建社会的进步停滞。

反观愚昧，也许他们所提出的观念不是很正确，但是只要有声音一直存在，只要我们不保持沉默，我们最终还是能走向正确的道路的。就像战国时期百家争鸣，可能各个学说都存在弱点和不完善的地方。但是他们通过相互的交流和思辨，最终都能完善各自的体系，形成一套相对合理的方案。

而我们为什么会认为社会不进步是一件很可怕的事情呢？有两种解释：第一种，从人类自身来说，我们每天能够有希望地活着，是因为有一个很重要的前提，我们相信我们所有的努力在明天都会有回报，我们相信我们所有的努力都能改变明天。而今天我们设想一下，如果说我们今天睁眼，发现我们还是一个小职员，我们可能不会气馁，因为我们觉得我们可以通过自己的努力改变现状。但是如果十年、二十年之后，我们知道我们终将是一个小职员，永远无法进步，这个时候，我们到底有什么信心和动力来不断地努力呢？第二，如果从人类在自然科学方面的探索来说，人类也是必须不断进步的。因为我们必须不断通过发展自身的科技来对抗大自然对我们的挑战。如果人类的科技发展和社会进步停滞了，当大自然对我们的威胁来临的那一天，我们除了灭亡之外，还能做什么呢？综上所述，因为沉默会阻碍社会进步，相较愚昧更可怕。谢谢。

反方质询 1

反方四辩：大家好。先来和你达成几个共识，有问题吗？

正方一辩：嗯，我尽量。

反方四辩：好，你在愚昧的定义上没有太多琢磨，对不对？

正方一辩：没有太多琢磨？

反方四辩：对，您的愚昧的定义是什么？

正方一辩：说的很清楚，没有知识，不明是非。

反方四辩：不明是非，好。那请问你了，这一类情况算不算愚昧，您判断一下：他认为那样东西是对的，但是那样东西是错的。你觉得这是愚昧不愚昧的行为？

正方一辩：这个要看情况。

反方四辩：看情况，好，我马上举个情况给你。裹小脚这种行为是错的，可是当时那个妈妈认为是对的。她的女儿哭着，她仍然给女儿裹。请问她这个行为是不是愚昧的？

正方一辩：算，如果她认为是错的……

反方四辩：谢谢你，算是愚昧的。可是这个时候我们会评价这个妈妈是一个坏人吗？

正方一辩：不会。

反方四辩：不会，对。所以愚昧不等同于邪恶。她只是认为当时她做的事情是对的。可是如果换到现在，已经不流行裹小脚了，一个妈妈裹那个小孩子的小脚，你觉得她是坏人吗？这叫虐童，对不对？

正方一辩：对方辩友，我从来没有说过愚昧就是坏人。

反方四辩：对，我只是跟您确认愚昧的定义嘛。因为你没有花功夫，我帮你花了功夫，所以你赞成，对不对？

正方一辩：对，我赞成。

反方四辩：好，谢谢你。再来看可怕，您认为进步不进步就叫可怕不可怕对不对？

正方一辩：不对。

反方四辩：不对？可是你说社会不进步就叫可怕，这样你是说你的论点不对？

正方一辩：不对，是社会不进步一定可怕。

反方四辩：社会不进步一定可怕，而你认为社会不进步的责任在于沉默对不对？

正方一辩：对。

反方四辩：对，所以你是说，今天我们要讨论的题目是可怕不可怕对不对？

正方一辩：对。

反方四辩：对，再多问一次，是可怕不可怕对不对？

正方一辩：对。

反方四辩：不是谁有没有责任对不对？

正方一辩：不对。

反方四辩：不对？如果你说进步不进步，等等。如果你问社会不进步谁的责任更大，我肯定举手赞成沉默更大。可是谁更可怕你没有解释到喔。

正方一辩：其实解释到了，您不懂而已。

反方四辩：请解释一下。

正方一辩：好，解释一下。因为我们认为社会不进步是件可怕的事情，而沉默必然导致社会不进步。

反方四辩：对，这是你刚才主辩稿讲得很清楚，可是你只告诉我社会不进步的责任在于沉默，没有告诉我可怕的现象在哪里啊。

正方一辩：可怕的现象在于社会不进步啊。

反方四辩：是，所以是沉默要负上责任。可是可怕这个现象你还是没有告诉大家。谢谢。

反方陈词 1

反方一辩：

首先让我们来看下今天的辩题。今天的辩题是沉默和愚昧何者更可怕，而我们今天要讨论的是更可怕，那就和它如何产生的，怎么解决都没有关系。就像我说我怕一只老虎，和谁养了这只老虎，这只老虎最后被谁杀了都没有关系，我怕的是那只老虎。所以我们今天要讨论的，不是谁导致了沉默，也不是谁可以解决沉默，我们就要讨论沉默和愚昧本身可不可怕。就像我说怕僵尸，和他是怎么变成僵尸，最后是不是又变回了人都没有关系，我怕的是那个僵尸。而我们今天所要论证的也就是这只僵尸，也就是我们沉默和愚昧可不可怕。

其次，我们再来看一下什么叫作愚昧。对方辩友刚才说，愚昧是无知，这个是不是愚昧？是，是愚昧的一种，是知识上的愚昧。但对方辩友如果就把愚昧理解成这样，您未免太小看愚昧了。因为我们知道还有一种愚昧，是价值观念上的愚昧。而这种愚昧体现在他会把错的当对的，把对的当错的，他完全是反价值的。而这种愚昧又和邪恶不同，因为邪恶是明知是错还在做这样的事，而愚昧是我做了错的事我觉得是对的。就像刚才我方四辩说到那个裹小脚的问题，如果放在裹小脚的时代，那是愚昧，因为妈妈是为我好，她认为裹小脚是件对的事，这个叫愚昧；当如果放到现在来看，妈妈明知道裹小脚是错的，她还硬要帮我裹，那这个就叫邪恶了。

接着我们再来看一下我们今天讨论的范围。我们知道，其实对方辩友今天有点温柔，他一直拿一个人的沉默来跟我们比。但我们知道，一只僵尸是不可怕的，要很多只僵尸，你要放眼看过去都是僵尸你才会感到害怕嘛。所以对方辩友今天您也别那么温柔，我们就胆子大一点，当沉默成为主流的时候，与当愚昧成为主流的时候，谁更可怕？现在让我们发挥想象，我们回到纳粹那个时期，当杀犹太人变成一种主流思想，大家都觉得杀犹太人是对的，然后大家高唱正义之歌欢欣鼓舞地、非常亢奋地在杀着犹太人。一边杀犹太人一边还觉得自个儿是对的，这个时候你的沉默不沉默已经改变不了任何事，因为愚昧成为了主流。而且这种愚昧成了有组织的、有纪律的，它甚至成了一种政府行为，而这个时候可不可怕？非常可怕。所以我方今天就要论证这种形成主流的反价值的愚昧非常可怕，更可怕。所以我方坚持认为愚昧更可怕。谢谢 。

正方质询 1

正方四辩： 好，先明确一个定义，您方今天觉得邪恶和愚昧二者的本质区别在于：邪恶的人知道自己做的事情是错的，而愚昧的人不知道，对吧？

反方一辩： 对。

正方四辩： 好，今天我举一个例子。大家都看过《笑傲江湖》里面有一个人叫作左冷禅。他是一个邪恶的人吗？

反方一辩： 我不知道，因为我不知道他做这件事情是……

正方四辩： 好，你不知道左冷禅是不是一个邪恶的人。我大概可以告诉你，他杀了两位恒山派的师太，妄图统一五岳剑派，手下人命无数。你觉得他不一定是一个邪恶的人？

反方一辩： 如果他一边杀一边觉得自个儿是对的，那是个愚昧的人。

正方四辩：对，所以您觉得即使一个真小人，他也是一个愚昧的人而不是一个邪恶的人对吧？

反方一辩：如果他觉得自己是一个君子，那他就是一个愚昧的人。

正方四辩：等一下，您先不要急。我说一个真小人是他的言行是合一的，他自己觉得，我是自私的人，我就应该自私地做，这样的人算不算邪恶？在您的标准里，是不是邪恶？

反方一辩：算。

正方四辩：算？好的，所以在您的标准里，您看，您又承认他是邪恶的人，又觉得他是愚昧的人。所以这种人的危害是由邪恶带来的还是由愚昧带来的？您方解释一下。

反方一辩：我觉得是愚昧，因为他做了自己觉得对的事儿，他没有知道错还做错的事儿，对吧？

正方四辩：好的，这点我们可以先搁置，等一下我方二辩会讲。首先大家大概明白了邪恶和愚昧并不是同一个东西。下一个点，您刚才告诉我们说，我们怕老虎与老虎是从哪里来的、老虎平时吃什么统统没有关系，对不对？

反方一辩：对啊。

正方四辩：对，今天一个老虎在动物园里，我会怕他吗？

反方一辩：我不会。

正方四辩：你不会，为什么？因为老虎是在动物园里的，对不对？所以可怕的不是老虎，而是把老虎从笼子里放出来的人，对不对？

反方一辩：但是我不怕动物园的饲养员，我怕的是那只老虎啊。

正方四辩：你怕动物园的饲养员把笼子打开，对不对？你怕的是这种行为。

反方一辩：因为老虎会跑出来。

正方四辩：因为老虎会跑出来，所以您怕的其实是这种行为而不是老虎本身。我们今天怕的呢，也不是沉默或者愚昧这两种东西本身，而是它带来的结果嘛。再来看下一个问题啊，今天您觉得，反价值是世界上最可怕的事情，对不对？

反方一辩： 比沉默更可怕。

正方四辩： 更可怕，好的。今天如果反价值的观念成为社会的主流，我们有正向的价值观念，我们发出了自己的声音，二者得以充分地碰撞，在这种情况下您觉得反价值还那么可怕吗？

反方一辩： 那对方辩友，主流只有一种啊，为什么会有两种呢？

正方四辩： 对方辩友，主流确实只有一种，但在碰撞之后，是不是我们更容易得到正确的结论，而不会让您讲的那个反价值的主流长期成为主流呢？谢谢。

正方陈词 2

正方二辩：

大家好。对方辩友今天的角度切的有点奇怪。

首先，第一个，对方辩友今天告诉大家说，我们谈沉默，只谈沉默这个行为，不谈它会带来的结果。即使今天沉默必然带来社会无法前进，但是对方辩友质询中居然说要一刀切开，我们只看沉默，不谈社会不前进的可怕。那各位，今天愚昧只是坐在那边傻傻笨笨呆呆流口水很可怕吗？你应该要看的是结果，拿刀起来砍人的那种疯狂啊！所以各位，今天如果你只看愚昧本身也不可怕，也是要看它带来的结果。所以大家本身都在看结果的时候，您方切这个角度是不是很奇怪？

第二，对方辩友今天告诉大家说，愚昧跟明知是错和执意颠倒是非这点不同。因为愚昧的人他本身觉得自己价值观没有问题，他不觉得这样子是错的。但是那种邪恶的人，就明知这样子做是错，但是他还要执意颠倒是非。那我方就很好奇了，在社会上，我们历史中大奸大恶的人，希特勒、秦始皇、慈禧太后等这些人，他们是属于愚昧还是执意颠倒是非呢？他们是本就认为屠杀完所有犹太人这种行为其实没有什么不对，还是他们知道其实是错了，但他们偏偏要做呢？所以对方辩友，这些社会中大奸大恶的人也未必属于您方定义下的愚昧，因此在这种情况底下您方的逻辑又不能成立了。

各位，其实今天愚昧真的没有什么好可怕的，就好像我方主辩所说，愚昧不断让我们走错路，可是各位。人类社会不是从一次次错误中前进到现在的吗？以前我们裹小脚，裹小脚有什么好可怕的，来到现今不是走向了大脚，每个人都在街上走？以前我们的社会发展是靠战争去夺取别人的领土，但后来我们走向了和平啊。以前我们不断制造新的科技去破坏大自然，但后来我们走向了人人环保啊。最主要的是什么，是这个社会底下没有人保持沉默，这个社会底下有新思想不断冲击原有的愚昧思想。而人类的发展其实就是从一次次的愚昧中前进过来的，所以愚昧其实是人类发展史上常有的，所以它没有什么好可怕，因为我们已经找到灵丹妙药，就是打破沉默。所以这种情况底下可怕是什么，明明是一种很容易被医好的病，但我就是不给你吃药啊。各位，可能大家今天觉得我现在已经生活得很好了，基本上这个社会不进步没有什么关系。可是各位知不知道，在这个几亿年过后我们的太阳会不见，我们有很多地球上的小岛正在不断地往下沉，还有很多很多事情我们是无法用现在的力量与之博弈的，如果在那个太阳要消失的时候，我们还没有发展出新的科技去取代太阳，那我们怎么办？如果所有科学家和哲学家都保持沉默，那我们该怎么办？谢谢。

反方质询 2

反方三辩：您方刚才驳论中最后一句告诉我们说这个东西最后被解决了，它不可怕。我想请问您，文革最终拨乱反正了，是不是文革不可怕？

正方二辩：不可怕，人类总是一次次跌入这种陷阱，一次次爬起来，没有什么好可怕的……

反方三辩：第二次世界大战最后被终止了，所以第二次世界大战不可怕？

正方二辩：不可怕。

反方三辩：也就是说，其实我们世界上愚昧带来的所有可怕的问题，由于在你方看来，它都是历史了，所以不可怕了，对不对？

正方二辩：对方辩友，不是因为它是历史，是因为我们找到解决方案了，而且这个解决方案特别有效。

反方三辩：您方告诉我解决方案，我就跟您探讨这个可怕的标准。今天如果我患了感冒，这个时候你不给我吃感冒药，你会认为不给我吃感冒药比我患感冒更可怕，对不对？

正方二辩：对。

反方三辩：那如果我没有患感冒，你不给我吃感冒药，你会不会觉得可怕？

正方二辩：对方辩友，人类必然愚昧，所以愚昧有办法进步，你要看历史，你要看社会发展史。

反方三辩：您先回答我的问题，如果我没有感冒，你不给我吃感冒药，你会不会觉得可怕？

正方二辩：人类总会感冒，没有什么避免的，人类总会感冒的。

反方三辩：所以你是告诉我人类总会感冒，感冒造成的可怕程度我们不管，我们只看有没有给他吃感冒药，这样合理吗？

正方二辩：对方辩友，你仔细听我说一次，如果你真的还听不明白的话，那我们再检讨。我说的是，人类发展史当中，我们总会跌入一次次的弯路当中，但是只要有不沉默的声音，我们就会走回来，所以这有什么可怕的。

反方三辩：我明白，其实您方就是在告诉我人类总是会愚昧，愚昧产生多大效用没关系，最后总会走向好的，所以这个东西其实就不可怕，不讨论。

正方二辩：我有例子，要不要听？

反方三辩：我继续问下一个问题好了，您方告诉我，思想碰撞会解决愚昧，就像感冒药的效用。我今天问你，如果大家都是红卫兵，我方四个是不打算沉默、想打破沉默的人，怎么碰撞？

正方二辩：如果您看整体国际社会都沉默，不理智的红卫兵，大家让它持续蔓延，它会更可怕。

反方三辩：所以我们应该比较的，是大家都沉默，只有我们四个红卫兵和大家都是红卫兵，只有我们四个沉默，哪个更可怕，对不对？

正方二辩：对，我方三辩等一下就会给你惊喜了，因为我们会成功论证到，如果整体社会都沉默会有多可怕。

反方三辩：这样，你先给我解决一下，大家都是红卫兵，我们四个想跟大家碰撞一下，怎么碰撞？

正方二辩：各位，人与人之间之所以成为社会是因为有沟通，如果没有沟通，社会都瓦解了，所以这一种沉默，这一种整体社会都沉默的可怕，你解决不了。

反方三辩：对方辩友，您还是告诉我要有沟通，您告诉我怎么沟通嘛。

反方陈词 2

反方二辩：

刚才对方辩友告诉我们缠小脚不可怕，文革不可怕，战争不可怕，因为我们会找到的解决办法，可是如果真的像您所说的那些东西不可怕的话，我们为什么要检讨呢？我们检讨的东西是什么呢？今天对方辩友告诉我们说，吃感冒药，感冒本身没有关系，但是有关系的是我们如果找不到感冒药，这就可怕了。可是对方辩友您没有想到，你没有想过这个问题，我们为什么会害怕找不到感冒药？因为我们害怕的是如果我们找不到感冒药，我们治不了感冒，所以你真的害怕的还是感冒嘛。您告诉我不沉默解决愚昧，如果我们沉默的话可能这个问题无法解决，您最后害怕的还是沉默背后那些无法解决的问题嘛！所以，您不能通过这样的逻辑来论述沉默比愚昧更可怕。

刚才对方辩友还要给我们论证邪恶和愚昧的关系。我想现在先在这里跟大家澄清一下邪恶是什么，邪恶是我明明知道这件事情不对，我还要去做，这叫邪恶。比如说一个人想强暴一个少女，他知道不该冒犯这个人，但他为了满足自己的欲望，他还要这样去做，这个叫邪恶。可是邪恶的人永远是少数，因为正常的人他是不会做自己一直认为错的事情的。可是愚昧的可怕在哪里，愚昧的人他们认为错的是对的，恶是善的，这种价值的颠倒，让他们以为自己在做对的事情。而且更可怕的地方在于，他们有足够的智力和能力去把这件事情践行得很好。在“文革”时期，红卫兵他们真的没有脑子吗？他们真的没有智力吗？他们最可怕的地方在于，他们以为烧孔庙、烧古籍是对的事情，这个时候他们有组织、有纪律地去践行这个东西，这形成的威力是无法阻挡的。这个时候您告诉我要打破沉默，可打破沉默怎么解决？一个人跑来面前跟他们说，求求你们不要再烧了，那都是文化瑰宝啊。他们说，对，我们烧的就是文化瑰宝。这个时候你怎么跟他解决？怎么跟他解释呢？我们再来说说像裹小脚这样的例子，在当时社会，裹小脚就是代表着一种审美的主流判断，因为你不裹小脚你嫁不出去，这个时候妈妈才说，为了你好，我要为你裹小脚，这个是对的事情，我们还会认为这个妈妈好疼爱她的女儿哦。所以所有的妈妈都在为女儿裹小脚，这个时候你怎么跟她说，说裹小脚影响女生的骨骼发育，等老了会带来很多问题，她们会说你胡闹，我女儿都嫁不出去，说这些东西干嘛。同样的例子，我们看看十字军东征，在当时的社会，人们认为上帝就是最对、最高的选择，所以我们听从上帝的旨意，去攻打伊斯兰教。这个时候你跟他说世界上不存在上帝，他会听吗？谢谢。

正方质询 2

正方三辩： 对方同学，你好。

反方二辩： 你好。

正方三辩： 我请问一下，你认为裹小脚美吗？

反方二辩：我现在不认为美，但是当时的男人都觉得很美。

正方三辩：好，对方辩友，想问你，我们从以前认为裹小脚美，到现在我们不认为裹小脚美，是上帝的魔杖有一天突然唤醒了大家，还是有不一样的声音改变了这个社会？

反方二辩：是有改变。

正方三辩：是有不一样的声音改变了这个社会？

反方二辩：但是裹小脚本身是一件很愚昧的事情，有改变啊。

正方三辩：没错，后来我们改变了。有不一样的声音，就会让我们对价值观有反思，最后我们会改变。

反方二辩：对，所以我们改变的是可怕的事情。

正方三辩：对方辩友，我要问你下一个问题了。您方刚刚说我们不讨论沉默本身？是这个意思吗，我们不讨论沉默？

反方二辩：不是啊。

正方三辩：那你方刚刚说这个，沉默带来的后果我们不讨论。

反方二辩：可以讨论啊。

正方三辩：沉默带来的后果可以讨论，对不对？

反方二辩：对。您方告诉我社会无法进步，可以讨论。

正方三辩：好，所以没有进步，或是一个社会只有主流价值，而且那个价值观还有可能是错的。没有人有办法改正，这样的社会可怕不可怕？

反方二辩：可是我们看到，愚昧带来的是社会的退步，所以您无法证明社会进步会比社会退步更可怕。

正方三辩：对方同学，不对，愚昧为什么会退步，就是因为明事理的人沉默，所以根源在于知道的人不发声，而不在于……

反方二辩：不对，关键在于愚昧是大多数，沉默的人没有办法去阻止他们。

正方三辩：对方辩友，那您方能不能告诉我们，为什么我们以前裹小脚而现在大家不裹了？

反方二辩：也许是观念上的进步啊，但是如果你在宋朝跟他们说这个观念去教化他们是没用的嘛。

正方三辩：所以，它需要时间，但是可以改对不对?

反方二辩：对，当然可以改啊。

正方三辩：好，对方辩友，我方问您一下，以前人觉得天花很可怕，现在天花还可怕吗?

反方二辩：不可怕，但是以前的人觉得它超级可怕。

正方三辩：对，因为它可以治了，所以我们觉得它不可怕。所以问题不在于它到底会有多严重，而是这个严重的病它有没有得治，能得治就不可怕。

反方二辩：对，我们害怕它不能得治是因为，我们害怕不能得治以后我们的病会更重，我们会没命。

正方三辩：好，再问您方下一个问题。就是如果你今天去看医生，可是你沉默了，医生不知道你哪里痛，不知道你哪里不舒服，他怎么开药给你?

反方二辩：如果你把沉默只是定性为不说话……（质询时间到）

反方质询小结

反方三辩：

看看对方辩友在答我方质询中的回应。他方说，二战可以被终止，不可怕；文革可以被终止，不可怕；十字军东征最后也被终止了，不可怕。诶，对方辩友，你还真可怕。你告诉我这些东西由于它被终止掉了，它本身的可怕性就不在了，它本身就不值得我们去反思，去思考，去解决或去想了，这样合理吗？不对吧，我们今天就应该比较的是，它在它爆发出最大威力的时候，它这个东西到底可怕还是不可怕。

然后你方又告诉我，这部分结果也可能是人们默不作声导致他愚昧带来的啊！我们先不管他是怎么带来的，或者我方先姑且承认有可能是沉默之下的纵容带来的，那我们怕的到底是什么？就拿您方质询中举的例子好了，笼子里关着一只老虎，饲养员把老虎放出来了，这时候我们喊的是，快跑啊，老虎出来啦，还是喊的，快跑啊，饲养员来了呢？当然是老虎出来了，因为老虎本身才是这个关键点，可怕的地方。您方跟我讨论是谁带来这只老虎，谁养大这只老虎，老虎是怎么进化成老虎的，跟辩题讨论没有关系，我们谈论的是谁才是这个地方的可怕点，对不对呢？谁才是这个地方最可怕的，或者更可怕的东西，对不对呢？

我方在质询中问你，我不给你吃感冒药，如果你没感冒，你会不会觉得可怕？不会嘛，因为这个时候你可怕的东西已经不在了。沉默这个东西本身不可怕，可怕的东西在于愚昧嘛，对不对呢？这是要厘清可怕的概念。然后您方又告诉我说，要解决，怎么解决？您方给了两个字，“碰撞”，碰撞解决。我方在质询中试图让对方辩友解释，假如说在场的都是红卫兵，我们在守卫一座寺庙，你们要冲进来，我们四个该怎么说？好，不说我们四个，各位，你们该怎么说？你们想想，给大家5秒钟。怎么说？你跟他说，不要砸，这是文物古籍，你跟他说这是国家瑰宝。他会说，我们砸的就是这些东西，四旧啊。各位，这才是可怕的地方，他将这个错误的价值认为是正确的价值，而且在有效地践行自己这种错误的价值，他不自知，这种时候，少数沉默的人，打破沉默跟他碰撞又能怎样？鲜血直流嘛！这个时候，沉默的人能怎么做呢？可能一个聪明一点的老和尚，他不会去阻止这部分人，他抱一两本经书走了，他可能不打破沉默，他能发挥自己最大的功效。这个时候我们其实更应该讨论的是什么，讨论的是面对这种情况下的沉默，我们要不要去谴责。我方其实今天就是要告诉大家，有的时候沉默不是你想打破就打破，你打破也无动于衷，这种时候我们还应该去谴责吗？谢谢各位。

正方质询小结

正方三辩：

大家好。对方辩友的愚昧是万恶之源，我方要说，沉默是一个社会瓦解的根源。为什么？我们想一想为什么现代的社会会被建立起来，为什么我们现在有国家，是因为人与人之间有了联结，个人与个人创造了一个群体，群体跟群体之间的联结最后会形成一个社会跟一个国家。所以今天如果对方辩友要说那种反价值观的愚昧很可怕，其实沉默带来的后果也可以是非常可怕的。可怕在哪里，在于这个社会自始至终不会存在。

人是一种群居的动物，可是在你完全沉默的时候，你不可能跟人有任何互动，有任何合作。如果你和另一个人流落到一个荒岛上面，你们可以选择互助合作，可是要什么，你们要沟通。如果你们不能互助合作，你们要怎么办？你们只能猜忌，你不知道没有肉、没有菜、没有东西吃的时候，他明天会不会来杀我，所以我要先杀他。就是在完全沉默的情况底下，社会会土崩瓦解。

对方辩友在跟我们论证，一群很愚昧的人会对社会造成伤害。我方说，一群沉默的人，社会永远不会存在。就如同我方问对方辩友说，你今天去看医生，你不跟医生说你问题在哪里，医生怎么开药给你；反过来说，你跟医生说你问题在哪里，医生不告诉你药是什么，又怎么治病呢？沉默，彼此无法沟通，社会完全没有办法建立，到底哪一个更可怕？

再来，对方辩友一直跟我们谈一个观念，对方辩友说，你要怎么去跟文革时候的红卫兵说，要改。我方说，你就照你怎么想的跟他说，对，你说一遍他不会听，说两遍他不会听，说三遍他也不会听，你说十遍他也不会听，可你要说一百遍，一千遍，一万遍，总有一天他会理你。对方辩友不要说我方傻，每一次我们价值观的变革，就是这样来的。以前的人说，裹小脚好美，就是有人站出来说，裹小脚伤害身体。他说一次说两次说三次，说到第一百次的时候，有一个人理，他说到第一千次的时候，下一个人再理他，说到第一万次的时候，可能社会才被他改变了一半。所以社会的价值观，就是在于有不沉默的人愿意发声，跟大家辩论什么才是对的，社会才能够进步。所以错并不可怕，而可怕在于没有人告诉你是错的，你甚至不知道你是错的。这样的社会才会无止境地沦陷。

我方为什么认为，在一个沉默的社会会更可怕，因为一个沉默的社会，它是坐以待毙的。在对方辩友的世界底下，那群人或许很愚昧，可是愚昧的人与愚昧的人之间，他们有了不同的声音，他们能够沟通，能够交流，人类的历史就是不断地在沟通、交流之中进步到现在这个社会的。谢谢各位。

自由辩论

正方四辩：好，我们今天举一个例子啊，在春秋的时候有一个人叫崔杼，他杀了他的君王，然后呢，史官就没有保持沉默，他记下了崔杼弑君，于是这个史官被杀掉了。然后您知道接下来发生了什么吗？

反方三辩：不知道，您可以给我解释。您方告诉我说沉默本身会导致社会不进步，我想问，社会不进步和社会走向退步，哪者更可怕？

正方四辩：这个史官被杀以后，他的兄弟接替了他的职位，兄弟继续写崔杼弑君，这样的过程反反复复，最终史书留下来的是，崔杼弑君。请问您，不沉默可不可以改变现实，改变愚昧？

反方四辩：不沉默可以解决问题，可是可不可怕真是看它能不能解决吗？

正方二辩：当然是啊，退步了过后又走回正轨，人类就是这样子的，有什么好可怕？

反方一辩：所以对方辩友你告诉我，一只老虎被杀掉，那只老虎就不可怕了吗？

正方四辩：对方辩友，不是这么简单，今天我们不仅能解决，我们还能预防。您所讲的所有人都愚昧的那个年代，是不是都一定因为他们互相之间的交流少，您能给反例吗？

反方四辩：不管怎样，能不能解决根本不是关键，我们怕的不是那些不解决问题的人，我们怕的是正在制造问题的人，就是“文革”时期你不会怕静静不出声的那些人，你怕的是那些在打砸的人，对不对？

正方二辩： 对方辩友，真正可怕是那些不出声的人，不出声的人使这个问题扩大僵化啊，对方辩友，为什么你总不看根源？

反方四辩： 用一种饲料养肥那只老虎，你就怕那种饲料吗？你该怕那只老虎对不对？你不会怕它吃的肉的，如果它不吃肉，它不会肥，可是这时候你怕的是老虎，你不会怕饲料，对不对？

正方一辩： 对方辩友，简单地回应下为什么我方说可以预防就不可怕，因为今天如果只有一个愚昧的人，你做什么样的事情我们可以及时地制止你，如果说今天你不制止的话大家都变成愚昧的人，所以才可怕嘛，所以根源在于不制止嘛。

反方三辩： 您方告诉我的是，没有愚昧的时候不可怕，我们今天比较的不就是出现这种大多数人集体反价值，并且有效地践行反价值的时候可不可怕吗？

正方四辩： 对方辩友，您别急，我们先来讨论这个问题，今天我们说天花很可怕，但我们有了牛痘，可以预防天花的时候，天花是否还可怕？

反方一辩： 但是如果我真的得了天花，就算它能够被治疗，我还是会觉得很害怕啊。

正方四辩： 你得是因为你没有预防嘛，试想一下，假如没有焚书坑儒，假如没有后来的独尊儒术，中国思想在明清的时候会不会那么僵化，会不会那么沉默？

反方四辩： 对啊，尽管天花最后被牛痘解决，我怕的还是那个天花，不会怕的是那个牛痘吧！

正方四辩： 对方辩友，您又混淆了，我今天讲的是牛痘让我们预防了天花，所以牛痘在我身上的时候我不会得天花，所以今天当我不沉默的时候，我们合理地交流碰撞，我们就不会变得那么愚昧，您可以承认吗？

反方四辩： 所以你是说沉默会让愚昧不可怕，可是你没有告诉我为什么沉默会可怕。

正方一辩： 我们先厘清一下，这有点乱，首先您方承认了，愚昧可以被沉默治疗对不对？所以愚昧的可怕先打一个折扣，然后我们再来看愚昧和沉默本身导致的后果。我方认为，沉默会使社会无法进步，人类没有未来，您方认为愚昧能不能让社会进步？

反方三辩：愚昧让社会退步，退步当然更可怕。我方回应您方牛痘的例子，在没有出现牛痘之前，我们害怕的是天花，我们不会害怕没有这个什么痘的东西能解决它嘛，对不对？

正方一辩：对方辩友，原始部落大家都很愚昧，如果按照您方观点，我们应该比原始部落更愚昧才对，为什么现在这么文明呢？

反方四辩：不管这个东西有没有被解决，可你没有被解决之前你极度害怕，等到你解决过后你就没有这么害怕，可是你怕的还是那个问题，你不会突然间怕的是医生了，你明白我的意思吗？

正方二辩：可是各位，连原始人都可以走过来了，证明其实愚昧会打破的，只要我们有不同声音存在就好，愚昧这东西没有这么可怕，因为人类就是这么走过来的，可是你有没有想过整体社会都沉默、不沟通的时候社会会瓦解，社会瓦解更可怕啊！

反方四辩：这我很奇怪，你很坚持愚昧的人总有一天会变聪明的，这样的话沉默的人不总有一天会发声吗？这样两者过后都会没有问题，可怕之处在哪里呢？

正方三辩：对方同学，我方从来就不是在跟你比较沉默的人到底会不会发声，问题在于沉默会制造愚昧的行为，因为我们不沟通，我们没有办法进步，永远会停滞在一个不进步的社会。

反方一辩：所以对方辩友你还是告诉我，怕的不是那只老虎，怕的是那只养老虎的人，可是养老虎的人就是一个饲料员，我有什么好怕的呢？

正方四辩：我们说了多少遍，我们怕的是制造劣质笼子的人，我们怕的是那个不小心打开笼子的人，我们怕的是那个不监管老虎使它跑出来的人，而不是那只老虎啊。

反方四辩：所以我就很奇怪，如果像我现在这样放一只老虎进来，然后你看到我你会怕我，你不是怕那只老虎？

正方四辩：我当然会怕你啦，你居然会把老虎放进来，这不可怕吗？

反方一辩：所以对方辩友，你为什么怕那个劣质的笼子，你不还是怕老虎跑出来吗？

正方二辩：对方辩友不要再玩类比了，我方要跟你说多少次，今天愚昧不可怕，可怕的是愚昧没有办法被打破，也就是沉默带来的结果。第二点，对方辩友很喜欢跟我们说整体社会都愚昧怎么办，可是各位，整体社会都沉默，是这个社会根本不存在，何者更可怕？

反方四辩：对方辩友，不是我要玩，是我不明白。我再讲一次，你再听一次，然后你解释给我听，如果那个人放进来是老鼠咧？这时候，你还会怕吗？你怕的是那个人放只老虎嘛，如果放进来的是只米奇老鼠，我看你应该是去跟它拍照。

正方二辩：老虎之所以可怕是因为它没有办法被抓回去那个笼子里面啊，所以各位，我方已经从根源再到解决方案都完整地跟你谈，您方还是跟我谈老虎和老鼠，对方辩友你有点诚意好不好？

反方三辩：我再跟你谈一遍为什么我们今天要跟你谈可怕性，而不是谁解决，因为按照你方的讲法，打破沉默可以解决，有的时候愚昧的人自我反省也可以解决，我们今天就是要强调的是，我们要告诉大家愚昧到底有多可怕，这个时候我们才会反思，自己的价值观到底是不是对的，我坚持的东西到底是不是一定对，万一我坚持成错的呢？是不是会退步？

正方一辩：好吧，问题来了，对方辩友告诉我们愚昧的人会自我反省。请问，都没有人告诉他是错的，他为什么会反省呢？是不是说只有有人告诉他，打破愚昧，用另一种价值观念冲击他，他才会自我反省呢？

反方三辩：文革时期，当我们对别人施加的暴力最后施加到我们身上的时候，我们会反省。这种反省也是进步的根源。

正方二辩：愚昧的人既然都会自我反省了，有什么好可怕？所以愚昧的人他们可能愚昧的方向不同，有母系社会，有父系社会，但最后这两种价值观愚昧的人一起碰撞就带来男女平等啦，有什么好可怕的？

反方三辩：我方正是要告诉对方，愚昧把错的当成是对的，有效地践行，很可怕。你才会时时刻刻提醒自己去反思，我现在坚持的，到底是对的，还是错的。

正方四辩：可是在您的定义里很奇怪，您方发现每一个时代都有相对比较愚昧的人，所以愚昧是无法根除的，你方要怎么解决？

反方三辩：又谈根除，我方一再给您解释过根除了，这个时候根除不再单单只有打破沉默，有可能自我反省也是根除的手段，而且是最根本的根除手段。人为什么会进步？唯有自身时时刻刻在反省自身，才会进步。

反方总结陈词

反方四辩：

大家好。这一场，绕来绕去其实只有一个逻辑啦。他认为：制造问题的人，不解决问题的人更可怕，就这么简单。然后他说，沉默就是制造社会不进步的源头，而沉默不去解决问题，所以沉默最可怕。这是对方整场主打的东西，其实我明白，我也觉得没有问题，你讲得很好。可是问题是，这个是可怕的吗？解不解决问题跟可不可怕其实还有一段距离。就好像说有一些不能解决的问题，其实一点都不可怕。就比如，我喜欢吃东西，每天吃吃吃，结果问题最后是怎样？肥咯，很肥咯，不能解决咯，瘦不下去了咯，可是这不能解决嘛，因为我很爱吃，这是我本能欲望来的。可是你会说这是很可怕的事情吗？不会，因为解不解决跟可不可怕其实还有一段距离。就好像你说，可能你常常听到“一天吃一颗苹果可以远离医生”，所以你觉得疾病其实并不可怕，医生比较可怕。这不合理嘛，就是说感冒的时候你不怕感冒，你怕医生。因为医生可能会不医你，然后可能医错你，等等之类的。

什么是可怕，可怕应该是你一听你就觉得你会怕，然后你逃的对象是它，那才是可怕。如果你叫我具体将可怕定义给你，不可以，因为那是一个感受，可是不会怕医生，你会怕的是病。这是第一个，你没有讲清楚，可怕的定义。

还有一个，他告诉大家，社会不进步就是可怕。就是说为什么愚昧不可怕，很简单呐，因为愚昧到最后会解决的，愚昧最后会没有问题的。社会不进步却是不会解决的。社会不进步是沉默带来的。我很奇怪，为什么愚昧的人可以变聪明，可是沉默开声过后的不可怕你不谈？所以对方是假设愚昧所有的问题都会没有问题，才认为愚昧不可怕。

我方告诉大家为什么愚昧很可怕。因为它比邪恶来得更恐怖。很简单，一个人邪恶，他会做一件坏事，可是他知道这是坏事，就偷偷地做，不会光明正大地做，他也不会觉得他做得特别好，而是他特别坏。就好像刚才讲强奸犯，他就是强奸一个女孩子，他不会光明正大，各位，我现在要做这件事情，因为他知道这是错的，可是如果他认为，他现在是解救这帮女性，他可能会开个座谈会，找一帮女性，一个个表演给大家看，就因为他认为他是对的。所以我们才会看到，纳粹时期，他们认为杀人是对的，发明一个断头台，一次砍头，"唰"，漂亮！他们觉得他们做得很对，这就是为什么愚昧会比邪恶更可怕。因为他还愚昧的时候他还认为他是对的，他做得很兴奋，做得很开心。可是他做错了，这就是可怕的地方。所以我方告诉大家，愚昧比沉默更可怕，谢谢。

正方总结陈词

正方四辩：

好，谢谢大家，感谢对方辩友的精彩发言。其实对方辩友刚才一上来对我们定义的质疑并不是很成立，为什么呢？她举了一个很鲜活的例子，她说我很胖，可是我很爱吃，我很难控制自己的欲望，我爱吃这件事情可不可怕呢？这件事取决于一个认识，就是我变胖可不可怕，如果我变胖是一件很可怕的事情，我当然会认为这个欲望太可怕了。大家仔细想，如果你真的不在意这件事情，放出这件事情背后的原因很可怕；但是如果您认为这件事情是可怕的，那好，我们达成共识，导致它的原因一定也很可怕。

对方辩友今天对我方的质疑，我们一个一个来回应。首先她在质疑我们说啊，我方的沉默这件事情呢，并没有什么危害，其实对方辩友，您小看了沉默，怎么讲呢，大家想一下有一个叫李约瑟难题的问题，为什么中国在漫长的历史中没有进化出西方文明，为什么？其实我们仔细想一下，和我们中国历史上很多事件有关，比方说焚书坑儒，比方说独尊儒术，比方说程朱理学的兴起，比方说将科举考试定为唯一的官方思想。而这样的错事有一个共同的特点，它导致儒学或者一些其他东西成为了主体的单一思想，而没有多元思想的碰撞。在这种条件下我们发现我们没有办法去指出这个思想的漏洞在哪里，我们也没有办法去进步，因为没有反对的声音，在这种情况下我们发现社会的观念发展趋于停滞，甚至不仅是一种停滞，可能是一种倒退。举一个例子，在春秋战国时期其实女性还是蛮有地位的，当时有很多的贵妇人受到非常多的尊敬，其实这个时候有点类似于西方的那种骑士精神的时代，但是随着程朱理学的兴起，在明清的时候我们发现，妇女变得非常没有地位，我们从本来一个接近男女平等的水平，变成一个彻底的男尊女卑的社会，这是为什么？因为妇女的意见没有得到充分的表达，因为她们没有一个合理的意见碰撞。

所以这就是我们今天想跟对方讲的，沉默并不是没有直接伤害，它有，它导致了社会发展的停滞和退步。而我们人呢，是一种社会的动物，如果没有社会在我们的背后做我们的依靠，我们真的什么事都做不成，哪怕最简单的事情。比方说这件衣服是怎么做出来的，比方说我今天吃到的食物是哪里产的，这些都是由社会提供的，如果缺乏交流，只会导致社会的瓦解，这点很好理解，所以我就不再赘述。

还有对方辩友对我们的另一个质疑，他告诉我说，这个愚昧的人，他一直很愚昧哦，他告诉我们说我们大家文革，我们就要“破四旧”，就是要砸，怎么办？好，我过去怎么说服他，我确实没有办法说服他，我也承认这一点，但这个愚昧不是不可解决的。大家想一下在中世纪的欧洲，所有人都陷入了地心说这种愚昧当中，陷入了宗教式的狂热，这时候布鲁诺站出来说，我告诉你们，宇宙是没有中心的。他说了实话，他没有沉默，然后他就被烧死了。很可怕，没错，但是请注意愚昧是怎么被改变的，愚昧正是在这样一次一次的血的斗争中被改变的。所以对方辩友，我们在自由辩问您，崔杼的例子您没有给正面回应，这个例子告诉我们，只要我们不去保持沉默，只要我们一遍一遍地去讲、去说，愚昧就是可以被改变的。而您告诉我们愚昧是可怕的，您告诉我们愚昧不可被改变。好，按照您方逻辑其实很奇怪了，今天我们发现一个问题，你告诉我们说愚昧其实是一种社会的常态，因为任何一种社会下都会有人在您方定义中是愚昧的，您没有告诉我们要怎样去改变他，怎么去防止他造成危害，我方给出了方法。我们的方法就是让观念多碰撞，让观念与观念之间得到自由的交流。根据观念市场理论，当不同的观念在充分的碰撞中竞争的时候，我们人总是愿意相信真实、善良的那个，这也是我们人类之所以能走到今天的原因，所以我方的立论今天很简单，大家不要再沉默，让观念再活跃起来。谢谢。

比赛点评实录

张哲耀（印象票投给正方）：

各位好，我作为最前，所以先抛砖引玉，当然这一次尽量控制时间。

好，分两个部分，第一个是我们比较讨论的范围跟标准，第二个是我们双方怎么做比较。

那讨论的范围跟标准呢，场上零星出现过几次，有的很快就放弃了，我按我整理的这个顺序来。第一个是反方在首次质询的时候有告诉大家说，我们谁应该负这个责任，我们不用讨论。不过我听不太明白这是什么意思，因为听起来反方讲的那些愚昧带来的灾难，也是要这个愚昧来承担这个主要责任，或是要承担社会退步这个主要责任，所以他好像讲了一次就放弃了。第二个是反方有主张说不需要讨论愚昧或是这个沉默的原因是什么，但是我觉得正方也不是想要讨论这个原因，比较像是讨论反方所谓的这个解决方案。然后第三个方法说想要来讨论这个后果，我们要讨论这个行为的后果，只是正方一度误解反方的意思，因为他说我们在讨论的是愚昧本身，所以正方误以为他说不用讨论愚昧的后果，这是阶段性的一个失误。第四个是反方说，我们不需要讨论解决方案，怎么解决的这个不重要。但是，我观感上面认为反方在陈述这一点的时候，有观感上的不协调，我说的不是逻辑上会矛盾，而是观感上不协调。为什么？因为反方在陈述说，“文革”愚昧的这个例子，或是纳粹愚昧的这个例子，他常常强调就是说：诶，你说不沉默可以解决，有得解决吗？你这四个人去跟一队红卫兵理论，有理说不清。我觉得反方在陈述的那个情境跟气氛，会让我隐隐约约地觉得，这个可怕来自于这是不能解决的情境，如果能够被解决的话，红卫兵就不足为惧了。所以说反方嘴里是说我们不需要讨论解决方案，但是在描述那个情境，渲染那个恐怖气氛的时候，又让我觉得，他其实在扣的就是，没得解决嘛。所以我觉得，观感上面是不太协调的。最后一点，我认为双方都同意的是，我们在谈的是愚昧为主还是沉默为主的作为社会主流导致的这个灾难。

好，接着我们来做这个具体的比较。正方，一开始我认为是蛮清楚的，他告诉我们说，如果是以沉默为这个主体的话，事实上我们社会根本就不会进步了；以愚昧为主体的话，大家有得沟通，交流讨论，切磋琢磨，至少会进步，就算绕了这个远路，也就是说走得慢也比不走来得更加好。那我认为反方在这一点的回应上面，来得比较慢一点。有一次是反二，答辩的时候才讲到，可是愚昧会导致退步，那当然啦，这个只是在这个语境上面区别，因为正方所谓的这个绕远路，估计说白了，纳入反方所谓退步概念，大概就是退一步再走两步，退三步再走五步，这个叫作绕远路。所以我认为是正方在一开始开篇的时候，整场比赛是很连贯的，他一直有这个比较明确的比较的概念，但是我认为反方在一开始陈述的时候，其实我是听不太明白那个比较的。我甚至好几次隐隐约约地觉得反方在做的比较其实是愚昧比邪恶更可怕。因为愚昧的人是以为自己在做好事，邪恶的人他至少还明白事理，知道他做的是错的，他还可能遮遮掩掩，可是愚昧的人做这种我们观感上的坏事，会做得理直气壮，做得明目张胆。可是我觉得这好像是愚昧跟邪恶的比较。在反方陈述那些愚昧很恐怖的例子，我一直听不到沉默版本的对照组，所以我觉得最多只能够说愚昧很可怕，可是我没感受到这个比较，这一点对我的影响是蛮大的。那所以，反方比较像是用反应来接，说你这个是叫作不进步，我这个是有退步，就算你做这个比较，我隐隐约约好像觉得是同归于尽，就是正方是说我们这个社会无从建立，反方说社会建立了，我们还会毁掉它，所以前者有一种理性的可怕，就是我们的孩子胎死腹中生不出来；反方是说，我们有一种感性的可怕，孩子是生出了，来可是惨遭杀身之祸，所以我们在观感上会觉得非常的伤心非常的痛苦。所以，我觉得在这一点上面不太能够比较。可是，如果我们考虑到，有得解决的这个方案的话，我感受到的是正方说，我们以愚昧为主，我们只要有一部分人不沉默，大家沟通沟通沟通，久了以后，愚昧为主会变得以聪明为主，虽然这个机制是怎么运作的，不是那么明白，在红卫兵的例子里面，短时间、阶段性做不到，可是至少在正方陈述的那个裹小脚的例子里，虽然我们也不太懂，发声的少数是怎么成为说服愚昧的多数，而成为主流的，但是我们可以感受到在历史的进程中，应该会发生的。但是反方我没有接收到，在以沉默为主的社会里面，我们要怎么告诉大家说，虽然大家都沉默，可是只要我们不愚昧，我们就可以解决人与人之间无法沟通、无法互信，社会无法建立的这个问题，听起来好像最多只能说是我们每一个人都是很聪明的鲁滨逊，活在自己的这个孤岛，但是如果单打独斗，没有办法享受我们繁荣的文明。

所以总的来说：一是我认为正方有给我一个很明确的比较的框架，反方在很多的阶段上面，我没有接收到这一点；再者，就算一个是孩子胎死腹中，另外一个是孩子生出来会变成坏孩子，会变成笨孩子，但是呢坏孩子、笨孩子我们花时间、花爱心可以把他教到好，那我们就宁愿把孩子生下来，我们去承担教育他的责任。

好，以上是我的判断，谢谢各位。

萧峻仁（印象票投给正方）：

好，我简短地解释下我为什么投给正方。基本上我觉得正反双方呢都有很好的立论，双方比昨天都进步很多。在立论方面，我觉得，正方一开始说，沉默是不会进步，而愚昧是多走弯路。然后他们今天呢，比昨天更好的就是他们做了一个链接，为什么会害怕沉默，因为沉默没有对立的声音，没有对立的声音社会就停滞不前，所以很可怕。这样子一个完整性呢，我觉得他们在接下来的比赛都守住了，都成功地把它带给评判，至少我听到了，也成功地抵御了反方的攻势。

至于反方，其实我觉得反方的整个立论呢，是很完整的。问题就在于，我觉得只有反方的三辩驾驭得到执中的这套讲法。我觉得反方其他辩手其实没有很好地驾驭。所以你们看，反方三辩陈词小结的时候，他就解释了，为什么今天正方的角度是错的，解释得很好；为什么他们的看法才是对的，解释得很好；为什么他们的是可怕而正方的不是可怕。我觉得如果反方能够从头到尾贯彻这样子的一个讲法的话，反方的这整个架构其实是可以将正方的架构诠释进去，正方是毫无招架之力的，问题在于反方没有做到。而正方在最后整条论证线还是完整的，并没有被攻陷，所以我把我的票投给了正方。谢谢。

林正疆（印象票投给正方）：

各位好，我必须要承认，我觉得今天正方一开始所提供的整个论点架构，我个人是相当的赞赏。我个人认为所谓的论点架构大概有九个类型，那正方的这种论点架构类型其实基本上来讲，是建立在偷换概念上，但他换的非常漂亮。他把沉默跟言论自由偷偷换在一起。他其实是在强调：失去言论自由很可怕。他其实是在讲这个。但是，他用沉默来做替代，而且全场，反方从头到尾，没有任何一个人发现这个特点。他从头到尾的每一个论述，都是在强调言论自由的可贵，或者是当人类有表达自由的时候是何等卓越跟进步的概念。可是反方从头到尾没有任何一个人发现这一点。这样偷换的概念，造成整场比赛在我的观感里面，其实反方是没有办法去突破正方所架构的铜墙铁壁的。

我的好朋友黄执中，他的论点有一个很大的特色，就是要由他本人或者是跟他实力旗鼓相当的人打，才能打得漂亮、完美，而且风趣幽默。那今天的年轻朋友们，显然还不够这个实力去驾驭执中所架构的东西。为什么？因为常常说辩论里你必须靠机智跟幽默，而且最重要一点是，你必须要带耳朵上台。你们有没有发现今天正方一开始，为了要讲言论自由这个偷换概念的时候，他用的是什么？他用的是独尊儒术的概念，他说当独尊儒术的时候，其他各家学说沉默了，于是千百年来，中国在酱缸思想里面没有办法得到突破。如果今天是我在台上，我一开始就会说，你其实只是在告诉我，独尊儒术的这个动作很愚昧，所以愚昧比较可怕嘛。因为有一个愚昧的人发明了这种动作嘛，所以才造成了千百年的沉默嘛。沉默是结果，愚昧是原因，你还是在帮我做论证嘛。这是第一点。第二点，独尊儒术之后真的是沉默吗？不是，独尊儒术之后，其实一点都不沉默。你们去看看，宋朝的仆役，明朝的代吏，这些历史上的儒家可爱说话了，非常爱说话，一点都不沉默。所以独尊儒术之后的后果绝对不是沉默，然后进而产生什么可怕的概念，而是说话的人都说一种话。所以你就能去拆穿他偷换的概念。

更重要的是，如果他想跟你谈沉默的话，反方你其实不断地在比可怕之外，可以说说他的好话，这个题目有意思。当题目是设计成谁比较糟糕的时候，你身为他的对手，你需要不断地强调说，你那个其实蛮棒的。什么意思？就跟蒋老师刚刚在底下教我一个概念：你们都讲四人帮，四人帮并不是花很多时间垮台的，而是在极短的时间之内垮台的。那是不是代表大多数的人，在沉默的时候他其实在蓄积力量？所以沉默有什么好可怕的。也就是说你如果操纵语言像一鸣兄，或像更伟大的昌建老师，你如果操纵语言够漂亮的话，你可以直截了当地告诉他们，沉默有很多种，有蓄积力量型的沉默，有心怀不满型的沉默，有因为选择性放弃的沉默，有明哲保身的沉默，你凭什么告诉我上述四种沉默，其中有任何一种可怕，你可以去问他嘛！因为每一种沉默都有可能是蓄积力量，而历史上的每一次革命都是累积了大量的沉默之后，才产生力量。沉默不但不可怕，反而才是对方您所说的，推动社会进步的力量，对不对？所以我想跟各位说的是，今天如果有任何人觉得，反方其实有一点无法突破正方的铁桶阵的话，是因为我觉得你们需要更多的经验，还有更大量的阅读。还有最重要的，你们需要更多的普罗知识。在有更多的普罗知识的情况底下，你可以随时随地发现。

我真的要讲，我遗憾早生了几年，如果能够遇到京京老师的话，一定是人生一大乐事，因为这个论点架的很漂亮，最重要的是漂亮的原因不是因为他比执中的论点好，不是，而是他的论点的架构得偷偷换掉了，而且刚刚好能够让学生们顺利地使用，可是那并不是无懈可击，最重要的是你们要不断地充实自己。谢谢。

蒋昌建（印象票投给正方）：

我大概就三句话。第一句话，为什么要投给正方？我不像正疆先生他分析的那么头头是道，立足于他偷换概念的角度，价值观的铺陈，包括选手怎么能够很好地把他自身的知识跟他所理解的内容很好地化二为一，融会贯通，在场上挥洒自如，我都不讲这些。我个人倒是觉得，京京有意无意地把整个的逻辑链做得很长，让反方一时找不到可以连接的那个短板到底在哪里。这个逻辑链怎么长呢，我可以告诉大家。实际上这个辩题很简单，就是愚昧跟沉默哪个更可怕。可是呢，他把责任介入进来，把社会进步介入进来，把专制介入进来，把自由地表达介入进来。因此你会发现，在他立论的时候呢，有意无意地把逻辑链做得非常的长。逻辑链做得非常长的这个阴谋呢，就在于他有可能把一个可以聚焦来攻击的辩题变成一个散打的辩题。这样子反方呢，一开始就很兴奋。因为你逻辑链变长了以后呢，可打的东西就变得太多了。那么可打的东西变得太多了以后呢，我估计执中原来给他勾勒的集中打击的要点就变得分散。这就是为什么会有病和药的来回，为什么会有老虎和饲养员的那个来回，一个很重要的原因，好，因为逻辑链太长了。这可能是京京的阴谋，也可能不是。但是至少我看出来了。这是我要讲的第一层。

第二层我要讲的是执中这一边，也非常的聪明，它实际上是觉得说这个，愚昧的一个很重要的表现。实际上就是一个价值观偏差的问题。很多的愚昧是来自于对价值观本身的执着。那么其实我觉得执中这边呢可能还要考虑愚昧的三种状况，可能这个战场更丰富一点。第一种状况，就是明聪故愚，我们称之为大智若愚的这个状况。那么很可能更可怕，对不对？比如说这个我们经常在手机上的段子，说你为什么常常要讨论郭敬明和韩寒要不要在一起，然后禅师就说，你拿两个蛋来，一个是鲜活的蛋，一个是我们腌过的咸蛋，你往头上砸一砸，哪个会让你更疼？当然是咸蛋，因为它比较实在嘛，对不对？然后这小和尚砸完了以后说，禅师，你要告诉我们什么？这不很明白嘛，你咸的蛋疼琢磨这个事干嘛呢，对不对？请问，禅师的这种回答，他告诉了小和尚什么？没什么告诉的，所以这种大智如愚的描述啊，对社会的戕害是最大的，你知道吗？大师伸出一个指头让你悟，最后悟了半天，悟不出来以后，大师说其实没有什么，对吧？所以伤害了很多像你们这样的莘莘学子。我经常会告诉自己我做教授，不要这种大智若愚，所以呢愚昧比沉默更可怕。这是第一个层次。第二个叫作无知之愚，就是我什么都不知道，所以我很愚昧，那么它的可怕之处大家就知道了，不管你做的是对的还是错的，因为他没办法分辨对错，因为他没有知识，所以愚昧当然比沉默更可怕，对不对？没有知识的人你在那里乱说，你能带来社会进步吗？对吧？比如说小脚的问题，对你说对身体是有危害的，他其实不知道对身体有没有危害，因为医生说对身体有危害，就跟着医生说对身体有危害。可是有一天路一鸣捧着一对小脚说，这个东西很美，你是路一鸣的粉丝，你突然觉得说路一鸣讲的是对的，小脚很美，你也跟着说路一鸣讲的对，小脚很美。请问它他到底是有危害还是很美的，我不知道，因为是无知之愚。请问，愚昧是不是比沉默更可怕？接下来就是价值观偏执的问题，就是我不管你怎么批评，我始终觉得我是对的，这就是黄执中在刚才讲的纳粹也好，那么愚昧是不是比沉默更可怕？所以我觉得这几个层次没有谈到，非常的可惜，对吧？只是大量谈老虎关在笼子里面到底谁最可怕，我跟正疆讲，正方其实有一点让我觉得很感佩的就在于说，就是饲养员可怕啊，他就坚持这个观点，我们本来以为这是很有风险的观点，其实一点风险都没有，一个明知道老虎会吃人，而堂而皇之地把笼子打开的饲养员，他真的比老虎可怕，对不对？没有关系所以正方有时候坚持的看起来很硬，但是我觉得他硬朗是有他的道理，所以这是我为什么要投票给他。辩论的时候，最怕的是什么呢，左右逢源，然后手处两方，如果你底线确立好了以后，你就硬硬地去坚守，没有问题的，只要你能说服人就可以了。这是我讲的第二层次的问题。

那么第三层次的问题呢，我同意正疆的观点，执中有一个特点，他不大去跟你谈宏观的叙事，他都是把这个非常抽象的命题呢诉诸我们同学们感同身受的体验上，这是没有问题的，但是执中要注意一个问题，同学的这种感同身受的经验事实和体验的话跟他的生活经历有关的，所以他的生活经历大部分都是在公园里面看老虎的，或者是看老鼠的，或者是得感冒要治的，你就要避免这种情况。他在场上打的时候，他就会把战场始终锁定在老鼠和虎，或者是病人和医生的这个层面上，可惜了。因为无论是在攻辩阶段，还是在自由辩论阶段，他的层次可能会更丰富，让我们展现的色彩更斑斓可能会更好，但是因为他可能没有执中的这样一个经历和把握这个辩题的能力，你就会感觉得到他会在这个“浅”，对不起，我用这个“浅”打引号，稍微“浅”的这个层次上展开，这就是为什么我没有把这个最后的印象分的更多的分数给正方的一个很重要的原因。

但是不管怎么样，双方呢，对这个辩题本身的把握是超出我的想象的，我本来以为可能更单薄一点，但是因为双方在立论的时候都开拓了一些非常可辩的空间，所以双方的你来我往还是不错的，但我最后呢还是觉得说，正方不是无懈可击的，对对方的什么病和药的问题、僵尸的问题，包括等等的问题都没有很好地把握，都是僵尸可怕还是什么可怕，如果说僵尸走着走着到你面前就停下来了，根本没有什么可怕可言嘛，对吧？他说病，到底是病可怕，还是不给病吃药的医生可怕，同学都要有一个概念，传染病如果你不给他吃药的话，真的比传染病本身更可怕，因为它是一夜之间就可以传染的，它毁灭的不是一个村庄，甚至是什么，一个城市。所以在这个东西呢，正方也有很多点没有抓到。总的来讲呢，我觉得这是一个非常好的辩论，如果正方的幽默感再多一点的话呢，恐怕还会加分。好吧，我讲的就是这些，谢谢大家。

路一鸣（印象票投给反方）：

两支队伍都是临时组建的，虽然只磨了几天，但也算是一个凑出来的队，所以能打到这样的水平，我是很满意了。比昨天确实有很大的进步，尤其是执中的立论，特意把邪恶和愚昧做了区分，这是昨天没有做到的。

既然大家是来自各个高校的临时组成的队，只是想通过这样的比赛分别来提升各个队员们的水平，所以我们的点评呢不用那么严厉地去审视它。所以我的第一个观感就是，听完他们四个的陈词发言之后，我还是不明白为什么他们把票投给了正方。为什么我把票投给了反方？因为正方的框架和反方的框架对我来说说服力是一样的，那就看哪一边的队员贯彻得更好，哪一边的队员出的错少一些。当然，我们四个辩手和黄执中比起来是有差距的，那边呢和刘京京比起来也是有差距的，那就看谁能承接得更好。

我在正方的二辩那里听到了非常强硬的回答：“文革”也不可怕，二战也不可怕。听得我毛骨悚然。这么强硬的回应，它在常识上是挑战我的底线的。所以哪怕你立场坚定，也不能打动我，这是违反常识的一个回应。三辩的一个非常有利的陈述是，沉默的情况下，社会都将不复存在，我们讨论的前提都没有了，这是最能说服我的理由。这也是从他们的逻辑框架里面延伸出来的，我们就一直会处在原始社会状态下，甚至比原始社会还要糟。但这样一个强大的理论，没有在其他三个辩位上得到充分的拓展，而这一点恐怕是反方也很难去打破的一堵墙，所以我很着急。那反方的特点就是它很灵活，就像昌建老师说的，因为他们生活阅历比较少，资历比较浅，所以他会就随手拿起生活中的感受的例子，抛出来使用，可能也恰好很容易被大家接受，因为理解起来也不难，就觉得他说的很有趣很好玩，好像是那么个道理。

当反方提出大规模的愚昧成为主流价值的时候，这是愚昧到了极致的状态下，它拿这个跟你比，那我们正方没有说出来，当沉默也成主流价值时候，那我们比吧。沉默也成主流价值的时候，那就是你们三辩强调的，我们就没有可比的了，因为大家根本就不见面了，那就不说话了，那这个社会就没有了，哪个更可怕呢？所以，这是我期待的回应，一个很正常的回应，没有看到。然后自己强大的武器没有用起来，还有特别强硬地回应对方的质询，这是我觉得正方不能打动我，而反方更能打动我的理由。

要给大家提一个除了林正疆刚才讲到的，这个沉默的类型可以用来做武器之外，那我们还知道，在这个佛家的修行里面，尤其是禅宗，讲闭口禅。它是要你保持沉默，不说话，干嘛呢？反省。好，反省这个词出现在了反方三辩的辩位上，即便沉默，我们用自我反省的方式，也可以突破愚昧的状态，这一点是一个新的解释。而正方没有给出正面的回应，那正方的这个逻辑严密的一堵墙，就开始出现裂缝了。所以这个又有新的解释，反方四个辩位对这个框架的执行还算是统一流畅的，所以它更能打动我。

2013新国辩“国际好辩论”冠亚赛

比赛场次

2013国际华语辩论邀请赛主题活动“国际好辩论”冠亚赛

比赛辩题

正方：沉默更可怕

反方：愚昧更可怕

对阵双方

玄铁重剑队　导师：周玄毅

一辩：香港中文大学　杨志赢

二辩：台湾政治大学　温以婷

三辩：四川大学　邓云雁

四辩：复旦大学　张天宇

六神花露队　导师：马薇薇

一辩：香港大学　冯佳琳

二辩：墨尔本大学　纪彦超

三辩：悉尼大学　张宇宸

四辩：马来亚大学　陈劲康

比赛辩词实录

正方陈词 1

正方一辩：

大家好。

沉默不是指简单的不说话，我们向外界传递心声的方式不光靠说话，也可以通过文章、行动的途径。当一个人拒绝向外界传递心声的所有方式，选择信息封闭，这才是真正的沉默。而愚昧是对缺乏判断力、理解力的人的一种评价。

社会观点的碰撞是整个社会活力的来源。社会里每一个人的发声组成了整个社会的自我纠错机制。你在公交车上看到有小偷行窃，你选择不沉默，上前制止了小偷，于是这个社会上少了一桩犯罪。而如果你选择沉默，车上的人都选择沉默，那就是整个社会的自我矫正机制丧失，是在纵容盗窃，以后这个小偷就会更加无法无天、肆意妄为。我们要看到，如果社会选择沉默，那么所有的恶行都会疯狂地涌现，不受限制地肆意妄为，社会原本的平衡就会被打破。社会的自我矫正机制丧失时，就不仅仅是愚昧的人在作恶，其他更加有预谋、更加可怕的行为也会被助长，这后果就远非单纯愚昧可比了。就像是世界上有许许多多的病毒围绕在我们身边，有愚昧，有麻木，有顽固，有冲动，它们的确有可能会入侵我们的身体，威胁到我们的健康，但我们有自己的免疫系统，可以抵御病毒、维护健康。而今天沉默却是拆除了我们整个社会的免疫系统，它是整个社会的艾滋病，它才是真正的可怕。

事实上愚昧并不可怕，因为一个人愚昧他也行不出什么大奸大恶之事。大奸大恶只有精明却邪恶的人才能做得到。当我们评价一个人愚昧的时候，我们并不与他在同一个精神高度，我们比他懂得更多更正确的道理。对于愚昧的人，我们也许鄙视、讨厌他们，但我们不会对这样一个人感到畏惧，因为我们看到他的沉默，知道他的错误，就会有所针对地去对付他们，去尝试说服他，或者去躲避他，我们在解决问题，我们起码能看到希望。而今天如果我们保持沉默，整个社会就会剩下一片死寂，我们就连希望都看不到，那才是真正的可怕。谢谢。

反方质询 1

反方四辩：沉默是拒绝向外传递信息，对不对？您说的。

正方一辩：对。

反方四辩：愚昧是缺乏判断能力，不明事理，赞同吗？

正方一辩：对。

反方四辩：好，达成共识，没有争议。往下，您方的主辩稿是不就告诉我们说，如果选择沉默，小偷就会肆意妄为，有说过吧？

正方一辩：说过。

反方四辩：那你下一句是不是说如果我们选择不沉默，就会少一宗罪案，有说过吧？

正方一辩：说过。

反方四辩：那请问您方，今天辩题要比较沉默和愚昧，为什么你比较的是沉默跟不沉默？

正方一辩：我是在通过与不沉默对比……

反方四辩： 谢谢，今天对方比较的是沉默与不沉默，离题论证。第二道问题，请问您方，你说沉默会让社会的免疫机制失效，对不对？

正方一辩：对。

反方四辩：所以就会滋长邪恶，对不对？

正方一辩：对。

反方四辩：请问您方，愚昧能不能滋长邪恶？

正方一辩：愚昧还到不了滋长邪恶这个程度，愚昧和邪恶……

反方四辩：换句话说，您方不认为愚昧会让社会的机制失效，对不对？

正方一辩：对啊。

反方四辩：是，那请问您方，日本发生核灾的时候，有些中国人沉默，另一些中国人说死得好，你觉得有没有在滋长邪恶？

正方一辩：发生什么灾？

反方四辩：核灾，福岛核灾。

正方一辩：对方辩友，这个时候保持沉默……

反方四辩：好，不要紧，我再换一个问题。日本“国有化”钓鱼岛的时候，一个中国人沉默，另一个中国人去砸日本餐厅、砸日本车，愚昧吗？

正方一辩：对方辩友，这样单论沉默是没有意义的。我们要看……

反方四辩：砸日本餐厅的中国人，砸日本餐厅的这些人愚昧吗？

正方一辩：愚昧啊。

反方四辩：愚昧，那请问您方，如果全部中国人都在砸，是不是社会的价值系统也会失效？

正方一辩：对方辩友，是。

反方四辩：是，所以两者都可以滋长邪恶，对方辩友不能论证立场。第三点，对方辩友告诉我们，愚昧的人不会变成大奸大恶，对不对？

正方一辩：对啊。

反方四辩：那原来您方眼中骂日本人该死，砸日本餐厅不是大奸大恶？

正方一辩：对啊，当然不是，这样是一个口头上的……

反方四辩：好，原来对方认为这种不叫大奸大恶。请问您方，邪教的追随者愚昧吗？

正方一辩：愚昧啊，但是他们……

反方四辩：愚昧，那请教您方，你认为邪教的追随者不会做大奸大恶的事？

正方一辩：对方辩友，邪教的追随者正是因为他愚昧，所以他才会被邪教的精明的人控制住，所以我们说邪教的追随者不可怕，后面……

反方四辩：对，控制住了之后，您方觉得他不会做大奸大恶的事，反而会去行大善，对不对?

正方一辩: 对方辩友，我说了，邪教的追随者是愚昧的，但是他不可怕，可怕的是邪教的制造者……

反方四辩: 是，所以愚昧的人可以砸餐厅，骂日本人该死，可以成为邪教的追随者，所以也是会造成伤害的。谢谢。

反方陈词 1

反方一辩:

沉默是一个中性词，是指人不发表意见，或不采取行动的状态，是一种面对事情的反应。作为一种情感的表达方式，沉默其实并不可怕，我们可以因为身体不舒服而沉默，因为向神明祈祷而沉默，因为被美景震撼而沉默，这些沉默难道是可怕的吗？显然不是。真正可怕的是使之沉默的其他事物，比如恐怖分子走进教室里威胁同学们不许说话，不许报警，同学们被吓得不敢反抗，导致沉默，这个时候，究竟可怕的是那些恐怖分子，还是沉默的同学们呢？如果同学们保持沉默，就对他们强加苛责，说他们很可怕，岂不是一种道德绑架吗?

再看愚昧，愚昧是指没有知识所导致的不明事理。因为缺乏辨明是非的能力，愚昧的人往往在关乎是非对错的问题上做出错误的选择。比如，病了不去看医生，反而去喝福水，轻则耽误病情，重则会危及生命；想赚钱不去认真工作，反而去加入传销组织，自己倾家荡产，家人也被害惨。可见，因为愚昧所做出的错误选择往往会带来伤害，但沉默不会。举个例子，当日本大地震、日本的核灾发生之后，一个中国人只是不伸以援手，沉默以对，另一个中国人却拍手称快，幸灾乐祸说“死得好”。究竟是这样沉默路过还是这种愚昧言论更能带来伤害？显然是后者。可见，愚昧能带来伤害，沉默不能，所以说愚昧比沉默更可怕。

我方不否认愚昧和沉默都会助长邪恶，可是即便如此，愚昧助长的能力也比沉默更强。沉默的人不表态固然会让邪恶滋长，但是充其量只是隔岸观火。反观愚昧的人，因为缺乏明辨是非的能力，更容易信错误的价值，成为邪恶的追随者，这时候，愚昧就变成了火上浇油。举个例子，面对日本邪教麻原彰晃的号召，沉默的人听过就算，视若无睹，但是愚昧的人，群起追随，盲目崇拜，这种愚昧的信徒比沉默的路人更能让邪教日益壮大，继而导致伤害。这也就是为什么在人类历史上的大规模伤害，从中世纪的猎杀女巫，中国的“文化大革命”，到非洲的卢旺达大屠杀，都是由愚昧所主导的。可见，沉默只是隔岸观火，愚昧却是火上浇油，何者更可怕，显而易见。综上所述，我方坚持认为，愚昧比沉默更加可怕，谢谢。

正方质询 1

正方四辩：对方辩友，你好。

反方一辩：你好。

正方四辩：我请问您，沉默的反义词是什么?

反方一辩：沉默的反义词是不沉默。

正方四辩：好。愚昧的反义词是什么？

反方一辩：愚昧的反义词是清醒理智。

正方四辩：好，不沉默和清醒理智对立吗？对立吗?

反方一辩：不完全对立。

正方四辩：不对立，对吧？所以您方不合题型论证，不成立。对方辩友，再问您，一个人拿砒霜当补药吃，您觉得他愚昧吗?

反方一辩：愚昧是不辨事理。

正方四辩：他愚昧吗？拿砒霜当补药吃，您觉得这是愚昧吗?

反方一辩：他如果拿这件事情当做是一件正确的事情，他当然是愚昧的。

正方四辩：好，他愚昧是吧？他自己拿砒霜当补药吃的时候他觉得自己愚昧吗？他那个时候会不会觉得自己是愚昧的?

反方一辩：愚昧的人不会觉得自己是愚昧的。

正方四辩：不会吧，他不会觉得自己是愚昧的，一定是我们觉得他愚昧，所以对方辩友，愚昧是一种外在判断，对不对？

反方一辩：愚昧是一群不清醒的人……

正方四辩：愚昧是一种外在判断，对不对？是一种清醒的人对他进行的外在判断，对不对？

反方一辩：可以是。

正方四辩：好，对方辩友，今天我们说一个人做坏事，我们已经知道他愚昧了，我们已经有判断了，我们是不是可以教他，告诉他这件事情不对？

反方一辩：可以教他，但不能证明可以很简单地解决。

正方四辩：好，可以教，那对方辩友，一个可以教的事情，一个可以改变的事情，哪里可怕了呢？对方辩友，今天沉默伤害的是一个社会的自我纠错机制，一者是机制，一者只是现象，对方辩友，你告诉我哪个更可怕呢？

反方一辩：对方辩友，首先您没有告诉我一个不辨是非的人您要通过怎样的教育让他明辨是非；第二，沉默有，沉默可以。

正方四辩：好，对方辩友，今天一个愚昧的人，您不知道如何教育他，那是您愚昧，还是他愚昧呢？

反方一辩：对方辩友，我是不够清醒，但是愚昧有其他解决方案，不代表他就不可怕。

正方四辩：好，也就是说，对方辩友，今天您方比较的是现象，我方比较的是机制，今天我方是在一个比您方更高的层次上比较。对方辩友，我再问您，您方跟我们说苛责沉默是一种道德绑架，对不对？

反方一辩：说那些邪恶的人苛责沉默就是一种道德绑架。

正方四辩：好，对方辩友，那苛责一个人一定要聪明是不是也是一种绑架呢？

反方一辩：是要求过高。

正方四辩：好，是要求过高，我们不能要求一个人聪明，但一个人可以沉默，对不对?

反方一辩：嗯，我们认为可以沉默的。

正方四辩：好，对方认为一个人沉默就不会造成什么伤害，或者对方认为一个人沉默没有关系。但是一个人，他天生就没有聪明的义务，在您方看来是不是这样?

反方一辩：是的。

正方四辩：好，也就是说今天我们发现对方和我方的比较，它的前提就在于对方认为，聪明就是一个人不能达到的，但是沉默是一个人可以做到的。但是我们看是不是这样，今天一个人应不应该有正义感? 事实上我们发现是应该有的。在这种情况下，保持沉默和必须要聪明，到底何者是苛责，我们相信大家都已经明白了。谢谢大家。

正方陈词2

正方二辩：

今天对方辩友举的愚昧这些东西都是把砒霜当作了补药，这个时候啊，我们觉得他是愚昧，他也造成了问题，可是不可怕，因为他毕竟没能力，没有办法去判断事理、明辨是非。可是这个时候我们会觉得他笨是可怕的吗? 如果真的是因为他笨，你就教他，他就不会再把砒霜当作补药啦，所以他笨的这个问题，反而是可以解决的。可是真正我们会觉得可怕的是什么，可怕的是有一群人，他明明不愚昧，他知道砒霜不是补药，你不可以这样害社会，可是他放任他去这么害，这才是最可怕的事情。

所以对方辩友举的邪教的例子也好，举的钓鱼岛的例子也好，真正可怕的不是那些不知道怎么做事的人，而是知道怎么做事的人，他不去纠正他，他让这个问题越来越严重，才让这个火苗越来越大，让愚昧真正变成问题。所以真正可怕的是什么? 不是愚昧本身，是愚昧得势。愚昧这样的一个问题，在我们正常的情形之下是可以被压抑的，因为有一群聪明人，所以聪明的人带领着愚昧的人往对的方向走。可是如果聪明的人不说话了，会变成什么？会变成愚昧的人带领着大家往前走，那当然会走到一条错的道路上去啊。可是这时候我们要怪愚昧的人吗？不是应该怪那些有能力的人故意不说话吗？

对方辩友，苛责我方是比的是沉默和不沉默，没有比沉默和愚昧，可是对方的前提是，在面对问题的时候我们选择沉默还是愚昧。可是我们要看，为什么会造成这些问题，是为什么愚昧会造成这些问题，是不是就是因为有人沉默了，所以让愚昧得势？正如我方刚才讲的，这才会是可怕的地方嘛。所以今天其实沉默和愚昧都是社会上的一种问题，都是一种症状，可是真正可怕的是什么？真正可怕的是，不是有问题，而是有问题得不到解决。所以，老虎可怕吗？老虎不可怕，因为我们有枪，它就不可怕。毒蛇可怕吗？可能也可怕，可是如果它被关起来，它就不可怕了。所以如果我们能有方法，能够去解决它，它就不可怕。愚昧而不沉默就是这样，我们在社会上能够去解决的方法，也就是社会的一种纠错机制，愚昧是错，可是，我们只要不沉默，这个机制就不会失，这个机制还在，我们社会的免疫系统就还在。那么有再多的病症，也不会对我们有所伤害，即便我们有一段的时间受到伤害，可是最后我们可以痊愈。因为免疫机制还在，我们就能回来。这是我们觉得愚昧不可怕的原因。所以，黑暗并不可怕，只要能在黑暗当中看得到希望，看得到光明就不可怕。只要我们能够知道，只要不沉默，能让这个社会的问题得到解决，就不可怕。谢谢各位。

反方质询 2

反方三辩：对方辩友，你好。

正方二辩：你好。

反方三辩：首先，你方四辩说我方的两个定义不太对立，所以不合题，是吧？

正方二辩：是。

反方三辩：那我有点怀疑了，昨天我正好听过一场比赛，其中哲耀学长说过，辩题双方未必要完全对立，这叫双题制，哲耀学长讲错了吗?

正方二辩：是您方说我们不合题。

反方三辩：哦，不，你告诉我哲耀学长错了吗？

正方二辩：我没有听他的说法。

反方三辩：没有关系，跟你确认第一件事情，我方没有不合题。要么是哲耀学长错了，您方有点大胆。再问您下一个问题。你方认为何者能够治，何者就来的不太可怕，是吧?

正方二辩：对。

反方三辩：那我想请问您，香港脚超难治，我的香港脚已经臭了十年了，就是治不好，相反的我方四辩得肺炎了，治得好。请问香港脚可怕还是肺炎可怕?

正方二辩：可是这可怕之处啊……

反方三辩：不不不，您告诉我哪个更可怕。

正方二辩：您方的香港脚，如果肺炎治得好就不可怕，香港脚治不好很可怕，问题只存在……

反方三辩：所以您方认为香港脚比肺炎更可怕，有点奇怪。

正方二辩：我不是这样讲。

反方三辩：不急，我再问您第三个问题，

正方二辩：治不了更可怕。

反方三辩：再问您第三个问题，您方要比较伤害，再问您第三点好了。您方告诉我，汽车上有个小偷，大家默不作声很可怕，是这样吗?

正方二辩：对，很可怕。

反方三辩：那如果汽车上有个小偷偷了别人的钱包，但是旁边的人说谁叫他不看好自己的钱包，被偷了活该，可不可怕?

正方二辩：我觉得他很笨，他不可怕。

反方三辩：愚昧嘛。

正方二辩：我教他就好啦。

反方三辩：哪一种价值观更可怕，你告诉我。

正方二辩：就是那些有能力的人不去做啊，如果他不知道要这样做，那我就跟他说，这个时候你应该去做，可是沉默的人他知道该这样做还不做很可怕。

反方三辩：你觉得一个纵容小偷犯罪的人既有可能是沉默的人，也有可能是认为这些事情是理所当然的人，这些都不可怕，我方又有点奇怪。下一个问题了，您方关于免疫制，免疫机制的问题，是吧？

正方二辩：是。

反方三辩：您方认为沉默就是免疫机制下降了，所以说那个病毒就会进来，是吧？

正方二辩：对啊。

反方三辩：那我就奇怪了，愚昧指的是颠倒是非嘛，对吧？

正方二辩：呃，是不明是非，对方辩友不要把愚昧都当成了恶人嘛。

反方三辩：一样的道理，今天对方辩友说免疫机制啊，我的病，我的好的细菌我都没有吸进来，坏的细菌我全部吸进来了，这样的免疫机制是非颠倒可不可怕？

正方二辩：这不叫免疫机制啊。

反方三辩：对，对方辩友，免疫机制的前提是一者需要不愚昧，一者需要不沉默，谢谢。

正方二辩：对方辩友，你这又把愚昧变成了恶人，愚昧不是恶人，是善恶不分，有时做好，有时做坏，不清楚这样的概念吧？

反方三辩：所以它无法判断哪个病毒好，哪个病毒坏，也不算免疫机制，谢谢。

反方陈词 2

反方二辩：

好，首先我们总结一下我方的质询。首先，容不容易救本身就不是一个合理的判断标准。举个例子，秃头难不难治？难治。可是，我秃头可怕，还是我骨折可怕？好像骨折更加可怕吧。其实，对方辩友，我方告诉大家免疫机制的问题是这样的，在于如果我们今天愚昧的话，它有可能不单单是不抵抗，反而是帮助那些病毒入侵我们体内，这才是它最可怕的地方。

好，我们再退一步来说，即使你们的比较标准是可以比较出来东西的，可是，容易去救，你们怎么论证的呢？你方说我们看到了这个问题，那么这个问题就是容易被解决的，生死的问题我们看到了无数年，我们难逃一死，这个问题我们看到多久了，可是我们解决了吗？我们说杀人是不对的，可是今天为什么还有人杀人？我们说抢劫是不对的，可是今天为什么还有抢劫？不仅因为欲望冲昏了头脑，因为欲望我犯下的问题，连地藏王菩萨都解决不了，他说我不入地狱谁入地狱，如果地狱不空的话我是不会出来的，可是为什么今天他还没有出来？我们看到了这些问题，我们了解了，不一定能治，因为连佛祖都治不好，我们这些凡人如何把它治好？

今天对方辩友讲道德绑架，道德绑架什么意思？如果道德绑架真的是善的话，那一定是道德的自我绑架。我要救他，我不能割你的肉救他，我要割自己的肉，这是佛祖割肉饲鹰。如果今天大家要救他，三辩你去割肉，我坐在这里看着，一辩你去割肉，我还在这里坐着看着。这种道德绑架到底是善还是恶呢？孔子说过，己所不欲，勿施于人。我们知道，善这个东西强加到别人身上还算是善吗？

今天对方辩友立论非常简单，对方辩友告诉我们不沉默是社会的免疫机制，说白了什么意思？如果我们不打破沉默的话，邪恶会滋长。我方也说得很明白了，如果没有打破愚昧，那帮愚昧的人不变成智慧的人或者不愚昧的人，这个恶要滋长得更快一点。这就是我们为什么举邪教的例子，那个真理教教主，他卖他的洗澡水，三万块钱一杯，愚昧的人：我去买；沉默的人：你这么愚昧，我凭什么要理你啊。我们看到了，沉默的人他不会加入这个邪教组织，然而愚昧的人会。因为这些愚昧的人加入，这些邪恶的力量才会不断地膨胀。跟我们比滋长的话，是愚昧滋长得更快。

对方辩友最后讲了一个解决力，我们要解决社会，肯定是既不沉默又不愚昧的人才能够带领社会走向一个更好的未来，如果是一个不沉默，但是天天说胡话，就是愚昧的人，我们好像是往后走得更多，而不是往前走得更快。谢谢对方辩友。

正方质询 2

正方三辩：对方辩友，你好。

反方二辩：你好。

正方三辩：好的。请教您第一个问题，一个人可不可以选择自己要不要变聪明？

反方二辩：能自我选择，但是不能强加……

正方三辩：那就是我本来很笨，但是想让自己变聪明，容易吗？

反方二辩：这是具体例子具体分析。

正方三辩：那一个人能不能不选择自己要做好事？

反方二辩：能啊。

正方三辩：人们能选择做好事但却更难选择变聪明，但是今天您告诉我说现在要求一个沉默的人他做一件好事对自己是苛责。我们看到您要求一个愚昧的人变聪明，这更加是不科学的。

反方二辩：这是不科学的，你爱愚昧愚昧去，我不强加你。

正方三辩：好的，谢谢您，那进行下一个问题。今天您告诉我们邪教很可怕，是吗？

反方二辩：是很可怕。

正方三辩：邪教可怕之处在于它的教主在怂恿教徒做坏事还是他自己做坏事？

反方二辩：都有。

正方三辩：对，但你看教主他是个愚昧的人吗？

反方二辩：教主当然不愚昧啊。

正方三辩：对，他不愚昧，他很聪明，所以说他才会制定那么多教规，他懂得怎么去吸引那么多人，懂得去感染人家，对不对？

反方二辩：所以您方告诉我，光有一个教主，其他人只要不愚昧的话，那么这个邪教是成功的，是吗？

正方三辩：关键是教主他不愚昧，所以他才那么聪明地去制定教规，去吸引别人。所以说伤害到底大在哪里，并不大在愚昧，而在于那个人聪明，他会利用一些情况。

反方二辩：对方辩友，你告诉我们的问题是不对的，如果没有这帮愚昧的人，就不会有那些教主嘛。

正方三辩：我再问您第三个问题，你说愚昧是不辨是非，对是非没有准确的判断，对不对？

反方二辩：很大情况下是这样的。

正方三辩：对，可是他没有判断能力，代不代表他一定会把错的事情当成对的事情？

反方二辩：对方辩友，你说错了，他不是没有判断能力，他是总判断错，他才是愚昧。

正方三辩：你方说判断错叫愚昧，我说今天我们想要杀害一个人，我要往他碗里下砒霜，可是我没有判断能力，我很愚昧，我没有下砒霜，我下了面粉，或者白糖了，还有那么大的杀伤力吗？

反方二辩：对，在价值上的愚昧就是说，好话不跟你好好说……

正方三辩：你现在跟我们谈价值上的愚昧，刚刚不是还谈判断力吗？

反方二辩：对方辩友，我方为什么不可以谈价值上的？

正方三辩：好的，继续请教您了，今天愚昧的人可能想做坏事，但是因为能力有限做不了坏事，《小鬼当家》里面的那两个坏蛋想要偷小孩，可是他太笨了，他偷不了，做不成，是吗？对不对？

反方二辩：对方辩友，您不能用智商的高低来论证愚昧啊，要讲是非判断。

正方三辩：刚才不是已经达成共识了吗？就是因为他没有判断能力，一定是价值判断，不包含一些基本的是非吗？

反方二辩：愚昧你怎么判断？

反方质询小结

反方三辩：

大家好。首先确定一件事情：智商高低无法判断一个人是否愚昧。牛顿被称为一个智商超高的人，但他也犯过一些愚昧的错误，比如他在晚年的时候迷上了炼金术。请问了：到底智商高低跟愚昧是不是一个等同的东西？其实愚昧指的就是一个颠倒是非或者是一种价值观上的错误，跟智商无关。

第二点，对方说了邪教的例子，他们说邪教教主是一个邪恶的人，他不愚昧，我方承认他不愚昧。但是同时他也不是您方的沉默的人哦，他是第三派，叫邪恶。但是我们来看教众是怎么成长起来的。麻原彰晃之所以能够做到那么大的真理教教主，不是因为沉默的人的原因哦。他在那里卖洗澡水，沉默人的把他当小丑那样看，只有愚昧的人信了他才会让他的教变得越来越大，难道不是吗？从自身角度上讲，究竟是沉默的人还是愚昧的人滋长了这个邪教呢？确定一件事情，愚昧更加滋长。

接着我们再来看，您方对于愚昧的人定义其实有一点奇怪。我方定义下愚昧的人有两大特性，总结下来：第一，愚昧的人往往很容易相信别人，大家想下，往往是这样，愚昧的人总是容易相信别人；第二点非常重要，他往往相信的都是错的。所以，一个人如果他往往相信的都是对的，我们不能说他愚昧。就是因为他往往相信错的，所以非常容易加入邪教，去参加传销这些东西都有可能。虽然他本身没有恶意，但是他所做的行为的确给我们造成了伤害。接着我们再来看一点好了，沉默是什么。其实沉默的原因有千千万万，大家想一想，在这个礼堂中只有我一个人在说话，其他人都在沉默，这个礼堂可怕吗？不是。相反的，大家是出于一种对于辩论的尊重才在这里。今天在教堂当中祈祷的人都很沉默，但是沉默意味着他们很可怕吗？不是。这是一种虔诚的表现。达摩面壁九年，九年都在沉默，告诉我，达摩可怕吗？未必吧。相反的，这是一种顿悟的表现。沉默有很多种原因，有可能是生理上的，有可能是心理上的，很多种原因都有的时候，您告诉我，这种原因是不是都是可怕的呢？不对吧。所以我们发现了，沉默，您方说到底只有一种沉默，叫作一个人因为冷漠而沉默，我们觉得有点可怕。那到底可怕的是冷漠还是沉默？我们举个例子，还有一句话叫作大爱无言。什么意思？你大爱其实是不用发声的，也是沉默的。大爱是很可爱的吧，所以沉默又变得很可爱，很不可怕了嘛，不太对吧。所以关键的，您方所说的一切，其实都是有些人冷漠表现出沉默的形式，不太好。但是抱歉，这个东西跟沉默不是特别一样。而且沉默是一个人自然的反应，这种反应有可能体现为一种爱，有可能是尊重，是虔诚，等等可能性都有的时候，您方不要颠倒是非。

最后再看您方两个论点好了。第一个论点，调整机制，我方解释过了。调整机制建立在两个前提之上，第一个前提必须有工作，这是您方说的不能沉默。第二需要正确。谢谢。

正方质询小结

正方三辩：

好的，今天对方辩友告诉我们说他的愚昧不是一个判断立场的问题，而是一个价值问题。我们看价值愚昧跟我们今天说的愚昧是不是一个东西。我们从来说善恶的时候都说天使和魔鬼。天使代表善，魔鬼代表恶。可是天使和魔鬼同样代表聪明和愚昧吗？不对。所以说这两者没有明显的等同性。

对方同学告诉我这个不是一个判断力，其实我们看归根到底还是判断力。为什么你在价值上会做出一个错误的选择，你把恶当成善？因为你辨认不清楚恶与善，但是也可能弄巧成拙做成了好事。比如说你本来想去害一个人，你想加砒霜，却加成了白糖面粉，所以说愚昧的人他要做坏事其实也不那么容易。今天你又告诉我们说愚昧的人很容易相信别人，于是又很容易跟着别人去做坏事。可是容易相信别人，你需要告诉我为什么相信的总是坏人，他就不容易相信好人了。所以愚昧的人到底是不是像你所说的容易造成那么坏的影响，您是缺论证的。

第二，您告诉我说，沉默，他是有权保持沉默，我告诉您就是有权保持沉默才可怕。他有权保持沉默，你不能对他进行过多的苛责，他在法律上是有这个权利的，我们只能用道德对他做一个判断。所以说你不忍对他进行更多的苛责，对他做的坏事却不能够有一个很好的惩治，这个才是可怕之处。

其实对方同学今天归根到底想要告诉我们的就是：愚昧可能带来更多的伤害，可能主张更多的邪恶，会出现更多的弊害，出现更多的问题。我今天看到一只老虎在那里，可怕吗？不一定啊。如果它被链条拴着，如果我有枪，我可以一枪打死它就不可怕。关键在于有问题时我们是否能够解决问题。今天告诉您说从历史上的发展来看，没有任何一个阶段是没有问题的。但是我们能够靠我们自由地表达个人意见发声，来产生这样一种可以解决问题的生命力，正是发声带来这样一种生命力的来源。我们可以看一个比较。中国古代先秦时期百家争鸣，比秦朝时期焚书坑儒那个阶段更有生命力；西方古希腊各个智者流派和中世纪教廷的黑暗统治哪个更有生命力？所以说自由发声是一个生命力的来源。而今天我告诉您说为什么沉默更可怕，就在于沉默抑制了一种自我发声的能力，它对于邪恶是一种纵容，它对于社会本身解决问题的能力有所抑制，今天我们要看到的是，愚昧最多只是增加这样一些弊害，但是沉默却损害了我们对于这样一些弊害的免疫机制，或者叫作社会的防火墙。所以今天我们告诉您的是有问题不可怕，可怕的是改变不了问题，丧失了希望。

自由辩论

正方四辩：对方辩友，您好。李洪志办邪教，我们称他为罪犯；法轮功的信徒，我们称他为受害者。对方辩友，今天问题的根源到底在哪里？

反方四辩：那请问您方了，这个邪教之所以能壮大，是因为信徒是沉默的还是愚昧的？

正方四辩：好，对方辩友，所以说根源还是李洪志对不对？再问您方了，今天愚昧的人缺乏判断力为什么他就一定相信错的不相信对的，对方辩友您方论证在哪里？

反方三辩：对。根源是李洪志不意味着李洪志就可怕，相信他的人就不可怕，难道不是么？

正方三辩：关键在于社会上的其他人对他是一个什么态度，是纵容他的态度，这个才是他得势的原因啊。请教您，今天愚昧是不是做坏事？它可不可能产生一个好的结果？

反方四辩：最后一次回应，纵容可怕，但盲目追随更可怕。我们知道愚昧的人可能做好事，但是概率少。所谓"愚者千虑，只有一得"啊。

正方四辩：对方辩友，今天愚昧和沉默都有可能做好事，这不是我们比较的。我们就比较他们都做坏事怎么样？所以今天您方达摩那些例子都不成立。我现在就问您方了，现在沉默让这个社会万马齐喑，这种状况难道不可怕吗？

反方三辩：对方辩友，砒霜那个例子告诉您，您那个不是愚昧，是真傻，砒霜和糖都分不清。

正方二辩：真傻不是一种愚昧吗？

反方二辩：对方辩友，您说了是判断力，按照您方说法是判断力，怎么又跑到智商上面了。

正方四辩：所以说，对方辩友，今天您方偷换了一组概念：您方把愚昧和恶对等起来，您方告诉我们愚昧只有价值没有智商。但是问问在场观众的常识吧，拿白糖当毒药，是不是愚昧？

反方三辩：错。我们跟您探讨的是辩论场上有三方，沉默、愚昧、邪恶，看谁更能助长邪恶谁就更可怕。再问您方了，很多沉默都不可怕。比如说我今天不舒服，不想说话，我沉默。请问你，我不舒服也很可怕吗？

正方四辩：对方辩友，同理很多愚昧也是不可怕的。我方刚才已经讲过了不能这么比，我们要比都做坏事谁更可怕。今天沉默影响的是整个社会自我纠错的机制，我问您方，机制上的东西是不是比表面上的东西更可怕？

反方一辩：对方辩友，沉默的人是忘记给这个社会吃药了，愚昧的人是给这个社会吃错药了，哪者更可怕？

正方二辩：对方辩友，你说愚昧的会助长邪恶，可是这个邪恶是愚昧助长的吗？愚昧的人自己成不了事，是有一个精明的人带领他才成事的，对不对啊？

反方四辩：愚昧的人成不了事，那请问邪教的人是怎么成事的啊？

正方四辩：对啊，愚昧的人成不了事，是有一个聪明的教主嘛。对方辩友，你今天说愚昧就是吃错药，沉默就是不吃药。明明有药吃还不给他吃，这难道不是更可怕吗？

反方三辩：所以按照成不了事的话沉默的人也成不了事，您方根本得不出结论哦。

正方二辩：所以那些可怕的情形中有愚昧的一群人，有聪明的一群人，可是可怕的点到底是一群人的愚昧还是那一个人，那个坏人的聪明呢？

反方四辩：所以对方比较的是沉默比不沉默更可怕，有比较出沉默比愚昧更可怕吗？对方辩友离题呀。

正方四辩：对方辩友，我方已经回答过您，一个影响的是社会发展的机制，一个只是表面问题。对方辩友，机制的影响是不是更高？带来的影响是不是比表面问题深远？这样难道不更可怕吗？

反方三辩：对方辩友，“文化大革命”，愚昧地打砸抢，去迫害那些沉默的教授，这样是不是破坏社会机制呢？

正方四辩：对方辩友，“文化大革命”有这么多人还不是因为有林彪、江青、姚文元这些精明的人的煽动，这才是可怕的根源，对不对呢？

反方一辩：这些邪恶的力量确实很可怕，可是今天如果有邪教头子在，所有人都沉默，那他不就变成了一个小丑吗？他还可怕吗？那还有恶势力吗？

正方二辩：对方同学告诉我说只要有邪恶势力就可怕，可是我现在告诉你说，有邪恶势力，但我能治就不可怕。今天沉默让它变得不能治了，难道不是更可怕吗？

反方三辩：不对，今天沉默可能让它自然的生长，是一种可怕。但是呢，愚昧是盲目的追随，甚至更进一步的颠覆整个社会价值。文化大革命就是这样的，对方辩友想一想不是更可怕吗？

正方二辩：对方辩友，沉默是不是一种纵容？盲目地去纵容它，是不是也是一种问题呢？

反方三辩：对，是有一点点可怕，但是没有愚昧来得更可怕。想请问您，“文化大革命”当中到底是那些颠倒是非的红卫兵更可怕，还是那些战战兢兢的老教授更可怕呢？

正方四辩：对方辩友，沉默并不是这样的。今天我们看到的是：第一，您方讲文化大革命恶的根源不是您方所说的愚昧，先和您确认恶的根源不是您方所说的愚昧；第二，对方辩友，正是因为那些沉默的人才使“文化大革命”得以发生，这样才是可怕的根源，您说是不是？

反方四辩：逻辑错误。对方论证恶的根源很可怕，并不能否定助长它得势的人也很可怕，对方辩友的判断标准是不是有点错误呢？

正方四辩：对方辩友，我方没有否认愚昧可怕，我方说的是您方可怕的根源不在愚昧，而不沉默恰恰是解决您方根源的问题。这么来看沉默是不是就更可怕了呢？

反方三辩：同样的逻辑，坦克车不可怕，原子弹不可怕，而是按那个按钮的人才可怕，有点怪吧？

正方二辩：你纵容他用坦克车做坏事是最可怕的。您方到底要怎么比较？造成一个坏事跟纵容坏事的人哪一个更可怕呢？

反方四辩：对方辩友，愚昧的人不管是原子弹、核弹、什么弹他都全部乱按，对方辩友，这不是更可怕吗？

正方三辩：他全部乱按也许到一个暂停键发不出去了是不是就没有那么可怕呢？

反方二辩：对方辩友，我觉得更可怕，因为太不可预知了。他随便按，什么时候上厕所被他按一下，什么时候我去吃饭又被他按了一下，这个时候胆战心惊的，可不可怕？

正方四辩：让这么一个人能按核弹按钮的原因是什么呢？还不是因为周围的人都沉默了，让他随便按吗？

反方二辩：对方辩友，不对，周围的人帮助一个愚昧的人拿到了那个核弹按钮才是合理的解释吧？

正方三辩：可是不是所有人都像他们那么愚昧呢？其他人明明是聪明的，可以告诉他那样愚昧，却没有告诉他，这是不是更可怕呢？

反方四辩：又来把沉默跟不沉默作比较了。再请问您方，非洲的卢旺达大屠杀，到底是沉默地看来看去，还是愚昧地砍来砍去？

正方四辩：是因为国际社会的沉默才让卢旺达大屠杀可以进行。归根到底还是国际社会的机制出了问题，还是沉默带来的问题嘛。

反方一辩：国际社会如果不沉默，可以解决问题，但是归根到底还是那些愚昧的人在切切实实行恶，难道不是吗？

正方三辩：我方告诉您不是产生了问题就可怕，而是明明可以解决却不解决，这难道不是更可怕吗？

反方四辩：我知道您方说国际社会隔岸观火可怕，但是这些人是火上浇油，一直杀一直杀，是不是更可怕？对方辩友比较啊。

正方四辩：对方辩友，我今天有一起大屠杀，都沉默没人管我，再来一起大屠杀，是不是更可怕呢？

反方二辩：所以对方辩友，南京大屠杀不可怕，可怕的是美国人没有提前帮我们对吧？

正方二辩：对方辩友，听不大懂。但是我方是认为啊，今天沉默跟愚昧本来就不是同一层次的问题，所以我们是要讨论社会上集体的沉默跟集体和愚昧哪一个更可怕。集体沉默时是不是社会上的问题无法被解决呢？

反方四辩：不要用听不懂来逃避问题。逃避了二辩，我再问您方，今天日本发生核灾的时候你就说很可怕，因为马来西亚没有主动去监督，是这样吗？

正方四辩：不对，对方辩友，我们跟您谈的是问题得不到解决。它的机制如果被破坏了，我们看不到的不仅仅是问题，我们看不到的是希望。没有希望，绝望了，难道不更可怕吗？

反方三辩：对嘛。解决方案有两种，一种是好的人发出声音，一种是消除愚昧，双方都是解决方法，您方不要说错，这是您方的结论好不好？

正方二辩：消除愚昧不就要靠聪明人发声吗？

（正方时间到）

反方四辩：对方辩友，如果沉默，我们最多是看不到希望，但是如果大家都愚昧，我们只能看到深深的绝望。

反方三辩：我们要比较的不是沉默与不沉默，而说的是一者不发声，一者发声是错的，我们要的是多元，但要的不是错的多元，不是吗？

反方二辩：对方辩友，我们注重的是比较：别人看到中国受难不来帮我们是一种可怕；可是那些日本人拿刀跑到中国来屠杀，这个不是更可怕一点？这个比较您方要看一看。

反方一辩：是啊，对方辩友，今天不沉默确实可以解决一些问题，但我让这些人不愚昧是不是从根本上解决问题？对方辩友今天还是要跟我们继续比较沉默和愚昧这两件事何者更可怕。

反方三辩：在悉尼，一个留学生被杀了，沉默的人很可怕，更可怕的是在中国有人说：留学生都是富二代，哈哈，死了活该。这些人好可怕。

反方总结陈词

反方四辩：

今天对方的陈词上有一个错误的标准：对方告诉我们说，如果打破沉默了很好，如果这个时候沉默就很坏。对方辩友其实没有看清楚这个辩题真正要比较的其实是沉默跟愚昧。他方拼命地将沉默跟不沉默进行比较，其实有点离题之嫌呐。

在这个错误的前提下，对方又提出了四个谬论：

第一个谬论是告诉我们说因为对方的沉默会滋长而我们不会，这岂不是很荒谬吗？要谈增长的话，我们知道，沉默的人可以让邪恶增长，那愚昧的人去追随邪恶，不也会让邪恶增长吗？这一点我们双方都可以成立。您方辩友又来论证我方立场，即便在这个标准上，我方还可以赢你一筹，在于说你方的滋长是可以让它滋长，是隔岸观火，火只是在那边，它不会烧得更猛，我们是在火上加油，火增长的速度、力度、能量、范围都更大，您方又如何觉得您方在滋长上赢得我们呢？这是您方第一个谬论。

第二个错误是说就算是您方的邪恶、愚昧能够增长了，根源是在于那个邪恶的人。各位，这是逻辑错误呀！我们知道今天双方的比较点就在于这个三角形之内，对方是沉默，我们是愚昧，第三方还有一个人叫作邪恶，双方谁更能够助长邪恶。你看，对方就说，愚昧的人不可怕，可怕的是这个邪恶本身。各位，请问邪恶本身可怕难道就能因此推断出这个愚昧的人就不可怕了吗？愚昧的人盲目跟从邪恶，邪恶的人说什么他就做什么，邪恶的人让他高价买一杯洗澡水，他就买了，这种愚昧的人难道不可怕吗？对方辩友可以论证其他东西是可怕的，但不能否认这个东西也可怕。这是对方辩友的逻辑错误。

第三个，对方辩友说因为这个愚昧的人是很容易解决的，因为他愚昧嘛。但其实对方辩友忘记了这一点，可以解决不代表容易解决。就好比说我们知道我们可以解救愚昧的人，但解救愚昧的人就容易吗？地藏王菩萨就说过：“地狱不空，誓不成佛。”到现在他依然没有成佛。所以，解救愚昧的人是困难的。为什么困难？很简单，因为愚昧的人更容易相信错的地方。“愚者千虑，只有一得”就是这个道理，如果他很容易被解救，很容易被教导，很容易被导向向善，那么他是应该被叫作愚昧还是有慧根呢？

对方误以为愚昧的人很容易教导，这是第三重的逻辑错误。

第四个，对方辩友告诉我们说，我们必须要用一种道德苛责的态度去看。是的，我们可以承认，面对一些人，他们保持沉默我们觉得很不对，但这仅仅是出于心理上的一种不爽而已。我们不能因此而说你好可怕，因为我们必须认清任何事情的背后都有根源。恐怖分子冲进了课室，挟持了在场所有的人，我们不敢出声。难道对方辩友就站起来告诉我们说："你看，你们的不出声就让恐怖分子劫完一个学校又去劫另一个学校，所以同学们，你们好可怕。"不对，对方辩友是苛责的立场，对方三辩就告诉我们有权保持沉默才可怕。我告诉您方，一个言论自由的社会，我们若没有权利保持沉默，那才可怕。因为我们知道，你可以要求自己不沉默，你可以要求自己站出来打击恐怖分子，但是你不能苛求每一个在场的人都那么做。因为这是民主的社会，这是自由的社会。我们能够自己高尚，不能苛求别人跟我们一样高尚。而当别人不跟我们一样高尚、一样勇敢、一样打破沉默的时候，对方就指责他说："你可怕！"岂不是一种道德绑架吗？各位，佛祖饲鹰是告诉我们说，这个佛祖本身他是想要救助社会，但不能因此就叫他人去割肉，我就不割肉。

各位，整个社会需要容许有不发声的空间，我们站在一个不沉默也不愚昧的人的立场上，我们尊重这些沉默者的权利。我可以教导你打破沉默，但如果你不打破，这是你的权利，我不会苛责你可怕。对方辩友在结辩的时候请不要再重复这种道德绑架似的论调，那对方会对不起在座的各位。谢谢！

正方总结陈词

正方四辩：

再次问候在场各位。今天我们讲个隔岸观火的例子，对方辩友说一个是火上浇油，一个是在对面看，但是社会上是不是真的这样呢？火是不是刹那就着呢？不是，我们有消防员，对不对？今天如果一个消防员他不去救火，我们会觉得这个消防员怎么样？我们当然觉得这个消防员是不好的。一个不去救火的消防员给这社会带去的弊害那是更大的。因为我们本来期待消防员会去救火，对不对呢？

事实上在于对方辩友您方今天说我们苛责一个人，一个人有沉默的权利，说我们苛责他不保持沉默就会怎么样，但事实上这种苛责是建立在一定基础上的，那是我们今天已经完全自由了，已经没有任何东西可以束缚我们了。那现实是不是这样呢？当然不是。因为现实还有很多东西在束缚我们，我们还被错误的观念束缚着，我们还被强权束缚着，我们还被自己内心的贪欲束缚着，束缚的东西还有很多。在这种情况之下，您方说我方是道德绑架，我方倒是觉得我方真的是在跟大家呼吁，呼吁大家内心中希望向善的那一部分，告诉大家说出你心中善的声音吧。

让我们来看一个故事，这个故事大家都听过：皇帝的新衣。一个皇帝他没有穿衣服，走到街上，大家都说你的衣服好好看，啊，皇帝也觉得衣服很好看，我们说这个皇帝是愚昧的，但那些看客是不是愚昧的呢？我想恐怕不是吧。他们都知道皇帝没有穿衣服，那最后是谁打破这个尴尬的事情呢？是个小孩子，他告诉我们说，啊，皇帝没有穿衣服。打破沉默的时候才是真理出现的时候，而当沉默笼罩在大地上的时候，真理就不可能出现。

事实上我们发现，沉默它影响的是什么？我方所讲的是沉默影响的是一种解决社会问题的机制，我们把它再推一层，其实不沉默给了我们一种变好的可能。当每一个人都发出自己的声音，当每一个人都说我想要这社会变得更好，虽然他们让这世界变得更好的方向不一样，但我们看历史这么多走过来，我很欣慰也很高兴地看到这社会真的有在变得更好。今天您说得对，一个人站出来可能不会少一个小偷，但我看到的是从历史到现在犯罪在不断地变少，错误的思想在不断变少，我们越来越自由，越来越理性。对方辩友，这才是今天我们探讨这个问题的根源所在。

事实上从绝望中寻找希望才是我们人类作为一个物种最可贵的地方。

事实上最可怕的既不是邪恶，也不是沉默，也不是您方的愚昧，我觉得最可怕的东西就是绝望。二十年前蒋昌建先生在结辩的时候说了这么一句话：黑夜给了我黑色的眼睛，我却用它寻找光明。这句话就告诉我们虽然我们要面对很多很多恶，但我们始终不能放弃的就是对善的追求，我们始终不能做的就是面对恶还沉默，我们要发出自己内心的声音。

今天您方所举的“文革”，即使在“文革”中最黑暗的时期，著名的诗人食指，他也会写这么一首诗，他说，“摇曳着曙光啊，那温暖的笔杆，我用那孩子般的笔体写下四个字：相信未来！”沉默就是不相信未来，要喊出来，哪怕解决得很困难，哪怕我们解决的可能没有人会去听，但我们喊出来才是这个社会解决问题唯一的声音，我很高兴看到我们一路这么走过来，再一路这么走下去！谢谢大家！

比赛点评实录

张哲耀（印象票投给反方）：

呃，各位好，先讲一个题内也算题外话。刚才反三有提到我的名字哦，因为我昨天有跟大家分享过我对真假双题这个看法。但是我也提醒大家，我认为我是对的，但是我也不否认我有错的可能，这是可以讨论的。所以认为我是错的这个称不上是什么大胆，这只能说是我们要切磋切磋。那当然，就好像爱因斯坦的物理理论，受到很多学者的这个攻击和批评，学者认为是错的，爱因斯坦说，我有可能是错的，但是我有犯错的权利，这是我努力争取来的。因为他是竭尽所能地研究，深思熟虑才得到一个他认为极有信心的结论。我认为这是可以讨论的。

那我们回到今天的比赛，整场比赛我整理成三个部分，第一个是谁助长了邪恶；第二个是它这个助长邪恶的形式是什么；第三个是会不会沉默或是愚昧也有可能做好事呢？

第一，助长邪恶。正方是说，我们信息封闭就导致这个免疫的机制失灵了。社会上面除了沉默的人、愚昧的人，可能还有邪恶的人，所以我们等于不但在纵容愚昧，也等于在纵容邪恶，邪恶的人他就开始猖獗、大行其道，开始胡作非为。那这一点呢，我认为反方的反应是很快的，他说你的沉默会纵容邪恶，我的愚昧也会纵容邪恶，那谁更纵容邪恶呢？那从单纯的纵容这一点上面，我没有听出明显的区别来。

第二，纵容邪恶的这个形式。虽然大家都是纵容，但是不太一样，反方有很多的这个说法和例子，他说你那个只是隔岸观火，我这个可是火上浇油；你只是袖手旁观，我是直接参与到其中。包括邪教的这个例子跟红卫兵的这个例子，包括隔岸观火和火上浇油这些成语的运用，都让我的印象非常深刻，强烈地感受到，他那个只不过叫作不做好事，也不做坏事，我这个可是被人家说动了以后去做坏事，这不但是纵容，更是帮他摇旗呐喊。对这个邪恶的教主来讲，无疑给他很多的这个兴风作浪的信心，大概是这个样子。所以对我来讲，因为反方在语言跟技巧上面的熟练使用，所以我必须得承认，反方的这个说法对我是很有说服力、很有吸引力的。所以我觉得不做好事也不做坏事跟不但不做好事还明显助长做坏事的这个势力，我认为后者是比较可怕的。

那除此之外呢，我们还有最后一个部分，是沉默也可能是一件好事，愚昧说不定也是一件好事，可是反方的这个举例呢，他说，我们祈祷啊，祈祷代表宗教的虔诚，我们观众的这个沉默，代表对比赛的这个尊重。或是达摩要悟道啊，大爱要无言啊，这些种种的例子，明确地区分出来说，有的沉默是好的，有的沉默这样冷漠是坏的，但是这不能够一概而论。相反的，如果正方要说愚昧是一件好事，最多只能够说，他在做坏事的时候会把事情给搞砸，而从大恶变成小恶，我没有办法感受到，他是从要做坏事又不小心变成做好事。像是你说《小鬼当家》的那个抢匪，因为他太笨了，所以该抢的东西也抢不到，反而被捉弄了一顿，对不对？那最多也只能够说，他行凶未遂。那听起来不像会说，他行凶不成变成行善，对不对？你要去说抢老太太的钱包，不至于愚昧到他说经过老太太的时候，老太太说“年轻人来扶我一把吧”，他突然间说“那好吧”，然后忘记自己要做什么，反而就行善，不太可能。所以，你说的这个愚昧，我最多承认他减缓了做坏事的程度，因为人笨容易误事，所以他做坏事容易做不成，可是最多只能说大事化小，小事化无，你不能说他这个转恶为善，反而在误打误撞地行善，至少在场上这个例子我没有感受到这一点。不论是你讲乱按原子弹结果不小心按到暂停，那只是大事化无，不是变成好事，对不对？所以最多最多只有在结辩的时候讲的那个皇帝的新衣的例子比较让我感觉这个愚昧可能是会做好事，不过我也不确定你是想要强调愚昧会做好事还是不沉默、打破沉默是一件好事。所以我认为是，反方很有意识地、例证很丰富地想要攻击沉默其实也有很好的一面，可是正方没有有意识地、例证很丰富地说愚昧其实也是一件好事，最多只能说，坏事没那么坏。

而且，我必须得说，反方还有一个我认为极为聪明的切入点，就算愚昧有的时候会做好事有的时候会做坏事，甚至不排除沉默有的时候做好事有的时候做坏事，他也认为愚昧做坏事会比做好事的时候多，他听信坏人言也会比听信好人言多，为什么？因为他有很简单地用定义来倒推这个结论，也就是说，很简单嘛，因为他通常都听好人的话，他就不叫作愚昧嘛，他就变得很有慧根嘛，这么容易点化还算什么愚昧呢？我认为在这一点上面，就算正方能够说，愚昧的人做好事跟做坏事的几率都是存在的，反方还是可以说做坏事的概率还是高一些。

所以总的来说，我认为，往坏处看，火上浇油比隔岸观火更可怕；往好处看，我体认到沉默的好处，体认不太到愚昧本身可以变成好处，所以我把我的印象票判给今天的反方，谢谢。

路一鸣（印象票投给反方）：

时间很紧张，我只说一点。双方的比赛让我们看到了，就是其实基本上在前半场还是势均力敌的状态，不管是攻辩、盘问还是陈词，但是反方确实能让我们强烈地感受到他一直在比较，在比较沉默和愚昧哪一个更可怕，而正方没有让我们看到反方四辩在质询正方一辩的时候说的是沉默和不沉默在做比较，这种感觉一直留在我的印象当中，就因为他们提出了这两个成语，刚才哲耀已经提到过了，其实说明正方在这方面准备得不够充分。尤其是在自由辩论阶段，正方的四个选手变成了三个选手，这不能让我支持这一方获胜，好。

林正疆（印象票投给反方）：

各位好，基本上我觉得今天正方所设计的论点架构是把沉默设定在会使得社会丧失自我纠错机制，这样的论点设计其实是不错，但是这样正方就必须先负一个责任，负什么责任呢？就是他必须要想先去预防别人把沉默跟纠错机制无关的种种类型提出来将之全部混淆。今天我们所讨论的沉默是使得社会动荡不安，或者是会伤害人民权利的沉默，除此之外，我们不讨论，然后设定这个范围的话，你再来强调沉默会使得自我纠正机制或者是反省机制发生了问题，整个讨论的主题就足够明确。如果一开始没这样子做的话，你的论点一开始就会有风雨飘摇的危险，那这样的危险在我的观感里面也果然被反方实现。其实我觉得，上午辩论赛跟下午辩论赛的正方如果合二为一的话应该是一个比较完整的论点，因为上午所讲的正方是强调沉默会使得言论跟思想没有办法碰撞，进而无法带来人类社会的进步，如果再跟下午的正方相互结合的话，那就是既无法兴利，也无法除弊，因为我会觉得这样的正方论点是比较完整的，比较有点可惜。所以这个故事告诉我们，结合众人之力革命才能成功啊。

另外讲一个题外话，我常常跟年轻的朋友说，打比赛要看场上的变化，同时呢，尽可能地多阅读会比较好一点，比方说今天反方，他举地藏王菩萨，一开始他举例地藏王菩萨的时候他还举错，他说地狱不空他就不出来，我在下面听到的时候吓了一跳，因为原文应该是地狱不空不成佛，我听到他的话吓了一跳，而且他告诉我他现在都没出来，仿佛掉到地狱里面去了，让我感到非常遗憾与难过。后来到了反方自由辩的时候他说地狱不空誓不成佛，所以他到现在都没成佛这句话讲出来，我会觉得如果今天对方多带一点幽默感，贴着对手打的话大大方方问一句，请问依据何经典他还没成佛啊？其实，不但可以增加场上的张力，而且可以获得评委的印象分数。因为这在佛教上是一个非常大的争议，敢把争议当成场上论述需要非常大的勇气。我相信你应该是一位修道之人，把佛教的争议直接搬上来讲，那可是就算不懂佛教。今天正方如果多一点反应，是可以迅速贴上去的，因为地狱不空誓不成佛，是因为地藏王菩萨出不了地狱吗？那是因为佛经里面说，众生顽冥，难伏难调，那如果反方今天多读一点东西的话，是可以轻而易举告诉他，两千年前亘古存在的问题，大家今天在这个社会不断进步，如果反方多读一点东西，你直接贴上来告诉对方，如果你要引地藏王菩萨，我就告诉你地藏王菩萨，众生痴迷，难伏难调，这种情况下，愚昧何止是存在千年的问题，这种情况下我们不也是一边进步一边畅想和预言？所以这种情况究竟可怕在哪里？所以我的意思就是说，各位学子们，你们要多阅读跟累积自己的基础知识，那么腹有诗书气自华，那会使你们讲话散发智慧和美丽。

萧峻仁（印象票投给反方）：

由于时间关系，我很快讲一下。其实我觉得双方的主辩在陈词的时候，他们的架构跟立论是势均力敌的，那我判给反方也是基本上因为反方的立论贯彻得比较好，又在自由辩和结辩都有贯彻到，而正方却没有做到这一点。

其实正方在开稿的时候我觉得有一点，他给愚昧的一个定位，我觉得非常有战略意义。正方说，其实社会上有很多邪恶的事情，可能是因为人的愚昧，可能是因为人的固执，可能是人的各种各样的所谓的不好的价值造成的，而沉默不是这些，沉默是更高一层的，沉默是可以纠正这一点的。这个我从主辩稿听到觉得很有战略意义，可是二辩、三辩、自由辩完全没有听到，我觉得这一点有点可惜。

我想讲些题外话，没机会了。我觉得这样一个辩题，我是准备来听一场非常好的语言分享，觉得这样的一个辩题，立论什么的只要做到基本严谨就好了，最重要的是语言魅力。但是今天评了那么多场我都没有看到，就好像正疆讲的吧，“阅读少”。我觉得如果是这样子的一个辩题，给台上除了我之外的一些高手辩的话，一定非常好笑，非常好看，听得好爽。但是我没有这样的感觉，我觉得非常可惜。今天场上是所谓的好辩论冠亚军，所以我觉得很遗憾。希望大家多读书，多提高你的语言能力。

蒋昌建（印象票投给正方）：

这个么，我很孤独，我首先确定之所以选正方胜，并不是因为正方在场上的辩论技巧有高人一手之处，而是因为反方漏洞太多，他们四位火眼金睛都没有看出来，只有两个原因，一是因为真的没看出来，还有一个是，当然是居心叵测，为什么呢？且听我一一道来。

第一，他们都很赞赏反方所提出来的隔岸观火和火上浇油，他们从来都没看到火从何而来，如果卢旺达的种族屠杀能够从新加坡的族群和谐当中，通过不沉默的方式学到一些治国理念和经验的话，那么何火之有呢？所以无论是隔岸观火也好，火上浇油也好，不沉默的确能抑制一个基本的事实，那就是玩火者必自焚。

第二，反方是提出了双重标准。比如说他问了两个问题，为什么周末到教堂时人们都沉默呢？因为他们有敬仰，他们有信仰，他们虔诚。为什么今天辩论比赛的时候大家都沉默？因为表示对选手的尊重。可是当他们举到麻原彰晃的例子的时候，他发现那些沉默的人都是愚昧的，虔诚就变成了一种愚昧。请问一个价值的双重标准为什么在一个辩论的过程中漂移得这么迅速呢？难道就是因为辩论的输赢选择的这样一种表达方式么？所以反方你的漏洞还真大，反方可能说了沉默未必就是坏事情啊，比如说沉默是金，或者说大爱无言，我们每个人都有爱心，你们看到一个悲天悯人的事情的时候，你们不大悲，同时也不大喜，但是你们心中有了大爱。可是我们都是凡夫俗子，我们真不知道那些不发言的人你们内心大爱在哪里，突然有一个人醍醐灌顶，不沉默地告诉我们，你不要看他们沉默，他们心中有爱，因为他们有大爱才无言，我才恍然大悟说，哦，原来沉默的人有大爱。请问，那我们认识到沉默的人有大爱恐怕是以一个不沉默的方式才告诉我们的吧。好，如果你承认这一点的话，反方你告诉我，到底是沉默可怕还是愚昧可怕呢？

我们再来谈最后一个方面，时间关系，反方举出的很多例子可谓是破绽百出。比如说反方问正方，骨折可怕还是秃头可怕，恐怕是骨折更可怕吧。在座各位稍微有点常识的话，骨折伤筋动骨一百天，一百天以后还有站起来的可能，可是你问问秃头啊，它不是一个野火烧不尽的问题啊，是无火自尽啊，尽管经过了多少个春夏秋冬，它还是一马平川，对不对？所以我说，它危机四伏啊。刚才我说了，人类都想长生不老，怎么办呢？但是都改变不了人类必死的事实啊，可是破绽在那里，1949年前中国人的平均寿命三十多岁而已，今天中国人的平均寿命是多少？恐怕已经超过三十了吧，六十到七十。这是人类打破沉默，探索延长人类的生命的方式和秘诀努力的结果嘛。你说沉默可怕还是愚昧可怕？破绽百出嘛！最后一个，说佛祖很伟大，他不是割别人肉来救另一个受伤的人，而是自己把自己的肉来割给受伤的人，我现在要拜拜佛祖，我下面的话不是要对你不敬，而是佛祖是慢慢修炼过来的嘛，佛祖修炼的过程中就知道人言可畏，他如果拿别人的肉去救别人，唾沫肯定把他淹死，他一定割自己的肉然后展示给大家看嘛。所以这种大爱无言你们看到没有，恰恰是人言可畏，畏忌沉默这样一个方法来实现这样一个善举。

所以我还要说一遍哦，并不是因为正方在辩论技巧上高人一筹，而是因为反方漏洞百出、双重标准，从这个角度上来讲，我之所以判反方输，是因为以一个坐在下面的急切地想上场捍卫正方的立场的角度判出的这样一个结果。

2013 新国辩“致敬国辩二十年”明星赛

比赛场次

2013 国际华语辩论邀请赛明星赛——致敬国二十年

比赛辩题

正方：人性本善

反方：人性本恶

对阵双方

正方

一辩：刘京京

二辩：郑秋桦

三辩：胡渐彪

四辩：黄执中

反方

一辩：陈　铭

二辩：邱　晨

三辩：马薇薇

四辩：周玄毅

比赛辩词实录

路一鸣：

各位好，只有我在离开辩坛之后还做着与辩论最相关的事情，我是主持人。所以，今天的表演赛他们还让我当主持人。国辩从 1993 年开始，到今天是第二十年了。这二十年里，国辩这个赛程走出了无数的明星辩手，我们年轻人的偶像。如果 1993 年以前，国内有一些队伍参加国际比赛，那时很少有人会知道。因为没有电视的参与，它的推广程度、传播力度没有那么强大。所以我们可以把 1993 年以前的比赛称作“辩论的史前时代”。

直到 1993 年，亚洲大专辩论会上，复旦大学代表队和台湾大学代表队的一场人性本善还是本恶的辩论在中央电视台播出之后，对辩论而言，时间开始了。在那场比赛里，我们认识了蒋昌建先生。在那个时代，他是全国的偶像，无论男女老少。他的那场比赛成为后面各届比赛当中所有参赛队伍都会默默学习并深深敬仰的经典较量。同时，复旦大学代表队出的关于辩论的书《狮城舌战》也成为辩论爱好者必备的红宝书。

1995 年，我们知道，这个世界上除了蒋昌建，还有一个叫林正疆的人。原来，辩手在场上可以不用稿子，可以不用逻辑清晰地用一二三四来归纳本方的观点，可以自由挥洒，而且现场我们被他深深感染。

到了 1997 年，我们知道辩论赛不光是以华语为母语的地区的这些高校的专项权利，因为我们认识了萧峻仁先生。萧峻仁先生是马来西亚代表队当时的队员，马来西亚是一个不以华语为母语的地区。一个不以华语为母语的国家的汉语代表队，居然能够力克港、澳、台、大陆这些地区的代表强队，让我们对马来西亚华人对华语的掌握程度刮目相看，并肃然起敬。

时间过得很快，转眼来到了 1999 年。当大陆的辩手仍然在全力地模仿要么蒋老师、要么林老师、要么像萧老师这样不同风格的出类拔萃的顶尖高手的时候，到了 1999 年，他们有了第四种选择。我是代表西安交通大学参加的 1999 年的国际大专辩论会，从此之后，我就开始从事与语言表达相关的工作了。后来我就直接做了中央电视台的主持人，后来我还能做辩论赛的评委了。这一切都是这个赛事、这个赛程带给我们作为辩手的人的一份荣耀和收获。

在大陆的代表队拿到一次冠军之后，没有想到，到了2001年，我们客场作战，面对的是马来亚大学代表队。在我们的对手里，出现了熟悉的面孔——胡渐彪。胡渐彪在场上的风度、总结是自成一派，他甚至让我们相信作为一个辩手居然可以做到才貌双全。

同样在那一年，代表武汉大学出战的周玄毅，让我们记住了一个辩手在场上如何及时打断对方的思路，就是“不对”。周玄毅老师现在已经是武汉大学的老师了，他的教学领域、他的研究方向都是哲学。一个辩手在和你说“不对”的时候，你可以反抗他；一个研究哲学的人跟你说“不对”的时候，你会心惊胆战。

到了2003年，这个比赛的主办地又回到了北京。那一年我记得蒋老师、正疆兄，还有1997年的最佳辩手王慰卿，还有我，我们都来到了比赛的现场，还有于磊。那一年，我们知道江山代有人才出是什么意思，一个可以不用稿子，不用逻辑鲜明地陈述本方的观点，甚至事后，你在阅读他的辩词的时候都未必能为之打动，但在现场，你不得不把手伸向他，因为他叫黄执中。

同样在这一年，辩坛上终于出现了另一种性别的明星辩手。马薇薇小姐给我们的印象是，从外形上看，她几乎囊括了所有女性的优点。可是你真的胆敢一步步靠近她，你会发现你的肩头早已插上了一把刀，这就是马薇薇在辩场上留给我们的深刻印象。这是一个不能凭外表就能看透其内心的变幻莫测、琢磨不透的神奇女辩手。

到了2007年，辩论可以回归到最初人们对它的想象和期待，就是近身搏击、短打，在快速的攻防当中体现一个辩手的逻辑思维、知识储备和临场反应能力。让我们认识到这一点的就是刘京京先生。同样在这一年，又出现了一位女性神辩。邱晨小姐和马薇薇小姐的风格完全不同，这一点，一会儿她站起来从外型上就能看出来了。而且，这也是一个你不能从外形就能探测她的内心世界、她的辩论思路、她的变幻招数的神奇辩手，一会儿大家会看到她的精彩表现。

2010年，马来西亚的代表队卷土重来，它再一次席卷华语辩坛。在那一年，我们知道女辩手可以像女汉子一样，在场上可以一“妇”当关，万夫莫开，因为郑秋桦小姐正是用她的行动证明了这一点。

2011年，这是离我们最近的一届国际大专辩论会。在这届辩论会上，出现了一位被评委冠以“可能是世界上最会说话的人”的明星辩手。而且，他告诉我们，辩手的才貌双全可以有另一种表现方式——陈铭先生。

既然今天我们这场明星表演赛是要向我们国辩20年致敬，那我们今天就选择辩论在大陆起始的那一年，1993年的经典比赛的辩题，到底是人性本善，还是人性本恶。现在我们有请双方的八位队员上场。

担任明星表演赛评判的是蒋昌建先生、林正疆先生、萧峻仁先生。本场比赛的比赛规则和铃声测试一概免除，因为所有的场上队员在这几天里都疯狂地担任了评委，如果对规则还不明了，那是咎由自取。首先有请正方一辩陈词。

正方陈词1

刘京京：

大家好。

人性本善还是人性本恶这个题目其实人类已经讨论了上千年，但仍然历久弥新，因为它关乎我们人类对于自身的认知。所以今天，建议双方以一种认真严肃的态度来探讨这道辩题。什么是善，善是人类支持生活的行为规范，比如说公平、正义、诚实；而什么是恶呢，其实就是反社会的行为，比如说欺凌弱小。我们今天判断到底是人性本善还是本恶，就是要探讨人的本性，是如我方立场，符合拥抱社会规范呢？还是如对方的立场，人的本性会拥抱那些反社会的行为？那其实这个问题哲学家已经探讨了非常久。而我们的人类历史上有人类本善说、本恶说、向善说、向恶说、亦善亦恶说、非善非恶说。不过，我方认为，以上诸多的哲学家的论述通通都是空想，可能都是基于未经验证的假设。所以今天我方主张应该通过综合进化生物学、历史学和考古学这样一个综合的角度来讨论今天的辩题才是真正认真的态度。

所以我方的第一个论点是，人是群居的生物，从进化的角度来讲，最有可能成为人类进化起源的黑猩猩无疑是群居的生物，这个古生物学家早有论断。而从考古的角度讲，至今发现的人类遗迹无论是冰河世纪还是石器时代的，都是以部落群居的方式组成的。比如说如果我们在发现一个石器时代的遗迹的时候，发现一个石器就有可能在它周边散落大量的石器，这无疑是群居的证据。所以黑猩猩和我们至今发现的遗迹都有可能证明人类是群居的生物的话，我想目前还没有其他的证据能反驳这一点。

第二，我方查阅了大量的文献资料，科学研究表明，几乎所有的群居生物，也包括人类在里面，通通都有两个天性，也就是互惠和同情。比如说我们今天观察蜜蜂的生活，都有敌人入侵的时候，一只工蜂会蛰敌人，但我们都知道，当工蜂蛰完敌人之后，一旦它拔出那根刺，它的内脏会通通被带出来，这只工蜂死定了。但它为什么仍然要这么做呢？因为这样可以保护它的族群长久地延续下去。同样，在2003年的南非，我们发现一只羚羊被困在一个栅栏里面，于是有十一只大象冲去里面挽救了这只羚羊。所以群居性的动物都有这样充分的同情和互惠互利的原则。但其实人也是如此，至今人类学家发现，很多人都有这样互利互惠的原则，而互惠互利的原则在我方的语境下，其实就是善的初级形式，用今天的说法，这是iphone1，而我们的善，高级社会道德原则，其实就是iphone5。那这种情况下，我们会认为，群居生物的群居性，导致人的本性是向善的，也是本善的！谢谢大家。

路一鸣：在听到铃声响过之后，刘京京仍在坚持发言，请评委注意这一点。现在有请反方四辩周玄毅向正方一辩质询。

反方质询 1

周玄毅：好。京京兄，确认一下，你刚才说，我们的人性都是喜欢拥抱善的，对吧？

刘京京：对。

周玄毅：那我想请问你呀，什么样的人最喜欢拥抱善？

刘京京：据我所知，如果你所说的是整个人类的话，人类天性就喜欢拥抱善。你问我什么样的人最喜欢拥抱善，那在不同的情况下不同的人对拥抱善有不同的选择……

周玄毅：那什么样的人喜欢去拥抱恶？

刘京京：我们认为在本性里面没有一个人是喜欢拥抱恶的。

周玄毅：佛呢？

刘京京：佛不是人。

周玄毅：耶稣呢？

刘京京：耶稣？想象中的一个人，但真实中的……

周玄毅：孔子呢？

刘京京：孔子？孔子是古人……

周玄毅：对，你有没有发现，我们来确认一下一个问题，是不是非常善的人其实非常想去拥抱恶，因为他要去用善来感化你，对不对？

刘京京：对。

周玄毅：好，那么其实拥抱善和拥抱恶并不能证明人性本善还是本恶，是不是？

刘京京：不，我们要判断拥抱善的原因，如果积极地拥抱善就是人性本善……

周玄毅：好，那正是我的下一个问题，我想请问你，拥抱善的原因除了本善还有没有别的原因？

刘京京：拥抱善的原因除了本善还有没有别的……

周玄毅：那我们再确认一下，因为你太善良了，你看不到恶。我告诉你呀，我如果是一个骗子，我是喜欢拥抱善还是拥抱恶？如果我是一个骗子，我是喜欢和善人在一起还是喜欢和恶人在一起？

刘京京：对方辩友，你要先告诉我，人为什么会成为一个骗子呢？

周玄毅：但是这个时候不是你来问我，是我来问你。所以对方辩友回答我……

刘京京：所以对方辩友恰恰忽略了人为什么会成为一个骗子，而我方认为人会成为一个骗子是后天导致的，所以你不能因此论证人性本善还是人性本恶。

周玄毅：我们来确认一下一个逻辑，你刚才说你拥抱善，所以人性本善。但是我们已经证明了，很有可能是因为他本恶，所以我特别喜欢和善的人在一起，因为他好骗，对不对？

刘京京：对方辩友错了，因为人性本善，那个善符合人的本性。

周玄毅：对，我错了，这不是一个充分的论证，我只告诉你有可能，有这样的一种可能性。第二点，你说人喜欢群居，那么人的群居与蜜蜂的群居有什么不同？或者我这样问你，蜜蜂本善吗？

刘京京：具体的群居方式或有不同，但其群性是一样的，互惠互利。

周玄毅：那好，那我问你，为什么蜜蜂没有公平正义和诚实的感觉，是不是因为他们根本就没有不公平、不正义的本性？

刘京京：对方辩友恰恰错了，互惠互利作为道德的初级形式，它演化而来的就是公平、正义。

周玄毅：回到我的问题，蜜蜂是不是本善的？

刘京京：本善。

周玄毅： ok，我明白了。对方辩友论证人性本善的意思是说，群居的动物都本善。那我再问你，是不是人不如蜜蜂那样的本善？

刘京京：一样的。

周玄毅：好，谢谢。

路一鸣：下面有请反方一辩陈铭陈词。

反方陈词 1

陈　铭：

谢谢。

质询到最后已经很清晰了。在对方的体系下，狼是本善的，虎是本恶的。狼是狼群嘛，虎是独虎。世界上所有群居的生物都本善，独居的生物都本恶。因为对方说人都是向善的，对方说得很清楚，叫拥抱善。

大家一起帮我想一想，向善是什么意思？当我们走向善的时候，我们从哪里出发？为什么对方会犯这样的错误呢？很简单，对方说要用进化生物学的角度来看，我方完全一致。但是对方推的时间还有点不够，对方只推到了黑猩猩，没有再往前走一步，而再往前走一步，就找到真正的答案了。我们今天要抱着一个严谨而科学的态度来探讨这个辩题。人到底是性善还是性恶？要回答以下三个问题，非常简单的问题：第一，人从哪里来；第二，善从哪里来；第三，恶从哪里来。

我们一起把时光倒流，黑猩猩继续往前，真的在进化生物学的角度中，大概在四十亿年前，地球上的海洋是一股原始汤，里面只有二氧化碳水和一点点氢，一直到有一天，在这锅原始汤当中出现了一个叫复制基因的东西。它是基因，它的唯一本能是吸取外界资源，复制自己，加以繁衍。它紧接着诞生了单细胞生物、多细胞生物，林林总总。一直到之后古猿出现了，最后，人类诞生了。无论是群居生物还是独居动物，他们的本源都是基因，人是由基因组成的。基因的本能很简单，外界有资源，我要吸取。吸取的目的，复制自己，加以繁衍。简单点讲，所有的物种的基本天性和本能是让自己活着，并且让种族延续。在这两者之间，前者，比较靠前。可是为什么会出现向对方所说的群居动物呢？在最初基因的利己主义当中为什么会诞生出利他主义呢？原因很简单，因为人在自然的环境中，单挑太弱了，如果老是靠自己，搞不定。所以对方您刚才说到的，族群当中的利他主义的根源，是来自族群扩张的繁衍冲动。换句话讲，它是一个族群的恶，所形成的个体的所谓的善。那如果您方的那个善也是从恶当中来，人本性到底在哪里呢？

其实探讨了进化生物学，还不够。对方只用一个进化生物学，只能看到人的生物性，而看不到人的社会性，社会属性更加重要。善和恶从哪里来？恶是从本性的贪中来。人类总希望东西会多一点，人是有规避风险的冲动的。今天我们吃了，明天吃不吃得到我不知道。所有人凡事希望资源多一点，所以我们的腹部脂肪比较厚，因为比较暖和。所以人类比其他动物会有更多的繁衍冲动，因为这样我的繁衍概率比较大，贪是一个人的本性。可是很不好意思，对方辩友，（时间到）贪，在人类的所有道德价值评析内，都是恶呀。谢谢各位。

路一鸣：陈铭，请你告诉大家，你刚才错在哪里？

陈　铭：贪了。

路一鸣：下面有请黄执中向陈铭质询。

正方质询 1

黄执中：大家好，对方辩友你好。

陈　铭：你好。

黄执中：我知道您刚才谈的那一段是……应该是道金斯的《自私的基因》那本书里的概念对不对？

陈　铭：源于达尔文的《物种起源》，道金斯对此加以了社会化阐释。

黄执中：那对方辩友，我想你准备比赛的时候也读过达尔文的书。

陈　铭：对。

黄执中：达尔文在 The Descent of Man 这本书里，他有特别强调，人类目前重重的美德在他的推论中源自于哪里？

陈　铭：源于恶与恶的碰撞所达到的制衡。

黄执中：错，刚好达尔文的看法是源自于演化而来的群性。对方辩友，你刚刚在里头有谈到，基因是自私的，对不对？

陈 铭：对。

黄执中：所以他想要复制自己加以繁衍，对不对？

陈 铭：非常正确。

黄执中：没有错。那这个时候，一般而言在演化中有两个主要的策略，一个是独居策略，一个是群居策略，对不对？

陈 铭：对。

黄执中：独居策略是因为基因在我身上，对我而言，最道德的事就是为了保证我的存活，因为我如果死了，我的基因就不能繁衍，对不对?

陈 铭：对。

黄执中：而这个时候，我要跟我的同类竞争，因为我的 DNA 增加，其他人的 DNA 就会减少，对不对?

陈 铭：我的 DNA 增加，其他人的 DNA 减少?

黄执中：我 DNA 散布机会增加，其他人就减少嘛，对不对?

陈 铭：其他人还是其他……

黄执中：哦，不对，是其他动物。

陈 铭：其他动物就对了，你口误了。

黄执中：不好意思，我口误。我很善，我承认。好，废话不讲，再来。可是群居生物，你也看了书，群居生物它的思维和独居动物不一样，因为它的 DNA 是以整群为计算单位的。因为这群的 DNA 是共通且相近的，对不对?

陈 铭：不对，不好意思。

黄执中：对方辩友，群居生物这群的 DNA 是共通且相近的，对不对？

陈 铭：不对。原因是群的边界很难划分。人跟猴是一群还是两群?

黄执中：我当然是以猴群、狼群，以生物界的单位来算的。

陈 铭：没有人?

黄执中：对，我现在不讲人，都不讲人。所以我们这群狼，为了维护我们狼群的DNA，基本上要互助合作。因为我的死生跟狼群的死生相比，狼群更加重要，对不对？

陈　铭：不是完全这样，大多数情况下是这样。

黄执中：于是呢，科学家就做过了实验。对方辩友，动物本性中有没有利他，甚至是损己利他的行为？这种天性你觉得有没有？

陈　铭：这是种族繁衍基本冲动之一。

黄执中：有没有损己利他的利他行为？

陈　铭：个别情况下有。

黄执中：好，你认为是个别情况。

陈　铭：是。（时间到）

黄执中：好。

陈　铭：谢谢。

路一鸣：很显然，他们想用这样一个新颖的立论，向20年前的那场比赛致敬。所以他们不愿意沿袭那个20年前的已经很完美的框架。他们设计了新的逻辑思路。但是我要提醒各位，当人性本善和人性本恶这个命题被双方如此解释的时候，显然他们把重力都加在了本上，但到目前为止，我还没有听到很多关于人的解释。下面有请正方二辩秋桦陈词。

正方陈词2

郑秋桦：

谢谢主席，大家好。

大家都贪了，所以时间不够。我希望我时间够。我们来仔细回想一下，反方的立论只有两点。第一点，他方要我方论证人从哪里来。他说我方看到人从人的形象到人的祖先他都不够早，要看到什么？细胞。可是各位，我们知道，把水的分子仔细解开，它是H_2O，那就是两个氢和一个氧气，

可是如果 H_2O 分开结构，它是氧气吗？那是不一样的概念嘛。所以对方的第一个论点是告诉我们，细胞是自私的，但是人是不是自私的，他方没有论证。第一个，两个自私，是离题的。

那么好，我们仔细回想一下，他方完全没有否认这个前提，如果，本身人从一开始就是群性动物。那么人本来就是群性动物，我就来回答一下刚刚主席提问的问题，本。人的本是什么？人的本如果是群性，我们来仔细回想一下，什么叫作善，什么叫作恶，什么叫作道德。道德和善，本来就是只有在社会，才会有道德和善。今天如果一个动物，如果是独居的，假如我是一条蛇，是一只老虎，我根本就不关心它发生什么事情，这根本没有什么善恶之分，因为我只要独善其身就好了，因为本来道德和善就是一种社会价值观，因为人本身就是群性动物，你天生就是注定为善。

第二个点，他们告诉我们，要讨论恶从哪里来，那我就和对方讨论一下，恶从哪里来。其实恶从哪里来很简单，人本来就是群性动物，我们都知道，诚如我方主论所说，那是 DNA 本性使然，可是我们也知道，DNA 有时候会突变，有些人本来生下来就丧尽天良，因为他少了一条能够感知他人情绪的 DNA，这不是我说的，生物学家确实是这样说的。那么本来他们就丧尽天良，所以就干坏事。人的恶性，是群体社会发展到后期，人与人之间的社会性减低了。我们知道有科技，有科技就会让我非常相信科技，相信自我。我今天如果可以不需要靠胡渐彪、黄执中打辩论我就可以赢辩论，那我今天就会和张三李四打，那为什么和他打来打去，去争最佳辩手呢？是随着社会的发展，把人的群性给减弱了，恶，就开始产生了。

所以我们回到对方的问题，我们仔细回想一下他方的问题，他方只有一个论点，就是告诉我们说，人本来会有贪，可是贪有错吗？今天我们大家都贪财，有的人贪财却取之有道，安安分分打工；有人贪财却打家劫舍，所以本身贪并不能论证人性本恶。通常论证人本身有欲望，不代表行恶。人本身是什么动物？群性动物。我们有欲望，所以我们被迫跟别人来满足我本身的欲望，我们才会在群体生活当中有互惠互利，所以到最后就衍生了公平和正义。谢谢大家。

路一鸣：我要再次提醒秋桦，虽然你来自外国，但中国和马来西亚计时单位是一样的。下面有请反方三辩对正方二辩进行质询。

反方质询2

马薇薇：请问对方辩友，你们是不是认为善的原则就是要互利互惠？

郑秋桦：是。

马薇薇：是不是由于人是群居动物，所以必须要互利互惠？

郑秋桦：是，天性使然。

马薇薇：是不是越贴近这个原则就越善？

郑秋桦：不一定。

马薇薇：为什么？

郑秋桦：越贴近这个原则不代表本身就是善，但是这个原则本身所产生出来的互惠就是善的……

马薇薇：对方辩友的逻辑很奇怪，他们拿一个标准，说这个标准就是善了，越贴近这个标准就越善，这个解释蛮奇怪。没关系，问你蜜蜂和螳螂之间的互利互惠，就这两种群居动物，他们互利互惠的程度是不是比人类社会更深？

郑秋桦：螳螂不关心互利互惠，它是独居动物，所以母螳螂把公螳螂给吞掉了。

马薇薇：刚才对方辩友讲到，公螳螂为了母螳螂，它是可以掏心掏肝去死的，男人不会对女人这样，他们互利互惠的程度是不是更强？

郑秋桦：我方主辩是提到蜜蜂，没有提到螳螂。螳螂是独居的动物，所以把老公给吃了。

马薇薇：好，工蜂为了蜂后而存在的，工蜂也是为了只满足峰后而存在的，互利互惠是不是男人比女人更强？

郑秋桦：呃，听不懂。

马薇薇：大哥，就是女蜜蜂她老公很多，她老公对他她更好，是不是？

郑秋桦：是。

马薇薇：所以，从互惠互利这个角度，蜜蜂和螳螂都比我们男人，不，是你们男人做得要好。所以，互利互惠角度下不成立。

郑秋桦：不对，对方辩友，你没有论证不成立哟。你只论证了独居的螳螂是自私的，群居的蜜蜂是合群和善的。

马薇薇：好，对方辩友，再接着问，我们问人的本质，是不是要将人的特性区别于其他物种。

郑秋桦：对。

马薇薇：好，那如果任何其他物种，比如说蜜蜂和蚂蚁，这些物种它们的本质都一样，都是互利互惠的话，人何以成为人，人何以区别于其他物种？

郑秋桦：所以不一样，我们有智慧和理性把我们的行为标目化为道德……

马薇薇：但是按照对方辩友的理论，人类在道德角度其实无异于禽兽。

郑秋桦：不对，我是在跟你论证……

马薇薇：我们只是比较聪明的蚂蚁而已，谢谢。

路一鸣：现在你们知道什么叫两个女人一台戏了吧？接下来有请第三个女人为我们这个戏加码。

反方陈词2

邱　晨：

好啦。对方来论证人性本善所有的例子都不是人，大家不觉得有点哪里不对的感觉吗？这点我就不详细讲了，我就顺着对方的说法继续往下说。

对方告诉我们，人跟所有群居动物一样，具有互利互惠的本性，然后这个本性使我们拥有拥抱善良、向善的可能。这点我方完全承认，但是大家想一想，群居动物难道就没有恶的本性吗？是不是它们除了互利互惠就没有别的本性了呢？请问，蜜蜂它这个群体，是不是有阶级意识？狼这个群体在极端情况下会不会互相攻击？对不对？所有的群居动物除了有向善的本能，也有向恶的本能啊。也就是人与它们一样啊，那为什么人性就本善了呢？这是我方第一个不能解决的困惑。

然后第二，他方告诉我们，就是人可以拥抱善，这点我方也坦然承认，拥抱善和向善也是人性中不可或缺和不可否认的一部分。人性本怎么样，讨论的是人性中的哪个部分呢？对方解释的人应该拥抱善，不过解决了人应该往何处去的问题。但我方认为，人性本怎么样，问的其实是人从哪里来的问题。所以我们回到群体性的这个问题来看，群体性里面有善有恶，哪个才是哪个的问题？请问，人为什么结群生活？是不是认为，如果我一个人生活，我的生命不够长，我的生活质量不够好？这是什么？这是贪啊，对方辩友。这才是所有群居动物和人类真真正正人性之发掘的本源啊，对不对？

那么，我们可以再看一下，向善和我拥抱善是不是就是人性本善了呢？我方认为不对，正是因为向善的对边在那里，所以本恶的特质在这里。正是因为我们不够善，所以我们才要向善啊。对方辩友，请问爱美和我美是一回事吗？我好吃和我吃饱是一回事吗？因为本恶，所以我们才有向善的需求，我们才有向善的可能啊。那说到这里，我想问一下，到底什么才是真的善呢？我方认为，善，其实是对恶的摒弃，没有对恶的摒弃，无所谓真善。亚马逊的贝索斯曾经说过，善良不是一种天赋，它是一种选择。大家不妨跟我想一想，如果我们没有克服过恐惧，那勇气和蛮撞又有什么样的区别？如果我们不曾压制怒气，那么宽容和无所谓、不在乎又有什么样的区别？如果我不抑制住心中的狂傲，那我的谦逊和自卑又有什么区别？所有的真善，都来自于恶的废墟啊。

路一鸣：好，接下来有请渐彪质询。

正方质询 2

胡渐彪：邱晨好。

邱　晨：渐彪好。

胡渐彪：你说人性本恶，你有一个点，因为人本性有贪，对吧？

邱　晨：对。

胡渐彪：你举细胞的例子，说那是细胞为了贪生所以截取资源让自己活着和延续生命是吧？

邱　晨：对，这是本源。

胡渐彪：我今天想活着，刚刚差点饿死，我吃了一片面包，以求我继续活着，请问我恶在哪里？

邱　晨：但问题是，人类和其他生物不一样的一点就是，人类不想只是活着……

胡渐彪：啊，所以想不想只是活着才是关键。请问你，你刚才有给我论述人是不是只是想活着吗？

邱　晨：人类就是不想只是活着，所以……

胡渐彪：啊，谢谢。由此可见，想活着不是恶，天性不想只是想活着才是恶，那是对方二辩说的，但是似乎好像没论证。我再想请问对方辩友了，关于狼的例子，你说狼在极端情况下会攻击自己人，所以人性本恶是吧？

邱　晨：不，群居动物有这样的特性，你不能只看一面。

胡渐彪：是，你刚才说狼，那我延续你的话，好，如果不是在极端的情况之下，不是在迫不得已的情况之下，狼会不会攻击别人呢？

邱　晨：善恶之分，恰恰就是在极端情况之下才看得出来啊。

胡渐彪：会还是不会？

邱　晨：你说不在极端情况下？

胡渐彪：我的意思是，你前提是想告诉我，我是迫不得已的情况之下会想行恶。换句话说，我本来不想的，我迫不得已的。那本来是善还是恶呢？

邱　晨：不，本来是恶，因为有贪。

胡渐彪：好，你刚才还提到，今天有所谓人向善，所以本来就不会是善，对不对？

邱　晨：对，这是倒退。

胡渐彪：那我可不可能我本来是善，后来想更善呢？

邱　晨：不能排除这个可能。

胡渐彪：啊，对，那有没有可能我本来无善无恶，后来想选择要善呢？

邱　晨：对，所以善是一种选择。

胡渐彪：所以也不能论证你这个向善的推论，从而论证人性本恶，对不对？

邱　晨：那所以也不能向善，所以就人性本善啊。

胡渐彪：谢谢，你的三条推论线，我问完了。

路一鸣：明星表演赛还有一项重要的任务，就是要向各位选手展示他们对各个环节、各个阶段的不同的把握。原来质询，他使用的语言、风格和应答是可以像谈恋爱一样的。下面有请反方三辩小结。

反方质询小结

马薇薇：

谢谢主席，大家好。对方辩友在我方的追问下，终于露出他们的最后一丝底线。他们说什么呢？对方辩友，我们是向善啊，可是向善不一定是从恶向善啊，我可不可以从善到更善呢？如果说，向善是从善向更善的话，君子日三省吾身，就应该是，每天对着镜子回家自省，今天我更高了吗？今天我更帅了吗？今天我更富了吗？作为一个好人，我有变得更棒吗？那就不叫自省，叫自嗨。人类之所以会有自省精神，首先就要认识到自己的原罪，知错方能改。

且看第二点，对方辩友提到一个演化群性，他说什么意思呢？就是说啊，我们这个族群内部互利互惠，这很善。可你有没有想过，我们这个族群之间为什么要互利互惠呢？因为在进化之中，我们要和其他族群相对抗，尽可能地扩张、演化我们这个族群的基因。这种行为本质上难道不是为了侵犯其他物种和向大自然掠夺吗？如果侵犯和掠夺也不算是恶，只是因为我们是一个族群，人比较多的话，那意思就是群殴不是恶，单挑才是罪。

我方虽然有着黑色的眼睛，可我们并不具备黑心烂肝，我们从来不认为，我们强调人性之恶是为了沦为更恶。我们是强调，其实人性所有之美德，都来自于罪恶本性之发掘。我们歌颂工业化科技的高速发展，可是这恰恰来自于七宗罪之贪婪。为什么？因为我想要生活更舒适，而不仅仅是对方所说的，活着有错吗？活着没有。可你相比其他物种活得更好，这就是贪。你和马都在地上跑，马不想骑你，你想骑马。你骑了马，还不够爽，发明了汽车代替。这不是因为人不仅仅想活着的证据吗？人类的每一项美德，都源自于我方二辩所说的罪恶废墟，当我们认识到这一点的时候，我们才能去进一步地自我修正，所有的教堂之中都会有忏悔室，没听过哪里教堂之中有自嗨室。谢谢。

路一鸣： 鉴于刚才马薇薇的表现，渐彪你的发言也可以延长两秒钟。

正方质询小结

胡渐彪：

谢谢。

刚才对方提出第一个说，君子日三省吾身，说明什么？我们要反省。所以就一定要反省我们的原罪，所以本来我们是恶的。但是各位，我难道不可以吾日三省吾身，我是反省，我这个天性的善，有没有在后来在他人的影响之下，行了恶吗？我不可以反省我自己有没有遵循我的本心吗？所以，用吾日三省吾身来推论，似乎并不能推断我们的那个趋向是从恶出发吧？

所以今天对方辩友的整个推论实际告诉我们，他们发掘本恶从哪里看得出来。说到最后，他是说活着，他不仅想活着，还想活得更好，这是三辩所说出来的。但是我已经说了，单纯想活着并不能构成任何的恶，因为你和我都想活着。单纯想活着有什么恶性可言？但是对方说，想活着还想更舒适，有什么恶？你看到有人出去骑一匹马，你会看到一个人走路，你会跟他说，啊呀，骑马你这家伙，你比那家伙坏多了，你想骑马；那后来有一个人经过，是八匹马拉轿子，你会想，啊呀，你这家伙罪大恶极；再下来一个家伙，他开轿车经过，那他应该就恶贯满盈了吧？明显不对，对不对？所以人本身想追求活得更好，不构成任何恶的特性，这是对方辩友对善恶推断的前提错误。

善和恶是什么？善和恶是指一个社会在集体生存的时候，用来规约我们行为的正面的，叫善，反社会行为的，我们叫恶。为什么我们会提这么多畜生、动物、昆虫的例子？只不过想告诉大家，因为我们发觉在研究这些动物的时候，很奇怪，这些动物身上居然彰显着一些我们当代社会中的一些善的行为。合作，怎么你们蚂蚁会合作？牺牲自己保护族群。怎么你们蜜蜂会保护族群？我们诧异地发现，这些动物身上都有一个共同点，我们叫作群性。所以我们以此科学推断出集体社会规约的价值追求，源自于一个叫群性的东西。那恰好无独有偶，人身上也有，那我有没有做过科学实验把人关在笼子里头，试试看是不是群性推导呢？对不起，没办法，因为这个不合伦常。所以我们是用科学方式，从动物本身那些看得出善的行为源自于群性，以此推断和发掘，人类社会的善性往往来自于我们对群性的先天拥有。谢谢。

路一鸣： 接下来进入自由辩论阶段。由正方首先发言。

自由辩论

刘京京： 来，对方辩友，今天我们吃饭穿衣用的衣服都是从大自然掠夺而来，今天我们都是恶咯？对不对？

马薇薇：所以我们对大自然才有忏罪之心，也才有环保主义的出现嘛。对方辩友，为什么人在反省的时候第一句话总是“对不起，我错了”？

黄执中：对方辩友，我想问一下，今天你们对善恶的标准，是从人的社会来看，还是跳出人类社会，从整个地球来看？

周玄毅：我们本来就问你关于人的问题呀，所以请回答这个问题，如果不以我错了为前提，叫不叫反省？

黄执中：不是，我的意思是说，您刚才说人骑马在您的标准是恶。我很好奇，意思是你跨物种地认为我们侵犯另一个物种也是恶。那我想请问，人吃菜是不是恶？

马薇薇：不是，我们无论侵犯其他物种还是族群内部自我侵犯其实都是恶。对方辩友，我们还是追问你们第三遍这个问题，为什么人反省的第一步总是要说“我错了”，而不是“哎，其实我没有做太棒”？

胡渐彪：不，我反省的第一句话，我今天又做得更好了，我的本性使然啊。

马薇薇：你这不叫反省，你叫自嗨你知道吗？

黄执中：因为你平时反省都是反省你哪里做错才会不习惯别人这种反省。对方辩友，换回你们之前那句话，你说侵犯别的物种也是恶，所以即使我们吃菜是恶吃饭是恶，那什么是善的，是不是饿死的人才是善？

邱　晨：对方辩友，只有像渐彪那种完美的人才会产生这种奇怪的反省想法，我们普通人的反省必然是以认错为开端，陈铭和老婆吵架，为什么时间都很短，都可以很快结束？就是因为他总是说，老婆，对不起，我错了呀。

郑秋桦：所以说对方还是陷入一个奇怪的反省模式他们就不让我们本身就以为自己是好的。所以我问你，我们也知道佛陀他也要吃饭，那是不是佛陀就是恶的呢？

马薇薇：不是，对方辩友，佛陀他也要吃饭……啊对，他成佛之后不用吃饭啊。

刘京京：所以说今天对方辩友是用神的标准来看来人的道德，对不对呢？

陈　铭：对方，你们还没有理清楚我们对善恶基本的定义，我方不是说骑马就是恶，我方只是告诉您骑马是因为贪，贪本身是一个本能，可是贪过了度就变成了恶，逻辑线在这里。

黄执中：所以对方辩友，贪，利己不叫恶，损人利己才是恶，损马利己不叫恶，对方辩友，在您的标准里，是不是损马利己不叫恶？

邱　晨：当然算啦，不然我们为什么要为保护动物立法呢？对方辩友，人类中心主义以人的善恶标准来看待物，本身就是一种恶啊。

郑秋桦：你也知道耶稣是骑着骆驼或骑着马去弘扬宗教，那他是不是宣传恶呢？

马薇薇：可是对方辩友，耶稣看到妓女被人用石块砸的时候，他会说你们谁能无罪就能向她砸石块，如果都是持这种观点的人，她被砖头埋了。

黄执中：先不要急着往外举例，简单一件事，你们认为神佛不吃饭才是善，人只要吃饭了伤害其他物种了就叫恶，敢不敢承担，告诉我答案。

周玄毅：对方辩友，我请问你，人性是不是善的？是不是应该要站在一个更客观的角度来看？人，我们是人，我们当然觉得人就是善啦。我们要吃饭，我们要用资源，对不对？但是你自己扪心自问，如果站在客观天地来看，人的这种贪欲是不是对自然造成了很严重的伤害，要不要反省？

胡渐彪：坦白说，玄毅，你不觉得你有点在逃避问题吗？刚才执中问你的是，是不是像神佛一样，别无他求，才能善？是不是只要人骑马，那就是恶？

陈　铭：我来给您一个正面的回答，只有像神佛一样人类还想出来的纯善之体才能叫本善，而不是善。人也有很多恶的根，但也可以开出善的花来，不矛盾。

胡渐彪：这就奇怪了，因为据我所知，我们的修行，都想最后成神，对不对？那今天的辩题是讨论人到最后会变成神人，还是说人性本来是什么呢？

马薇薇：对方辩友，不是这样的，人性本恶，但恶与恶互相制衡可以产生一个善的制度。对方辩友你刚才也说了，制度。制度哪有天生的？有人衔玉而生，你方还衔制度而生啊？

黄执中：不可能，因为照你制衡会产生善，所以说制衡的结果是不吃饭，不然不可能有善。对方辩友，回归现实，我们今天的善是从人的标准来判断的，不是从神佛的标准来判断，不然这场比赛没有意义。

邱 晨：神佛的善是善，但是不像对方说的那样是一个结果，它是一个过程。不像对方辩友说的那样，在这个过程当中，我们可能永远无法消灭恶，但这是不是我们要追求的目标呢？

刘京京：对方辩友，你刚才说得那么多，你就痛痛快快回答一句，要不要用神佛的道德来审视今天的辩题嘛？

马薇薇：当然要，我方已经回答很多遍了。我们再问你一个问题，恶，如果是人性本善的话，恶从哪里来？

郑秋桦：基因突变还有后天科技把群性给削弱了。

周玄毅：突变那是残障人士啊，我们尊重他们就好了啊。所以还是请回答这个问题，恶从哪里来？

胡渐彪：我们说我们大部分人类都有群性，所以我们要拥抱善，有没有少部分人没有群性？那肯定有。就好像大部分人有眼睛、眉毛、嘴巴，有没有人先天没嘴巴？那也有。那你能说人先天没五官吗？那不对，对不对？所以对方想告诉我们什么？少数嘛。那我请问你，如果大部分人都人性本恶的话，那样人一生出来都应该行恶事对不对？

周玄毅：你刚才说我没有回答黄执中的问题，你现在没有回答我的问题。我方说的是善来自于恶与恶的权衡和制约，那我现在请问你，你们的恶从哪里来？

刘京京：来，对方辩友，我来回答，恶有两种起因。第一，少数不具有群居性的基因突变；第二，人类发明了科技，科技使我们不必群居，人与人之间变得疏远，恶因此诞生。两个原因，一个先天一个后天，听好了。

陈　铭：我总算听明白了，恶来自于少数的基因突变，前提还是群居嘛。我想问对方辩友一个问题，任何一个人回答我一下，世界上第一个群居的动物是从哪里来的？

黄执中：待会我在结辩会解释，因为这很长，不适合在自由辩讲。

马薇薇：对方辩友，你们的基因突变逻辑很奇怪，我们都知道基因突变跟其他人类发生异态的时候我们称之为残障，不称之为恶呀。

刘京京：对方辩友，你都说是异态了，道德上的异态是不是恶？我方还有第二个理由，科技的发展使人变得疏远，对方辩友不要一直不听哦。

邱　晨：所以基本上你说恶呢，就是对群居性的背离。那你们能不能解释一下什么叫群体犯罪？什么叫作世界大战啊？

郑秋桦：就是一个更小的群体对更大的群体造成的反社会行动，那就叫作群体犯罪。

马薇薇：对，每一个小群体犯的错是为了大群体的繁衍，每个大群体的错又是为了更大群体的繁衍。人类就是这样不断把错误推到别人的身上，别的族群的身上，社会的身上，制度的身上，宇宙的身上。所以人类永远都不会反省。

胡渐彪：善和恶都只是一个道德指标，每一个社会都有一个独属自己的善和恶，每个群体掠夺别的群体的时候，在它本身那个道德的价值标目里面是善，但是到后来，当我们把我们的社区观念从单一小群体变成全人类的时候，我们这个时候善的条款会改变，唯一不变的是拥抱群性。

陈　铭：我就很奇怪了，为什么人里就改变了呢？我现在想请问一下，德国人他们为了他们德国人的优势和善，他可以屠杀纳粹人，这是不是善？

路一鸣：大家在看他们自由辩论的时候，一定也在回忆20年前的那场比赛，当时的正反双方辩论的内容、来回的还击、呼应。因为场上的八位选手，最近几天不是带自己的队伍，就是带中国好辩论的队伍，还要同时做评审，所以他们的工作时间，大概是从早上八点到晚上十二点，非常辛苦，所以即便这场比赛在现场赢得的掌声，不如我们看蒋先生在的现场赢得的掌声那么多，但我想，如果把蒋先生的准备时间压缩到一天的话，你们猜呢？在双方的四辩总结陈词之前，我先来总结几个错误，首先，反方二辩以渐彪为例，来向我们展示一个人性化的完人，错误，他还没有女朋友。其次，在周玄毅逃避你们问题的时候，正方四个人没有形成配合，轻易地放过了周老师。现在，有请周老师总结陈词。

反方总结陈词

周玄毅：

好，谢谢主席。

总计陈词首先要梳理一下逻辑，我想逻辑大家都听得很清楚了，向善不等于本善，向善的前提需要反省，反省必须要从反省自己的恶开始，这一点清清楚楚，没有什么好讨论的。

第二，对方辩友讲到这个所谓的演化的群性，不一定是善，也不一定是恶，因为一个人砍人肯定是恶，一堆人砍人可能更恶。这是两个基本的逻辑问题。但是逻辑并不重要，我首先要向各位道歉，我们今天双方都有点问题，什么问题？我们谈人，对不对？我们谈了很多动物，我们谈到神佛这样的东西。不过我们要想一个问题啊，大家都应该读过佛经，大家都应该读过耶稣的故事，耶稣为什么要变成人？佛为什么要从人开始做起？为什么一个纯善至善的样本、标榜的东西要必须从人开始做起？大家想想，假设佛从来都不做人，他能是佛吗？我的意思是什么？假设我们从来就不是人，我们没有人的贪欲，没有人真的卑微的东西，你看我们今天穿的全部是黑的，假设我们不从这些阴暗的东西开始发端，我们哪来的宽容？哪来的公平？所谓的正义的诚实的观感呢？你想一想，如果没有心理的这种恶念，这种不爽，我们哪来的己所不欲，勿施于人呢？己所不欲是前提呀？什么叫不欲呀？我不想要，我不高兴，我不爽，这难道不是恶念吗？如果一个人从来没有己所不欲，他怎么去慈悲？怎么样去同体大悲？怎么样去无端大慈？怎么样去传播他的善念呢？这才是一个从人到善人再到圣人的这样一个很简单的过程，所有的过程都要来自于恶与恶之间的制衡，这就是我们所谓的站在人的角度来看我们到底是从哪里来的。

人从哪里来？有进化论的东西，我们不说进化论的东西，我们就说一个人性的东西。我们都讲人最初是从天堂来的，对不对？伊甸园——一个很完美的地方，然后堕落了，我们吃了禁果。黑格尔曾经有一个很有趣的观点，实际上人类在伊甸园是一种禽兽的状态，什么状态呢？所谓的人的纯善，对方辩友所说的蜜蜂，对不对？还有一些狼群之类的纯善之体。为了联盟，为了部落，为了群体，可以砍死所有其他的人，毫无自知，毫无反省。天天反省更高乎、更帅乎、更美乎，我们的群体更发达乎？哇，很开心。说实在的，我也很想做这样一只蜜蜂，对不对？我们经常都会这么想，我们也希望自己是纯善。大家请想想黑格尔的这句话，黑格尔说这个时候的人并不是真正意义上的人，为什么呀？大家想想小孩子，对不对？他打你也不叫作恶，他怎么做根本都不能够称之为恶。因为他根本就不自知，没有反省能力。而人类最开始吃的那个禁果，是什么呢？是羞耻，所以他们做衣服把他们遮起来。请问各位，如果我们心中没有阴暗，我们怎么会羞耻？裸奔有什么所谓？凉快嘛！对不对？所以根本的善的来源，人本身要根源于自己的反省，反省也要根源于我们对恶的自知。我们今天是对二十周年的国辩的致敬，也是对两千多年历史的先哲的致敬，孟子讲性善，可是孟子讲性善太过简单粗暴，孟子怎么讲性善的？无是非之心，非人也。人为什么是善的？因为你不善你就不是人。谢谢大家。

路一鸣：这就是表率，宁可受内伤，也要遵守制度。最后，执中总结陈词。

正方总结陈词

黄执中：

大家好。

我要讲的内容会很多，有些部分可能和场上的都有关系，请大家听我讲。在科学的领域里，人性本善还是人性本恶基本是个伪命题，对科学家而言，这个命题真正要问的是，人的道德偏好是先天的还是后天的。

什么叫道德偏好？就是有些东西我们会特别喜欢它这个行为，有些东西我们特别排斥它，这种道德选择的偏好到底从哪里来？先天还是后天？达尔文在他的书中表示，他认为在他的研究当中物种在漫长的演化过程中，有些物种得到了某些偶然的利他性，这是偶然的过程中他发现它有了利他性，利他性哪里来？基本上，一个最合理的猜测，是所谓亲子关系这种喜好感的延长，而有了利他性的物种在它的相遇之后，马上就发觉这非常有利于我们合群。因为利他性这种行为非常容易让我们群居，而群居之后我们可以瞬间取得大量优势，在这样的情况下，这种偶然得到的群性慢慢被加强，这就是群性的由来。

而什么叫群性？而什么性格特别利于我们群居呢？有以下几种：第一，刚才讲的互惠利他，一只猴子帮另一只猴子抓背之后，它必须帮另外一只猴子抓，如果它没有这个个性，没有猴子会跟它待在一起，然后会被赶出猴群，然后它会死在野兽的手里。所以呢，我们猴群都能在一起，久而久之，天性就是你帮我抓完我要帮你抓。还有信任，你也看过野兽之间的护门，其他动物会相信它，并不是有人开口说这只猴子最值得信任或最诚实，它的天性使然。狗会汪汪叫，猫会喵喵叫，不是因为有人教，是DNA决定的。DNA怎么决定？演化策略当中留下的那个特色。好，所以刚才那些群性在年复一年地加强之后，好，人类出现了。而人类和其他动物不一样的地方就是，有语言。人类的语言和文字把群性规约化之后，成为我们今天所称的道德。所以你说动物是不是善的这句话不科学。因为对动物而言，只有群性的强弱。人类把群性这些特色称之为善，互惠的行为被我们称之为公平与正义，刚才那种信任和行为反映的，为什么说谎是不道德的。

而什么是恶呢？刚好相反就是，所有破坏群居的行为，都被称为恶；所有独居生物的特性，都被称为恶。因为在我们这群群居生物的群居本位当中，什么叫道德，就是能够利于我们群居的就叫道德。所以损人利己对一只老虎而言，非常聪明，因为我可以活；可是损人利己对一只猴子而言，极度不智，因为你死定了。这就是为什么会有恶人，一开始是因为群性不断加强，我们总会知道嘛，一代代生下来，总会有群性特别不强的个体，这就是最早的恶；更何况我们有了科学，有了技术之后，现代我们发现一件很恐怖的事情就是，我们不用群居也能活了。当宅男也能活了的时候，你后天这种不用依靠群体也能活的行为，就掩盖了你先天群性的行为。所以我们在这边就已经解释了为什么会有攻击，会有恶，也解决了你方在比赛过程中的所有问题。今天我们辩论的是什么？是我们发觉，很多问题的答案不在哲学家那里，在科学家那里。孟子对人性的观察基本上，有一个地方是错的，那不是人之性，而是群居生物之性，人有辞让之心，群居生物都有辞让之心。在十九世纪……（时间到）

路一鸣：一个好的主席，就是不用说话，也能让选手遵守规则。我刚才介绍黄执中的时候，想大家阐述他的特点。就是事后你阅读他的稿子，你未必会被他说服，但在现场，你仍然会不自觉地把手伸向他。但是刚才执中的这番表现，不算完美，因为我知道，如果你在发言的过程当中，不那么总是去摸渐彪的话，很多女生其实是会支持你的。下面请三位评委用简短的时间对场上的比赛做出分析，但不做最后的评判。

比赛点评实录

萧峻仁：

好，我真的要用简短的时间来分析。刚才正反双方我觉得正方的理论是比较完整的，他的立论从整个人类的历史来看，他的社会性以及他的物种来谈为什么善也会开出恶果，来给了一个解释，所以整体来看我觉得正方的立论比较的完整。反方的立论其实，我可能能力问题，其实我并没有很清楚地听到为什么恶，除了他们说的贪而已。他说为什么人有贪，因为人本身要活下去，这是第一贪；第二是活下去还不够，想活得更好，这是第二层贪。所以它的恶是来自于贪，这基本上是反方谈的东西。但是双方谈下来的时候，我觉得都在谈正方开出来的立论，为什么动物与人之间不同，为什么我们要用道德观来看待善恶，我们为什么是要之类的问题。其实我觉得，我跟两位老师说我们可不可以不评胜负，因为我觉得双方的表现都非常好，他们的能力肯定都比我强，还要我们来评的话，我真的觉得不够意思。所以我觉得双方的表现都很好，谢谢。

林正疆：

各位大家好。基本上，看到了吧？认真打比赛，就可以达到这样的境界。各位年轻的学子们，这场比赛的最大意义，在我看来，其实是给每一位对辩论有心也有力的青年学子们做一个示范，让你们知道，你们可以挑选你自己认为的典型，并且尽可能地朝着这个典型迈进。技术面上，无懈可击。我认为他们每个人展示出来的辩士的风范，各个不同。每一个我都很欣赏。那么我不需要去评论点什么。我只有两点想要做报告，我对于胡渐彪先生有相当的不满，因为他一开始就邀请我来做评委，为什么你不让我打咧？为什么我在台湾接到胡先生的简讯的时候，是说请你当评委，那我就只好回谢谢。如果他说请你当选手，我可能会说叩谢。就是说，让我觉得，有那个机会可以讲话的话该有多好。各方面表现都非常好，那么，如果以我来看的话，今天反方把人性的所有恶都扣在一个贪上，那正方真的是满腹经纶，举了各式各样的反驳。那我觉得稍稍的那一点遗憾就是， 正方今天其实没有很明显地挑战定义，他只是不断地强调快饿死了，吃东西是不是恶？你能说我想吃东西就是不好的，如果按照你这样定义的话，除非成神成佛，否则大家都是恶人，这个怎么讨论？但是我个人的讲法其实是比较侧面一点的，比较像是导入荒谬，似乎是让评委觉得说，对方是荒谬的。可是如果你遇到像马薇薇那样的选手的时候，直截了当地告诉你“啊对，就这样啊”的时候，正方的攻击就会显得比较弱。因为我真的看到马薇薇我就相信，对啊，就是这样啊。我真的这么相信。我的意思是，如果我今天在台上的话，我大概会这样讲。我大概会一开始的时候，时间有限啊，让我申论一点点时间好不好，一点点就好了，因为有整整十八年不曾在神州的土地上面做申论，一点点就好了。这没办法啊，你不邀请我打比赛，我就只好自己盗用时间了。如果今天我是正方的辩手的话，我大概会这样讲：各位，我爱贪婪，基本上贪婪是人类社会进步的依据，因为我爱贪婪，所以人类进步；因为我爱贪婪，所以人类会想为后代保留一个更好的地球；因为我爱贪婪，所以人类追求理智，追求人定胜天，也为我们保留了可爱、美丽的大熊猫。从头到尾我们听到反方不断告诉我们，贪不好，贪是恶，错，贪并不是恶。贪不仅不是恶，贪还是善的价值，因为我们不断地贪，而且我们，它贪得越来越有条理，而且我们贪得越来越有深度，所以贪不是恶。时至今日，它成为了人类社会前进的动力，所以各位，我爱贪婪，贪婪有什么不好。从头到尾我们听到反方不断地告诉我们，人类有贪，群居生物有贪，因为有贪，所以不好；因为有贪，所以人性本恶。然而贪婪与恶中间究竟有着什么样的联结，我们实在看不出来。也就是这样的原因，我想为各位说明的是，贪婪的本身是人类社会进步的动力，因为我们贪一切，到最后我们渴望自尊有更好的将来；到最后我们都希望万物能达到均衡，如果没有贪婪的话，物种会更快消失；如果没有贪婪的话，地球的变暖和污染不会得到改善。所以各位，请大声地告诉我，我爱贪婪，贪婪不是恶。所以我的意思是说，如果我今天在台上的话，我会热切地想要改善反方一开始的定义。因为我这个人比较直接，我不会迂回地去做一些科学理论的分析，直接深入敌境——这也是一个方法。不是说我比较好，我没有比较好，我只是说这是另外一种方法，青年学子们在思考问题的时候可以有各式各样的发挥，这是一场了不起的比赛，应该要载入史册。谢谢。

蒋昌建：

好，谢谢。我不知道我要讲几点，时间可以的话我一直讲下去。纵观整个辩题，我不像他们对你们这些选手尽现恭维之词，其实我尤其大的不满，我这个极大的不满就在于一个基本的判断上，那就是谈到母螳螂把公螳螂吃掉以后，更有利于繁衍后代的时候，我们马薇薇反问大家，现在能做到这样的老公到底有多少，观众无言以对我是比较理解的，因为他们不是辩手；而场上的男生竟然是静若寒蝉，出乎我的意料之外，因为他们让我感觉到，对老婆总是毕恭毕敬、有求必应的，甚至是阿谀奉承的，可是竟然没有回手之力，这是我对这场比赛最大的遗憾。这不免让我心存疑虑，他们表面上对老婆殷勤的背后，有没有某种不可告人的目的？只有一个人心安理得，就是陈铭，因为他天然地选择反方的立场，所以在对老公大声挞伐的时候，他稳坐钓鱼台，心里盘算着下一集的《超级演说》从中得到怎样的素材。

从双方的立论角度来讲，我非常同意两位大家对他们整体的判断，因为他们想另辟蹊径，避免受到1993年的框架的影响，所以在他们谈本的时候，不谈人；所以把人和动物刻意地做了一个学理上的科学的切割，从人类学到进化学乃至于细胞学的角度来讲，去谈人之善的本到底在哪里，那么从这样一个铺陈的过程当中，我个人觉得，不能说你看到了本却没有看到人，这不是很失败吗？其实在我看来，是对1993年的逻辑框架之外，别开生面地打开了一个窗户，这个窗户给我们的选手提出了一个重要的提示，那就是，当我们这个社会已经发展到人和人之外的事情进行两分的时候，我们真的是对自己负起了责任吗？如果说生态的环境的恶化，恰恰是这样一个两分的结果的话，那今天我们就这样一个辩题出发，我们回到我们曾经有出来的那个怀抱里面，在思考生命的价值到底在哪里的时候，我觉得可能比单纯就人而谈人更有意义。

第二，反方的立论当中表面上看是对正方的观点进行批驳，但是呢，它是边驳边立。比如说，互惠互利难道就是本善的一种解释吗？比如说，群居性难道是一个本善的解释吗？那么反方提出来了一个非常重要的问题就是，当群与群之间相争的时候，请问本善的意义道理在哪里？当然，反方自己也指出来他们一个重要的基础，就是贪欲。反方并不是很机巧地说，无节制的贪欲才是恶，反方直接就讲，欲望没有问题，贪欲会有问题。那么这两种立论呢，实际上是针对现实的状况而来的。当人类从骑马变成骑宝马的时候，我们会更幸福吗？提出来一个很好的问题，正方没有回答的是，吃菜是恶吗？吃菜不是恶，但是吃菜把郁郁葱葱的山林吃成了秃头秃地的荒漠的时候，它肯定是恶嘛，对不对？所以从这个角度上来讲呢，双方的立论都有非常强烈的社会责任感，这一点我同意正疆的看法，双方运动员的情怀都是高举高打，而不是在一个小点在一个小层面去做互相的厮杀，那么这个我讲的是第一个方面。

第二个方面，从辩论的风格角度来讲，你们会发现，表面上他们都非常的儒雅，彬彬有礼，而且呢，都很谦让，但是只要奔到逻辑的底线的时候，你们会发现他们柔中带刚，而且呢，字字珠玑，句句暗藏机锋。所以我在这里要奉劝各位辩手哦，儒雅是一个好的风格，但是在辩论场上的时候，尤其是要明辨是非的时候，在儒雅的背后一定要裹挟一点，哪怕是你假装裹挟着一点对真理的追求的那种激情。而这种激情很机巧地转化成表面上的愤怒，甚至是表面上的暴躁，这是八位选手为我们展示出来的涵养，而这个涵养，在我看来，已经远远超过初次比赛时候的那些表现，这是第二个方面。

第三个方面，我们的八位选手，其实大家看起来都是风格迥异，尽管他们配合得可以说是亲密无间，但是每一个人的特点都有所不同，所以我一直在主张，包括一鸣、正疆和峻仁，我们都在考虑一个精彩的队伍，它实际上就是杜维明先生讲的，是一个性格组成的队伍，那么在强大的攻势之下，依然还能够讲出他们的本我，这一点呢，也是给很多的辩论队员做了一个非常好的榜样，今天尤其的，可能是我个人出于对女性选手的偏爱，我觉得今天三位女性选手的发挥要比其他五位男性选手的发挥要好，不知道他们事先商量过没有，那么在整个辩论的变现过程当中，女性施展的空间要比男性施展的空间大得多，尤其是马薇薇用老公和老婆这样顶掉的时候，男生更显得有所退让。

▲ 2013 新国辩胡渐彪先生接受采访

▲ 2013 新国辩“国际好辩论”玄铁重剑队

▲ 2013 新国辩“致敬国辩二十年”合照

▲ 2013 新国辩“致敬国辩二十年”明星赛赛事盛况

▲ 2013 新国辩决赛莫纳什大学

▲ 2013 新国辩“国际好辩论”导师合照

▲ 2013 新国辩“国际好辩论”六神花露队

▲ 2013 新国辩评审陈铭先生

▲ 2013 新国辩评审黄执中先生

▲ 2013 新国辩评审张哲耀先生

▲ 2013 新国辩评审蒋昌建、林正疆、萧峻仁先生

▲ 2013 新国辩“致敬国辩二十年”明星赛路一鸣先生

Chapter 2

第二章

新国辩　革新

2014 新国辩“约辩”第一场

2014 新国辩“约辩”第二场

2014 新国辩“约辩”第三场

2014 新国辩“约辩”第四场

2014 新国辩正赛复赛第一场

2014 新国辩正赛复赛第二场

2014 新国辩正赛复赛第三场

2014 新国辩正赛复赛第四场

2014 新国辩正赛半决赛第一场

2014 新国辩半决赛第二场

2014 新国辩正赛决赛

2014 新国辩“哲理辩论”

2014 新国辩“恐龙大战僵尸”明星赛

2014 新国辩“约辩”第一场

比赛场次

2014 国际华语辩论邀请赛主题活动“约辩”第一场

比赛辩题

正方：超能力是人类社会的福音

反方：超能力是人类社会的灾难

对阵双方

A 组出线队伍：（正方）厦门大学

一辩：杨 皓

二辩：孙润珂

三辩：刘思远

四辩：杜 澜

B 组出线队伍：（反方）马来亚大学

一辩：林碧芬

二辩：林信亿

三辩：李荣森

四辩：陈绍康

比赛辩词实录

正方陈词 1

正方一辩：

大家好，各位早安。

讨论今天这个题目，我们必须要对超能力有一个界定。如果说今天我们讨论的都是凭空想象出来的一些超能力，像海贼王当中路飞有橡皮枪的能力，这种从来都没有人有过的能力，我们认为没有意义，因为如果这样讨论，这场比赛比的就不是超能力而是想象力。

那么什么是超能力？其实持有超能力的人自古有之，在西方它属于神秘学的范畴，包括像占金术也好，包括炼金术也好，或者我们所熟知的魔法，在东方比方说我们中国的道术，比方说苗族的蛊术，其实都是我们说的超能力。那对方说这不都是一样是我们虚构想象出来的吗？我方告诉大家其实不是，事实上直到今天还有大量的研究，并且会使用这些能力的人，只不过在现代科技文明的冲击之下，这些人变得越来越少，变得越来越低调，比方说现在西方神秘学只有在欧洲一些古老的家族中它还会在传承，而我们外人要习得它会变得越来越困难。那么这样一种超能力，它的作用机制大概是什么样子呢？说起来有一点复杂，那我们用大家比较容易理解的方式来讲，其实就是对世间的一些元素来进行习得，通过它的体验来获得相应的能力。比方说在西方神秘学当中，它就是对世间的四元素水、火、力、风的研究和体悟然后获得相应的能力。而在中国的道术当中其实就是对于天地之间道的感悟来获得相应的能力。那更进一步说，使用这种超能力其实是向外界借来的能力。那我们都知道世界上什么事情都是要有借有还的。比方说我们使用魔法的时候，其实它就订立了一种契约，当你拥有这种能力的时候，相应的，你回头要回报这些能力，所以我们说使用超能力它不是免费的，它是要付出代价的。在西方神秘学当中有一个三倍因果定律，比如说我今天使用诅咒术诅咒一个人，那最后这种诅咒的结果会三倍回馈到我自己的身上；又比如说我们用预言术去预知未来，那对因果的改变又会作用回我们身上，也就是我们俗话所讲的“泄露天机会遭到天谴”，其实讲的就是这样的一个意思。

那我方告诉大家这些其实是为了说明一个道理，就是今天我们使用超能力，因为会对我们自己本身造成成倍的伤害或者是成倍的反噬，所以我们不用担心说一个人他使用超能力会为所欲为。那既然我们使用超能力那么谨慎，我们要如何用它们来造福社会呢？其实用佛教的观点很容易理解，就是所谓的“种善因得善果，种恶因得恶果”。今天当我们使用超能力去实现一些善的目的的时候，那个善因作用的是善果，就会一部分抵消我们使用超能力对我们所造成的反噬。那为什么现代社会中我们没有看到那么多人使用超能力来帮助我们的社会呢？就是因为在我们的社会认知当中，我们都怀疑它们防备它们，所以使得它们被隔离。谢谢。

反方质询 1

反方四辩：大家好。首先对方您觉得今天的超能力是不能够谈的一些凭空想象的超能力对吧？

正方一辩：不是不能，是没意思。

反方四辩：不能，就是也可以谈。

正方一辩：嗯，可以谈，不那么有意思。

反方四辩：好，我们一会儿谈的让你有意思一点吧。好，那下一个问题，您觉得您方应该谈的是现今这种神秘学的一些巫术、蛊术等等这些能称之为您方的超能力的范畴对吧？

正方一辩：对。就是我们一般所不能理解的，一般认为它会是一种超能力。

反方四辩：换言之，对您方的立场来说我们的现状已经有人有超能力了对吧？

正方一辩： 是。

反方四辩： 那么请问您方现状这些人的超能力的使用者是世界上的极少数对吧？

正方一辩： 对，极少数。

反方四辩： 极少数。那就谈这些极少数的，比如说巫术使用者，好吧？

正方一辩： 嗯。

反方四辩： 请问它对人类社会有造成什么样的贡献吗？

正方一辩： 最后其实是要解释这一点，因为我们都觉得说它们是封建迷信，就防备它们，觉得它们很可怕，所以就把它们隔离出去，使它们隔离我们的现代文明。所以它们的价值没有被发挥出来。

反方四辩： 对，简单来说就是没有贡献，你可以直接回答。

正方一辩： 现在没有。

反方四辩： 现在没有，那么请问这些巫术使用者现在来说有对人类社会造成什么破坏吗？

正方一辩： 呃……没有造成什么破坏。

反方四辩： 也没有。换句话说，如果使用您方定义里的超能力使用者的话说，今天辩题，既然对人类社会没有福音也没有灾难，根本辩题都不存在，您的辩题才是真正的没有意思。

正方一辩： 事实上它其实可以带来福音。

反方四辩： 下一个问题，您说使用这些超能力会对自己造成伤害对吗？

正方一辩： 对对对。

反方四辩： 对，那你有知道。

正方一辩： 什么？

反方四辩： 你有知道。

正方一辩： 有什么？

反方四辩： 你有知道。会造成伤害吗？

正方一辩： 就是世间这些东西其实是能量嘛，能量守恒，就是我们世界当中的认知。

反方四辩：是。那好，那是你出于对这个世界的认知，那请问您方超能力是不是超出我们认知的能力?

正方一辩：只不过是它们认知世界的方式和我们不同而已。

反方四辩：对，认知世界的方式不同可能违反我们平常的认知，对吧?

正方一辩：呃……对，没错。

反方四辩：换句话说，您的普通认知说使用超能力会损害自己也不一定符合超能力的使用者。

正方一辩：那其实一样，现在的科技也是一样的道理。

反方四辩：嗯，下一个问题，请问您了，您说使用这些巫术本身，现今来说，多数是巫医在使用对吧?

正方一辩：什么叫作故意在使用?

反方四辩：巫医，就是巫术的医生。巫医!

正方一辩：嗯嗯嗯。

反方四辩：对对对，那请问您方了，这些人本身，有没有听过泰国的蛊术?

正方一辩：嗯，我听说过。

反方四辩：有听说过。那你听过一种蛊很毒的叫作血光蛊?

正方一辩：是。

反方四辩：那请问你，用这种蛊你知道你自己中蛊了吗?

正方一辩：呃……用，你是说被施加的那个人吗?

反方四辩：对，你知道自己中招了吗?

正方一辩：因为对于施加人本身也有伤害，所以它不会滥用。

反方四辩：来，伤害这点我们谈过了，换句话说，有超能力者的话，您是受害者您也可能不知道，对不对?

反方陈词 1

反方一辩：

各位好。

什么叫超能力？我们说它是一种超乎我们人们想象、超乎我们认知、超乎我们所能够掌握的能力。那对方说今天我们要讨论的是占星术，我们要讨论的是蛊术，但这一些所谓的能力不都具备了人类目前可以去推算、可以去学习、可以用逻辑演练出来的成果吗？诚如您方所说，因果都可以用三倍来计算了，所以您方谈的这种可以被学习回来的能力，通通已经在人类的掌握当中，它根本不是超乎我们的能力的超能力，您方偷换概念。更何况诚如我方质询谈到的，如果今天讨论的是您方今天要谈论的这种视角，我们路边也可以找到算命先生，我们随便就已经可以找到塔罗和占卜师，这一群人对我们人类社会带来怎样的福音跟怎样的危害呢？没有嘛！所以，恳请对方矫正您方的视角，跟我们回归来谈一下真正的超能力。

什么叫超能力？我们看过超人，我们看过蝙蝠侠，我们听说过蜘蛛侠，这些在电影当中出现的能够穿天遁地，拥有我们人类梦寐以求能力的人，很多时候我们希望他们来拯救地球，他有我们都没有的能力诶！但我方告诉大家，他能够拯救人，这未必对我们来说就是一种好事。为什么？

第一，因为他们具备的超能力在人类的期望底下会打破我们人类的秩序。为什么？当我们看见今天有超人出现在我们的社会当中了，他能够做到我们不能做的事情，他好像能够拯救地球了，会有两种可能的情况。第一种，我们人类会期望他来帮我们解决问题，但各位，世界上有哪一个人有义务去为我们飞天遁地，去为我们打败所有的坏人，去为我们消灭所有的外星人呢？没有。可是在人类的期望底下，那这种超人，那这种蝙蝠侠就好像因为他的能力而背负着原罪。我们的期望让他们没有办法过平凡人的日子。这时候社会合理化了对他们不公的期许，这对我们来说，对人类来说，合理化自己不公的行为，就是第一种祸害。第二种情况是什么？人类不希望他们拯救地球，因为人类害怕他们拥有的能力，这个时候我们可能开始予以他们规范，在法律上束缚他们。如果一个人的超能力是会喷火，也许就会出现一条法律说人不要乱喷火；如果有人会穿天遁地，我们可能就说法律要你不能穿天遁地。这样的不公待遇同样是不合理的，人类只会走向这样的道路。

第二，我们说人类到最后会面对怎样的情况？超能力是中性的，我们不知道它会落在蝙蝠侠还是小丑的身上，如果落在蝙蝠侠身上，它可能会帮助我们，落在小丑身上，它可能会危害我们。人类在接下来的日子只会期待说明天可能有人来拯救地球，后天可能有人来毁坏地球，大起大落极度起伏的极端生活对我们来说绝对是危害而不是福音。

反方质询 1

正方四辩：好，各位好。来，对方同学，确认一下您方讲今天超能力是超乎我们想象我们没有办法掌握的能力，对不对？

反方一辩：对。

正方四辩：对。所以对方同学，今天占星术啊、魔法啊，或者说东方的道术这种东西您会不会？

反方一辩：我不会，不代表人类不能掌握它。

正方四辩：是，但在座各位是不是大部分也不会？

反方一辩：对方辩友，我相对论也不会，不代表它就是超能力啊。

正方四辩：是，所以其实就像您讲的，喷火也好，它体现在西方的魔法中可以变出个火球，对不对？我可以从火的元素中变出个火球，那您觉得今天魔法算不算超能力？

反方一辩：不，不算，因为你的魔法背后是有科学基础的。我们要谈的是一点都不科学的超能力，它超乎人类的掌握。

正方四辩：不，今天您觉得，比如说我们就像哈利波特一样，今天我们挥一挥魔杖可以变出一团火焰，或者我可以把一个人石化，您方觉得叫不叫超能力？

反方一辩：不，不可能不科学成这样，那就是超能力，但如果有科学基础的就不是。

正方四辩：是是是，其实我方也没有讲什么科学基础，我方只是讲科学也好，神秘学也好，道术也好，其实是我们认知世界的不同方式。那其实我们没有办法理解的东西就都是超能力嘛，对不对？

反方一辩：是所有人类都没有办法理解才算。

正方四辩：对，至少对于我们这样的人类没有办法理解的都是超能力嘛。

反方一辩：不能是我们这样的人类，是所有人类都无法理解。

正方四辩：那有超能力的人类怎么办呢？

反方一辩：有超能力的人当然可以，但是这就不是神秘术、占卜术和蛊术。

正方四辩：您的意思就是这世界上只要有人会就一定不叫超能力嘛，对不对？

反方一辩：不，是有人可以专研出来，是可以通过学习，后天养成，还可以变成一门学科，像蛊术跟算数，就不算。

正方四辩：啊，您觉得像美国队长那种人算不算有超能力？

反方一辩：不好意思，队什么？

正方四辩：美国队长那种人算不算有超能力？他还是复仇者联盟里面的超级英雄嘛。那你觉得 Captain American 他算不算有超能力？

反方一辩：算啊。

正方四辩：对，那其实他的超能力也是通过人类的科学，研究了你基因的改造，打进你的针里面，然后他有了超能力嘛。

反方一辩：改造基因已经超乎了人类该有的基因范畴。

正方四辩：是是是，所以今天不是科学有没有办法，科学有没有介入这件事情是不是超能力，而是这件事情是不是超乎我们的大多数人的想象和掌握，其实也是您方的定义嘛，所以今天超能力的事情就是看我们能不能够掌握。然后，动物学您讲它是灾害，讲了两个论点。

反方一辩：对。

正方四辩：第一个论断您是告诉我们今天超能力会打破我们的秩序，因为它们的能量我们没办法控制，我们人类没有办法控制它的能量会变成什么样对不对？

反方一辩：呃，不完全是，因为它……

正方四辩：哪里不一样，请你解释一下。

反方一辩：第一种可能是人类会对它有很高的期许，那对它的命运来说不公平；第二种我们会对它加以规范，对它来说也不公平。

正方四辩：是，可是您方有一个论点是跟我讲说，我们会害怕这种能力，是因为我们没有办法控制它。

反方一辩：对，是第一个论点的第二部分，对。

正方四辩：那如果我们没有办法控制它，我们又如何通过法律来规范它和限制它？它能力根本就不受你控制，用您方的话讲，它能力那么可怕，法律怎么有办法规范它？

反方一辩：那就可怕了，法律规范它也是问题，法律不规范它就是更大的问题诶。

正方四辩：对，可是您方的法律其实也根本没有办法规范它，所以您方今天两个论点根本就是矛盾的。谢谢各位。

正方陈词 2

正方二辩：

大家好。

其实刚刚质询到后面，已经很清晰了。对方同学说呢，我们要讨论的超能力，应该是那种完全超出我们想象的能力，是那种无迹可寻的，我们现在科学没有办法解释的能力才叫作超能力。可我们刚才问对方同学说，那我们看美国队长啊，钢铁侠啊，蝙蝠侠啊，这叫不叫作超能力，他们说也叫。可是，这其实都是我们现代科学的一种产物，都是我们现代科学发展到一定阶段的产物。我们换一个不大好听的名词来讲，这些人就是科学怪人而已，只是我们科学相当发达时候的产物。那为什么这样能力我们也有迹可循就叫作超能力？而我方所说的自古以来我们讲的那些神秘学也好，还是玄学也好，道术也好，就不能叫作超能力了。

我们今天为什么要讨论这样的问题，就是因为，如果我们把所有的超能力都定义在那些完全超乎我们想象之外，我们完全没有办法想象的，我们用逻辑没有办法解释的，那今天这个比赛讨论起来就太困难了。如果我们全部都是用异想天开，完全基于在假设的前提下，这比赛讨论起来没有什么意义，所以我们希望能够以现实为基础，我们去讨论这样的问题。举个很简单的例子，呃，我们中国有门学科是玄学，是哲学的一门分支，其中包括有什么相学也好啊，包括我们推测的未来一些，相学讲的就是，我们通过自己的感知，对人的面相做出判断，推断这个人的吉凶也好，包括他的性格也好，他的未来也好。按照对方同学解释，这已经超出我们科学解释的范畴了，那为什么这个不叫作超能力了呢？我们讲的是这样的能力我们自古以来就有之，我们今天看到的是为什么它没有在社会上流行起来，为什么依然就只有少数人能够掌握。就是因为，我们讲的是，它每个能力获得是需要付出代价的。这好比科学的得到我们也是需要去付出代价的。我们需要实验，我们需要各种前赴后继的科学家去研究。那就算我们得到科学技术的发展，我们依然要付出代价，比如环境破坏的代价，比如我们人类某些人体部分，呃，我们因为发明了汽车这种代步工具，我们可能就没有原来那么健康，我们身体没有原来那么强健了，那这些都是要付出代价的。所以我们今天是要以一种辩证的观念来去看待超能力，所以，我们看到说，当我们一引一拙，我们获得了超能力的时候，其实上天给予我们的不仅仅是礼物，还有一种责任。我们当然要去考虑，我们利用超能力的时候会不会有些后果。那按照逻辑学讲，因果是有关系的，我今天种出善因就要得到善果，善有善报，恶有恶报，如果我利用我的超能力去滥用它，其实是会遭天谴的，其实就像我们讲的，多行不义必自毙嘛。那，我们今天要用它为我们人类社会做出贡献，做出好事，才能够避免上天把我们这样的礼物去收回，避免天谴。谢谢。

反方质询 2

反方三辩：对方，您好。

正方二辩：您好。

反方三辩：这场超能力比赛如果变成定义战也不怎么好玩嘛，对不对？

正方二辩：是。

反方三辩：好，先跟你确定一下，我们最后一次定义就在这里停了哦。首先你知道，美国队长本身你认为他也是有超能力的对吧？

正方二辩：对。

反方三辩：而且超能力是科学赋予他的。

正方二辩：是。

反方三辩：对他的基因进行改造的。

正方二辩：对。

反方三辩：所以超能力起码要改变基因嘛，对不对？

正方二辩：呃，对方同学，我觉得不一定吧，钢铁侠就没有改变。

反方三辩：对，所以超能力底下有两种嘛，要么你改变基因，我们改用超乎我们能力想象，要么像您方所说的，巫术、蛊术都是超能力，没问题？

正方二辩：其实就是我们没办法解释的那些。

反方三辩：没办法解释都叫超能力，好不好？就这样子决定了哈。

正方二辩：没问题。

反方三辩：所以我们都谈。先来看看您方第一个论点，您方说，怎样都要付出代价嘛，对不对？

正方二辩：是。

反方三辩：善有善报，恶有恶报。

正方二辩：对。

反方三辩：底下就有超能力嘛，为什么这种恶有恶报的环境底下又有人要下降头？

正方二辩：呃，不好意思，您再说一遍。

反方三辩：恶有恶报嘛，对不对？

正方二辩：是是是。

反方三辩：为什么恶有恶报的情况下那些巫术还要对人下降头呢？

正方二辩：呃，就是，他觉得说，我，可能我认为对其他人造成诅咒。

反方三辩：对对对。

正方二辩：这样满足我心里的……

反方三辩：对，满足自己，满足自己的感觉嘛，对不对？

正方二辩：虽然他也要承受些代价……

反方三辩：所以那个，那个所谓的控制是控制他自己，那个所谓的代价是自己承受的对不对？

正方二辩：是。

反方三辩：祸害是人家承受的对不对？

正方二辩：啊对对对对对。

反方三辩：对，社会承受了祸害嘛，所以是祸害之一。这种情况下……

正方二辩：对方，不是这样的，它的意思是……

反方三辩：就是这样嘛，就是随便下降。

正方二辩：不是随便下降，不然今天我们都被人咒死了嘛。

反方三辩：对，他就是想让你中头，中降头啊。

正方二辩：不，他不是想做就能做的。

反方三辩：再来再来。您方刚才有说法律嘛，来，我们来看法律。

正方二辩：对。

反方三辩：对于这种有超能力的人来说，你认为法律不能约束他们？

正方二辩：呃，其实我们说法律，应该是我们，我们价值观念里面这种体系。

反方三辩：对，价值观念的体系。

正方二辩：按照我们……他们应该是我们不能够理解的另一种价值体系。

反方三辩：对对对。

正方二辩：他们可能自己有约束。

反方三辩：他们有自己的约束嘛。

正方二辩：是。

反方三辩：那请问您方了，对于这种，既然我们两个超能力都谈嘛，都要成为喷火喷冰喷水的这种人，如果他们到处嚷嚷喷火喷冰的话你是不是要法律约束让他们不要乱喷啊？

正方二辩：不是很明白您的意思。

反方三辩：不是很明白，就是超能力给我们社会带来一些威胁，一定威胁程度的超能力。

正方二辩：是。

反方三辩：你觉得我们需不需要用法律来规范和约束他们。

正方二辩：呃，我方的意思其实是这样的，就是因为……

反方三辩：不不不，您只要先告诉我，你需不需要嘛。

正方二辩：不是，就是我们不会随便给您带来威胁的啊。

反方三辩：他不会随便为你带来威胁？

正方二辩：对。

反方三辩：哪怕就是在这里喷团火，这个赛场都不会不见掉？

正方二辩：我们刚刚说过，因为你使用能力是要付出代价的。

反方三辩：对，如果他不介意这个代价。

正方二辩：如果你不介意使用代价，是可以使用的。

反方三辩：是可以使用，所以你可以选择约束他或是不约束他。

正方二辩：我们觉得这个威胁其实是没有什么。

反方三辩：没有什么，如果有威胁你就要约束他。可是对方同学，你想想看，你企图约束他，可他不被你约束，那他是不是自己就变成了法律？

正方二辩：不是，因为我们双方体系不一样嘛，我们对世界理解不一样。

反方三辩：不一样的体系，结果他就认为自己的体系是对的，完全不理你的体系。你觉得这对我们的社会秩序是不是一大破坏？

正方二辩：如果不造成伤害就没有破坏。

反方陈词 2

反方二辩：

大家好。

首先，先看一下定义。的确，对方谈的那一类，巫术，或者是神学，或者是占星术，等等，我方都可以承认，它的确是无法……我们正常人都可以理解的范围。因此我们可以讨论，同时对方也要必须承认说，像绿巨人啊，像美国队长这一类的超能力您当然必须承认。因为大多数人也没有办法理解，为什么人的基因可以进行改造而突然有了超能力，所以为了公平起见，我们都谈。

那么都谈的情况下呢，对方今天背后的概念是想告诉我们，因为这一群有超能力的人，因为有超能力，他就必须付出相对的代价，所以他不可以乱做坏事，否则他会遭天谴。我就奇怪了，会遭天谴的事情可多了，比如说，你不孝，雷会劈你啊，可是不孝的人不是还是很多吗？我们吸毒也必须要付出代价，可是吸毒的人也不是很多嘛。所以会付出代价和这个人不会去做坏事之间是没有必然关系的，对方辩友必须认清。没关系，我方可以退一步，我方承认说，的确有人会怕遭天谴，可是奇怪，是不是另外一群人是不怕遭天谴的呢？我们试想一下，这种善有善报恶有恶报的思考是不是中国人或是东方人才有的思维呢？我就奇怪，比如说我给大家几个画面，比如绿巨人他今天大摇大摆地走进一个玉蜀黍的农场，他就踩坏了所有的玉蜀黍，这时候你就跟绿巨人说，诶，你会遭天谴呐。对方，你觉得绿巨人真的会听进去吗？不会。甚至是美国队长，如果他今天用的那个，美国那个盾，他用的不是去对抗坏人，而是去对抗某些政府，他做的是反叛军，你觉得这时候你跟他说他会遭天谴，他又听得进去吗？所以，就算我能承认你的思维好，顶多可以用在或者是套用在中国人或者是我们东方人这种思考当中，西方人是完全不会听进去的。所以您方立场可能只可能够成立一半了。所以呢，来到这里，我们必须面对一个代价，就是有的人，有超能力的人，他要去做好事，也要去做坏事。像我方今天主辩所说的，人其实是很矛盾的，是很犯贱的，我们一方面需要追寻很多的刺激，我们贪心，可是如果天天都有人用超能力，天天都有人在你面前示范超能力，你真的会觉得新鲜吗？不，你会开始恐惧了，为什么？因为今天可能有超人出来，他可能帮你对抗了外星人，你会觉得说，哦，我得救了，我今天很庆幸，可是换句话说，如果今天出现的是一个坏人，他今天用他的超能力，像绿巨人，我们想象，一个绿巨人已经够恐怖了，如果像今天赛场上这统统都是绿巨人，那怎么办？你一生气，我一听不爽就变成绿巨人，整个赛场就瓦解了。不只是整个赛场瓦解，甚至是整个珠海分校都会不见了。所以这个很大规模的毁坏底下，它可能偶有建设，但是换来更大的毁坏底下，所以对方辩友你真的觉得大起大落是我们人类一直追求的吗？如果大起大落，你怎么告诉我人类文明会进展到现在呢？所以这个代价我方付不起，它是祸害。谢谢。

反方质询 2

正方三辩：对方辩友，你好。

反方二辩：好。

正方三辩：确认一下，如果我的能力很强，你是不是要有比我更强的能力，你才能约束我？

反方二辩：不一定，或许是。

正方三辩：所以如果我能力很强……

反方二辩：法律，这要看这要看，如果你觉得法律是要能力比较强那或许约束到。

正方三辩：是，对方辩友，如果我能够随意喷火，一条法律说，诶，你不能随意喷火，为什么我要遵守？

反方二辩：如果你不遵守，它可能就把你丢去一个你喷火了你也没办法的地方。

正方三辩：所以今天我们遵守法律可能是因为它后面的处罚我会怕，对不对？

反方二辩：我可以跟你说它有什么处罚。比如说它丢你去一个没有氧气的地方，那么没有氧气火就喷不成了嘛，对不对？

正方三辩：是。所以前提是，您方有一个人能够把他丢到没有空气的地方，对不对？所以其实我发现了一件事情，就是他们所提到的超能力也是需要有另外的更强大的超能力才可以限制他。

反方二辩：不一定。

正方三辩：法律根本没有办法限制。

反方二辩：不一定。

正方三辩：我们来进行下一个问题。

反方二辩：你一定是没有看过《美国队长》。

正方三辩：对方辩友，我看过《美国队长》，这个东西我还蛮熟。下一个问题是，您方也是在讲说其实今天对您来说，灾难还是福音其实看我们人是怎么使用，对不对？

反方二辩：嗯。

正方三辩：我们认为用在好地方就是福音。

反方二辩：不管怎么用，我方觉得对于整……什么？

正方三辩：在您方觉得是不是我们用在好的地方是福音，用在不好的地方就是灾难？

反方二辩：不是，我方宁愿不要这种超能力。

正方三辩：好，对方辩友，我问你一个问题哦，今天我们的，譬如说我们大家每个辩论队都有一个很强的人，都有一个最强的，但是这时候我们依赖他，我们信赖他，有什么不好？

反方二辩：有不好啊。

正方三辩：为什么不好？

反方二辩：如果他变成对面的对手，那你不是惨了？而且你信赖他，自己可能变弱了。

正方三辩：对方辩友，我们一个一个讨论。

反方二辩：好。

正方三辩：这个，今天我信赖我们的教练。

反方二辩：对。

正方三辩：这个对我们会发生什么问题呢？

反方二辩：没有问题。

正方三辩：来，所以问题是说，您方跟我们讲说，如果他跳槽到你那队，我问题就大了，对不对？

反方二辩：对。

正方三辩：对方辩友，可是您方这个时候跟我们讲说，其实我们可以定一条法律来限制他，让他不跳槽到你这一队。

反方二辩：不对，可是你教练有能力不代表他有超能力。

正方三辩：不是，对方辩友。

反方二辩：我们今天反对的是超能力。

正方三辩：我的问题是这个，可是您方现在又可以定一条法律说，诶，教练你不可以跳槽哦，你跳槽的话我会把你丢到不能讲话的地方去。

反方二辩：不同，对方，你反对他跳槽去另外一所学校你不人道嘛。

正方三辩：是，该。

反方二辩：可是今天对于超能力这一群人……

正方三辩：所以对方辩友您看，所以您看现在又告诉我们说，我们要怎样进行限制，那我方不知道您方今天论点到底是什么。

反方二辩：因为您方的论点今天一开始就出现错误了。

正方三辩：好，我们再进行最后一个问题，就是您方觉得，当我们人类大起大落的时候就是不好的开始是吗？

反方二辩：是。

正方三辩：好，对方辩友，那很多人都经历过大起大落，可是他们还是活得很好，为什么？

反方二辩：不同的大起大落，是整体的大起大落。

正方三辩：这个社会一直在大起大落。

反方二辩：不同。

正方三辩：2008 年之前，人类社会经济达到最好。

反方二辩：所以这个超恐怖啊。

正方三辩：2008 年直到现在又怎么了吗？（时间到）谢谢大家。

反方二辩：好，可以，没关系，谢谢。

反方质询小结

反方三辩：

大家好。

来到这个环节，开始有点趣味了，对方竟然认为说，我们今天社会的法律，超能力的人本身也可以不理你的法律，这问题就大了。在对方眼中，所谓的法律，是可以低于超能力的人的。因为我们的法律根本管不到超人，那你不觉得很可怕吗？我想管你，可是你本身不被我管，甚至你可以自己成为法律，我不让你喷火，可我纵使不能把四周围的空气给抽走，可你还是会喷火，那我根本管不到你。请问你，如果社会人人都有一种特别的超能力，而法律这时候都管制不到这一种超能力的话，社会会变成怎么样？变成没有法律可循，没有所谓的法治社会。一个社会失去了法律和秩序，您觉得这不是灾害吗？所以既然我们在这里达成共识，那就是超人本身是高出法律、超出法律的，那法律就是失效的情况下，为什么这时社会不会大乱？那您方解决这一个问题，没有解决情况下，我宁可不要超能力。

第二个问题，对方告诉我们，大起大落，其实他说我们人生当中也是有大起大落嘛，各位，您人生当中有大起大落，您觉得真的不是问题吗？今天你赚了一百万，结果明天你损失了一百万，后天你又再赚一百万，大后天你又再损失一百万，您不觉得这是很可怕的人生吗？没有一天是安稳的。正如您方所说的，2008年的金融风暴，结果我们以为2005年的时候我们过得好好的，大家都赚大笔钱，2008年突然间大家都没钱，2012年的时候大家突然又有钱。对一个企业来说，根本就是不稳定发展，您觉得这个企业老板真的会想要这样的现象吗？放在超能力的身上，它不是一年一年算，它是一天一天来跟你算的嘞。今天你看到我们马来西亚的双子塔建得很漂亮，第二天双子塔不见了，第三天变成一个三子塔出来，第四天又不见了这个三子塔。各位，这种现象对于我们马来西亚人来说，我真的承担不起我的激动，我每天在改变。换而言之，我宁可不要我的激动，我每天改变，起码我让它平稳地发展。为什么对方就要冒这个大起大落的风险呢？我宁可不要。

对方之所以会认为不会有什么大起大落，是因为它底下概念就是所谓善有善报恶有恶报，可善人为什么就一定要去做善事来帮你呢？这是第一个问题，为什么有超能力的人必须特定使用他的超能力来保护我们地球，他没有这个义务。所以我们人类对这个超人有期望的时候我们的期望会产生包袱，而这个包袱它就必须不断地为我们服务。世界上哪一个人天生就必须为人类服务呢？所以对方同学，这是个不公平的待遇。所以对好的来说，要让他做好事也不公平，第二，哪怕那个人愿意付出代价，不断地做坏事，他个人愿意承受这个代价，那又如何？他承受代价，而他个人根本不介意这个代价。而我们社会非常介意他为我们社会所带来的破坏，请问您方是承担得起吗？他个人认为杀了人无所谓，反正我下地狱无所谓，可是那一个人就真的是死的了，所以这个对社会所做出的变化不是他个人认为有变化就能够限制自己的，所以我宁可不要超能力。谢谢。

正方质询小结

正方三辩：

各位好，其实我们要去知道一件事情，就是每个社会有每个社会限制自己的方式，像在东方社会我们可能除了这个法律之外更限制我们的社会的是我们的道德，美国社会，西方社会他们的道德观念可能就没有那么严重，限制更多的就是法律给我们的限制。所以我们发现一件事情时我们有不同的思潮观念，思考的时候我们就会有不同的想法不同的限制。当然，我们人有我们人现在的想法，超能力者不是我们，他们拥有的能力更强，他们看到的世界更多，他们看到的世界跟我们不一样。所以这个时候，他们有他们的限制，他们的限制是什么？不是对方辩友所说的法律，不是对方辩友所说的一切。因为这些东西对他们来说，看不上眼，这些东西他们根本不介意。因为什么？因为限制不了他们。如果我今天可以穿越时空，今天没有任何一个法律可以限制我。

如果我可以像浩克那么强，今天就算派一支军队来镇压我它也没有办法。所以其实我们发现一件事情，就是什么？其实今天为什么我们可以拥有这些能力，我们所拥有的能力全部都是靠我们的代价所换来的。所有的能力都是，我们现在的能力也是。我们打辩论也是一样，有些人比较强，他们花的是什么？他们花的是更多的时间、更多的精力在钻研辩论。一样，为什么这些超能力者可以拥有这些？西方的为什么他们可以控制人数？东方的为什么他们可以控制金木水火土？这些都不是必然，呃，这些都是他们定下了契约。西方的讲法就是我们定下一纸契，这些神灵、这些元素定下了契约，我们去使用它。可是我们一辩刚刚告诉大家，我们使用它我们要付出代价，我们使用得越多，我们付出的代价就越多。对方辩友说，所以今天，我只要愿意承受这个代价，那当然没问题，可是承受这个代价的同时我还要承受得起啊。今天通过这个反思我们告诉大家不是那么简单，一天的小事情而已。可是对方辩友，什么叫三倍因果理论？今天我割你一刀，换言之，过几天我要被割三刀。我杀你一条人命，换言之，我之后可能要赔我自己，我所挚爱的亲人。它不一定体现在我身上，可能体现在我的挚爱上。所以我们常常说什么，我们长生不老最大的痛苦是什么？长生不老最大的痛苦是我们看着我们的亲人一个一个地死亡，这时候我们却无能为力。

这是超能力给我们带来的痛苦，所以超能力我们不会随便使用。我们告诉大家说那这个时候它限制我们超能力去作恶，但是为什么超能力要行善？因为我们知道超能力它在使用的时候，我们的因果报应是这样子的。因果中间还有一个缘，其实这缘代表的是什么，是我们做事情的方式。如果这时候我们是在做一件好事，在利用因缘果报来做改变，它改变了我们的果，这时候我们在没有这么可怕的果的时候我们会愿意做好事。谢谢大家。

自由辩论

正方一辩：好，对方同学，第一个问题，您方觉得人更加聪明，更加强壮，在您方的世界当中是福音还是灾难？

反方一辩：要看，如果是超能力者不受规范的话它应该就会是灾难。请问对方了，您一直说它会为自己的因果论跟天谴论所规范，如果法律都不能规范正常人类，为什么这些因果论就能够规范超能力者？

正方一辩：对方辩友，很简单，就拿您方降头术来举例好了。我们法律没办法规范一个人说你不可以用降头术，可是事实上这种诅咒的方式不是随便滥用，因为对本人有所伤害，这是威慑的作用。对方辩友，您告诉大家说正常能力是不是福音要看情况，所以您方是不是也要告诉大家超能力是不是福音也要看情况？

反方四辩：对方辩友，有威慑有伤害人就不会去做坏事，那么毒品对人类也是有伤害的，身体也承受不起啊，请问吸毒人数越来越多还是越来越少呢？

正方二辩：所以对方同学，我们也可以利用科技做坏事，那是不是科技也是灾难呢？

反方二辩：我方听不太清楚，没关系。但是想请问你了，我们说不孝顺也会遭天谴，请问不孝顺的人还不是一样很多呢？

正方一辩：是，我再来说一遍，您方可以听清楚，今天所有的能力都可以做坏事，不是只有超能力才能做坏事，按照您方逻辑，是不是人有能力就是灾难？

反方四辩：不是，是您告诉我，约束超能力者的方式，比如说天谴呐，代价啊，连普通人都约束不了，凭什么比普通人能力更强的超能力者会听从于天谴跟因果论？

正方三辩：对方辩友，因为这是他们所生活的世界，我看得到降头，所以我知道它对我的反噬是什么，我看得到魔法的元素，所以知道魔法的元素在我身上起的作用是什么。

反方三辩：同理的，我们也看得到法律，也知道法律对我们会做什么，那我们依然去做，这证明了人很多情况下是会被欲望所操控。请问您方，欲望高于所谓的自我约束的情况下，是不是对我们人类是一种破坏大于建设？

正方一辩：对方辩友，我可以承认您方的说法。威慑作用不是能够威慑每一个人，可是如果不是威慑每一个人叫作灾难的话，我们普通能力其实也不是完全能够威慑得住，不是完全管得住，所以按照您方逻辑，是不是普通能力也是灾难？

反方一辩：不能一概而论，因为他的是超能力，所以他危害会更大。那即便在今天你所谓的规范只要出现两种情况，一种是规范得住，如果这种人已经被规范住了，他不行使超能力，请问给人类带来什么福音呢？

正方二辩：对方同学，不对啊，对方同学，手枪刚发明的时候我们也觉得是超能力，你一抬手就把人给打死了，太可怕了。那当时这也是有可能约束得住，有可能约束不住。对方同学，它是灾难咯？

反方四辩：任何一种约束不住的能力，都是一种灾害。我请问您方了，您告诉我说，超能力者有自己独特的体系可以看得见天谴有定下契约，请你举出蜘蛛侠定下的契约叫什么名字。

正方一辩：对方辩友，您方刚才的问题先让我们来解释完。您方告诉大家说，我的能力不能够受到约束就是灾难，越大的能力不受到约束就是越大的灾难。所以按照您方的说法，是不是人类提高这些能力是希望自己变成更大的灾难？

反方三辩：不对，而是能力超越了法治，超越了我们众人能够约束的情况下，它就真的会是灾难了。反倒你还欠我一个问题，请问你超人的地下契约是什么？

正方一辩：对方辩友，超人地下契约如果我知道我就是超人了嘛。对方辩友，按照您方说法，能力越强越难被约束嘛，是不是按照您方说法，能力越强越难被约束是越大的灾难，所以人类想提高技能也是希望自己变成更大的灾难？正面回答。

反方一辩：不对，因为我们本身在提高能力，可以规范我们的依然是我们看得见的人，可是超能力，诚如你说的，到底超人的约束对象是谁？到底蝙蝠侠是被谁所管？你都看不见的话，我们怎么能说这种没有办法预知的规范是我们能够相信的呢？

正方三辩：对方辩友，核能刚出现的时候也是没有人能够制约的啊。

反方二辩：所以总结一句，您方没有办法回应，当有些拥有超能力的人根本没有被所谓的地下契约或是天谴论约束的时候，他们本身超能力所理解的世界当中依然没有自我约束。同样的，外在法律也约束不了这一群人。您方没有办法约束，为什么你可以放心地告诉我它可以是人类社会的福音？

正方一辩：对方辩友，您方那些例子我方回答不了，为什么？因为您方那些超能力都是您方虚构出来的，那我怎么会知它道他的地下契约是什么？所以我们说嘛，看现实当中的那些我们神秘学的东西，所以我方告诉您，今天我对一个人施蛊，对一个人进行诅咒，我自己也会受到反噬，在这种情况下我三倍的反噬，按照您方的说法，我为什么还要去施，是不是对我会有威慑作用?

反方四辩：啊，因为对我自己会造成反扑和反噬我就不会去做这一些事情，请你解释毒品的例子。

正方一辩：对方辩友，我方说过我方不能够做到保证每个人都受到威慑，所以如果按照这样的逻辑，您方要让每个人都能够受到威慑，什么能力不是灾难?

反方一辩：超能力是最大的灾难，因此，有的超能力对方连制约都提不出来，即便对方提得出制约的也没有办法告诉我制约能够真正地规范超能力。这种失控的能力对我们来说就是最大的灾难。

正方四辩：来，所以对方同学就是告诉我们能力越大灾难越大。举个例子，其实今天蚂蚁也不懂人类社会是怎么规约自己的，可是人类社会有没有变成灾难？也没有嘛，因为人类社会有自己的社会规约。其实今天超能力者就是能力在我们之上的一群人，我们虽然没有办法理解他们的社会规约，可是他们的社会里面会有自己的规约。所以就像今天一个下蛊的人，给一个人施了蛊以后，可是如果这个蛊虫走出来之后，那可能施蛊的人也会死掉，所以有他们自己的规约。所以您告诉我今天是不是一个规约就要能够造成百分之百的威慑的时候才不会造成灾难？那这世界上有什么不会造成灾难?

反方三辩：我们人类就像对方眼中刚才所说的蚂蚁一样，对蚂蚁来说人是它们的灾难，超人是我们的灾难。反倒请你正面告诉我，今天有超人帮我建了双子塔，明天超人帮我毁了双子塔，你觉得马来西亚承担得起吗?

正方一辩：对方辩友，所以我一开始就讲嘛，不要比想象力，因为想象力真的很难讲。您方说有超人毁双子塔，我告诉你有另外一种超能力能够恢复双子塔，这有什么好讨论呢？对方辩友，还是您方告诉大家如果一定要百分之百的威慑制约才叫作有效制约的话，什么能力不是灾难？

反方二辩： 不需要百分百，至少对方已经承认了外在约束对他无效，他必须靠自律的时候，到底人什么时候才能够做到自律？您方单靠自律就告诉我它是福音，我方觉得这代价承受不起。所以请问你了，假设今天我国的双子塔被毁了，明天又被建回了，又毁了又建回了，您方觉得这对马来西亚的人来说为什么是一种福音？

正方一辩： 对方辩友，什么样的能力的制约最后不是自己来决定？包括法律的制约最后也是回到我们自己的利弊权衡上面，所以按照您方说法靠自己来决定的制约，这不靠谱的制约，什么样的能力不是灾难？什么样的制约是有效制约？

反方一辩： 我们自己的制约到最后会反映在我们的人类身上，可是你刚刚告诉我超人有一套他们自己本身制约的体系，不管它遵不遵循，祸害却投射在我们身上的时候，为什么因为他们的世界里头失去了正常的规律影响了人类你还告诉我是福音？

正方一辩： 对方辩友，您方说法其实很难听，为什么？因为超能人也是人类，就是因为像您方这样的看法，把超能力撇除在人类的范围之外，所以你们超能力的人对我们人类造成什么样的伤害。对方辩友，就是因为这样的原因，使得超能力的人不能够造福我们，对方辩友，是不是可惜？

反方三辩： 是您方自己说他们本身也有自己的规律，换而言之，他们根本不需要遵守我们这套规律，可他们做的事情是我们这些人所承担的。你反倒还欠我们一个问题，请问你，我们的生活天天都在变化，为什么要过这种不平稳的生活呢？

正方一辩： 对方辩友，您方的前提是我超能力天天都可以使用，可是我方告诉大家，超能力的使用本身就有代价。

反方三辩： 不用天天使用，只是他一下做坏一下做好都很可怕。

反方一辩： 所以如果他使用出来对我们是祸害，如果他不使用出来对您方也不是福音，你们不是也没有在论证立场吗？

反方二辩：所以总的一句，我们只要平稳。为什么平稳？因为平稳才是最大的福音，大起大落根本不是我方要的。

反方三辩：所以我方认为，宁可不要对方的那些好处，也不要承担这些风险。

反方一辩：而且对方还欠我们一个交代，你只是说他们有自己圈子里头的规律，可是为什么要伤害我们的人类社会呢？谢谢。

反方总结陈词

反方四辩：

大家好。

其实呢，有一个普通常识，是我想我们双方都能够有共识的，那就是越不受制约的力量就越可怕。权利带来腐败，绝对权利带来绝对腐败是公认的事实。我们再看一下，对方今天提出它是福音，就有必要为我们说出一套能够制约超能力的有效方式。可是对方告诉我们什么有效方式呢？

第一种，有天谴论，会自我伤害，所以我会……有因果报应论。可是各位，这一些现行的天谴论呐，因果论呐，伤害论呐，请问现实世界中即便没有超能力社群的存在，它有没有在我们普通人身上落实过？有啊，人都有信奉这一些东西的啊。可是犯罪率越来越上升，吸毒人口越来越多，请问您方了，如果这些您所谓的制约力量连普通人都制约不了，你凭何告诉我们说超人就会听从你们的制约呢？他们说会呀，因为超能力社群有超能力社群的一套规律跟方式啊，他们了解这些东西的可怕性啊。各位，如果真的是因为了解它的规律运作我们就不会去做坏事的话，那请问您方，吸烟吸毒的人有谁不懂毒品是危害的，做坏事的人有谁不懂自己在做的事情是伤害社会的？各位，了解这个自己会受到天谴，不代表会自我控制区控制这个天谴。因此，对方没有证明您的制约方式有效。

然后对方又告诉我们，如果制约无效那就是灾难的话，那么是不是普通东西都是灾难呐？我告诉您方，如果一个制约法律上已经无法制约我们现有的一些力量，我告诉你那绝对是灾难；如果有些人有了一些能力时开始凌驾于法律之上，那更加是一种灾难。所以对方辩友自己，你在三辩跟四辩的时候也承认了，如果有了超能力使用者，他们践行的是法律没有办法凌驾的，这就更加悲惨了。我是一个法律生，我最了解法律是什么样来的，是因为人类从古至今，因为人的劣根性太多了，我们没有办法有信心去让人自律。对方辩友告诉我们，超能力者可以自律，可是你懂自律的风险是什么吗？如果人类真的可以靠自律撑过这个年代，可以靠所谓的天谴论、因果论走过相安无事，就不会有法律的健全、制度的完善。对方辩友告诉我们说，诶，那不要紧，因为人他们自己会制约的。我告诉您方，没有制约的力量是非常可怕的力量，如果连法律都制约不了，凭什么那些虚无的底下契约等等能够制约得了？更何况，有没有地下契约，有没有魔鬼契约，会不会有反扑，都还是一个未知数，如果我的超能力就是天谴找不到我呢？如果我的超能力就是我不会被反扑呢？如果我的超能力是我不会被因果论找到呢？请问对方辩友，这一种力量是不是更加可怕？这时候对方辩友最终有反应，我们不能够看这些想象出来的超能力，他只能看一些现实基础的玄学、神秘学、面相学，那我方终于恍然大悟了，原来超能力使用者不是一个神话，我去外面，算命师在摆摊，啊，超能力使用者。其实我的爸爸是一个帮人家做法事，帮人家驱魔的人，诶，原来我爸爸也是超能力者，那我是超能力者的后裔耶。那我觉得我自己应该很骄傲，可是不是，超能力者是应该超乎人类想象之外的。

爱因斯坦就曾经说过，比知识拥有更大力量的就是想象力。我们刚才正面告诉大家，这个辩题会出现是因为我们曾经对这些超能力者有很多梦幻，有很多想象，就好像惊奇漫画里面的神奇四侠、复仇者联盟等，可是在2006年的复仇者漫画里面也出现了，美国开始要把这一些人纳入注册，这一些所谓的美国队长所谓的好人钢铁侠，都分成两派，反注册派以及注册派。这个时候两派大打起来，美国社会遭到最大破坏。您告诉我，他们有被天谴制住吗？有被因果制住吗？有被法律制住吗？都没有，不是福音是灾难。谢谢。

正方总结陈词

正方四辩：

各位好。

其实今天我们双方一直试图在超能力的定义上达成一种共识是为什么？因为今天我们讲如果超能力是可以由我们凭空想象和设定的，那其实今天这个问题想讨论出一个意义比较难，为什么？因为如果今天我方设定超能力就是像上帝一样普照人间的超能力，那超能力毫无疑问是福音，因为这种超能力根本没有办法伤害到别人。

那对方同学如果定义超能力是某一种制造核弹一样的东西。我走着走着说不定到了某一个地方我唯一的能力就是让我自己炸掉，然后释放出一颗核弹的能量，那这样的能力毫无疑问是灾难。所以没有意义。所以如果今天我们可以自行设定或者自行想象一种超能力是什么样的，那其实我们想要它是福音就是福音，想要它是灾难就是灾难。那其实这样的讨论是没有意义的。

所以今天对方同学其实在他们的立论里面就非常清楚地告诉我们，为什么他们认为超能力会是灾难，因为他们觉得，第一，这件事情超乎我们的想象；第二，这件事情我们没办法控制。所以其实对方同学这种恐惧并不是单单对超能力的。我们先回顾我们历史上人类面对我们所有不能理解的事物，对于所有我们暂时的知识和科技还没有能够解释的东西的时候，其实我们都有同样的态度。当最开始提出日心说的时候，那时候宗教没有办法解释为什么地球不是世界的中心，地球是绕着太阳转的，我们觉得提出日心说的人讲的东西我们也没有办法理解，这时候我们就会恐惧，于是当时的人就会认为这些人是渎神的，他会认为这些人就是我们世界的灾祸。可是有事吗？其实也没有。所以今天对方同学对于超能力的这种恐惧其实并不是对于超能力本身，而是对于这个世界上所有一切我们尚且不能解释的、未知的，我们没有办法以自己的世界观来解释，又没有办法能控制的东西其实我们今天都会保持这种恐惧。

所以今天其实我方要问大家一个问题是，对于一个今天我们可能没有办法掌握在自己手里的东西，而可能能力又比较奇特。我们有的时候幻想想拥有的东西就一定是一种灾难吗？所以今天我方在试图追寻历史上曾经出现过的或者现在出现过的超能力，让我们看看这些超能力到底对我们的社会产生什么样的影响。所以今天对方同学说，您方讲的超能力是现在社会上存在的吗？我路边找一个算命先生，这样就算超能力吗？说实话，各位，如果这个算命先生每一卦都算的准，你过去一问他就知道你的前程因果未来如何，我们真的觉得他有超能力，因为一般的人类做不到啊。那今天当这样的人类出现在我们的社会中，他到底会有什么影响？所以今天对方同学提出的危害，最大的危害是什么？就是怕这种不可控的能力会对应用在我们社会负面效应。其实像对方讲的，超人不受我们社会规制，所以其实他做好事还是做坏事不看我们的社会规则，不看我们的心情，看谁的心情？看超人自己的心情。

那今天一个超能力者是用什么样的事情来决定我的心情，或者我要决定把这些能力用在什么样的方面呢？所以我方才诉诸历史上或者事实中我们曾经见过的超能力，我们发现在中国的超能力者，我们讲的是什么？是修道之人。我们平时看的那些仙侠小说会白日飞升，能在天上飞来飞去，会使用很多道术，我们觉得他们是东方的超能力者，我们叫他们受什么约束？天道的约束。今天如果我作孽太多我就会有天劫，就是什么？就是天道的约束。

谢谢各位。

比赛点评实录

杨子江：

各位早起的观众和辩手们，大家早上好。我现在心情很复杂，首先我对于大家应该有一个基本的认识，就是能够起这么早来担任约辫评委的人一定都是好人，所以大家人生中应该永远记住一个叫扬子江的评委。

我一方面除了现在确实有点困啊。困的原因来自于哪儿呢？来自于我真的很难过，因为我今天听完正方之后，正方用了一个三倍因果论打消了我孩童时就对拥有超能力的幻想。然后我听反方更难过，因为我躲着那个《复仇者联盟》的预告片很久没看，最后还是被剧透了。我恨你，真的，反方四辩。我真的不想知道谁成了那一派，谁成了另外一派，我就堵耳朵速度有点慢。呃，我觉得这个题目呢，因为双方是约辫，所以就互相定了一个辩题，那当然准备的时间也很仓促。呃，双方的确在真正的论辩过程中充满了各种各样的逻辑问题。啊，我觉得这个是很正常的现象，但我可以总结一下就是今天双方的这个打法非常不一样。很显然，今天正方关于你们的那个战术或者是排兵布阵的一个方法，我觉得能听明白。其实从你的立论开始，而且你的立论真的就很是……就是陈词，没有完全的一二三，就是在梳理我们的一个框架。

那么反方今天打的就是很传统，我觉得就是这个传统的思路下应该有一个更明确，或者是你明明知道对方的这个论怪怪的，按照你们的能力应该更明确。其实今天我觉得反方二辩的那一轮是在做这个梳理。我先说这个环节啊。这个环节非常有意思，就是你所有的话都对，但是最后下结论的那句不对。就是说结论不是说所以遭天谴就怎么怎么样，而是所以它为什么不是福音。你的结论应该在这边走。在很长一段时间，今天我们的这场辩论赛因为正方的论而导致大家其实忘记了福音这个词了。也就是今天正方我一直充满了各种问号，就是，好，三倍因果，好，怎么怎么样。可是它为什么是福音，因为有一个正向论证是缺乏的。因为在一场辩论赛里面，我一直坚信啊，不管你做怎样新颖的理解，做怎样巧妙的包装，但是有一些规定动作是必须完成的，比如超能力跟灾难之间的直接联系是什么。那今天反方很显然，因为他们是传统的打法，正统的这个思路，所以他一直在做这个事情。

那正方呢，可能在这一点上，就需要让大家去理解。因为你知道早上起来就脑补是一个特别困难的事情。本来自己的脑子就还没打开，还脑洞呢，所以今天你正方在做这样子一个立论的时候呢，我首先对于你们的这个定义的确定是比较欣赏的。呃，就是确实如果正方对于超能力的解释要是一个扩大的态势或者是放任的态势的话，对他来讲论证难度有点大。因为他真的没有办法在大家都不知道的情况下去刻意地要求大家去相信这件事情真的很好。我觉得这个有点像电视推销的那个感觉，就是你真的还没有见到或者你不知道，我为什么要相信你？可是反方不一样，那反方呢，我觉得他今天的论证有点像什么，像我们从小学数学的一个东西，就是方差跟这个期望值吧。就是这个东西可以出现很好的状态，可以出现很差的状态，但它就是不稳定。所以对于人类来讲，人类的发展来讲，它的风险很大。其实这是你们的主要核心思想，应一以贯之在这里面，那正方肯定就不会认你这个事情，因为我们就觉得我在我可控的范围之内，当然我觉得正方其实他之所以没有论证说它是福音是因为他直接用善有善报这句话作为结论，其实这句话是他们要论证的话。用结论来开始论证后面的事情，是在解释我为什么认为这句对，而不是论证这句为什么对。就相当于今天我已经告诉你我的结论了，我先不管它怎么论证，我是考虑我的出发点，我的角度，当然这也是辩论的一种方式，就是既然都是一个脑洞大开的题目，都不知道，那不如我就告诉你我站在什么样的立场上。这个题目由于正方定成这个定义呢，所以前面几轮打定义式非常有必要的，我觉得是有必要的。但是真的没有必要在反方三辩的这个环节上再结束。那个时候我已经认为这个题目我们是在修正词典的一个过程。关于福音也好，灾难也好，灾害也好，没有很完整的一个论证的想法吧。所以如果是这样的话，我倒反倒会建议，因为约辫反正我们是讨论一个性质嘛，也有实验的性质。如果真的要是这样的一个方式的话，我觉得你们的二辩跟一辩的功能应该更明确一点，就是我一辩上来我就是告诉你我今天的出发点是什么，我的立场是什么，二辩用常规动作来把一辩的东西补进去，这样你两轮陈词会让大家没有太深的印象我好像执着于超能力，执着于代价，执着于跟今天这个辩题看似没有关系的东西。如果在前面两轮陈词，大段陈词的过程中可以把今天这个辩题的联系性再突出的话，那我觉得可能这样的一个操作就到……那个地方，你三辩再来盘问的时候可能就顺理成章一些，这样你这个辩论会紧凑，以至于最后杜冉其实在做总结的时候，你试图把它为什么是福音，就前半部分隐掉的部分再做解释，就真的会突兀一点。就是，好一点的就是大家会觉得，哦，正方终于开始谈论这个事情了，坏一点就是正方在这个环节才开始谈论这个事情，我觉得这是遗憾的一个地方。

总体来说，正方还是在做一个尝试，那说到反方，我觉得反方就是，坦率地讲，正方这么怪论的情况下你们有点被带着走。我感觉是你们今天结论性的语言好像没有小组赛的时候明确。就是死咬自己的辩题或是死咬对方的命题的那个环节，我感觉是有点缺失。因为你一直在跟他探讨，比如说那个二辩在做陈词的时候，你一直在说比如你吸烟啊，吸毒啊，然后不孝啊，最后结论是所以不孝的人多嘞。我觉得这个结论就是你众多结论中的一环，但是跟辩题，跟你们这方的关系性不是很大。我当时还在做这个记录的时候呢，我从你们的立论，就是碧芬的这个立论开始，我似乎在听到你们是对超能力在进行一个无限制的扩散，就是你们想营造出超能力的这个词其实它是什么都无妨，哪怕它是个能力、只是强能力、大能力、高能力、不知道的能力、好能力、坏能力，无所谓，因为这而不是我们今天的一个关键。那从这个立论一直到最后结辩的这个整个框架我觉得是完整的。就是从论证上是完整的。那当然，应该不仅于此，应该不仅于此，这个论证应该更顺利地在二辩的时候就结束，就是你们的完整逻辑出现的时候。那在这个里面呢，我觉得很有趣的就是今天双方其实都很执着于那些英雄们，然后那个队长出现的时候，这边就有可能他会三倍因果，这边就告诉你我们的英雄很多，所有人都没有注意到就是我们今天看这个美国梦主题的这些电影的时候，我不知道大家有没有这种心理啊，可能我的心理阴暗一点，其实我总希望有一个反派是赢的。或者是有的少女们看这种电影的时候的心态是我很担心主角会挂，对吧？其实这个心理是反方的心理啊，对吧？因为那是电影，我们一定会把主人公最后变成英雄。可是现实生活中真的不是这个样子啊，别说超能力啊，就普通的能力，你走在街上，一个小偷过来的时候你都会害怕，更何况是超能力。正方就是要不停地告诉我们，在可控的范围内，那些不可控的人有他们自己的规律，然后反方就抓到了，就说既然他们有自己的规律，那干嘛要在我们今天人的讨论范围内呢？我既然不认为他跟我们的普通人相同，那我当然对他抱着敬畏的态度，因此，我觉得他可能是一种灾难。那也是理想化的一种灾难，因为不确定，因此我对他造成的灾害的任何的可能性大小都有无穷尽的估量，这就是反方。

我觉得还挺有意思的，所以讲到这个地方，我似乎觉得早起还是很有意义的，谢谢大家。

2014 新国辩“约辩”第二场

比赛场次

2014 国际华语辩论邀请赛“约辩”第二场

比赛辩题

正方：网络语言丰富了传统语言文化

反方：网络语言污染了传统语言文化

对阵双方

（正方）北京师范大学珠海分校

一辩：钟　悦

二辩：熊思翔

三辩：时洪雨

四辩：陈　翀

（反方）台湾政治大学

一辩：黄思宁

二辩：尤修鸿

三辩：洪郁萱

四辩：黄婉仪

比赛辩词实录

正方陈词1

正方一辩：

大家好。今天我们探讨网络语言丰富还是污染了传统语言文化。首先，让我们来明确一下何为网络语言，何为传统语言。网络语言就是来源于网络，因其独有的趣味性以及表达力，被广泛地认知并且传播的言语；而传统语言就是指在网络语言出现之前既定行成的规范用语。什么是丰富，什么是污染？举个很简单的例子，辩论的价值在于讨论问题、发现真理，于是当奥瑞冈赛制发明出来后，我们便会认为这丰富了辩论文化，因为这样的形式有助于达成辩论本质的价值。自古语言的发展与应用为的是人们更好地交流、记录、传播。今天我们比较丰富还是污染，就是看在原来的传统语言基础之上网络语言是更加有效还是阻碍了传统语言的目的达成。我方认为，网络语言的出现与发展对传统语言的目的和功能达到了促进的作用。随着时代的迅速发展，生活也是朝着多元化的方向飞奔而去。在日常生活中，我们也会接触到越来越多的场景与事物。

与此同时，面对种种的事物，我们所产生的情感也更加细微。面对这些新生的事物与情感体验，传统语言无法很好地描述和表达我们真实的感受，大量的网络语言的产生却能很好地弥补这份不足。比如，“屌丝”，这是什么意思？是困苦的贫困阶级吗？好像对经济的描述没有这么的严重。是自嘲吗？好像略带那么一点点。是没有本事的人吗？贬义性也没有这么强烈啦。再比如，什么是逼格？是格调的意思吗？好像有点不对，我们在说一个人你很有格调，和说“哇，你的逼格真高”明显不是一个意思。那是品味的意思吗？好像也不对，我们知道什么是高雅的品位，却实在不能理解什么是高雅的逼格。诸如此类的网络用语还有很多，菜鸟、蛋疼、宅男，等等，面对这些新生的网络用语，描述的事物、行为、感受如果要替换成传统语言，不仅要用大量繁琐的语句，还难以精准地表达。由此可见对于现代社会的传播沟通，网络语言起了不可替代的作用。

或许人们会觉得，网络用语略带低俗，相对于传统语言的高雅、典雅，必然会造成一些污染，可是，对于语言的运用，本身就是针对不同语境区别而对待的。在战时的公文中你使用了日常用语，可能显得格格不入，但是如果在日常交谈中，你又使用了非常严谨的规范用语，是否也显得太过呆板。正好，比如我们在传统语言中会分出口头语和书面用语，只是需要用在合适的场合罢了。所以今天我方认为，网络用语丰富了传统语言文化。

反方质询 1

反方四辩：各位好，对方辩友你好。

正方一辩：你好。

反方四辩：对方辩友，想请问您方，你喝咖啡吗？

正方一辩：有时喝。

反方四辩：那你炒菜用油用醋吗？

正方一辩：这要看我炒什么菜啦。

反方四辩：对嘛。所以对方辩友，想请问你，如果今天咖啡加油添醋，您方觉得好吗？

正方一辩：那要看什么情况下，如果是某些场合当然没有问题……

反方四辩：所以有些情况下您的咖啡会加油添醋啦。

正方一辩：如果我今天要尝试一个新的菜，可以很好地描述的话，那这个是没有问题的。

反方四辩：那对方辩友还真有尝鲜感。那问您下一个问题，请问原油是不是很珍贵？

正方一辩：原油？原油珍贵啊。

反方四辩：原油很珍贵嘛，那假如今天这个油轮它原油漏在海上，那请问你对于海水而言这是丰富了海水还是污染了海水？

正方一辩：我们要看原油如果运用在今天的科技发展中它是非常有价值，但是你用在了海水这些不适当的地方的话那是对它的一种浪费，我只能说你用错了地方。

反方四辩：对方辩友，那是不是污染呢？是丰富还是污染？

正方一辩：如果你一定要给我做出原油在水中的尝试，如果你要做这个实验的话，我可能说你这个目的之下，你并没有浪费。

反方四辩：所以对方辩友认为把原油放在海水中觉得它只是一种浪费而不是污染吗？所以今天这个污染我们有时候不是看这个东西它的特质低不低俗，而是看它特性相不相冲突嘛。

正方一辩：是要看它用的对不对，看它用的语境、用的环境对不对。

反方四辩：下一个问题，对方辩友，下一个问题。对于语言、对于文字的应用而言想请问您方，您方觉得这个写错字是不是一种对语言的污染？

正方一辩：我们经常写错字是我们自己掌握得不够好，不叫我们玷污了语言文字、污染了语言文字好吗？

反方四辩：那写错字是丰富，还是污染？是我错字越多越好呢这个文字越加多姿多彩，还是我写错字应该要改正过来？

正方一辩：不，这是对我们经验积累的一种达成而已，并没有造成任何污染，我们今天小学生在学习的过程中……

反方四辩：所以错字是越多越好吗？

正方一辩：不，这是我们学习的一个过程，并没有……

反方四辩：不是越多越好嘛！最终还是要学习写对的字嘛。再请问您方，您方用不用LINE沟通软体？

正方一辩：不懂。

反方四辩：LINE，呃，您方用的社群软体里有没贴图这个东西？

正方一辩：呃，有。

反方四辩：那假如我今天跟朋友沟通聊天的时候，我什么话都不说，从头到尾就用贴图来表达，您方觉得这样的沟通方式好不好？

正方一辩：这要看场景，如果我跟我的闺蜜之间我经常发贴图来表达的话是没有问题的。

反方四辩：那如果都用这个好不好？

正方一辩：如果你告诉我，你要在规范的开会场合用贴图而不说话的话就不合适了。

反方四辩：那假如您方说的这些网络语言，比如说装逼，或比如说QQ，这些我写在作文里面你方觉得好不好？

正方一辩：我说了，这就是你场景运用的不对了，你写作文就要用规范的用语。

反方四辩：请教对方下一个问题了，请问您知不知道潸然泪下和欲哭无泪它差在哪里？

正方一辩：呃，就是语境的不同。

反方四辩：潸然泪下有眼泪，欲哭无泪没有，一个比较悲痛一个不是。谢谢对方辩友。

反方陈词 1

反方一辩：

大家好。一杯咖啡加糖加奶精可以说是丰富，但如果加油添醋那当然就是污染。之所以说是污染，并不是说油或醋很难吃，而是说跟咖啡的本质不能相容。回到今天的辩题，我们之所以说网络语言污染传统语言文化，不是网络用语一无是处，而是网络用语与传统语言文化背道而驰。

第一，网络语言与传统语言两者脉络有别：传统语言整体发展是由具体向抽象，相对原始的甲骨文中，鼠、牛、虎、兔都与实际的动物轮廓相像，可是当汉字发展到小篆、隶书，直到今天使用的文字，虽然仍有所谓的象形字，但象形字也早已不象形了；然而网络语言最大的特点便是强调具体，最早的网络语言便是标点符号组合出的笑脸，是在视觉上追求与现实的相像，随着网络技术蓬勃发展，不但表情符号越来越多元，网络上热门的通讯软件如QQ、微信与LINE，甚至内建了许多表情图案以及肢体语言的小动画，让你只要用鼠标一点，就能轻轻松松用最具象的方式传情达意，让网民根本不依赖抽象的语言文字，这与传统语言的特性当然是大相径庭。

第二，网络语言降低了传统语言的实用能力。传统语言并不会自我延续，而是有赖于一代代的人持续传承，然而，当语言的传承者能力日益低落，传统语言本身也就岌岌可危。网络语言本身在网民为求打字方便的追求下大量采用同音的错字，形成以错字为基础的网络语言。网民在网上习以为常，离开网络后也畸习难返，版主、斑竹傻傻分不清楚，台湾便有人指出经常使用网络语言使得七八成的学生不在乎写错字，连对错都不在乎了，这还不是对传统语言的伤害吗？而网络语言本身的过于简化更使我们的文化水平下降：过去形容美人，我们会讲沉鱼落雁、环肥燕瘦，小家碧玉与国色天香更是截然不同的美感，然而网络语言中却全部变成了"她好PP"，这不正是传统语言的失落吗？在中国，有近三成的学生写作会用网络语言，甚至画图表达想法；在英国，网络语言的盛行使一半的学童无法通过基础文法测验；在芬兰，教育界对网络语言的冲击忧心忡忡；在法国与意大利，政府甚至制定了法规来限制网络语言。诚然，我们相信网络语言有它活泼风趣的一面，也是网民们创意的展现，但是我们必须正视，多元包容并不表示就没有正统，倘若不仔细审视两者本质上的差异，便认为网络语言与传统语言毫无冲突，那这样轻率的态度非但不能让网络语言开创文化的多元，反而让网络语言成为传统语言的污染源。谢谢各位。

正方质询 1

正方四辩：对方辩友，还是请教您方刚刚用的一个例子，在海水当中加油，您方觉得是污染还是觉得丰富？

反方一辩：当然是污染啊。

正方四辩：对，其实是污染对不对？那为什么我们说它是污染呢？

反方一辩：因为原油跟水的本质是不相容的，它会破坏水的体型。

正方四辩：对，它破坏了水的本质。那请问你，语言文化使用的本质是什么？

反方一辩：……

正方四辩：今天我为什么要用语言，语言的本质是什么，本质和目的是什么？

反方一辩：是沟通。

正方四辩：对，是沟通。所以我们要看的就是今天我们网络语言之于语言文化本身和油之于海水本身是不是破坏了本质、破坏了沟通。那下一个问题，今天请教你，我用“屌丝”这个词，如果不使用，我如何方便我的沟通？

反方一辩：您方的意思是？

正方四辩：那我问的更直接了，你有没有其他词语可以代替“屌丝”这个词呢？

反方一辩：其实我不知道“屌丝”这个词是什么意思。

正方四辩：哦，您不知道“屌丝”什么意思。您明白吗，我根本无法向您解释屌丝是什么意思，因为它是一个很特定的词语。没关系，“部落格”，你能用其他词语代替它吗？

反方一辩：可以啊。

正方四辩：比如说？

反方一辩：个人网志。

正方四辩：对对对，发现没有，叫个人网志……

反方一辩：个人网络日志啊。

正方四辩：对！个人网络日志。你听到没有，它很不别致，很冗长，我们没有办法很短地去带，我们只有用一些很特定的词。由此可见，为了沟通的方便，我们可以增加一些词汇。再看下一个问题，您方告诉我，它会降低我们传统语言的使用率对不对？使用能力。

反方一辩：对。

正方四辩：因为它有错别字？

反方一辩：呃，一方面是。

正方四辩：是，好，请问你，我们在网上可以用错别字，但作文里可不可以用错别字？

反方一辩：当然不行，可是问题就是现在有些人就会用在作文里面，这就是问……

正方四辩：对对，所以你发现没有，它不是网络语言的问题，是我们使用地方错误。今天我们口头语可不可以写在作文当中？

反方一辩：呃，可以。

正方四辩：你觉得口头语能写在作文当中啊？

反方一辩：作文嘛，本来就是白话文嘛，所以可以有口头语言。

正方四辩：是，它含有一部分，但我们不会把“哎呀我去”这种词语写进作文对不对？

反方一辩：对方辩友，像您方这种大人分得清楚当然很好，可是我们的资料告诉我们现在的小学生都会把网络语言写进作文里。这就是未来使用语言的人能力的低落吗？

正方四辩：对对对，谢谢，我明白我明白，所以你对于网络语言所有的问题都源于它用错地方，源于我们没有学懂什么地方该用什么词，不在于它本身这个词语对于语言的伤害，你明白吗？

反方一辩：不只是，当你会在不同地方使用你就破坏了传统语言的使用率……

正方四辩：好好，我明白我明白，我们来看下一个问题。请教您，“撕逼”这个词有没有其他语言可以代替啊？

反方一辩：我方不明白撕逼是什么意思。

正方四辩：你也不明白对不对？我不知道你平时是不是不太上网。好，我问一个简单一点的，“黑客”这个词有没有其他词可以代替？（时间到）

正方陈词 2

正方二辩：

大家好。今天对方辩友首先告诉我什么叫丰富，她说石油加在海里，这个肯定是污染，但是这种时候我们就要看一个东西加到另一个东西里的时候，到底是促进它的本质达成，还是阻碍了它的本质达成。比如说水里我们放葡萄糖，或者一杯水里面我们放盐，到底是促进它的本质达成还是阻碍了它的本质达成，我们要看喝这杯水的目的是什么。比如说我现在很渴，就想补充养分，加葡萄糖肯定是丰富了这杯水的内涵和营养价值，但是我很渴，你给我加盐，这种时候我会脱水而死，而本身往水里面加盐和加葡萄糖好像都不能论证这杯水是被污染了还是被丰富了，这是对方辩友不看语言本身的使用、本身的目的就是方便我们更好地交流。

而这种时候对方辩友提出第一个论点，就是我们从象形文字到小篆，是从具体到抽象，而网络语言是从抽象到具体，我就很奇怪了，比如说“逼格”，你说它是抽象呢还是具体呢？好像没有论证。这种时候我们反过来一想，无论它是抽象还是具体，我们只要达成它的本质目的就是方便我们的交流、表达我们的情感的时候，它好像是已经丰富了传统语言文化本身。

对方辩友接着提出第二个论点，他们告诉我们，我们本来，比如说在网上会使用“斑竹”来代替“版主”，但在场合使用不合理的情况下，可能会导致一些滥用，比如说我们会写在作文里面。我就很奇怪，本身写错字这种行为即使不使用网络，我方三辩从来不上网，他的立论也错字满天飞，连来到这种场合使用本身不合理的情况，是我们今天导致它阻碍传承的一部分吗？我们只要在合理的场合合理地使用它不就可以解决这一部分问题了吗？

到了第三点，对方辩友告诉我语言本身使用频率的减少，比如说一些传统语言文化使用频率本身的减少，会阻碍我们传统语言文化本身的丰富。比如说我小时候叫我爸爸“爸比”，长大了之后我叫我爸爸“老爸”，在出了社会我会尊称，我跟别人这样介绍：这是“家父”。哪一个是网络用语？

那是我成年之后我肯定不会叫我爸“爸比”，因为会很奇怪，这个频率肯定会减少，这个时候你告诉我，我学了“家父”这个词，就污染了本身的传统语言吗？就因为我好喜欢我的爸比，好像不能论证。而这种时候我们恰恰要看到，今天我们到底能不能用网络语言本身清晰地表达概念。对方辩友告诉我们不能，那我举一个例子。豆腐几块？两块一块！一块两块？两块一块！哪一个是网络用语？但是好像本身场合语境也会造成我们沟通的障碍，这种时候反而恰恰是一些词的词性我们不能用语言来描绘，比如说屌丝，比如说逼格，比如说撕逼，这种细致语言的本身描绘就是我们网络语言丰富的内涵。谢谢。

反方质询 2

反方三辩：对方辩友你好。

正方二辩：你好。

反方三辩：对方辩友先来看看您的判断标准，您说语言今天最主要的目的是要促进双方沟通，这是您方的判准？

正方二辩：对。

反方三辩：对，那我们来看看网络有没利于这目的的达成。您方刚才告诉我们“撕逼”“屌丝”或是什么“逼格”，您方有没听到我方反方一辩根本不知道您方在说什么？您方认为这有利于沟通的展现吗？

正方二辩：我认为大部分人都会上网，而且这些词是我们平常使用的日常用语。

反方三辩：不对，我方没有在搞你，这部分话本来就会跟着网络的使用频率或是甚至跟地区都有关，所以网络语言今天到底有没有利于沟通的促进，以您方的标准您方有达到这论证目的吗？

正方二辩：这句话就好像你一定要告诉我我一个中国人要去说英语，这种时候本身语言之间也会存在障碍，我承认，但是它会丰富我们传统语言文化的内涵……

反方三辩： 来，我们今天来看一份资料好了，来，对方辩友，我们来看一份《乐山师范学院学报》资料，它说七百位被调查的南京市民中有七成的人就看不懂网络语言，在同一个地区内，甚至是中国，甚至是南京，里面都有这么高比例的人看不懂语言，你真的认为网络语言有利于沟通吗？

正方二辩： 全球也有四分之三的人看不懂汉语，汉语就不利于我们的沟通吗？

反方三辩： 但它至少在中国境内有利于沟通吧？

正方二辩： 嗯，对啊。

反方三辩： 如果它在不同的国家境内都不利于沟通的话，那您方如何证实您方的判准呢？

正方二辩： 我们……不是……

反方三辩： 目前在您方判准下比不出吧对不对？因为看得懂和表现得更细致比较不出来。

正方二辩： 我只要看到它丰富而已哦，给我们新的词性进行解释。

反方三辩： 好，我们先确定今天会有人看不懂网络语言，只是今天你方进一步地认为网络语言有时候可以表达得更细致。

正方二辩： 对。

反方三辩： 来，我们来看。对方辩友，请你方现在用三个网络语言向我表达哭，不同程度的哭。您方举出三个。

正方二辩： 网络语言本身有些词不会丰富它的，有些它不会表达……

反方三辩： 所以不嘛，我方随便就可以……

正方二辩： 比如我可以说一个网络语言，比如说大写的 T T。

反方三辩： 对，大写的 TAT，TTA，TTT，从头到尾只有 T 和 A，不同数量的差别，对不对？

正方二辩： 我打很多个 T 表示我大哭啦。

反方三辩： 对，但是在汉文里面还有临表泣涕，我哭得肝肠寸断，我哭得稀里哗啦，各种不同程度的表现，这本身就有利于语言的丰富，但网络语言会降低这部分的特质，对吧？

正方二辩：你只不过是降低它的使用频率，刚刚已经论证过了。

反方三辩：我方现在跟您讨论表达情感的细致度，所以我们先确定，网络语言常常让不同人听不懂，更进一步来说它甚至会让人在表达一个概念的时候更加不细致。

正方二辩：没有不细致，我学了TTT我就不能用欲哭无泪了吗？好奇怪哦。

反方三辩：对，所以我方要跟你进一步讨论了，今天网络语言的使用会不会排斥部分传统语言的使用。来，对方辩友，您方有没有看到我方现在跟您举一个例子，中国百分之五十四的小学生在文法和写作中用不出正确的词语，甚至常把网络语言带到作文里面，您方不是告诉我他会挑吗？这些学生他会挑吗？

正方二辩：这种就是场合使用的不合理啊。比如说我也不会和我爸爸平时交流说粗口啊。

反方三辩：对，所以我方现在要跟您讨论，使用者到底有没有判断的能力嘛。这百分之五十四的小学生有判断能力吗？

正方二辩：可以教的。谢谢。

反方陈词2

反方二辩：

各位好。首先来看对方辩友的判准。对方辩友的判准无非是讲说要达成它原本的目的。如果说网络语言不能达成它原本的目的，那他就不能论证命题。可是我们要讲，网络语言的本身、传统语言本身的目的是什么，无非是沟通嘛。沟通讲什么，我们追求的是沟通的真、善、美。沟通的真，是讲求语言不要错误混淆，可是网络用语在英国的这个例子就告诉大家说，英国有一半的小学生因为网络用语的混淆导致他们作文有一半以上都不及格，那是网络语言的真吗？

那再讲网络用语的善，用语的善、沟通的善追求的是使用的效率本身。对方辩友讲了那么多，比如说讲“蛋疼”“装逼”，讲什么很多用字，他有真正把它的意思传达给我方，让我方充分的在今天的舞台上进行讨论吗？其实也没有吧，对不对？

那最后讲语言的美本身，语言作为一种历史文化记忆的传承，它其实代表着很多中国人本身的故事记忆嘛。对方辩友讲“蛋疼”，可是我们讲“画蛇添足”，就本身代表我们过往，代表了那个故事：就是有一个人为了要抢着酒喝，参加画蛇比赛，最后自己加了脚输了比赛。这个故事很生动，诉诸我们每个人共同记忆，可是他讲“蛋疼”，如果说用“蛋疼”在网络上的人可能知道，可是一部分、大部分的人可能……老一辈的人或者其他中国人一样使用我们的传统语言，他却不能理解对方辩友的意思，这难道是语言美的部分吗？

对方辩友也讲这个“菜鸟”，可是我们讲“初出茅庐”，这件事情难道一部分是讲他虽然很菜，但是他未来必有一番作为？其实它语言的细腻和细致是用网络用语可以表达出来的吗？所以对方辩友，在他方的判准底下反而不能论证命题，反而是我方得分。

再来往下看，我方的判准是什么呢？其实代表的是，网络用语和传统用语之间到底有没有那么一点性质不相容，导致我们性质冲突的地方。其实事实胜于雄辩，看很多的例子就可以知道了，中国有六成五的学生觉得现在写作文我也可以用网络用语，可是老师看不懂就给他不及格；在英国，因为网络用语有一半的学生作文不及格；在南京市，有七成人网路用语他根本就看不懂。传统用语的性质本身跟网络用语本身就有一种取代性的作用，就是互斥的。如果常常用网络用语，那他反过来在使用时会造成混淆和混乱。所以网络用语的性质是和传统用语格格不入的。谢谢各位。

反方质询2

正方三辩：对方辩友，你好。

反方二辩：对方辩友，你好。

正方三辩：对方，不好意思，因为您是台湾人，我是大陆人，我们本来网络就有点不同，我先跟你达成共识，看您懂不懂这些词。“屌丝”这个词你是不懂是吧？

反方二辩：对。

正方三辩：那我再问一个，“装逼”这个词你懂吗？

反方二辩：呃，假专业。

正方三辩：呃，好像你也不懂。“蛋疼”这个词你有听过吗？

反方二辩：画蛇添足……

正方三辩：嗯，也没听过是吗？我现在真的很蛋疼。好，我大概了解。

反方二辩：今天使用网络用语的确不能表达，源远流长的传统语言是可以表达的。

正方三辩：懂了懂了。我再问你一下，您的第一个论点是，你们认为传统用语从具体到抽象，是这个样子吗？

反方二辩：是。

正方三辩：好，那你就告诉我，算了，你们不懂我还是要这么举例子啦，“蛋疼”这个词，是抽象到具体还是具体到抽象？

反方二辩：不知道“蛋疼”什么意思，您可以先给我解释一下吗？

正方三辩：都不是对吧？你不懂，“蛋疼”这个词就是纠结加一点点折磨，外加一点点无奈的疼痛，你告诉我……

反方二辩：啊，我懂了。

正方三辩：你懂了是吗？你其实还不懂，因为你没有感受过那样的感觉。所以说，今天这样的词汇如果我跟你描述那么多根本就没有用，我们沟通不了。这不是我想说的东西，我想说的简简单单，这个东西，从具体到抽象、抽象到具体根本讨论不出来。再问您，您是不是告诉我，网络用语跟传统用语是一种排斥的关系？因为我们用了网络用语之后就不再会用传统语言啦，所以排斥，所以污染？

反方二辩：会造成混淆，让我们传统用语用的没那么好。

正方三辩：对方辩友，今天宋词出现之后，人们也不再写唐诗了，甚至写出来之后也会格律不对。所以宋词污染了传统语言文化吗?

反方二辩：并没有啊，现在大家还在写唐诗，大家还在传颂……

正方三辩：可是你知道在宋朝之后，人们的唐诗水平远远不如唐朝，所以，那个时候宋词污染传统语言文化吗?

反方二辩：并没有，因为它们没有共存……

正方三辩：对对对，它们在共存的时候并没有相互污染。

反方二辩：不是，网络用语的出现却让大家写作文不及格，这是没有互斥的结果吗?

正方三辩：对对对，但是宋朝考科举的时候人们写唐诗也会不及格，这是很正常的事情。

反方二辩：宋朝的时候不考唐诗。

正方三辩：您说我有的时候，比如说我写作文的时候去用网络用语会不好，对吧?

反方二辩：对。

正方三辩：好，跟您再举个类比。因为对于世界语言的文化，中文的出现，有没有对于世界语言文化的丰富?

反方二辩：呃，没有。

正方三辩：没有?

反方二辩：世界语言文化?有……

正方三辩：嗯，有是吧。可是今天我在考英语考试的时候写满了中文字。

反方二辩：可是英国人不会在考卷上写中文。

正方三辩：对!

反方二辩：可是对方辩友，我跟你分析为什么会造成这样区别，因为现在的中国学生他的现实生活中有一部分的生活在网络上的，所以它会造成混淆。

正方三辩：我们现在在大陆的很多中国学生英文学多了提笔忘中文字，可是我们仍然不能说英文的发展污染了世界语言文化。谢谢大家。

反方质询小结

反方三辩：

各位好，我们先来看一下今天对方的比较标准，其实有两块，第一块是我们一开始能不能更了解对方想要表达的意思，第二是了解之后我们要怎么表达会更细致。在第一个部分我们其实在刚刚的答辩中已经说得很明显，就算我们两个同样处于中华文化体系中，我们都还是不太容易理解对方的问题，所以在一开始理解的部分对方一定比不出来。那我们再来看第二个，表达更细致。对方说啊，随着时代的变迁，本来就有一些新的词是以前古代的词没办法表达的，这部分我方可以承认，在以前的世界跟现在的世界文化本来就有所不同。

但我方进一步比较，是不是在以前我们可以使用的一些传统语言，例如说在表达哭，我可以说临表泣涕，我可以说哭的肝肠寸断，这部分是不是在现况下确实也慢慢被忽略被降低了频率？对方辩友这里给了我们两个回应。第一个回应是这本来就可以看场合嘛，这不冲突，对方辩友，我方有没有进一步地举例告诉你，确实在当今的中国就有百分之五十四的小学生分不出来我使用的场合是什么。所以一种语言的使用，我们不能只是站在旁边说风凉话，说“啊，这大家会学”，我们要实际看使用的人是谁嘛。我们就看到现在使用网络语言的很多都是小学生，很多都是中学生，很多都是年轻人，我们这时候，其实我们判断能力有那么强？我们知道在什么时候可以使用，什么时候不能使用吗？我们现在看到小学生把网络语言写在作文中，我方相信对方辩友会大方说这根本就不可能，这不合体统，但确实中国南京市的小学生作文中就有两百份因为滥用网络语言被大赛组的委员用红牌罚下，这部分真的能判断吗？所以对方辩友在旁边说风凉话，告诉我说大家会学，可是大家不会学，对方辩友请正视这个问题。在第二个部分，他们告诉我们说，啊，这没有冲突啊，就像我以前叫我爸“爸比”，现在我叫我爸“爸爸”，这本来就可以互用。但我们要理解语言，我说一句话就是说一句话，我不会先用网络语言说一次，再用传统语言说一次。所以今天如果我增加了网络语言的使用频率，势必会降低使用传统语言的频率，对方辩友不要告诉我不冲突，因为确实会冲突，而且我方可以告诉你，大家会比较想使用网络语言，因为网络语言更方便、更快速。我今天打“加油”可能需要三十秒，但打“+u”只要三秒，所以你告诉我不会冲突吗？不，一定会冲突。

因为网络语言本来就是本着人民的惰性，本着人民的方便性、我图方便，它顺着人民的劣根性才发展出来的语言，你有一个这么方便的语言，你要告诉我，在我旁边打“啊，请你加加油啊”，这部分就是爸爸妈妈在旁边用心肝保护你，打出这么长一段话，你方要告诉我他会比较想用这个吗？不可能。所以在这部分的话我方认为，网络语言的出现势必会降低传统语言的表达功能，在这部分，语言除了沟通，更有表达，因为它代表传统文化渊源的一个部分。谢谢各位。

正方质询小结

正方三辩：

大家好。首先要澄清一下我方不是在故意占对方便宜，举一些他们不懂的词，因为确实那些词就是我们现在常用的网络用语。

好，现在解释问题，先解释对方辩友的第一个问题。对方辩友来质疑我方的标准，网络语言的发展是否能达到语言沟通的目的？对方告诉我，今天我们讲的那些词他们根本听不懂。没有错，如果您方今天站起来讲闽南话，我方也完全听不懂，这辩论根本没法打。但我们是否能说闽南话的诞生污染了中国的语言文化呢？显然不能，只是我们将它用错了地方。很简单，因为任何语言的使用都是要有语境的，在合适的语境之下使用，错误的使用就会让我们难以理解。因为你今天要我跟九十五岁的太姥姥去讲网络用语，她会听得疯掉，但是我们今天需要跟她讲吗？本来网络用语就是我们常用的网络人群在使用，它能达成我们更好的沟通，这就够了。就像您今天告诉我百分之七十的人听不懂，这很正常。在新中国刚刚成立，简体字刚开始普及的时候，百分之九十五的文盲根本不认字，所以你给他们写字他们也看不懂你在讲什么，所以简体字的诞生也污染了语言文化吗？没有。所以今天我们讲的是只要正确规范在运用它，并且运用在正确的语境当中，它就可以方便我们更好地沟通，所以说，这有助于目的的达成，这叫作丰富。

第二，来看看对方对污染的定义。他方很简单，就是两者先天对立，所以就污染了。这本身就是一个问题，网络语言跟传统语言本身就不是先天对立的两个东西。比如我举个很简单的例子：“给力”这个词大家都应该听过，这个词明显就是一个从网络诞生并且运用的词语，它属于一个网络用语，可是“给力”这个词现在也被加入了新华词典，你告诉我它属不属于传统语言呢？我觉得再过两百年，这样的语言就会慢慢被包容进传统语言文化之中，所以其实传统语言文化跟网络用语并不是先天对立的，这也就能很好地解释对方，一个问题，就是相排斥的问题，也就是网络语言用多了，传统语言用少这个问题。原本的传统语言就这么大，里面有一百个词语，我们无论讲什么话都逃不开这一百个词，它的使用频率必然很高，我讲一句话，可能一个词出现五六次，今天这个传统语言的范围因为网络语言的扩充变成了一万个词，我们在说话的时候必然会减少使用过去那一百个词，因为词多了嘛。就像我方二辩刚刚讲的那个爸爸的例子，爸爸的描述种类多了嘛。所以说今天因为词的范围扩大，所以某个具体词的使用频率必然减少，可是，我们不可能去说这是一种污染，这最多是个别词的取代和代替罢了。这是对方辩友概念上的错误。谢谢大家。

自由辩论

正方一辩： 百分之五十四的小学生会写错字，这时候我们应该看的是教育如何去更好地进行，让小学生分开口头用语和书面用语，这和网络语言本身的污染没有任何关系嘛。

反方四辩：那对方辩友肯定是没有听过一傅众咻，今天我老师好好地教，可是网络语言中大家都这么用，那我不写错字能行吗？对方辩友，想请问您方，您方说不同的场合用不同的语言，今天如果非正式场合的语言取代了正式场合的语言，您方觉得这是丰富吗？

正方二辩：你还是在说分不清场合嘛。比如说小学生玩起来的时候也不分场合地玩，能不能说玩没有丰富小学生的生活？

反方三辩：如果你不分场合玩，而且教不听的话，当然是污染它的场合啊。而且我方前面不是告诉你了英文老师他就抱怨说小学生一直在电子邮件里面用网络语言，这个不管怎么教，我在上课教几次，大家回家发了十封 e-mail 后又忘记了，您方如何解决呢？

正方三辩：不只网络语言污染，传统语言本来就自相污染，按照您的逻辑，传统语言也分口语和写作用语，你把口语用在写作当中也是污染，是不是依照您的逻辑传统语言本来就自相污染呢？

反方二辩：但是一般小学生不会有这种状况嘛，您方怎么分不清楚呢？倒想请问您方，您方对美可以怎么用网络用语形容？

正方四辩：对方辩友，那按照您的标准，用得多就会污染，今天我口头语用很多啊，“你做么”，可是我写成书的时候不会写成“你做么”的，我会写成“为何呢”。

反方一辩：不是，对方辩友，那是您方分得清楚，我们现在是讨论这些广大的小学生从小受到网络语言的影响，所以在作文里分辨不出来，您方要如何看待？

正方四辩：对对对，所以不是语言本身的错误，而是使用地方的错误，明白吗？我不懂得用在哪里，不是语言本身出错了。

反方四辩：没有错，所以今天我方不是说你要在网络上用 QAQ、TAT 是错的，而是它今天被写进作文、被用在正式场合的时候，它就会是错的。

所以问您方，在用错场合的时候，比如说超过六成的学生他认为网络语言很有趣而且大家都懂，我们写进作文里面，这种时候你方怎么看待这件事情？

正方二辩：所以谢谢你也承认在年轻人当中可以分辨对错的人，他们的网络语言是丰富的，对吗？只讨论小学生哦？

反方三辩：当然不是啊，因为我方进一步告诉你说语言是互相取代，如果你方用越多网络语言，就会取代越多传统语言，您方如何取代传统语言的细致度？您方现在举出三个在笑的语言，用网络用语来表达，谢谢。

正方三辩：对方辩友，网络语言有时候不能表达，那我们就用传统语言咯，两个相互补充，为什么一定要像您方说的相互对立取代呢？您再跟我解释一下，今天不只是网络语言，我们小学生学写繁体字，写多了我们也忘记简体字要怎么写，这时候繁体字也污染了我们语言文化吗？

反方二辩：一般的状况底下应该是写繁体字的学生比较常写错成简体字，这个时候当然叫污染啊。您方怎么一直不回答我方问题？我方问的是您方可不可以用三个网络语言来解释笑。

正方四辩：对方辩友，你不能告诉我它不够用它就不好，你明白吗？因为它们两者是相辅相成的，继续请教你刚才的问题，如果简体字也叫污染的话，你是不是告诉我整个大陆的文字都在污染传统文化。

反方一辩：我方当然不是这样说，因为这两种文字是分别有不同的人使用，它们并没有交集，它们不会互相污染。回到刚刚那个部分，我方要告诉您方的事情是当你坚持越长时间用网络语言的时候，我哭只会用QAQ，我再也不会说涕泗纵横。

正方三辩：对方辩友无非告诉我它不够用，那您告诉我一下，唐诗里面有一句诗是“床前明月光”，你翻译成宋词给大家听一下。

反方四辩：对方辩友，我方这个学术不精，可能没有办法马上翻出来，但我方要告诉你一件事情，再问您方一遍，您方说的那个状况都是我对的场合用对了语言，那我现在回答你，我说QQ我回答不出来，那你方觉得这样怎样？

正方二辩： 所以这种时候我们该用QQ的时候用QQ，该说“床前明月光”的时候说“床前明月光”。互相不用翻译，传统语言文化本身也不会代替网络语言。

反方三遍： 来，对方辩友，您方正视我方的问题。网络语言是不是顺着人民懒惰的天性，所以他用网络语言就比较不想用传统语言，您方如何解释这个问题？它会冲突的嘛。

正方一辩： 如果这是因为懒惰的话，那我们今天写简体字而不用原来甲骨文甚至繁体字，是不是我们变了就是在污染了？

反方二辩： 对方辩友，您方一直说，这口语也不能用，作文也不能用，到底现代网络语言什么地方可以用？

正方三辩： 该用的地方就用咯。回答我方一辩的问题，简体字也是人们偷懒所发明出的文字，人们也会用简体字不用繁体字，简体字是不是污染了中国传统语言文化？

反方一辩： 对方辩友从头到尾根本就解释不出来我们到底什么时候可以在传统语言中用网络语言嘛。

正方四辩： 对方辩友，最简单的，我们该用就用，这样连新华社它在写社报、《人民日报》上面都会用到“给力”这个词，说明没有比这个更好的词了，我用它，没有任何的问题。

反方四辩： 对方辩友，那是因为传播媒体它有贴近大众的需要，这个场合才可以用。再问您方，沈阳市有一所初中近七成的学生表示说他们曾在不同的场合用网络语言来取笑别人，想请问您方，不谈取笑这件事情不好，场合的错用、场合的取代，您方到底觉得这是污染还是丰富，最后问您方一遍。

正方二辩： 对方辩友，有时候粗口也可以在口头上表达我们的感情，不能因为你使用场合不对你就能去取笑别人，我还辱骂别人呢。这种实际本身就不可代替对吧？

反方三辩：来，对方辩友，您方说用简体字的例子来比我方，但是简体字本身只是书写形式上的简略，它有没简略到你表达文字上，所以本身不能类比嘛。您方如何面对网络语言缩减了传统语言可以表达的细致程度的问题呢？

正方四辩：那么现代汉语它在口头语的贡献上也更加偷懒了，它降低我的学习成本，是不是你要告诉我现代汉语和我们的口头语都对传统文化有影响？

反方二辩：对方辩友，这个现代汉语在口头语言上没有影响啊，因为你念的字都一样嘛。但请问您方，口头语言也不能用网络语言，书写语言也不能用网络语言，那还有什么是传统语言？

正方二辩：如果我们在网络使用当中用网络语言就好，你说在表达上不一样，这样我说潮汕话“胶己人”，这种时候是不是也可以说潮汕话没有丰富中华的语言文化呢？

反方一辩：不是嘛。对方辩友，我方就告诉您方了，在英国网络语言的盛行让一半的学生都无法通过基础文法测验，这种对于我们的下一代语言使用者的污染你方要如何处理？

正方四辩：我用口头语去考语文作文，我也考不过去的，你明白吗？今天我们要做的事情就是在合适的场所，用合适的语言，做合适的事情，而不是怪罪于语言本身的出现。

反方四辩：所以综合今天我们两方的说法：其实我们都认同在不同的场合要用不同的语言，所以用错了就不行嘛。

正方三辩：对对对，对方辩友现在全篇都给我们论证的是用错了不行，一种东西用错了不行跟它产生本身就是错误、本身就是污染，这完全是两个概念，对方辩友在离题论证。

正方二辩：同样的逻辑，对方辩友告诉我用错不行的情况下，其实他是说网络语言和传统语言是相互对立的，但是现在明显是相互包容、相互交融的情况，《新闻联播》也在用“高大上”这样的词汇，你告诉我，哪里相互对立了呢?

正方四辩：今天对方辩友非要告诉我们绝对是相对定义的，就必须向我方举证它对立的地方在哪里，为什么我今天一旦使用它我整个传统语言就会完全不使用，如果不是这样的状况的话，对方辩友立场何在？接下来交给对方四辩来给我们解释一下好了。

反方总结陈词

反方四辩：

各位好。其实刚刚的自由辩，到自由辩的阶段，我们双方都达成一个共识，就是今天不同的场合它应该有不同的用法，应该是要泾渭分明，井水不犯河水的。但是想请问大家的一件事情是，假如今天生活中我们不用到网络用语的话，假如这完全是在两个不同的场域使用的时候，这怎么会是丰富呢?

就算对方辩友要说这个是丰富，那我们进一步来讲。对方辩友说这个“用对了场合”，它现在丰富了语言；用错了场合，对方辩友怎么界定？他一直没有给我方一个正面的回答，对方辩友的回答中告诉我们说，作文里面用太口语化的形式表达也不行嘛。所以口语化的用法，它只能在口语化的场域里面用，正式的地方我们就应该用正式的。所以当今天网络语言越界侵犯到了我们使用正式传统语言文化的场域的时候，它就会变成一种污染。也就是说，当今天像我方提的这种种资料，网络用语的使用取代了正确用语的使用，那这个更是越俎代庖，这更是在污染我们的传统语言。

再来看，对方辩友说，其实我们大家都知道，QAQ、TAT或者对方辩友说的什么“屌丝”等我们在网络上可以用，但是在日常生活中、在正式的地方我们不会这样用。很简单，今天正方四位辩手，我方四位辩手，我们都已经是大学生了，在座各位我们都有分辨什么场合应该要用什么语言的能力。那大家有没有注意到我们刚刚举的资料是什么？初中生、小学生，他们是会把这些语言带进作文，带进日常生活中跟师长对话的这个语境当中的。所以在这一种情况下，我们要知道，对有一些对象而言，他是分得清什么场合该说什么话，但对有些对象而言，它是傻傻分不清楚嘛，所以今天我方说的，无论是错字也好，无论是这个语言使用场合不对也好，但今天有一群对象是分不清什么场合该说什么话的，偏偏网络语言又好用，像对方说的趣味性高，就是会博得同学的认同感的时候，常常就容易越界，所以在这种时候，网络语言大大地污染了我们传统语言的表达方式，所以像对方辩友说的拿唐诗拿宋词比拟，这完全不能比拟，原因是像王国维在《人间词话》里面就说过诗之境阔、词之言长，是因为诗与词有不同的表达意境在，它表达的方式不同。

对方辩友可能没有针对这个造字原则去做深入研究，我方在这边告诉大家，象形只是会意形声，假借转注里面，现在哪一种用字字量最多？是形声字，原因是什么？原因是这个象形字自发等到最后的时候，它其实很难去涵盖我们要表达的涵意，比如我的名字，婉约的婉，这个字就是一个形声字，因为有些字它是没有办法被表达出来的。所以我自己是念中文的，我中文系的教授就说：有句话说得很好，它叫作“笔墨难以形容”。我们英文叫作 beyond description，这一句话就是在告诉我们，他说得很对，原因是我们在表达情感，我们在表达个人的意念的时候，它与我们表达出的言语、表达出的文字中间是会有沟渎的，是会有差距在的，也就是说我今天心里想什么，我讲出来这些话，它其实没有办法去深刻表达我的涵意。但我们学中文的，我们身为中华民族的后代，我们要做的就是尽量用我们的华语文化去表达出想讲的东西嘛，所以词意达意与表情，我们今天丰富语言的举措就是缩小拉近言语以及情感之间的鸿沟，所以我们说语言的界限决定了思考的界限。

今天对方辩友所说的网络，或者这种虚拟的表达方式，这种桥梁，我们就让它留在网络的世界里吧。谢谢大家。

正方总结陈词

正方四辩：

今天小可的身体微有不适，但倘若一想到与对方辩友可约谈于舞台之上，又颇感兴奋，翻来思去，决定还是移步至此。倘若我在今天与对方辩友讲的是这样一句话，对方辩友肯定觉得“哇，这个人好装啊”，可是如果我换一句，今天我身体不好，但想来想去能跟这样的队伍打一场比赛，真爽！上！啊，这时候你就觉得这个人说的还算人话。明白吗？今天我和对方辩友所有的问题的冲突不在我们语言本身是不是错的，不是语言本身是不是错，而在我们用的地方对不对。明白？

对方辩友认为所有网络语言的罪恶，认为它们会降低我们语言使用的能力、会降低我们考试的分数、会让我们忘记过往，不对，不是网络语言本身的错误，而是我们使用地方的错误，你明白？今天我对你说，啊，你说这些，你做梦！只有百分之七十的百仙数的人去做这个事情，你会觉得，诶，如果是在马来西亚就很正常，百先数本来就是马来西亚的语言，但是在大陆没人能听懂你在讲什么的，明白吗？这是你用错了地方，你到大陆你要讲人话，你这件事情为何要这样做，只有百分之七十的人认为这是可以的。好，所以说，今天所有的错误都不源自于语言诞生时候的错，而源自于后天人不知道怎么用。好了，那我们接下来就来探讨究竟怎么用，算不算是网络语言的错误？不算，在我方看来。为何呢？很简单，因为它根本不根属于网络语言的诞生。网络语言就像是一个发酵池，它会发酵出各式各样的语言，会填充我们社会中传统语言不能表达的那些话语。像我方立论刚开始告诉大家，“逼格”这个词，你在现实当中真的是没有办法表达的，各位，要怎么去说？好像格调？不对，因为我说你这个人很有格调，和我说你这个人很有逼格，你听的感受是不一样的，后者它有一点点的嘲讽和妒忌，还有一点点羡慕和贬低，前者绝对是一种褒扬。所以我们今天才要说，当传统语言当中出现了这种填补位置的词语的时候，我们该怎么去看这个位置，补这个位置填得对不对。倘若今天真的出现用错地方的情况，我们也可以大胆承认确实不应该用在那些地方的情况，但绝对不是这个词语出现本身的问题，而在于我们不懂得如何去使用好它。

好了，回归到最后，我们还是要问那个问题，语言的目的是什么？是为了沟通吧，各位？我们今天之所以使用语言，是为了方便人与人的沟通，对不对？那么就很奇怪，为什么我们要把语言限定得那么高呢？只有传统的语言才可以用，为什么要限定那么高？我们知道有很多词语我们在很多普通时候跟人也很想表达，但是无法表达，这个时候网络语言恰恰做了一个补位的动作。它将语言交流学习的成本降下来了，当每一个人都可以熟悉运用能够表达自己感情的语言，譬如我，我要表达我内心纠结，我必须要学习那些表示内心纠结的成语，但是现在不需要，有“蛋疼”这个词，它已经能很充分地表达出这个词，至少有一半人，因为是男性，他们都能懂蛋疼有多纠结、多痛苦，所以，当出现如此低成本的学习语言的时候，你不能告诉我它是一种贬低或是一种污染，因为语言本来就没有价值的高低，它本来就不应该有一个高门槛，只有高学历的人才能学习的语言，它就是我们日常生活当中两个人之间沟通的最基本的桥梁。这，才是语言真正的价值啊，各位。谢谢。

比赛点评实录

梁泽宗（印象票投给反方）：

各位早安。基本上这场比赛我的判准是两点：第一个，谁提出的概念到最后比较能够贯彻始终；第二个，谁为自己理论提出的理由更充分。

那正方想提的，网络，他主要的概念是，网络语言的出现能够弥补传统语言在表达、陈述概念上不足的地方。他这里所提的就是，很多情感上、新鲜的事物通过网络语言比较能够具体地表达出来。这块概念，在主辩稿有打一些例子，可是过后，就只是把它变成一个辅助，或者只讲一两句话，可是问题是这一块才能证明你们在丰富这个语言文化。可是正方把过多的时间、太多时间放在削弱。他谈什么呢？错不在语言本身，而在使用。那如果错不在你，丰富当然是一种建设吧？建设在哪里？举例不足，陈述不足，没有及时拉战场。

反方。反方提的大概就是网络语言简单轻易，符合人的惰性，所以很多人使用，使用多了当然就取代了传统语言的使用率，甚至于在很多不同场合，就是跟正方对着干的，也用了网络语言，那结果使很多学生在考试、写作文的时候也用了很多错字。那这套概念坦白说，正方只能在错字错在谁的身上去跟反方纠缠，可是这个错字本身的使用者如果心智不够成熟，诸如此类的那一块正方没有去驳斥，反方在这个环节相对地贯彻，大概就是如此。可是反方在总结有个论点我觉得蛮不错的，她说正方你今天提的是不同的文字、不同的语言文字要在不同的场域限定，用错了就有问题，那如果按这个推研下去不影响我的判决。如果用这个概念推研下去，那是不是说在原有的场域里面其实你没有丰富传统语言文化，但却埋下了互相使用时的一种污染呢？但这一点反方的总结才提出来，我觉得如果能提得更早可能会更好。另外一点就是，反方其实两个质询都很好、很清晰，就把这个概念切得很清楚。好，谢谢。

罗淼（印象票投给反方）：

中间这位评委给我个任务就是让我先讲，然后他有机会打一个总结，想讲什么讲什么。其实说实话，这场比赛，如果说印象票投出来是正方三票我也不会感到特别意外，因为双方不是有那么大的差距，各有印象的得票点。

我来分四个方面说一下对这场比赛的点评吧，因为已经是约辩的阶段了，我可能说的稍微仔细，废话稍微多一点。第一个是想说刚开始的时候双方都有一个技术点上挺有意思的地方。反方四辩在质询正方一辩的第一个问题是石油倒进了大海里算不算污染，一辩非常谨慎，“不知道”“不是”“如果是这样……就不是……”“是实验，就不是”，这个地方我想说的是，你承认了又能怎样嘛，它就是污染能怎样呢？跟你的立论有任何的干扰么？没有的。所以这个时候我想说有些时候在场上我们对对方提出来的东西要有点承认的勇气，是事实就承认嘛。既然我有立论，连石油倒进大海是不是污染这种问题都解决不了，那我的立论就是有问题的。那么反过来，既然我觉得我的立论没什么问题，那这个我就可以承认。所以说接下来正方四辩这个就做得很妙了，他把这个拿回来问对方你觉得是污染的原因是什么，是不是它们两个本质不溶啊？结果对方也承认了是本质不溶，于是他就告诉我说网络语言和传统语言的本质是相融的，所以不叫污染。这点我觉得做得很好。另外我很想说反方的是，反方今天也是在立论之中用一个事例被我捕捉到了，她说，在英国啊，因为对网络语言的使用，逗号，导致现在很多英国的小孩拼字的正确率下降到了某个百分点，句号。我把这句话单拎出来是想说什么呢，我想说这是一个，不算是批评，但是我觉得是常犯的错误，这是一个不太负责的对数据和事例的应用。显然的，拼字率的变化和网络语言的使用之间没有必然的联系，我相信你们查到的资料里面也没有人给出这么确定的结论。你们只是恰恰好看到前一句和后一句，然后把它拼在一起拿出来，所以我觉得在场上最好少做这样的事情，做多了就不太好了，因为在场上说的话最好是真实的、正确的、能够负责的、经得起推敲的话，因为在场上多被对方问几句的话，这个地方是容易暴露出来的，所以这是第一个我想说的地方。在技术上，双方操作都一点点不太自信的感觉。

第二个我想说的是这个辩题中的一个词——“丰富”与污染，今天正方讲的丰富好像是只要形式上多了和我没什么抗拒、我渐渐就习惯了之后就不叫污染，我觉得不完全成立。他们举了一个例子，说宋词对唐诗的那种形式就是一种丰富，可会不会在当时的人看起来这就是一种污染，只是我们现在习惯了而已呢？好，可能现在我们看起来很相容，那都是我们传统文化。那我再举一个例子，就假如今天的网络语言一直发展下去，以后我们所有的地方都只有网络语言，我们也习惯了，我们都忘了过去的成语怎么讲，我们都忘了中国话是怎么讲的，你也告诉我，这是丰富还是污染呢？这更不见得。再举个例子，北京现在的人都挺习惯雾霾天气了，也许再过个一百年，如果还是这样的话，大家觉得蓝天蛮不习惯，那雾霾也是对气候的丰富咯？因为大家习惯了嘛，所以可能不见得。

而污染这个事情，我想，接下来想要说的事情是，也是紧接着要讲的第三个点，就是今天双方谈得更多的，是语言的形式的丰富或者污染，而非语言的文化的丰富或者污染。这个可能有点晦涩，但是事情就是这样的。我们都在谈，你要反方不停地逼问正方，你给我举三种描述笑的，你给我举三种描述哭的，你给我举三种描述小的，你再给我举三种描述大的，这都是形式上的丰富啊，跟文化其实还没有深入进去。怎么讲呢？其实网络的语言你提炼一下，它往往都有一些特点，比如说，今天正方反复提到的都有嘲讽的特点，都有简短的特点，还有一个特点，请问你们现在还记得以前我们说雷、说囧，可是现在我们还用吗？不用吧，我们不太用吧。我们有更高级的词来替代它，更新鲜的词来替代它，所以它还有新鲜的特点、短命的特点，能够留下来的东西其实蛮少的，所以这些特点的背后代表着网络语言所存在的文化，它存在的文化的特点可能是网络所具有的某种特点，而这种提炼的工作今天正反双方其实是没有试图去完成的，而这种文化跟我们传统语言文化之间到底还是不是正方说的那种本质上的相容，是可以探讨的，对吧？我自己觉得，本质上可能真的没那么相容，有一点互斥的感觉。最后想说的一个事情是，今天正方所说的语言的本质就是沟通，我觉得这个地方的用词稍微欠推敲一点，因为我们说一个什么东西的本质的时候是指这个东西的内涵、这个东西的实质。我回答一下什么是语言的本质。语言的本质是一套符号，是一套具体的符号系统，我们可能把声音、文字之类的符号系统叫语言的本质，你们想说的可能是语言的基础功能是沟通，可能是这个意思。那么，语言的基础功能，就是语言的所有功能吗？不见得。呃，这回我看见胡建彪师兄在最后一排，稍微，呃，不在了么？他刚刚在那个《超级演说家》做过演讲，华语在马来西亚的作用难道仅仅是沟通吗？不是吧。当它上升到文化这个层次的时候，它的作用比沟通可大了去了。所以在这个层面上正方下的这一个结论其实是稍微有点武断的，可是反方其实也没在上面做大的文章。所以其实今天有很多话我们是可以有办法解释的。比如正方说简体字是不是对以前的繁体字这一种语言文化的污染，其实我觉得有一点啦，因为以前的一个字光看它的字形你是能够分析出来很多文化内涵的，在咱们台湾地区是管繁体字叫正体字的对吧？这个“正”与“邪”之间谁是污染这个是很明显的。再来看举最后一个小例子，今天正方举的网络语言，很可惜反方都听不明白这的确是，确实蛮郁闷的，但是这个没办法，可能大家的网络语言环境的确有一点不太一样，你们有你们的网络语言，大陆这边有大陆的语言系统，但是我看一下大家举的例子，屌丝、逼格、蛋疼、装逼、撕逼，有没有发现问题？全都是腰以下部位的网络语言。请问，当你发现网络语言都大面积地集中在腰以下的时候，这不是污染那什么是污染了？所以你会觉得有点奇怪。然后最后说一个他们说了给力，好不容易腰以上了，可是给力这个词，其源头是东北方言，不是网络语言，就姑且算它是网络语言吧。刚才我自己百度了一下有一个意外的发现，这个词诞生的时间比所有人想象的都要早，它在北魏时期就有人使用了。它说的是一个将军得奉而不给力，什么意思呢？拿钱不办事儿。可是问题出现在什么地方，就是在网络语言盛行的今天，会不会出现这样一种情况，当我们翻开古籍的时候，我们看见一个字对应现在的一个网络词语，明明是严肃的、悲伤的、痛苦的事情，我们感觉到只是好笑、轻松和愉快，明明是表达的我们更加深邃的民族的思想，我们只看到了它像草泥马一样奔过的那种感觉。所以这种对文化的侵略和污染可能是真正需要反方向我们表达的意思。这场简单的废话就到此结束，说得有点多，谢谢大家。

罗宏琨（印象票投给反方）：

终于轮到我了。主动申请最后不是为了要打总结，真的，稍微偷点懒啊。

我和两位评审的判准基本上都一致，对吧？尤其和梁老师比较集中在对于论点的梳理以及结合论点的判准上，我和梁老师比较一致地看谁成立的更多，谁推翻的更多，谁从头到尾贯彻的更好一些。在两个立场，双方共同的不足或者挖掘的不够这方面，我和罗淼有很多共同的看法。我们在看这场比赛的时候，坦白说确实一边看一边吐槽啦。这个给力啊，这个就那些反方听不懂、正方很喜欢举的那些所谓的网络语言也好，我们也有很多探讨。正反双方对传统、对语言、对文化多少都触及得不那么深入，反方稍微好一点点，这个前面两位评委都讲过了，我就不讲，我讲讲我自己的看法。在我眼中比赛的前半段，或者在一辩以及四辩质询一遍之后，二辩，差不多这个时候，前半段的时候，正方其实是很旗帜鲜明地告诉大家，今天我们看的是丰富还是污染，就看网络语言它是否符合语言本身的价值，它和传统语言文化，当然，他们也不太谈文化啦，它同传统语言，其实这是摆明了问反方是否本质不同，本质同，肯定就是丰富；本质不同，好，我也认，就是污染。那么他们对这一点的论证呢，在我眼中，在整场上其实是欠论证的。当然，他们有一条论证方式是罗淼之前提到的，就是说，他们认为语言的本质是沟通，网络语言是沟通啊，是，传统语言是沟通啊，也是。那其实再推一步，山顶洞人的“哦——”是沟通吗？也是。在他们眼中语言没有任何高下之分。我一边跟大家讲一边拽两句古文等会又拽两句英文，最后撒哟那拉一下，这肯定不是污染，本身都是沟通嘛。那在我眼中这个其实好像略显简陋，在这点的论证上是略显简陋。他们在这点的论证上更多的是，对这个核心观点的论证上，他们的操作在我眼中是一种受的操作，就是攻受的受啊。为什么我这么说啊？他们的意思就是我今天就摆在这里了，我躺成一个大字，你来吧，我反正跟以前的传统文化不一样，对不对？我是多了一种嘛，肯定是多了，这个没悬念，好。你要论证它性质不一样，你论证不出来，就是丰富，所以我今天不用任何论证。你来，你真的能论证成功是不同的，你胜得了，那我服，you can you up，对吧？你要是上不来，对不起，今天这是我方命题成立，所以这个 low 点在于哪里呢？好操作。对方在你们的框架下真的要说传统语言文化和网络语言的这个本质不一样，就像罗淼之前提到语言的本质还蛮难提炼的，要把这一点证出来蛮难的，严格从逻辑上来说正方是站的蛮牢的，坏处是在哪里呢？就是破有余，在我眼中立不足。他们的本质为什么是一样的，我从头到尾听不懂啊，最多就说它们都是沟通，所以本质是一样的。这个我就觉得有点夸张了吧，对吧？所以我就很同意之前梁老师所说的从贯彻全篇立论的角度正方其实是有点欠的，梁老师也提到这点。在我眼中正方最后给大家形成印象最深的一个点是什么呢，是个操作性上的点，就是不是语言本身的错，是场合，诶，想想很奇怪诶，反方总会有自己的立论吧？最后让大家印象最深的偏偏是一个操作的点，怎么回事？就是因为重心全在操作上了，这是我眼中的看法。

那反方呢，在我眼中整体的一个谋篇布局要做得好一些，尤其是他们立论的时候就提到了象形，提到了形声，到总结陈词的时候我觉得已经讲得非常清楚，可惜就是当中有一段不提及整个内容。他们讲到了，也就是罗淼提到的，说语言有可能在沟通这个基本功能之外有些意蕴悠长的部分，而我们往往去判断语言这个系统是否高级、是否高效，不仅是要准确传达信息，还有艺术性的判断，或者说很多很多其他的判断。这一点在我眼中做得很好，坏处在于当中都没有提，有可能是很难拿它去操作，这是我觉得反方做的第一点不好。

第二点不好呢，就是反方有个技术点，就是不切合实际，就是小朋友会乱用，这个我觉得很正常，然后你们说小朋友乱用之后老师给他不及格，我觉得这个也很正常，但是再往后就不正常了，他不及格后就不会乱用了吗？我不相信有哪个小朋友那么执着，他用网络语言写了篇作文，老师给零分，下次网络语言再写篇作文，零分，不可能啊！他受两次教训之后，不就应该回到一个比较正常的语言体系里去了吗？当然这点正方没有说啦，我只是觉得这点稍微突破了我的常识，不涉及我的判断。从这一点引导出小孩子一定会被网络语言影响，到一个不可避免的结果，我觉得当中还欠缺一点论证，还差一点。用错一次或者说考试考砸一次好像也还好。包括罗淼讲的这个拼写的问题，尤其在现代社会很大程度上无论是中文还是英文，很有可能是电脑或者智能手机用多了，它这个辅助拼写系统，不一定是网络语言，不是我多发了几个哈哈哈，就那些表情，然后我就不会拼写了，想想也是蛮奇怪的，小点。

那最后一个我觉得反方做得稍显不好的，啊对不起对不起，这一点不是不好，只是我个人看法，就我觉得反方今天的价值立场叫作“网络语言污染了传统语言文化”，好像多多少少听到“污染”一个词就觉得网络语言污染了传统语言文化这件事情是不对的，不好的，不应该的。我觉得在价值倡导上可能有这么几种路，就是它是好的，它是对的，或者它不好不对无所谓对错，它是大势所趋、浩浩汤汤，我是没有办法的。但价值上无论它是好的也好，它是必然的也好，它是合理的也好，但确实实质上造成了污染，这个就能够在感情色彩上处理得，我觉得比较持中一些。因为不一定污染了传统语言文化就是坏事啊，就像正方所说的，我们现在每一个人讲话都文绉绉的，到一定境界的时候你也觉得蛮奇怪的，一个时代有一个时代自己的语言体系嘛，就像罗淼说的，我们大家可能以后通通都使用网络语言聊天了，可能也会有这么一天，我不知道，但在到了那样一天的时候，污染成了一种习惯嘛，也是有可能的。总之我觉得在感情色彩的处理上没必要听到污染就那么害怕，因为传统语言文化也不见得一定是对的，一定要坚持，不然我们永远不可能从“哦哦哦——”那个年代发展到现在啊，对吧？你以为从“哦哦哦——”那个年代发展出比如说四声啊或者说各种语言体系，在“哦哦哦——”的人眼中看起来不是一种污染吗？哇，你这个人音调怎么这么怪？“哦哦哦——”才是真正的美，对吧？你污染了我们“哦哦哦——”。但是我们现在是很接受这种污染的，对吧？那最后有点小例子，这个例子就符合我前面说的。我回应到一开始，就是你们说的咖啡，我很喜欢喝咖啡。你知道吗？主办方对我们超好，连约辩都有提供咖啡，我天天喝。说咖啡是不能添油加醋的，是，但是爱尔兰咖啡里是加酒的。甚至啊，你们知道台湾就是将肉桂浸到咖啡里啊，是吧？你在意大利是绝对吃不到这个东西的，绝对不会有这样子。甚至啊，再夸张啊你们都想象不到，真的有地方咖啡是放香菜的，绝对是超诡异的味道。因为我也很喜欢意大利的文化，你让一个意大利人在咖啡里不要说放香菜，放肉桂，“异端”，这样说我不能烧死你，但我绝对不承认你那个叫咖啡。你就会发现很有意思，放盐的也有，放糖就不要说了，但是在咖啡原教主义者中放糖绝对是异端。你就会发现很有意思，添油加醋你好像觉得蛮像是污染的，为什么合理地倒点酒就不是？至少现在我们看爱尔兰咖啡好喝得不得了，蛮有劲的。是不是有些事情我们习惯之后它就有变化还是怎么样？当然，就像罗森前面讲的，语言的复杂程度要远胜于咖啡。这场比赛精彩的部分在我眼中在于交锋，正反双方打得很猛，而可惜的部分呢就在于我们说的这个深挖语言文化背后的内涵的部分。那之所以我讲得最长，抱歉，我之所以坚定地把印象票投给反方，是因为我觉得他们在交锋上也不差，他们在深挖这个内涵上比正方做得好一些，在论证的完整程度上也不错。所以说我投给了反方。谢谢大家。

2014 新国辩“约辩”第三场

比赛场次

2014 国际华语辩论邀请赛“约辩”第三场

比赛辩题

正方：追求真爱是理智的行为

反方：追求真爱不是理智的行为

对阵双方

A 组出线队伍：（正方）澳洲国立大学

一辩：丁铎宇

二辩：赵婧姝

三辩：姚耀东

四辩：刘源俊

B 组出线队伍：（反方）新加坡国立大学

一辩：李冬羽

二辩：陶　莹

三辩：刘晨曦

四辩：王肇麟

比赛辩词实录

正方陈词 1

正方一辩：

谢谢主席，大家好。

真爱，顾名思义，就是真挚的爱情。可能是一段憧憬，也可能是两厢情愿的相守，所谓理智，就是经过思考且合乎逻辑。随着慢慢长大，每个成年人都会逐渐形成自己独特的人生观、社会观、世界观。或看对错，或看利弊，或重结果，或重过程，这一套行为指导，就统称为理智。做一件事是否理智，就看这个人的行为是否符合自己心中的这个价值观。所谓符合，必须是贯彻始终的，否则就会指到理智的对立面，也就是冲动。坚持真爱可能是对宁缺毋滥的坚守，也可能是对两个人感情长期的经营。只要不违反基本的社会伦理道德和法律法规，这种坚持就可以称之为理智的。以下，我方将从两个方面进行论证。

首先，从个人价值体系方面，坚持追求真爱是对自己以及自己所爱的那个人负责的行为。所谓的真爱，你所遇见的那个人，就应该是你（不）好丢掉的另一半。在认识他之前，你们在世界的不同角落，随着汹涌的人群，觉得所有人都跟你有时差。直到遇见他的那一刹那，你才发现所有的感情、印象都已准备到位，你说的每一句话他都能理解，你交代的每一个地点他都能感应；他打开书橱你会看到一本本熟悉的书籍，打开曲库就听见一首首熟悉的歌曲。这时你才恍然明白，什么叫作对的人。为什么有人会说，只要遇见你就是最好的年纪，就是如此。不得不说，真爱，就是一种奇迹，就像金岳霖守候林徽因一样，成为一代美谈。

其次，从社会价值层面来说，坚持追求真爱，符合人类与生俱来的本能诉求。孔雀东南飞 ，五里一徘徊。自古以来，可歌可泣的爱情事迹，都难能可贵地在艰难险阻面前一往无前，一如既往地坚持。对真爱的追求，是人类实现自我价值不可或缺的部分；对真爱的追求，是对人类最基本幸福感的追求。 整个社会都没有理由，而且也不会去阻止这种人类最深层次的释放。只要他不违反最基本的伦理道德和法律法规。无关乎年龄、性别、人种，每个人都有追求真爱的权利，无论世俗的冷眼和众人的非议，虽千万人吾往矣。就像是日本皇女典子，为了爱人，就算是出离皇宫，也依旧选择和爱人在一起，并且受到了日本社会的广泛祝福。

综上所述，我方认为坚持追求真爱是理性的。

反方质询 1

反方四辩：谢谢主席。大家好，对方同学您好。

正方一辩：你好。

反方四辩：先跟您确认几个共识。您方现在告诉我理智就是经过思考然后得出一个合乎利弊结果的判断，这叫作理智的对吗？

正方一辩：是这样的。理智指的是，原文啊，思考并且合乎逻辑。

反方四辩：是不是只要有思考这个行为就必然是理智的？

正方一辩：我方认为思考本身这个行为就是理性的体现。

反方四辩：好，思考本身这个行为就是理性的体现，那我请问你，假如说有一个毒贩，我经过思考认为满足此时的一个爽，比倾家荡产仍然要值得。这样的思考理不理智？

正方一辩：对方辩友，您要观察他的价值观……

反方四辩：谢谢，要观察价值观。所以光有思考不能论证他本身是理智的。好，您方又告诉我说，只要爱是不违反法律和伦理的就是真爱，对吗？

正方一辩：嗯，对的。我能对刚刚那个定义做一个小小的补充吗？

反方四辩：对方辩友，下一个问题了。请问你，真爱有没有可能违反伦理？还是只要违反伦理就必然不是真爱？

正方一辩：对方辩友，您可以举一个例子吗？

反方四辩：好，给您举一个具体例子好了。在《天龙八部》里面呀，段誉当时有一个小误会，他以为那个王语嫣其实是自己的亲妹妹。可是这个时候他觉得悲痛欲绝，还是割舍不下对王语嫣的爱。请问你，这样违反伦理的爱是不是仍然可以是真爱？

正方一辩：对方辩友，这有个前提哟，就是他当时爱上王语嫣的时候，信息并不完全。

反方四辩：对，他信息不完全的时候我不责怪他。可是当他知道王语嫣可能是他的亲妹妹的时候仍然割舍不下。这样违反伦理是不是在您方看来就不是真爱？

正方一辩：对方辩友，这牵扯到一个价值判断的问题。

反方四辩：谢谢，牵扯到价值判断的问题。所以说假如段誉他依然坚持违反伦理去爱王语嫣，是真爱，可是已经是不理智的爱，所以真爱可以不理智。您方第二个论点告诉我说，我和本能的诉求……因为真爱是符合人本能诉求的，所以真爱是理智的，对吗？

正方一辩：是……是前提，就是说社会不会阻拦你这种最朴素的情感诉求。

反方四辩：社会不阻拦的就是可以接受的。您是这个意思对吗？

正方一辩：是。

反方四辩：人有没有好逸恶劳的本能？社会也不会阻止你对不对？

正方一辩：对方辩友，可是人也有种本能叫作理性，这是天赋的你知道。

反方四辩：对方辩友来，我问你，假如说我是一个学渣，然后这个时候就要临近考试了，可是我的本能是这个时候还要拼命地去玩游戏。这是我的本能，请问你本能的诉求必然是理智的吗？

正方一辩：对方辩友，如果您的价值观显示玩游戏真的比较重要，那我方也觉得……

反方四辩：对方辩友，您方是不是认为，在一个人追求真爱的时候，价值观必然是正确的？这是您方的定义还是您方论证出来的？

正方一辩：对方辩友，价值观是决定了，就是说他可以做出这样一个决定。

反方陈词 1

反方一辩：

在刚才的质询环节中呢，我们和对方辩友达成了共识，那就是思考本身是不能判定是否理智的。那什么才能判定是否是理智的行为呢？我方认为，基于感性和基于理性的思考，是人思维的两种基本模式。感性思维往往做出一种说不清道不明的感觉，但求心安。而理性的思维则是基于对世俗利弊价值的判断，做出最有利于个人的选择，但求得理。人的行为往往是这两种思维综合考量的后果。比如说孝顺父母，既有血浓于水，单纯想孝顺他们的感性体悟；也有父母恩重，理应报答的理性判断。而要判断一种行为是理智的还是感情用事的，就是要看这个行为的背后是哪种思维的主导。我方认为坚持追求真爱的行为有两大特征，这两大特征都只有在行为被感性思维主导，即不理智的时候才能够彰显。而在理性思维主导，即理智的时候，就会消失，因此我方认为坚持追求真爱是不理智的。

首先，只有不理智才能无视客观环境的变化，实现真爱的永恒。新婚誓言有一句，不论贫穷、疾病、困苦都不离不弃，但要真正做到这一点，就要不断用感性思维来克服理性思维对利弊的计算。理性不断地提醒着你，时间在改变，红颜已迟暮。但感性却让你忘记时间，仍如初见。就如对汉武帝而言，他足够理智，卫子夫从年轻貌美渐渐年老色衰，他都看得一清二楚，但也因此会移情她人，难成真爱。反观张无忌对蛛儿，会觉得不管蛛儿客观上好不好看，在他情人的眼中却始终貌若西施。这种感性主导的思维却恰好彰显着真爱。

其次，只有不理智才可能打破拘束，让爱不向任何规矩与现实妥协。理性的思考越多，现实中的种种限制对人的影响便越大。感性的冲动越多，则现实禁忌的影响越小，越可能让爱惊天地泣鬼神。对罗密欧与朱丽叶而言，感性的考量是彼此神秘的吸引，理性的考量是家族恩怨的排斥。以他们的理智，不可能不知道彼此的爱是不会受到祝福，甚至是注定灭亡的，但他们还是去尝试一个明知会失败的东西。这是不理智的，却恰恰是真爱。反之，当段誉误会木婉清是他同父异母的妹妹时，心中虽有一丝遗憾，但也能够坦然接受。对于他来说，不能乱伦的理性压过他感性炽热的爱，当他做出离开木婉清这个决定时，他的爱也就不再是真爱了。谢谢。

正方质询 1

正方四辩：你好，对方辩友。

反方一辩：你好。

正方四辩：首先请问一下，你说了人的思考分感性和理性对不对？

反方一辩：对。

正方四辩：那在你们的立论里我很奇怪地听到说，只要带了一点感性的思考，它就是不理智的，是这个意思？

反方一辩：不是，我们认为如果他感性的思考大于理性的思考，这样是不理智的。

正方四辩：什么叫大于？

反方一辩：就是说，你可以看出他这种思维模式，他是出于一个什么样的目的。就比如说我刚才举的孝顺父母的例子。

正方四辩：好，我们还是谈爱的例子吧。我们来想一想，如果你用这个大于的成分，请问，请用您大于感性的部分理性思维回答我一个问题，理智地回答我。我真心地爱一个人有对错之分吗？有还是没有？

反方一辩：爱一个人没有对错。

正方四辩：太好了，既然真心地爱一个人没有对错之分，所以坚持，选择坚持追求真爱是不是也没有对错之分？

反方一辩：我们说理智和对错是不能等同的，他不理智不一定就是错的……

正方四辩：太好了，我们达成了一个共识。感谢对方辩友。就是理智与否与这件事情的思考或者这个决定对错与否它不是一个概念对不对？

反方一辩：对。

正方四辩：那么他们之间的联系在哪里？

反方一辩：他们之间其实……就是没有什么太大联系。我理智也可以是对的也可以是错的，不理智也可以是对的也可以是错的。其实就没有什么太大联系……

正方四辩：非常好，所以说，所以说对方不能用对错来判断，那所以，对方所有提出的那些带有明显对错的，比如说吸毒，甚至于自杀这种极端的例子，哪怕经过再深思熟虑的思考，你说它是理性也好感性也好，都不能类比到爱情这个没有对错的辩题上，你说对不对？

反方一辩：我们只是想说它是，到底是理性的这种导向更多还是感性的导向更多。

正方四辩：好了，所以刚才那个类比是……是不太成立的，那我们再来想想，你刚才说到感性的东西，其实结婚誓言也好啊，示爱也好啊，好像都有一种冲动的成分在里面，对不对？

反方一辩：不一定啊，我结婚是我深思熟虑的结果，就没有冲动啊。

正方四辩：所以，那你刚才跟我说，我在提出这些结婚誓言的时候，是带着感性才可以的，这又怎么解释呢？

反方一辩：就是说，结婚这件事情其实不一定是感性的导向更多。它在于，你结婚的这个目的更多是什么……

正方四辩：所以追求真爱的过程中，也可以是理性占主导对不对？

反方一辩：在于你的这个真正的目的是什么。当你理性占据更多的时候真爱的特质就消失了，所以……

正方四辩：谢谢你，如果它不是理性占主导，只是一味的冲动，也就是对方说的感性，那么在对今天的社会……

反方一辩：冲动和感性是两回事。

正方四辩：在今天的语境下，一个感性的决定，它能够坚持多久？

反方一辩：一个感性的决定，其实可以坚持得很久啊。就像那个，杨过对小龙女的爱，他对她一直就是那种很感性的爱情，所以他就会坚持很久。

正方四辩：他每一次的坚持都在深思熟虑，为什么你还要告诉我，他还永远是一个感性的决定？你是怎么界定一个思考，它到底是感性还是理性的呢？

反方一辩：就是说，理性的这种决定在于你这个目的性，你做这件事情到底为了什么。比如说我理性来说，我跟她在一起是为了我能学玉女心经。

正方陈词2

正方二辩：

今天听对方辩友说啊，他其实对理智这个东西定义的比较模糊。刚刚正方一辩一开始的时候会跟我们说，我们今天谈理智，我们不谈对错，我们只是看它是不是经过理性思考。但是，然后他们又有一种说法，他们说，我们今天还要再看这个利弊的比较。所以说今天问题到底出在哪里？是我们谁，是在用什么样的标准，是用谁的眼睛去看这个行为是否理智。

我方今天对理智这个判断其实非常的简单。理智是什么？理智就是我在做这件事情的时候，我有没有对这件事进行过深思熟虑的思考。好，这问题就来了。我们每个人的价值观都不同，在面对同样的一个问题的时候，我们可能会做出不同的反应。然后对方辩友就说了，好，我在我社会的这样一个经验主义这种价值观底下。我用我的这个，去判定你的行为，我觉得它并不符合一些经验主义的常识，这个就是非理智的。但是真的是这个样子吗？难道我在做这个决定的时候，并没有经过我自己内心的一个利弊比较吗？

好，那什么东西是真爱？真爱是由什么东西来确定的？对方辩友刚有跟我说，真爱是什么，它是一种感性的东西，感性的东西它会比较主观，主观的东西会带给我这样一种幸福感，所以说你没有办法把它和社会的这样一种大的标准，这样一种经验主义的老生常谈来做一个比较，因为每个人想要的东西，真的会不相同。好，那跟大家分享一个例子好了，我们澳洲国立大学，我们这群辩手会比较特殊，我们在澳洲，然后中文在我们那里并不是一件很必要的东西，有很多人就会对我们说，其实啊，你今天打辩论，你并不理智，你太感性了，你觉得你喜欢这件东西你就去做，它对你的未来有没有好处？没有，你现在不应该做这个。但是，我们今天为什么说，我们在这里打辩论是经过深思熟虑的一个理智的行为？因为我们有权衡过，是在我们的价值观体系底下，我们觉得我们这个时候就应该做这件事情，是我们有在经过我们的深思熟虑之后去作一个比较，而并非是完全和对方辩友所说的，是一个和社会经验相同的判准。所以说，我们今天说，为什么说坚持……坚持真爱就是深思熟虑的？因为在我们一开始去尝试一件事情的时候可能是感性的，比方说我刚进这个社团，我也没有想到我会走到这里，我当中会遇到很多问题，我是在我不断地去面对这个问题，面对各种出现的问题，我去解决的时候，我每一次都会用我的理性去分析，我怎么样去面对这个问题，所以我是理智的。谢谢。

反方质询 2

反方三辩：对方辩友您好。

正方二辩：对方辩友您好。

反方三辩：您方四辩刚才说了，爱情里面没有对错之分，对不对？

正方二辩：没错。

反方三辩：所以说，段誉对王语嫣那样的乱伦之恋在您方看来，既不是对的，也不是错的，对不对？

正方二辩：不是，对方辩友，段誉和王语嫣这个问题，它涉及你面对这个追求真爱，你坚持的手段的问题，您知不知道金岳霖跟林徽因的这样一个关系……

反方三辩：不是，对方辩友，我就想问一下您，就说段誉跟王语嫣您这是叫作乱伦之恋，这段乱伦之恋在您方看来是对的还是错的？

正方二辩：这个不是对错之分，手段才有对错之分。

反方三辩：这个既不对也不错对不对……啊，手段才有对错之分？

正方二辩：好。我再跟您谈一下段誉和王语嫣的例子，如果段誉在经过深思熟虑之后他决定把这段真爱就变成我对妹妹这种守护，就待在她身边，就好像在那个原著里面提到的，我待在她身边，我看着她好，我看着她跟那个慕容公子……

反方三辩：好，看着她好了也是一种爱的守护对不对？

正方二辩：是，这也是一种爱的守护……

反方三辩：然后我跟她在一起，我要跟她结婚也是一种爱的守护对不对？

正方二辩：对呀，所以对方辩友……

反方三辩：没有问题，这种乱伦之恋不理智的行为，在对方看来也是属于真爱……

正方二辩：对方辩友……

反方三辩：好，对方辩友，我再问下您了，您方一辩刚才说，不违反法律的爱就是真爱，对不对？对方辩友，请您回答我的问题。

正方二辩：对方辩友，您一直在混淆概念……我方说，手段才有对错之分。

反方三辩：对，手段才有对错之分。我跟她结婚，手段也正确……

正方二辩：我跟她结婚是我追求她的一种手段。

反方三辩：没问题，这个问题已经解决了，来回答我下一个问题，那个，不违反法律的爱是真爱，您方一辩是这么说的，没错吧？

正方二辩：我们还是说啊，这个是……您是坚持跟她结婚呢？还是守护她……

反方三辩：啊，好，没问题，您现在回答我这个问题好了，大家已经听得很明白了，不违反法律的爱是真爱对不对？

正方二辩：它可能是真爱啊。

反方三辩：噢，可能是真爱，那究竟您方对真爱的判准是什么？符合什么样的标准才是真爱？

正方二辩：真爱这种东西就是比较主观的喽，但是……

反方三辩：喔，比较主观，我认为是真爱，它就是真爱，是吧？

正方二辩：对，它是一个主观的东西……

反方三辩：好，没问题，您方刚才说，一个学渣，他临近期末，他如果主观上，我热爱的是想去玩耍而不是学习，所以说这个时候我去玩……我去玩游戏，也是种理智的行为？

正方二辩：不对，这个学渣，他在做这件事情，他坚持追求的这个过程当中啊，他到底是在追求什么……

反方三辩：对，对方辩友，如果说他的追求就是说，我要追求一个一时的快乐，所以说他这个时候去玩游戏也是理智的？

正方二辩：好，对方辩友已经在说这是一个一时的快乐，一时的快乐是什么？那就是冲动。所以对方辩友，你在……

反方三辩：不是，对方辩友，他的追求就是这么一回事嘛，所以说他追求这个是不是理智的？您方一辩刚才可是说是理智的哦。您解释一下好不好？

正方二辩：没有啊，你给我这个冲动的这个东西，他本来就不是理智的喽。

反方三辩：我就为了一时的快乐嘛，得过且过，今朝有酒今朝醉，可不可以是一种我的追求？是不是我主观上认为这是享受，就可以啦？所以说这种，为了短暂的娱乐放弃长远的那种考虑，放弃学习，就做一个学渣，也是理智的。对方辩友，然后再想请问下您，我为了爱情倾家荡产、粉身碎骨，是不是在您方看来也是理智的？

正方二辩：那要看他就在做这个决定的时候是不是有做过权衡喽。

反方三辩：有没有做过权衡，那我想请问下您啊，就是说他做过权衡就是理智的，权衡没有做清楚就不是理智的？

正方二辩：对啊，所以说我们今天这个辩题是什么？

反方三辩：好，没问题，那我想请问下你，一个瘾君子，我吸毒的时候感到超爽，我不吸毒的时候我感到生不如死，万蚁蚀心，我恨不得去自杀，所以这个时候我为了心里的愉悦，我做出权衡，我去吸毒，是理智的？

正方二辩：不对，对方辩友，今天辩题是什么？今天是追求真爱。

反方陈词 2

反方二辩：

大家好。

首先刚才对方说了这样长一个辩论的例子。您说有违这个社会的常理，那我们都知道辩论可以锻炼口才，让我们的思维更加敏捷，那你怎么知道你去选了辩论，就不是因为这个原因呢？那如何才能证明，你如何才能拿那个例子来证明我们这个论题？只有当有变量的时候，如果打了辩论，你的学习、你的 GPA，所有的都是零，你还愿意打吗？如果这个时候你都告诉我你愿意打，那我才承认，你是真爱，你可以用这个例子来证明。

第二个，对方辩友刚一直在说你们要权衡，对吧？那我们现在看，人怎么权衡？人权衡是通过思考，思考有两种，一种是理性的思考，一种是感性的思考。如果我是一个瘾君子，在理性的来看喔，吸毒，会让我身体不好，甚至是家破人亡，那我是不该吸毒的；但感性的来看，哎哟，吸毒我很开心嘛，我就是很爽，那我就为了这个爽，我可能就愿意去做。那对方辩友说，如果这个东西符合你心目中的价值观，你就可以去做，那我今天以我的价值观来说，我就是要那个爽，那是不是现在来说，吸毒对我来说就是一个理智的行为呢？第二个就是，对方辩友就是这个意思，就是只要经过脑子的，只要我想过了，我觉得它符合我的心正，符合我的价值观，这就是思考了。因为我思考了，所以追求真爱是理智的了，这是不是一个循环论证呢？第二个我要说，真爱啊，它其实就像鬼，听过的人太多，见过的人太少，为什么呢？因为它太难了。第一个呀，真爱其实是需要人坚持的，就不管时间过了多久，我还就是爱你，这个才叫真爱吧。我们说杨过和小龙女，小龙女跳悬崖都十六年了，你说……刚才你们还说这个杨过每一个决定都是经过深思熟虑之后做出来的，对吧？那过了十六年之后，所有人都结婚了，就我一个人单身，我深思熟虑，诶，这个好，我继续等你。十六年过了，所有人都人老珠黄了，我知道小龙女可能也要人老珠黄了，旁边好多好多美女，我深思熟虑，我就是喜欢丑女，这个好，那我就要等她。那您真的觉得这真的是理智的人能做出来的行为吗？真的是我……真的是一个常人，就是经过权衡利弊之后能做出来的行为吗？第二个就是说，我们觉得啊，真爱，它往往是不那么容易向世俗妥协的，就算有千万个事情阻挡你，但因为我就是爱你，我就是愿意再跟你在一起，比如说罗密欧和朱丽叶，当时两家是世仇，但是，我不构成所有的阻碍，我不顾跟我家人断绝关系，我就是要跟你在一起，您觉得这是理智的吗？您说这不是真爱吗？如果真爱真的是理智的，那是不是每一个理智的人，经过深思熟虑之后都能跟真爱在一起啊？那我问你，是不是每一个人结婚，每一个人谈恋爱，你身边那个都是真爱呢？其实不是的，你知道，真爱，当你都不知道能不能找到它，你都不知道这个人是不是你的真爱，你还是愿意去追求，但你被那么多人渣伤过之后，你还是愿意去追求，这就是因为你的勇气，你是不理智的。谢谢。

正方质询 2

正方三辩：大家好，对方同学你好。

反方二辩：你好。

正方三辩：来，我们确定几个概念喔。您说，我先问您一个问题吧，一时的冲动是感性的还是理智的？

正方三辩：一时的冲动既不是感性也不是理智的。

反方二辩：诶？那您方对感性是怎么定义的呢？

正方三辩：感性就是我做这件事嘛，我觉得很开心，就这个开心对我来说就是感性。

反方二辩：那您的感性是怎么……就回到您刚说的那个问题吧，什么叫作感性的思考？

正方三辩：感性的思考就是我觉得这些东西很重要。

反方二辩：很重要就叫作思考了，是吗？

正方三辩：这是你们说的，比如说你们第一个说，学渣的例子，如果我的价值观觉得这很重要，所以我觉得这是理智的。

正方三辩：OK，所以说您就是一时觉得它很重要吗？

反方二辩：我不知道是不是一时，但是我们觉得其实是长久的，要不然你怎么会这样一直做下去呢？

正方三辩：好，没有关系，所以您觉得感性的状态是可以一直持续的，对不对？

反方二辩：你这个感觉可以持续，然后你就凭着这个感觉继续做事。

正方三辩：所以对方的这个论证里面是说，我们每个人是可以一直很感性的。好，那我们再看一下，对方同学您刚提到导向，那您说那个感性做导向，对不对？

反方二辩：嗯，对。

正方三辩：OK，然后导向的话，比如说感性是可以一直持续，一直导向的，对不对？

反方二辩：嗯……我们觉得能帮助你突破重重困难，经过千辛万苦，还愿意追求这个东西，其实真的就是靠感性。靠理性，你不会做这个事。

正方三辩：好，OK，OK，我等下小结的时候会说。好，然后回应对方同学您几个例子。

反方二辩：好。

正方三辩：您刚刚说到学渣的问题，好不好？

反方二辩：好好好。

正方三辩：然后，您说学渣他有一个诉求，就是说，我想玩游戏，我不想学习，对不对？

反方二辩：他觉得玩游戏很开心啊……

正方三辩：对对对，所以说你觉得那个人爽，对不对？

反方二辩：有。

正方三辩：可是我们刚刚一辩陈词也说到了，那个，我们说的，追求真爱嘛，它是一个比较普适的价值。

反方二辩：比较普适的价值？

正方三辩：对，因为是大家，大家都会追求的嘛，是比较普适的，对吗？因为是人类本能嘛。

反方二辩：对，但是真正追求的有几个呢？

正方三辩：啊，没有关系，就是人类本性会去追的，对不对？

反方二辩：可以，可以这样说。

正方三辩：OK，没有问题，那我想请问在座的各位，所以大家的本能都是会去追求玩游戏的吗？

反方二辩：那你不是说了，是你们自己说，是按你的价值观嘛，对吧？那个……

正方三辩：不是，我们还说了，自己的价值观还有社会的价值观二者是在一起的。

反方二辩：那你告诉我哪一个比较重要？您……当冲突的时候，您怎么判断？

正方三辩：我们认为两者都很重要，您不能去杀人那一种我们有说哦。然后就是说，我们看到您方所说学渣的问题是说，这是一个自己的价值，但是不是普适的价值。好，再下一个，王语嫣跟段誉的例子，好不好？

反方二辩：好。

正方三辩：然后我们说它是乱伦之恋，对不对？

反方二辩：是。

正方三辩：可是对方同学您知道吗？在古代的时候，这种关系真的是可以被容许的哦。王族之间是可以做出那种事情的哦。宝玉跟黛玉也是这样子。

反方二辩：所以呢？

正方三辩：所以您方是在用今天的价值观判断那个时候的伦理道德，您方应该举个现在的价值和伦理道德来比较。谢谢大家。

反方质询小结

反方三辩：

大家好。

对方辩友其实今天通篇有两个看法。首先第一点他说，真爱是主观的，我认为是真爱，它就一定是真爱。那按照对方辩友这种讲法，我的真爱好低啊，假设我是一个花花公子，我一个月换一个女朋友，我见一个爱一个，我可不可以通通都是真爱呢？如果这样的低廉的爱，也叫作，也可以叫作真爱，你管罗密欧和朱丽叶的爱叫什么？你管梁山伯和祝英台的爱叫什么？他们也是真爱，你这是真爱，这有点不公平吧？那其实对方辩友还说，只要不违反法律、不违反伦理道德的爱就是可以的，这样也是真爱。但是我们看，往往是那种违反法律、违反伦理道德的爱，反而来的更有震撼力，更让我们觉得它突破了世俗的概念，往往是感性特别地强盛，反而是一种真爱，对不对？是，段誉听说王语嫣，发现，诶？你是我的……你好像是我的亲妹妹诶！我相信在任何一个时代，表哥可以跟表妹结婚，但是亲哥哥和亲妹妹结婚，这是在任何一个时代都不被允许的。在当时他特别地郁闷，但他也特别想打破这层道德的束缚。我们发现什么没有？他对王语嫣这份爱非常真挚，他又打破了束缚，但是他更加突显出他的真挚，对不对？

然后其实对方辩友跟我方有一点共识，就是我们都觉得真爱是具有持续性的，是能够天长地久的。但是区别在于，对方辩友认为维持这份长久性要靠理性，但我方认为要靠感性。我就拿打辩论这个例子来说好了。打辩论既有感性的利益，也有理性的利益。感性的利益是什么呢？我站在这里讲话我就很爽，我有种说不出来的我对辩论的热爱，这是感性的利益。还有一种就是理性的利益，就比如说我在这里可以锻炼我的口才啊，以后找工作就方便一点嘛。但是有没有想过，如果我上不了场，如果教练不派我出来，然后我就得不到这份利益的话，是不是我会离开辩论？我出于理性的考量，我可能做出放弃它的选择。我就可能在我打得特别好，能从中得到利益的时候，才会出于理性的考虑坚持。但是感性是什么，各位？如果我对辩论有一份爱，我就会想办法站在这里；我对辩论有一份爱，我会回去练我的稿子，练我的陈词，想办法看录像分析，对不对？无论它会不会带来利益，会不会带来弊害，我不管。所以说，反倒是出于感性，我才更有可能坚持着追求真爱，对不对？如果我出于理性……如果我坚持追求真爱是出于理性，往往会放弃，所以恰恰是如果我……所以恰恰是说明了什么？当一个人坚持追求真爱的时候，往往需要他的感性大于他的理性，才能坚持做到。

其实对方辩友今天跟我们的根本分歧就在于，他方认为爱情、真爱很容易做到，我方认为爱情很难做到，他们认为就是说，主观上想爱就可以爱了，我方认为不对。你要有牺牲，对不对？你要做那种常人不能做的事情，才更突显你的真爱。我们说，追求成为辩论真神是很难的，同样的，追求真爱也是很难的，而当你发现没有……你成为辩论真神的概率很低，如果从我理性判断，认为这个很不可能，但恰恰这个时候你需要什么？你需要自欺欺人，你要一种感性，给自己打兴奋剂，这样你才更容易追求到，对不对？所以说，追求真爱是感性的，谢谢大家。

正方质询小结

正方三辩：

大家好。

刚才对方同学说了几个问题，其实我们觉得很奇怪。对方同学说啊，感性是可以思考的。好，没有关系，我们可以思考一下。可是对方同学，我想请问一下，你感性是怎么一直在思考的？那么一个人，我们说女人是比较感性的，男人是比较理性的。可是我们怎么才能做到像对方同学所说的，一直处于一个感性的状态？对方同学没有论证。

然后，第二个问题，对方还是一直在纠结王语嫣的例子，我最后回复一下对方同学好了。王语嫣跟段誉嘛，在那个时候，他们的伦理道德是可以接受的，因为在那个时代，兄长和妹妹之间是可以相恋的，这是没有问题的，王族之间也是可以的。这也是契合我方所说的道德的问题。然后对方同学刚刚说的一个，就是说什么呢？就是因为难做到，所以我们才要去用感性的思维。可是我们想想，你难做到的时候你要干嘛？你是不是应该去理性地思考？所以这就是我们今天……今天我方所说的，在你追求爱情的时候你要干什么？你要去追逐你的真爱的话，那么就需要去理性地思考，你需要对那个爱情负责，你要知道你做出来的事情，对你自己，对你所爱的人，会不会造成伤害？你必须要通过理性的思考，否则的话，你用感性思考的话，对方同学您告诉我，您用感性的思考的时候，你怎么保证不会犯错？如果你只是通过感性的思考的话，那你要是伤害了对方，不小心，甚至一个失手把她杀掉了，那怎么办？这样子真的是我们所说的追求真爱吗？然后呢，还有一个，对方同学今天说到了，哎呀，好像每个人都可以去追求真爱，可是我们今天所说的真爱，它其实是很难能可贵的，它不是每个人都能追求到的。但是感性是每个人都有，虽然理性也每个人都有，但是你要一直坚持自己的理性，这才是说，大家很难做到的。

所以说，这是我们今天所倡扬的一个价值，就是说，虽然真爱它很难能可贵，但是，只要你去尝试，你认定他是你的真爱的话，你去追求，那么你就能追求得到。我们看一下林徽因和金岳霖先生的例子。因为金岳霖先生对林徽因小姐那至死不渝的爱，他从未放弃。可是我们可以说金岳霖老先生从头到尾都是感性的思考吗？不，他从来没有想过去侵犯林徽因的家庭，他知道他要怎么做才是负责的，他知道怎么做对自己的爱情也是负责的。他没有随便选择一个人就这样子自己去了，草草了事完成自己的婚姻，他选择了一个对林徽因负责，对自己负责的爱情态度。这就是我方今天所说的，所颂扬的。谢谢。

自由辩论

正方四辩：首先是一个判断标准到现在都没有说清楚，对方如果把感情上、精神上的追求都归到感性，那所有感性的所谓的思考、所谓的追求都是不理智的话，那人类对幸福的追求是不是没有一条是理智的？

反方四辩：不是，我们说思考分两种，可以是理智的思考，可以是感性的思考，恰恰是对方辩友今天把有思考等同于理智，不可以接受。对方辩友，我要请问你了，罗密欧和朱丽叶他们明知互为世仇还要在一起，是不是说明一种说不清道不明的感觉压过了这种理性呢？

正方三辩：可是对方同学，我们看到罗密欧与朱丽叶他们在追求这些个，很理性地去思考，他们应该去怎么做。然后呢，再请问对方同学了，金岳霖老先生对林徽因至死不渝的爱是不是真爱呢？

反方一辩：如果罗密欧理性地思考，他就不会和朱丽叶在一起，因为两家是世仇。可是如果他这样做了，这还是真爱吗？

正方二辩：不对，罗密欧他已经有了朱丽叶，段誉他已经有了王语嫣。他们已经找到了真爱的那个人。所以说，我们现在坚持追求真爱，我们不需要再用那个感性去找感觉。现在请问下对方辩友了，您方今天判断一件事情是不是理性的标准，您方要基于社会的这样一种比较积极正向的结果去论证。

反方三辩：对方辩友，我方不是一个社会积极正向论证。我方是说你可以通过感性的方向思考，可以通过理性的方向思考，感性主导就是感情用事，理性主导就是理性用事。我想请问下您了，罗密欧和朱丽叶，他们如果理性思考的话，会分析那种家族世仇利弊；感性思考的话，会觉得我们两个在一起很开心，我们就要坚持在一起。他们到最后面选择自杀啦，您认为这是深思熟虑的结果，是吗？

正方三辩：对方同学我想要请问你一下，您方今天是把真爱等同于感性，然后感性又等同于非理智吗？

反方二辩：没有，我们是这样，我来解释给你听啊。真爱它往往有这几个特点，第一啊可能是不容易改变，第二是可能……呃……就不容易改变不容易妥协啦。那怎么你才更容易达到这几个特点呢？是当我们的感性压过了理性的时候。比如说罗密欧和朱丽叶，他们为什么符合这个特点呢？因为就算一个人死了，我还要继续追求你。你都死了我还要跟你去殉情，这是不是真爱？那一个理智的人真的能做到这个吗？理智的会想，啊，我还要活着，我还要干嘛干嘛。但就是因为他是感性的人，所以他才能做到。

正方二辩：不对，对方辩友。你今天说罗密欧和朱丽叶，我们今天辩题是坚持追求真爱，你看他们认识才三天的时候，然后两个人就双双殉情了，我能够坚持的时间在哪里？然后再请问下对方辩友了，如果我今天去坚持追求一定要基于社会理性判断，那我想请问，假如我是一个同性恋，我的真爱就是自己的同性，那我是不是必须要去迎合社会的标准？我去骗婚啊，然后我才可以迎合这个社会的期待，才是理性？

反方四辩：对方辩友，罗密欧和朱丽叶的问题您还没有聊完呢，您方既然告诉我说，经过深思熟虑就必然是理智的，您方的深思熟虑是不是包括深思熟虑的去死？

正方一辩：对方辩友，当然包括。这是一个自由选择的过程。您方要告诉我的是，感性的思考中与理性的思考中，为什么您在价值体系中都可以得出理性的结论呢？

反方四辩：对方同学，深思熟虑后去死都叫作理智的选择？您告诉我我什么选择才叫作不理智？

正方三辩：对方同学今天把后面的东西加上了一个有色眼镜说……我们想一下，深思熟虑的去死跟去死其实都是不理性的。所以，今天对方同学点出来的就是什么呢？他把我们的东西本身定性为感性的。

反方三辩：嗯，对方辩友已经承认了，深思熟虑的去死不是理性的行为，对不对？其实我们大家也都知道嘛，所以像罗密欧与朱丽叶这种为了感情抛却理智选择自杀也是不理智的行为咯？

正方四辩：不对，我说了，你把死这个东西本身就带个对错然后再来判断，其实它所谓的对错根本不是前面的深思熟虑还是没有深思熟虑所导致的。请正面回答我们刚才的问题，同性恋他追求自己的真爱，这样哪里不理智了？

反方二辩：同性恋他如果受限于社会的条条框框，用理智来压过，那他就没有在追求真爱。所以，追求真爱是要不理智的。那我们反而要来问一问了，如果真爱是理智的，那我们知道郭靖和黄蓉，当时还有欧阳克呢，他又高又帅又富，为什么她偏偏就选了郭靖这个傻小子呢？就是因为她不理智呀，她没有比较，她就是爱你。

正方三辩：好，回到同性恋的例子。刚刚对方同学说同性恋受到框框条条的限制，所以就是不理智。可是我们想一下什么叫理智？你能克服那些困难那才叫作理智。你去克服困难，这能叫作感性的吗？

反方四辩：对方辩友来，同性恋的例子这样回您好了。并不是每一对同性恋都是真爱。如何才能看同性恋真爱的彰显？是在某一些极端宗教的国家，你去秉持同性恋，你有可能被处死的时候，依然不放弃自己的性取向，要和爱人在一起。这种不理智的行为正好彰显了真爱。在一个同性恋非常开放且合法的国家，我去走同性恋这个道路有什么真爱体现呢？好，您方继续回答郭靖和黄蓉的例子。为什么不选欧阳克这个高富帅，要选郭靖这个傻小子？这是不是不理智的体现？

正方四辩：她喜欢一个什么人是可以用高富帅，还是矮矬穷来形容的吗？你对爱情的理解就是平衡地在比较一个人是高，是富，还是帅吗？你这种评价真的是真爱吗？

反方一辩：我们说高富帅和矮矬穷其实是一种理智的思考的结果，如果我是一个理性的人，我就会去选择那个高富帅，可是黄蓉选择郭靖就是因为对他这种很没有缘由的爱，所以这就是一种感性的主导嘛。

正方二辩：所以在对方辩友开出的这个价值体系下面，我理性就代表是拜金了，这是不是只是您方的价值观呢？然后再请问下了，刚您方四辩没有好好回应这个同性恋的问题。中国一千六百万同性恋者全都是这个同性恋他没有坚持追求自己真爱的男人带来的悲剧，请问理智在哪里了？

反方三辩：对方辩友，他们为什么理智？因为他们害怕……他们有个顾虑，他们害怕别人说他们，指责他们，说他们是异类。所以他们出于这种理性的考量，放弃了这个真爱，这个时候他们追求真爱是要干什么？我感性，我就要和你在一起，别人再怎么说，再怎么指责我，我不顾。我不顾不在意正是一种非理智的行为，是种感性的考量，对不对？

正方三辩：对方同学刚刚似乎放弃了两个字，叫坚持，您放弃了，那您还在坚持吗？还有同性恋那个问题啊，我就是因为我付出的很多，我收获的才多。这才是我的真爱啊。

反方四辩：对，是因为一定要坚持下去才是真爱的彰显啊，而感性更容易让你坚持嘛。来，黄蓉的例子。选择的过程您不聊，那再跟您聊聊她的结局好了。郭靖黄蓉，最后黄蓉硬陪郭靖战死沙场，连生物趋利避害的本能，这种基本的理智都放弃了，为什么还是理智的？

正方一辩：对方辩友，您区别了一个东西叫做本能与理智。理智是具有判断能力的，也就是您方所说的战死沙场。在黄蓉的价值观里面，这的确是一种坚持真爱的表现，而不像您方所说的只是一时冲动而已。

反方二辩：所以一个正常人，他会愿意战死沙场？他会愿意去死？一个理智的人，我权衡所有的利弊，放弃我生命所有的可能性，我觉得去死应该是对的吗？难道不是真爱，难道不是感性，驱使他做出这个决定的吗？

正方一辩：所以对方辩友您也发现了吧，你对死这个事情已经定了性了。您方一直觉得，死这个事情，是有好有坏的，您方到底在论证什么呢？

反方四辩：来，我们看下一个问题。您方今天告诉我说真爱是非常难

能可贵的……（时间到）

正方二辩：所以对方辩友一直有在混淆一个问题，他方根本就没有对什么是理智，什么是不理智做出一个明确的分析……

反方三辩：黄蓉跟郭靖的例子，正面回应一下，就是说什么黄蓉其实她是理性地思考过的，为什么呢？因为她知道说，如果郭靖死了，她生不如死。所以她坚持追求真爱，思考过。所以她才是理智的，不是感性的哦。

正方二辩：所以在对方辩友的价值观底下，遵从是社会的标准，盲从才是理性咯？

反方总结陈词

反方四辩：

大家好。

我们看今天究竟谁在循环论证？刚对方辩友在指责说，我方在循环论证，说我方今天直接把爱情等同于感性。不对，我方不是这样论证的。我方是说，当你的感性的这个因素，能够超越你理性的局限的时候，你越发能够彰显你的真爱。在这样的时候，你的真爱的价值是更可贵的。在这样的时候，你真爱的持续度是更加长久的。我方是论证出来的，不是定义出来的。

反倒是对方辩友今天通篇是一个超级巨大的循环论证。他们怎么说的呢？他方先告诉我们说，一个人，只要经过了思考，有所谓的深思熟虑，这样的东西就是理智的，而爱情，是一定会过脑子的，所以爱情通通都是理智的。可是可信吗？当我方在问辩友，是不是一切思考都叫作有理性的思考？他方说是啊，我理智地思考跟他分手也是理智的。我理智地思考去打游戏也是理智的。我理智地思考去吸毒也是理智的。是不是包括我理智地思考放弃生命也通通都是理智的？所以，凡是过脑子的东西都是理智的，爱情是理智的，这是大大的循环论证，根本不可取。

再来，对方辩友今天对于真爱的判准也是有问题的。对方辩友今天提出两条判准。第一条，它叫作人的价值观都是因人而异的，所以凡是符合了自身价值观的，就叫作真爱。换言之，只要当我认定了这个爱是我的真爱的时候，那么我就是在追求真爱。可是可信吗？世界上除了那种真的就是抱着调戏女生的想法的渣男以外，其他所有人都是把现在正在追求的爱情，当作真爱来追求的吗？就好像段誉，当他在开始追求那个木婉清的时候，他也是把她当作这是我价值观下可以找到的最好的女生来追求的嘛。我什么时候才能够发现这原来不是我的真爱？是当这个社会要求我做出退让，当我要跟她在一起我就要乱伦的时候，对于木婉清，我不愿意，对于王语嫣，我却愿意，那个时候真爱的差别就已经彰显。所以，真爱不真爱，不通过自己的主观判断，否则人人的那种在追求的爱，都是真爱。这样等于没有真爱。

对方辩友第二条判准叫作，只要符合法律和社会伦理道德的既定框架，就叫作真爱。可是对方辩友今天从头到尾没有解释段誉和王语嫣这样甘愿乱伦的例子，从头到尾没有解释像罗密欧与朱丽叶这样愿意打破限制的例子。对方辩友唯一的回应是告诉我说，哦，在当时的那个时代王语嫣段誉这样的乱伦之恋也可以接受，所以没有违反伦理和法律道德。OK，好，没有问题，就算我们假设在当时那个时代，亲生的亲哥哥亲妹妹在一起也可以接受，那我们来看一个现代例子好了。就在《雷雨》里面，周繁漪她对周萍这样的后妈跟继子的爱，也是一种不伦之恋，这是在当代的爱。可是您方能说这样的爱不是真爱吗？这样的爱又是理智的吗？

所以可见对方辩友今天两条判准都不成立，最后我们来看今天双方的比较，其实双方之间有一个共识，我们都认为真爱是难能可贵的，我们都认为真爱是非常难，非常可贵的。可是我们要来比较，究竟在双方的价值体系下，谁的真爱会是更可贵的？我们来仔细想一想，什么东西是可贵的？想一个简单的例子，相濡以沫不如相忘于江湖。相忘于江湖是一种理性的选择，如果给这两条鱼一个理性的选择，都可以活下去，在水中自由地游泳的时候，我们觉得这是一种理性的选择。可是它可贵吗？你会觉得两条鱼它有求生的欲望这是可贵的事情吗？不会。因为这是再自然不过的事情了。只有当这两条鱼，它们说不要，我不要相忘于江湖，我要相濡以沫，都在沙滩上互相依靠唾液给对方延迟那么几秒的生命，这是一种不理智的行为的时候，我们发现，真爱它彰显出来了。因为旁人，正常的人，经过理智的思考，不会愿意做出选择，你愿意为他做出，这个是你真爱的可贵之处。我们说爱是一种付出，是一种放弃。所以，有的人为你付出金钱，有的人愿为你付出时间，最伟大的一种放弃是什么？他愿意为你放弃理智了。当一个人愿意为你放弃理智的时候，即是他愿意为你放弃一切的时候。谢谢。

正方总结陈词

正方四辩：

谢谢大家。

这场比赛之所以打得那么乱，最主要的原因，我们一上来就是没有确认，大家没有达成共识，是什么叫作坚持，还有什么叫作理智。最大的问题在于理智。对方非常奇怪地把理性和感性完全地分开，好像一个人在思考的时候，一定有感性的部分，有理性的部分。然后做出的决定我一定知道是哪一部分大。我们想一想真的是这样吗？真的应该用这种标准来判断理智吗？这样的话岂不是对方只要说我是感性的时候，它就是感性大。然后他把所有的精神追求都归为感性大，于是爱情的追求、坚持就变成了不理智的行为。我们仔细想一想，理智是一个什么样的过程？我方一辩说了，理智是一个遵从我一开始形成的一个价值体系。然后二辩强调，我在做决定的时候，我深思熟虑，有没有符合这样一个我个人的价值体系，这是第一步。如果符合了，首先我们不能说他理智，但第一，他不是冲动的。对不对？但是为什么我们说，我们能够说坚持追求真爱他就不是冲动了呢？很简单，因为你每一次的坚持你都面临一个抉择，叫作坚持还是放弃？然后你每一次都在想，我应该坚持还是放弃？而就是因为你始终选择坚持，在既定给定的这个辩题下，你既然选择了坚持，你每一次都再一次地思考，而不是像对方说的，一时的冲动难道可以撑一辈子吗？所有白头到老的夫妻都是凭着一时的冲动，一时的感性维持着这一辈子的联系的吗？显然不是的。然后，这是第一步。

但第二步，我方要说为什么光说这个也不能说他是理智的呢？很简单，因为还有第二步，个人的价值体系和社会的价值体系有没有一个交集？如果他能够符合个人的价值体系的同时，他不违背社会中的这些常理和伦理，比如说，我们三辩和二辩刚才都提出的，追求真爱首先它是一个稀缺的东西，只有稀缺的东西你才会去追求嘛。你会说我今天去买了一筐苹果，然后我非常坚持地追求要买苹果吗？不会，因为必须有难度才会坚持。而且因为有难处了，去坚持了，你才会思考，你的这个思考，既带有理性也带有感性。但是我们为什么说他是理智的？因为他不是冲动的，他符合人类的个人价值，同时他也没有违反社会的基本价值。社会的基本价值是什么？两点。第一，物质的稀缺性。爱情的稀缺性，它是宝贵的，我们已经可以得证了，或者大家心知肚明。但是第二点，很重要，就是它没有违反我们社会上人的一个积极性，或者说是人的一个本性。追求真爱是什么？我不想说得很大，说是人类生生不息的一个源头。但是大家说出来，当我说我要去追求真爱的时候，你们听到的第一反应是你不要去，这样不好，还是你大胆地去吧？特别是对我们现在在座各位，刚刚进入大学阶段的同学们。所以这是一个非常符合人性的东西。我们今天再想一想理智这个最核心的定义。如果我今天说，我现在结辩结到一半，我忽然想出去抽根烟，然后我就出去了，这是理智的行为吗？不是。但是我忽然阑尾炎发作，我不能继续结辩了，然后我出去了，比赛没法继续进行了，这是一个理智的行为吗？这已经跟对错没有关系了。合乎理智与否，看的是他背后有没有一个合理的原因。

我们今天讨论这个辩题，并不是一个价值倡导，为什么？我一上来就问了，爱情，有没有对错？追求真爱有没有对错？没有。既然没有对错，你凭什么强迫人家到底是追求还是不追求？坚持还是不坚持？那很简单，只看一个东西。就是你这个所谓的追求，有没有经过你的深思熟虑，它有没有符合你的价值观，你之后会不会后悔？而继续坚持本身就说明你没有，既然如此，它就符合第一层坚持。而第二层，对真爱的追求，和一个人在一起这是多不容易的事情，我们难道可以说追求真爱是一个不符合人类积极性或者说不符合人类本性的事情吗？你做了一件事情你没有后悔，他有可能最后是错的，但是他可以是理智的，因为他符合了你的标准和社会的标准。谢谢。

比赛点评实录

陈勋亮（印象票投给反方）：

大家早上好。首先我说这场比赛，这个是约辩啊。但是我就以正式的比赛那种水准去评。如果以一种正式的比赛来评，不考虑大家是否是时间准备的不足的问题的话，我觉得这场比赛打得并不精彩。双方都打得不是很好，我的印象票投出的原因是立论方面，更重要的一部分是反方的技术操纵比较好。就是这样子而已。

我先详细地说一说，其实正方今天立论就是说，理智是什么东西啊，就是你必须是 consistent，对不对？因为你，成为了你人生的价值观。它是经过深思熟虑的思考，好，就这样子。反方他说，什么叫作不理智的？其实也没有真正说什么是不理智的。他大概就是说，你反正不理智以后，你就会坚持做某些事情，你的限制会比较少，基本上就是说，只要你……基本上我觉得吧，正方是有多少抓到最后反方他想讲的东西，但是太迟了。

反方基本上就是要说，我个人觉得啦，就是真爱就是要感性的嘛，你没有加一点激情，你就不会得到真爱，真爱就不会长久，对不对？是有点循环论证的。那正方有没有循环论证呢？正方当然也有循环论证啦。正方的循环论证差别在哪里呢？差别就在于正方的循环论证被反方提早发现了，就指出正方，你怎么能说深思熟虑、思考就是理智的？这一点正方其实我觉得他没有讲得很清楚，直到结辩。但尽管是如此，也没有在结辩的时候说得非常清楚的就是，他其实想说他不只是思考，他甚至能成为你人生的价值观，所以你在做这个决定的时候，是很 consistent 的，但是这个东西一辩提了一下，结辩提了一下，中间完全不存在，尽管是他，真正能够在自由辩论啊，和二辩三辩的时候存在，我也是在一直怀疑，你这样的一个论点能不能够很好地解释，为什么我理智就会变得 consistent。我觉得其实那个理由是没有说出来的，所以我从这两个大概念推下来的话，我觉得其实正方反方的立论都很不完整。只是说谁的漏洞比较早被对方发现而已，而这个答案是反方比较早发现。反方比较早掌握到重大的弱点而进行攻击。接下来往下看，我只会针对性地对一些比较小的点来谈一谈，我觉得正方和反方可以怎么谈。

首先我觉得反方讲了很多东西，正方是很好去质疑的。第一，选择死就是不理智的，一定吗？可以想到，我们可以马上想到很多那种抗战的英雄，我就是选择死来捍卫国家，不理智吗？我们看很多那种好莱坞的电影啊，那种跟外星人打仗的电影啊，经常都有这种画面啊，就说剩下最后一个人了，我就剩下这一颗子弹了，那我牺牲我自己啊，我拯救全人类，你能说这个人你怎么这么不理智啊？那么问题是为什么反方会推导出你只要选择死，死就是不理智呢？其实也是反方结辩多多少少提到一点点，但我不能给他太多分，就其实反方把感性跟理性给切开，切割开了。但是今天辩题不是说坚持追求真爱是感性的还是理性的，不是理智的还是感性的。他说是理智的还是不理智的。正方其实可以更早地提出来，对，爱情是需要一定的感性，但是它也更需要理智。对方说的所有感性的地方我都承认，但要不要理智一点呢？需不需要理智呢？这个东西正方很好谈，应该更早提出来。

第二个，就反方还有提到很多东西的，就比如说，哎哟……我记录得有点乱哦，嗯……比如说那理性……我……就是理智以后，我是不是就不会坚持某些事情啊？这个东西正方由始至终都没有很好地解释。但其实理智是会坚持的。你想一想像我们很多……又回到同样的例子啊，抗战的那个人啊，文天祥啊，很多这种人。你想一想他，你能说这些人不理智吗？你把你的那种终身的目标坚持到底，你不理智。我们能说出这样的一个判断吗？不能。但是同样的，正方并没有很早地把这些概念印出来。我感觉到在自由辩论的时候，正方很辛苦，大概知道这个东西，但是讲不出来，反驳不出来，操纵不到，这个就是很可惜的东西。还有什么东西，我们看一下，有几个东西是正方差不多有一点感觉的，但是都没有，就是有一点，就是我们感觉到这个不错，你追下去的话可能反方就会有一点危险，或者反方可能就会有一点问题，但都没追下去。譬如说，诶，真爱是不是没有分对错的啊？那你不要跟我谈这些吸毒的例子好不好啊。到后来，提了一下就没有再提了，接下来说，我们，因为真爱没有对错之分，但是我们不看这个东西。但是后来反方的三辩又说，诶，乱伦其实在那个时代是可以接受的，那你不就又回去对错不对错的问题了吗？所以我感觉反方很多时候在反驳上没有怀疑，而且有点乱，大家各自在说大家各自的一些想法。还有什么东西呢，我们再看哦，还有就是，正方还有讲什么哦，对，就是结婚……他们说只有手段才有对错，最终目的没有所谓对错，提了一个不错的概念。但是好像就没有追下去了，我就在想，我真的很想听，OK，我觉得正方你想讲这个东西不错的，那你会更进一步跟我讲，那跟今天辩题有什么关系呢？都没有。感觉今天整场比赛打下来，正方就是有很多东西差不多呼之欲出那种感觉，犹抱琵琶半遮面。哦，我要出来咯，然后其实又不好意思，我又躲回去。 就完全感觉不到你要在攻击对方。这是非常非常非常可惜的。反而反方就有很多东西，我先不说他们反驳的对不对，反驳的跟辩题切不切题哦，但是起码他们反驳的到位。譬如说，他们说，对方说你只要深思熟虑，因为正方经常就用这四个字哦，深思熟虑哦，你对方说深思熟虑就是理智的，那今天我深思熟虑考虑我要打电动，我深思熟虑我要吸毒，是不是就不好哦？诶，是不是就理智的？你能说我理智吗？正方除了说，那你这是一时的冲动以外，就没有别的反驳了。正方其实这立论很简单，说我只要思考后决定的东西就是理智的，否则，那是冲动。但是这个东西真的打出来以后完全操作的不是很好，而且我再重新讲，不管是正方还是反方，基本立论都其实有很多……太多太多的漏洞了。

我这里其实还要讲，就说我今天谈这个辩题的时候，我觉得双方啊，可能是大家都还是大学生啊，对真爱，呵，我觉得你们对真爱谈的那种状况，还停留在那种刚刚开始谈恋爱的前三个月，你明白我的意思吗？就是我蛮喜欢看黄子华的那个栋笃笑，他就曾经讲过一个超搞笑的东西。他说为什么铁达尼号的那个爱情是无敌的？因为他就只不过三天嘛。这种三天的爱情是无敌的，真正的爱情是要看这三天，或者三个月，以后所发生的事情，如果正方可以好好掌握这个东西，会有更好的发挥。

一个同样的问题啊，你们有多少提到但都没有推进，那就是看到问题解决问题的那一部分。对，你感性，你冲动，你有点感觉，你能在这个爱情里维持三个月，但是你要一生一世对着他的话，我跟你说，这个东西很多时候需要理智的东西，很多需要理智的。譬如说，我其实真的很爱你，但是为什么你每天挤牙膏的时候，就是从中间挤，而我是从下面挤起的。你为什么上完厕所以后都不把那个盖放下来，而你们觉得这样很小事啊，但都在一起的时候，就不同了你知道吗？好，男孩子就说……我朋友常常说那个超搞笑，我觉得很搞笑，就是他说，你哪里脱衣服……我肯定知道你在哪里脱衣服，为什么？因为你一脱了衣服你裤子就在那边，对吧？就是你在哪里脱衣服脱裤子，你衣服就在哪边。然后就去冲凉房了，出来以后就拿新的衣服。男孩子的房间，所以进了去里面，你可以看到他过去七天在哪里脱过衣服穿过衣服，全部有痕迹的。女孩子的房间不是这样的，很整洁的对不对？你想一想两个人住在一起的时候那个摩擦是多少。你说我真的爱你，但是住在一起有多辛苦啊。真爱，要经过的这种种种摩擦，需不需要一定的理智？这就说到一个东西，理智是什么东西？正方把它定得太简单了，只要有一定的思考，一定的深思熟虑，成为人生价值。我觉得这个东西，真的，正方还可以做得更多更多。

还有一个很重要的东西，我想讲的是，今天这个辩题哦，还有坚持追求这四个字，双方都没有说，双方几乎就是说真爱到底是不是理智的，其实也不是啦，就双方都在说真爱是感性的还是理性的。你应该讲的是坚持追求真爱啊。这里为什么这四个字很重要，坚持追求的意思，我今天知道这是真爱，但我还要不断追求诶，我有一个行为——不断在追求。也就是说今天，譬如说我知道你是我亲妹妹以后，我虽然对你还是有真爱的，但是我要不要坚持追你啊？你是我亲妹妹，我爱你这是不争的事实，对不对？我永远都爱你，不管以后我们是不是成为夫妻，能不能结婚，我永远都爱你。但当我知道你是我妹妹的时候，我还要不要坚持追求你，每天送你花。然后看到你跟别的男孩子在一起的时候就说你怎么能跟他在一起，你不要跟他牵手。那我这还理智吗？这个东西双方都没有讨论，所以我觉得今天这个题目还有很多东西可以谈的，但双方都没有谈，而且双方不但是谈偏了，而且很多东西谈偏了以后都没有打得很好，我最后的这个印象票是基于反方的反驳能力跟技术的操作相对地比较好而投给反方，就是这样子。谢谢。

穆杨（印象票投给反方）：

我的看法是这样的，我先交代我这个投票的原因。其实我的印象票基本上在双方的立论讲完之后，我基本上就会有一个看法。理由是这样，就是第一轮攻防打开，说实话我觉得正方并没有完成在我心中有一个初步论证的期待。他立的标准说，符合自己的价值观，同时后来再又补充说不违背法律还有道德，当然你可以这样讲。然后两个论点分别是，真爱是奇迹，真爱是人性。他告诉我们真爱是什么，不过我总是觉得这个地方到理智的行为的联系还是缺一些。相对于反方来讲的话，他的确是有一些循环论证，不过包的比正方用心一点。总归他有一个听来更靠谱一点的标准，然后也进行了论证。其实论证说到底就是用了几个例子，大概会有一个主观的看法。

但我觉得这场比赛最后真正的让我判胜负的点，是在于说我好不容易在他们的交锋中找到了一条可以进行胜负判决的逻辑。他们基本上是这样的，他们最后都处于一种默认状态，叫作追求真爱，或者说坚持追求真爱这是一种不放弃的行为。那双方交锋的地方在我看来就是，我就看谁能把这个不放弃的行为出于怎样的一种考虑之后的不放弃讲清楚。其实都没讲清楚，就谁能讲得更多一些，我这个票就给谁了。那对于反方来讲，说不放弃就是不顾一切的，对于正方来讲就是深思熟虑的。那显然在这个部分，我的一种主观的感觉是在不顾一切的这个部分，反方要讲的稍好一些，我唯一的这个比较能清楚地找到双方的交锋就在这。这是我投票的原因。然后接下来呢，我稍微展开部分，提一些自己的想法。刚刚那个勋亮学长最后讲他对真爱的看法，我想引入这个话题，他这个太感性，还是生活阅历会多一些。我讲不了那么具体的细节，我讲一下我对这个词的一些道理上的思考。 我个人觉得这个爱和真爱是不太一样的，因为如果我们非要做切分的话，它大概有这个选择阶段，和真正开始进入真爱并坚持追求的阶段。所以我在看一些例子的时候，这个我自己有一些主观反应，比如说像这个罗密欧与朱丽叶。我们看戏，说罗密欧这个人挺搞笑，他一开始喜欢的人不是朱丽叶。他在一个湖边，在那惆怅，说我愿意为这个人去死。我说，哇，这一开始就这么轰轰烈烈。回头他第一次在晚会上看到朱丽叶之后，瞬间就把前面那个人抛弃了。所以如果我要在场上回应这个例子的话，是不是真爱不知道。没有经过检验，基本上跟您说的那个三天的例子是一个意思。然后，再比如说这个周萍和繁漪，这显然不是。繁漪是性冲动，周萍也是性冲动。只不过繁漪性冲动之后继续冲动，周萍冲动之后就不冲动了，他最后拉着四凤要出走。所以呢，这个是不是爱？这个看你怎么讲。我觉得是，也是一种很猛烈的爱情，无敌的爱情。但是不是真爱，我觉得可以讨论。就说在我的这个字的理解中，它应该还处于筛选阶段，还没有进入真的部分。那我对“真”这个词的理解，就是真诚。对真诚的理解就是，双方在克服问题，或者就像你们双方说在遇到困难和问题的时候。

其实双方都有最基本的理性的。比如说像刚刚举的那个上厕所的例子，如果说一方要求另外一方绝对地包容或者理解，这个估计也坚持不下去，应该是双方都有妥协和协商。那在这个时候，当你遇到问题的时候，就有理性在其中。所以我觉得对于真爱的理解，当我们摆脱了爱的初始阶段，而进入后面这个细水长流的坚持的时候，从这个地方讨论，我觉得才是我对于这个辩题，追求真爱这个“真”，真诚的这个“真”这个字的期待。在这个地方讨论可能就没有打偏。我觉得这也是可以比较的。这个……我在场上还做了一个工作，我试图在双方理解的这个爱下面，去回应对方的例子。比如说我们刚讲的罗密欧与朱丽叶，如果我回应这个例子的话，我会坚持……就直接否认这个例子证明不了真爱。我有在试图做这个回应，在双方理解下的回应。我觉得正方还是有空间可以走的。比如说你看反方，我们为难正方，唯一做的事情就是，我拿了很多好像不能跟爱妥协的事情跟你比。一上来就死了人，生病，后来呢，就亲妹妹，伦理。后来就罗密欧与朱丽叶，就家族利益。基本上把所有能比的都比过去了。我觉得这个你硬要比的话，如果反方硬要比的话，其实也可以，因为你想想看，为了爱去死究竟是不是一个理智的行为？我觉得可以讨论。为了伦理，也是可以讨论。为了家族利益，我觉得也是可以讨论。就说这个最后，罗密欧与朱丽叶他们死了之后，两家人居然就化干戈为玉帛。当然，它戏剧性太强。不过，可见对于社会，当你发现真爱和家族利益这两个价值真的冲突的时候，至少文学家还是选择把爱情放在前面，认为这个价值还是会更高一些，不然的话，他们因为这两个人的死，应该继续火拼一辈子。所以你看，硬要去比的话，这两个价值到底谁更高？这两个人的思考，这两个人的价值谁更高，做出的选择能不能算为一种理智，还要再讨论。不过听来总觉得有点怪。后来我再想，这个怪的原因应该就在于我们还是把那个爱往后再延续，延续到两个人都非常清晰地辨析到，对方就是自己应该坚持一辈子的人，再基于理性的基础上去包容，可能从这样的角度去理解真爱的话，对于正方这样的回应会稍微再好一些。这大概就是我的一些思考。谢谢大家。

刘京京（印象票投给反方）：

我评印象票是根据双方谁讲了一个完整的故事来评的，据我来看，今天反方讲的故事更完整。正方其实原本今天应该讲的是个商业故事，什么是商业故事呢？我深思熟虑之后，决定开一家淘宝店，然后我就去努力开了。然后反正不管其中遭遇何种艰难险阻，我决定开下去。那如果用理性二分法，理性应该原本一种是价值理性，我们选什么东西作为我们目标；另外一种理性是工具理性，当我选定了一个目标之后，我是否能选最合适的手段达或我这个目标。其实人是有两种理性的，今天的正方显然原本想讲的就是，我价值理性无法判断。所以每个人深思熟虑，我默认你选的目标都是对自己最好的。然后去通过工具理性来寻求最大的结果。其实就跟开淘宝店一样。这是我对正方故事的解读。

那反方很狡猾，其实也不叫狡猾啦，我要是这样打……我要是反方我估计上来也这样打。怎么样呢？你开什么淘宝店？对不对？你开淘宝店有什么价值吗？还有可能被那个淘宝勒索，被人嫌弃被人骂，网上还一大堆炮轰你的，对不对？开淘宝店一点价值都没有，只有那些傻子才会在开淘宝店的时候就决定，不管何种艰难险阻，我一定要把淘宝店开下去。你看反方预设了什么？反方预设了真爱其实是没有什么太大价值的。所以当遇到各种艰难险阻的时候，他们才认为你坚持是不理智的行为啊。反方这个预设很狡猾，但他从来没有明说。就是真爱其实没什么价值。如果真有价值，理智的人就该比一比，真爱的价值和反方提到的艰难险阻相比，谁价值更大。但反方既然已经这样预设了，我期待正方你要想把你的故事讲圆，你一定就得往下，有两条路，必选其一。要不然正方你告诉我开这个淘宝店很划算，因为我卖的也不是衣服，淘宝上卖衣服的人太多了，对不对？我不知道卖什么啊，比如卖新买的 iPhone6，哇，很有市场，很有价值。所以就算艰难险阻很多，我划算呐。很理智的决策。也就是正方你要在今天这个辩题里，多讲讲真爱的好处是什么吧。真爱于我们，于社会，还是于等等而言，它的价值是什么。但奇怪的就在于今天正方从一辩立论，到结辩，我听到最真爱价值最大的四个字的诠述就在于“本能诉求”。我觉得很诡异，你“本能诉求”听上去真的不是什么特别伟大的价值，没有什么投资的价值啊，我干嘛要为了它投我一生的注进去，然后坚持追求真爱呢？所以这是你们的商业故事。你们正方的商业报告书，投资报告第一点有问题。如果我是投资人，我会觉得你这个报告书可以翻开第一页之后就不要翻开第二页了，因为你没有告诉我投资真爱价值何在啊，你没有讲清楚，你只告诉我，我们今天应该通过计算什么什么什么，做市场调研，什么什么什么，以此来达至追求这个价值投资的回报。这个没有用啊，因为你无法保证我有回报。那这样一来我后面干嘛要做呢？所以这是第一条路。

正方要不然打第一条路，讲好。但正方没有做，我只能期待正方走第二条路。正方第二条路可以是什么呢？就是真爱和理智之间的关系，在追求的过程当中，做一些圆滑的变化，把现场气氛搞活。怎么讲呢？比如今天正方一直在问你们的，那个段誉遇到王语嫣，发现这人不行了，对吧？不适合成为我坚持追求真爱的对象，怎么办？对吧？换一个人追求真爱可不可以？谁规定真爱只能在一个人身上找到，这辈子。就好比我说的我的原则是什么？坚持买真货是理智的行为。这边说了，对不起啊，我们这个城市就一家店，这家店只卖假货，你注定买不到真货了。你看你坚持追求买真货是一种不理智的行为。反方一直在怒骂你们，对不对？你说，哇，我凭什么只在这个超市买？我换家超市可不可以？我换个更合适的人追求真爱可不可以？当然，这个要求你有胆量啊，这个要求你很有胆量。那为什么前面两位评委都说，你们看上去很像是初恋三个月的人，打这个辩题。因为初恋三个月的人绝对不会在脑中想，这个人不行，我赶紧换一个人吧。初恋的人都很坚持，印证我这个人不是随随便便开始我的初恋。所以初恋再怎么样我得再多坚持一段时间，你怎么好意思说出来这个人不行我换一个呢？但其实说白了，真爱可不可以换对象？换个更合适的对象坚持。你死吊在一个人身上，明知道在他身上得不到真爱，你还想挖点真爱出来，太不理智了对方辩友。这个股票已经没有价值了，一直在贬值，你还吊着不放，你还吊着不卖，很不理智的投资行为。这是第一类啊，在真爱和理智的关系上做突破。第二类是什么呢？谁规定真爱是两个人在一起才叫真爱？最俗的话，有的时候真正的爱情不是索取，是施予；不是绑在一起，是放手。放手为什么不可以是真爱？对你而言你最爱她的方式就是放手。让她和她爱的人去吧，有没有可能啊？有可能，是吧？这家公司在别人手里才能发扬光大，在我手里可能会毁，你怎么表现你爱这家公司，爱这个品牌？不是跟它玉石俱焚，是把他送给更能发挥它价值的人。这是真爱的另外一种表现，也很理智，为什么？因为你强行绑在自己手里，两败俱伤。你不想两败俱伤嘛，那你放手。那我觉得这种突破，如果你不花功力去叙述真爱的价值，你就要在后面这个路上多走两步，体现出你们对于真爱和理智这两者关系的判断。在这点判断上，其实“理智”这两个字是非常容易做文章的。人什么事不能决定？

我觉得啊，作为一个辩手，你一定把任何人类的决定都描述成为理智的，这是基本功。比如说啊，你对于一个东西，不深思熟虑肯定不理智，深思熟虑是理智的。太深思熟虑一定要确保我的投资有回报。理智吗？也不一定理智。因为人家会问，你怎么能确保你的投资一定有回报？如果你不能掌握人类所有的信息，你当然做不到这点。但你偏偏要做到，你才能买东西。我今天无法确定这个商品里面一定不含有三聚氰胺，老子宁可饿死也不买。理智吗？ 不理智。理智的人会觉得，有比较大的可能性它不会有三聚氰胺，我买来尝尝，吃了，很理智了。因为你非常理性地看待了人类客观的局限性。这话正说反说其实都可以，就看辩手怎样去驾驭。但我觉得今天正方在这方面的驾驭，显然，我会觉得欠一点经验。你没有办法突破到让反方对正方的进攻处于一种无处使力的阶段。我会觉得这个是正方这个故事没有讲完的一个非常可惜的地方所在。 那这是正方的问题，故事没有讲完。那当然还有一些情况呢，我会觉得是，就过程中出现的杂音。比如说，反方一直在强调段誉王语嫣的故事。那我觉得对于正方而言，我看他方今天三辩试图在很努力向我们解释这个古代他们是可以搞在一起的，对吧？但我觉得这可能有个误解。因为贾宝玉和这个林黛玉，姑表亲是可以，但同父异母的这个应该不可以。因为按照古代……中国古代禁忌甚至更严。同姓氏的人很有可能是不允许通婚的，更何况同父异母？我觉得这里可能会有一个误读啦。那对于反方而言，我觉得今天定义真爱无价值这个点，在操作上，鉴于对手的配合你们获得了一定的成功，对。但我不知道当反方如果在这点上跟你们硬拼的话，你们的反制招数在哪里？你总不能，对方辩友请你向我们证明一下，为什么真爱不如那些艰难险阻有价值？你们的证明手段会是什么？我不知道你们本身对真爱它本身意义的底线，你们的态度。我不知道这点准备的量有多少。如果对方真逼问到了这一步的话，你是一定要有一个明确的态度的。我觉得你们只有说出来这一部分，你们才不是循环论证。但你不说，你把它作为一个先天的假定，就人追求一个没价值的东西是理智的行为，这真的是循环论证。但如果你能论证真爱其实没什么价值。真爱嘛，就是荷尔蒙冲动了一下，你要是真这样说，那评委可能认了，可能讲你不太讲道理，论证不足。但不会说你循环论证。那你终究是要突破循环论证的门槛，多给自己一点论证的义务，终究是好的。所以你的商业报告书，虽然隐含了一部分前提，但是你们这部分内容算是把它构建成了一个你们心目当中的故事，而且没有被对方威胁到。所以我会把印象票投给你们呐。以上就是我投印象票的一个理由，谢谢大家。

李挺（印象票投给反方）：

搁在大神后面讲，就已经内容……交锋内容已经基本上被解释的差不多，我用尽可能快的速度把交锋的内容做一下整理。以往我处理交锋或者是处理印象票的结果都是依据场上在不同战场上，各自战场，比如说有三个战场，如果一个队伍占到两个战场的优势，我会判他胜。

而今天呢，由于双方的交锋有点复杂，我诚心觉得水平不太够，并没有做到充分的整理。但是我对双方的开始提出来的逻辑，或者说开始提出来的立论，进行自己的……尝试能不能把它处理完整。而我认为正方的处理方法正如之前的学长们所说的，就是经过思考符合逻辑规律的。那这句话我诚心说有一点点无意义，为什么？因为就如反方攻击的一样，经过思考，其实说简单一点，就是过脑子，那任何情况都有可能过脑子，或者说人在……人很难……也不是很难啊，但是人大多数做事情都是过脑子。无论是理性的还是感性的，都是过脑子的。那再一个问题是，当对方举出类似极端的例子，比如说犯罪，我就是过着脑子去犯罪的时候，你告诉我这是理智不理智？你们的处理方法是，这个是法律……或者这是人伦底线。那对方再次突破你方的，再次对你方进行冲击就是说，那像段誉，他就是要突破人伦底线的时候，那还叫真爱吗？或者什么之类的。这个时候对你方的攻击就……这条线也没有防住。换言之，在你们原来所界定，可能你们不是呈现的这个意思，但是我们……我所接收到的是你们认为经过思考的，都应当是被称之为理智的。而这个层面并没有完全招架住对方的攻击。好，这是正方。

而反方的大概思考就是说，如果以感性为主导，就是一种不理智的行为；如果以理性为主导，就是一种理智的行为。然而他方认为，从普通的我们大家的认知范围内，我们会发现，社会上真爱只有极低的成功率，或者说不大容易被发现，甚至是我们不知道如何去寻找的状态，坚持这种状态，是要一种感性的支撑，而不能通过理性分析，因为理性分析结果，你一定，就按京京学长说的，你一定是亏的。所以说你要面对一个你亏的境地，还愿意上的时候，只能通过感性。因此我认为相对而言，反方的整个立论的逻辑更加能够自圆。所以说我这票会投给他，那我下面稍微简单地讲两个小问题，一个是对于有优势的反方这边。

首先，正如前面各位学长所说的都会有这个状况，就是这场比赛会有点乱， 我相信双方的结辩也都感觉到这个事。之所以会乱，我觉得有一方面的责任在于反方，原因是他中间反复提出了很多新的概念。譬如说，理性的权重啊，这个是理性的价值，或者是感性的价值，然后这个时候就要做权衡，等等。这个时候就加入了新概念，并没有帮助评委对你们的评判做出新的分析，这个时候就我们会……评委或观众会不知道这个时候这个新加入的概念，对这个辩题的讨论有多大的帮助。因为真爱，您方所说的是真爱是感性的一种价值，可未必……就如之前学长所说的，真爱也有可能是理性的。可能就如正方所说的一样，可能就是我和他相处，如果我找到一个真爱的人，可能是对人最好的选择。不一定是我最愿意的选择，但是可能是最好的选择，那这也是一种理性分析的结果。或者说，经济学上，如果我从那个算的话，可能……可能也是跟一个真爱的人在一起，会对我最好，对我们家庭最好。所以仍旧有可能你们这个概念就没有诠释清楚，而当你们提出来的时候，就会使场上的交锋有偏差，会对大家的理解造成障碍。而正方呢？是这样，正方在二辩的时候有或多或少提到，但是我并没有纳入最终的评分标准，是因为这个优势可能只有一两分。就是您方提出了一个手段的问题，就是我可以坚持追求真爱，但是什么手段是一回事。就好像你们说的金岳霖一样，其实你们这个说法，在战术上是可以成立的。因为就好像坚持疯狂地追求任何东西都是不理智的，因为有疯狂在那，有一个过激行为在那，在任何情况下都不能被称之为理智。而如果我坚持真爱，未必要一种疯狂的方式去展现，我可以就像金岳霖一样，我就等你啊，等到天荒地老，反正你不理我我还是等你，也是坚持真爱。但是他的确没有做出过激行为。但是即使如此啊，你们的论据并没有因此得到补充，所以我并不纳入主要的评分体系之中。以上是你们的交锋环节。

我后面提一下我对这个辩题稍微多一些的新想法。我跟前面几位学长在这个方向的想法有很大的偏差。原因是因为我认为这个辩题……前面的学长讨论，真爱这个东西到底有多重要，我觉得是非常好的，而且我认为是经验不足的辩手很难做很好的诠释的。可另外一个问题，大家也同样需要考虑，就什么叫理智？在场上很容易形成一种状况，叫理智即为理性。可事实上我们想想这两个词的反义词是截然不同的。理性的反义词是感性，大家都知道。可理智的反义词也并不是感性。理智的反义词叫非理智，或者叫不可理喻。换言之，有种超出大家所理解的状态，称之为理智的反面。换言之，这个词，就是如果我们在做理性分析。我们说希望大家做理性分析，或者说科学家，我们一般认为，经济学或社会学等研究类学科，它会是非常理性的。原因是什么？因为当信息足够完整的时候，大家都会做此选择，或信息不完整的时候我们理性经济人会做出什么选择？就是像博弈论这样的状态。换言之，就是告诉我们，理性是大家只要在这，几乎都会做这个选择。也就是我们政治学说的，每个人都会做事，都会考虑的时候，每个人都是理性人的时候，都会做此选择。所以理性是一种大家的共识状态，或者是说，是一个逻辑分析状态，不以人的意志为转移，有点像这种状态。但是人可以通过自己的加工去对信息进行处理。但是这个时候理性和理智并不完全是同构的。而这个时候的理智，我的理解上，正如双方在讨论的时候，都会出现一个词，叫价值观，当这个词出现的时候，我们会发现，理智并不是一种思维模式，或者是反方所说的合理原因。

而更多的时候我会理解成，它是一种社会评价体系。就比如说我自己心中想啊，我认为我追求真爱就是对的啊，什么之类，可是我爸妈就觉得我不对，所有人觉得，天呐，你简直疯了。那这个时候就是你的行为大家会觉得不理智，是因为基于大家的标准来判断，那这个行为无论是你完全不追求真爱，或者是极端追求真爱，都会出现大家称之为不理智的评判。之所以大家会做出这种不理智的判断，是我们认为通常的社会规范，在通常的社会，大家不会这么做。不管他是不是过激行为，大家都不会这么做。原因是，这就是所谓的不理智。而比如说勋亮学长提到的，文天祥的例子。他认为如果国家是这样……国家在面临危难的时候，英雄舍身为国，舍身为救国的状况，可以称之为理智。我们不能判断他为不理智。我有截然相反的意见，我认为这个时候就可以称之为不理智。因为这个行为正常人都做不到。而我们之所以歌颂他，就是因为他不理智。就是因为他有一种至高的理想，远远超过人伦规范，或者说社会常有规范。我当然经常想，就比如说，我被什么日本俘虏啦，然后他严刑拷打我，跟江姐什么之类的一样，我觉得我应该是扛不住的。我应该还蛮孬的，应该扛不住。我认为这个好像是大家觉得痛的时候，或者是受到折磨的时候，应该做出的反应，或者说常理该有的状态。但有人能坚持住，这么严重的情况仍旧能坚持住。这个行为不能称之为理智，是因为他有超越理智的信仰存在。而这个时候就会说，比如说，像双方有提的罗密欧与朱丽叶的例子。我前面打新闻的那个辩题的时候就有说，特别人和特别事必须两个因素在这件新闻中有产生，大家才会有兴趣知道。那小说也是如此，戏剧也是如此。如果这个戏剧太普通了，就没什么大不了了，就罗密欧与朱丽叶的爱情也不会成为伟大的爱情。

那换言之，我如果在这个辩题讨论中，我会大量琢磨理智这个概念，到底是一种什么样的社会评价体系。如果我是正方，但凡我能够论证，在现有社会中，人和人之间的爱情，或者真爱的相处，已经远远超越人动物性上的要求，或者共同经济人上的要求，而诉诸一种纯粹超验的，或者是情感层面的相互的共鸣。这个时候我认为，如果大家都是这么认为的，那追求这样东西，无可厚非；如果大家不是这么认为的，那追求这样东西，就会觉得有点不理智。我举个小小的例子，就是，陈欣说，我们打辩论的人，就如正方二辩所说，都有一点点不理智，或者说，我们可能觉得理智啦，我们理性分析这么好，我自圆其说的能力超强，肯定觉得自己理智，肯定觉得自己很厉害。可是这个社会的常态是，我们大学生到这个时候，赶紧去找工作，赶紧去弄实习，多弄两张证书，老师的推荐信多弄几个，这才称之为社会常态。但大多数人看我们辩论人的时候，或多或少我们也听到过这样的声音，就是类似，呵，这群疯子在干什么？这群疯子在干什么？就是因为我们做的，未必是理智的。而我觉得我们做的事情就算不理智也蛮厉害。谢谢。

2014 新国辩“约辩”第四场

比赛场次

2014 国际华语辩论邀请赛“约辩”第四场

比赛辩题

正方：当今中国大陆大麻交易应该合法化

反方：当今中国大陆大麻交易不应该合法化

对阵双方

正方：西安交通大学

一辩：陈　晗

二辩：孙一鸣

三辩：尚　晨

四辩：曹逸杰

反方：苏州大学

一辩：秦黛新

二辩：董鹏程

三辩：苏林子

四辩：孙红阳

比赛辩词实录

正方陈词 1

正方一辩：

大家好。在论述我方政策之前，想为大家澄清的一个事实是，大麻带来的危害并不像传统观念所认为的如此可怕。

首先，判定一个事物是否是毒品的硬标准是其是否具备急性生理毒性，而研究证明，大麻的急性生理毒性很低，迄今为止全世界尚未发现有任何一个人是因为吸食大麻而致死的。而至于其慢性生理毒性，英国医学权威期刊《柳叶刀》2007 年的数据当中也显示：人对大麻的依赖性与烟草相比只有 76%，就算和成瘾性最大的海洛因相比，也仅仅只有其 37%。在对个人生理伤害的层面上来看，大麻对个人身体的伤害性只有烟草的 65%，而相比于海洛因也仅仅只有其 50%。因而，大麻的成瘾性和危害性不仅大大低于海洛因、可卡因等硬毒品，甚至还低于酒精和尼古丁这种常见物品。两者综合来看，大麻的各项生理指标构不成毒品要素，甚至相当于日常生活当中正常的消费品。它不会对吸食者造成像硬毒品这样极端的恶性后果，同时也不会导致侵害他人权益、危害社会秩序行为的现象。

当今中国大陆大麻交易合法化，是指大麻的生产、运输、销售等过程均合法，由国家烟草专卖局成立下属机构对大麻进行专卖管理。首先，在含量控制上，严格地筛选，将大麻当中活性成分——四氢大麻酚的含量控制在 0.5%~2%，保证大麻的危害性和成瘾作用较低；其次，根据城市规模和城市人口数量设置适量的大麻专卖销售点，只允许成年人通过身份证购买，同时对向未成年人销售大麻的行为进行严厉的打击。再者，就像禁止酒后驾车一样，严禁吸食大麻后从事具有危险性的工作，例如驾车、高空作业等。

今天在我们看清大麻与其他毒品的不同之后，我们就会发现，吸食大麻的行为其实就像我们今天喝酒抽烟一样，是个再为普通不过的行为方式。今天我们每个人都有选择自己作息时间、饮食安排的权利，这一切的一切，都是我们每一个人作为个人应得的正当权利。但在一个政策制定者的角度上我们当然也希望大家好，就像我们在公众场所都看到贴有“吸烟有害健康”的图样，但是就算如此，我们也不允许法律以此借口来绑架人民的个人选择，来干涉人民自由行为的意志，猎杀我们行为的正当性。所以中国大陆大麻交易应该合法化。

反方质询 1

反方四辩：对方辩友，你好。

正方一辩：你好。

反方四辩：先请教你一个问题。首先跟您确认一下，您方认为大麻交易可以合法化，是不是只是认为它毒性很低？

正方一辩：不止是因为这个观点。

反方四辩：还有什么？

正方一辩：跟大家澄清的一个事实是它的毒性很低，刚刚已经说过了。

反方四辩：毒性低，还有吗？

正方一辩：对方辩友，毒性低就应该跟大家澄清啊。

反方四辩：那今天我告诉你……今天有毒性的话您方一样都不考虑这一部分危害？

正方一辩：确实有一定的毒性。

反方四辩：您方告诉我们说，大麻的毒性低主要基于以下调查，就是《柳叶刀》2007 年给出的数据，对吗？

正方一辩：对。

反方四辩：您方提到了一个成瘾性小。请问这个成瘾性是不是只跟烟酒比较，还有其他的吗？

正方一辩：有很多，但是我们挑选出海洛因、烟酒这样四类来比较。

反方四辩：今天对方辩友拿出烟酒来比成瘾性，我们知道，大麻作为一种毒品，不仅仅在成瘾性有危害，致幻性、社会危害以及其他危害您方考不考虑？

正方一辩：对，我刚刚都有说。今天一项数据显示的个人伤害、身体伤害、依赖性以及社会伤害都表明大麻的危害和其他的危害没有多大差别。

反方四辩：2007年的《柳叶刀》数据我放眼看过，对成瘾性和生理危害性进行比较，没有其他危害对不对？

正方一辩：对方辩友，还有个社会性。

反方四辩：社会危害对吧？那您方提出的社会危害具体指哪些？

正方一辩：举个例子好了，当我们抽烟时，那二手烟可能对大家产生影响，这种危害就是社会危害。

反方四辩：所以您方认为的大麻社会危害只停留在大麻二手烟对吗？

正方一辩：举个例子，就比如说烟草的危害……

反方四辩：对方辩友，如果你方的社会危害有数据请继续提，没有的话请告诉我们为什么不考虑。我们再看，您方告诉我们说，大麻的生理危害小，请告诉我，生理危害具体指的是哪些？

正方一辩：生理危害当然是对生理，比如说对智力，对心肺功能。

反方四辩：对心肺功能有伤害，您方数据是？

正方一辩：拿烟草对比可不可以？

反方四辩：哪一个数据告诉我可以？

正方一辩：对方辩友，大麻的生理危害在0.99，烟草的数据是1.4。

反方四辩：哪份数据告诉我没有？

正方一辩：0.99和1.4，相比于烟草。

反方四辩：对方辩友，再请问您一遍，0.99来自哪一份数据？

正方一辩：《柳叶刀》。

反方四辩：《柳叶刀》数据还是2007年对吗？还是2007年这份数据是吗？跟您确认一下。

正方一辩：对。

反方四辩：没有其他数据了？

正方一辩：有。但是这份数据是最为权威的。

反方四辩：还有没有其他的数据？

正方一辩：对方辩友，我们不谈这份数据好不好？您方有什么问题吗？

反方四辩：您方今天跟我们提到了一个政策，大麻要定点定量地出售，对不对？

正方一辩：对。

反方四辩：您方考不考虑监管问题？

正方一辩：考虑。

反方四辩：您方打算怎样监管？

正方一辩：对方辩友，您指的是哪一方面的监管？

反方四辩：比如向未成年人出售大麻等各方面，还有指定的量，您方怎样监管？

正方一辩：今天谈未成年人的问题，在购买大麻的时候需要身份认证。再者，如果发现向未成年人销售大麻的行为也要严厉打击。

反方四辩：如果监管不力，您方的弊端考不考虑？

正方一辩：考虑。请对方辩友论证一下。（时间到）

反方陈词 1

反方一辩：

大家好。合法化是从非法到合法的过程。非法是讨论是否需要合法化的前提，所以我们只会讨论尚未合法化的同性恋婚姻应否合法，而不会讨论已然合法的异性恋婚姻。大麻按照 THC 含量可分为工业大麻、医用大麻和娱乐用大麻。工业大麻和医用大麻在我国已合法，因此我们今天应该讨论在刑法中交易非法用的娱乐用大麻应不应该合法化。

作为一项全国性的政策变动，其影响必然深远，必牵扯到巨大的行政、财政、社会等变动成本，所以政策的推行者必须履行此项政策确然给社会带来实际利益且利大于弊的效果论证义务，而不是建立在臆测和模糊不清的论证上。今天对方轻描淡写地告诉我们大麻的毒性很低，但我方想说的是远没有您方说的那么简单。

第一，大麻对吸食者的精神生理伤害巨大。英国医学研究杂志显示，吸食 3 根大麻带来的危害相当于 20 根香烟，致癌率是香烟的 20 倍；长期吸食大麻引发精神分裂症的可能性是普通人的 6 倍；经常吸食大麻的青年人企图自杀的可能性提高了 7 倍。随着时代的推进，大麻中危害最大的 THC 浓度已增加了 2 倍，甚至出现了原有浓度 10 倍的加强版大麻。趋势仍在继续，吸食大麻的危害愈加失控。

第二，吸食大麻的危害不仅限于个人，其产生的致幻性会对社会安全造成巨大的危害。大麻会影响人体的协调能力，吸食大麻后驾车甚至比重度酒后驾车更危险，吸食大麻后发生车祸的风险是平常的两倍。除此之外，大麻还会让人产生幻觉，行为不受控制，进而对他人进行攻击。美国科罗拉多州大麻合法化后因吸食大麻后造成杀人，暴力的犯罪事件数不胜数。

第三，大麻合法化导致大麻泛滥，危害放大，并蔓延至硬性毒品、社会治安等多方面问题。荷兰大麻合法化后，毒品吸食率直线上升，吸食大麻成瘾者犯罪率成欧洲之冠；西班牙大麻合法化后，硬性毒品的销售量三年内提高了 150%。大麻合法化将会使其使用人数急剧增长，70% 的大麻吸食者可能因此吸食硬性毒品。种种连锁效应，导致毒品泛滥、犯罪等多方面问题。任何法律都必须符合民意和国情历史，自 17 世纪清朝虎门销烟前后伊始，中华民族常年承受着毒品的荼毒，人们对毒品深恶痛绝，经过数个世纪的漫长努力才得以遏制毒品的泛滥，禁毒观念深入人心。倘若此时解禁世界三大毒品之一的大麻，必将动摇禁毒工作。因此我方认为，中国大陆大麻交易不应该合法化。

正方质询 1

正方四辩：对方辩友，你好。

反方一辩：你好。

正方四辩：先请教你一个问题。今天您觉得大麻交易不应该合法化，原因有几个？

反方一辩：我方认为有三个。

正方四辩：一共有三个。第一个是伤身体对吧？问你，打游戏对视力不好算不算伤身？

反方一辩：这不是同一个概念上的伤身。吸食大麻会影响肺部和致癌率，这是很致命的。

正方四辩：对方辩友，是不是对肺有影响叫伤身，对眼睛有影响就不叫伤身？

反方一辩：致癌率已经达到了 20 倍，您方认为这仅仅对肺影响这么简单吗？

正方四辩：对方辩友，你只需要告诉我对眼睛有伤害算不算伤身？

反方一辩：对，但我们认为这不是同一个层次上的伤身。您是不是认为大麻的致癌率跟视力的影响是一样的？

正方四辩：对方辩友，我没有说影响大小，我只是说有没有影响。伤身要不要禁止？

反方一辩：看伤身程度。因为大麻伤身程度很大所以要禁止。

正方四辩：换一个，烧烤里面脂肪含量特别高，你看一下我方三辩就知道了，要不要禁止？

反方一辩：我方说了，禁止是因为伤害到了很大的程度，就像我们今天大麻举出大麻的数据。

正方四辩：对方辩友，多大程度？量是多少？

反方一辩：我方今天已经给您举出数据啦，吸食大麻会导致致癌率比平常高出 20 倍。

正方四辩：对方辩友，所以香烟的伤身、烧烤的伤身、打游戏的伤身在您方看来不叫伤身，对吗？

反方一辩：我方举出了数据，所以您方要告诉我您方的标准是什么，对不对？

正方四辩：对方辩友，这是不是伤身？

反方一辩：所以您方要告诉我伤身程度。我方已经给您方举出了数据，我方的数据已经证明了有很大的伤身程度。

正方四辩：所以伤身程度小就没问题，待会我们再看数据好了。对方辩友，您方说的第二点是什么？

反方一辩：它的致幻性会导致极大的个人精神问题和社会安全危害。

正方四辩：对方辩友，致幻性对不对？酒精致不致幻？

反方一辩：致幻，但是没有大麻的致幻度高。

正方四辩：对方辩友您确定？有没有数据？

反方一辩：《柳叶刀》杂志就显示它的致幻性并没有大麻这么高。

正方四辩：对方辩友恰好反了。《柳叶刀》这里写的应该是酒精的致幻性是 1.9，而大麻的致幻性是 0.9。

反方一辩：您看的是哪份数据？我方显示的是 2014 年的数据。

正方四辩：对方辩友，你告诉我我的数据不对在哪里？

反方一辩：《柳叶刀》的数据 2014 年更新过后大麻的致幻性是要比酒精高的。

正方四辩：所以对方辩友告诉我的是因为有致幻性所以不应该被禁对吧？

反方一辩：但它的致幻性很大。

正方四辩：对方辩友，致幻性要大到一个什么样的程度？今天对方辩友跟我们谈伤害谈危害，到底要大到一个什么样的程度？抛开大麻不谈，一个东西到底要对我们伤害到什么样的程度我们才不能接受？有这样的标准吗？

反方一辩：其实我方认为致幻性大都不应该被禁，所以您方告诉我的标准是要跟烟酒比是吗？标准是不是要跟烟酒比？

正方四辩：对方辩友，我们没有说跟谁比。又没有一个硬性标准，不跟谁比。

反方一辩：我方认为，作为一种毒品，如果综合危害都很大的话就应该禁止。

正方四辩：对方辩友，综合危害还有个蔓延对吧？这是您方的第三个论点。

反方一辩：对。

正方四辩：是不是一定会蔓延？

反方一辩：第三个论点是会导致吸食大量的硬性毒品。

正方四辩：对，是不是一定会？

反方一辩：70%。

正方四辩：吸食大麻后一定会吸食海洛因对不对？

反方一辩：70%。

正方四辩：对方辩友，为什么？一定在哪里？必然在哪里？

反方一辩：这是数据显示。（时间到）

正方陈词 2

正方二辩：

大家好。其实今天拿到辩题的时候我也很不解，为什么呢？因为我 20 多年来接触的禁毒教育告诉我，说大麻和海洛因、可卡因一样都是一种非常可怕的毒品，一旦沾染，你就会跌入万劫不复的深渊。可是我方今天仔细查阅了数据之后发现，其实不是这个样子的。但是今天对方辩友很聪明的一点是，他利用了大家对大麻的一种误解。大麻对于我们的危害不外乎两方面：一是对我们个人的危害，二是对社会的危害。

首先我们看它对于个人的危害，根据知乎网站上亲自尝试过大麻的人描述，吸食了大麻后你会产生一种错觉，比如说时空错乱，比如说我会感觉和对方辩友隔着一公里这么远。但是，也仅此而已，它完全没有说像吸食了海洛因或者可卡因那样会导致那么强的攻击性。

再者，就理论层面来看，根据最权威的医学杂志《柳叶刀》，2007 年的刊文显示了 40 年的调查结果，是什么？是大麻无论从生理危害还是说从依赖性及社会危害上来看，都远远低于烟草以及酒精。我们就在想，按照对方辩友的逻辑，危害大就应该不合法，危害小就应该合法，那是不是说烟草酒精合法化之后大麻也应该合法呢？这是第一。第二我们看它对于社会的危害。我们看到在那些大麻交易已经合法化的国家，情况也没有对方辩友所说的那么糟糕不堪。比如说荷兰，在开放了大麻之后，毒品犯罪概率降到了欧盟普通标准的 3/5，交叉注射感染艾滋病的比率降低到了欧盟的 1/4。因此我们也看到，大麻的危害性，无论是对于个人的生理危害，还是对社会的危害，都没有对方辩友所说的这么大。

还有一点，其实我们今天比哪方的数据更权威，其实没有多大的意义，这也偏离了辩论赛的本质。接着我们再来看什么？看的是一个人他想得到自己应得的权利，这种权利是不是应该得到保护？前面的表述我们也已经看到了，既然吸食大麻没有危害，危害也就停留在个人，对于社会的危害很小，那么我们就认为，应该赋予我们这一项权利。比如说我方的三辩，他特别喜欢吃烧烤，烧烤里含有很多脂肪，健康吗？不健康。我方一辩也喜欢熬夜打游戏，每天打到一两点对视力不好，熬夜还伤身体，这样健康吗？不健康。但是，一个政府有没有权利去剥夺我们这样做的权利。我们说每个人都有选择自己生活方式的权利，我方三辩不过觉得烧烤很好吃，这样真的有错吗？如果一个政府可以无视人们选择的自由，而要想着把政府觉得不合理的权利夺走，我们认为这样的政府很可怕。谢谢。

反方质询 2

反方三辩：对方辩友，你好。

正方二辩： 你好。

反方三辩： 先请教你一个问题。您觉得今天政府应该保障民众的权利，对不对?

正方二辩： 对。

反方三辩： 那是不是任何人的任何自由权利都应该被保障?

正方二辩： 我们认为政府应该保障那些不侵犯他人的自由权利，只要我的选择不侵犯他人就可以。

反方三辩： 所以今天您不能用我们有这个权利来论证应该开放，而要用实际的数据比较开放前后的伤害程度。您方要承担为大家论证开放后弊小于利的责任对不对?

正方二辩： 我方认为，只要选择这个之后不对他人造成伤害就可以。

反方三辩： 您方要为大家论证这份伤害性，而不是我们有这个权利所以要开放，对不对?

正方二辩： 所以我方可以用数据告诉大家。

反方三辩： 所以我们今天来比较一下这份伤害性。您方首先谈个人伤害，您方的数据是2007年《柳叶刀》的数据对不对? 确定一下。

正方二辩： 对方辩友，个人伤害……

反方三辩： 是这份数据吗?

正方二辩： 是。

反方三辩： 那您方知不知道这份数据其实是医师和医学人士的主观判断，而不是临床研究数据?

正方二辩： 这个问题出了小小的偏差。是这个样子的，我们认为如果大麻的伤害只停留在个人，那我们有权利去选择我们的生活方式。

反方三辩： 所以您方的数据其实不是临床研究，其实是主观判断，不能帮您方论证精神伤害有多大。

正方二辩： 对方辩友，我们不要一直比较数据，这样没有意义。

反方三辩： 接着请问您，我们在探讨伤害性，那您这个数据有没有比较对人精神的伤害？

正方二辩： 精神伤害是有的。

反方三辩： 多少？

正方二辩： 身体伤害这一项详细包括了……

反方三辩： 身体伤害其实没有精神伤害。今天同一份《柳叶刀》的数据显示，大麻对人造成精神伤害的概率会提高8倍。接着请问您，您方说这个数据有比较社会伤害，对不对？

正方二辩： 对。

反方三辩： 您方说烟酒比它的伤害要大，这是基于一个什么样的评估方法您知道吗？

正方二辩： 对方辩友，这里是《柳叶刀》的数据。它告诉我们了，只有社会伤害这一项略高于烟草一点点，但这也是仅此而已，远低于酒精。

反方三辩： 所以今天烟酒使用人数大，对不对？

正方二辩： 对方辩友，这肯定不能比较的。不是总伤害，当然是人均伤害呀。

反方三辩： 所以您方比较的是人均伤害？怎么比较出来的？请您告诉我一下。

正方二辩： 对方辩友，这很好理解。我们统计一下，对于每个人的……

反方三辩： 那再请问您，您方今天不断说要和烟酒比，是不是您方今天以烟酒作为一个标准，只要伤害比烟酒低了就应该开放，应该合法化。

正方二辩： 对方辩友，这是您方的逻辑。

反方三辩： 所以今天您方不用这个逻辑。那您方今天说，它的伤害小，这个小的标准到底是什么？

正方二辩： 对方辩友，我再给您说一遍好吗，请不要打断我。是这个样子……

反方三辩： 您告诉我今天您方小的标准，您方今天小到可以开放的标准究竟是什么样子的？请您告诉我。

正方二辩：对于我个人的伤害，再大也无所谓。我们想要的是，如果我们选择了这样的生活方式之后不侵犯他人的权利就可以了。

反方三辩：所以今天您方没有提出这个小的标准。您方只要觉得您方主观判断没有那么大，您方就可以不考虑了，对不对？

正方二辩：对方辩友，是“只要我选择了这个东西，只侵害我”，是不是可以的？

反方三辩：再请问您，您方有没有考虑过开放之后吸食人数上升的状况？

正方二辩：对方辩友，那是他们个人去选择的权利。

反方三辩：还是您方今天觉得开放之后也不可能上升？

正方二辩：对方辩友，考虑过，那又怎样？

反方三辩：所以您方没有考虑清楚到底是什么样的情况。谢谢。

反方陈词2

反方二辩：

大家好。首先很高兴今天我们达成一个共识，合法化是非法到合法的过程。就是说今天对于已然合法的工业和医用大麻，我们双方已经达成共识不用讨论。

那我们集中看娱乐性大麻，今天他方的主要标准是告诉我们，娱乐性大麻的危害小。他方的比较标准是什么？是告诉我们今天可以用烟酒来比较，然后他方的理论依据是什么？是2007年《柳叶刀》的调查数据。今天我方有英文原文资料，我方已经翻译成了中文资料。这份资料是怎么解读的？是当初论文目的只对于各种成瘾物，包括烟酒、大麻、海洛因等，它们的生理危害和成瘾性的主观判断。而且他是用问卷调查的形式来了解的。今天对于一份不是科学的临床试验研究的调查报告，对方辩友拿来论证它的危害小，我方觉得不可行。

其次，对方辩友告诉我们什么？他方企图通过根据比烟酒的成瘾性和危害小，来论证它的危害小。但是我方有新的数据告诉您，《柳叶刀》2014 年的最新调查显示，青春期长期使用大麻者，对于硬度大麻的依赖性高达 18 倍。今天对方辩友考虑生理危害性的时候还忽略了轻度吸食大麻后对于大脑的核心结构造成永久性的伤害，对于肺部的伤害是烟草致癌率的 20 倍。对方辩友考虑危害性的时候还忽略了精神危害，今天大麻成瘾者企图自杀的概率提高了 8 倍，患精神分裂症的概率会提高 6 倍以上，这都是对方辩友考虑大麻危害性时所忽略的。

更可怕的是对方辩友认为什么？他方认为只要考虑自身的伤害就可以了，但是今天针对的是一个社会性的问题，更应该考虑到合法化后会对社会造成什么样的问题。首先，我们看到，根据荷兰的官方数据报告，今天在荷兰大麻合法化之后，它的软性毒品和硬性毒品吸食量都上升了，而且可卡因、海洛因均上升了 2 倍以上。对方辩友，您方的数据是不是太过时了？我方是2014年荷兰官方禁毒报告,您方怎么来得出这个结论的？其次，今天我们发现，荷兰大麻合法化之后，当地已成为了毒品工业的重灾区，很多瘾君子都会跑到荷兰；还有乌拉圭大麻合法化后，当地的犯罪率有节节攀升的倾向，当地甚至在考虑，要不要对大麻合法化这样的一个政策进行改变。对方辩友拿这样的一个荷兰来对比，我方觉得类比不当。再次，对方辩友有没有考虑到中国的国情？中国目前的禁毒工作已经做得很好，今天中国海洛因的吸食人数经过几年的禁毒工作，从以前的 38.5% 下降到了现在的 5.8%，这样的禁毒效果对方辩友为什么不看看？对方辩友为什么要仿造一个荷兰？所以对方辩友的利益诉求在于说，要赋予自由的权利，但不是什么样的权利都应该赋予自由。谢谢大家。

正方质询 2

正方三辩：对方辩友，你好。

反方二辩：你好。

正方三辩：先请教你一个问题。首先您方刚才一直在问我方有没有个标准，对不对？

反方二辩：对，您方的标准，我方先不谈。

正方三辩：对方辩友，您先别管我，您方有没有？

反方二辩：这标准是您方提出来的好不好？

正方三辩：我知道。您方觉得我们的标准不合理，那您有没有觉得有哪个标准它越过了就不可以？

反方二辩：首先它是中国三大毒品之一……

正方三辩：对方辩友管它是几大毒品。您有没有个衡量标准告诉我们，因为我们的伤害大过了您方可以的标准所以禁止？

反方二辩：首先它是中国与海洛因、可卡因并列的三大毒品之一……

正方三辩：对方辩友，打断一下，您有没有标准？

反方二辩：我在跟你解释。

正方三辩：因为它是三大毒品之一，这是您方的标准？

反方二辩：这个标准是基于现状各方面的综合考虑。而您方作为变动现状的这一方，需要给我提出为什么可以合法化的标准。

正方三辩：对方辩友，我们先不要纠结数据和危害到底谁大。

反方二辩：但要参考。

正方三辩：要参考，但谁也说服不了谁，我们先放一下好吧？

反方二辩：不是谁也说服不了谁，我方数据明显比您方更有科学性啊。

正方三辩：您方考虑自身危害和对他人的危害对不对？

反方二辩：当然还考虑精神危害。

正方三辩：精神危害也是一种危害嘛。对方辩友，我就是想请问您，今天喝酒的危害您能不能接受？

反方二辩：我不能接受，我不抽烟也不喝酒。

正方三辩：在您方的标准下，烟和酒是不是应该非法化？

反方二辩：烟酒本身中国现在就在管控。您方不知道前几天国务院就在严厉禁止吗？

正方三辩：对方辩友，管控和非法化是两个概念对不对？

反方二辩：对方辩友，烟酒的情况和大麻不一样，烟酒作为一个已经合法的……

正方三辩：对方辩友，管控是给它权利，我要管它，我要倡导它对不对？有没有这个权利？我有没有抽烟的权利？如果我不在你面前让你抽二手烟，我有没有这种权利？

反方二辩：对方辩友，首先这是一个考虑历史文化和社会产业链……

正方三辩：对方辩友，我只想请教香烟问题，我们现在有没有这个权利？

反方二辩：这个权利现在正被缩减。

正方三辩：但有没有？

反方二辩：有。但是我们不应该认为它是……

正方三辩：对方辩友是要慢慢把这个权利剥夺掉，是不是这个意思？

反方二辩：我方觉得政府是在做这样的事情。

正方三辩：对方辩友，您觉得吃洋快餐，有些这种垃圾食品，有些人吃了之后变得非常肥胖，您方觉得这个危害能不能接受？

反方二辩：对方辩友首先类比不当。

正方三辩：对方辩友，我只请问您，这个危害在您方看来能不能接受？

反方二辩：我方是觉得基于什么考虑啦，因为有人觉得如果我是图省事，知道对自己有伤害还是会去试。

正方三辩：对方辩友，有的时候我们也可以基于自身的考量去做一些危害自身健康的事情，对不对？

反方二辩：对。

正方三辩：那今大我觉得我非常疲乏非常困扰，想抽根烟醒醒脑，这个可以，对不对？

反方二辩：但是这跟大麻合法化……其实是从另一个角度看，是不一样的考虑。

正方三辩：对方辩友先不说大麻危害可不可以，先说自身危害有的时候也可以接受，对不对？

反方二辩：我觉得我不能接受。

正方三辩：您不能接受，但是应该可以接受嘛，对不对？很多人都可以接受嘛。

反方二辩：我不能接受。

正方三辩：再来看看对他人的危害。您方知不知道吸大麻之后会有什么样的反应？

反方二辩：当然知道啊。首先吸大麻生理上对大脑造成永久性的伤害。

正方三辩：对方辩友，当时的那个感觉是什么样子的，您方知道吗？

反方二辩：一时爽，永久痛。

正方三辩：一时爽。对方辩友，吸冰毒呢？吸冰毒也是一时爽吗？

反方二辩：您没有看到那些禁毒报告里很多人吸了冰毒之后浑身抽搐。

正方三辩：所以对方辩友就是认为危害就是一时爽，所以您方根本没有谈到危害。

反方二辩：所以您方根本没有论证。

反方质询小结

反方三辩：

大家好。我没有吸过大麻，我不能了解对方所讲的一时爽是什么感受，但是我方查阅了很多资料后发现，大麻对于个人的身体、精神以及其他方面的伤害远不是对方辩友想的这么简单。很遗憾对方辩友今天作为一个政策变动者，希望改变现状推动大麻合法化，但他方似乎从来没有真的了解过大麻对于人，对于我们这个社会究竟有怎样的伤害。

为什么大麻被定义为毒品这么多年来大家不允许开放，这个背后的原因究竟是什么，他方也从来没有考虑过。我方先来比较一下他方今天说的这个伤害。他方对于伤害给出的论证仅仅是 2007 年《柳叶刀》上一份对人身体造成伤害的数据，而且这份数据还是基于部分人群的主观判断调查，并非是临床医学调查，所以这不能作为一份判断的依据。相反，我方告诉大家，大麻对于人，首先身体方面，它对于人肺部的伤害相当于香烟的 20 倍，对人的精神，它会造成 7 倍的自杀概率和 8 倍的罹患精神疾病的风险。当然对方说这些伤害只是对于个人来说，他方觉得可以承受这一部分风险，可是我们知道大麻被定位为一种毒品，而香烟不是。就是因为大麻会对人的精神造成伤害，它有使人产生幻觉的作用，从而使人失去控制自己行为的能力，由此产生了很多吸食大麻后产生幻觉而屠杀自己亲人的这种触目惊心的案件，因此大麻造成的伤害不应只限于个人，更危害到社会的方方面面，更严重的是根据美国联邦缉毒局的调查显示，今天 70% 吸食大麻的人会转而吸食其他硬性毒品，那海洛因、可卡因这种硬性毒品带来的伤害您方有没有考虑到呢?

因此我们今天看一下大麻今天应不应该开放，您方应当负责任地告诉大家，为大家论证今天开放造成的伤害您方可以承受。根据世界卫生组织的调查，今天已经合法的精神活性物质，相比那些不合法的，它的伤害要高出 44 倍，正是因为开放之后使用人数会成倍地增长。以上我所提到的这些伤害会成倍地增长，造成更进一步的伤害，您方是不是又没有考虑到?我们知道今天西班牙开放合法交易之后，2 年内大麻交易增长了 150%；美国的一个州开放大麻交易合法化后吸食的人数是其没有开放时候的2.6倍。所以今天开放之后风险的成倍上涨部分，您方是不是没有到呢?

您方又说，今天吸食大麻是我的自由，有什么伤害我可以自己承担。首先，这个伤害并不像是您方所说的自己的伤害那么简单；其次，您方的意思好像是在告诉我们，我做了什么我完全有承担这个行为的能力，可是对方辩友想一想，这样的自由……这样的世界人人自由，但这样的自由是不是残酷的呢？如果今天你吸食大麻，政府不出面去帮助你远离这个伤害，是不是今天我承受了其他的伤害，政府同样不需要管理了呢？对方辩友，这种自由真的是您方想要的吗？因此我们本着负责任的态度讨论这个辩题，您方应该跟我们比较这个利弊。谢谢。

正方质询小结

正方三辩：

大家好。首先，我们可以看出来，刚刚我问对方“您方有没有这个标准？”其实对方也没有，对方没有说今天这个数据要大到什么程度，对人的危害，致癌率要到多少倍我们就不能将它合法化。在这个底限以下我们就可以，您方质疑我方标准，您方也没有标准，您方的标准是什么？因为它是三大毒品之一，所以它不能合法化。因为它是毒品，因为非法，所以不能合法化。对方辩友，您这是循环论证。

其次，我们说……我们把它和香烟、酒精做一个比较是为什么？其实它对于自身的危害程度大小，不是我方认为它可以就可以，不是因为它的危害程度大所以我们觉得应该可以合法化，是因为什么？是因为我们觉得现在这个时机可以，简而言之是什么意思呢？就是，就算它对我的伤害程度比您方……就像您方说的那么大，比我方说的还要大一些，我方觉得也应该可以接受，为什么？因为个人去做一些事情的时候只要不去危害他人，我的身体是我的，我如果有理性，我如果认为现在这个情况不能做这个事情，我不会去做。不过我认为我现在就想爽一下，比如我现在失恋了我就是想喝个酒大醉一回，虽然对我身体不好，我方认为这件事情是您自由选择的权利，没有关系。就像对方辩友所说的，你吸大麻，有的人享受那种感觉，只要他不危害别人，我方认为可以。我方认为它危害性小是因为觉得这个东西跟香烟和酒精比较以后，民众比较容易接受，在当今的时代环境下，我们可以做了，是这样的一个逻辑。

再次，您方说什么要承担风险，对方辩友，我方认为，承担风险当然是要承担，但也不要用这种方式承担，政府也应该想让民众的身体变好，但也不能因此剥夺民众的这样一个权利。我们合法化是为了什么？是为了给大家推销毒品吗？是为了给每个人上门送毒品吗？上门送大麻吗？

当然不是。我们只是赋予你这项权利，不会让你背上违法的罪名，但我们依然会倡导，会告诉大家，你吸了大麻之后会产生什么样的危害。我们会在盒子上印上“吸大麻有害健康”，放上那些比较可怕的图片，也让大家不愿意去用这些东西，政府是会倡导的。还有，我们要说人是有理性的，当我们面对大麻的时候，甚至面对海洛因的时候，我们这个时候知道它的危害，就算它是合法化的，会不会有那么多人一拥而上，把它当做仙丹妙药去享用呢？不会的。政府是会有个倡导的作用在里面的。我方的政策是，我们虽然开放它，虽然合法化它，但是我们依然还有一个倡导的作用，所以，基于这样的标准，我方认为大麻是可以合法化的。谢谢大家。

自由辩论

正方一辩：对方辩友，先跟您澄清一个错误，今天您所说的香烟、酒精相对于大麻少20倍的伤害是因为吸食动力学不同，两者产生的有毒物质其实是一样的，这是您方解决的第一个问题。再请问对方辩友，今天有谁会去主动吸食毒性非常高的毒品吗？

反方二辩：对方辩友，首先您方的理论依据已经不成立。其次，问您方了，在美国大麻是药物滥用中成瘾性最高的，这就是您方说的我想吸就吸，不想吸就戒吗？

正方二辩：对方辩友，我方的数据已经跟您说得很清楚了。再想请问您，每个人是不是有选择自己生活的权利，只要我不伤害、不侵害他人？

反方四辩：对方辩友，按照您方观点，只要我自由选择，我在家里吸海洛因是不是也可以合法化？

正方三辩：对方辩友，我方认为，这可以合法化，只不过在当今的环境下我们不能这样做，因为民众可能不接受，我们制定这样一个政策要考量民众的反应。但是大麻这种东西的危害程度我方认为是可以接受的。

反方一辩：请您方告诉我，今天大麻可以合法化，时机是什么？

正方一辩： 对方辩友，就是因为民众都了解大麻这样东西究竟是什么。对方辩友，再想请问您，是不是我方论证今天有毒的大麻甚至于海洛因可以合法化，您方就认为我方观点成立？

反方三辩： 对方辩友，好像不对吧。前段时间房祖名、柯震东吸毒的事件曝光后，千万网友共同声讨。中国作为一个从来没有吸食大麻基础的国家，为什么会像您方所说的大家都对大麻有种开放的态度呢？请您方论证一下。

正方一辩： 对，对方辩友，就是因为大家不会主动去吸食它，我们认为大麻应该开放，不是倡导大家去吸食大麻，而是让大家正确地去认识这个问题。

反方四辩： 所以您方今天的政策是开辟出来的，大家抱着试一试的态度，我有理性我就不选择它，有理性我就拒绝它，您方是这种态度吗？

正方二辩： 不是，对方辩友，我们认为要让大家看清楚大麻究竟是什么样子的，然后给你自由选择的权利，你有选择自己生活方式的权利。

反方一辩： 那同样，今天《柳叶刀》数据显示，摇头丸的毒害也比烟酒低，那您方是不是要告诉大家，摇头丸也很好，也可以使用呢？

正方三辩： 对方辩友，如果摇头丸的伤害真的比烟酒低，那我们当然可以使用。

反方三辩： 所以今天您方是想进行一个科普，可是科普为什么要用开放……要用大家去吸一吸、试一试的方法，您方为什么要承担相应的风险？请您告诉我。

正方二辩： 我方从来没有提倡大家随便去吸。只是告诉你，你有选择去吸食大麻的权利，同时我们也告诉你大麻的危害是什么，这样怎么不可以？

反方二辩： 所以您方的标准就是说，能保证民众在大麻合法化后不去吸大麻对不对？能不能保证？

正方三辩： 对方辩友，我方认为，这是他应得的权利。我方只是给他这个权利，该不该吸由他自己选择。

反方四辩：所以说您方今天建立在一群理性的公民的基础上，而您方站在法律制定者的角度上并不考虑民众会产生什么样的损失，这是您方应该有的态度吗？

正方二辩：对方辩友，我方三辩天天选择去吃烧烤的时候也许他并没有那么理性。可是我们政府能不能残忍地剥夺我方三辩吃烧烤、享受美味的权利呢？

反方四辩：对方辩友，您觉得吃烧烤和吸大麻是一个意思，我懂了。

正方四辩：对方辩友，如果您真觉得明明伤害那么大，您自己会不会去做这件事情？

反方三辩：对方辩友，关键是吃烧烤不会吃出精神病，吃烧烤不会让我们自己失去控制能力，甚至是谋杀自己的亲人，您方这样的比较合理吗？所以您方是没有考虑过开放后吸食大麻人数上升带来的危害对不对？

正方四辩：对方辩友，我们开放了之后告诉大家，您今天吸了大麻有可能会去伤害自己的亲人，对方辩友，您知道会这样之后还会不会这样做？

反方四辩：对方辩友，如果按照您方的观点，所有的人都是理性的，那我们禁毒所里应该空无一人啊。

正方一辩：对方辩友，就跟您论证一下，今天就算推到极端，可卡因、海洛因这样的具有攻击性的毒品，会有人主动去尝试它，伤害自己、亲人？

反方二辩：所以说您方的标准就是，软硬毒品都可以合法化，都可以吸，带来的危害您方是不是要承担？您方承担吗？

正方三辩：对方辩友，我就想请问您，是不是我方说软硬毒品今天都可以合法化了，您方就觉得我方得证？

反方四辩：不对，对方辩友，我们看到，您方的前提告诉我们，人本能就不会碰毒品，可是事实上并非如此。因此您方开放的渠道只是增加了一些接触毒品的可能，这样带来的风险您方如何承担？

正方三辩：对方辩友，您告诉我，现在这些人去吸了海洛因或者其他的毒品，是他主动去尝试的还是别人给他，诱骗他去吸的？

反方二辩：所以说您方有没有看到数据，今天美国760万药物成瘾者中，近六成是大麻成瘾者，而且每天吸食哦。对方辩友你能保证民众今天吸，明天不吸，有心情就吸，没心情就不吸吗？您方要承担这个弊害吗？

正方一辩：对方辩友，我方坦然承担。但是我们要看到这个弊害的原因是什么。还是刚刚那个问题，您方告诉我，今天有人去吸食大麻，甚至是海洛因这样的毒品，为什么？是自己主动去吸的还是被动被骗？

反方三辩：对方辩友，按照您方所说的，大家都有理性，都有智商，为什么还会被人诱骗去吸食海洛因呢？所以他们可能就像今天您方觉得的，大麻伤害没那么大，大家只想爽一爽，结果就此走上了这条不归路，所以您方要为这一部分人负责是不是？

正方二辩：对方辩友，以前大麻处在社会最阴暗的那个角落，在那些不理性的营业场所，一些无知的青少年可能会受到诱骗。现在我们把大麻拿出来放在阳光下面告诉他，大麻其实是这个样子的，虽然你有选择去吸它的权利，但是我们也有义务告诉你大麻的危害。请问对方辩友，为什么这样不可以？

反方一辩：所以您方今天要论证的是我在阳光下要比在黑暗中更好。刚才您方一辩已经承认了，在个人的弊害上您方承认大麻的危害是大的，那么就请问您社会危害了。今天社会危害层面，吸食大麻后车祸致死率高达平常的两倍，您方看不看？

正方四辩：对方辩友，您方认为今天有人去吸食大麻到底是因为黑市的推手还是因为真的有人想去伤害自己？对方辩友告诉大家。

反方二辩：首先理论上，合法化之后大家更加容易得到，也可能增加泛滥的概率，您方这个理论依据本来就有两套。再来看事实层面，今天美国药物成瘾者中近六成人都是大麻成瘾者，您方怎么保证有人去吸，有人不去吸呢？

正方一辩：对方辩友，两个国家国情不同，千万不能拿来对比。最后一次问您，这个问题究竟是主动的还是被动的？

反方二辩：所以您方是基于主观的臆测，觉得可能会这样，那大家就去试试，13 亿人大家就去试试，对不对？

正方一辩：对方辩友，您方才是不对的。对方辩友，今天您方没有任何的推断就认为大家一定会去尝试。对方辩友，事实是很多青少年就是在娱乐场所通过大麻被诱骗甚至吸上海洛因的。

反方三辩：对方辩友，今天你只能说可能有一部分人是因为被诱骗去吸食的，但同样您方不能否认今天就是有人主动去尝试的。所以有人主动尝试，有人被诱骗，您方就要承担这个风险，他们主动去吸食的人去吸食对不对？

正方四辩：对方辩友，您今天告诉我们不能合法化是因为合法化之后有可能会泛滥，但如果我方为您论证不会泛滥，您方论点是不是就不成立了呢？

反方二辩：对方辩友，请论证。

正方一辩：对方辩友，就问一个最简单的问题，把海洛因摆在您面前，您对方辩友四位辩手会不会去吸海洛因？

反方一辩：所以今天您方要论证，所有人都足够理智全部不会去吸大麻。还请问您了，今天大麻造成的社会危害您方到底看不看？

正方一辩：对方辩友，不是足够理性，而是只要一个人有一丝理性的情况下，他就不会去伤害自己，伤害他人。

（正方时间到）

反方二辩：所以今天对方辩友必须要先论证为什么一定不会吸，这是他方论证的标准。

反方三辩：可是我们看到今天西班牙开放大麻合法之后两年内大麻交易量上升了 150%，这是您方所说的开放之后大家都有理性，都不会去吸吗？

反方一辩：所以现状远没有您方所说的那么乐观。更何况了，今天大麻带来的个人危害和社会危害也是要您必须重视的。

反方二辩：对方辩友作为政策的推动者，他方没有告诉我利弊应该怎么比较，他方负责的态度在哪里？

（反方时间到）

反方总结陈词

反方四辩：

大家好。

今天我们和对方辩友讨论，当今中国大陆大麻应不应该合法化，这本身是个法律性的问题。我觉得我们今天应该抱着非常诚恳并且非常严谨的态度讨论，可是很可惜，对方辩友给出的很多数据，它都不具备科学性。其次他们的论证逻辑我觉得不符合我们法律制定的那种准确性。我们一一来看。

首先，我们来看他方数据，他方告诉我今天大麻应该合法化，唯一的理由是告诉我们说，大麻危害很小。可是看危害小他方基于的数据——2007 年《柳叶刀》数据告诉我们它的成瘾性低，可是在同一份报告中我们看到，K 粉、迷性药成瘾性都低于大麻，这些都合法咯？K 粉、迷性药都合法咯？可是我们再看，即使您方成立，这份数据是怎么来的？2007 年这份数据我方已经看过了，它们是 20 多个人主观填写调查问卷得出来的。这样您方并没有什么权威的依据就告诉大家大麻的危害很小。你对在座的各位负责吗，对方辩友？

其次，即使您方的这份调查权威，我们再看，您方没有考虑到的，精神危害、社会危害、前期危害，等等，您方今天都不看对吗？可是我们看到，大麻不同于其他的烟酒产品，它不仅具备普通的成瘾性，还具备可怕的致幻性。我今天吸了个大麻，我的精神很致幻，这时候我会怎么办？我的自杀率会提高 7 倍。新闻中我们常常会看到有人裸奔，有人谋杀自己的妻子，很多人是因为吸了大麻。在这种情况下您方告诉我不考虑社会危害吗？我们再看，潜在危害有没有呢？今天吸了大麻的人中70%的人会走上吸食硬性毒品、暴力犯罪的道路，您方也不看对吗？这就是您方今天所谓的危害小。

再次，即使在这种情况下对方跟我退了一步说，我们今天不谈危害小不小了，我们今天说大麻致死了吗？如果没致死，就叫危害小。可是我们看到，作为一个法律制定者来说，是不是它致死我才规定它不合法？我们今天在高速公路上，它规定我们限速90，是不是90是致死的一个限度呢？可能不是这样的。今天要到120，才会让你死，可是为什么我要限到90？法律有个保护立论，有个安全线，我们不能到悬崖的尽头才勒马，勒不住的，对方辩友。您方不能告诉我因为不致死所以它就要合法。按照您方观点来看，三聚氰胺它也不致死咯，给小孩去吃没有问题咯，但它要合法吗？我们也看到吗啡作为一种毒品也不能致死啊，所以要合法吗？我们今天看到苏丹、红地沟油等东西它都不会致死，所以都要合法咯？对方辩友您这种态度，让我们民众何以安全地生存下去？

再看，对方辩友又退了一步，好，我不论证危害大不大，今天纵使有再大的危害，我愿意承担，我自由选择。可真的是这样吗？我们作为一个人，任何自由都要保障吗？今天我在家里吸海洛因，我在家里自伤自残，这是不是用法律保障我的自由呢？对方辩友，这不是自由，更不是人权，而是一种反自由、反人权。

我们今天说，我们作为成年人，不能依靠我们全部的理性解决问题，如果按照您方观点，每个人都是理性的，人是不愿意接触毒品的，那戒毒所里该是空无一人，我们的禁毒工作该不需要进行，可是事实上真的并非如此。因此我方以一个非常理性的态度，负责任的态度，理性的角度告诉您，今天大麻依然不应该合法化，是时机未到。所以我们诚恳地希望在座各位，今天你通过这场辩论赛，不要被大麻所误导，要擦亮自己的眼睛，认识毒品，远离危害。谢谢。

正方总结陈词

正方四辩：

大家好。其实今天这个世界上，黑白总是不那么分明，是非也不是那么好判断的。我们今天克服了先天的恐惧和担忧才能理智地坐下来讨论这个问题。对方辩友今天一直在质疑我们的数据，这可是《柳叶刀》经过40年的临床研究得出来的，对方辩友说这是一个主观的臆想。对方辩友，告诉我主观研究怎么定量？这是一个很荒谬的质疑嘛。

其实我们今天想讲的，大麻可以合法化的关键也不在于它的伤害小，而是这只是一种个人行为。对方辩友跟我们讲它的社会危害性，对，万事万物都是普遍联系的。如果你们今天说一个东西可以脱离整个社会存在，这不可能，今天我在宿舍放《小苹果》都会影响我舍友学习。对方辩友，这种社会危害性其实是不存在的，我们不能把这种普遍的社会联系性当成社会危害性来讲。

接着我们看到，今天这种权利，其实才是我方的需求所在，换言之，我们今天有了讨论大麻的必要，但是多年前我们闻之色变，为什么？因为过去我们不了解，因为过去我们一切的担忧与恐惧都来自于未知或者某种不确定性，什么意思？在鸦片战争的时候我们不知道鸦片会带来怎样的后果，所以我们才会盲目，所以我们才会疯狂，但到了今天，在这个现代社会，我们的科学研究可以规避这个问题了，我们可以给大家还原出大麻真实的面目了。所以，我们今天了解它的要义知识以及客观伤害之后，我们相信人都是有这么一丝理性的，在这个理性的前提下我们了解大麻真正对于健康的伤害之后，我们会抉择，我们会比较。一时的快感和大麻给我们身体带来的伤害，孰轻孰重？我们心里有一杆秤，每个都会进行比较，如果今天我承担不起，我不会去试。即使今天像您方说的，海洛因、可卡因也合法了，我们告诉大家你吸食了这个之后有可能一吸即死，有可能会去伤害自己的亲人，对方辩友，存有一丝理性的人他们不会这么做吧？如果……即使有超大的危害，同理我们可以想一想，一个可怕的东西我们只要揭露了它真实的面目，人们就可以基于理性来比较，不会变得盲目。

同时我们今天将它合法化之后，我们做到的另外一点就是规避了人们对于禁忌的窥探欲，打消了人们的好奇心。很简单的一个意思，就像今天有一把椅子放在这里，不会有人平白无故去踢它一脚。可是如果给这椅子上写上“千万不要踢这把椅子”，后果是什么？大家很好想象。这是为什么？就是当我们告诉大家不能踢这把椅子的原因之后，大家会理解。当我们可以正视大麻之后，我们的好奇心，我们的窥探欲，会让位于理性。

所以，当我们将大麻真的合法化之后，今天造成大麻的黑市推手会消失，我们会把原来的泛滥的那个黑市拉回一个正常的供给。这才是合法之后不会造成泛滥的原因。诚然，我们作为一个政策的制定者，我们有义务倡导大家不要吸大麻，有义务告诉大家大麻的真实性质。但是我们也是独立思考的人，不是政府养了一群洋娃娃，一切都要被安排，一切都要被提供。我们今天貌似享受着莫大的光环和鼓励、关心，但却失去了自由，错过了选择的美好，而我们真正追求的是选择和自由。

比赛点评实录

陈勋亮（印象票投给反方）：

我这里的分析是这样的，我觉得今天正反双方其实打得都不算太好，可能是时间准备不足的原因，都打得不太好。但是从刚才那场约辩以后，我应该会以一个正赛的心态来评这一场比赛。

今天正方说的是什么呢？他说，为什么我们要合法化大麻呢？因为其实伤害性不大，那么基于我们尊重个人选择的权利，伤害不是很大，又不伤害他人的话，我们应该合法化。

反方说的是什么呢？反方说的更简单，因为它伤害很大，就这样子而已。其实这个辩题还有很多东西可以谈，合法化的过程是怎么样？双方没有很详细地谈到这一点。那我先迅速地讲一讲为什么我把印象票投给反方，因为今天我觉得，整个过程下来首先正方和反方在争执的一个很重要的东西就是资料，谁的资料做得比较好。正方提了一些资料，反方说你的资料不够好，有很多原因，我等下再详细讲。在资料的战场上谁获得优势呢？我觉得首先是反方获得一点点优势，关键在于反方能够针对你资料的方法进行质疑，而正方没有进一步地去解释。我不知道也并不认为正方所提供的资料有像反方说的问题，不一定的，但关键是我发觉反方进行质疑以后，正方完全没有回应，代表了正方其实也不太清楚你资料是怎么得来的。那么基于这样的原因，这个战场上的优势我稍微给了反方，但说真的，反方也顶多做了一点质疑而已，并没有真正地完全指出你资料的不准确性，除了临床试验，和你只是一个调查而已。

第二个，今天我们讲应该合法要谈需求性，正方的需求性是什么？他说因为我们要尊重人基本的选择权，因为大麻的危害性不大，那我们要尊重。但是这一个需求是建立在，第一，危害真的不是很大，但我刚才讲的你在这边占了一点劣势；第二，这是人自由选择的权利，在这一点上，我也并不觉得正方做了任何有效的论证。基于这样的情况，我把那一票投给了反方。

但反方在很长时间里在刚才的比赛中其实是处于危机的，因为反方提了说，大麻危害很大，真的很大，大到哪里呢？反方说“因为我的资料比较准确，其实是很大”。他们很大部分都是在讲这个理论，这样其实对于我而言，并没有很大的说服性，但是正方没有去攻击这一点，也攻不破资料上所说明的危害其实更大。那接下来正反双方在攻防的时候都做了些什么东西呢？其实有趣的是“对方你的标准是什么？你危害到多大你才不要？你的危害要多小才可以？”对不对？有趣的是，发展到后来，有一方是说“我方是没有标准的，那你的标准是什么？”中学的时候打辩论曾经犯下的错误，到现在我的辩友还会用这个来取笑我。那时我总是理直气壮站起来说：“对方辩友，你方犯下的错误跟我方一样多，那请你回答我方这个问题。”我顿时就想起我那时候的回忆。但是我真的觉得作为辩手，跟律师一样的，这是你基本的道德，你不能说“对方辩友其实我们的错误一样多啦。一样啦，都没有标准啦，但你能说出你的标准吗？你不说你的标准就是你错哦。”我觉得这个东西是很基本，不应该犯错的。

第三个，我觉得今天比赛比较明朗化的时候，是在自由辩论，乃是在结辩的时候，我比较容易判到反方获得胜利，尤其是在自由辩的时候。自由辩的时候我不知道为什么正方会跑去讲“如果我有理性的话我是不会去吸毒的，对不对？其实很多时候不会蔓延的你放心。如果我方可以论证硬性毒品和软性毒品我方就成立？”我就在听啊，“那你给我论证一下。”巧妙的是，反方真的是说“请你论证！”正方说：“我是不是论证了硬性毒品我就成立？”反方说：“请你论证！”正方说：“好，如果你理性的话你会不会去吸硬性毒品呢？”感觉是说这个问题就论证了硬性毒品应该合法化吗？所以我觉得这个很搞笑，我觉得辩手要分清楚。很多时候我都跟我的辩手说什么时候是非开放性回答，什么时候是开放性回答，你要搞清楚。当我说你要搞清楚你会吸硬性毒品吗？你会吸海洛因吗？你会吸毒吗？对我来说我不知道为什么很多辩手会感觉这是非开放性回答，但其实是非常非常不严谨的，对不对？所以刚才那个情况，我听了心里是有点蛮好笑的，所以我觉得这个东西是让正方大大地打折扣的。还有个东西是最后结辩的时候，我觉得今天反方的结辩结的非常好。就是我觉得今天辩题的重点跟我想听到的，今天反方的结辩都做到了，所以在自由辩以后的环节我都蛮好判的。但是在自由辩的时候其实我是觉得反方的立论是很容易就可以击垮的。

当我说到为什么把印象票投给反方之后，我这里想加一点点个人觉得比较赞的意见。我觉得资料是死的，诠释资料才是最重要的。如果大家有做学术工作，或者以后做博士，很多时候资料都是骗人的，很多时候不是说真的骗你啦，就是说是有偏见，很多的偏见的。他说什么东西会增加 20 倍？致癌，从 0.01~0.2 是 20 倍。那这个物品致癌率高吗？不高。我只是纯粹分享一下我的个人经验，辩手们掌握资料，不要盲从地抛资料抛数据，要知道怎么诠释这个资料才是最重要的。谢谢。

刘京京（印象票投给反方）：

我判断印象票的原因跟刚才两位评委其实是差不多的。前半段是资料战，后半段是理念战。我资料战补一点刚才评委没有说到的。可能是由于备战时间太短，你们各自储存的和使用的资料离这个辩题应有的限度还差得太多。正方你们所有的资料都维系于2007年《柳叶刀》的这一份数据结果，当反方跳出来说这份研究结果其实只是20个人的主观调查的时候，正方其实是有回应的余地的，前提是你们对这份调查报告看得足够仔细，因为反方很狡猾地隐藏了一个非常重要的信息，这20多个人是什么人？是精神病专家和在英国长期治疗毒品成瘾的人，是专家。这样的调查者，比我们这样的人来200个都有用，因为他们长期在临床工作，他们是把临床经验反映到了这份调查结果中。所以这份数据虽然还不够完美，但已经比很多二手的，或者说做得不够仔细的研究，可信度还高一些。因为真正严格的临床研究，你要保证随机、对照、双盲，但在现实社会当中，现在对大麻的研究远远达不到这个要求，因为我们不能对吸食大麻的人做人体试验。反方说了很多关于这个致癌率的数字，其实它是在很不严格的社会学推论下得出的，或者在动物试验身上得出来的，所以从这个角度来讲，正方也有余地在资料上反弹回去，但是如果研究得不够透彻就无法反弹回去。我为什么知道？只是因为我博士研究期间非常重要的一个主题就是毒品犯罪，所以我会去阅读这些文献，多阅读了之后就会发现，其实双方讨论这个文献的过程当中有太多含糊不觉的地方，在技巧的使用上面把它一划而过，那就看谁隐藏的信息更能争得评委和台下观众的认可。而刚才的信息最后停在哪里？停在反方对正方的质疑，你“这份2007年的数据调查不够有利”这个点上，我会觉得如果真要打资料战，希望大家对资料战的准备会更加详细一点，会做得更好。比如说，研究毒品的人都会知道，目前来讲，最具可信性和调查度，对照度最好的数据其实都来源于澳大利亚。为什么呢？因为澳大利亚的开放度非常高。澳大利亚政府每年都会出一份研究报告，列举各种成瘾物品的使用，这一年的危害，这一年的死亡人数结果。我自己就做过一份调查，就是根据澳大利亚的结果算，有多少个人吸烟，吸烟所带来的死亡人数和社会伤害，总体数量是多少，一除，平均每一个吸烟者大概所带来的社会危害值和个人危害值。如果各位真的要打数据，希望各位能将这份数据做到这个详细程度，再出来打，你才能打好数据战。真的不是你看完一份结果就上来打，或者找到这份研究结果的一个瑕疵就来反驳对方，我就会觉得这是一个非常可惜的地方。这是前半段是数据战。

后半段是理念战，我个人觉得其实有点走入歧途。为什么说走入歧途？今天辩题里面有中国两个字吗？有吧。刚才现场正反双方提中国国情的，有多少次？反方提了一次三大毒品之一是大麻，正方提了提中国人现在对大麻接受度比较高了。除此之外没有了，没有对于中国现状的任何描述。坦率地讲，刚才正反双方都在论证在山的那边海的那边有一片国土，大家一起来论证一下在那里大麻能不能合法化。

中国的基础是什么样的？中国人对其他毒品的使用程度有多严重？在这种严重程度上再加一个大麻合法化会使社会原来问题更轻还是怎样？中国现有的经济基础和财政基础会因为大麻的合法化带来好的结果还是坏的变动？这一概的讨论都没有。那我会觉得这多多少少会使今天讨论大麻合法化的意义缺减。美国那些州为什么会大麻合法化？如果你们去看政府为自己辩护的理由，他们都不会提大麻的危害很小了，他们都会提大麻会带来多大的财政收入，这笔收入用来改善其他社会福利会给社会带来多大的改善。这是他们合法化的原因。在讨论中国问题的时候居然不涉及这一块的讨论，正反双方一起规避，我会觉得这样的讨论会多多少少偏离政策性辩题讨论的范围。因为不是只做学术讨论，学术讨论只讨论大麻本身的成瘾性致幻、性就可以。政策讨论你要讨论，这个大麻合法化后中国整体社会的利益会是一个怎样的变化趋势。这样你才会尽全力展开辩题整体呈现给评委的观感，这就是李挺为什么一直强调要考虑社会成本的问题。

正方其实可以更多源于经济学家的讨论，因为经济学家最喜欢支持毒品合法化，在他们看来，毒品所有的危害都来源于我吸了毒之后还想一直吸，还想吸怎么办呢？就要花钱买，花钱买毒品又好贵，所以我只能跑去偷、去抢。那毒品为什么贵呢？是因为毒品不合法，我们只好从黑市买。所以毒品合法化之后价格就会下降，大家能买到便宜的毒品，又何必去偷去抢？大家不仅能买到便宜的毒品，还能增加财政税收，为大家增加了自己的权利和幸福感，何必把它非法化呢？在这个推论过程中有不严密的地方，但是比今天正方仅打理念有更多的切入点和支撑的力度，因为它可以告诉我们合法化之后实实在在带来的好处是什么，解决了哪些问题。而对于反方而言，你就规避，你就讨论这些经济学家整天在做梦，对不对？因为你没有讨论，万一成瘾了之后理性管控不及的情况下，是不是真的能做到你方说的？不一定，有很大的风险。有很大的风险的情况下，中国以现有的这种状况，我们学校的楼还不结实呢，你没事还搞什么毒品？我会认为这种争执本身才更有现实意义。出题者没有把中国两个字去掉，我觉得是一个很重要的原因。

所以我觉得讨论，跟刚才展现的而言，离这个辩题所应有的讨论还有非常大的空间没有展现出来，有点可惜，可能因为准备时间太短，所以我们刚才所说的，是提供给正反双方的参考，以后再遇见类似辩题的时候，我们视野所及的范围可以更宽广些，以上就是我评判的一个解读。前半段资料战有利点停在了反方，而后半段的理念战正方的引入理性说不足以支撑他们把故事讲圆，所以我把我的印象票投给了反方。谢谢大家。

李挺（印象票投给反方）：

的确，我来自于一个非常的疯狂的什么都可以合法化的国家。的确，澳大利亚还蛮多毒品吧，意思是澳大利亚是个特别开放的国家，它连硬性毒品都可以合法化。

我们还看一下这场辩论中，我认为双方的攻防中会产生的问题，我认为这是有战场出现的，双方有明确交锋的地方，主要有以下几个。最主要的两个是最开头的危害性和成瘾性的问题。正方主要举出的数据是2007年《柳叶刀》的一篇论文，而反方所举出的是2014年《柳叶刀》的论文，双方进行对冲，在对冲的情况下我们发现，双方对于成瘾性并没有太大的问题，都认为正方成瘾性不大的问题可以得证，而反方的攻击顶多只能到，比如说“K粉也没有太多成瘾性咯，所以说K粉也可以合法化咯”，其实换言之他的意思就是说，成瘾性我方并不在这多琢磨，而是我方要跳到下一个战场，也就是生理危害性这个方面。生理危害性这个方面呢，反方就相对而言提出了致癌性20倍、自杀率7倍以及精神分裂8倍等问题，以及对大脑核心区域的伤害。这一方面，正方所提出的是说，诶，我这里有份数据，这份数据是说低，然后反方就说，我这份数据是说高啊。这个时候就出现对这个数据的双方的拆解问题。

第一，从常理上说，资料肯定是反方占优势，因为2014年相对而言更新，这是第一步。第二步，反方需要对你的数据进行诠释，不能说我就是比你新，就是比你厉害，这肯定在评委的心理上会有冲击或者留下伏笔的地方。反方后面做的比较好的地方是他告诉我们“您方这份数据是主观判断，是基于医生和患者的主观调查”。我认为，在社会学或者医药学的很多问题上，用主观的调查并不是不对的，只是我认为相对而言，反方提出它是临床研究更加扎实。这个时候问题就是，有两个地方，正方为什么不对临床研究这件事情有质疑？换言之，所有人听到临床研究的时候，双方会出现这个地方，有战场胜负的地方，我们所有人说到临床研究的时候，都觉得你那个是对的，所以正方天然只能反驳“我方是几几年的啊，我们有多少年的研究啊，我方主观数据怎么啦”之类的，但是，你为什么不去质疑临床研究一定是对的，这是一个。第二个是反方提出的致癌、自杀以及精神分裂案例，如果按照奥瑞冈质询或者政策辩论质询的很多方法，我们会质疑某一项正确数据，最主要依赖于它的可信度。举个例子啊，但我并不认为这是一个好的示范，比如说“致癌性20倍”，是跟普通人比，那香烟致癌在这个时候是多少倍？换言之就算香烟低好了，那我烧饭时抽油烟机除的油烟是多少倍？搞不好它比香烟还高嘞，这也很难说啊。所以说这个多少倍到底是跟谁比，在什么样的情况下比，你方并没有质疑。再往后，同样的例子，自杀，你只跟普通的情况比，但高考导致的自杀率是多少，您方又知道吗？参加过高考的人搞不好比没参加过高考的人自杀率高呢，对不对？精神分裂也是一样的状况啊，比如说失恋，那我们是不是也要管啊？失恋的人怎么感觉都会高一点啊，那是不是我们也要管失恋啊？显然不是这样。换言之，你方在质疑的情况下，去提出更多的可能性，并不是面对数据只能举出“我这份数据不是这样啊”，这就不叫质疑，这是在对抗的情况下，对方在提出更好的说法的时候，你们的功效就会被打低。这是两个主要的战场。

这个时候，反方就提出了很多新的东西，因为在这两个战场上，反方得到优势之后，反方后面，尤其是在自由辩论的时候，会有很多新的战场开出来。比如致幻性，这是反方在比较早的时候提出来的。可致幻性这一点，正方的攻击非常弱。正方要注意，反方所有致幻性只说它很有可能让人出现某种状况，而唯一我所记录的最主要的数据，就是反方一辩说“科罗拉多因为吸食大麻所导致的犯罪数不胜数”，仅此而已。数不胜数，你们竟然就让它过了，我也觉得蛮厉害的。至于致幻性之后驾车之类的等等问题，您方显然政策中有所规避，那个不是问题。换言之，你们对致幻性这个地方，可以提出更多质疑，即使致幻性没有数据，你也可以质疑啊。你不知道到什么程度嘛。再往下，升级到硬性毒品这一点上，反方完全得利，正方毫无招架之力。正方说“可这是权利啊”，正方甚至在这个地方已经退守到，是不是我方如果论证硬性毒品可以合法化的话，是不是我方就得证？正方说出这句话后我觉得还蛮帅的，我觉得好帅，可是问题是，你倒是证啊。我也期待你论证，你一直在说“是不是我论证就得证？”自由辩中这么短的时间你居然可以证出来，我也蛮期待的。但是你方从来也没有证，您方最后也没有告诉我硬性毒品合法化之后不会有怎么样的问题，您方也没有证。您方只是在告诉我如果我方证了之后呢？这个时候您方需要有更早的环节。如果您方认为这是您方可以让出去的利益，或者您方可以承担这一部分利益的话，您方尽早做论证，不需要在自由辩论中再开这个问题，还自己无法解释。最好还是给个解释，评委需要这个解释。

然后再一个问题是，正方会提出扩大性的问题。这有点像是正方会主要说的，就是正方认为，就算开放之后有政府引导也不会吸食，这是在自由辩论战场中主要被反方算是百分之八九十拿下的一个战场，这个战场对正方的攻击非常痛。因为前面的战场已没有太多拿下，而在扩大影响这个战场上，完全被反方拿下。原因是反方说，“你怎么能保证这些人不吸啊？如果不吸的话戒毒所里面应该没有人才对。”那正方这时候，你必须给一个充分的回应，就是说你这个回应必须非常扎实，说你的法律制度可以规避某种状况，不然的话你这个点也是无法得证的。

再到最后一个环节，就是权利的问题。正方在很大程度上认为我们双方在数据上不需要争，我们需要争的是权利到底是不是应该归属。正方的感觉是我方的数据也很自信，我好像也没有比你输多少，我们来比比权利吧。这个时候就产生了一个新的问题，就是正方在比较的时候有两项权利在互相比较，一种是快乐权利、健康权利。事实上人在牺牲一些健康权换取快乐或别的东西，理论上是合理的。可问题是，这时候反方并没有很好地回应，但大致上的回应是说，如果这种情况很容易导致不好的状况，政府应当做出正面回应。这个时候，正方问反方“很容易是什么程度啊？”反方就会问“你很容易是很容易到什么程度啊？”双方都没有说，竟然让这个过去了，我也觉得蛮厉害的。这个时候我认为，因为正方在这个地方花这么大力气，或者认为权利是这么重要的一件事情，大方提嘛，无论是我要和烟酒比，或者是我认为海洛因也可以开放，等等，你就大方地提，只要后面给出充分的理由就可以了，不要在这个地方做暧昧的诠释，场下的观众并没有得到有利的信息。正如正方二辩所说，“以前我们大家认为三大毒品都是会让人跌入万丈深渊”，可是问题是，你必须解释，现在我们观念改变了，可是你没有告诉我为什么他不会跌入万丈深渊，这是我们政府会考虑的问题。

最后我给正方一点点小建议，其实你们在比较的时候你们只说有权利就应该赋予，或者说这个权利是正当的，我们政府就应该赋予，可正如反方说的会产生危害的话，会怎么办？这时候会有个权衡的问题。我建议正方可以使用类似科斯定律中对于社会成本的考虑，比如说这个社会成本的另外一边是你们会获得的利处是什么。你们始终没有告诉大家，你们只说这是权利，要实现，可是社会成本中这个权利实现对大家有什么好处，你方必须要告诉大家。我建议，比如说您方三辩所提的，类似黑市中我们很多问题不可管控，进入自由市场的过程中我们政府可以更好地监控、管控这个问题，以防止更多的人过度吸食或者未成年人吸食等情况，我认为黑市会是你们的一个利益，这是我能想到，或者在场上我能接收到最主要。而权利必须依赖某种社会价值，因为每个人都有社会权利，我们每个人在社会上是让步部分个人权利，才有政府的出现，才有社会的出现。那社会在做政策变动的时候必须考虑社会成本。以上，谢谢。

▲2014新国辩“约辩”第一场－厦大vs马来亚

▲2014新国辩“约辩”第二场－北师珠vs台政（1）

▲2014新国辩“约辩”第二场－北师珠vs台政（2）

▲2014新国辩“约辩”第二场－北师珠vs台政（3）

▲ 2014 新国辩“约辩”第三场 – 澳国立 vs 新国立（1）

▲ 2014 新国辩“约辩”第三场 – 澳国立 vs 新国立（2）

▲ 2014 新国辩“约辩”第三场 – 正方澳国立

▲ 2014 新国辩“约辩”第三场 – 反方新国立

▲ 2014 新国辩“约辩”第四场 – 西交大 vs 苏大

2014 新国辩正赛复赛第一场

比赛场次

2014 国际华语辩论邀请赛复赛第一场

比赛辩题

正方：当今中国大陆应该允许商业代孕合法化

反方：当今中国大陆不应该允许商业代孕合法化

对阵双方

A 组出线队伍：（正方）天津大学

一辩：李家辉

二辩：田炜晨

三辩：吴昱贤

四辩：何有恒

B 组出线队伍：（反方）莫纳什大学

一辩：李曼琦

二辩：荆棹扬

三辩：李　挺

四辩：包江浩

比赛辩词实录

正方陈词 1

正方一辩：

各位好。我方观点是中国大陆应该允许商业代孕合法化。

辩题当中的代孕指的是夫妻双方提供精子和卵细胞在体外进行受精，完成之后移入代孕母亲体内，而商业代孕指的是盈利为目的的代孕，但我方认为与其他目的可以并行不悖。

政策的需求性在于中国的 2.3 亿育龄夫妻当中有十分之一的人存在不能生育的问题，且存在每年上升的趋势。

我方认为商业代孕相对于领养和无偿代孕具有独特的好处，对于满足不孕不育夫妇的需求具有更大的解决力，那么具体的好处如下：

第一，不孕不育的夫妇也有资格去渴望，渴望拥有一个血脉相连的亲生骨肉，这是其生育权的体现，这样的需求是合理且正当的。在当前中国医学无法完全治愈不孕不育的情况之下，允许代孕则是对人生育需求的充分尊重和关怀。

第二，商业代孕相比于无偿代孕，更有利于建立规范的市场体系，实现委托方需求与从业者供给之间的无缝对接，同时商业化带来从业者的增多则能更好地满足需求。

第三，落回当前中国，商业代孕合法化是对计划生育政策带来的不良影响的补充。34 年前独生子女政策在民众不理解的目光中开始实行，34 年后的今天，那初为人妇的女子可能已经年过半百，早已失去生育的能力，可能存在的一些意外让她们失去了自己的独生子女，从此失去了生活上的支持和精神上的寄托。2006 年消防战士陈平因公殉职，其母亲悲痛欲绝，失去了生活的动力，孕育一个新的生命对于她来讲比什么都重要。这样的人数不胜数，政府需要给计划生育担负的这几代人一个说法。商业代孕政策，商业代孕合法化给了他们这样的机会，让他们可以重新拥有与自己血脉相连的骨肉，弥补计划生育政策带来的不良影响。

诚然，也许商业代孕确实会对某些人的传统道德观产生冲击，但道德本身也朝着更为开放、更为包容的方向不断发展。就如同古代自由恋爱被人视作伤风败俗，如今已是司空见惯。就如曾经同性恋被人认作污秽不堪，如今却只是异性恋者的歧视罢了。商业代孕又何尝不是如此，多少人假借道德伦理之名，不顾他人求子不得之痛。所谓多数人心中的道德，不过是对少数人的歧视，仅此而已，这样的冲击我方认为值得。谢谢。

反方质询 1

反方四辩：对方辩友，你好。

正方一辩：你好。

反方四辩：今天你方建立一个政策是叫商业代孕，那能不能问您一下，定价模式是怎样的？

正方一辩：定价模式是双方的协商完成之后……

反方四辩：是市场决定对吧？

正方一辩：没错。

反方四辩：如果是市场供需决定，我方可不可以这样认为，它基本是价高者得，对吧？

正方一辩：其实也不是，我方认为开放以后这个价格会稳定在一定范围之内。

反方四辩：换句话简单说，我今天给你更多的钱，你肯定会愿意帮我生嘛！

正方一辩：是。

反方四辩：对。

正方一辩：但是还有别人愿意帮生，这个无所谓。

反方四辩：我只是想跟你简单确定一下，我方不是说你方故意，但难免会导致一种情况，就是今天我们更富有的人，更有能力去寻得商业代孕，对吧？

正方一辩： 确实。

反方四辩： 对，就是说今天这个东西可能会相对向富有的人斜一点。

正方一辩： 对，他需要付出很多成本嘛，这个没有问题。

反方四辩： 好，对方辩友，接下来接着问您，世界范围内，一般来说器官我们不太允许买卖，对吧？

正方一辩： 是没错，我方也没有任何的买卖行为。

反方四辩： 所以说我方揣测，不知道你方同不同意，器官不允许买卖，原因是两个，第一器官很稀缺，第二器官关系到我们基本的生命权，它非常重要，因为这两个原因，我们不能轻易买卖，你方能否认同？

正方一辩： 生命权确实很重要，这方面算一个，但稀不稀缺不一定。

反方四辩： 来，一个情景问您啊，一个眼角膜供应出来，您方认为这样的情况下是不是我出价更高就可以得到它。

正方一辩： 这个现在并不是这样的行情，正是因为这样的行情无法确定，所以我们无法……

反方四辩： 不是这样的行情，换句话说，今天有一个眼角膜，如果我们允许买卖，你出五千，我出一万，是不是相对来说更可能会卖给我？

正方一辩： 就是因为我们市场混乱，所以可能因为我们没有办法……

反方四辩： 所以说应该肃清规则嘛，就是应该有明确的竞价规则，不能暗箱操作对不对？

正方一辩： 嗯，我方认为确实不能暗箱操作，没问题。

反方四辩： 好，接下来问您，如果现场失火了，消防队员冲进来，我们有人可不可以举手说，我给你更多的钱，你先救我，可不可以？

正方一辩： 这个生命健康权来讲是不可以通过价格来衡量的。但我们从来没有用金钱来衡量过。

反方四辩： 所以说，当一个东西，它涉及我们的基本人权并且很稀有的时候，您方认为还是应该以市场买卖对不对？

正方一辩：是这样的，我们认为这个生育权是人本身没有经过买卖的过程。

反方四辩：来，你方说不买卖，为什么？

正方一辩：这个不是一个买卖的过程，卖给谁又失去了什么。

反方四辩：不买卖那是什么？

正方一辩：那是一个服务的提供，跟买卖根本没有关系。

反方四辩：我给你钱，你给我服务，你跟我说不叫买卖？

正方一辩：当然不讲买卖，没有买卖过器官，没有买卖过权利。

反方四辩：哦好，对方即使给我钱，给我服务也不叫买卖，看来今天基本没有什么买卖行业了。好，对方辩友，还跟你最后确定一下论证立场，今天你方说商业代孕合法化，你方是又要它商业化也要它合法化，对吧？

正方一辩：没错。

反方四辩：所以说您今天两方都要论证，好。

反方陈词 1

反方一辩：

大家好。首先明确我方态度，我方并不否认代孕合法化在当今中国的必要性及其他的利处，但我方认为代孕这一关乎基本人权的行为不应该以商业化的形式来合法。

所谓最基本的人权是指所有人类乃至所有生物存在的最基本特征，即生物、生存与繁衍，而对于涉及人类基本人权的稀缺资源以商业化形式运营都是在典当社会正义，与人类文明进程背道而驰。正如器官捐献虽合法，但它不能以商业化的形式在市场上进行买卖，因为第一，器官涉及最基本的人权及生存权；第二，器官属于高度稀缺的资源，如果我们将器官投入市场化，进行商业化的交易，在价格的博弈间难免就会出现有钱人活命、没钱人认命这一状态，社会的公平正义将被打破。可见一旦我们让高度稀缺又涉及基本人权的资源商业化，其后果便是这种资源将很容易被市场规则操控，资源会倾向于拥有更多财富的人，难免就会出现价高者得，甚至于垄断供给。所以，基于基本人权、人人平等这一标准，为了维护社会最基本的公平正义，所有的高度稀缺与涉及生命权、生育权、人格等基本人权的资源，我方认为都不应以商业化的形式合法。

而代孕商业化同样也会带来如此的弊端，首先代孕资源极度稀缺，根据印度官方数据，代孕合法化的印度作为全球最大的代孕婴儿工厂。每年只有一千五百名代孕妈妈；代孕合法化的美国每年也只有一千名左右，而在中国，新华社调查显示，三亿八千万已婚妇女中，约有百分之三无法生育，也就是说仅中国就有千万的不孕妇女。而《纽约时报》调查显示，即使中国存在着庞大的代孕黑市，每年代孕产子也只在一万例左右，一旦商业化放开，中国面临的更是全球的不孕市场，世界卫生组织表明，全球范围内约有五千万不孕的女性，显然即使商业化后，对市场供给有所刺激，这样庞大的需求量也难以被满足，在供给严重失衡的状态下，对于商业化极易导致价格哄抬，财富拥有者垄断市场，大多数人却默默忍受着这个不再公平正义，基本人权都无法保障的社会。

我方认为，应该建立一个合法的保证体系，采取与中国器官捐献政策一样的排队理论，坚持平均分配，先到先得的公平原则，也就是说代孕过程中产生的费用，以及对于代孕母亲的补偿奖励，将统一由国家的医疗保障来提供，从而使代孕行为在一个公平分配的公共体系下更加合理地发展。综上所述，我方已然得证，谢谢。

正方质询 1

正方四辩：对方同学，你好。

反方一辩：你好。

正方四辩：问你一下，假如今天治疗不孕不育是一个手术就能治好的，那这个手术特别贵怎么办？

反方一辩： 那就……按照您方理论就应该是有钱人就治，没钱人就不治了。

正方四辩： 那是不是按这种情况，没钱人也治不了？

反方一辩： 所以我方才认为在这种涉及基本人权而且资源又稀缺的情况下……

正方四辩： 没有没有，您回答我的问题，假如我今天不是说买卖，就是说它可以通过治病治好，做手术就能好，那个手术需要的东西费用特别贵，是不是穷人治不了？

反方一辩： 那就应该国家有偿啊，就像我今天如果胳膊断了……

正方四辩： 对，那样也应该国家有偿，不应该交钱，大家也应该排队，如果是那样的话对吗？

反方一辩： 是国家会帮助你交这个钱。

正方四辩： 好，假如说今天我们现在就有人可能换肾就可能治好他的病，但是不是有人换不起？

反方一辩： 对，是，肯定会有。

正方四辩： 那是不是像这种换肾的情况也不应该有钱的人能治，没钱的人治不了，是不是也不应该这样？

反方一辩： 所以我们才说应该要医疗体系来帮大家出这个钱。

正方四辩： 不是，您没有回答我的问题，我们每个都这样，有钱的人能换，没钱的人换不了，也不应该。就是大家应该排队了。

反方一辩： 这就是商业化带来的必然后果。

正方四辩： 您方认为不应该这样，对吧？

反方一辩： 对，不应该这样

正方四辩： 没问题，那就达成共识。问您下一个问题，您方认为，现在有稀缺对吧？就是满足不了我方的需求对吗？

反方一辩： 既有稀缺，而且它是基本人权。

正方四辩： 那跟您来谈稀缺，先来谈稀缺。您方认为稀缺的理由，您方举的那些例子，它们有没有进行商业化的代孕？有没有形成一种规模？

反方一辩：有啊。印度就是商业化代孕合法化的。

正方四辩：印度商业化代孕了么？好，那问你啊，现在中国，你方说了，地下黑市有一万人对吧？如果今天我们不规范这一万人，那您就放任这一万人不管？

反方一辩：也不是放任它不管啊，对方辩友，我们今天……

正方四辩：跟您达成一个共识，我方今天让它商业代孕合法化，这一万的市场能不能规范？

反方一辩：不是，对方辩友，我方今天并没有反对它合法化，对不对？我们只是说在合法化下我们需要的是……

正方四辩：对对对，没有问题，我方就先跟您明确一下，我方说的这一万的黑市能不能就是治理一下？能不能遏制一下？能不能？

反方一辩：就是您方可以，但是您也不能说我方不可以。

正方四辩：可以，没有问题。您方认为如果今天我们商业化之后是不是会扩大规模，有没有可能？它形成一种职业，是不是有更多的人，不像以前，我代孕就是一个志愿者，现在有人成为……有人给我钱，它成为一个职业，会不会有人更多地愿意做这个行业？对吧？

反方一辩：对啊，就是因为合法化会这样，所以我们才说政府……

正方四辩：好，那是不是说今天这个需求能更好地满足？对吧？

反方一辩：不是，对方辩友，你一直和我说合法化可能带来的后果，问题是我们今天并没有反对它合法化。

正方四辩：不是，您没有回答我的问题，我方说商业化之后它会不会扩大规模，对吧？

反方一辩：会。

正方四辩：扩大规模之后这一部分需求是不是能够更好地满足？更多的人愿意代孕了，是不是会更好地满足？

反方一辩：对方辩友，您说的这个是在合法化以后，它都会产生的结果。

正方四辩：嗯，我方没有说弊端，先跟您达成的共识，就是您方这个需求会更好地满足？所以您方最后的点是它不应该拿钱对吧？（时间到）

正方陈词2

正方二辩：

听完对方同学的立论，我松了一口气。因为我们达成了一个非常重要的共识，就是我们双方都认为在当今中国代孕是有必要合法化的，区别只是在于要不要商业化。

对方同学告诉我们说为什么不要商业呢，他做了一个类别，他把商业代孕类比到器官的移植，为什么不能商业买卖器官？给了两点理由，第一点说这个事关所有人的生存权，第二点说这个东西很稀缺，搞商业的话就有可能造成价格抬高，穷人移植不行。但是对方同学，器官移植的类比你举错了，不是这样。为什么不能器官移植？美国很多人是主张说我的身体我的选择，我想怎么处置就怎么处置。但问题在于如果我们开放了器官移植合法商业买卖，黑市是不可能控制得住的，很有可能会造成人口的拐卖，这种强迫性的移植啊，严重的泛滥，现在黑市就会很严重，以后合法化之后，这些黑市就可以借合法化之名，大肆地发展，所以不可以合法化，不是您方说的那两点。

再看看您方那两点理由可不可以成立。说它关系到每个人的基本人权，是，我们发现所有的不能生育的父母，其实他们都有生育权，他们的权利可以说在这点上是平等的，但是他们去医院治疗不孕不育症的时候，医院是不是要收费？做一次试管婴儿好几万的钱，那是不是也有人交得起有人交不起？这是不是因为……试管婴儿就是因为稀缺，不可能保证每个人都分配到，这个时候怎么分配？用钱来分配其实就是一种分配的方式。

另外一个角度我们想，比方说，那些委托人，提供代孕服务，那些代孕妈妈，她们每个人她们自己也有自己的生育权，她们也有权处置自己的生育权，那么我处置我的生育权的时候我为什么要给你白干呢？那么为什么我给你干活的时候我就要拿和其他代孕妈妈一样的钱？为什么我就没有权利跟你协商一下，我给你提供服务，然后你给我多少钱呢？因为她们每个人也拥有自己的权利，她们有权处置自己的权利，为什么国家要要求你们每个人处置自己的权利的时候都要按照统一的标准，为什么？这是我的权利，为什么我处置权利要听国家的统一的安排，统一的标准。就算是搞成商业化之后，您方担心价格会飙升，我们说到，我们看到很多的资料，比如说像美国，像印度，它们的价格大概都有一个稳定的线。比如说美国大概在十万美元上下，当然很贵，但是我觉得为了孩子值得。一个东西合法化之后，它价格会有市场的调控，我们说现代生活中很多东西都是商业化，但是不是造成很多东西都哄高了物价呢？不是，因为有物价局的存在啊。所以当您方担心这个价格可能会激高的时候，其实我们可以通过市场化的手段来调节它。

世界上所有的资源都是稀缺的，而且都有可能关系到我们的基本人权。居住权是不是基本人权？但房子是稀缺的，所以要靠商业化来调节。生命权是基本人权，但是优良的药物、新药是稀缺的，所以我们也要靠钱来调节。因此靠钱来调节，是，我承认有可能会造成有钱人得到更多的利益，但这是社会分配的一种手段。稀缺资源要分配，怎么分配？难道要靠平均分配么？平均分配又伤害到了代孕母亲她们自身的权利，为什么我要跟别人一样平均，因此希望您方正视这些问题。谢谢。

反方质询 2

反方三辩：对方辩友，我们来确认一下双方有什么问题要讨论，有什么问题不要讨论。请问你，我方有没有反对那些人要孩子的权利，没有反对吧？

正方二辩：没有反对。

反方三辩：没有反对，好，我方能不能说代孕可以解决这个问题，我方也没有反对，对不对？

正方二辩：嗯。

反方三辩：换言之，如果按价值辩，按政策性辩论我们来打，需根解我们双方都没有问题。我们就在损益上做比较，可以吗？

正方二辩：对。

反方三辩：好，您方认为是您方这个东西可以刺激效益，或者说，您方可以做到更好的调节？

正方二辩：嗯。

反方三辩：好，没有问题，我们来看一下啊，请问您啊，现在十个人生病，十个人生病了在我们面前，其中我们只有一瓶药，我们救谁，市场怎么调节？

正方二辩：看谁能够付得起医院这个费用咯。

反方三辩：对，看谁能付得起费用，那剩下九个人，他死亡的理由仅仅是因为他没钱，对不对？

正方二辩：不是有福利院去给他们救么？所以还是要付钱对不对？

反方三辩：对对对，我不知道，等一下，我问你，剩下九个人死，是因为他没钱对不对？

正方二辩：您不知道现在中国有全民医保么，国家给他发钱么？

反方三辩：先别急嘛，对，如果国家可以保障，这国家为什么愿意为剩下九个人保障，原因是因为国家认为他活着是他的基本人权，对不对？

正方二辩：那国家也尊重这个医生要挣钱啊。

反方三辩：好，下面一个问题，器官移植从2010年国际医疗保障已经覆盖，这是不是告诉我们一件事情，在器官的供给上或分配上，国家没有任何偏向性，任何人都可以获得器官，对不对？

正方二辩：那是因为给你解释了，器官移植问题不会引起商业化冲突。

反方三辩：有冲突啊，因为如果国家负担全部成本，那就不是我付的钱多我就有，而是看谁先到谁就有，对不对？

正方二辩：不是，器官移植的花销也是非常大的，您没有发现么？

反方三辩：好好好，那我方换一个例子再和您讲解，举个例子啊，请问您，现在粮食是不是自由买卖？

正方二辩：粮食当然是自由买卖。

反方三辩：对，粮食自由买卖是因为我们现在社会是生产非常丰富的状态。请问您，如果我们假想，现在中国进入一种战争状态，而粮食非常紧缺，粮食关乎每个人的基本人权，你方同意吧？

正方二辩：是。

反方三辩：粮食非常紧缺的时候，请问您，这个时候是否还是使用价高者得的方式，请问？

正方二辩：这个时候就要优先供给军队，优先供给科研单位，还是不能平等。

反方三辩：好，我不管它是以怎样的方式分配，我只说，为什么这个时候不是价高者得呢？为什么？

正方二辩：那个时候它也不是根据基本人权来分配的，不是每个人平均分配啊。

反方三辩：我知道基本人权是如何的，为什么这个时候它不是根据价高者得？

正方二辩：因为稀缺资源总要有分配方式，但绝对不可能按您方所说的平均分配。

反方三辩：好，问您一个方式啊，如果我们每个人，因为有钱，我努力，我活得更好，是生命质量的提高，但是我没有钱是不是我注定要死？

正方二辩：没有钱啊，有国家的救济。

反方三辩：为什么要有国家救济啊？

正方二辩：因为国家在替你掏钱啊。

反方三辩：对啊，国家在替你掏，所以说国家在解决这个问题，我方立场已然得证，谢谢。

反方陈词 2

反方二辩：大家好。

首先啊，已经明确我们达成的共识，我方在代孕的合法性、代孕的需求性等方面和对方并不冲突，所以对方也不会用此在接下来的环节对我们进行攻击。那我们就来看一下，我方主要有两点澄清和一点反驳。

首先，第一点澄清，我方认为对方提到的诸如黑市的规范等种种合法化之前的问题，都可以仅仅通过代孕的合法化就可以解决，而不用进一步地进行商业化，而我方的观点也很明确，进一步的商业化造成的最大伤害，就是对这个社会的公平正义的一种侵害，也是对我们的人权的一种侵害。就好比刚才我方辩友在质询中所说的粮食，在我们平常社会中是一种很丰富的状态，并不稀缺，所以我们可以用市场价格进行调剂，但是我们大家试想，就我们刚才提到的场景，一旦我们中国陷入战争，现在粮食十分紧缺，我们每一个人都有可能因为缺粮而被饿死。现在的粮食，对方辩友要用您提出的用钱分配的方式就不合适了，因为很有可能这种方式会导致富人吃饱，穷人白白饿死的境地。因此在这种情况下，对方辩友的用钱分配，商业化的分配模式就不公平、不正义。

同理，我们可以看出，社会资源具备两个特性，即涉及基本人权及它高度稀缺的时候，我们就不可以用这种市场化的用钱分配的方式来进行分配。所以我们可以看到，今天商业代孕也是这种情况。我们在庞大的需求和比较小的供给之下，基于这种稀缺性以及人的基本人权，我们不可以用商业化的市场来进行分配。

那么对方辩友刚才对我方有一点质疑，也是我第二点澄清说的，我们可以提高供给，我们商业化刺激供给，就不会有那么稀缺，但是对方辩友，我方数据已经很明确地表示，开放的印度以及美国不过千人的代孕数量，就算黑市中中国有一万，您刺激的供给，十万，二十万，够不够面对五千万全世界的需求量、将近千万的国内需求量，您稀缺不稀缺？依旧稀缺。所以稀缺市场供给决定价格，供不应求自然就是卖方市场哄抬价格，提高价格，富人先得、有钱人先得是必然的趋势，因此在这种分配方式之下，只能做到价高者得。谢谢。

正方质询 2

正方三辩：有请反方二辩。

反方二辩：好。

正方三辩：第一个问题啊，今天肾是不是无限贵？

反方二辩：不是啊。

正方三辩：那你方手术是无限贵么？

反方二辩：都不是极度稀缺和基本人权。

正方三辩：都不是无限贵对吧？那请问，是不是有物价局这种东西？

反方二辩：物价局当然是有的。

正方三辩：哦好，所以物价可以控制。好，我们先来看今天你方的论点。今天您方认为稀缺资源不能按钱分配，请问是不是所有稀缺资源都不能按钱分配？

反方二辩：对方辩友，涉及基本人权的高度稀缺资源。

正方三辩：涉及基本人权的所有稀缺资源也都不能分配，对吧？

反方二辩：涉及基本人权且高度稀缺。

正方三辩：生命健康权是基本人权么？

反方二辩：是。

正方三辩：所有……所以我们不能医疗，要花钱，一定要国家全给你补？

反方二辩：文明社会就是要国家来……

正方三辩：文明社会？您的理想的乌托邦式的国家能替你负担所有医药，现在是么？

反方二辩：我们已经能负担基本上所有负担的东西。

正方三辩：同学，请问，中国什么时候能够做到满足所有人的基本生命健康权，所有人都能保障的这么一天？

反方二辩：对方辩友，您高度稀缺和基本人权要同时符合。

正方三辩：请问，生命健康权这一点上，国家能不能做到任何人的都不受损害？

反方二辩：对方辩友，那我换一个方式说，如果今天国家满足不了，难道我就不满足了么？

正方三辩：同学，你可以直接回答我的问题么？同学，国家现在怎么办？满足不了对不对？

反方二辩：满足不了也要满足。

正方三辩：那请问，任何资源总要分配，您的分配方式是什么？是摇号么？

反方二辩：对方辩友，如果涉及这两种权力并存的时候，我们宁愿选择，比如说抽签，比如说排队，但是不能价高者得。

正方三辩：同学，是不是摇号？纯公平，看天意对吧？

反方二辩：对方辩友，我们比如说先到先得。

正方三辩：是不是看天意？

反方二辩：对，总比您的谁出的钱多谁，富人就该活，穷人就该死要好。

正方三辩：同学，运气好就该活，运气不好就该死是么？

反方二辩：对方辩友，所以有钱就该活，没钱就该死对么？

正方三辩：同学，运气好就该活，运气不好就该死，您没回答我的问题，是不是？

反方二辩：对方辩友，是这样的，但是对于每个人来说……

正方三辩：是这样的，同学，为什么运气就公平？

反方二辩：因为每个人被抽中的可能性一样。

正方三辩：同学，您方认为运气是公平的，可是有些人认为运气本身就是与生俱来，不平等，所以总是不公的。有钱是不是努力就能获得，它和您与生俱来的方式，哪个更公平？

反方二辩：对方辩友，您有钱可以获得更高的生活品质，但……

正方三辩：所以您方的分配方式也没有比我方更公平，对不对？对方是比我们公平在哪？

反方二辩：对方辩友……

正方三辩：看父母给你运气好不好？运气好不好和我自身努力，哪个更公平？

反方二辩：对方辩友，我已经说了，您为了您方的生活质量，您好好挣钱没有关系。（时间到）

反方质询小结

反方三辩：

各位，我们来回顾一下刚才打的环节。

其实，一个最基本的问题就是，现在有十个人，他们都生病了，都要死，其中只有一种药，您方认为应该用市场机制分配，可是我刚刚问您方了，剩下九个人，活该死么？您方有两种答案，第一个，活该死，没办法，谁让他没钱了。我方同意您方说法，谁让他没钱了，可是“谁让他没钱，应该死！”这是我们文明社会应该有的态度么？我们文明态度可以允许你有钱可以获得更好的生活质量，可以提高，可以充分，但是可以进入零和状态吗？如果这样的话，什么叫作基本人权？基本人权必须保障，不然，如果是这样的话，我们为什么要有政府呢？我们要政府不就是要保证我们基本人权么？如果没有这点，我们其实也不需要它存在啊。

第二个，您方给我的回法是，所以说嘛，政府需要给出救济。你看问题就来了嘛。政府需要给出救济不就是我方立场吗？因为政府给出救济之后，我在付费和分配这个问题上就不存在不公平，不存在价高的人，是国家付，价低的人，我也是国家付，我没有不公平的状态。好，对方辩友下面就讨论了，那在生命的状态下是如此，可在生殖的状态下也是如此吗？在生育的状态下是如此吗？一个生物，最重要就是生存和生殖两项特征，所以说，生命是如此，生育也是如此，国家应当也是如此。好，再看，我方给大家举一个例子，大家就能明白我方立场。在一个医疗室中，在一个抢救室中，有两个难产的妇人，只有一个医生，现在是考验他们生育权应该向谁分配的时候。这个时候，有一个孕妇说，我给五千，您方说救她吗？按您方原则，救嘛，因为搞不好救了她之后，大家都争着当产科医生啊。可问题是，在此时此刻，对剩下的一个人公平吗？如果每一个人都有可能成为那剩下的一个人的时候，我们会允许这个社会出现这个状态吗？这是我们希望得到的生活吗？

可这个时候，对方辩友，对方三辩提出逻辑说运气可不可以？不好意思，运气就是比你公平，为什么？我进去，先救哪个就哪个，这很正常啊，我看哪个更紧急就救哪个，甚至说难听一点，我看哪个好看我就救哪个，都可以！但是如果哪个人有钱我就救她，就出现天然上的不分配，因为我们每个人很多东西可以用钱分配，但人权不行，因为人权是我们每个人最基本的权力，如果人权可以进行这样的分配，有些人是人而有些人不是人。如果生死和生育都能用钱决定的话，这个世界我方不想要，如果你方想要你方试试看。

正方质询小结

正方三辩：

好，听完对方三辩质询小结之后，我只想问您一个问题，钱招您惹您了？您怎么就那么不待见钱呢。

首先，指出对方辩友今天一个整体的逻辑框架都建立在一个理想的模型下。我方今天其实也很想国家能帮你包办一切，什么病国家都能给你治。哪怕都要死了，什么病，艾滋病、埃博拉，国家都给你治，都没有问题。同学，今天中国做了到么？今天美国最有钱，美国做了到么？总做不到对不对？您方讲什么都好，不能拿钱衡量，但总得有一个衡量方式吧？生命健康权哪怕，为什么就不是基本人权？可是为什么稀缺的医疗资源永远是给那些先付得起的人弄呢？这时候您方讲了，你那都不行，我宁可看脸我也不能看钱，我们看运气嘛，运气就是天生公平的东西。有句话说得好，“人类一思考，上帝就发笑。”你觉得运气就是一个完全公平的东西，同学，谁告诉您的？我从来都不觉得运气是一个与生俱来的东西，它每个人运气可能都不一样，有些人就是一帆风顺一辈子，有些人就是干什么都倒霉。它公平么？可这个人运气不好，他招谁惹谁了？父母给的么？上辈子没做好事缺德的么？那他找谁去呢？可钱呢，好歹是我一辈子辛辛苦苦一分分赚来的，它和我上辈子做坏事得来的运气哪个更靠谱，哪个更公平？您方口口声声指责我方不公平，为什么您方这种看天看脸的运气就公平了呢？这是您方今天最让我不能理解的问题。

第二就是您方觉得钱这个东西太坏了，什么东西都不能沾钱，沾钱就是个魔鬼。可您方所说的可以无偿代孕，但是就不能商业代孕。请问您，无偿代孕有没有钱的存在？在英国，英国的无偿代孕是怎么样的呢？就是两个人协商好，我供你吃供你住，把你接到一个比较好的地方，也为了自己的孩子有个比较好的成长环境。给你非常好的营养，也给你非常好的物质条件，只是在你生完孩子后我不多给你一笔额外的钱。这是英国的无偿代孕，请问这个时候物质好物质坏，生活环境好坏是不是一种“钱”？是不是今天有钱的人能让帮自己代孕的这个妈妈在一个非常好的环境下生一个非常健康的宝宝？可能没钱的人就只能让那个代孕妈妈生活在那个吃差一点，也没有什么燕麦粥、鲍鱼翅，只能一般点，甚至这个孩子也可能会稍微差一点，这是不是钱？这也是钱的差距啊。为什么这在您方看来就没有被钱玷污呢？还是说对方觉得可以被物质玷污，可以被鲍鱼、鱼翅玷污，就是不能用你一张人民币玷污呢？您方这种偏见是从何而来呢？所以我方认为今天最大的问题在于您方认为我方的政策不公平，请您给出一个比摇号看天更公平的方式，我方才能认同你方观点。谢谢。

自由辩论

正方四辩：您方既然同意要非商业代孕，但不能商业代孕，我方说了，您也供她吃供她喝，请教您区别在哪？

反方四辩：所以国家统一调配。对方辩友，请教您一个问题啊。我们今天来到这个比赛，抽签分组纯靠运气，对方辩友，靠运气和靠您给钱选队友，对方辩友告诉我，哪个更公平？

正方三辩：同学，您知不知道我们天大在上一场华辩当中遇到一个死亡之组，这次可能好一点点对不对？为什么不是上辈子积来的德呢？继续问您了，今天有人供你吃好喝好，请问您是不是跟钱有关？为什么无偿代孕就不那么被玷污呢？

反方二辩：对嘛，运气是上辈子积来的德，那公平；您拿钱买就不公平。那么请问对方辩友了，我们这种高度稀缺的基本人权到底可不可以买卖？

正方二辩：运气是上辈子积来的德，为什么钱就比运气更差一点？更何况无偿代孕其实也沾钱了啊。

反方四辩：所以说对方辩友，还是这个问题嘛。您方是觉得今天拿钱过来买对手，比抽签更公平，是这个意思么？

正方三辩：同学，您没有回答我方问题，您方承认无偿代孕也沾钱，为什么在您方看来它就是一个不那么被玷污的东西？

反方三辩：对方辩友，我方刚才没有在说无偿，我方是有偿。请问您，刚才那个问题，您方认为有钱对选手是不是更公平？

正方四辩：我们说了，今天有个前提就是稀缺资源。我们大老远的跑到这里，有些学校可能没钱坐飞机跑到这，那您认为公平么？

反方四辩：您看啊，今天抽签选对手，那个花钱选对手不那么稀缺，我们觉得公平都要用稀缺的来，您方觉得稀缺是不是更应该用稀缺的呢？对方辩友，所以说这个高度稀缺的基本人权，您方到底要不要买卖啊？

正方三辩：同学，生命健康权所对应的医疗资源都是稀缺资源。您方举的类比和我方举的类比有什么意义呢？能不能回答一下我方问题，您方要无偿又要有偿，总之它要沾钱，为什么它就那么的高尚不被玷污呢？

反方一辩：因为这个钱很简单，政府出。那对方辩友我换一个问题，换一种方式问您，因为您方一直不回答。按照您方的立论，是不是今天我们器官商业化买卖也就应该合法，也就应该是对的？

正方三辩：我方说过了，器官商业买卖是因为黑市遏制不住。请问您下一个问题了，就是您认为政府要出钱，可为什么我想要我的孩子有个更好的环境，让他能成长得比其他正常人好一些都不可以？

反方二辩：所以说对方辩友说了，我们器官买卖现在也可以要商业化买卖。那么请问对方辩友了，当粮食紧缺的时候，穷人饿死、富人吃饱就是天经地义的了？

正方二辩：您刚才举的例子，比如说粮食，比如说医疗资源，这些资源掌握在国家手里，是国家的。国家愿意平均分配就平均分配好了，但是如果子宫是一个资源的话，那么子宫属于代孕妈妈，国家为什么借用她的资源？凭什么平均分配她的资源？如果说您保障您的资源，那是不是您的方式又侵犯了这些代孕妈妈的人权？这如何比较呢？

反方三辩：对方辩友，您很好笑。国家进行政府采购，国家提供粮食的时候不也是国家自己在买粮食，也是从农民手中买粮食？这种中间对他们有什么不公平？请举例啊。

正方二辩：对方辩友，这也要遵从市场价格，否则像苏联那样的余粮收集制也是侵犯他人的人权呢。

反方三辩：对方辩友，买是要遵从市场价格，可问题是分配不能遵从市场原则，对不对？

正方四辩：分配，我们是不是要优先供应给军队，优先供应给那些更需要的人？这是另外一条筛选原则。今天您方认为这是不是一样的情况？

反方四辩：来，为什么不是先给有钱的人，您方得告诉我。那换一句话说，军队很重要，万一要打仗了优先给军队代孕，是不是这个意思啊？

正方三辩：没错，是这样，因为军队要打仗。请问在今天这个辩题中，您要先给谁？请问您为什么不回答我方问题？有偿无偿代孕都是要有钱，您方怎么就觉得那么不堪入目呢？

反方三辩：因为我方不是无偿，我方也是有偿。我方只是政府来付这个钱。再问您一次，为什么在战时我们可以优先供给军队？为什么不是供给有钱人？

正方二辩：同学您注意一下，您已经承认了是不是？国家采购的时候允许商业化，让这个孕妇可以以商业形式来赚这笔钱。那我们这个商业化运营目的已经达到了，那是不是分配的时候？但就是商业代孕。

反方三辩：对方辩友，政府所有的行为都要进行采购，政府都不是自己生产，都商业化了，那我们公共医疗从何谈起？

正方三辩：对方辩友，没听懂您的意思，但是政府买这个子宫的生育权和普通人买这个子宫的生育权不都是在买么？您方纠结这个干什么？请问您了，今天您方的有偿都要政府出，那有些人就是想要自己的孩子生下来更好一点，您方非让他不行，您不能生这么好，你就得跟大家都一样，凭什么？

反方四辩：问题来了，今天是不是有用到钱买就叫商业化？今天政府提供很多公共保障的时候，它都要进行集中采集，您方也觉得是商业化么？

正方一辩：您方没有讲过这是商业化。请问您，是不是每一个代孕的母亲，每一个委托方都应该用一样的条件去代孕？

反方三辩：谢谢，您方终于承认这不叫商业化。好，请问您，两个难产的孕妇放在您面前，您方选择救谁？

正方三辩：同学，您方从来不回答我方问题。为什么今天我想要让我方孩子生得更好一点，您方却要国家统一标准，这要国标么？

反方二辩：对方辩友回答一下，两个难产的孕妇您先救谁，怎样选择嘛。

正方二辩：医生有职责平等地救死扶伤。但是一个代孕妈妈是不是有职责救每一对不孕不育的夫妇，如果说生育权，子宫是她自己的资源，她就有权根据自己的意愿来分配自己的资源，为什么要跟医生做类比？

反方四辩：如果是有权自己来分配，那么医生也可以根据自己的意愿来选择先救谁啊，是不是这个道理呢？

正方三辩：同学，第多少次问您了，为什么生孩子？生下来的孩子也要国标？您方再不回答我方就要问下一个问题了。

反方一辩：对方辩友，很简单，因为这件事情不能按钱算。那按您方的立论来说，今天我有钱我出钱，我就有权利享受更好的，别人是不是不能呢？

正方四辩：我们明确最后一遍，您方是认为它不能有钱的参与，还是说我们不能有自由买卖？我们买卖双方不能有钱的沟通？

反方三辩：不能自由买卖，根据市场原则分配，必须按照公立方式分配。请问你，第三次追问了，那个难产的孕妇你到底救谁？

正方三辩：同学，我说了，在现在的医疗情况下医生有自己的选择权，要根据他自己的个人意愿，但是如果她们先后进来的，谁给钱救谁都可以，没什么问题，本身就应该这样。如果我方分配方式不公平，您给一个行不行？

反方二辩：所以对方辩友，您到底要不要救那个有钱的人？第四次追问了。

正方三辩：同学，我要回答今天两个孕妇你总得救一个，您嫌我方不行，您给行吗？

反方三辩：对，总得救一个，救哪个？

正方三辩：同学，我方要看钱，您方看什么？看天是么？

反方四辩：我方看排队，知道吧？这个很简单，谁先来救谁。你方要看钱就谁有钱救谁，就这么个简单的伦理。所以对方辩友，这个情况您方倒是解释一下，为什么救有钱那个呢？

正方四辩：如果两个人都能付得起钱，我方认为排队可以，但是今天您方提出来的问题我方也不是承认它拍卖谁价高谁就行。

反方三辩：所以说嘛，如果我们现在发生火灾，救火员进来，我比您方有钱哦，所以我方得救哦。

正方一辩：您方论证一下我方是一个拍卖的过程而不是一个市场有价的过程。

反方四辩：对方辩友，您都市场化了，拍卖不远了，我跟你讲。换一句话说，今天救火员跑进来，看到我们今天在座，各位我比你有钱，先救我，这个意思吗？

正方四辩：简单的问题，粮食价格为什么不能疯涨？

反方三辩：对方辩友先不要逃避。您方第二次逃避这个问题了，救火的救火员进来，我有钱是不是先救我？再次追问。

正方三辩：对方同学，您方举的所有类比都表明了基本人权很难用钱衡量。

（正方时间到）

反方三辩：我方标准不是很难衡量，是基本人权不能用钱衡量，这是最基本的底线。

反方二辩：所以对方辩友，今天我们生育权就是最基本的底线，人的生育的基本人权，所以对方辩友对我们说的就是基本人权不能衡量，生育权不能用钱来衡量。

反方总结陈词

反方四辩：

当我们发现今天我们的买卖逻辑已经不仅仅局限于商品，而是涉及我们生活当中的每一个角落，甚至是涉及我们生命的基本权益的时候，我们就应该来反思一下这买卖逻辑它的范围到底是不是扩张的太大了。

好，首先我们来明确一下商业化到底是个什么东西，这是我们今天的第一个矛盾。今天在对方辩友看来，国家的集中采集用到钱了嘛，钱这个东西跟商业化贴的非常近，那一定是商业化了。我方说不是。今天我们这个事在当今这个经济时代当中啊，我们很难说很多东西不用经济来衡量，不能跟经济挂钩。但问题是今天国家统一采集，提供福利，提供公共保障，你方今天不是用一个市场机制来决定市场价格，但不是价高者得的时候，它用统一的价格、统一的保障、统一的供给的时候不能说是商业化，这也是我方必须厘清的第一点。所以说对方辩友，今天不是说我们在这个代孕的过程当中给这个代孕妈妈支付了一定的金额它就叫商业化，这样的定义肯定是有失偏颇的。

第二，对方辩友反复质疑的是我方拼运气，你方拼钱财，所以说他方觉得拼运气很荒谬，拼钱好像有点逻辑。但是我方之前已经说了这个问题，今天我们所有的参赛队伍来这，遇到谁、和谁分到一组都是拼运气嘛。我们都是抽签决定的。那按您方看来如果是这个不公平的话，因为是可能有人运气好有人运气坏。您方要拼钱，用钱来选自己的对手，您方说哪个更公平呢？换一个更残酷一点的逻辑，今天我们说国家要打仗了，我们每个人要上战场服兵役。但有的时候我们是用抽签的方法决定谁来上战场，谁来保家卫国，您方说不可以，我运气就天生比较差，我今天就要用买卖的方式，用价格定的方式来决定今天到底谁上战场，是不是带来一个结果？这个结果是富人都可以待在后方，穷人都必须要上战场卖命。对方辩友，这样的分配真的公平吗？和我方今天随机的这个伦理机制、排队机制，或许说你方抽签机制也好，到底哪个更公平呢？

第三，今天我们从头到尾的论证当中，我方承认核心资源很稀缺，我们双方也达成共识。对方辩友今天可能告诉我们的是他们在开头说，他们的这套模式可能能够带来更多的从业者，但是我方告诉你的是，今天在印度完全开放每年也只有一千五百个婴儿诞生。今天在美国每年大概只有一千个人左右。印度十亿人口，美国三亿人口，加起来跟中国差不多。我们就算中国放开生，得劲生，每年生个一万个好了，离九百万不孕不育的总人数好像差得还很远吧？与全世界五千万不孕不育的总人数相比它怎么着都是稀缺的吧？所以说你方提高从业人员根本不能改变这个东西它本身是个稀缺资源的本质，也就不能改变它的分配方式。

一个事物的分配方式是根据它这件事情的性质来决定的。很简单，第一它关乎你的基本人权，第二它这个东西非常稀有。所以说只能按照这个分配方式分啊。好，我今天就算退到最后一步来说，对方辩友说总归有多救那么一两个人。好，我方也承认，有可能嘛，您方金钱有魔力，无限的魔杖多吸引了一两个人进来。可问题是我们知道啊，不孕不育的人都有自己的苦衷，但我们怜悯他们的时候都有各种各样的情况。可是你为个别人打开一扇善意门的时候，不能用我们全体社会的福祉作为代价。因为我们今天这个公平分配的机制是社会最不坏的机制最不坏的门槛，是对我们最基本人权最基本的保障。

我们都知道西方有一句谚语叫“Freedom is no free”。很简单，今天我们这个公平正义它也不是免费的。那然而我方今天做出这样的选择可能要拼一拼运气，就是对于我们这个选择公平来说它应付出的代价。而您方不可以的原因很简单，您方以公平为代价选择了那个，这就是区别。谢谢。

正方总结陈词

正方四辩：

公平不是免费的，公平也不叫随机。在一本最基本、最入门的课堂里讲什么叫民主。一个笛子它要交给这个社会中的人怎么分？它是随便分么？按照最基本的公平来讲，它应该给这个社会中最会吹笛子的人或者是最需要这个笛子的人。您方随便分，按照您方的说法世界上没有任何一个制度是公平的，只有彩票最公平。只有彩票是按您方所说的那样是拼运气看天意，所有人概率都一样的最公平。但是不是今天只要涉及任何的考量，任何自己因素的考量，任何对你的评判，都是不公平的呢？我方认为这样不合理。来看您方今天说了什么，您方说它作为一个稀缺的资源，它会形成一种卖方的市场，卖方的市场就会将价格哄抬高。进而看下您方是怎样论证的。我方首先问您方，为什么会认为它是卖方市场就会出现一些买卖的情况。我方举出的情况是什么，它有物价局吧？粮食为什么不能疯涨？它至少要限定在一个基本的范围内。就像您方所说的因为我们国家看到它也是基本人权，我们要限制它，不能让它疯涨，不能超过人民的购买力，所以说这一点价格可以限制。再来看您方是怎么论证拍卖的。我方问您方，您方说啊离拍卖就不远了，对方辩友这叫作论证么？离拍卖就不远了，您方的意思就是说我们害怕它会出现拍卖，但是我方一开始就有政策可以规避拍卖，您方还有什么疑虑么？

再往下说，您方说今天至少我们拿钱衡量是不公平的，跟您达成共识，您方不是说这个钱不能涉及在内，这钱的问题只能说是不能由买卖双方互相进行沟通，可以有钱，就像您方说的无偿代孕它可以给那些代孕妈妈一些补偿，给她们好吃好喝，但这个钱一定不能是这个买方的妈妈为她付出的，一定是要国家为她付出的。首先第一个问题是我方二辩问的，这个资源是国家的资源么？这个生育权是国家的权利么？这个子宫是国家的子宫么？这个代孕妈妈她想要为别人代孕的时候为什么今天她不能和那个卖方进行沟通，为什么一定要像国家的资源，像医疗资源一样，一定要是国家分配呢？所以我说今天我们看到您方的这一点根本也不能成立。再来看您方给大家建立的一个社会是一个很恐怖的社会，为什么？您方说反正不能看钱，您方三辩说看什么都可以，看脸可以，看心情也可以，那出现的情况很恐怖，我很害怕。就像我们四个人都有病，我方四个人都有病，这时候我们去医院发现什么情况？我不如我方三辩帅，所以我没有办法；我方二辩的家长是个大夫，所以肯定先照顾他，那我也没有办法；我方一辩呢，可能长得比我高或者是可能长得更加喜庆一点，医生喜欢，他所以我也没有办法。我不管在这个世界上怎么努力怎么努力，能改变什么呢？所以说我方今天挣得太多的钱，挣了不管自己怎么努力我方想改变的一些东西永远都改变不了。马云长得这么难看，挣那么多钱怎么样？什么也获得不了，因为医生不喜欢他或者是他运气不太好。对方同学，这样的社会我方不想要，很恐怖。

今天我们落回到最后，您方告诉我们的是什么？在今天这个社会里，我们希望达成每个人最大的福祉，我们希望每个人都能享受到这个权利，但是我方发现现实很残酷，根本不可能达到您方所说的可以满足所有人的需求。但我方希望的是什么，尽可能多地满足人们的需求嘛，那怎么办呢？稀缺的资源我方认为也没有办法，住房就那么地稀缺，你方认为也是基本人权，那么是不是也应该摇号呢？大家谁运气好，谁有最好的房住。但按照这种情况有什么意义呢？所以我方确实希望像您方追求的一样有最好的社会，一个所有人都能获得满足的社会，但是我方做不到，我们的国家也做不到。我方是希望可以通过我方这一个金钱作为唯一……不是唯一，是一个较好的手段和一个杠杆放在那里，可以衡量你的需求，同时通过一个杠杆希望更多的代孕妈妈可以参与进来，让这个市场变得更加大，满足我们需求，才能达成您方所谓的社会利益的最大化。谢谢各位。

比赛点评实录

周玄毅（印象票投给正方）：

各位好，我先说啊，给大家示范一下什么叫简短。首先双方都让我觉得有点失望，双方有个共同的错误在于你们基本都不了解什么叫代孕。我们完全没有了解代孕这个行业到底是怎么回事，我们完全不知道这个行业任何的细节、任何的辛酸苦辣、任何的实际问题。我们今天本来抱着这个态度来听你们讲这个行业，但这一点你们非常对不起观众。你们仔细想想，假设真的有热心的观众，真的想知道我应不应该做这样的问题，我来了，我听你们双方四位辩手，加起来真的一百多岁了，听了一点收获都没有，我真的很愤怒。当然我并不愤怒，我只是很严肃地告诉你们，你们这样真的很影响辩论的严肃性。这不是我判决人品，但是我必须要告诉你们，你们这样真的很败坏辩论的人品。我过来真的想了解代孕的问题，但是你们说的这是什么呀？这是第一个问题。

判决理由是什么，是我觉得今天反方很离题。今天这个题目说中国大陆应不应该商业代孕合法化，反方看到这个题目就很滑头，希望用一个方式把他方论证义务缩到最小。用一个很小的角度，把其他都放给你，你只要过来和我论证这一个，其他无所谓，都让给你，你只给我谈商业，对吧？我们一般立论都这么干，我不反对合法化，我只反对商业。这是这个辩题要给你反方打的方向么？辩题人出这个辩题是因为社会中有很多人自发形成这样一件事情，其实是不可能用法律去追究的。出题人用上“商业”并不是让你们围绕这个“商业”本身怎么怎么的不好，他是说商业不能变成一个普遍的原则。我再重复一遍这个题目真正的意义是代孕这件事情可不可以成为一个道德上没有指责地方的，完全可以像我们吃饭喝水一样被接受的普遍原则，和商业并不是一个完全绑在一起的关系。结果今天反方为了投机取巧，反而把自己放在一个非常危险的位置，就是我反对商业而要国家分配。这显得你们非常难听。

你们今天自由辩有句话对方没有反驳，我当时一听真的是惊呆了，就是国家要管控代孕，比如说当兵的要上战场了所以代孕的名额要多给军方的，好恐怖啊！如果国家控制，国家一定会这么干的，你让我看到了国家控制下灰暗的前景。而正方马上提到一个问题：子宫是我们自己的。虽然你们也有反应说粮食也不是国家的，但是毕竟这两者之间存在很大的区别。所以这是我的判决理由，是我一直觉得反方打得比较艰难。我只告诉你你为什么这么艰难，你本来想减轻你的论证义务，但事实上你使得你的嘴脸更加丑恶，但是说作为辩友，我觉得你更应该有的是更多的代入性和表演性，不要自以为是。什么意思呢？大学培养出来的更多的是自由主义者，你们和我一样都是自由主义者。但是我告诉你，这个反方你不可以是一个自由主义者，你就应该是个大妈式的，下里巴人式的，纯直觉的，哎呦你怎么能这么干呢，你就是千条理万条理心里过不去啊，明白么？反方是打情绪，老百姓道德感的。事实上你们没有尽到反方应尽的义务，反方就是要打道德感左派，但不是纳粹式的左派。正方说没有孩子怎么办，你们就说这是天意嘛，我长这么难看我怪过谁呢，对不对？这是反方做的事情，虽然这么做很低端，但是不好意思，辩手抽到这个题目就应该代入那套逻辑里应该有的价值体系，而不应该出戏。这是我的一个分析，谢谢。

马薇薇（印象票投给正方）：

非常感谢周帅发自肺腑的点评。我们先来看看啊，这场比赛里面实际上双方争执的最后，其实我觉得都切题切得很快，准不准另说。但是他们都放弃了很多无谓的纠缠进入了主旨，什么意思呢，就是你们其实是分配机制之争，对不对？双方其实都认为这件事可以干，但关键是通过商业化的模式干还是非商业化的模式干。这就是一种稀缺资源的不同分配模式。正方说的是靠钱分，反方说的是靠政府平均分。我们平均分总比你们靠钱分看起来更公平，这个理论一出来的时候对正方的一辩立论还是有一定伤害性的，为什么呢？因为我们台下毕竟还是穷人多嘛。感觉不对啊，我没钱难道就不配再生几个或者活着么？但是正方对这个的解法其实是很迅速的，对不对？从正方二辩开始其实他都是在解，其实你们这个平均分配它不可行，但是你们有一点没有敢狠狠地说出来，其实你说出来对方很早就能崩了，是什么呢？对方辩友，这个世界上大部分事情还真的是靠钱分的。特别是在医疗这方面，但真的是有钱人在获得医疗资源这方面上在任何国家里都一定是比没钱人更多的，所以虽然号称生命健康权人人平等，但实际上不一定生命健康权就人人平等，明白我的意思么？同样的得病，有钱人吃的药、获得的医疗能和你一样么？按照对方辩友的逻辑，生命健康权人人平等，我们不用找专家挂号，我们也不用吃最好的药，找什么样的医生主要靠抽签，对不对？这个时候如果你们早点打，反方就会很难解释。

反方被打痛的一点就是你们其实拼运气、看天意嘛，你们被打痛这一点的时候你们其实一直解释不了。那么包江浩其实你有一直在解释，你有两个例子，一个是打比赛抽签的问题，想参加的队伍很多，选队友的时候就拍卖嘛，最弱的对手价格最高，比较穷的对手只好强强相对。正方从没回答这个问题，其实这个很好回应。这个比赛是按什么来邀请的？第一按所谓的辩论圈，即每个赛区最强队决定的，这靠的是什么？实力，不是运气。同样的，我们在社会上的钱就是我们能力的体现。第二个是打仗的例子。其实刚才在底下我和执中有在吐槽，你们这边其实可以认的，一般来说打仗死的真的是穷人，一般来说抽签是公平的，但是你们去抽签的这群人都是穷人，对不对？所以你会发现这个世界钱还真的能解决不少事情。

实际很简单，为什么不靠钱，靠运气、靠排队公平？不是像玄毅刚才讲的，不是因为政府分配公平，我们看天意靠运气就是最公平的，因为加一句，没有人为因素。抽签其实也会不公平的，我抽到冠亚的队伍和我小组赛，我当时就崩溃了对不对？为什么我们所有队抽到强队都没有不爽，因为我们知道抽的结果主办方、评委、队伍都干预不了的。虽然这个结果我不满意，但是我认了。但是如果主办方根据对你们的了解进行分组、分强弱，你们会抗议。感觉好像棒棒的，但其实觉得怪怪的，被分为弱队的说凭什么，被分为强队的说这样不好吧，明白吗？所以当去除人为因素的时候就是我们的运气天意，那个时候你们认倒霉会比较舒服。你们缺乏最后一层的论述，所以我把印象票给了正方。

黄执中（印象票投给正方）：

我讲一下啊，其实我觉得这场比赛评价没那么糟，我觉得打的其实蛮好的，我还蛮喜欢的，因为讨论的是很集中而且很有趣的一个议题。

基本上我印象中人是很贱的一个生物，我在很多场合都会提这个观点。第一个问题如果他注定不能解决的时候，其实我们都没事，因为它注定不能解决，人都只有认命对不对？人都会死哦，在座各位都会死哦，既然这是一定的事情就认命，反而不抱怨。最麻烦的是我们发现这个原本不可以解决的事情突然可以解决了，最麻烦的是我们发现只有某些人能解决的时候，嘭！这种不开心的情绪就出来了，你懂我意思吗？它比都不能解决更糟，就是都不能解决的时候我认命，有些人可以解决的时候我就超不舒服的。不管那个可以解决的人是指长得漂亮的、聪明的还是有钱的，总之不是我我就不舒服。你说可是你没什么改变啊，对不对？因为之前大家都不能解决你会死，现在能解决你还是会死，你没有任何损失，只是你没有多得而已，但你还是不舒服，还是超级不舒服。这种不舒服就是你想要把它正当化，你懂吗？我不想承认它是一种嫉妒、一种卑弱的不舒服，我要告诉你这是一种道德。只有一些人能解决是不道德，要么就大家都解决，要么就大家都不要解决，怎么你解决了呢？不道德啊。这是人类朴素的正义感由来，我说这很贱。这还蛮有道理的嘛，政府不能轻视这种感觉，因为政府不是最道德的，感觉政府是最俗世的组织嘛对不对？其实这件事没什么不道德，但是你诉至俗世的时候它就是不公平，而且是每个人都会体会到。你跟我说逻辑没用，就是要讲道理。其实就是周帅的那个点。结果呢，反方所提的，其实就是那种朴素的不愉悦，如果真的只有一些人能解决，我也宁要诉诸那种最没人能操控的，你懂吗？这样我好一点。钱能操控，不行；聪明才智能操控，我也不甘心。因为钱能解决嘛，那我刚好很衰咯，我不会想说，哎呀，努力一点就好啦，我就是没那么想努力。可是我看你努力就可以不用死，我超不开心。那什么情况谁努力都没用呢，那就是命咯。扔硬币决定谁死的时候其实和一开始大家都一定要死的时候那种调整的幅度很小嘛，听了懂我意思哦？我反而觉得扔硬币最诉诸公平。正方讲的，这是讲道理。这要用钱来算，因为你那种道理其实是很没意义的，钱才有意义。怎么说呢，正方其实有两种说法，正方其实两种说法都稍微碰了一点，可如果能够讲透，我相信对我而言会比较好。

坦白讲，如果我能选择的话，这场比赛双方其实打的很近，中间的时候我很难下判断，很苦恼的原因就是两边都有东西没讲透。

正方第一个说法是什么，你无法阻止钱的，无法阻止钱对你的影响的，他方说就算大家都没钱，有人可以请孕妇吃鲍鱼、鱼翅，我想说吃这样的对孕妇不好吧，另外一个只能给孕妇吃的很糟，这难道不是钱么？就是说钱无所不在，这种说法要把它放大、扩大，那味道就来了。什么意思？你以为你比的一切其实都是钱，比长相也是钱，有钱其实您就可以更好看。你信不信，你刚刚那个四辩说凭什么我赢不了他，我有钱有什么用，那是因为你真没钱你才会讲这种话。你真有钱，世间一定有办法让你帅过这俩。一是整容，二是你可以花钱砸你的三辩叫他扮丑。我讲的是真的，你以为你先来后到，但我有钱，我出价二十万，你让我可不可以？可以啊。抽签你以为和钱无关，我够有钱，我找两千个人头稀释在里头可不可以啊？谁能得的过钱用各种办法买，直买我买不到，绕着圈买可不可以？没有能力、没有力量可以阻止你绕着圈买，只要钱够，你真想要，三辩马上掏出刀子说，哎呀，不好意思，我现在不好看了。只是你打开的方式不对，你才觉得钱没用，其实钱超有用，谁都阻止不了。钱什么都可以买得到的，这可以是一种说法。所以你们只讲代孕什么吃鱼翅太小了，要放大。

第二，你说难道我再怎么努力用钱也没用啊。你可以说用钱其实是比较好的，什么意思，就是一个人你有钱不是凭空，是因为你给这个社会带来了价值，如果不是你的钱，那也是你爸给这个社会带来了价值。为什么乔布斯有钱，因为他给这个社会带来了 iPhone。你们不想要钱，你们要 iPhone，你们全部说钱给你给你给你，我要 iPhone，乔布斯没办法啊。所以你们是每个人哭喊狂求着把钱给乔布斯，所以他被你们塞得那么胖。那是没办法的事情。钱是好事，一个人钱越多，那是代表他给你带来的东西越多。即便是那些不劳而获的人，其实他都给了你很多很重要的东西，给了你很多你想要的东西。我跟在座各位说，这辈子你们想要很多东西，最不想要的东西就是钱。去买西瓜，小贩，这钱我不要，我要西瓜。是啊，如果你要钱，你就不会要西瓜了。你们现在穿的衣服哪个不是用钱换来的，你们要钱吗？你们根本不要钱嘛。你什么都要，就是不要钱，你唯一挣钱的理由就是把它塞出去。所以对于这些劳苦功高，对社会贡献那么大的人，好不容易要死，对你们说我这辈子总该容我一次了吧，我要命，钱给你，医生说好吧好吧，多为难啊。就是这个意思。所以钱比较好，而且钱也是最公平的。因为只看钱最公平，皇帝的一块钱和乞丐的一块钱对于卖辣条的来说都是钱。可是如果不是看钱而是看运气，像刚才马薇薇讲的一样，但是我的解法不太一样。为什么比赛抽签而不是用买的，因为你要买的东西根本不一样。如果你参赛要买的东西是胜利，那抽签可以买，裁判也可以买，挑我喜欢的裁判，对手也可以买，场次时间都可以买。可是你们也知道，你们参赛的目的是什么，是荣誉，对不对？光赢，没荣耀，我不要嘛，对不对？买来的胜利没荣耀啊，那就不值钱，听得懂我的意思吗？如果你今天参赛只想要赢，买抽签是很合理的。而为什么今天即使主办方让你们来买你们都不一定来买的原因，是因为我要荣耀，如果我夺取的荣耀是靠买来的，到时候人家就不承认我这个了，这个我没办法，你买的东西刚好是不能拿钱买的，而且是越不拿钱买越有的，那就不行了，此为一。第二种解法是什么，这也就是为什么美国打职棒大联盟，洋基队有一句蛮厉害的话，说：“所谓的亚军，只不过是走了最远的输家而已”。什么意思？他认为在一场比赛里，真正的所谓的公平公正的，能够证明你强的只有一个，叫作冠军队。因为你想，我可以买抽签嘛，可以买对阵嘛，都可以保证你过小组赛嘛，过复赛嘛，可是不能保证你过冠亚赛。你能不能说我给你钱，再给我换一队，可是那个时候只有一队啦，没有别的队了，所以那一队你总得凭实力打赢啊。打赢了你是冠军，证明你比其他二十三支队伍都强。亚军是不是代表你赢过二十二支队伍？不代表，任何都不代表，只有冠军才能代表。所以他们洋基队拿了亚军别人恭喜他们，他们的教练说亚军只不过是走得最远的输家，和初赛输掉没什么两样。所以这两个都是解释为什么比赛不可以用抽签买，因为只有冠军才有差别。

这场比赛没有太大的差别，但是我认为最大的差别在于正方的三辩，这个号称是帅帅的小男生，他在里头提了一个对反方的攻势，我认为是有个改变性的观点，在此之前我认为反方一直有很明确的优势，就是运气跟钱哪个重要，那往这之后双方进入攻防，我认为如果要问我反方有什么是吃了亏的，就是在于比赛抽签这个点，正方说不出来，反方在追这个方面掉了。你到结辩再讲效果就弱了，但是背后所含的意义诠释得不够。反方有很多救火啊那样的例子，但是例子背后所扮演的角色其实不够深。背后其实就是玄毅的价值观，为什么背后的不好你们说不出来。

2014 新国辩正赛复赛第二场

比赛场次

2014 年国际华语辩论邀请赛复赛第二场

比赛辩题

正方：当今中国大陆应该允许大麻交易合法化

反方：当今中国大陆不应该允许大麻交易合法化

对阵双方

C 组出线队伍：（正方）香港中文大学

一辩：郭仁举

二辩：高 展

三辩：唐立培

四辩：詹青云

D 组出线队伍：（反方）中山大学

一辩：李嘉慧

二辩：刘兴汉

三辩：池 也

四辩：梁秋阳

比赛辩词实录

正方陈词 1

正方一辩：

大家好。拿到辩题初始，我方眼前浮现的是两位因吸食大麻而被捕的明星憔悴的容颜。不过还好，今天辩题讨论的是大麻交易的合法化，而不是吸食合法化的问题。

实际上，从 1992 年法国培育出低毒大麻品种开始，曾被联合国列为三大毒品之一的大麻，如今已成为应用广泛，竞争力强劲的新产业。中国多省种植大麻，相关立法却一直没有突破，从业者一直游走在灰色地带，甚至牵涉制贩毒案件。我方认为，当今中国大陆大麻交易应该合法化，才能保证实现经济效益的同时，从上游依法管理，限制毒害。

第一，四氢大麻酚小于 0.3% 的工业大麻交易，应该从立法缺失的灰色地带进入合法规管。我国目前有 15 个省种植大麻，但只有云南以法规形式，允许并监管工业大麻交易，国家层面则无任何法律规定，其他省份处于立法缺失状态。许多企业表示，即使工业大麻种植具有极大的经济效益，也因法规的缺失不敢贸然尝试。而一旦大麻交易合法化，就可以在我国许多贫瘠地区进行种植交易，并供给纺织、汽车、造纸和食品保健等工业。全国 606 项专利中，有 309 项大麻专利属于中国。而全球大麻产品交易市场规模超过 400 亿美元，可见合法化将在中国实现巨大经济效益。

第二，四氢大麻酚大于 0.3% 的医用大麻交易，应该从行政垄断的灰色地带走向合法交易。目前，仅国务院的《麻醉药品与精神药品管理条例》作为行政条例禁止非法种植和销售大麻产品。但是，什么情况下什么企业是合法的却毫无说明。医用大麻由各地药品管理处作为特殊药品垄断生产和销售，处于政府一言堂的灰色地带，存在官商勾结的徇私空间。当今中国，医用大麻交易事实上合法，但唯有将这个事实以法律框定，准许企业公开申请从事医用大麻交易乃至对外贸易，才能降低黑箱操作的风险，符合法治原则。

第三，工业大麻和医用大麻交易的合法监管，能更有效的控制大麻流向，从而限制吸食。在云南，依法管理大麻交易前，农民种植工业大麻的含毒性无从监管，大理被外国媒体称为大麻之城，一到丰收季节，瘾君子云集，街头酒吧到处都是兜售大麻烟的人，大麻交易缺乏法治规管。工业、医用和娱乐用途不分，才是高毒性大麻流入消费市场的主因。一方面，选用低毒大麻品种用于工业种植；另一方面，严格追踪高毒大麻的医用流向，同时禁止娱乐流向，使大麻交易全部进入法治视野，才能够有效避免大麻毒品化。谢谢大家。

反方质询 1

反方四辩：大家好。对方辩友，您也知道大麻分为工业大麻和娱乐用大麻，对不对？

正方一辩：还有医用大麻，您这只是从用途上分别。

反方四辩：是，没有问题，您方从浓度上，也就是大麻中的主要有害成分，THC 四氢大麻酚，到底是低于 0.3%，还是高于 3%，给我们做了一个划分，对不对？

正方一辩：对，从交易上面分为这两种，全部讨论了。

反方四辩：好，对方辩友，我想请问您，您知不知道这两种大麻不仅仅是浓度之分，它们根本是完全不同的植株？

正方一辩：不知道啊，这两种只是浓度之分，为什么呢？因为云南省……

反方四辩：对方辩友，好。对方辩友是什么意思呢？是这两个东西本来都是一个东西，如果我们今天禁掉娱乐用大麻的种植和交易，会一棒子打死，不利于经济的发展。可是对方辩友我告诉您，如果真的是工业用大麻的话，即使是一般大麻中最富含四氢大麻酚的叶子、茎这样的部分，它的含量也远低于一般我们认为可产生有毒性的3%或者0.3%，所以工业用大麻基本不会变成娱乐用大麻，对方辩友，这就是为什么我国现在基本没有禁止工业用大麻的交易。问您第二个问题，您方是不是认为，工业用大麻应该禁，可是娱乐用大麻，虽然大家不应该去吸，但是我们也不应该禁，出于某种奇怪的理由？

正方一辩：对方辩友，您刚才分析的不对，云麻一号就是从工业大麻的品种中不断进化而来的，除非您跟我说，袁隆平种的水稻不是普通的水稻，这都不是一个品种。您竟然告诉我，这种云麻一号也不是大麻的一个品种吗？

反方四辩：对方辩友，云麻一号是从工业用大麻提炼出来的，请您告诉我那个科学的原理好吗？我刚才已经跟您说得很清楚了，工业用大麻哪怕是最富含有害物质的部分，它也不能满足娱乐用大麻对于浓度的需求。问您第二个问题，您方今天跟我们说啊，我们不能吸，但是可以交易，对不对？

正方一辩：交易的是大麻，绝对不可以是娱乐用大麻，我们从用途……

反方四辩：所以对方辩友，我买了大麻回来，在家不吸，当观赏植物对吧？

正方一辩：你买不了啊，今天医用大麻只能够允许种植户进行投标……

反方四辩：对方辩友，开放了交易，交易合法化之后是不是能买？

正方一辩：但是不允许每一个方式都可以买……

反方四辩：哦，不允许每一个方式都可以买……

正方一辩：今天我允许种植者……

反方四辩：好好好，对方辩友，个人能不能买？

正方一辩：个人不能买。

反方四辩：个人不能买，也叫交易合法化？

正方一辩：对呀，医疗企业和种植企业之间相互交易不叫交易吗？

反方四辩：好，对方辩友，现在我要是真的癌症晚期到了医院，医生根据处方，也可以为了镇痛给我开吗啡，是不是也叫吗啡交易合法化？反正个人不能买，无所谓嘛。

正方一辩：你买的是吗啡又不是罂粟，你买的是四氢大麻酚的制成品又不是大麻原烟，对不对？

反方四辩：对对对对，所以我们会发现，我们要买，到底能不能算交易合法化，关键要看个人能不能买。美国四十几个州，其中有超过半数，十几二十个都是允许种植大麻，但是个人却不能买，按照您方这种说法，他们也都大麻合法化咯？

正方一辩：我都跟您说过了，现在中国的情况是，我们买的是四氢大麻酚制成的合成药品，所以个人不可以买大麻烟这种原植物……

反方四辩：最后一个问题，对方辩友，我想请问下您，您方认为大麻的危害是个什么程度？它到底是不是毒品？如果是毒品，为什么您可以这么坦然地告诉我们，可以买，可以交易合法化？

正方一辩：坦白讲，今天……（时间到）

反方四辩：谢谢各位。

反方陈词 1

反方一辩：

好。今天对方辩友告诉我们，云南才能交易工业大麻，我们知道工业大麻是什么，是我们的衣服，是布。你能告诉我们现在市场上没有布，没有这种东西卖吗？对方辩友今天在论证一个合法的东西我们要去合法化，这是今天辩题讨论的意义吗？

而我们说合法化是什么？是指一个东西从非法到合法的过程，而当今大陆的现状是什么？娱乐用大麻交易非法化。所以，对方辩友所说的大麻合法化是在变动法律，而改变既有法律会付出巨大的立法、执法成本，因此要有一个强有力的需求，法律才会进行变更。而大麻交易合法化的需求性在哪里？就是今天我方和对方辩友讨论的要义。对方辩友认为有这种需求，而我方认为没有这种需求。

一般来说，在两种情况下会产生一个行为合法化的需求。

第一，行为本身无害，同时它的非法状态导致了社会问题，例如同性恋婚姻，其本身既不害人又不害己，同时，不允许同性结婚又严重伤害了同志的自由，激起了他们的反抗和抗争，所以应推动同性恋婚姻合法化。

而第二，即是行为本身有害，同时它的非法状态又引发了自身以外的社会问题。今天我们所讨论的大麻，便在这一类中。

首先在身体伤害上，吸食大麻者的智商平均会下降10%，患肺癌的概率是吸烟者的20倍，并且50%以上的吸食者在使用过程中剂量会逐渐失控。而在致幻剂上，长期食用大麻会导致人产生幻觉、恐慌，甚至让人在一段时间内变得像个精神病人去伤害他人。所以大麻本身，就是伤人又伤己的。

但是今天，我方是不是说仅仅因为它有害，我们就会粗暴地不允许它合法化？不是，因为如果它的非法状态会引发更为严重的社会问题，两害相权取其轻，同样有可能合法化。例如著名的大麻合法化之国荷兰，曾是全球毒品交易中心，大幅受益于毒品，毒品可谓是他们资本原始积累的组成部分。在这种特殊的国情下，荷兰才采取向大麻妥协的态度，且实际上并不是法理合法，而是对大麻交易、吸食非罪化处理，也就是免于刑事诉讼。而反观中国大陆，完全不具备这样的妥协需求。在现状上，中国吸食大麻的人数极少，据统计，拥有14亿人口的中国，吸食大麻的人数仅有2万，即5000多人中只有1人吸食大麻。法不责众，但无众可责，妥协于现状问题，从何而谈？而从历史来看，中国曾在鸦片战争中被毒品奴役，被冠上“东亚病夫”的称号，与曾受益于毒品的荷兰大相径庭，因此在历史问题上更是毫无合法化需求。所以各位发现了吗？今天大麻的非法状态根本在中国大陆没有引起任何的社会问题，合法化反而会严重损害公序良俗。谢谢。

正方质询 1

正方四辩：对方辩友，您好。我方今天论证，大麻交易合法化需不需要论证到，大麻合法化了，所以人人都能买，达到您方所说的那种私人交易的地步才叫合法化。

反方一辩：对方辩友，现在工业交易也在一部分合法化，医用交易也在一部分合法化，您当别人不买是在……

正方四辩：好好，来，台湾性交易合法化，但仅限于在红灯区内性交易，可不可以是一种合法化？

反方一辩：人人都可以去红灯区，所以没有问题。

正方四辩：好，所以我方可以提出我方的合法化方案。来，您方说大麻很可怕，但您方也知道大麻的毒性是由其内所含的 THC 含量决定的，是不是？

反方一辩：您方的方案不是人人，就不算交易合法化。

正方四辩：来，好，既然每一株大麻的 THC 含量都不同，辩题有没有限制我们只讨论 THC 含量极高的有毒大麻，有吗？

反方一辩：对方辩友，今天那是两种不同植株的大麻，不是浓度的差分，我方四辩已经跟您说清楚……

正方四辩：好，它们都是大麻，只是浓度不同，您方说工业大麻没有合法化的必要，我们来看一下，您方知不知道，刑法中对贩卖大麻的量刑怎么规定的？

反方一辩：对方辩友，不是工业大麻没有合法化的必要，而是……

正方四辩：哎，我问您刑法中的规定，您知道吗？

反方一辩：对方辩友，我方没说工业大麻没有合法化的必要。

正方四辩：那您方承认工业大麻应该合法化了对不对？

反方一辩：我方认为工业大麻现在已经像您方说的合法化了，反正不是人人可以买。您方……

正方四辩：好，来，那我们就看具体的法条规定，《中华人民共和国刑法》第375条，贩卖大麻的量刑仅以大麻的数量而不由纯度决定，换言之，我今天贩卖的是无毒的工业大麻，受到的量刑和贩卖有毒的大麻是一样的，法律这种一刀切，合不合理？

反方一辩：不以浓度为标准，我今天买大麻和罂粟不是一样……

正方四辩：对，我们法律应不应该把工业大麻合法化，在工业大麻和有毒大麻之间做出明确的区分？

反方一辩：对方辩友，今天我买大麻衣服是不是在您方看来也是买大麻？

正方四辩：好，好，再来，您方也知道，种植大麻是很多少数地区的习俗，我是来自贵州地区的苗族，我们那里世世代代种大麻，可是政府没有依法推广工业大麻，其实在中国大量民间种植的都是有毒大麻，这种现实您方知道吗？

反方一辩：对方辩友，只有云南可以种植大麻，不是只有云南可以交易大麻，您方先弄清楚现状。

正方四辩：好，那我们就来看现状。我们苗族人种了两千年大麻，可是都不知道这个东西可以拿来抽哦，我们只是用它织布，可是今天法律把这个东西一刀切，有人把这个东西当毒品，我织布的东西就变成非法了，法律这样一刀切合不合理？

反方一辩：对方辩友，现在中国明明有很多大麻的衣服，怎么让您非法了？

正方四辩：哎？可是我们法律中明确规定民间私自种植高毒大麻就是违法的，法律应不应该对这个问题做出更明确的限定？

反方一辩：对方辩友，高毒大麻违法，低毒大麻违法吗？您方解释一下。

正方四辩：好，可是问题又来了，其实在少数民族地区，为了尊重少数民族传统根，本不执法，这种规则要不要解决？

反方一辩：而且您方刚才说种植大麻不是交易大麻，交易大麻就是合法的……（时间到）

正方陈词 2

正方二辩：

大家好。对方对我方的立论只有两点质疑。

第一点质疑叫作我们这不叫合法化，必须是人人都接触到才叫合法化。其实我方已经做到人人都接触了，只不过是有条件的。低毒的大麻和高毒的大麻都有其合法的交易方式，我方给出了方案，当你是一个种植大麻的农民的时候，你可以向政府申请无毒的种子，任何一个农民都可以申请，你只要没有什么其他的问题，就可以种；如果你是一个已经生病的患者，这个时候你想要买大麻制剂，只要医生给了你处方，你就可以买得到，人人都可以治疗。而我方的方案显然符合您方的定义。

第二个，对方质疑说，那工业大麻不已经合法了吗？您方在想要什么东西呢？还要再怎么合法？我方告诉您了，没有任何国家性的法律告诉您工业大麻已经合法，只有云南有一个地方的行政条例以及国务院的一个国务院令告诉我们说，是行政上有些东西可以种，行政上有些东西不能种，是政府的一言堂。所以说我方才要求，在全国性的法律上进行合法化。对方辩友，我和你回忆一下全国性的法律现在是怎么对大麻进行定义的。《中华人民共和国刑法》是根本就没有对低毒大麻和高毒大麻进行任何区分，那些低毒的 THC 小于 0.3% 的大麻，您就是买两斤回家抽，把自己熏得和包公一样，您也不会爽的。你会以为和抽了两斤普洱没什么区别。这样的大麻，就是用来织布和造纸的东西，一个种这种大麻的农民，他世世代代都用这个东西来造纸织布的时候，一辈子一张发票都没见过，分分钟就成罪犯，被扭送国家机关，被逮捕了，您方觉得合理吗？

进一步，那些高毒的大麻，在我国十五个省份都有种植。在这样的情况下，现状的灰色地带是什么样的？有些少数民族地区政府不敢管，因为害怕不稳定，因为害怕影响民族团结。有的因为暗箱操作，他不愿管；因为你种就是我的利益，我不愿意管；第三种，因为法律没有明确地规定，我不知道怎么管。今天我睁一只眼闭一只眼，明天我高兴了就去查一下你，抓不到人随便管。所以说我方才看到了需求，在这样的灰色地带，在这样的立法缺失下，我方认为，应该用法律去制约政府的行为，更好地进行监管。您方无非一个担心，担心如果合法化了，大家都抽怎么办？但是现状是，哪怕是中央电视台的农业频道，也有一个专门的节目告诉大家，说工业大麻可以让我们致富，教你怎么种植；党报也会告诉你说庆丰收。这样的信号，都没有让全国人民吸食大麻，按照您方的数据只有两万人，那我让它明确地区分低毒和高毒，怎么会让全国人民吸食大麻呢？进一步，恰恰是因为我们合法地规管了大麻，让那些有毒的大麻不流向黑市，我们可以在每一个环节进行监管，交易的过程中你的增值税可以监管到每一次交易，这个时候大麻就不会流入黑市，这个时候会有利于减少吸食的人数，是不是打消了您方的担忧呢？谢谢大家。

反方质询 2

反方三辩： 您好，我们先确认几个基本的问题。您方首先把大麻分成了三类，叫作娱乐用大麻、医用大麻与工业用大麻对吧？

正方二辩： 是用途，其实只有两类……

反方三辩： 我知道，其实只有两类，是高毒和低毒嘛。

正方二辩： 对对对。

反方三辩： 好，娱乐用大麻交易要不要合法化？

正方二辩： 不要啊。

反方三辩： 不要啊，好，承认了，第一点，我方与对方达成共识，好吗？因为您显然是不想跟我们讨论这方面的问题对吧？

正方二辩： 呃，我和您讨论，我刚才已经跟您讨论……

反方三辩： 哦，您跟我讨论，那好那好，您告诉我，您今天跟我讨论的终点是娱乐用大麻的合法还是工业用大麻的合法？

正方二辩： 不，是高毒大麻统一合法，但是不可以流向娱乐途径。

反方三辩： 啊，哦哦哦，是可以交易，但不能抽？

正方二辩：这不能流向娱乐途径，当然不能抽。

反方三辩：对对对，请您告诉我世界上有没有任何一个国家是按照您讲的这个方法管制大麻的。

正方二辩：全世界除了乌拉圭之外全部都是药用合法以及工业大麻合法，没有任何一个国家是允许抽的，哪怕是在荷兰……

反方三辩：不要着急，对方辩友你跳了，我问的是有没有任何一个国家允许你随便交易娱乐用的高毒大麻但却不让你抽的，有吗？

正方二辩：没有随便交易，国家配额制下，政府进行……

反方三辩：对方辩友不要急，不要急，刚才您方四辩提到了《中华人民共和国刑法》第347条，您能复述一遍那个罪名叫什么吗？

正方二辩：呃，非法携带制造什么大麻……

反方三辩：哎，我告诉你吧，叫走私、贩卖、运输、制造毒品罪……

正方二辩：对对对，我记不太清楚。

反方三辩：好好好，这……这是……大家发现没有，这个罪名是有四个层级的，从走私、贩卖开始一直到制造、种植对吧？它是有不同层级的，而我们发现管控最低的那个……不是，管控的最低形态叫作运输，你发现没有？

正方二辩：对对对，没错。

反方三辩：好，荷兰是一个最开放的国家，在荷兰你每天抽5克以下的大麻的话，你就不会被法院起诉，所以基本上等于事实合法了，可以承认吧？

正方二辩：其实在中国很多灰色地带也是事实合法……

反方三辩：好，灰色地带不说，在中国你吸5克大麻你会怎样你知道吗？《中华人民共和国治安管理处罚法》您有看过吗？

正方二辩：对，会受到社会治安处罚……

反方三辩：对对对，没错，所以中国没有事实合法。好，这些问题都有点儿远了，我们回来。荷兰，这么一个可以让你自由地吸5克大麻的国家，有没有允许你贩卖大麻？

正方二辩： 没，我们也没允许将大麻贩卖给民众……

反方三辩： 哎哎哎哎，等等，等等，大麻交易和大麻贩卖的区别在哪儿？指出一下。

正方二辩： 您能给我一点儿时间解释一下我们是怎么合法的吗？

反方三辩： 呃，没事儿，我只是想听您解释一下贩卖与交易的区别在哪里，除了修辞上的区别。

正方二辩： 我们说的交易是国家提供配额，大家进行市场制竞争配额，并且监控每一步交易，让它们不流向娱乐途径……

反方三辩： 暂停一下，对方辩友，吗啡现在是不是国家提供配额统一生产并且卖给医院的？

正方二辩： 是。

反方三辩： 是，所以吗啡交易是合法的，对吧？

正方二辩： 吗啡没有交易，吗啡根本就没有交易。

反方三辩： 吗啡没有交易？怎么没有交易？你在医院使用吗啡镇痛药的时候不需要给医院钱吗？你没有交易？

正方二辩： 不是，是吗啡是政府种的，吗啡种植出来是政府给医院的……

反方三辩： 哎，哎哎哎，停一下，停一下，吗啡可不是政府种的，错了，罂粟可不是政府种的，是政府发证允许别人种的。对方辩友，这叫政府许可。按照您方定义，吗啡是不是已然合法？

正方二辩： 对，我让他种的。

反方三辩： 所以对方辩友认为今天吗啡是合法的。我们再看，换一个，好，换一个，杜冷丁是不是合法的？

正方二辩： 我让他种，和我让他们抢着种是两种情况……

反方三辩： 对，都是常用镇痛药，只要有处方就可以买到，杜冷丁这种毒品是不是合法的？（时间到）谢谢。

反方陈词 2

反方二辩：

我方三位辩手起来之后，由我来问这个问题，我方由衷地疑惑对方辩友您今天到底想干什么。您方告诉我说抠字眼是不是？咱们今天就抠字眼。您说交易是不是？没有说运输是不是？您方今天说交易合法化，好，运输是不是没有合法化？你可以交易嘛，只要你拿到大麻只要你运过来就可以，但是运输不合法哟，只要你手里有大麻，就可以，你手里大麻在哪里？在云南，你在北京怎么交易？运输不合法化，对方辩友抠字眼，运输不合法化，您方的一切好处怎么来？再抠字眼嘛，您方告诉我说，大麻是不是？好，大麻有很多种，您方说呢，要把那个工业大麻开了，那娱乐大麻开不开？咱们是全称辩题对不对？今天就好比举一个例子，您方问我说男人能不能进女厕所，我方说不能进，因为是男人嘛。您方说不对，有一种男人，他的雄性激素分泌的很少，他的男性性征不够，所以这种人就可以进，但是其他人不能进。对方辩友，我很疑惑您方今天想干什么。好，是这样的，对方辩友，相信打到这儿的话场下跟我一样失望，当然我不只是失望啦，我还很震惊，因为对面打奇袭，对不对？

今天为什么是大麻？因为今天大家来，都是想听柯震东、房祖名到底怎么回事，前一段时间微博里面辩论圈一直讨论的到底怎么回事，想看到的是荷兰的阿姆斯特丹，荷兰到底是怎样一个奇葩的国家，想看一看美国的菲尔普斯，想看一看大麻和嬉皮士。然后对面一开始跟我们说，香港的中大向大家问好，我们本以为这是个巧合，大家都是中大嘛，我们本以为在这个天高皇帝远的地方可以讲一个平时在内地比较敏感的话题，结果对面来跟我们说什么，如何发展经济？中国的经济，现在经济常态是不是8%已经保不住了，7.5%嘛，我们今天是经济疲软，怎么寻找新的经济增长方式。大麻！第一产业，种大麻！第三产业，搓麻绳！对方辩友，你还可以搞大麻高科技产业嘛对不对？而且你放宽一点，为什么我们不能开娱乐大麻？我们虽然不能抽，但是荷兰抽啊？美国抽啊，我们远销海外可不可以啊？抢占市场嘛，凭什么只让英国占领我们的市场啊？鸦片战争我们不能逆回去，搞一个大麻战争咧？对方辩友，我们再想一想嘛，您方告诉我们大麻合法化，那是我可以穿衣服，那我还可以观赏嘛，对不对？可以像红酒一样的产业。我们今天怎么品红酒？嗯，这瓶红酒呢，是1978年产的，这一年呢，雨水很丰沛，光照很好，沙质不错，哎，非常的甘醇，尝一尝。哎，大麻也可以啊。这是2012年的大麻，当年光照不错，土壤不错，一切都很好，色泽芳香，哎，到这儿就结束了！因为你不能抽！你可以交易，你可以看，对方辩友同样的观点，罂粟花也很好看啊是不是？我们是不是可以重新种起罂粟花？全国都可以嘛。普罗旺斯的薰衣草算什么，我们罂粟花更漂亮啊。对方辩友，按照您方的观点，我们牵起手来想一想嘛，如何把中国建设成一个现代化的大麻综合生产大国嘛。谢谢大家。

正方质询2

正方三辩： 段子讲完，我们来看一看法条。您方所说的《中华人民共和国刑法》第347条所说的不能运输、贩卖、制造，您知道后面跟的那个词，跟的那个毒品是什么吗？

反方二辩： 你说。

正方三辩： 海洛因，冰毒。有大麻吗？

反方二辩： 对方辩友，您知不知道有司法解释……

正方三辩： 有大麻吗？

反方二辩： 有司法解释……

正方三辩： 有大麻吗？

反方二辩： 您不听司法解释是不是？

正方三辩： 有司法解释，在下一个问题解释。下一个问题，下一个问题……

反方二辩： 包括大麻……嗯哼。

正方三辩： 第351条，非法种植大麻，数量极其大的，可被判刑，司法解释里面，这个大麻，怎么解释的？

反方二辩：种植嘛。

正方三辩：对，那按照您方观点，您方想要我方论证的，是不是把刑法里面的大麻变成娱乐用大麻我方才可以论证呢？

反方二辩：那您方也不可以把大麻用成工业用大麻啊。

正方三辩：好，对，您方要多做做功课。来，下一个问题……

反方二辩：您方也是啦。

正方三辩：来来来，交易合法化在您方看来是不是没有限制？

反方二辩：肯定不是，给您留的底线就是……

正方三辩：有没有限制？

反方二辩：有限制……

正方三辩：有限制，好，有限制就很简单，所以您方不要让我方论证人人可吸大麻，处处可吸大麻，想吸多少吸多少，好不好？我们再来看现在的问题是什么。您方知不知道全中国三十多个省、市、自、治区，为什么只有云南，有对工业大麻的种植许可？

反方二辩：因为经济发展不够啊，所以要种嘛，黑龙江也要种大麻哟。

正方三辩：嗯，那您知不知道，黑龙江、安徽、山东等其他省市也有种工业大麻，却没有相应的许可，意思是他们是非法的喔，这些灰色空间您要不要管？

反方二辩：要，也要种罂粟嘛，对不对？

正方三辩：好，要管那就好，所以这部分的灰色空间工业大麻也应该立法进行规管。我们再来看，您知不知道今天中国有关大麻的专利有309项，占世界的一半，都是去研究麻醉药品，研究新型药品怎样很好地利用。很多企业家说，我不敢去投资，因为你们中国这个法律太灰色，你只告诉了我非法种植大麻有问题，没告诉我怎么合法种植。这样的情况下是不是能够合法地规管，让他们更好地投资呢？

反方二辩：我有一个问题啊……

正方三辩：呃，你现在不能反问我，回答一下好了，要不要解决他们的疑惑呢？

反方二辩：我不太理解为什么中国有关大麻的专利数量遥遥领先……

正方三辩：您不理解很简单，大家心里可以理解，法律只告诉你，非法种植大麻有问题，但有没有告诉你怎样合法种植大麻？

反方二辩：肯定没有啦。

正方三辩：那要不要管呢？

反方二辩：你管一管，你管一个。

正方三辩：我管就是我方所说的合法化呀，对工业大麻进行规管。我方接下来会再跟你论述……

反方二辩：那大麻在哪里拿，对方辩友？

正方三辩：来来来，今天政府对少数民族地区，因为他们传统习俗都种大麻，云南的少数民族他们是不分高低毒的，因此政府有的时候是为了维稳，有的时候是为了维护少数民族的感情，没有去执法，这样的不执法的行为，您方认为该不该解决？

反方二辩：等会儿，您现在说的是娱乐用大麻，是不是？

正方三辩：来来来，政府的暧昧您方不解决，对不对？（时间到）

反方二辩：谢谢大家。

反方质询小结

反方三辩：

好。对方是来自香港的同学，他可能对大陆的情况不太了解，我这里做一个简单的科普。《中华人民共和国刑法》第 347 条上面确实只写着海洛因，但后面还有文字，“等其他毒品也可参照”。是，没有明确解释，这是刑法本身的条文，但是我们在司法中会借鉴什么呢，叫作司法解释。最高人民法院出的司法解释中详细列出了其他国家所命令管制的精神药品的种类来进行管制。对方辩友，您告诉我们上面只写了大麻叶多少多少克，可是您没有注意它后面还有，相当于大麻油或者大麻籽的纯度，它上面是有标注的，对方辩友。您告诉我们说今天我们有人种了火麻，就是您讲的工业大麻，低毒的品种哦，有人种了火麻，会被判刑吗？您有这样的案例吗？如果您没有，是不是就可以反推出我们中国事实上在司法中并没有将它变成一种罪呢？对不对？对方辩友今天觉得我们法律没有明文规定说我可以种工业大麻就叫作法律禁止我种工业大麻吗？法律还没有明文规定我可以种水稻呢，难道我种水稻是非法的？我要推动水稻合法化吗，对方辩友？这不科学啊。法律没有规定的恰好是我们可以做的，法律哪条明文说不允许种工业大麻了？如果有，您举证。没有，对不对？

之后我们就来看对方辩友的论述了。他告诉我们今天我们要解决的很简单的一个问题是什么呢？中国的法律对大麻这个东西的规定不够完善。没错，我承认现在是有这个问题，但是对方辩友，你念一遍今天这个辩题，当今大陆该不该推行大麻合法化，您觉得是为了解决您提出的这个问题而有的辩题吗？明显不是啊。您方在立论中也讲到了这个辩题的来由，是来源于柯震东和房祖名的网上大讨论，来源是由于我们场下那几位有名辩手他们的微博被来回地转载，来源是果壳和知乎上大家对于大麻的疑惑。您跟我们讨论这个有意义吗？我方觉得没有意义。如果您方觉得有意义，您方大可继续讨论，而我方可以回您一句无可奉告，但是我们觉得这样不好玩，我们大家都是中大，何苦这样自相残杀呢？对不对？所以我决定还是跟您讲点道理啊，您一直觉得大麻只是毒性不一样，但它都是大麻嘛，您错了，我跟您讲。在讲到大麻这个词的时候其实我们都讲的是狭义上的大麻，什么大麻呢？叫作印度大麻，这种品种原产于印度，是印度千年来在印度教中用于通灵的一种药物。而中国土生土长的大麻，对方辩友，品种是不一样的。中国自己的大麻为什么没有人抽？因为它不好抽啊对方辩友，它只有 0.2% 不到的 THC，你抽它跟抽树叶没什么两样的啊，当然没有人抽啦。这完全是两种不同的植株。而印度大麻在传入南美之后，又进行了多次变异，再加上最近在欧洲荷兰，20 世纪 90 年代之后，发明的阳光光照温室技术，才培育出如今 THC 含量高达 25% 的娱乐用大麻，或者说药用大麻，对方辩友，这完全是两种不同的植株。就好比你拿着现在的鸟跟远古的翼龙比，告诉我说那个也叫作鸟，叫作始祖鸟，我今天禁止打鸟是去打那个始祖鸟吗？这很不科学。好，就这样，谢谢。

正方质询小结

正方三辩：

对方辩友，讲段子是要看事实的，你们陈词当中有两个事实错误：第一，我们今天的辩题叫作大麻交易该不该合法化，不是您说的大麻该不该合法化；其二，您告诉我，中国所有大麻都不能抽，错了，您方知不知道云南的少数民族种植大麻种了两千多年，一直到了几年前有外国的游客来到大理，他们发现，哇，漫山遍野都是大麻，拿起来抽一抽真的好爽，让大理变成了大麻之城，这才引起了云南省政府和公安厅的关注，所以才有了后来《云南省工业大麻种植加工许可规定》。所以今天您方要一直跟我方掰扯工业大麻不等于大麻，是两种植株，我方觉得，您方很可笑，也不负责任。因为从 90 年代开始，从法国到今天的中国，各个国家都在积极地把野生的高毒大麻培育成低毒的大麻，为了什么？为了规避它的高毒性对人造成的伤害，为了利用它的低毒性为我们人类造福啊。所以我方正是看到了在中国今天法律法制的框架底下，没有很好地对工业大麻进行规管和管制，没有发挥出它应有的作用，反而让高毒大麻像您方所说的肆意流窜，在灰色空间底下作恶，我方才来讨论今天这道辩题。

今天我国刑法当中第 357 条说，非法种植大麻数量特别大的人就会被投放监狱，我一个云南种植工业大麻的农民，哦不说云南，云南已经合法了，我换一个黑龙江吧，黑龙江我一个种植大麻的农民，我卖给纺织厂，卖给造纸厂，拉了一车去卖，可是分分钟有可能被拉进监狱哦，如果您再不对这些工业大麻做出限定的话，今天全中国除了云南的话都应该不许种工业大麻，我方正是看到了第一由于法律没规管，第二你又没执法，觉得这样很危险，因为云南永德县的老百姓，他们听说了原来这个世界上还有低毒大麻的时候，他们主动跟乡党委，主动跟市政府说，来，你们帮我们把高毒大麻都换成低毒大麻好不好？人们想用这样的大麻来维持生计，想用它来发展，却因为法律法规的不完善而受到种种制约，这才是今天中国对大麻的法律法规的困境下最大的问题。而对高毒大麻这一块，今天的医疗是怎么样的？是用国务院定的行政条例，不是法哦，行政条例来规管，是你医院想要多少医用大麻，政府分配，政府随便找一家公司说“哎，来，你帮我生产一下”，整个环节极不透明，会出什么问题？官商勾结，我想大家都懂，那就不再多说。而我方想说的是对高毒大麻这一块政府可以放开配额，让企业来竞标，进行严格的管控。从你生产的种子到你进入医疗机构到你的数量，政府都可以进行管控，这样才可以把高毒大麻局限于医疗用途，而不会用作吸食用途，这也是为何美国有一半的州都实行了大麻合法化，但却只有两个州实行吸食合法化的原因。谢谢。

自由辩论

正方四辩：既然您方都认为工业用大麻合法化没问题，为什么我们不肯让今天的法律替工业化大麻正名？

反方四辩：对方辩友，不是合法化没问题，是已经合法了。对方辩友，我想问您，您一直说的云南的行政条例跟刑法到底有没有冲突？

正方三辩：对方辩友，今天黑龙江的农民种工业大麻就被警察勒令都铲除了，哪里有合法呢？您方要不要将种了两千多年的工业大麻用法律的形式框定，为它们正名？第二次提问。

反方四辩：对方辩友，您太天真了，黑龙江不会有这个问题，因为忘了告诉您，工业大麻一般是在北纬30° 以下才会有纤维素可以用来做您方想要的亚麻布衬衫，再次请问，您方告诉我说中国现在大麻是非法的，所以要合法化，请问云南种植工业大麻的行政条例与刑法到底相不相违背？

正方二辩：不违背。刑法说非法种植的有罪，合法种植的是怎么样没说。

所以说呢，云南省政府说，当地政府去规定什么叫作合法，在这里面的空间就大了去了，所以我们才认为，是不是应该告诉你，什么样的大麻可以种，应该怎么种，怎么去交易，这个时候才能够进行规管啊。

反方三辩：各位，你们听到没有，云南说大麻合法与刑法不冲突，而他方前面口口声声说刑法禁止我们种工业大麻，如果刑法没有禁止我们种工业大麻，您今天合法化，合的是什么法呢？

正方一辩：错，没有明确禁止，但是不知道什么情况合法。目前十五个省中只有云南一省合法，其他十四个省，到底要不要从灰色地带走向合法？

反方三辩：从来没有法律明确同意过我种水稻，我种水稻合不合法？

正方四辩：是今天刑法明确规定了种高毒大麻就是不合法，我贵州根本拿不到云南的低毒的种子，我只好世世代代都种这个高毒的大麻，以至于分分钟都可能沦为罪犯，这种问题法律要不要解决？

反方二辩：对方辩友，您方也说了是高毒大麻，到底是高毒还是无毒您方四位辩手统一一下，法律有没有说过允许我喝水，我是不是不能喝水？

正方三辩：对方辩友，法律之中只有"大麻"二字。我方正是要通过合法化，低毒、高毒都解决。今天少数民族地区，像云南、贵州，他们种的正是高毒大麻，您方不用法律去框定，他们分分钟违法，要不要解决一下？还是您方觉得，就先这样，暧暧昧昧的就挺好呢？

正方一辩：对方辩友，今天对方辩友全场前半场跟我们论证什么？今天题目是大麻交易合法化，他们论证的是大麻种植合法化，而且是工业大麻种植合法化，而且是少部分人的工业大麻种植合法化，这就是今天您方的论证观点吗？那我们来看一下娱乐大麻好吗？对方辩友，今天玻利维亚大麻合法化是因为如果毒品产业消失的话有50%的人将面临失业的危险，今天中国有没有这个问题？还是像您说的，中国就应该发展大麻工业产业？

正方四辩：错，我方是告诉您，交易合法化分成两种，从种植到收购，严格控制交易的流向，从而从根本上解决吸食大麻的问题，有没有问题?

反方三辩：您没有听懂我方的问题。我方告诉您说玻利维亚合法化的原因是如果不合法化，10% 的人将会失业。我再问您，印度大麻合法化是因为如果大麻不合法，印度的整个宗教就会崩溃，为国家形态带来危险。请问您中国面不面临这样的危险?

正方三辩：哦，所以我方想要大麻交易合法化必须永远和其他每个国家合法化都有相同原因，我方才得证是吗?

反方二辩：不是。每一个大麻合法化的国家都有自己的难言之隐，印度千百年来嗑药他才能够通神，对方辩友，我们闹革命需要嗑药吗? 嗑药见马克思吗? 这符合唯物主义吗?

正方四辩：中国的难言之隐告诉您了呀，就是低毒和高毒明明在用，却没有区分，是少数民族种了几千年却分分钟有犯罪的危险，这是不是中国把大麻问题用法律规管的必要性所在?

反方四辩：对方辩友，法律抓了谁? 法律阻碍了谁? 云南种大麻，法律到底阻碍了谁? 对方辩友，再问您娱乐性大麻的问题，如果必要的话，玻利维亚毒品组织可以动员全国超过 20% 的人口，包括农民和工会进行抵抗，使得政府和美国的禁毒合作无法进行，请问大陆有没有面对这样人民战争的汪洋大海?

正方四辩：恰恰是因为今天大麻处于灰色地带，我贵州人种的是高毒大麻没人管，因为他不知道合法还是不合法，所以有很多的外国背包客来到贵州，把这里当作大麻的天堂，我们是不是恰恰应该规范化，区分高毒和低毒，引入低毒才能解决这个问题?

反方三辩：对方辩友，低毒大麻从来就没有非法过，非法的一直是高毒大麻。您只是告诉我们说您没有办法获得低毒种子，很简单，政府发种子就好了，您用得着合法地让它贩卖吗? 让它交易吗? 对方辩友，再来，您抠字眼我也跟您抠字眼，今天您只讲交易合法化，您的运输、您的种植、您的制造要不要合法化?

正方三辩：我方不是跟你抠字眼，您方说了那么多，无非是说，法律没有禁止你种工业大麻，但是问题是法律没有对我种工业大麻进行指导，所以问题是我作为一个农民，坦白讲，我不知道怎么办。我万一买到了高毒种子怎么办？我万一不小心有不合理的程序怎么办？分分钟被抓。所以我们合法化，用法律框定程序，又有什么问题呢？有什么问题，有什么担心，您方说一下好不好？

反方二辩：对方辩友，来，我就说说我的担心嘛。法律没有说我不能喝水，也没有说怎么喝水，我很担心呀，喝水喝多了是会中毒哒，对方辩友，是不是法律出来说允许喝水之前，我不能喝水，等着渴死啊？

正方二辩：现在的问题是这样的，刑法说，非法种植的和交易的大麻是有罪的，这"非法"二字是怎么定义的呢？云南省政府定义的。如果今天法律说，你非法喝水是有罪的，怎么算非法，不告诉我，我还敢不敢喝水呀？

反方一辩：对方辩友今天告诉我们的是云南的大麻分不清楚高浓度和低浓度，所以说今天我听清楚对方辩友说中国难言之隐是什么，中国难言之隐就是要借用这条法律来对大家进行科普教育吗？

正方三辩：坦白讲，真的是这样的。云南省永德县的农民就告诉政府说我真的分不清楚，但我又不想违法，所以我求求你，你来帮我，农科院的专家来指导我怎么样把高毒替换成低毒，让我能够从大麻中获益，您方觉得这样有什么问题，说一说好不好？

反方四辩：对方辩友，科普教育也要修改法律咯？

正方二辩：不是科普教育，是法律明确规定什么可以做，什么不能做，什么叫合法，什么叫非法，这样的情况下我还敢于去追求自己的经济利益，不怕受到法律制裁，这个时候我才能真正让农民获益，才能让这个国家进步呀。

反方三辩：您方的教育是靠刑法来进行的，真先进。

正方三辩：坦白讲，以前同性恋在中国的法律中叫什么，叫精神病，后来不叫精神病了，这是不是教育啊？

反方四辩：对方辩友，您刚才跟我说的是，种植规范化，这和大麻交易合法化是不是一个东西？

正方二辩：你不种哪儿来的交易？所以交易过程中势必包含了种植，也包含了运输，也包含了其他后续环节，所以我方认为大麻交易合法化就是在每一个环节都进行规管，你怎么种，我规管，你怎么卖，我规管，你怎么交税，我规管，会通过什么途径交易我也规管，这样的情况下，是不是才真正透明了呀？

反方三辩：我很奇怪，您方如此讲究民主自由的学校竟然让政府来规管我们生活中的一切行为，包括我们要种什么、我们要卖什么、我们要把它做成什么。对方辩友，这是您方今天的观点吗？

正方四辩：我方追求民主自由，更追求法治，所以不允许政府在法律一片空白、灰色的情况下以政府行政命令的手段去决定谁合法谁违法，要说就说清楚，法律说清楚，可不可以？

（正方时间到）

反方三辩：对方辩友，您又错了，这不叫作行政性的手段，您讲的叫作云南的地方性法规，中国法律的渊源要我给你全部背一下吗？

反方四辩：对方辩友，您在自由辩的时候也承认了，云南这个行政法规它和我们刑法的立法宗旨明显是不相违背的，所以刑法也没有判令这个地方法规无效对不对？这个时候我们到底能不能够叫作工业大麻的种植在我国是非法的，需要合法化呢？

反方二辩：您方抠大麻也抠不过，抠字眼也抠不过，连抠合法化都抠不过。好，关于大麻给您举个例子，我现场查一个数据，美国、法国、澳大利亚已经选育了低毒大麻新品系，中国只是第二十六个品种，想请问您，前面这几个国家都没有合法化，他们是不是都面临你这样的问题，这些国家都是法盲是不是？

反方三辩：您一直觉得我们大麻的运输和贩卖的经验是非法的，判例在哪里？

反方总结陈词

反方四辩：

各位好。我方听到对方辩友立论第一句话的时候其实还蛮欣喜的，满以为可以达成共识，因为我们讨论这个辩题一开始都是因为看到了网上柯震东和房祖名的照片嘛，但是非常不巧，没有想到对方辩友只留意到了他们两个的亚麻布衬衫。所以，今天我方讨论，是非常无奈的。

虽然我们今天的讨论并不是旨在工业性大麻，但请允许我用一点时间解决对方辩友的疑惑。对方辩友通篇跟我们讲的其实是怎样一个概念，叫作法律完善、规范的概念，但是这个等不等同于合法化？给大家举一个例子，我们的婚姻法和劳动派遣法都在今年做出了一些调整，就近几年，婚姻法上关于婚前财产公证做出了一些更细致的规定，使得我们之后在进行婚姻财产分配的时候有更明确的依据可以遵循，不至于产生太多的纠纷。对方辩友，您告诉我在此之前，因为无法可依，就叫作婚姻是非法的？您告诉我今天出了这个法条，就可以叫作婚姻合法化吗？所以，对方辩友，您就算要打工业大麻，也请您为我们论证一下今天工业大麻在中国真的是非法的好不好？我身上穿的这件亚麻布衬衣，我们平时钓鱼的时候会见到的麻绳，不都在向我们论证，今天工业大麻的种植，好像并不是非法的，至少不是罪对不对？您一再告诉我们说它本身是非法，本身是非法，您要论证一个倾向嘛，那您至少要告诉我有没有司法判据；您告诉我说它阻碍了研究，阻碍了医生，那您告诉我到底有哪家企业的投资因此而望而却步；您告诉我有哪个农民因为种大麻被政府抓了进去，您告诉我这个例子嘛，为什么全场没有说呢？为什么那些农民都是您方辩友扮演的呢？为什么我方今天看不到事实的论据，是您方一直在告诉我说这个地方好像有一点点模糊，来让我们把它弄清楚，这个叫作合法化吗？所以对方辩友，辩题的讨论要建立在事实的依据上，这是其一。

第二，辩题的讨论要建立在价值的依据上，也就是我们今天真正要探讨的是什么。我方二辩驳论中说得很清楚了，今天各位观众聚集一堂，那么多观众站在后面，三位评委风尘仆仆赶过来，是听我们说需不需要亚麻布衬衫，需不需要麻绳？对方辩友，不是这个样子的嘛。我们今天听到荷兰大麻合法化那么兴奋，难道是因为有最新款的亚麻布衬衫可以穿吗？是因为我们会发现，这样一种明显有害的东西，为什么可以合法化？好，您今天坏处避而不谈，我方问您大麻包不包括娱乐性大麻，您说承认，那要不要合法化，您说要；那能不能吸，不能；能不能运输，不能，我方只是说交易，谁跟你说运输大麻了，你坏你坏你坏，对方辩友有这么讲话的吗？所以我方三辩一直问您，好，您告诉我说，我方虽然合法，但是，人不能够吸，而且呢，个人也不可以买，就算有执照，也要经过极其严格的审批，有没有一个国家是这样合法化的？好，对方辩友，顺便跟您提一下，中国的枪支是这样的，不知道您是不是认为枪支在中国也是合法化的？

好，所以我方今天跟大家讲的是什么？抛开一切的争端，哪怕我们把工业性大麻囊括进来，我方想讲的是，以立法倾向也好，立法现状也好，不管是工业性大麻，已经是合法的，实质性合法，而娱乐性大麻是非法的状态。任何法律的变更，都是需要理由的，为什么？因为任何法律的变更，都是需要成本的。为什么，你想一想，云南出台了地方行政性条例，而黑龙江没有？因为工业用大麻适宜的地方是在纬度30°以下，这个地方出产的大麻它的纤维素才会高，才是真正可抗压的工业性大麻，黑龙江没有这个需求，所以为什么要冒着修改刑法的危险来另外出行一个行政条例呢？云南有这个需求，所以我们满足了这个需求，刑法也没有说一个不字，对不对？所以对方辩友，您今天要让大麻通盘交易合法化的理由在哪里？我方说荷兰为什么要合法化，因为荷兰吸大麻的人数太多，这和他们嬉皮士文化联系在一起，不合法化，无以管制。西班牙、葡萄牙是为了降低吸毒中的注射感染率，美国华盛顿州是为了增加税收。对方辩友，中国在鸦片战争之后似乎还没有这么高端的需求吧。谢谢各位。

正方总结陈词

正方四辩：

大家好。很不好意思，没有符合对方辩友的期待，对方辩友想跟我们聊房祖名、柯震东，因为这件事情是个热点，引起了3000万人讨论，可是对方辩友，仔细想想，您就会发现，这是个伪热点。3000万人在网上讨论吸食大麻的问题，中国，全中国14亿人，吸食大麻的人不到20万。我们苗族人，我跟您说了，种了两千多年大麻，真没发现这东西可以抽。如果我们今天是站在美国的时代背景下，一个有强大的吸食大麻的背景下讨论这个问题，我方绝对分分钟跟您讨论自由，讨论打击暴力犯罪。可是我方恰恰是承担论证这道辩题我们这个立场的责任。

我们来看，当今中国的现状对大麻问题到底应该怎么解决，可是我们研究后发现，虽然中国人不吸大麻，但是这个辩题在中国讨论才特别有趣，因为大麻问题在中国充满了中国特色。

第一，如您方所说，工业大麻已经分分钟走进了我们的生活，我们每天穿的衣服、用的麻绳都是工业化大麻，可是我们的法律怎么规定的？我国刑法中只说，走私、贩卖、运输大麻类毒品是犯罪，可是法律中没有一条告诉我们，大麻原来有工业用和高毒大麻两种，所以按照今天的法律，工业用大麻依旧是不合法的。我方的要求很简单，既然您方觉得这种大麻那么没问题，我们为什么不能替它正名呢？

第二个中国特色，由于只有云南一省培育出了低毒大麻，在其他省份是没有推广的，中国的大麻产区有十五个主要省份，可是其他省份种植的大麻，世世代代种植的大麻都是高毒大麻，在今天的法律下它是明确违法的。可是妙又妙在这里，由于这些种植高毒大麻的地区都是少数民族地区，少数民族地区那么敏感的事情，中国的一线民警其实是没有勇气执法的，为了民族团结，为了社会稳定，所以这些高毒大麻处在违法的灰色地带，带来什么问题？种的人战战兢兢，管的人睁一只眼闭一只眼，只有那些想要抽大麻的人看到这些灰色地带的大麻，他们分分钟可以去买，这是问题的关键。

第三个中国特色，不止是执法是灰色地带，甚至法律本身都是灰色地带。刑法中对海洛因的规范非常明确，走私、贩卖海洛因就是违法，可是它对大麻的规范非常有趣，它说非法贩卖大麻，非法，这个非法又有国务院令用行政命令的方式框定，什么叫非法呢？由各省、市、自治区的食品药品监督管理局来决定，换言之，是由政府的偏好来决定，政府说你合法你就合法，说你非法你就非法，这样的中国叫作法治的中国吗？我们为什么不能把一切都纳入法治的框架下说清楚，什么样的大麻可以种，什么样资质的企业可以怎么种，可以怎么卖，把一切纳入法治的规管中来呢？对方辩友说，我们今天有变动成本，这变动法律成本很大。其实，说真的，在中国大麻的语境下，合法性这三个字没那么重，没这么大的变动成本。因为我方要的事情很简单：给今天处于灰色化的大麻正名；给今天那些世世代代少数民族种的大麻一个明确的指标，把不明确的行政手段纳入法治的规管下。我们做的这一切不只是为大麻这种复杂的植物去污名化，而是让法律也拿回它的尊严。让大麻在阳光下生长，就是让权力在法治下运行。谢谢大家！

比赛点评实录

路一鸣（印象票投给反方）：

我赫然发现反方一辩还带了一把梳子上台。法律有没有规定辩手能不能带梳子上台？没有。法律没有规定的事情算合法还是非法？算合法。在法律没有禁止之前，所有的行为都算是合法的，这是我们对法律的惯常理解。这就是我今天给反方投印象票的最主要的原因。

因为我们在正方这种希望能够异军突起的框架里，不断地听到，希望政府出台明确的法律条文来规定我们该怎么做，这应该不是法律应有的义务。法律的义务只是告诉你，你不能怎么做，所以我们听到了正反双方这么激烈的交锋之后，我们能够在他们各自的框架里找到逻辑的通道。他们都能自圆其说，各自都能成立，只是在不同的部分，一部分强调工业用的大麻的种植，一部分希望能够证明娱乐用的大麻的种植。正方非常成功地这个……把反方的这个攻击的方向全部化解掉。我说的是全部化解掉，因为你想，我们在质询、自由辩论当中，我们几乎没有听到娱乐用大麻该怎么合法化，合法化之后会带来什么样的影响这类的讨论。那这是正方期待的，因为一旦陷入这个战区的话，正方就会非常被动。那接下来就只能看双方辩手对本方立场的贯彻，语言的表现力，现场的感染力了。所以我的印象是反方的语言的感染力更强。正方呢，希望能够给大麻的种植一个合法的名分，而且希望以国家法律的形式，给它做出标记、分类、正名。但法律是分体系的，正疆兄是做法律的专业人士，法律是分体系的，在没有国家类，国家层级的法律之前，部门的、地方的法令和条例，也算是法律体系中的一部分，所以，在这两个支持点上，我不太同意正方的这个表现。

在辩论的能力上，大家是旗鼓相当的，但他们站的知识的基础，我认为反方好像更牢固一些。正方想做出的这种突破的努力，在知识的基础上站的还不够牢固。所以我的印象票给了反方。

林正疆（印象票投给反方）：

大家好，我的观点跟一鸣兄的观点基本上是相当的接近。我认为啊，我认为今天正方的论点架构，其实原本我们先不讨论后面的交锋，他原本的论点架构是我可以接受。也就是说，我从来都不认为所谓的合法化，就是自由自在，就是什么都行。就像我们讨论安乐死，我们认为安乐死也可以合法化，也不是你想去就可以去啊，通常我们也会讨论说你大概要病到什么样的程度，你大概要痛苦到什么样的程度，你大概要有什么样的医生帮你开例什么样的证明，你才能死。所以，我可以接受一个最基本的观念，叫作所谓的合法化绝对不是海阔天空自由自在，绝对不是。我可以接受正方这种说法，我也可以接受说正方设定一大堆框架，区分高毒的和低毒的，高毒的应该去哪里，低毒的又应该怎么样，高毒的可以制成特定的成品让你去买，然后低毒呢，可以……可以……呃，让一般人拿去，反正你有本事你就抽吧，或者你抽了会爽我也服了你呀。否则的话你就乖乖拿去做衣服或者怎么样，农民也不用担惊受怕。我可以接受这个最基本的概念。但是，当你把你的立场线缩在这种情况，就比如说像安乐死，当你把可以去安乐死的人的线缩在非常特定的族群的时候，你的利益就会因此而大幅缩小，因为你只能解决一点点问题嘛。所以一开始的时候正方所说的400亿美金，或者说是300项国家专利，在正方的框架底下还剩下多少经济利益，正方没说。正方没说，我心里面就有一个问号，这是第一个问题。

第二个我的想法是，当今天你在台上告诉我说，你身为一个正方，你认为要解决问题的时候应该要有中央统一的法律的时候，我会比较期待去听到比较精致的法律论述，在座的有没有法律系的？没关系，读法律——我真的比较习惯站起来讲话，因为我被这个（聚光灯）照得有点痛苦——哦，基本上我们有一个最基本的观念，如果正方今天的论点他是一开始先伴随着法治国的原理，他稍微做一些说明的话他的论点才会齐全，一辩的时间不够的话要靠二辩来补。比方说他应该要告诉我，就你拿法律的观点来看，我们法治国你有一些观念，比方说法律保留原则，干涉到人民权利的东西，应该要以法律来定之，而不应该由政府透过命令的方式来加以恣意规范。这叫作法律保留原则，就是保留给法律来决定，称之为法律保留。如果是牵扯到人民的基本权利，在我们的法理学上面叫作国会保留原则。什么意思？那个原则要求的更高，也就是一定要有国会等级的立法机关来制定出条款，你才能够去规范人民的权利义务，基本权利义务。也就是简单来讲，它是有位阶的。牵涉到人民的基本义务，在法律上叫作国会保留原则，要保留给国会等级的。因为每个国家的国会定义不一样，好比方说在美国叫作参议院或众议院，不一样，就比方说在日本的话可能也叫参议院或众议院，不同的机关，不同的国家有不同的名称。基本权利你要保留给国会，称之为国会保留，如果是一般的权利，不是基本的权利的话，但是只要侵害到人民的权利的话，你要有法律保留，保留给法律，后面才会有什么？行政保留。一些比较琐碎的东西保留给行政机关来决定，如果今天正方的论点一开始是伴随着这样的等级，然后来告诉我们，当有一群人，他把大麻拿来当成谋生的工具，像农民，因为他今天想照顾农民啊，当有一些人，把大麻拿来当成谋生的工具的时候，大麻已经牵扯到他基本的权利，叫什么？生存权。这个时候，怎么能够交给行政保留。你当然要保留给国会，最起码你也有一点诚意，保留给法律。如果他前面加这个框架的话，整个东西就明确了。我就能够很明确地听得出来你想追求的是什么价值，否则的话就会像今天的正方一样。今天正方前面三位辩士，都没有办法理得很清楚他到底想干嘛。

我要说的其实是我很佩服反方，能够把一个队伍四个人打得都像马薇薇真的不容易。从眼神、表情、动作，连调侃和嘲讽对方的那个神情，我就跟一鸣讲说我好像看到四个马薇薇在台上跟人家打比赛。这到底是怎么办得到的，我等一下一定要在吃饭的时候请教一下，是用什么样的培训方法，你能够教育出一群人这么像你。这真是了不起。如果不是因为你这么年轻，我怀疑是你生的。好，那我要说的是，他们遇到的对手是，反方有志一同地不断去嘲笑对方，嘲笑对方的定义不完善或者怎么样的时候，其实你会很明显地感觉到正方一直没有拿出一个自己都觉得抬头挺胸的统一概念去告诉他说，就像我刚才讲的，当牵扯到人民的生存权的时候，我们要说的是一切国家、政府、社会组织乃至于所有事情，普世价值没有能够高过人民生存权的东西，没有例外。这种东西只能保留给国会。国会没有，就是怠惰；国会没有，就是国家疏失；国会没有，就是我要努力的目标。如果一开始你有一个统一的概念架在上面的话，没有人能够伤害你。可是没有，一直到正方四辩的时候才稍微理清。这个我还必须要说一句实在话，只有正方四辩在申论的时候，让我强烈感觉到她想干嘛。但是她讲的其实还是不太好，但是至少我听懂了，我听懂她到底想干嘛。但是在我心里面的那个问号，在你这样梳理这些制度的情况底下，你还剩下多少利益，我等待你告诉我，如果你没有告诉我，就会导致我现在坐在这边。谢谢。

梁泽宗（印象票投给正方）：

投下印象票之前，我是闭目问自己，那这场比赛打了整三四十分钟，到底哪一个论点，在我心中留下印象。而在哪一个部分，开始让我留下印象。那我找到的论点是正方所提出的。正方的意图是，第一，我先把中国目前大麻的概况和一切相关法律知识全部抛空，我完全用一张白纸来看看，你们今天来谈什么。我收到信息是，目前中国对于大麻种植行业的管制还不够，还没有明文规定。一鸣所提的是，没有不合法规定的，叫作合法。我的解读，它没有明文规定去保障、管制，它是一个灰色地带。而正方也提出这个概念。那么反方在这里呢，他之前有提出类似概念，他可以除罪，但不一定要到达合法。但他没有从这几个角度去质疑，那么我最后整体观念就是，呃……如果有十五个省，那除了一个省有法律，那么其他者种植大麻实质是因为没有明文规定，所以拿的品种的浓度可能出了问题，而随时敢冒犯法的危险，或者被取缔的危险。那么今天正方用的这样一个法案，恰好能够保护到他们。当然，正方概念上面我不大满意的就是，我一直到了自由辩的中段，我才开始听明白，你们所谓的合法化，贸易合法化，贸易从种植、运输一条线去管，之前是谈得比较零零落落。那反方怎么讲呢，是正方开始提了一个既能获得经济效益，又能够完善管制，前提上有提到经济，后来完全不提经济，那么反方也在主辩的时候开始提出了一个叫作身体健康的问题，可是后来几乎完全没有用到健康的。这两个，对于健康和经济，双方都控制的，讲了之后就没有再延续。那接下去反方很努力地去拆，希望正方回去他所意愿的语境里面，可是对我来讲，你这样的一个申述是没有意思的，你必须更深入地把你的观点拉回去。为什么我一定要听这个概念？或者是到底为什么娱乐用大麻才是我们今天需要讨论的空间，而不是仅仅是因为两位明星知道小心还是不小心被逮到，那么引发的热点，而我们就要按照这个语境去谈。

所以整体上我是，反方坦白说，有个别亮点，我一直讲反方有个别亮点，反方的论述，反方的斗辩，言辞锐利。我昨天也跟渐彪讲过，我很少能够看到用华语，能够讲出像广东话那种尖锐、刁蛮的人，那就马薇薇你。我跟正疆的看法一样，你真的很成功，你怎么复制的？只是坦白说，在现场对对方抓点跟一个从哪里切进去拉回你战场的功力，这方面还没有完全过渡。也就是这一个小块我会觉得，我的票投给了正方。谢谢。

路一鸣（二次发言）：

我提示一遍，两边都表扬了反方四位辩手都特别像马薇薇，觉得马薇薇培训的特别成功。我提示一点，一个辩手出身的教练，培养出来的辩论队员都像她自己一样，不见得就那么成功。

林正疆（二次发言）：

我还稍微说明一下，因为我这个裁判稍微啰嗦一点。我的分数票其实是正方，如果没有记错的话。因为我对我所有的判决负责，那我的分数票给正方的一个很重要的原因，也会影响到我之后的总结票，事实上我到现在还在考虑。有看过我评比赛的所有学弟妹应该都知道，我的性格非常的浪漫，我相信这个世界上有所谓的力挽狂澜。好，我曾经称赞过的某一个队的正方的某一个辩士，会充分影响到我最后的总结票，因为我就是这样的一个人嘛，你们要习惯。所以记得，绝对不要因为前面的比赛而有所意志上的松懈，要坚持到最后一刻，因为我就是那个最后一秒都可能会被你打动的评审。所以我要交待一下我的判准，谢谢。

2014 新国辩正赛复赛第三场

比赛场次

2014 国际华语辩论邀请赛复赛第三场

比赛辩题

正方：营救式刑囚是可采取的手段

反方：营救式刑囚是不可采取的手段

对阵双方

E 组出线队伍：（正方）马来西亚精英大学

一辩：简慧玲

二辩：邓卉珺

三辩：蔡捷暘

四辩：颜如晶

F 组出线队伍：（反方）澳门大学

一辩：叶黎萌

二辩：邵小洲

三辩：章豆豆

四辩：郑博文

比赛辩词实录

正方陈词 1

正方一辩：

让我们先理清几个概念，第一，什么是营救式刑囚？根据国际特赦组织，营救式刑囚的方式包括电击、灌水、鞭打、喂大便、瘙痒。第二，什么情况下可以采用营救式刑囚？按照美国著名大法官和法学家波斯纳的观点，有三种，第一，一般侵害公民权利的案件，比如绑架案；第二，一般危害公共安全的案件，比如有人埋了炸弹；第三，恐怖活动。第三，采用营救式刑囚的条件是什么？按照联合国制定的标准，也有三个，第一，有证据证明罪犯正在实施危害才可以使用；第二，必须以营救被害人为目的，而不是以获得嫌疑人的有罪证据作为目的；第三，这是获得营救情报的最后一个手段。

那么营救式刑囚能不能用？我方的观点是能，原因很简单，因为这是我们可以救人的最后一个手段和最后一线希望。各位，正如我方前面所说的，营救式刑囚不是任意情况都任君使用的，不是你家的猫被抓了你也可以刑囚犯人的。营救式刑囚是在恐怖袭击、绑架案件、炸弹袭击案件，这种情况之下已经无计可施了，才能使用的。天有不测之风云，人有旦夕之祸福，我们永远不知道什么情况什么时候什么地点会有谁想要绑架你，又有谁突然想埋下炸弹炸死你，更可怕的是这些要想绑架你的人不是什么路人、好人、陌生人，他们是一批有智商的禽兽，炸弹要炸了，肉票要死了，我们要救人只能刑囚犯人了，当然，我们不是杀人，我们做的只是让这些犯人痛，而让这些痛可以救来几千几百甚至只是一条人命的时候，我方认为值得。

给大家一些案例，2002 年澳洲有个绑架案件，有位银行家十一岁的孩子被绑架了，犯罪者在索取赎金的时候当场被警方逮捕，可是犯人坚持拒绝透露肉票在哪里。十一岁小孩断水断粮，时间不断在流失，警方无计可施了，于是对犯罪者使用了终极手段，就是营救式刑囚。最后绑匪透露地点，十一岁的小孩成功被救。还有一个案例就是1992年恐怖分子在纽约广场安装了炸弹，还有三十分钟就要爆炸了，人民来不及逃，炸弹来不及找，使用营救式手段终于让警方获知了炸弹的地点，救回了上百条人命。谢谢。

反方质询 1

反方四辩：好，想请问一下对方辩友，您方刚才告诉我说您方认为可以采用营救式刑囚的主体是有证据证明正在实施犯罪的凶手，是吗？

正方一辩：那是其中一个条件。

反方四辩：好，我们都知道凶手有很多种，他有可能是主犯，有可能是从犯，请问您方，从犯适用营救式刑囚吗？

正方一辩：需要要看他是不是涉及在案件里面的罪犯。

反方四辩：那如果他是从犯呢，算吗？

正方一辩：不管他是不是从犯，如果是为了救人，都可以。

反方四辩：为了救人它就可以。还有一个概念是胁从犯，被逼进来参加这个犯罪的，请问这种人可不可以被刑囚？

正方一辩：可以呀。前提是为了救人，而且没有别的方法了。

反方四辩：那如果这个人他完全只不过是被强迫，他没有自主选择的情况下参与这场犯罪，是不是也可以刑囚？

正方一辩：同样的道路，今天我被强迫杀人，但我终究还是杀了人，也是要被法律制裁的。

反方四辩：所以也是可以的，对不对？对方辩友，您方谈知情，我要确定他完全知情的情况下才能向他刑囚吗？他只知道一点点，可不可以刑囚？

正方一辩：那要看他一点点的资料能不能救到人。

反方四辩：能，但是我不能确定能不能救到人呢？

正方一辩：那你确定他是罪犯了吗？

反方四辩：可能吧，确定。

正方一辩：可能就是确定还是不确定？

反方四辩：不确定的情况下呢？

正方一辩：不确定那当然不能，你要确定了他是罪犯，没有可能性的存在。

反方四辩：那回到您方第一个点，我是有证据证明，是我要有充分的证据证明，还是八成的可能性，还是七成的可能性？

正方一辩：有证据证明那就是百分之一百呀。八成是什么意思？就是我的证据只有百分之八还是？

反方四辩：八成就是证据不太充分。

正方一辩：证据不充分就是我还不能证明他是罪犯，那当然不能。

反方四辩：但是您方刚刚说是为了救人呀，救人呢？

正方一辩：救人那是个配套，救人之余也要确定他是罪犯，有三个条件，不要指定一个，那叫以偏概全。

反方四辩：所以我方可以跟您方确定第一个共识，您方要求的是要完全确定这个人是罪犯的情况下，一点疏忽都没有，而且要知道这个人完全知情的情况下，才能够对这个人进行刑囚，对不对？

正方一辩：这只是我整篇立场的一个条件。

反方四辩：所以我们可以发现，既然有诸多苛刻的条件，是不是说明在这么多苛刻罕见的案例中有存在个别极少数的案例有合理的情形，能不能说明从整体上这个手段是可采的？那我换种方式问您好了，比如说杀人是不是一个可采的行为？

正方一辩：杀人当然不是可以采用的行为，但是犯人不是杀了他，我们只是让他痛而已。

反方四辩：对方辩友，现在我在问问题，如果我现在杀人可以救很多人，在极端的情况之下可以论证成功，能不能从整体上说明杀人是可采的？

正方一辩：那不是营救式刑囚，离题。

反方四辩：明白了。所以我们知道从极端的案例合理是不能论证整体手段是可采的。

正方一辩：不一样的，我说案例中伤他可以，但杀他就不可以，不要扣我方帽子。

反方陈词 1

反方一辩：

现场评委，大家好。

开宗明义，营救式刑囚是指政府以营救为目的，在征询过程中对审讯对象进行酷刑折磨的手段，而我们判断可不可采取是要在剔除了大量的极端完美个例之后，此种方法仍然适用。

我方认为营救式刑囚不可采取，理由如下：第一，在刑囚过程中，为了获得讯息，执法人员对审讯对象施行鞭刑、水刑、夹杖等一系列的酷刑折磨，严重地伤害了他们的人格尊严及自由意志，但却不能得到原本期望得到的结果。耶鲁大学研究发现，巨大的精神和肉体的压力会使人产生坦白认知失调，此时受讯者辨认出正确信息的概率仅有百分之三十，2014 年美国国会也在一份报告中指出，美国中央情报局在对恐怖分子进行刑讯之后也并未能获得更多有用的信息，再加之一些丧心病狂的犯罪分子出于报复的心态故意说出一些错误的信息，又或者是抓错了人，刑错了人，等等，这一系列的因素都使得最后能够营救正确的概率变得极低，说不定还会因为那些错误的信息而害了更多的人，代价巨大却收效甚微。我方认为营救式刑囚不可采取。

第二，我们看到对方为营救式刑囚设置了一些相应的门槛，并且认为只要我们遵守了这些限制，营救式刑囚就能奏效，可是效果不好，我方在第一段中已经论述，那么他方所提的诸多限制是否真能被遵守呢？营救式刑囚一开始是为了救人所以才刑囚，而知道救人的信息越多，越有利于我们成功，那么可不可以为了增加这种救人的信息而刑囚呢？一开始刑囚的对象只指知道信息的犯罪分子本人，那么到最后会不会发展成为那些不是犯罪分子但是知道信息的人也可以被刑囚呢？在现实生活中这样的例子也比比皆是。一开始政府只会在最极端，如恐怖分子会面的情况下进行监听，到后来已经发展成监听那些普通的政治罪犯，再然后开始监听商业罪犯，发展到如今大街小巷、网络上那些监听器材店也随处可见，因此我们看到营救式刑囚它最大的危害不在于它不能把人救出来，而是人们会以伤害他人来追求看似正面的利益，把它看作合理的，并且纷纷效仿，最终会给社会带来巨大的危害。

综上所述，我方认为营救式刑囚不可以采取。

正方质询 1

正方四辩：有两个论点，第一个，我稍微归纳一下，它叫得不偿失，对吧？就是说你做的东西可能得不到。

反方一辩：不能说得不偿失，但的确是我想要获得更多的信息，但不一定就真的能够获得。

正方四辩：就是你怕你不一定能得到你想要的结果，对不对？所以就不应该做了。

反方一辩：我们不是怕，只是……

正方四辩：就像你今天打这场比赛也未必可以拿到冠军，你该打吗？

反方一辩：可是我不会被刑囚呀，教练不会因为……

正方四辩：问题不是结果怎么样，问题是刑囚出现了问题，是不是？

反方一辩：不对，是两方都有问题。

正方四辩：就是第一个有问题，刑囚有问题，那我们来看刑囚。你刚才说刑囚的时候会让罪犯心情不好啦，有想睡觉，你用你的报告，所以我用我的方法帮你诠释而已，所以你认为他们到时会讲错话，你得不到正确的信息，是吗？

反方一辩：对方辩友，他们不止是心情不好，他们有的已经疯到要发狂了，你们怎么能只说心情不好呢？

正方四辩：好，所以你认为与其刑囚，不如我们跟他聊一下天，给他看一下 Running Man(韩国综艺节目)，让他心情好点，他可能给你刑囚，给你的讯息更多，你是这样想吗？

反方一辩：首先美国的专家已经成功证明了……

正方四辩：等等。

反方一辩：请让我说完好吗？

正方四辩：我问问题先哈。不急不急，所以按照你的说法，这个东西用还是不用，你要看刑囚的心情，还是看他什么？

反方一辩：不好意思，我不是很能听清楚你的话，不过我最后补完那一句好不好？就是你方一直限定，就是我只有这种办法，我只能从他的口中获得信息，对不对？但是，如果？

正方四辩：好，所以你已经知道这是唯一的方法，而且这个方法本来就不是什么好东西，你还要看他的心情，怕他给错你信息，是不是你认为你一问他，他答的答案一定是正确的？

反方一辩：不好意思，我学一下你，你又是怎么知道他就一定是最后一种方法？

正方四辩：因为我确定这是最后一种情况才会用嘛，是我选择不了其他方法啊。所以你知道警方已经确定了想不到其他方法才用这个方法的，请问你，你为什么不去救人？

反方一辩：好，警方确定完全没有其他方法了对不对？

正方四辩：对，你回答我的问题，这个时候你救不救人？

反方一辩：我要救人啊，可是……

正方四辩：唯一一个情况，逼不得已，你是会救人的。来，第二个论点，会有很多人不遵守的，是不是？

反方一辩：对方辩友，你错了，不是说只要逼不得已，是最后一个方法……

正方四辩：第二个问题，我讲的是，不遵守了，是不是你觉得有人不遵守，所以这个东西不可以用？（时间到）

正方陈词 2

正方二辩：

各位好。

其实对方一开始对营救式刑囚的顾虑是什么？第一，他认为过程可能伤害人格尊严，而且未必得到信息。我们分开一半来看，未必得到信息是不是就足以论证我们不要用营救式刑囚？警察抓人会不会怕抓错人？怕。法官判案会不会怕判错案？也怕。那按照对方逻辑，是不是警察不应该抓人，法官不应该判案？因为未必知道他们能否达到百分之一百正确的结果。所以可见未必得到信息不足以论证我们不要营救式刑囚。再来，他说怕伤害我们的人格尊严，所以他不要用，不对，还有一个，即使我承认你未必得到信息，你只有百分之三十八的成效，可是各位，营救式刑囚是我们今天警察用的一个最后救人的手段，你用你就还有百分之三十八的机会，你不用你是有零的机会。请问各位了，这个时候我们要选择救还是不救？一目了然。

再看看对方说会伤害人格尊严，代价风险比较大。试想想一个情况，今天一个人埋了一个炸弹在时代广场，还有三十分钟就要爆炸，请问各位，这个时候你要付出的代价是可能伤害那个犯人的人格尊严，我们对他进行刑囚，得知炸弹埋在哪里，还是你要典当那三百多条的人命？还是你要那时代广场无辜的人随时被炸？今天对方要论证代价，却没有为我们进行比较，所以我们说实行营救式刑囚纵使可能会伤害他的人权或人格，可是换来的是那时代广场几百条的人命，所以说以代价比较来看，是值得的。

第二，对方告诉我们门槛，他告诉我们可能会无限制地扩大，就像窃听的例子一样。可是这个东西很奇怪，对方怕，我们就不做吗？怕，我们要做的是防，所以我方今天就告诉各位，营救式刑囚有一个特定的框架，执法者只能在确定他是罪犯的情况下，对他实行营救式刑囚。对方今天只是纯属怕执法者会滥用，就好像你怕今天政府苛税。以后就会越苛越高，税务会越来越高，所以对方主张今天政府直接不苛税，这种怕而不做的心态，我方认为是不合理的，顶多对方只是担心执法者不够严，我们管门槛管得不够紧，所以对方今天担忧只是杞人忧天，而不足以论证营救式刑囚应该被放弃。

今天我们说文明社会价值核心是什么？我方的理性跟我们说，如果有这么多条人命等着你去救，而营救式刑囚是我们最后一个手段的时候，我们应该救。可是对方的理性却是告诉他们什么，结果我们在营救式刑囚的角度无限止地放宽，怕会越来越夸张，怕门槛会越来越低而选择不救，对方会看到未来会有很多很可怕的事实发生，可是却忽略了你眼前有几百条人命等着你去救，对方的视野是很宽，可是忽略了前面最紧急的时刻，是对方最大的错。谢谢。

反方质询 2

反方三辩：好，对方辩友，问您一下，您刚才那个时代广场埋炸弹的那个例子，请问您方今天为什么认为它是最后一个手段？今天你已经知道炸弹在时代广场，为什么不疏散人民呢？

正方二辩：我用尽一切办法都找不到那个炸弹。

反方三辩：为什么今天你不去疏散人民，而通过殴打他的方式呢？

正方二辩：如果三十分钟可以疏散人民，那可以疏散，如果两分钟三分钟你不能疏散……

反方三辩：对方辩友，有没有可能其实今天如果你用其他的方式也可以引导他说出真相呢？

正方二辩：如果我疏散人民可以，我就不用营救式刑囚，如果不能我就用。

反方三辩：对方辩友，我今天问您另外一种方法，有没有可能通过对他进行心灵上的引导来让他说出来在哪呢？

正方二辩：可以，我也已经说了……

反方三辩：对方辩友也说了，今天可以，在这个案例中，它也不是唯一的手段。

正方二辩：我说的是如果我用尽一切办法，不能我才用，如果它不是最后一个手段，我不用。

反方三辩：所以对方辩友刚刚又跟我说其实我们也可以试一下，那今天您方这个试了吗？

正方二辩：我是试完了，确定它不能用了，才用营救式刑囚。

反方三辩：恐怕对方辩友在这个案例中，我方认为它不一定有。那再来看一下您方举的绑架的例子，有没有可能其实今天你不用营救式刑囚他也会说出来呢？

正方二辩：其实一样的，我答案也会是一样的，有其他方法我们就不用。

反方三辩：所以对方辩友今天告诉我说，其他方法都没有试，怎么知道没有效，请问对方辩友？

正方二辩：我已经试完了，知道没有方法了，我才用。

反方三辩：对方辩友，所以你认为世界上所有方法你都试完了是吗？

正方二辩：是。

反方三辩：那再请问一下对方辩友，今天您说信息，请问您方如何判断那个人他就知道你想要的那个信息呢？

正方二辩：找证据证明他是涉及里面的罪犯……

反方三辩：他就一定知道你要的那个信息吗？

正方二辩：他就很大可能性能让我获知我要知道的信息……

反方三辩：所以对方辩友今天也是有可能让你知道……

正方二辩：如果我当场抓到那个绑匪，我肯定他绑架那个小孩子……

反方三辩：对方辩友，其实有没有可能那个绑匪是由别人替他绑的，到底绑在哪他也不知道……

正方二辩： 他自然也会知道那个小孩子被绑在哪里呀。

反方三辩： 对方辩友，他很有可能还没有回去和他的绑匪同伴会合……

正方二辩： 你只是担心证据不足，他可能不知道讯息，那就去找确凿的证据证明。

反方三辩： 对方辩友，今天很有可能性是你想要的那个信息是他本人也不知道的……

正方二辩： 如果你放弃这个最后的方法，你最大的可能性都没有，我是很大可能性。

反方三辩： 对方辩友，所以这部分警力本身没有放到逼这个人，那有没有可能会有更多的警力去搜救？

正方二辩： 你可以重复多一次吗？

反方三辩： 对方辩友，我的意思是如果今天你不把人力放在逼问上，有没有可能会花更多的人力去搜救呢？

正方二辩： 我会双管齐下。

反方三辩： 我方不认为今天资源是无限的。

正方二辩： 资源是可以分配的，没有问题。

反方三辩： 我们今天看到，有证据显示人在受到精神压力很大的情况下说出来的正确率只有百分之三十，他反而扭曲了您方今天想要得到真实信息的本质，请问这种情况您方要不要看一下？

正方二辩： 百分之三十好过没有吧？

反方三辩： 可是对方辩友，今天你用其他的方法，我们看到这种方法是什么，是你想说这话都说不了。

反方陈词 2

反方二辩：

对方辩友，我们都先冷静一下。我们来看看，对方一辩先给我们提出一个完美的案例，他说可刑囚的判定是一个很严格的判定，它其中有个无比主观的因素，就叫作我试过了所有的方法。对方四辩，麻烦您在结辩之前先告诉我说什么叫我“试过了所有的方法”，所有的方法都是哪些方法。所以，看，我们这样一个充满不确定、充满主观判定的因素中，其实就是对犯人确定无疑的伤害。对那百分之三十的可能会救到人，对方辩友，我方三辩刚刚问了，真有那百分之三十吗？我们一辩稿有个资料，他说 2014 年美国的一份报告指出用刑囚得到的情报它几乎是没有用的，所以对方辩友，好像那百分之三十根本就是没有的吧？

对方辩友，你都不看这些，没关系，我们就一直推刑囚，推出来看看会有什么样的后果。推刑囚会在我们心中埋下一颗种子，这颗种子名字就叫作如果你认为你的目标是正确的，那么你就可以去折磨你的同胞，对方辩友说哪里会，我们会有很多的条框，我们会有很多的限制，对不对？对方辩友，麻烦您回到现实来看，如果这个时候受害者的家属跑到你面前跪下来去求你，你可不可以为他们网开一面呢？如果这个时候你的上司命令你，你可不可以暂时忽略那些条条框框呢？如果这个时候你立功心切，很简单，刑囚很简单，它不用出去跑，我比较懒，我不试剩下的方法了，我直接刑囚，有没有可能呢？答案当然是有可能。

我们来看看实例好不好，日内瓦公约规定了说我们不可以用任何的方式对战俘进行肉体或精神上的折磨来获取情报，而美国他玩了个文字游戏，他怎么样呢，他不把战俘关在战俘营里面，他把战俘称作非法战斗人员，绕开了日内瓦公约的规定，堂而皇之地对他们进行刑囚，这就是我们所谓的对标准的放宽。那么有没有对于我们目标的放宽呢？有，美国抓了一个恐怖分子叫哈立德，刚开始他是为了救人，所以对他进行刑囚，但是刑过之后，发现蛮好用，挖到了很多信息，他是恐怖分子嘛，总有知道很多不可告人的秘密对不对？我们可不可以用刑囚继续去挖他的秘密呢？这个东西我们心理学上叫路径依赖对不对？所以我们当然会这样去做，所以他们又用了一次刑囚，这次不再是为了救人，而用完之后我想他还有没有什么没告诉我，我再用一次好不好？用吧，最后他像 check email(检查邮件) 一样去对那个恐怖分子进行刑囚，去获取更多的信息。对方辩友，所以这就是导致了我们刑囚的滥用，当这种刑囚落入社会当中，会有怎么样的后果？

对方辩友，一个退伍军人，他因为自己的女儿背不出英文表，这名美国退伍军人他就对自己四岁的女儿进行水刑，因为他认为这个方法没有害处，而且还有效。所以你看，我们人性文明的进化是在于我们对自己的同类越来越善良，我们产生了恻隐之心，看到同类受难我们都不忍心看，我们要转过身去。但是用刑囚可不是这样，我们可以堂而皇之地对他们进行施加，只是我们认为我们的目的是正确的。谢谢。

正方质询 2

正方三辩：您的立场基本上就是两点，第一点叫得不偿失，就好像我方刚才四辩所说的；第二点叫作无限止扩大，所以你担心它会过度宽松导致人们人权的丧失，对不对？

反方二辩：对方辩友，两点都不对，由我一点点跟你讲。第一点不叫得不偿失，是你得很小几乎没有，因为不会报告，而且它不确定，而你的失是确定的，你是没有得，只有失。

正方三辩：我们讲的是一样的东西，那你告诉我说严重伤害人格尊严，请问你了，如果一个人违反了法律，违反了那个社会契约，我们能不能剥夺他的尊严和自由？

反方二辩：对方辩友，你那是明显有效的……

正方三辩：能还是不能？

反方二辩：……

正方三辩：就是一个犯罪者，你能不能剥夺他的人身尊严和自由？能还是不能？

反方二辩：可以。

正方三辩：所以这方面不是关键对不对？对方辩友第一个论点的关键

在于它得不到结果，对不对？

反方二辩：不是，因为你看，我对罪犯的剥夺在于我能明确地说……

正方三辩：明白，所以可以。你刚刚告诉我说，它失的那方面在于有可能会抓错人，还有他所说的话不一定真实，有没有包括这两点？

反方二辩：不是，对方辩友，我刚刚说的是它根本就没有用。

正方三辩：又不是，没有抓错人，那你刚刚主论点说的是什么呢？

反方二辩：它只是很小的一点，我们说的它是根本就没有用。

正方三辩：原来是小点，所以对方辩友刚刚告诉我抓错人和说的不一定真实都只是小点，对不对？

反方二辩：对，总体来导致了它没有用嘛。对方辩友，它没有用。

正方三辩：所以你那个“失”来来去去都只是占小因素，而对方辩友刚刚已经同意了我们对罪犯是可以剥夺人格尊严和自由的，第一点不能成立。我再请教你第二点，你告诉我说因为营救式刑囚会导致无限制扩大，请问对方辩友，如果我过后无限制地扩大我的营救式刑囚的定义，这是一种滥用，是不是因为滥用就代表这个东西就是一个不可采用的手段呢？

反方二辩：对方辩友，我不是说无限制地扩大，是现实已经导致了这种状况，我说无限制地扩大……

正方三辩：是，现实导致的这种滥用出现所以您方是因为告诉我说有人会滥用这个诠释的空间就告诉我说营救式刑囚是一个不可采用的手段，是还是不是。

反方二辩：而且你看，它本来没有好处……对方辩友，一个东西首先要明确它没有好处只有坏处，而且坏处越来越坏……

正方三辩：对，就是说如果它有这个滥用的诠释空间，它是不是就是一个不可采用的手段？我的问题很简单，请回答。

反方二辩：对方辩友，你说的这个东西不是我们探讨的营救式刑囚。

正方三辩：对方辩友，所以就说无限制地扩大，有滥用的空间不代表它是一个不可采用的手段，对不对？

反方二辩：我们说营救式刑囚主要是因为它没有好处……

反方质询小结

反方三辩：

对方辩友，今天其实您方认为营救式刑囚可取的原因很简单，您方就是说今天即使有一点点的可能性，我们也要去试一下，我们也要试一下去救更多的人，今天您达到救人目的的前提是什么，就是您确定你今天获得的信息是真实而且有效的，可是今天我方已经跟你说过了，在任何一例营救式刑囚中，都有着不可能规避的巨大信息不确定的风险。第一，你不可以确定今天那个对象是不是就知道我要的那个信息。第二，今天在短时间内你也很难判断信息的正确性，就好像您方说的那个炸弹爆炸的例子，有没有可能今天犯罪分子他就是怀着报复社会的心理，他故意告诉你剪那根错误的线呢？第三，我方今天也告诉你了，这种重压的情况下人们可能给出正确性信息的可能性只有百分之三十，我今天即使想说真话，可是因为我本身生理条件的限制，我连真话都说不出来了，请问对方辩友，今天我们为什么要用一种本来就会影响真实性的方式来取得您方要的这个信息呢？

其次，您方今天觉得我只是对你肉体上折磨一下，没有什么太大的问题，可是我们现在看到美国他水刑的死亡率高达百分之二十，同时经历过这些刑罚的人，他有高达四分之三的人都会患上创伤后遗症。对方辩友，你想今天这个巨大的代价，您方要不要看？当然，今天我方并不是认为，今天人的人格尊严权就一定比生命权要重要，只是我们看到的是什么，今天你不但你要付出这个确定无疑的代价去换取具有巨大不确定性的信息，今天你真能救到那个人？

其实我方今天给你举一个具体的例子，根据2012年美国参议院情报委员会调查显示，今天美国中央局所取得的最重要的情报均不是通过您方这种营救式刑囚的方式所取得的，而美国参议院2014年的报告也显示，在追捕本·拉登这个恐怖分子的案件中，最后抓住他的最重要的信息也是通过一种心理引导，通过一种比较人道，让他自己说出来的方式得到的，可见这种手段就不是您方认为的那么有效，而且它往往会是无效的。其次我们最后再来看一下营救式刑囚的实质是什么，就是我们用一种确定无疑对人格尊严的损害和自由意志的剥夺来换取一个极为不确定的信息。您方今天说罪犯就不用管他的人格尊严权了，对方辩友，今天一般的罪犯我们只是剥夺他的政治权利或者是自由权利，可是我们从来没有说过对于罪犯我们就可以剥夺他的人格尊严权吧？

对方辩友，其次我们再来看，今天我们讨论这个问题的时候，今天谁重要。今天生命不管在任何情况下它都一定会比较重要，那今天我方只是想告诉你两者之间做这个比较，我们就要看，我们今天选谁能够给这个社会带来福祉。

正方质询小结

正方三辩：

各位好，基本上可以归纳对方辩友的两个核心概念，其实第一个核心概念，对方辩友担心，他其实没有反对我们营救式刑囚的本质，他只是担心我们有几样事情可能做得不好，我们来看看他担心什么。

第一点，他怕抓错人，如果抓错人代表营救式刑囚是一个不可以采用的手段，有没有人被冤枉坐牢呢？如果这也有的话，那是不是代表坐牢也是不可施行的手段呢？所以逻辑上不成立。再来，如果对方辩友告诉我们他怕抓错人，抓错人的本质是警察笨的问题还是营救式刑囚本身的问题呢？所以要确保抓对人，我们要加强警察的效率，这一点对方辩友忧虑解除。

第二点，对方辩友怕得来的消息不一定真实。各位，如果今天我营救式刑囚那个罪犯给我一个假消息，难道那个中央情报局或警察会扑这个假消息去吗？如果直接那个恐怖分子告诉我那个炸弹埋在女厕所，难道我全部警察去找女厕所吗？不是，我们会寻找证据，我们也会经过调查的，所以这一点对方辩友其实不用担心。有没有他那个口供不真实的可能性呢？当然有，什么东西都有可能。可是这个东西可以通过警察加强执法效率，还有通过加强找证据把这个可能性降至最低，第二点忧虑再度解除。

第三点，对方辩友告诉我们他其实怕误伤的情况出现。比如对方辩友告诉我说，水刑可能导致百分之二十八的死亡率，对方辩友这种问题也可以被解决的。就好像我们鞭刑的时候，有个医疗团队在旁边等着，就是怕你鞭错地方，怕你鞭到屁股的上面还是屁股的下面，这道理是一样了，所以在营救式刑囚的时候，我们大可以有一个医疗团队随时在旁，以免你做错任何可能会导致他死亡的事，所以对方辩友第三点忧虑再度解除。

第四点，对方辩友其实怕的是什么呢，怕成效不大。可是我们今天看的不是成效大还是不大的问题，我们探讨的是营救式刑囚身为我们最后的一根稻草，我们要抓还是不要抓。我方主张最后一根稻草要抓，对方辩友主张最后一道稻草放掉它。对方辩友是什么样的逻辑呢？我不是很明白，所以第一点对方辩友的忧虑全部都被解除了，他不是认为营救式刑囚不可以，他只是觉得我们有改进的空间，仅此而已。第二点对方辩友怕的什么，无限制地大。他怕我们因为现在营救式刑囚可能面对恐怖分子，可能面对那些知道消息，那些不是罪犯的人我们都使用营救式刑囚，首先这是一个滥用的行为，如果因为滥用就代表这是一个不可采用的手段的话，在马来西亚最贪污的机构你知道是什么吗？反贪污委员会。反贪污委员会被滥用来做这种东西的。如果按照对方辩友的逻辑，反贪污委员会是不是不能够是一个打击贪污腐败可实行的手段呢？逻辑方面除了不对。再来，对方辩友告诉我无限制地扩大，这种态度就好像什么呢，就好像我妈，你其实不能够学性教育，因为你可能会因为看了犯罪电影你就会去做罪犯，这是什么样的态度？所以遇到这种问题我们的态度是要解决不是要逃避。谢谢各位。

自由辩论

正方一辩：请问你，现在你只剩下最后一个方法可以救人了，你用还是不用？

反方四辩：我就问您最后一个方法究竟是怎么判断出来的，你可不可以把所有方法都列举给我，告诉我这是最后一个方法？我还想请问对方辩友，水刑百分之二十的死亡率，它即便是对于一个手术来说，也是一个极其危险的手术，你凭什么让那些人去冒那些风险？

正方三辩：你那个水刑我刚刚已经用医疗团队解决了，再次想请问你，如果今天我们最后一根稻草，就是说只有这个方法才能救到这个广场，即将被炸弹炸死的人民，你救还是不救？

反方二辩：你们医疗团队解决过后还是有百分之二十的人死了嘛，怎么解决呢？你要告诉我其他方法都是什么方法，都试过了什么方法才能得到您方这个结论，只剩最后一个方法。

正方二辩：如果我用了交换利益，用了心理引导，用了催眠，他都不肯告诉我，你说我可不可以用营救式刑囚？

反方四辩：你看你在这边只举了三个方法你就觉得这是所有的方法了，而且人性是会懒的，既然这个方法这么好用，以后我只用这个方法就好了，干嘛还要用其他方法呢？我还想请问对方辩友，即便没有造成肉体的痛苦，就代表这个方法是正当的，我们现在中国的看守所里面用软鞭子抽根本就没有任何肉体的伤害，是不是说刑讯逼供也是合法的？

正方四辩：你一直要我提确保那是最后一个方法，你只要告诉警方要确保那是最后一个方法才用，你硬逼我在现场怎么样刑囚每一个人的方法是不是试过了，我怎么能告诉你？

反方四辩：如果警方都那么乖，你告诉他怎么样他就怎么样，为什么今天还会有检察院？为什么还会有那么多刑讯逼供呢？同样的逻辑，刑讯逼供不给身体留下伤害，只给你身体造成痛苦，算不算刑讯逼供也是合法的？

正方一辩：那按你的逻辑，因为中国的警方不是很乖，所以什么都不能做，那干脆你不要法律，什么都不让警方做，最好国家一定没有问题，是吗？

反方三辩：所以对方辩友，今天刑讯逼供是您方说的最后一道根稻草，您要不要用呢？

正方三辩：对方辩友今天的态度是什么，是司法制度有问题，不要司法；立法制度有问题，不要立法；执法有问题，不要执法。对方辩友，三权分立给你捣乱完了。

反方一辩：同样的逻辑，最后一道防线，只剩最后一个办法，用刑讯逼供，你方要不要用呢？

正方三辩：你刑讯逼供不是以营救式为前提的，营救式刑囚是以营救被害者为前提的，两者是不一样的，对方辩友为什么要乱扣我方帽子呢？

反方四辩：对方辩友，概率问题我方今天已经说了，在压力之下，人说出来的信息可靠程度不到百分之三十，那在这种情况之下，你告诉我如果中国有一个法院判案率只有百分之三十，你还敢替他们打官司吗？

正方四辩：对方辩友，今天的情况就是你用就有百分之三十八，你不用是完全没有机会，要用还是不用，不是用的效果大还是小的问题。

反方一辩：它可能会有效果，美国现实已经出具了证明讲了对恐怖分子刑讯逼供之后未能获得更多的有效的信息，可见就算有概率，但实际上还是没有的。

正方二辩：对方辩友，我方从头到尾都没有跟你论证成效大还是小的问题，我们说的是你不用它就没有成效，为了救人我们认为它是一个可采用的手段。

反方四辩：好，再回到成效上面来，对方辩友说那边可以增加一点概率，但是对方辩友，我这边还要告诉你，有一件事情是百分之百的概率，你重新施了一次暴，对谁施暴，对那个罪犯施暴，而且你方所说的未决之前你怎么知道是罪犯，有可能他是无辜的人，但是被刑讯了，请问这要不要管？

正方四辩：你的意思告诉我，如果我刑囚这个罪犯，他就一定会被刑囚，可是我不一定可以救到人，可是你有没有想到，如果我不刑囚他，我们被救的人，要等着我们救的人就死定了。

反方三辩：对方辩友，你方今天从来没有论证一定是死定了。如果你没有去刑囚他，你把这些人力派去搜救，为什么就一定救不到呢？

正方一辩：你说我保证不到，我就告诉你这是最后一个方法，就代表已经用完全部方法，已经就没有用了，那还是不是死定了吗？

反方四辩：好，我方今天全部都认，对方辩友说那么一种方法超极端，剩下最后一种方法，而且不用就死，我方承认这种情况下可以用，极少数个别情况可以用能不能论证这个方法整体是可采的？杀人在极端情况下也是可采的，能不能论证杀人这个手段是可采的？

正方四辩：你知道为什么在这么极端的情况下我们才用吗？因为这东西有一定的危险度啊，所以我们是讲可采用而不是可任用和可滥用。

反方二辩：对方辩友，很简单的一个问题，杀我全家可以救全人类，对方辩友你要不要诛我九族？诛九族是不是可采的？

正方四辩：你什么家来的，为什么杀你全家可以救全人类？

反方三辩：好，对方辩友，我方只是打个比方，我今天跟你说在极端意义上就代表在普遍意义上它可以采用，那今天诛九族确实有可能，我方只是跟你做一个想象，它有可能，诛九族可以救更多的人，你方认为诛九族是一个可采用的手段吗？

正方四辩：我们不是杀，我们是让他痛而已，如果只是让他痛，你可以救到更多的人，你用不用？

反方四辩：对方辩友，电视剧《黑镜》，告诉那个总统，你在全国面前跟一只猪性交，那你的公主就可以获救，这种情况下要不要去做？

正方二辩：营救式刑囚没有让你去跟猪性交，只是给他痛他就会认，对方看戏看太多了吧。

反方四辩：您方告诉我说，只要能增大获救概率，一切都是不惜手段。

对方辩友，这是不是您方的意思？

正方三辩：不是，我们是讲当这个是社会最后一个手段的时候，你用还是不用。对方辩友，不要那么总爱扣我方帽子好不好呢？

反方四辩：对方辩友，百分之二十的概率会致死，这个概率是不是一个合理的风险？

正方四辩：对方辩友，我已经讲用医疗团队来保障他，即使你平时喝水，你也可能有百分之十八的概率会被呛到的，这样你会不会跟我讲你不要喝水了？

反方二辩：对方辩友，问题是，今天我是用水刑对你造成了百分之二十的概率让你去死，这是在你的医疗团队保障之后。

正方二辩：对，你不要那百分之二十，因为你怕犯人会死，可是你不救，那边的人百分之一百会死，你要哪个？

反方三辩：对方辩友，今天你百分之一百确定他会死的情况，只有他已经死了，今天你方论证它唯一的一种是他没有办法挽回的情况，就已经死了，其他我们可以采用的方式，就你方怎么样论证唯一。

正方一辩：不要乱扣帽子，我方没有说过他已经死了，如果已经死了，我们惩罚他就好。我们说如果百分之一百不救他就会死，请问这种情况下是不是应该救？

反方四辩：对方辩友，我方还是回到那个标准上，少部分情况成立究竟能不能论证整体可采？今天如果有个黑社会组织告诉你说，如果你去抢劫你的妈妈就会获救，是不是抢劫也是可采的手段？

正方三辩：当然是可以，正当防卫是不是在什么情况下都可以用？不是，可是正当防卫是不是一个可以实行的手段呢？是。

反方四辩：所以今天如果有个人说抢劫是一个可采的手段，你方会同意是吗？

正方三辩：对方辩友，这个是原则上不对，正当防卫还有营救式刑囚都是原则上正确，对方辩友，两者类比不当，不要乱扣帽子。

反方三辩：对方辩友，你认为在这个世界上有什么是不可采取的？在你方这种极端案例下，只要能够成立就叫整体可以采取。

正方四辩：杀人是不可以采取的，我们已经说啦，我们是要营救，我们是要营救情报，不是杀人情报。

反方二辩：对方辩友，但是你营救式刑囚，其中水刑就有百分之二十的可能性是杀人哦。

（反方时间到）

正方三辩：对方辩友又在那边重复了，我们医疗团队的问题已经可以解决，你要我重复多少次呢？

正方二辩：对方从头到尾一直告诉我们，水刑可能造成百分之二十的死亡率，可是营救式刑囚有那么多，我是不是可以不用水刑，对方就可以承认我方立场呢？

正方四辩：我们再退一步啦，假设水刑真的会让人死，我们换一种刑囚方法咯，我们刚还有举很多的嘛，还有搔痒，给他一种不好吃的食物呀，或者精神轰炸他，让他不可能会给水呛到。

正方一辩：按对方逻辑，因为有百分之二十八可能会死就不能的话，鞭刑也有可能鞭到那个人死，按照你方逻辑，什么刑法都不要用了是吗？

正方二辩：他坐了牢他可能有密室恐惧症，坐牢也容易坐到死，那我们是不是就不要了呢？

正方三辩：所以不是因为有一些东西有可能会意外就代表这整个东西是不能用的，我们依然要看本质。

反方总结陈词

反方四辩：

各位，我们今天首先来确定一下今天我们该用什么标准来判断一件事情是可采的还是不可采的。今天我方已经在一开始和对方辩友达成共识，如果某些讲法在极端情况下是可采的，并不能论证这件事情本质上是可采的。我在一开始问对方辩友杀人是不是可采的，对方辩友说当然不是。但是我们知道如果军人在战场上，杀敌是可采的，我们行刑者行刑的时候杀人也是可采的，但是不会有一个人在生活中告诉你说杀人是一种可采的手段。同样的，对方辩友用同样的逻辑打回来问我们说，那这个事情上世界上一旦有坏的可能性，那就不可采呢？那也不是，因为我们最终要论到一个概率的关系，什么意思？比如今天对方辩友说那法院也有可能判错案，是不是法院就不可采了呢？当然不是，要涉及一个概率的问题，今天中国法院他的正确判案率大概在百分之九十左右，大概有不到个位数的误判率，所以它的误判也可以上诉，所以总的来说中国的法院是可靠的。那么现在营救式刑囚本身的概率是多少呢？我方给大家列举一些数字，英国的《新科学家》杂志中，耶鲁大学它一个模拟实验中发现一些人在高度紧张、高度刺激的状况之下，他能够准确透露信息的概率不到百分之三十，而美国白宫官方的发言更是声称说他们在营救式刑囚的过程中所获取的信息可信度微乎其微呀。所以对方辩友，今天只是一个概率的问题，不到百分之二十的概率可以相信的信息来换什么？对方辩友，关键是换什么。成本是你必须要对一个人加以酷刑，这酷刑可以到什么程度？各位今天可能对水刑没有概念，什么是水刑？是用毛巾蒙住你的脸，再往你的脸上灌水，这时候你的大脑会给你发出一种信号，我要死了，我要窒息了，然后你想呼吸想把水吐出来也没有办法，水就会灌出去，再灌一次。在这种情况下会出现什么，会大小便失禁，眼角膜出血，所以说才会有那么大的痛苦扭转一个人的意志，让他说出一些自己不想说的话，这是一件非常残忍、非常痛苦的事情，而以此为代价换之什么呢？那不到百分之二十正确率的信息。值得吗？我方认为不值得。而在此标准之下，对方辩友说我方有极个别完美的个案，只有最后一种手段了，不救马上就要死了，我们又有医疗团队，绝对不会出任何医疗事故，我们不在一般意义上讨论这件事情可不可以？可以，但是这就论证不到你方的辩题了，而且在你方这个标准之下，当今有什么事情是不可采的吗？杀人是可采的，抢劫是可采的，灭九族是可采的，有什么是不可采的？所以当对方辩友今天以这样一种标准来给我们论证说营救式刑囚是可采的时候，对方辩友没有展示一丝的诚意，他在讲废话而已。而我方今天讲的是什么？今天营救式刑囚它本身最大的恶意在哪里。我们要知道在这个世界上那些暴徒、那些坏人，他们最坏的地方不是在于说他们炸掉了大楼，不是在于他们伤害了性命，不是这样子的，他们那些暴徒，他们最大的恶意，他们最邪恶在于他们会让我们变成和他们一样的人。

我们对于那些暴徒，今天可以看着一个人承受着那么大的痛苦，请问那个行刑者自己的那个怜悯之心在哪里？他还是一个人吗？他可以眼睁睁地看着自己的同胞那样子，所以今天那些暴徒，我们惩治罪犯的时候，最要担心什么，担心自己也变成一个暴徒。当这个国家已经变成暴徒跟暴徒之间的制裁的时候，这个国家的法治和文明也就没有希望了，所以今天不要让那些暴徒得逞。谢谢。

正方总结陈词

正方四辩：

大家好。我讲了这么多，我们这么努力讲，我知道为什么对方听不明白，因为他把我们的话当成废话，他说我讲了废话，我告诉你为什么误会我讲的东西是废话，原因很简单。

第一，你说刑囚你怎么确保那是最后一次的机会，是不是可能还有其他方法，你有没有试过其他方法。我告诉你，如果我说最后一次才可以用，我当然是确保我是最后一次咯，如果我说你是最后一个发言的人，是不是其他人全部讲完了，那证明了肯定是全部人都说完了我才会讲嘛，不然怎么是最后呢？所以第一，我一定是确保了那是最后，对方不用担心。

第二，对方说你怎么知道你刑囚的罪犯不会是其他人呢，你会不会刑囚错人呢。我们说这类营救式刑囚抓的是什么，是肯定他是犯人的。他会问我你怎么样肯定，呃，我认识的恐怖分子不多，我只记得有一个叫敖塞马的，他还没有被法官判刑之前，没有人知道他是坏人，大家都知道，没有人抓他之前没有人不知道他是坏人咩？大家都知道。为什么？因为他自己都承认他自己是坏人。恐怖分子最负责任的时候就是他承认恐怖袭击是我做的，是不是？这类的恐怖分子特别多，当你把他抓起来，你问他炸弹放在哪里，他讲我不知道，我不要告诉你，你说这时候你会不会认为是自己抓错人，要不要刑囚他，会不会是我抓错人，是不是整容的时候长得很像而已呢？这不就是多余的想法是不是？所以不要担心，你抓的罪犯肯定是要有的那一个坏的罪犯。

第三，你误会了我们今天要收集的情报。我不是要收集罪证，我不是要收集嫌疑犯，我收集的是营救式情报，换言之，一个绑架案，我要找的不是绑匪，我要找的是肉票，我要找那个炸弹在哪里，我要找的不是放炸弹的那个人，而是那个炸弹，因为我只有找到那个炸弹，才可以防止其他人被炸，我找到那个肉票，我才可以救他。这就叫作营救情报，而不是罪犯，所以我们要找的是，营救，等一下你不会讲了，我不用重复那么多次。

第四，你还告诉我什么，一个很简单的东西，他告诉我这是酷刑。他用大概三十秒形容水刑是多么的恐怖，你觉得水刑恐怖，你不知道在你面前的跟你对话跟你讲话、的那个人更恐怖，他埋的炸弹是炸其他人的，你讲他的眼角会流血呀，等一下那个炸弹炸过来，你还没有看到那个人的眼角，他已经死了。所以我告诉你，不要想那么多，后面原因有很多，可是你忘记了眼前等待你去救的那个人，如果那个是我，我发现你在注意那个刑犯的眼角而没有看到我在等你救我，我一定死了都跳回来找你。因为我才是那个无辜的人嘛，对不对？我在等你救我，你在想他会不会被你害到，会不会伤害到他的尊严，他以后会不会有创伤后遗症，我已经死了，你要给遗书我，你要看我的遗言了。所以我才讲这手牌对方趁机炒了一个价值，现在的辩论结辩都很喜欢炒价值，我是唯一不会的。对方辩友，人命在你面前，救还是不救？你讲我不可以像他这样，这叫以暴制暴，你在救人，在等着你救的一批人面前你要扮清高，你跟那嫌疑犯讲，你不用担心，我是不会像你一样的，是不会像你一样做任何的东西的，我在等你救呀，一条人命正在等你拯救，这个时候你顾虑这个囚犯的东西，你想这个囚犯以后会不会有问题，你想这个会不会伤害到文明，会不会伤害到人权，会不会以后越来越多，这叫什么？这是很简单，想太多。如果你这个时候不想，你马上毙他，给他一点不喜欢吃的东西，用点水盖住他的脸，让他马上讲话，就已经救了很多条人命，所以不要浪费时间想其他的，救人更重要。谢谢。

比赛点评实录

马薇薇（印象票投给正方）：

我觉得做选手的一个守则是尽可能地执行好自己教练给你们私底下灌的立论，把它执行出来，这很重要，这是做选手的守则。而做评审的守则是什么呢？每个人不太一样，那么就我而言，我三轮投票的守则大概是这样子的，印象票会投给我认为攻防比较强的一方，这是在攻防中明显占优势的一方。简单地说，这时候当我是外行，我看场面。环节票我会投给在每一轮环节之中我感觉你这一轮攻防目的得逞的那一方，这是我环节分的打分原则。最后论点分我会投给我认为观点得证的这一方。所以我觉得做评委最重要的守则是什么，是听懂双方。所以我们打辩论最重要的是懂，无论做评审还是做选手。那我印象票会投给正方的原因是在于其实反方立论超级强，但是本来你们可以吊打正方的一个立论，活生生被你们执行成被正方吊打的立论，你们没懂你们教练想干嘛。什么意思？这一面正方的立论超简单，我个人认为这是马精英的特点，我们刑囚很简单，最后手段，所有手段通通试过，我几百万人等你救，对方辩友所以你对一个人施加一点点痛都不肯，你圣母心，马精英这种演绎力很强的可以嘲讽你嘲讽死。反方的教练我相信他是有做准备的，他们在整篇立论中其实就是有铺垫的，他在说什么东西，是谁来判断这是最后手段，你怎么知道这是最后手段，你怎么确认这是最后手段并且有效，这里面最强的点其实叫作公权与私权的对立，又称二拆公权，什么意思？会有能力有本事去刑囚一个罪犯并判断这是最后手段的人是谁？政府，警察，最有权势的人吧？他跟普通民众，他跟个人，他跟罪犯最大的差异是什么？叫作能力与讯息的不对等。今天我是政府，我告诉全世界这片鱼塘都被我们承包了，其中有条鱼叫罪犯，我给你公布的所有信息都是百分之一百确认他就是一个混蛋。拜托，你每一个个人你搜集信息的能力能干得过警察吗？你干得过中情局吗？所以这个时候你就会默认这个人果然就是个罪犯。这时候政府告诉你说，我们已经试过所有的手段了，谁告诉你的？警察吧。可是你确认不了啊。这时候政府告诉你，有几百万人等着你去救，我们只是让他痛一点点，挠挠痒，毛巾盖他脸上，谁告诉你的？政府、警察吧。这时候反方可以吊打正方的是什么，你所知道的一切都是政府想要你知道的，你所知道的最后都是政府假设过的理想的最后状态，这时候才能打出你们的扩大化。你看，被我脑补之后反方立论有多强，可是反方巧妙地规避了这一点。啊，也是棒啊。所以在这样一种场面上，所以我是把票投给了正方。不是因为你们立论不对，是最对的地方，你不会打，很简单。

黄执中（印象票投给正方）：

我觉得反方今天有一个点，你们在用的时候你们自己要稍微做一个判断，因为反方今天同时主张两条路线在攻击，第一个，他说刑囚正确的效果非常的低，基本上是没用的；第二个，他觉得刑囚这样东西一旦被我们承认了，它就会被滥用。这有点矛盾，如果它是这么的没用，其实我们不太需要担心它会被滥用，因为它没用。我们为什么要担心它被滥用，因为它很好用，它很好用，警察急于破案，急于立功，刑囚很简单，很好用，你救回了人质警察就升官了嘛，就记奖了。所以就像马薇薇讲的，有时候未必是最后手段，你也会用，因为我赶快救到人，我赶快明天上新闻，那如果都没用，你滥用吗？你滥用他干嘛呢？所以你在用这两条路线的时候，你要稍微地选择一下，你之所以怕他滥用以及你说为什么会滥用，由刑囚到后面标准会被放宽，对象会被放宽，这个东西的前提就是你必须说这玩意很好用，很多时候你要那么辛苦去找，去搜索，去化验，去抓那些蛛丝马迹，去跟哨，不如就揍他一顿，问题就都解决了，马上就解决了，所以你受不住这个诱惑。反方讲了两个会放宽，标准跟目标会放宽，什么叫作目标会被放宽？诚如正方所说，营救式刑囚只能救回人命的时候采用，可是什么叫作救回人命？你用久了，这个界限是会模糊的，肉票被绑走，我要把他救回来，是救回人命。你是一个连续杀人犯，我早一天抓到你，就少了下一个受害人，这叫不叫救回人命？从广义来讲，也叫救回人命啦。我作战的时候得到某个重要的情报，可以及早地结束这场战争，有没有救回人命？有呀。我扔下了原子弹，其实是避免那个我想象中更可怕的登陆战，你就自动投降啦，我有没有救人命？也有呀。所以这个边界反方最厉害的一个角度是什么，推那个滑坡，因为滑坡你一旦启动了，你就停不住。什么叫救人命？正方很难回答，具体的绑票是这样，但其他的很难回答，而如果滑坡一旦启动，就好像刚才薇薇讲的，所有的警察基本都是什么啊，我们都是预设他们都是会偷懒的，因为警察是人，而人很贱，人很贱，每一个人都会偷懒，所以在这个点上，标准放宽，目标放宽。反方还有一个什么办法呢，还有一个很好的用处是因为正方不断强调这是最后一个手段，可是我们就想，为什么正方那么担心，那么强调必须是他最后一个手段？他为什么不能是一开始的手段？为什么？就揍一顿就能把肉票供出来了，何必要当成最后一个手段呢？你在怕什么呢？要问正方的，就当成第一个手段，就抓来，尤其是反方说我已经确认他是罪犯了，确认他知道犯人在哪里了，只要揍了就知道了，那为什么要是最后一个手段？我反而不管警察了，我在这边被囚禁了七天你才来救我，就说，哦，不好意思，先生，因为我们得确定这是最后一个手段，你第一天就要用了啦，你第一天干嘛不来救我？干嘛要等到最后一个手段？你到底在怕什么？你在怕什么？他讲出来的这个就是反方怕的那个关键，你怕什么？你是不是怕万一不是呢？万一他不是罪犯呢？万一怎么样呢？你怕就是怕万一，不然干嘛最后一个手段？所以你看，正方讲的许多，我确定他是最后一个手段，我确定他是犯人，我确定他怎样怎样的时候，你要学会，因为这是场辩论赛，你要学会用对方的语境去做你自己立论的那篇文章，你单纯平铺直叙地把你在台下准备好的立论说出来，缺乏交锋的效果，这很难达到在场上那个应该有的说服力的。因为你看，你在讲那个标准放宽、目标放宽，你就基本上跟念教科书没两样。首先第一个，他就好像之前美国日内瓦公约如何如何，他不准虐待战俘，把一切战俘称之为非法战斗人员，你把它念完，那个不是要你念，是要你用这个概念去 push 对方，去压对方，差这一点点，差这一点点有什么差别？你是要用那个去压对方，你如果不用这个去压对方，对方场上觉得没压力，对方一直压你。对方怎么压你？如果这明明是最后一个手段，明明是最后一根稻草，你用不用？你一直闪躲，你们的闪躲都是什么，对方辩友，这未必是最后一个手段，如果这是最后一个手段，你们用不用，对方辩友，谁说这是最后一个手段。你让他连问三次的时候，你答什么已经不重要了，你让他一直在场上重复这个问题的时候，所有人脑里这个问题一直在回荡，你应该要在这种场面取得你该有的攻势，你是要用前面那个——如果你是不能拿证据去证明这是抓犯人的证据，如果我抓住他就能少抓了一个犯人，你抓不抓？——你应该是用这种方法，他还没有做成炸弹，他炸弹已经做好放时代广场，太晚了，他偷炸弹原料的时候我就先抓他，那是不是就更好一点呢？那个时候可不可以刑囚？我把你那个炸弹基，地那个制造炸弹的基地破获了，是不是比搞那个炸弹救更多人？对不对？因为这一次我之所以知道炸弹在时代广场，可能我运气好了，我一开始抓住你这个做炸弹的人，我就永除后顾之忧咯，你要这样去逼对方的时候，效果才会来。对，这是给你们的一点参考。好，以上。

周玄毅（印象票投给反方）：

作为少数派，我希望能稍微给我多一点点时间来讲一下这个话题，首先我不同意对方两位的判决标准，是因为我非常不同意立论很好，而你没有打出来是一个判输的标准，因为万一你们教练太聪明呢？教练太聪明是输的理由吗？

马薇薇（印象票投给正方）：

你是在解释武大的事吗？

周玄毅（印象票投给反方）：

我要申明一下，我希望这个辩题有多点讨论，也许我最后会跳票，但是我想把这话说清楚。那么我的评判标准是什么呢？正方是把一个非常简单的东西打得比较透，而反方是把一个很复杂很好的东西打得没那么透，这一点我们是能达成共识的。那我们来比较一下，反方有七种武器，剑剑都封喉，任何一个只要坚持住，就一定能够赢。

第一个，你说是最多的是一个极端性的东西，我们今天讨论的是原则，营救式刑囚是原则上不可采用的手段，然后对方说辩题里有原则吗，反方说暗含有啊，任何一个不都是这个意思吗，不都是原则上嘛，对不对，任何一个因由背后都是原则，所以这个辩题背后隐含着都是原则，你方今天说的所有例子，所以我们今天只谈原则。你已经赢了，这是第一点。

第二点，效果不好。你别以为你那么有效，打完之后招，招完之后就救。我问你，正方从头到尾提过几个例子呀？就一个，从头到尾就一个例子，这例子成功了，有没有不成功的？然后反方从头到尾讲的是什么呢？反方讲的是什么国安，什么国家情报局，什么其实效果微乎其微，等等。那反方同学你自己想想，你举了半天就一个例子，就算你不止一个例子吧，我方是综合了所有例子之后的一个判断，没什么效果，我完胜了。第二个。

第三个，反方说这种伤害性的东西，是确实的，而你获得的这个利益是不确实的。那么正方四辩，正方四辩在结辩中做出了明确的回应，我们确实，因为恐怖分子他说自己是恐怖分子了。这点很有效果，但我们今天打的不止是恐怖分子的问题，就算是恐怖分子，世界上有哪个恐怖分子做的是所有恐怖分子做的事件？没有，这真的是拉登干的，真不是我干的，我们不都是恐怖分子吧？这是第三个，伤害确实，利益不确实。

第四个，替代性方案。如果有替代性方案，那你那个是不是就不对或者就不去做？正方就问，那你的替代性方案是什么呢？是不是跟他谈呢？那反方说那当然也不是跟他谈，反方说了几个，但说的不是很清楚，有替代性方案的，那是肯定的。这是第四个。

第五个，滑坡论证。你这么做以后会怎么样，刚才执中所说的，你以后会偷懒呀，怎么样的。

然后第六个，刚才薇薇所说的，现实性的问题。这个问题是个最要命的问题，当然啦，这是我觉得，我谈谈我的感受啊。三十分钟炸弹爆炸的例子，说实在的，我没有太能够接受，当然反方没有驳，我不把他算成反方的例，对方辩友，你想想这有多荒谬呀，恐怖分子抓住了，恐怖分子告诉你说，就是我干的，就是我，三十分钟之后纽约广场爆炸，你们就完蛋了，然后我打你信不信，你打呀，打，然后呢，他愣撑不住三十分钟，你之前那么拽是给谁看的，进来爷爷我之前练就那一身的功夫，对不对？就是我干的，我愿意为真主去死，三十分钟你都撑不住，那你也是太怂了吧，而且根本就不需要撑三十分钟吧，那个警察找到那个炸弹还得要几分钟吧？你二十分钟你都撑不住，你水刑准备道具也还得准备一会吧？这个例子多荒谬呀，就是这一系列的例子，就是你仔细去看这个现实性的问题，而一般的现实都是什么？真不是我呀，大爷，真不是我干的，一般都这么干的，所以现实性的，所以反方这个也是没有打透，也没有我打得那么好，要不他们都坐过来了。

最后就有第七个，反方四辩最后才说的，然后一般都不予以采信，因为四辩一般都是灾难，一般四辩才说的都是灾难，四辩说这会丧失道义，不是呀，这一点也是能够暴打全场的，救不救？那个人死了怎么办？有时候一两个人的死亡我们真的非常痛惜，可是我请问你，如果为了这两个人的营救，我们要牺牲整个的道义，有时候警察和黑社会没有任何的道义优势，使得我们的军方和恐怖分子没有任何的道义优势，使得我们的军方变成一种恐怖分子去对待另外一种恐怖分子，你觉得真的有用吗？为什么我们不跟恐怖分子谈判？为什么美国人、英国人看到恐怖分子斩首，他们的公民，他们都是用赎金的？恐怖分子说你把赎金给我，他们为什么不用赎金？请问这个道义又在哪里？其实像这几点，这七点的东西，反方打任何一点打透，都是能非常清楚地赢，但是都没有任何一点打透。那么问题来了，一方一点打得很透，另外一方七点都没有打透，那么我是怎么评判的呢？我说一下我印象票的评判的理由，那是因为正方，我只说正方的一个观点，正方说这是最后一根稻草，你抓不抓，反方说你凭什么确认呢，这个问题直到正方四辩才说，因为恐怖分子一般都是很拽的，他一般都直接说自己就是恐怖分子，之前都没有那么地确认。这是我印象票的评判，就是那么短，前面都是废话，请大家忽略。谢谢各位。

黄执中（印象票投给正方）：

我补一个小小的给正方，因为我们刚刚都在讲反方，我给正方你们打比赛时候的一个小小东西，对方一直在讲恐怖分子刑囚的时候会很痛苦会很痛苦，对不对？你们要这样，可以试用另一个角度讲，他讲了就不痛。你说水刑有百分之二十的概率会死，是，这个讯息我一定要让恐怖分子知道，然后我现在说我要用水刑了，有百分之二十会死的，虽然我们有医生在，可是根据统计，即使有医生在还是有百分之二十会死的，因为你的目的不是让他死，不是让他痛，是让他讲，所以一旦知道你可以刑囚之后有时候反而就不用刑囚了，所以用这种方法回可以让你们回的方式更多层次一点，你们回的层次是很单一的，就是这个人很可恶，就算这样那也无所谓，就算有机会死那又怎么样，这个太直了，你有多一点的方法回会丰富一点。

周玄毅（印象票投给反方）：

我补充一个问题啊，我非常诚恳地请二位，非常简单的一句话告诉我你的评判理由，然后我再考虑我最后一票，好不好？

马薇薇（印象票投给正方）：

我的评判理由非常简单，周帅曾经说过一句话，没有嘲讽就没有伤害。

黄执中（印象票投给正方）：

我其实真的是一场比赛能不能打透为原则，因为我真的听懂你们讲的话的部分真的包含我的很多的脑补，对，那如果我真的都不看，只看场上实际打出来的，我认为今天的正方这个地方是做到了的。

2014 新国辩正赛复赛第四场

比赛场次

2014 国际华语辩论邀请赛复赛第四场

比赛辩题

正方：安乐死符合人道主义精神

反方：安乐死不符合人道主义精神

对阵双方

G 组出线队伍：（正方）台湾大学

一辩：杨承翰

二辩：何奕萱

三辩：陈星宇

四辩：丁冠羽

H 组出线队伍：（反方）中国人民大学

一辩：田诗瑶

二辩：沈宇亮

三辩：李睿婕

四辩：王璟峰

比赛辩词实录

正方陈词 1

正方一辩：

各位好。

首先理清几个概念：

第一，根据荷兰法律，医学上的定义，所谓安乐死是指个人罹患不治之症并承受极大痛苦的情形之下，做出自主死亡的决定。在实际运作下，安乐死只是个中立的选项，医生不会主动建议病患安乐死，而只会被动地接受询问，并在病患提出申请的时候进行审核，所以请待会对方不要超脱此范围来讨论，甚至错把非自愿的谋杀也当作安乐死，毕竟死亡非出于自愿，根本死不瞑目，何来安乐之有呢？

第二，我方今天要证明的目标是符合人道主义精神，既不是利大于弊，更不是应合法化。符合人道精神是指社会上利益的一种，而非全部。就像我们说，瑞典的监狱给予每个犯人都如同酒店般的待遇，是出了名的人道，但并不代表我们也要推行这样的政策。因为虽然符合人道精神的利益，可能同时有耗费国家资源以及威吓力下降等更大的弊害。所以说请对方辩友待会切莫跑题，跑去证明与人道主义精神无关的弊害，乱帮我方设定一些与人道主义精神无关的论证目标。

第三，所谓人道主义精神，众说纷纭，不存在一个闭锁的定义，唯有结合历史脉络来看，才能够掌握人道主义精神的核心内涵。在最初，人道主义这个概念之所以被提出，是为了与神道抗衡，破除上帝对人的价值观上的束缚，找回每一个个人的主体性，使人们能够建立专属自我的人格，述说着专属于自己的故事。虽说时至今日，人道主义要抗衡的对象已不再是宗教上的神明，然而人是人道主义的核心概念这一点却从未改变。讲到这里，这场比赛的判准就呼之欲出，那就是我方必须证明，提供无痛死亡选项给正在承受极端痛苦的绝症病患能够体现人的主体性。反之，对方必须证明这减损了人的主体性。

以下开始论证我方命题。首先，许多患者都承担着我们难以体会的极端痛苦，有人固然可以和病魔奋战到最后一刻，但对于许多人而言，活着只剩下承受生理上的痛苦，精神上的羞辱，不如有尊严地死去。这两种人只是选择的方式不同，来画下自己人生故事的句点，没有谁比较伟大。然而绝症患者一心求死，我们却逼他活着，这时活下去的目的已不再是为了个人的自我实现，而是为了验证形而上的生命理念，病痛的折磨成为他必须背负的原罪，为了让其他人理解生命的可贵，作为教材，钉在十字架上展示着，哀嚎着。举例来说，一位美国教授，罹患渐冻人疾病，只能看着自己一点一滴丧失控制身体的能力，最后却只能无法发声，也无法动弹。中国的于洪宝罹患了罕见的肠道疾病，不止疼痛难忍，小腹涨，伤口还会不停地溢出肠液，每隔十几二十分钟就要用针筒抽走一次肠液。他们都想要以有尊严的方法死去，以自己的手和笔写出自己故事的终章，把他们从十字架上面解放，实现他们作为人的主体性，当然符合人道精神。

谢谢大家。

反方质询 1

反方四辩：请教对方辩友了。

正方一辩：对方辩友，你好。

反方四辩：您方今天界定人道主义，是不是就看人的主体性？

正方一辩：对。

反方四辩：所以您方认为可以增加人的主体性，则您方得证，对吗？

正方一辩：维持他原本该拥有的人的主体性，维持他选择的权利。

反方四辩：该拥有的人的主体性对吗？

正方一辩：对。

反方四辩：好，请问什么是人的主体性？

正方一辩：他有自我选择未来生命的能力。

反方四辩：对，所以说只要是自我选择就叫作您方得证，我方不让他自我选择，我方就不得证，对不对？

正方一辩：当然，您方可以这样论述。

反方四辩：对方辩友，我只是跟您确认一下，您方的判准是人的主体性，而您方又告诉我人的主体性就是让不让他自己来选。您方是不是天然得证呢？

正方一辩：我方给他多一个选择，对，这就是我们所说的人的主体性。

反方四辩：明确您方的第一点，就是告诉我们，所谓的人的主体性只看一点，就是他能不能自己选。

正方一辩：这是人道精神的定义。

反方四辩：好，问您第二个问题，人道主义精神要不要考虑其他人，考虑社会，考虑全人类？

正方一辩：对方辩友，您说的这不是人道精神，这是综合利弊比较，是安乐死应不应该合法化，没有在讨论安乐死的人道主义精神这个部分。

反方四辩：好好好，没有关系。对方辩友，我问您了，如果只看人的自主选择的话，我自己选择吸毒，对方辩友，这样的做法您认为人不人道？

正方一辩：对方辩友，您可以再说一下您方说的自主选择做什么吗？我刚刚没有听清楚。

反方四辩：好，吸毒，对方辩友。如果说我想吸毒，您帮助我，实现了我的主体性，但是对社会有害，您认为这是人道的做法对不对？

正方一辩：呃，多给一个选项。如果你真的这么痛苦，一定要吸毒的话……

反方四辩：好好好，多给我一个选项。今天多给我一个吸毒的选项，您认为是人道的。再来，对方辩友，今天我想，我有自主的选项嘛，我想杀一个人，对方辩友您给我一支枪，给我一个选项，叫作人道的对不对？

正方一辩：给你一把枪，给你一个选项叫作人道……

反方四辩：好好好，对方辩手，这就是今天您方论证最最不合理之处。

正方一辩：我方今天要告诉您方的是，假设今天再别无选择，他只能二选一的情况之下，我方今天多给他另外一个选择，让他可以用另外一种方法死去。

反方四辩：对对对，没有关系，您方说得很清楚。

正方一辩：他原本就要杀人，您方多给他一个工具，那我方认为如果这样说……

反方四辩：好，我可以打断您。请告诉我们，只不过是多给一个选项，只看自己一个人的是不是多了一种选择，那我方告诉您，人道主义精神绝不是只看您一个人，要看整个社会。当您多给他一个选项，对于社会会带来不良影响的时候，是不是叫作不人道？

正方一辩：呃，不对。

反方四辩：不对？所以说，只要是多给他一个选择，不论是怎么样都不叫作不人道。

正方一辩：这叫做对整体社会弊大于利，不等于它不符合人道主义精神。

反方四辩：好好好，大家都听明白了。再来一个问题，对方辩友，您方定义之下，如果我不是出于极端的痛苦，而是出于经济的考量，希望放弃生命，这样的做法人道吗？

正方一辩：对方辩友，如果他原本就会死，您方今天给了他另外一个管道的话……

反方四辩：……正面回答我，我不是出于痛苦，只是出于经济考量，我没有钱治病，我希望可以这样地死，多给一个选项，您方定义下也人道对不对？

正方一辩：如果就得死，我给你一个比较安逸的死法，我认为这是人道的。

反方四辩：好，您方认为人道。谢谢。

正方一辩：谢谢。

反方陈词 1

反方一辩：

对方辩友首先定义就是错误的，这个错误的定义导致他们后面的标准也有问题。

他们定义是什么？人道主义就是人的主体性，但其实经过一轮质询看下来，是说个人的主体性。说什么，就是自愿嘛，只要我自愿了，我就是人道的，但对方辩友，按您方定义，自杀人道咯？那我说我的朋友想杀人，我给他一杆枪，我这种做法也是人道咯？因为尊重他的自愿嘛。对方辩友，你用常识来判断一下是不是真的这样。我们回到人道主义，它最根本的定义是什么？重视人类的价。它特别强调关心人的生命、基本生存状况的思想。尤其它他强调的是，人类之间的互助和关爱，所以它真的不是你自己一个人的事情哦。而安乐死，它是指自我选择免于痛苦的死亡，它有三个条件：身患绝症且无治愈可能，出于无法忍受的极端的痛苦以及自愿死亡。但是我们从安乐死的现实来看，我们发现，安乐死的实施永远无法确保满足上面所说的三个条件。

首先，安乐死它要求出于无法忍受的极端痛苦，这一点无法判断。我们目前的医疗体系，医生只能确认患者的疼痛属于一个什么样的级别，但是对于相同级别的痛苦，人们的忍受能力不一样，一个可以忍受较为严重疾病的患者，他出于经济原因或者其他的考量，对大夫说，哎，我疼痛难忍，我想安乐死，这个时候大夫根本无法判别。

第二，安乐死它要求患者完全自愿。但虽然医生可以一次一次确认患者他是否反悔，但是我们永远无法保证的是，在注射完安乐死药品到患者死亡这十分钟之内，患者他到底会不会真的反悔。所以基于安乐死的上述特征，我方想从个人和社会的两个层面来论证它不符合人道主义精神。

第一，个体层面，对每个执行安乐死的医生，它不人道。因为医生能做的仅仅是界定患者的疼痛属于哪一级别，仅仅是确认患者要不要反悔，但是只有上帝才知道，疼痛级别很高的患者是不是真的忍受不了那些疼痛，到底是不是出于经济或者其他考量才去安乐死。可惜我们的医生不是上帝，所以一个医生哪怕严格按照程序去执行安乐死，他的心中会有疑惑，有纠结，有犹疑，要面对的是良心的拷问，不人道。

第二，社会层面，安乐死意味着必然存在着误杀，不人道。我们刚才说了，它永远无法排除上面的两种情况，永远无法排除不反悔，巨大的，或者经济原因。但是，这两种情况下安乐死都是本不该发生的误杀，我们以被误杀的生命为代价，才使得理论上完美的安乐死得以实现的。可是我们应该心怀愧疚与反思，如果给这个行为，给安乐死一个人道主义的认可的话，意味着什么？牺牲无辜生命也人道。谢谢。

正方质询 1

正方四辩：问候在场各位。呃，对方辩友，想先确认一下您方对于人道的界定跟您方后续论述的两个判准有何关联呢？

反方一辩：关联？

正方四辩：对。您方论述的第一点，对于医生的良心自问，第二点，对于人的误杀，跟您方讨论的人类的互助、人类的生存状况关系在哪？

反方一辩：不仅是人类的互助，它强调的是什么？人道不仅是你个人的事情，是整个人类，关乎你身边每一个人的事情，所以执行……

正方四辩：对方辩友，您方没有回答到我的问题。我的意思是医生的良心自问为何等同于不人道？

反方一辩：对方辩友，是因为你的安乐死让医生面临着良心的拷问……

正方四辩：来，对方辩友，我问下一个例子……

反方一辩：但是医生是身边的人啊。

正方四辩：我问下一个例子了。你的老师……

反方一辩：对方辩友，身边的人……

正方四辩：停，对方辩友，我问例子。你的老师跟你的主考官看到你的成绩不好，良心自问，觉得不舒服，所以考试不人道？

反方一辩：所以对方辩友你想，安乐死意味着的是什么？生命。生命是整个人道主义的核心……人道主义不要伤及无辜你懂吗？

正方四辩：您方第一个例子不回答我，我接下来会去问您方类比。你不要急，不要急，我接下来进类比问。对于一个医生而言，他也不能确定病人是不是能够承担痛苦，那为何让他看病人承受痛苦就不会受良心折磨呢？

反方一辩：对方辩友，所以人道主义最核心的是什么？是生命。您能不能用生命来做一个类比？不要用其他的东西哦。

正方四辩：不不不，对方辩友，我方在问的是第一个点，医生在面临病人痛苦的良心折磨，无论安乐死能不能执行，医生都会受良心折磨。您方打着人道主义的大旗都是想骂医生而已嘛，对不对？

反方一辩：对方辩友，错了，类比错了，不是我面临折磨，而是我面临的是杀害无辜生命的折磨，必须要是涉及生命的问题。

正方四辩：反过来问哦，对方辩友，反过来问。如果我是放任他痛苦存在的折磨，为什么医生就可以良心安定？

反方一辩：对方辩友，所以它也不人道哦。

正方四辩：哦，所以对方辩友您这是想骂医生嘛，好，谢谢。再来下一个……

反方一辩：对方辩友，安乐死的都不人道……

正方四辩：别急别急，来来来，对方辩友，再往下问。您方的误杀的例子，假如说当时第二次世界大战时，或者说现在，美国打着人道救人的名义，占领伊拉克，行文化输出，占领油田，等同于现在的红十字会执施行人道救援不人道吗？

反方一辩：对方辩友，这就是问题。如果说你认为伤害无辜生命可以人道，是不是很多战争就可以打着人道主义的招牌去伤害无辜？

正方四辩：不不不，您方没有回答到我的问题。我的意思是，红十字会打着人道救援的旗号，到各个第三世界救灾抢命，在您方而言，您方要秉持着误杀的逻辑苛责红十字会吗？

反方一辩：对方辩友，红十字会怎么误杀？你告诉我呀。

正方四辩：美国打着人道救援的旗号，在伊拉克实行不人道的行为……

反方一辩：您都说打着人道主义的名号，实行的不是人道主义的事情啊。

正方四辩：没错，所以说有人误杀不能反过来论证我们想讨论的病人想要安乐死人不人道。

反方一辩：错，有人误杀可以。但您方说了，打着人道主义的旗号，做不人道的事情，他当然不人道。

正方四辩：谢谢对方辩友，您有意识到我问题的意思。最后往下问……（时间到）好，没有关系，谢谢对方辩友。

反方一辩：谢谢。

正方陈词2

正方二辩：

大家好。

首先，先确认一下哦，刚刚对方辩友对我们的攻击只在于，有些人我们没有办法确定他是不是真的想死。对方辩友只攻击这一块，所以，呃，对方辩友其实也承认了，在可以确定那个人想死的情况下，安乐死符合人道主义精神，谢谢对方辩友刚刚承认这一点。

再来，对方辩友说，就是，呃，这个，有的时候它可能会，我们会有误判的问题，可能会有不合法的安乐死。但是对方辩友要知道的是，在这边各国制度都有非常严谨的设计，我们当然会尽量避免这一块，那在我们的科技可以理清多少才是非常痛苦的情况下还是执行安乐死，所以对方辩友也承认符合人道主义精神。再来看，对方辩友要理清一点哦，今天我们谈的安乐死当然是合法的安乐死，就像合法的贸易它就是贸易，不合法的叫走私。同样的，合法的就叫安乐死，不合法的就叫作谋杀。对方辩友在混淆视听。

再来看人道主义精神的定义到底是什么。我方刚刚一辩就讲，人道主义精神它之所以会出现，是对神道主义的反动，它是要人们从上帝那里抢回对自己人生的主控权、对自己生命的决定权。那我方一辩刚刚是在用主体性在讲。其实再讲深一点是什么，这其实就是人性尊严。我们要活得像人一样，我们才符合人道主义精神，那人性尊严最核心的一点，其实就是：我可以决定我要不要继续活着，我要怎么样活我才有尊严。今天对方辩友口口声声说，因为我看到有人死，我会不忍心，这样反而对我不人道。其实对方辩友这个说法才是回到神道主义，因为他要求所有的病人都为了其他人而活，而没有自己对生命的主控权，对方辩友这才是不人道。

那再来，对方辩友对人道精神的定义，还有一个就是拯救生命，关怀基本生存样态的定义。那其实这个生命不能只是这么狭义地看到有人活着，我把一个人救活，让他活得苟延残喘，这就叫作符合人道主义精神。因为生命的核心，一样是有人性尊严地活着，而不是像动物一样只能躺在床上承受痛苦。

好，那再来，对方辩友讲后悔。人有可能后悔，没错，人做任何决定都有可能后悔，那对方辩友是不是要说，我们活着不应该做任何的决定呢？我们要后悔这可能是一个弊害，可是也是每个人做决定时必然要承受的一个负担。其实后悔它不是一种痛苦，它其实是一种甜蜜的负担，因为我有决定权，我有对自己人生操控的权利我才有可能去后悔。好，那再来，虽然对方辩友最重要的其实是，还有讲到一个东西是，有些人可能是因为经济压力被迫去死，他被迫选择安乐死。但这里要讲的，我为什么不能考量我自己生活总体的状况，在我已经承受病魔这么样生理上的折磨的时候可能还多了一块考量，为什么这就不是合法安乐死？谢谢。

反方质询 2

反方三辩： 您好。

正方二辩： 对方辩友，您好。

反方三辩： 请问您存不存在这样一种情况，无论你怎么选都不人道？

正方二辩： 呃，存在。

反方三辩： 好，所以说我们发现您方刚才说的医生的那个例子，其实他两种选择都可以不人道，对吧？您方不能以我们该怎么做作为逼问我方是否人道的理由。

正方二辩： 呃，不是。对方辩友，我方这里想要讲的是，您单从医生看病人……

反方三辩： 没有没有，只是简单地跟您确认下，您方不能简单地问我医生该不该这样做，从而来推导出他一定会人道。其次问您第二个问题，给人更多的选择，体现人的自主性，人道吗？

正方二辩： 人道。

反方三辩： 好，请问你，现在我阻止一个自杀的人，是不是减少了他死的可能性？

正方二辩： 对。

反方三辩： 是不是我减少了他的一种选择，不人道？

正方二辩： 这里的话我们之所以会救一个人，是因为我们的恻隐之心，跟人道与否没有关联。

反方三辩： 所以您直接告诉我我救了一个自杀的人，减少了他一种选择，人不人道？

正方二辩： 如果他不是经过深思熟虑，你去阻止他，人道。如果他真的想死，你阻止他去死，不人道。

反方三辩： 好，再请问您，如果现在我涉及一个危害其他人的事情，我减少你这种选择，人不人道？

正方二辩： 呃，比如说？

反方三辩：比如说，现在的法律，其实很多时候限制了人的行为，减少了一些危害其他人的选择，法律人不人道？

正方二辩：呃，您举个例子，实际上地来讨论。

反方三辩：比如说，法律规定你不可以持枪杀人，你少了一种持枪杀人的选择，人不人道？

正方二辩：呃，这不冲突，你对于你杀的那个人，你杀他当然不人道。

反方三辩：你就简单地告诉我，持枪杀人的这个行为是不是按您的说法多了一种选择性，人道，而法律减少你的可能性，不人道？

正方二辩：对方辩友，这里不能只看人不人道，我方刚刚已经告诉大家，人道是一种利益，要经过利益和弊害的衡量……

反方三辩：告诉我，在这个情境中，法律是不是按您方定义绝不人道？

正方二辩：法律在很多方面都不人道，我认为这样的讨论其实没有什么意义。

反方三辩：请问您人道存在的意义是什么？否定法律吗？

正方二辩：不是，人道是在帮人们夺回他自己的主体性。对方辩友，我是学法律的，我告诉你……

反方三辩：先厘清一个概念，人道主义和放纵主义有什么区别？我现在甚至连法律都觉得不人道，因为它阻止了我犯罪。

正方二辩：不对，来，对方辩友，我问你，刑法本身是不是就不人道？法律本来在很多情况下就不人道……因为它就是通过不人道来约束人们的行为。

反方三辩：不是简单地跟您说某一条法律人不人道，而是法律的本质就是阻止你去做一些伤害他人的行为，法律的本质一定是限制自己的一些权利，法律不人道是吗？

正方二辩：来，对方辩友，法律本来就是从每个人身上夺回很多的权利，这本身是不人道，而不是因为它不人道才来约束人的行为。

反方三辩：最后请教您一个问题，人的权利是不是毫无限制才叫最人道？

正方二辩：这是一个不可能达到的概念，我方觉得讨论这个没有意义，

反方三辩：不，您就直接告诉我，您方极端理想下的完全的人道主义就是每个人的权利得到完全的放纵，毫无限制，是不是？

正方二辩：他也不能侵害其他人的权利啊！

反方三辩：对，不能侵害其他人，这是您要的限制。侵害他人不人道。谢谢。

正方二辩：安乐死没有侵害到其他人权益。谢谢大家。

反方陈词 2

反方二辩：

刚才我方三辩之所以向对方二辩确认法律的问题，其实很简单，我们想想法律的意义是什么，就是让我们不能去做一些危害社会的事情。那按对方辩友的逻辑，法律，所有的法律都不人道。对方辩友，这样子不是我们对人道的定义哦。再来看您方对于人道的定义，您方告诉我，今天您方论证其实很简单，告诉我们你不让他安乐死不人道，所以论证出让他安乐死很人道。可是对方辩友，我方三辩也问了，您方有没有一种情况下，两种选择都不人道，我方认为当然有，您方也认为有。为什么？给您举个例子，当我的妈妈和我的女朋友同时掉到水里，我面临两种选择，可是两种选择当然都不人道，很正常。然后您方一辩又提了一个，告诉我们多一个选择多一种人道。可是我们想一想，当我的妈妈和我女朋友都在水里，你再把我爸爸扔到水里，对方辩友，是多了一种选择，人道吗？如果您方认为这个人道，那我只求您一件事情，不要把这个人道施加在我的身上，谢谢。

再看，您方今天告诉我们了，三个条件，告诉我们，自愿，极端痛苦，无法医治。对方辩友，我们想想，真的自愿吗？自愿可以判断，可是他自愿的原因是什么？他有没有可能因为我今天治不起这个病了，我不想治了，所以死。那你告诉我，一个社会允许这样的人存在，今天是一个人道的行

为吗？不是。您方告诉我，今天说可能极端痛苦，可是您方到底有没有查过资料，到底知不知道极端痛苦怎么判断？很简单，不是医生告诉你极端痛苦，是医生问你你觉得有多痛苦，你多痛苦你画多长的线，这个时候我给你分级。所以你会发现，在这种分级体系下，我很容易因为我想死，所以我说医生我太痛苦了，你让我死吧。尽管我可能没那么痛苦，所以这个时候我方发现很简单，就是在您方这三条标准之下，他必然会产生一种情况，就是一些明明不那么想死的人，他被误杀掉了。对方辩友，今天您方告诉我说，多一种选择就等于说我们把一些人误杀掉了，对方辩友您告诉我，当我没有办法完全确定这个人真的想安乐死、符合安乐死的所有条件的时候，我就去把他杀了，对方辩友告诉我，这个东西符合人道主义精神吗？好像不符合吧。

所以对方辩友，今天您方论证逻辑很简单，其实我知道您方底线逻辑，就是告诉我什么？今天如果大部分人可以通过安乐死得到好处，那我有一部分误杀无所谓。其实对方辩友是这么想的，因为他也没有办法确定。可是我们想一想，今天人的生命能够当作砝码来加加减减吗？我们能因为一百个人因为安乐死得到好处就说那一个被安乐死误杀的人无所谓吗？不行，为什么？因为我们今天谈的人道主义，人道主义的核心是人的生命必须得到尊重。所以对方辩友，今天您方要做，无所谓，我也承认你要做可以做，而对方辩友我只求您一件事情，不要把这个做法披上一个人道主义的外衣。为什么？因为当你在做加加减减的时候，你已经很功利地在看这个世界。谢谢。

正方质询 2

正方三辩：对方辩友，你好。

反方二辩：你好。

正方三辩：先确认一下，您方对我方观点的质疑，不外乎对我们的人道的定义有所误会。对方辩友，您方说我方对于杀人这件事情，我多给他一个选择是不是更人道对吧？

反方二辩：呃，不是。您方也包括您方的这三个条件，我方也认为你没有办法满足，你肯定会带来误杀。

正方三辩：好，来，对方辩友，我一个个解释给你听。在杀人这个例子上，对方辩友，你杀人，我多给你一个选择，人道一些。可是你杀了这个人之后，你让他少一些选择，更不人道一些。对方辩友，这种案例底下，你更不人道。

反方二辩：不不不，对方辩友，不是。我们认为只要你存在误杀，不管你选择多少……你不能告诉我拿刀杀拿枪杀……

正方三辩：我没有在跟您讨论误杀，对方辩友，我只跟你讨论，在我方世界底下的人道，因为你不人道在先，我们毋庸讨论你的行为有没有更人道一些。

反方二辩：不对，对方辩友……

正方三辩：好，我换下一个……

反方二辩：我可以说话吗，对方辩友？

正方三辩：呃，你说。

反方二辩：是这样的，在您方三条标准下，必然会带来误杀，我方认为这种误杀不人道……

正方三辩：对方辩友，你没有在听我的回答。对方辩友，没关系，我们换下一个问题。对方辩友，来哦，您方说法律理念都是不人道，您知道法律中有个原则叫比例原则吗？

反方二辩：呃，我不是很清楚，您请讲。

正方三辩：您方不知道比例原则，我方告诉你，比例原则的意思是法律对于人的侵害要和法律所侵害的人的利益有所权衡与评量。对方辩友，这代表什么意思？这代表就算基于法律的观点，我也选择一个最人道的方式对待犯人。

反方二辩：呃，我觉得你没有正面听懂我方举法律这个例子的原因，我可以给您解释一下吗？

正方三辩：好，对方辩友，呃……

反方二辩：我可以解释下吗？

正方三辩：好。

反方二辩：是这样的，我方今天举法律的原因很简单，您方告诉我少一种选择，就少一份人道。可是对方辩友，按您方推出来，今天所有法律必然都不人道，我觉得这有点违反常识。

正方三辩：呃，对方辩友，好，谢谢。您方把我方第一个结论和第三个结论统合起来就可以得到答案。对方辩友，我们换下一个问题哦。对方辩友，您方说，父母掉到水里这个案例，你说他们掉到水里面，你们都不人道……

反方二辩：对，就是我如何选择都不人道。

正方三辩：来，对方辩友，我们有没有一个选择是我们可以评价在他父母都掉进水里的时候，他不管选择救父亲还是救母亲，他都人道？

反方二辩：呃，不行。因为毕竟他都带来了无辜的生命的死亡。

正方三辩：对方辩友，您方为什么要这样苛责这一个人呢？

反方二辩：是我们人道主义今天应该有一个底线，至少不能让人无辜地死去……

正方三辩：对方辩友，人道主义的底线，对方辩友，我方跟你谈，您方一辩告诉我人道主义的底线是什么？是人类的互助。您方的二辩告诉我人道主义的底线是什么？是生命。你方偷渡了概念……

反方二辩：对方辩友，不好意思哦，我方一辩稿在这里好像没提到人的互助，给您念一下。今天人道主义既是重视人的价值，特别是关心人的生命……

正方三辩：对方辩友，没关系，我们继续往下问。所以您方对于人道主义的定义是那一条线，是人不可以被剥夺生命是吗？

反方二辩：是生命不能被误杀。谢谢。

反方质询小结

反方三辩：

好，对方辩友好像对我们的法律颇有微词嘛。没关系，我们换个词好了。法律也许有些地方不太人道，问您道德人不人道？道德是不是告诉我们，至少你不要去伤害别人？所以说道德减少了你伤害别人的选择。按您方定义，道德违反了人的本位，道德同样不人道，这符合常识吗？第一个问题。

第二个问题，对方辩友对我们那个父亲母亲这个举例也颇有微词。没关系，只是想告诉您一个问题，有些时候，我们面临一个道德两难的困境，确实怎么选都不人道。您方觉得都人道，可能是因为我们救了人嘛。再给您换个例子好了，一辆火车，左边有一条轨道，轧死了五个人，右边有一条轨道，轧死了六个人，请问您是不是怎么样轧您都杀了人，不人道？这种情况下您不能告诉我，没办法，我无可奈何，我考虑了一些什么社会成本之后，我只杀了五个人，我比较人道，不能吧？

第三个问题，您方对安乐死的这个误杀理解不深。安乐死是什么？您方说的那三点无非是说安乐，可是它的本质是死。先从安乐谈起吧。您方的这个人道是或然性的东西，什么意思？首先，符合意愿，有没有可能后悔，您方再严谨的法律，能保证在毒药打进去的一瞬间到他死亡前的那十几分钟，他也不会后悔吗？或然。第二个，极端痛苦，对于同样的痛苦，忍受的人的程度有所不同。如果今天我因为没有钱治病，我因为子女不孝，我心寒意冷，这个时候我告诉你我好痛我想死，您觉得这人道吗？极端痛苦不能忍受，或然。第三，无药可救，医疗有没有进步？有没有可能存在地区间的差异？或者是因为一些社会的原因让你无药可救？告诉您，还是或然。所以说，种种的人道是或然的。

可是，不人道是必然的，因为你必然去剥夺人的生命，这就带来了两个层面的问题：

第一，对于医生而言，你非常不人道，你让他去杀一个人，他一辈子都会面临自己良心的拷问，因为也许我打进去毒药之后那个人后悔了，也许他是因为其他原因，但是他没法跟我说，他又后悔了，他没那么愿意死，可是他被我杀了。对于医生而言，你承担了这样的道德风险，你是被迫的，不人道。

第二，在社会的层面而言，当安乐死作为一个整体出现在这个社会中的时候，一定有这样的风险存在。这个时候这些人是什么？是被牺牲的。您方的考量标准是，为了您方所谓的那些极端痛苦，满足所有条件下的理想的安乐死，这些人死了，无所谓。请问你方，您方如果觉得一些生命的牺牲无所谓，会不会导致最后我们觉得，杀九十九个人、救一百个人这样的道德滑坡完全可以？因为符合您方价值。谢谢。

正方质询小结

正方三辩：

来，先解释一下对方辩友的定义。在对方辩友的定义底下，所谓的人道指的是捍卫生命，就叫作符合人道。而不人道就是当我们剥夺了你的生命，就是不人道。可是这样子其实对于安乐死的辩题而言，安乐死必然导致的是病人的死亡结果。对方辩友这样循环论证他们的命题没有意义，所以这个辩题要讨论应该是我们在我们双方定义底下哪一方的世界更合理，哪一方的世界更值得我们推崇。

往下看，对方辩友讲，所谓的人道主义，他们说是什么？他们说，人道的观点有三个。第一个，减轻痛苦。那么对方辩友，您方说医生在诊断的时候因为要判决病人死亡会承担痛苦。对方辩友，哪一个医生不会承担痛苦？你治不好病人，你会承担痛苦，你看着病人在那边躺在病床上，他已经罹患不治之症，在病床上痛苦翻滚，你会不会痛苦？一样会痛苦。对方辩友，您方这样地对医生的要求是不是过于严苛呢？往下看，对方辩友讲什么？他们说，所谓的，所谓的不治之症这件事情，对方辩友好像忽略这个标准。在我们的世界地下，所谓的安乐死不是一个人因为情绪上的冲动就去安乐死，对方辩友，不是的。同时我们必须符合两个条件，第一个是我们必须要有不治之症。什么事不治之症？是医学上在现况下的科学没有办法给你一个合理的治疗方案，它没有办法治愈你。第二个是极端痛苦，人性尊严的贬损。对方辩友，符合这两个要件，我方才称这样的安乐死是合法的。

那回过头来，对方辩友质疑什么？他们说安乐死在这样的情况下，可能现况下会有一些误杀的案例。对方辩友，我们已经做出切割，告诉你，误杀的安乐死等同于违法的安乐死，违法的安乐死是什么？就是医生在谋杀病人嘛。一个医生没有经过病人的同意，一个医生只经过病人家属的同意，就贸然对他施行安乐死，对方辩友，这是谋杀，这不是安乐死。关键在于安乐死这个行为的本质上而言，它有没有符合人道主义精神。回过头来检视我们对人道主义的定义，我们对人道的定义很简单，其实讲的就是一个选择，人的主体性有没有多一种选择。对方辩友讲得很好，在多一种选择这种人道标准上面判断的话，是不是杀人也是一种人道？对方辩友，我告诉你不是的，这样的类比错误，为什么？因为你，当你在给一个杀人犯两个工具让他杀另外一个被害者的时候，那个被害者遭受到不人道的待遇。在这个前提底下，您方还跟我讨论什么人道不人道，没有这种事。但安乐死不一样，为什么？因为安乐死不关乎别人，只关乎自己，你有没有选择自己死亡的权利？谢谢。

自由辩论

正方四辩：想请教对方辩友，无论孟子舍生取义，还是文天祥慷慨赴义，对于他们而言，放弃了自己的生命，对于您方而言，苛责他们不人道吗？

反方四辩：所以您说放弃了生命，自己少了一个选择，按照您方定义，叫作不人道哦。对方辩友，我再问您一个问题了啊，您方说这个疼痛可以分级，没错，但是相同级别的疼痛有人能忍，有人不能忍，一个明明可以承受极其疼痛的人，因为经济考量想放弃生命，医生可以看得出来吗？

正方四辩：对方辩友，我方难道傻吗？另外一个标准叫作不治之症，更何况他经济上造成一种心理的疼痛也是一种疼痛。反倒是对方辩友，文天祥他生命的自主权不是决定生命要不要活着，而是要如何成就生命价值，您方为何要否认他生命的价值呢？

反方一辩：对方辩友，为什么我方认为他不人道就是否认呢？按您方说法， 他人道是不是说我们其他人，哎，理所当然，他死就死嘛。是这个意思吗？

正方四辩：对方辩友，您没回答到我的问题，是以生命成全生命的价值，在您方的评价里面，是不是不人道的呢？

反方二辩：如果文天祥不确定他是不是想死，你把他误杀了，对方辩友，我觉得很不人道。再请教您方了，在 2001 年 8 月份，西安市有四十九名尿毒症老人要求安乐死，可当国家提升报销比例之后，这些人表示我不想死了。你告诉我他们是出于经济原因还是出于痛苦？

正方四辩：是出于经济原因，也是出于痛苦。如果这个痛苦可以借由政府的财政解决，我方欣然接受，可是有些痛苦，你解决不了，我解决不了，您方不要在这边伪善地高喊您很人道。

反方三辩：所以请问您，如果儿女不孝的话，导致我想死，您觉得弄死他也很人道？

正方三辩：对方辩友，听不懂您方问题。再问您方一次，在您方生命就是人道主义的判准下，对于岳飞，对于文天祥这种精忠报国、慷慨赴义的行为，您方认为不人道吗？

反方一辩：对方辩友，您方听不懂，我再重复一遍。我因为儿女不孝而安乐死，人不人道？

正方四辩：对方辩友，可能人道。但是如何不孝，您如何得了不治之症，请您再告诉我一些前提，我可以帮你判断。最后想请教您，对方辩友，如果生命的价值不等同于我们对人道主义的苛责，您方如何用您方的判准论证您方的命题？

反方一辩：对方辩友还是刚刚那个问题，解释清楚啊，为什么您方只是说可能人道，什么时候不人道？解释一下。

正方二辩：对方辩友，重点是他有极端痛苦，而且不治之症，这样的安乐死才人道。再问一次对方辩友，岳飞他慷慨赴义，您方觉得他用生命成就生命的价值，人不人道？

反方四辩：对方辩友，我方什么时候说过只要剥夺人的生命就一定不人道？误杀才不人道。对方辩友，问您第二个问题，当你反复确认这个病人想安乐死，但是当你这个药剂打入病人体内，病人突然改变主意的时候，这个时候您觉得人道吗？

正方四辩：对，同样的意思。文天祥在赴断头台的时候，他突然在刀落的那一刻醒悟了，他要投降。您方就觉得文天祥值得被您方苛责不人道，是这个意思吗？

反方二辩：所以对方辩友，您把文天祥杀了，当然不人道。那再问您，今天中国每年200万自杀未遂者，77%在自杀之后表示后悔。请教您方，让他后悔，被自杀，人不人道？

正方一辩：对方辩友，我方今天要告诉您方的是，他自己舍生取义，难道你认为舍生取义这个行为不人道吗？

反方三辩：对方辩友，您告诉我舍生取义前提就是他没后悔，他后悔了当然不人道。最后一次问您，您怎么保证那些安乐死的人永远不会后悔？

正方四辩：所以我方觉得会后悔的人不会选择安乐死。那您方如何保证那些人后悔不会再后悔？

反方三辩：对方辩友，给您举一个实际的例子。在2004年的时候，有一名患卵巢癌的女子，她当时选择了安乐死，可是事后在医院的劝导下她暂时放下了这个选择，过了一段时间，她说幸好我没有选择安乐死，我好后悔。请问您，是不是存在这样的人？

正方四辩：恰恰好论证安乐死实际上实行不会误杀，谢谢对方辩友。再来往下问，加拿大的苏珊直到最后一刻她都没有后悔哦，对方辩友，您方如何给个答案?

反方四辩: 对方辩友，是，有人可能永远不后悔，你为了让这些人可以死得其所，让那些人被误杀就没有问题，这就是您方认为的人道对不对?

正方三辩: 对方辩友，在您方的世界底下，他因为没有办法安乐死，所以他会一直后悔。

反方二辩: 不对，对方辩友，刚才中国那个例子，她为什么有机会后悔?是因为中国安乐死不合法，没有办法给她做，如果合法了，今天能做安乐死，必然会导致她被误杀。再请教您方，既然你没有办法排除误杀的可能，请教您方，有误杀的可能性在，人道吗?

正方四辩: 对方辩友，误杀的可能性您方没举证过哦。中国不合法的安乐死是因为程序没有确认，为什么你不敢举比利时，你不敢举荷兰这些安乐死合法化的国家?误杀例子在哪呢，对方辩友?

反方三辩: 对方辩友，我到这里只跟您确认一个前提，您方是不是认为安乐死永远不会存在任何一例误杀的情况?

正方四辩: 我方就算承认误杀好了，我方只想先确认减轻病人的痛苦在您方的判准底下到底人不人道，我们再来讨论误杀，好不好?

反方一辩: 好的，对方辩友，您方既然已经承认会误杀，这意味着什么?整个安乐死在社会上看来会有无辜的生命被牺牲，无辜的生命被牺牲对整个人类来说，人道吗?

正方二辩: 不对哦，对方辩友，您讨论的那个误杀跟无辜的人被牺牲是两个概念。无辜的人被牺牲是被谋杀，那他自己做出决定他可能后悔。我方已经告诉你了，在合法化国家没有这种案例，您方也举不出来。对方辩友，再问，黄花岗七十二烈士，他们也牺牲自己的生命，这人不人道?

反方二辩: 对方辩友，很简单，就是因为我们没有满足你方说的那三个条件，但我被您安乐死了。对方辩友，您告诉我，对于医生来说，他是不是承担一种不人道的行为?

正方一辩: 所以我方才说不符合就不叫安乐死。再回归，再问您方，舍生取义的人您方到底认为他人不人道？

反方二辩：好的，对方辩友循环论证非常明显。他告诉我们说，不符合他们这三个条件就不叫安乐死，对方辩友未免太自信了吧？

正方四辩：呃，听不太懂对方辩友您方的问题。再换个方式来问好了啦，如果对于您方而言，只讨论误杀，对我方的态度而言是他自己选择的，那如果有一个人不后悔，对您方态度而言，是你逼他的吧？

反方四辩：对方辩友，没错。他不后悔，很好，但是不能因为有人可能不后悔，就让那些人被误杀也没问题。回答您，像您这样的岳飞舍生取义没有问题，但是对方辩友，如果您将他误杀，他本不想死却死掉了就不好了。对方辩友，再问您，杀一救百在您方的定义下是人道的吗？

正方四辩：跟人道一点关系都没有，这可能是效益主义的判断。我方的意思是，就算是误杀，是他自己的选择，这不叫误，那是他自己的判断。那对于您方而言，如果有一个人没有选择，他就被你逼在病床上，这合理吗？

反方四辩：对方辩友，我方从来没有说过不可以安乐死。我方已经解释过啦，能不能安乐死和符不符合人道主义精神是两回事，对不对？

正方三辩：哦？所以对方辩友，那您方认为符合那两个条件下的安乐死是人道的咯？

反方三辩：不是，你可以去做，但他依然不人道，为什么？第一，因为你的选择可能会导致一些人被误杀。最后一次请教您，杀一救百到底人不人道？有一些人想安乐死同样被误杀咯？

正方二辩：对方辩友，再次回答那个跟人不人道没有关系。对方辩友一直跟我们讨论被误杀的可能，那些没有被误杀的人到底符不符合人道主义精神，对方辩友赶快回答。

反方四辩：对方辩友，您说没关系。安乐死是什么？您方的定义之下，有些人被误杀，换来更多理想中的安乐死得以实现，这跟杀掉一个人救一百个人有什么区别？你方告诉我杀一救百就是人道吗？

正方四辩：你少来了，你那一百人就不用自己选择安乐死。对方辩友，你方要不要回答，不是误杀的那群人，没有选择错误会后悔的那群人，他们不人道在哪里？

反方一辩： 可是对方辩友，杀一救百这样的案例叫作……

（反方时间到）

正方一辩： 所以对方辩友，今天对方辩友也承认是人道的，反观在对方的世界底下……

（正方时间到）

反方总结陈词

反方四辩：

其实今天我方是怀着很大的诚意，希望和对方辩友深入探讨的，但说实话，我感到有点小失望，为什么？因为对方辩友今天从头到尾一直在追问我们一个问题，对于那些理想状况下，在病榻上缠绵疼痛的病人，他们已经是生不如死的时候，你要逼着他们强行地活下去吗？您逼着他强行活下去是人道的吗？对方辩友，我方什么时候说过要逼着他强行活下去啊？他可以安乐死啊！我方不是向您解释过了吗？是否符合人道主义精神只不过是做出选择的一个考虑因素，不代表可以做就必然人道。我方也从来没有说过，你逼着他痛苦地活下去，逼着来救他就是人道的，但是这又怎么样呢？我方没有跟您说过吗？在两难境地之下，你怎么选都不人道。

所以对方辩友，今天您方最大的问题，也是我方最不能认可的，是您方只从个人层面看人道，给我多一个选择就叫作人道。对方辩友，这很荒谬啊！您的逻辑我们来看一下，今天我是一个病人，我自己提出想死，这个过程作用在我的身上，最后的结果我来承担，不看别人的话，这是一个完整的圆环啊！我自己当然爽啦，对方辩友，但是你考虑他人了吗？考虑医生了吗？你考虑社会了吗？今天我们探讨的是人道，不是我道呀，对方辩友。

好，对方辩友，所以今天问题核心在于，究竟什么是人道主义精神，人道主义精神究竟是用来干什么的。如我方所说，如果人道主义精神它仅仅是我们做选择时的一个考虑因素的时候，我们为什么要呼唤人道主义精神呢？我方认为，答案是，人道主义精神它的作用在于什么？在于制衡功利主义。什么叫功利主义？如对方辩友这样子，通过一个计算，误杀的可能性极其之小，但是可能换来更多人死得其所。对方辩友，用这种理性计算得到效用最大化，这种功利主义本来没有错，挺好的，但可怕的是，如果没有人道主义制衡的话，只有这种功利主义的话，那将特别可怕，因为这个时候人会变成一个一个只会计算利益的计算器。这个时候我们会忘记，我们很多时候看似做出正当的选择，其实是在两难境地之下不得已做出的一种不人道的选择。如果你把这个忘掉的话，你会麻木不仁，你会失去恻隐之心啊，对方辩友。所以说，到这个时候，你会觉得，我安乐死嘛，不过是几个人可能被我误杀，但是换来更多的人他可以活下去，这个买卖值得呀！我杀一救百，杀掉一个人，可以让一百个人活下来，这笔买卖划算啊！对方辩友，这个时候你的心不会痛啊！这是我方最怕的东西。所以我们呼唤人道主义精神，因为人道主义精神也许并不能改变我们的选择，做不做这件事情，最起码可以改变我们做这件事情时候的心境。如果我们觉得大家都认识到人道主义精神，安乐死它其实是不符合人道主义精神的。这个时候，不论是一个大夫在实施安乐死的时候，还是旁边的亲人在看着安乐死的时候，还是一个陌生的路人听到有人被安乐死了，我的心会颤抖，我会为他伤心难过，甚至心在滴血。这时候，对，心在煎熬，但这恰恰是我们人之为人的一个根本所在。

所以，只有我们认识到安乐死它是不符合人道主义精神的时候，这个事情可以做，我们的心才会有种良知的温暖，这个时候所谓人性的温存，才不会随着病人的生命一起离开这个世界。谢谢。

正方总结陈词

正方四辩：

大家好。我方不太理解今天对方辩友在遗憾什么啦！今天反方以一口正直态度告诉我们，他们表面上支持所有极端痛苦的病人可以安乐死，可是必须，拜托，我们就是要谴责你们这些不人道的人。这有什么意义？你们这些奴隶，可以起来工作，只是必须要服从我；你们这些同性恋，可以起来结婚，但是社会会给你歧视。对方辩友，你这才叫假仁假义，虚伪的正义。

当对方辩友最后谈起，在医生，在病人，在众人，我们知道有一个人选择安乐死的时候，我们的心要颤抖。意思是什么？对方舍不得生命的离开。对方觉得生命的价值跟意义，对于他而言，于病人，不，不是病人，对于其他人而言极其重要。这种心痛在，这种残忍，这种他所谓的人性，不得被割舍。但请各位想想，在过去，同样，在我们猎杀女巫的时候，女巫选择了挣扎，女巫选择了摆脱，我们的心可能也在颤抖，我们可能害怕黑死病的诅咒，我们也担心我们的生命会被这一些人给改变。这个时候，也很人道。往往人道主义最可怕的是，应该不是人道主义，应该是道德主义，最可怕的是，我们打着道德的大旗，对于这个社会上的某些人、某些个体、某些我们无法体谅我们不确定的人，去帮他做价值的判断，去帮他做了生命的选择。我觉得你一定会后悔，基本上，在你就要打下去那一刹那，你一定会醒悟过来，你一定会觉得你的生命还有意义，还有价值，你一定觉得你这样死很不值得，因为你也是人，你跟我一样，我们都有这样子的想法。唉，可是对方辩友，你不是他，他也不是你。他看不到你的人生的青春跟热血，跟希望；你也看不到他感受到病痛的无奈跟不幸，跟悲痛。

所以，人道的核心为什么是放归自主，就是因为我们从以前的神道的思想里面，我们以宗教观、以神的观点去认为，神决定了你此时此刻的想法，所以听神的。你的选择，在神的选择之下，你可以不用有压力跟负担。可是这个时候，你活着很无趣，大家都过一样的生活，大家都面临一样的选择。当我们用自己的理性超脱了神的框架，去发现了科学的时候，不行，因为神告诉你，这不太对。但如果我们用其他的感性去突破了神，去找到了其他新的信仰的时候，神心在颤抖，教宗的手也在颤抖。可是对方辩友，这才是人道精神真正的意义。因为我们把那些从神口中的语言跟学礼回归到了你自己的手上。同样地，在当代社会，也有同样的弊病，人类的文明跟发展就是一个权利在自主争取过程的奋斗史。当然，在我们向神争取到权利的同时，我们可能还没有从王权那边争取到权利 ；在我们从王权那边争取到权利的时候，我们可能在现在还没向阶级，还没向结构争取到那些人，在底层的奴隶或者劳工他们属于自己的自主权。同样地，对方辩友，设身处地地想一想，有一群人，他们在现在的社会里面，他们缺乏资源，可能诚如你所说的，他们没钱，他们可能缺乏运气，因为他感染的是不治之症，他缺乏亲情的关怀，他缺乏其他人应有的际遇，他被这些社会的沉重的压力压迫的时候，我们都可以选择在我们的道德观底下，要不要顾人道的名义去谴责他们。这很容易，因为我们的立场很坚定，我们是社会的利益既得者。可是，这就是人道艰难的地方，因为我们要去体谅那些我们不曾体谅过的人。谢谢大家。

比赛点评实录

路一鸣（印象票投给反方）：

好，反方的先发言。我对这个辩题很有感情，这是我在 1996 年的第二届中国名校辩论邀请赛半决赛的辩题，我当时是正方。没有想到这么多年后还在讨论这个辩题，连题目都没有改过。所以，我很容易把这场比赛跟我当年的比赛比较。呃，说实话，同学们今天的表现，在临场的反应上是表现得非常引人注目的。但在辩题的深度的挖掘上，还不如十八年前的我呀！为什么人道与不人道只能局限于选择权和不选择？我们全场能看到关于是否符合人道主义精神的标准就在于是不是多给了人一个选择权，然后它背后代表人是不是有自由选择自己的生死。所以，你能看到反方在攻击正方的时候，多了一个选择权，在他们的类比和举例下，有很多归谬的答案。让一个人去杀另一个人，多给了他一个选择权，这算人道吗？然后正方几轮才反应过来，对另外一个被杀的人来说，剥夺了他的选择权，所以这个不人道。在安乐死这个命题上，我觉得双方更应该关注生命的长度和质量的选择。在安乐死，处于是否选择安乐死这个关口的这些选择人看来，生命的意义在于长度还是质量，这里面才有更大的腾挪的空间。长度代表着更多可能性，就是我可能后悔，我也许后悔我当初做出的选择。而质量，可能代表我对现下生命价值的一种认同，我不希望生命只是这样的形式、这样的形态去度过，所谓宁愿放弃自己的生命。反方做了充分的逻辑的准备，所以我听到反方问这样一个问题：有没有一种选择，不论你怎么选，它都不人道？呃，不光是我妈和我女朋友，连我爸也掉进去了，我不管怎么选都不人道。是，都不人道。那基于反方对人道的定义，就是保持生命存在。所以，这就是我第一句话说的，正方对辩题的深度的挖掘还不够。如果生命的意义只在于它的长度更长，那当然不得不认同反方的选择，而如果你能在生命的质量上挖掘更深的内容，拓展更广阔的领域，你就不会轻易地认同反方的这样一个逻辑的类比。由于反方很强调逻辑的力量，所以我们看到反方在结辩的时候，再一次举出，再重复这样的逻辑的时候，就是不管我们怎么选，都是不人道的。他只是在最后大概还有三十秒的时候，才表现出对生命逝去后的惋惜。但其实这样的描述，这样的说理，是我个人认为，最好不要用逻辑的方式，那么冷静地去剖析其中的道理。而要带着无限的遗憾的情绪，去解释人道带给我们的是什么样的心理冲击，当我们被迫选择的时候，是不符合人道主义精神的。

所以，一个本该对生命的质量、内容、意义，做出更广阔拓展的辩题，在双方的，由于更多地强调回合上的对抗、逻辑上的归谬，这样的技法，它反而变得更浅了。对生命的感悟，包括对生命质量的保障条件的理解，我们都局限于理想状态下人道的规定是如何的。正方没有勇气去提出，在现实的约束之下，怎样的选择算是人道。在我们没有科技的力量去对抗人类的诸多疾病的情况下，老人是如何选择死亡方式的，是如何用牺牲自己的方式保证整个族群，年轻人，这一血脉延续下去的。这是人道还是不人道？这是对自己的人道，还是对他人的人道？对自己算是人道，就算是人道了吗？对他人人道，就算人道了吗？所以，当我们考虑人道主义精神的时候，双方这个交锋的内核在于，人的选择在多大程度上关乎自身，又在多大程度上关乎他人。在这个理想主义的思考之下，正方没有更多的勇气去引入更多的现实的约束条件。我们考察一下各国法律对意外伤害导致死亡的赔偿，生命是无价的，对吗？为什么人在意外伤害之后，总有有价的赔偿，为什么？这是我们现实的约束条件。所以，如果正方能更多地强调现实条件的约束，而不只是跟对方纠缠于三个条件，我们理想状态下的条件，最难证明的就是他会不会反悔，更多地去追求生命的质量和意义，恐怕这个场上观感的印象会不一样。好，这是我的观感。

梁泽宗（印象票投给反方）：

各位晚安。这一票投下来，我看纯粹是按照现场操作的决定。今天正方提了一个立意相当高的概念，他的人道主义是从束缚神权到还原人权的这个概念来展开，那里面提出了一个所谓人的主体性，人应该有属于自己的选择的主体性。那么，可是过了这个之后，选择主体那意思过高，高了之后有没有一个像刚刚一鸣兄所提出的生命的素质和长度的比较，有没有相结合。如果结合之后，你就可以立在一个相对高的位置，跟对方所可以谈的那些伤亡、误会，你相对容易去解决。可正方今天立这个概念的时候，我不懂是辩手们不太了解还是怎么，整个大半场时间，他拿去跟对方缠斗一些法律里面有没有人道，或者是选择多少是不是人道。可是这种回击，没有回击，他只是缠斗在那边。可是这个缠斗刚好来自于反方的整个立论，他的要求的概念。比如反方这样看的，他认为安乐死不符合人道主义是因为，人道主义除了对个人的尊严要求，还涵盖了众人的尊严要求。那里面，主辩还是提出互助的。我那时候想到，你提一个互助是不是想谈到死亡可能对其他人的影响，可能对这个社会的影响，你们就没有在这里开展。好，反方所提的人道，不是个人，不是我道，是推己及人的。这一点，正方没有碰。第二点，反方提出了安乐死不符合人道主义是因为它有很多偏差。里面呢，其实提到了，譬如说，可能有些来自于经济因素，可能人过后会反悔。第三个是医生，执行医生可能是被迫的，被迫有良心谴责。让这医生良心受到谴责以及经济层面这两方面，正方有回应。我只能说你有回应，但你没有击倒，没有回击，力量不够。主要是语言的问题，因为反方只是到中后期提到过，总而言之我们就是不要人命伤亡，接下来你们不是即时抓住他的语句说不要人员伤亡，就提出了你们提出的，后来自由辩提出的文天祥的例子。而是割开了，用不同的语态去表达，所以对我而言，是操作不够连贯。可是反方是相对一直在会不会后悔，会不会误杀，你是对个人还是群体，一直在他自己立论的位置上去对正方频频追问。而且很多问题，蛮过瘾的，比如说如果是我母亲，怎么讲，儿女不孝顺啊，或者儿女要死就让他死啊这样之类的，现场感十足，而这个现场感不仅仅只是现场效应，它基本上可以归属为一场的一点，所以这一票，我是因为这样的情形而投了给反方。谢谢。

林正疆（印象票投给正方）：

大家好。我比较喜欢站着讲话哦。我觉得这场比赛打得好烂，打得很糟糕，那我稍微说明一下为什么我觉得打得很烂。不对，它已经不是烂的境界，而是让我觉得还好我有把饭吃完之后才来评，不然我大概会更火。来，跟各位说明一下，就是说，我觉得这场比赛打得非常的浅，浅到让我觉得难以置信。我们来讲几个简单的环节跟内容，跟各位做一下说明。基本上，正方一开始其实是在用台湾比较流行的打政策性命题的安乐死定义来架构他们的论点。然后他一开始就说你不要跟我讨论合不合法化的问题，我今天跟你来探讨人道，但是我们看它的定义，它的定义是不治之症，极度痛苦再加上自愿。这个定义呀，我很讶异，为什么反方不去攻击，其他攻击又都没有到位？各位，我跟你讲啊，在特定的情况底下，感冒就符合这三个定义哦。你们知不知道感冒是不治之症？有学医的在这边应该都知道，目前科学上对于所谓的感冒都是采取知识性治疗，让你自由的免疫力去达到感冒痊愈的效果，没有一种药能治你感冒哦，没有哦。这是不治之症啊，符合他说的医学上无法治愈啊，他又不提免疫，他又不提自己疗愈，他只谈医学上无法治愈啊。那如果我感冒很痛苦呢？然后我提出申请。这个定义原本上就是吊在半空中的定义，但没有人要去打，没有人要去打也就算了，然后这个定义就继续往下走。然后呢，他们提出了所谓的人道，他们说所谓的人道就是尊重人的选择权，是相对于神道而言。智慧上的贫乏令我难以置信，双方都一样。然后，一方站起来跟一方说，那个文天祥想死啊，难道按照你的说法他不叫人道吗？他就坐下来了。我在想如果我在对方的立场，我就会直接概括，起来跟你说，对方辩友，那叫作爱国主义，跟人道一点关系都没有。那又好像这边在质疑他说，对方辩友，你那种误伤的情况发生，连道德都不符合了，还跟我谈人道。那正方我也没有听到你站起来直接告诉我说所有人类的道德基本上都是不人道，因为所有人类的道德基本上都在教你做一件事情，就是牺牲你原本可以享受到的东西，去成全别人，所有的道德都有这个特色。忠孝仁爱和平全都一样，你原本可以得到的东西，你原本可以去做的事情，但是我用道德叫你不要去做。那你也没有这样的反应，全部都没有，然后整场比赛就在非常混乱的情况底下加以进行，于是我们就听到一个很神奇的现象。站在正方的立场的时候，他不断地强调说，我给他选择，我给他选择。然后呢，假如人家今天问他，假如说，那我给你一把枪让你去杀人的话，这也叫选择吗？睡到很后面才醒，起来讲说不对哦，这个，这个对被你杀的人来说少了选择权，所以你一开始就是不人道，所以不用再讨论。我觉得这个回应好烂啊，为什么？因为从正方一辩开始，他想谈的人道，究竟是对安乐死的病患而言，还是对其他的人而言，他不谈。其实如果他今天站起来讲一个很简单的概念，你想杀人，我给你枪，对于这个杀人者而言，尊重了他的选择权，对那个被杀的人而言，减少他的选择权，所以我们交给法官来判断合不合法？在人道的世界里面，你成全了一个，牺牲了一个，我只能说，很难判断。你为什么不敢呢？你为什么不敢这样讲呢？是你自己一开始跟大家说，合不合法我不跟你讨论，我跟你讨论的是人道，结果到后来人家拿杀人的东西来打你的时候，你其实是完全挡不住的，你连勇气都没有。没有说对杀人的人来说很人道，他实现了自我，也许他一辈子的梦想就是打一枪啊，没错啊，很人道啊。但是对于被杀的人来说不人道啊，所以最后交给法官来判断，看看到底是正当防卫，紧急避难，预谋杀人还是义愤杀人。那是法官的事，对方辩友，这是合法化的领域，别跟我谈，因为这是双重问题。人道本来就有自体性跟相对性的问题，你不要跟我谈一个两种人，两种都有对内对外、自己人道别人不人道的，这跟题目无关啊，我现在跟你谈的是安乐死病患的人道，不要跟我提伤害到别人的事情。没有勇气，完全没有勇气。又比方说，人家说这个，二辩，在接受质询的时候，人家说，法律，难道你要告诉我法律是不人道的吗？她情急之下脱口而出，说我告诉你，我就是学法律的啊。哎，我听到了，我也是学法律的。好，我就听听看你怎么讲，她情急之下就直接大大方方地说了，有很多情况下法律就是不人道的。哎，我觉得她说得很好，但是全场她的队友没人理她。她讲完以后就像一阵青烟一样，结束了，没有人进一步去告诉大家，谁告诉你剥夺人类自由的刑事法律是人道的，谁告诉你的啊？谁告诉你法律是人道？但是很神奇的是，她的其他队友起来讲比例原则。哎，我跟你讲句实在话，回去自己看书啦，比例原则没有在比人命，死一个人的价值跟死一万个人的价值在比例原则的世界里面是等量的，这等量的。读法律的队友跟你队友讲一下，不要去讲这种东西，因为是你自己自我介绍读法律的，刚好我也是读法律的，好不好？好，尤其是牺牲一个人去救一万个人在法律上这件事情本来就不是人道，记得，在比例原则的世界里面，一条生命跟一万条生命是等价的，生命是达到最高点，最高的那一点无从比较，怎么可能在这个题目上跟他聊比例原则？

好，那你会觉得很奇怪，我骂到现在，那我干嘛坐在这里呢？理由很简单，因为今天的题目在我的判准里面很简单，就是正方要去证明安乐死是人道的，反方其实也有东西要证明，我不接受这个题目的反方可以当纯粹反方，这个题目的反方必须要证明，不给人家安乐死是人道的，我的判准是这样的。因为这不是政策性命题，反方不享有所谓的推定利益，正方也不负担所谓的变动成本，所以正方要告诉我他的立场底下，给他安乐死是人道，反方必须告诉我，不给他安乐死比较人道。但反方没做这一点，此其一。此其一，这是我判准之一。第二，反方一开始所提出的人道价值跟他后来所讲的东西一点关系都没有，他开始所讲的人道价值是什么？是说人道就是人的价值，还有互助的概念，互助共爱，好像我没有听到共爱，不重要啦，互助的概念。然后他后面就开启了“鬼打墙”模式，他不断跟你讲误杀，整场比赛就在痛苦难以判断，忍受痛苦难以判断，以及会误杀，会误杀，会误杀。然后你会发现正方怎么防御，正方很神奇哦，鬼附身呢，他说什么你知道吗？各位记不记得正方一辩一开始就说，我今天是来和你聊人道的，合不合法我不跟你讨论，可是正方被反方这样攻击的时候他怎么讲？他说我跟你讲啊，你讲那个是不合法的安乐死啊，不合法的安乐死叫谋杀，不是我们今天要讨论的安乐死啊。一开始不是你讲不要讨论合不合法吗？怎么反而你后来用合不合法来切割，并阻挡对方的攻击呢？对啊，整场比赛就在这样混乱的情况底下进行。那反方存在的第二个问题，我除了认为他完全没尽到比较责任之外，我会认为反方有个立论责任，你要告诉我你不允许安乐死比较人道哎，完全没有。第二点就是我所说的，他不断地讲误杀，但是误杀跟他自己所建立的价值，人的价值还有互助……因为反方的前半段攻击都不断在讲一件事情，不知道各位有没有印象，他一开始在讲的东西，一件事情，他讲好多，如果一件事情，满足了个人但是造成了别人的困扰的话，那它就不是人道。但是他后来全部在讲误杀，我就不晓得误杀发生的时候为什么会产生社会的困扰，你好歹稍微论证一下吧？你好歹稍微告诉我，你讲了那么多误杀，讲了那么多难以判断，到底跟你一开始所说的所谓人道，就是人的价值跟互助，有什么关系？为什么有人可能会后悔，所以，所以就不叫作互助了。为什么有人会后悔，就伤害到了人的价值？你没讲，你没讲，你没讲。那正方其实蛮可爱的啦，正方其实他也不去攻，很神奇哦，他不讲，他也不去攻，他只会玩绕口令，你怎么晓得他的后悔不会造成日后的再后悔？你在讲什么啊！你在玩我吗？你在玩我吗？你身为一个正方，你最起码的时候，你应该很简单地，你应该，你好歹有点勇气。其实因为你们的用字太贫乏，你只会用“选择”这个观念。你一开始的时候如果讲得很简单，人道，其实我跟你讲，各位，比较有在看书的朋友，他的观念比较像启蒙时代的精神，就是认为人无所不能，人是世界的中心，正是人类在启蒙时代摆脱了所谓的神道的观念，他比较像是这样。如果他一开始就是强调，人道就是每一个人以自我为中心的核心尊重，如果你用这样的包装，所谓的人道，就是每个人以自我为中心去审查自己得出来的人性尊严。然后，面对人家的所有攻击，你就很简单地告诉大家，没有错啊，你刚才举的那些例子，就是人道啊，但是我要告诉你，人道不一定合法，合法不一定人道。因为法律是经济效益考量下的产物，它跟人道没有必然的关系。可是你又不敢，你又不敢在遇到误杀的时候，你只敢说那个误杀跟我没关呐，那个误杀，那个是谋杀的世界，跟我的没关。为什么你不敢大大方方说，就算有误杀，但是在你能够表达你意思的最后一刻，我听到你是要的，我维护住了你的人性尊严。如果在九泉之下，你觉得后悔，那是另外一回事，因为你我都无法判断。你不敢，你完全不敢这样子回答人家。你听到人家的质疑的时候，你只敢一直退，或者去玩文字游戏。所以，与其说今天正方打得比反方好，其实在我的标准里面，是因为反方没有完成我对他的最基本要求，因为我认为这个题目的反方其实也要负一个最简单的责任，就是你要来论证，你的情况下才比较人道，而不是直接呼吁说大家应该要觉得人道，当他咽下最后一口气，当他挥别这个世界的时候，因为我们心中有人道，我们才会震动一下。震动什么啊？是你应该来告诉我基于什么样的观念，你的立场比较人道，不是你来告诉我，裁判们你们应该要人道，否则的话你们就不尊重生命。我不接受这种说辞，因为我不接受这种立场跟这种说辞，所以我在判准上我的印象分数投给所谓的正方。但是如果我没有记错的话，我的分数票是绝对一面倒地给反方。因为什么？因为正方前面环节做的东西太少。那好，以上就是我的讲解，谢谢。

2014 新国辩正赛半决赛第一场

比赛场次

2014 国际华语辩论邀请赛半决赛第一场

比赛辩题

正方：出世容易入世难

反方：入世容易出世难

对阵双方

A 组出线队伍：（正方）天津大学

一辩：刘益光

二辩：田炜晨

三辩：吴昱贤

四辩：何有恒

C 组出线队伍：（反方）香港中文大学

一辩：韦腾捷

二辩：高　展

三辩：唐立培

四辩：詹青云

比赛辩词实录

正方陈词1

正方一辩：

各位好。

我方观点出世容易入世难。两千年前，孟子认为，入世者要穷则独善其身，达则兼济天下，要以修身、齐家、治国、平天下的心态来对社会有所为；而老子则认为，道法自然，天地与我为一；庄子更是以为自己可以梦中化蝶。他们所认为的出世就是超凡脱俗，对外在无欲无求。从古至今，出世入世从来不是指导我们要做世外高人还是市井小人，并非挣扎于红尘俗世中的每一个人都可以算作入世，他们也许只能算是活着。两千年的历史长河中，由于古代的理想与价值较为单一，走仕途成为唯一追求，所以入世与出世之争就体现在人应该“先天下之忧而忧，后天下之乐而乐”还是“采菊东篱下，悠然见南山”。而现如今，价值多元化带来的就不再只是“学成文武艺，货与帝王家”，任何职业，只要为社会做出贡献，都可以被人们认可，但入世本质核心不可动摇，即心怀他人、兼济天下，对清静无为的得道高僧讲入世，想必得到的只会是呵呵一笑；对一心为国、救亡图存的有志之士谈出世，也只会被当作耳旁风罢了，所以今天辩题讨论的意义不在于此，而在于对于尘世中的我们，面对出世与入世摇摆不定之时去拨开迷雾的难易比较。

出世之人唯一的追求是放下，是空，而要做到这一切，只需坚持出世之心即可到达。外界干扰于我而言只是一种磨练，只求自己，不求他人。其实入世之人也避不开放下与舍弃，唐太宗李世民教女儿新兴公主下嫁异族以求一时繁荣，目送女儿远去的背影，他那时的心中又是怎样的心酸和凄凉？亲情又何尝不需要舍弃？两弹元勋邓稼先面临美国更加优厚的科研条件，本可以大展宏图，但奈何爱国情深，心系人民，这样的取舍同样艰难。

但入世之难就难在即使我坚定信念一心为天下，仍面临诸多的不可控因素，需要不断地挣扎与煎熬。文天祥“人生自古谁无死”，也只能壮志未酬，抱憾而终；孙中山救国之心不可谓不坚定，但仍万般无奈，妥协于袁世凯，却惨遭复辟。凡人活于世，尚且常在屋檐下，哪能不低头？更何况入世之人心怀天下又如何？怎能不忍受现世带来的煎熬？入世之难难在与世界为邻。

综上，我方得证。谢谢。

反方质询 1

反方四辩：对方辩友，你好。

正方一辩：你好。

反方四辩：你方一开始告诉我们，儒家说兼济天下与独善其身都是入世的方式，后来又说独善其身就变成出世了，是吗？

正方一辩：没有没有，我们标准很唯一，就是为社会做没做出贡献，有所为。

反方四辩：只有兼济天下才叫入世吗？

正方一辩：对。

反方四辩：我独善其身不叫入世？

正方一辩：你要在社会当中为社会做出贡献就可以。

反方四辩：好，我自己变得好一点，这个世界也会变得好一点，这是不是对社会做贡献？

正方一辩：可以，要看态度，他的态度是怎么做的。

反方四辩：好，所以我独善其身也可以是改变世界的方式嘛。再来，你方觉得独善其身是一种出世，那个善的标准从哪里来？

正方一辩：我们没有说独善其身也是出世，我们来看他的态度是如何，有没有为社会做出贡献……

反方四辩：好好好，你方觉得独善其身，我做好自己也可以是一种入世的方式。再来，你方觉得入世与出世是每个人都可以做，就是一个相对的事情，并没有一个严格的区分有入世和出世，是吗？

正方一辩：不是，有的。我们说大部分人他不是出世，也不是入世，他是平凡人，他是活着的。

反方四辩：好，所以我这个人是入世还是出世是看跟谁比，我跟学霸比，我就比较出世，我跟宅男比，我就比较入世，是吗？

正方一辩：它是一个概念，这个时候的话……

反方四辩：是不是？你回答我的问题。

正方一辩：入世和出世是一个比较高的境界，有的人出世，有的人入世，并不存在出世、入世之间。

反方四辩：就是我们这些凡俗的市井小人都做不到入世？

正方一辩：他也做不到出世。

反方四辩：所以必须两者都是一个极高的境界？

正方一辩：对，没问题。

反方四辩：那是一个相对，是一个绝对的概念？

正方一辩：相当于是，平凡人他相当于处于一个山底下，而今天入世和出世，他在爬山，往山上走，他境界更高。

反方四辩：好，所以入世的人要入到什么程度才叫您方的入世呢？

正方一辩：就是为社会做出很大的贡献。

反方四辩：很大贡献是多大贡献呢？

正方一辩：这个就是看他的态度就可以，可以很低，也可以很高，这个是我们都可以来说。

反方四辩：您方定义不出来，您方在跟我们比的是在这个社会中做成功的人很难，也就是说，你成为一个入世达人很难，你方有真的在跟我比入世和出世谁比较难吗？

正方一辩：有比啊，我们今天可以看到入世是什么，你只要为社会做出贡献就可以，就像白方礼老人，他可能没有做出很大贡献。

反方四辩：好，你方今天不看主观意愿，只看客观贡献，对不对？

正方一辩：对，可以这样说。

反方四辩：只看客观标准，好。梵高活着的时候，这个世界都不接受他的画，他死了以后，这个世界超接受，所以他活着的时候叫出世，他死了以后很入世。

正方一辩：不是这样的，我们来看对社会的贡献。

反方四辩：好，来，那我们再看一个例子。陈景润这个数学家一心投入自己的数学事业，由于他做的贡献超大，你方觉得他很入世，我的数学老师天赋没那么高，天天和学生打成一片，反而叫做很出世，是吗？

正方一辩：没有没有，看他的心态，如果陈景润他是为了……

反方四辩：对，还是要看主观意愿嘛。

反方陈词 1

反方一辩：

大家好。生而为人，我们常常会问这样的一个问题，人为什么活着？面对社会带给我们的种种价值，如仁义礼智、伦理纲常、功名利禄，通常我们有两种选择，也就是刚才盘问当中我们所说的要看我的心境，第一，曰入世，是接受并追寻这样的价值，为之而受苦乐；另一者曰出世，是拒绝种种价值，以去社会化来超脱世俗的苦乐。

我方认为出世容易入世难是基于以下两点理由。第一，入世比出世更顺应人的本性，因而入世容易出世难，一方面，种种欲求是人无法回避的本能，生存的需要、发展的渴望、更好生活的追求，构成了人类改造世界，改善生活的基本推动力，追求功名利禄也好，追求修齐治平也好，都源自内心深处的种种欲求，世俗价值则恰恰是由这些欲求发展而成的，因此与之相契合，与人性相适应，为我们的欲望规划出了路径与标的，相反，拒绝世俗价值意味着逃离既定的实现种种欲求的路径，与欲望和人性作抗争，势必要付出更大的决心和努力。另一方面，社会性也是人的本性，从远古开始人类就过着群居的生活，我们渴望伴侣、寻求归属，孤独生存构不成我们延续的历史，同理心与同情心指引我们帮助同伴，也寻求帮助，遗世独立从来没有写入我们的基因，积极走入社会是对人性的自然顺应，做去社会化的人则要竭力克服对伴侣、帮助和归属的追求，违背人社会性的本心，因此更难。第二，社会给入世以正向的推动，却给出世以反向的阻挠，因而入世容易出世难。对于入世，世俗价值及其所塑造的社会存在一股自发的迎合机制，人出生以后受到家庭的抚养、学校的教育、制度的规范、社会角色的框定，我们做孩子、做学生、做教师、做丈夫要承担相应的责任，进一步，社会还会给我们以反馈，夸赞好老师、表扬好丈夫，但斥责不孝子、批评不合格的医生，从而激励人坚持追求社会价值，这一切构成了避无可避的巨大推力，让积极入世的选择实现螺旋式的推进。相反，对于出世，社会则用它的不理解无情地回应以嘲讽或斥责。我们嘲笑遗世独立的人不解风情，斥责无所欲求的人消极避世，我们更是用彼此的羁绊来对出世的人加以挽留，沉默的离开会被当成怯懦，坚定的拒绝则会被视作无情。面对社会这种强烈的负反馈，面对在乎的人的质疑和误解，还要毅然选择出世的人能有几个呢？

综上，入世容易出世难。谢谢大家。

反方质询 1

正方四辩：对方辩友，你好。

反方一辩：你好。

正方四辩：问你一下，今天是不是一个人不是入世就是出世？

反方一辩：我方也认为存在第三种。

正方四辩：好，就是我们所说的活着，对吧？就是他会摇摆，对吧？有时候内心会摇摆，不知道爬哪座山，我方举这个例子，这样可以吗？

反方一辩：内心摇摆是可以的。

正方四辩：好，那就问你啊，本性是入世，对吧？第一个大论点。

反方一辩：不是，入世是顺应本性。

正方四辩：对，一个意思嘛。再请问，你方认为因为人们有欲望，所以人们想去获得一些东西，在社会中又能获得这些东西，所以它是本性。

反方一辩：对，有欲望。

正方四辩：那么人有没有懒惰的本性？

反方一辩：也有。

正方四辩：那如果他获得不了这些东西，他会不会懒惰？

反方一辩：也可以懒惰，对，这个是第三种人了……

正方四辩：懒惰，那是不是……好，我们来比较，出世和入世就懒惰这个天性而言，是不是出世会更好一点？

反方一辩：出世为什么是懒惰？

正方四辩：不是，就是说这个人会趋利避害嘛，会轻松一点，这么说可以吗？

反方一辩：你方已经认同懒惰其实是第三种。

正方四辩：不是，不是不是，问您一下，对于轻松这一点，我们每个人都想要求轻松，这个也算是天性吧？

反方一辩：对，但我方认同入世、出世都不轻松。

正方四辩：好，我们来比较，就来比较出世和入世哪个更能满足你的想轻松这种欲望？

反方一辩：但是想轻松这种欲望并不占绝对上风。

正方四辩：好，你方没有回答问题，你方已经同意了，它也是一种天性，那么想要满足想轻松这种天性，是出世还是入世容易满足？

反方一辩：我们欲求里面轻松只是很小……

正方四辩：你方回答下问题好吗？就这种天性，你方只列出了一部分天性，告诉我们顺从这部分天性确实入世好满足，是不是也有……

反方一辩：入世、出世都不能满足轻松。

正方四辩：出世也不能满足轻松，是不是要比较？

反方一辩：不是，是因为出世对于轻不轻松不算个问题。

正方四辩：好，我换个问题问您，您方认为只要入世了就一定能满足我们想要什么就能有什么，是不是也不能满足？

反方一辩：不是，你方刚才说的是要做入世达人嘛。

正方四辩：好，如果我们想要公平的话，就都满足，要不就都不满足。问您第二点，您方认为人有社会性对吧？

反方一辩：对。

正方四辩：那人有没有……您方认为去社会化的一类应该是什么样的人？

反方一辩：去社会化，比如说庄子，遗世独立嘛。

正方四辩：对，你方认为这样的人，它是一个违背内心的过程对吗？

反方一辩：违背本性是没有问题吧？

正方四辩：是，违背本性，为什么去社会化就违背本性？

反方一辩：因为社会性是本性嘛。

正方四辩：是因为现在有潮流，所以它使现在的社会在发展，是吧？

反方一辩：社会性一直是人类的本性，这跟潮不潮流没有关系。

正方四辩：我问您，那意思很简单，是说我每个人生下来就想顺着社会走，还是我们看到社会都这样，但我不知道怎么样，我就跟着社会走？

反方一辩：社会对我有一股巨大的推力。

正方四辩：那更偏向于后者对吧？更偏向于后者没有问题吧？是说我不知道怎么办，社会说好多人这么办，我就跟着走吧。

反方一辩：但是小时候我们并没有知道自己怎么走这个概念。

正方四辩：好，问你下一个问题。你方第二个大论点告诉我，出世会有反向的阻碍，有的人会嘲讽出世，对吧？

反方一辩：没错。

正方四辩：假如我问你啊，就是我们在学校中学习，如果有人说我要好好学习，我要当学霸，你会不会嘲讽他？

反方一辩：我不会。

正方四辩：好，谢谢。

正方陈词 2

正方二辩：

谢谢大家。万万没想到啊，在这样一个辩题当中，双方能够在出世和入世这两个概念上能够达到一个比较高度的共识，都比较符合孔孟和老庄这两派的理解，入世呢，就是比方说追求所谓的……，就是我方所说的兼济天下，出世呢，就是超凡脱俗、物我两忘，同时社会中存在第三类人，他们叫活着。这怎么描述呢？就比方说古文上所说的他们只追求仰足以事父母，俯足以畜妻子，只要我自己生活得好就行了，这是第三类人。

怎么判断是入世还是出世？我们说是从心态判断，他这个人是不是心里想要为社会做一些事情，如果他客观上做了，但他主观上没有这个心态，我们也觉得他不叫入世。这个时候对方同学怎么比较出世和入世哪个难呢？

第一点，他告诉我们说入世顺应人的本性，出世违背人的本性。我们说人的本性是什么？我说人的本性是趋利避害，大家可以接受吧？希望让自己生活得快活一些，不要那么痛苦，但是入世者他们是什么心态？比方说，范仲淹说了先天下之忧而忧，后天下之乐而乐，全天下的忧都是我的忧，等全天下都乐了我才能乐。哇，这么痛苦，这么不能快乐，这叫趋利避害吗？不是啊，这叫怎么有害我怎么迎难而上。这是不是你方所说的违逆人的本性啊？是不是出世？而归隐田园，物我相忘，忘怀得失，这是不是才是顺应人的本性？那么从本性这一点上，是不是入世者其实才是真正在违背本性，更难呢？

第二点，你告诉我们说，入世顺应了人的社会性，出世违背了人的社会性。其实我觉得你把出世想得太高深了，不是说像金庸武侠小说里面这一个人在岛上闭关修炼，不跟人接触。陶渊明大家都说是出世对不对？陶渊明怎么出世？结庐在人境，而无车马喧。他依然生活在和其他人在一起的地方，可能陶渊明在这边种菊花，旁边那个老伯在那边种白菜，两个人聊一聊，但是老伯只看白菜，陶渊明看菊花，还要看南山，但是他们依然生活在社会里，没有抛弃任何人，所以社会性这一点入世和出世其实都可以满足，没有人是像金庸小说一样，彻底闭关修炼，不跟人接触。

第三点，你告诉我们说社会在推动入世而在阻挠出世。阻挠出世这个我可以接受，我说我要出家，肯定很多人都拦着我，哎呀，你为什么出家啊？你剃光头肯定更难看，不要这样啊，对不对？但是社会人就真的是在推动给入世吗？陈胜、吴广大家都知道吧？陈胜以前怎么样？您就说给人种地，种地的时候跟朋友讲我将来有怎样怎样大志向，旁边人怎么说？哇，别犯病了，老老实实种地好不好？结果陈胜来了一句，燕雀安知鸿鹄之志。我们都承认社会上有第三类人，这第三类人是燕雀，他们只求活着，他们既不入世也不出世，所以对于入世者，对于出世者，他们的大志向都表示不可理解，哇，你种地好不好？所以你在所谓社会推动谁、阻挠谁这点上其实是一样的，所以我们发现这些点上很多一样，而我方有的点上有利，并且你有没有想到入世者在做出入世决定之后，他要承担无穷无尽的痛苦，而出世没有这些痛苦。

谢谢。

反方质询 2

反方三辩：请问，依据您刚刚的陈词，你方认为我们今天判断出入世的时候，是不看那个实际的贡献，看心里想不想做贡献，对不对？

正方二辩：这个心理状态嘛……

反方三辩：对不对？就不看那个客观的事迹，对不对？

正方二辩：客观上可能不一定……

反方三辩：很好，这是共识一，来，心里想做贡献有那么难吗，难吗？你觉得？

正方二辩：大家可能动这个念头，但没有把这个作为指导自己行为的一种指导思想。

反方三辩：来，我们来看你刚刚举的例子，陈胜、吴广做奴隶做久了，偏偏我种个粮还被地主收租，那有一天他突然想当皇帝了，他突然想骑在别人头上当奴隶主了，这种天然的享受权利的这种欲望很难吗？

正方二辩：对方辩友你搞清楚一点，那时候已经废除奴隶制了，他们属于地主家的长工。

反方三辩：这样吧，就是还没有废除封建制，那陈胜如果想当皇帝，这个念头很难吗？我想享受，我想有后宫三千，我想吃得好，穿得好，老婆漂亮，妻妾成群，住皇宫，这很难吗？

正方二辩：很难啊，所以说老百姓都是一样，仰足以事父母，俯足以畜妻子……

反方三辩：所以在您方看来，我想要住得好，想要生活得好，动这个念头很难。我们所有人都想要住得更差吃得更差，没有问题。

正方二辩：因为他们知道这些客观上的难度都是难以避免的。

反方三辩：你方是不是认为社会贡献的大小和难易之间是有关系的？

正方二辩：你说社会贡献大小是吗？

反方三辩：对。

正方二辩：想要做大贡献当然会难一点啊

反方三辩：好，来，我一个人坐枯禅，我坐七天七夜，没有什么社会贡献，你觉得难不难？

正方二辩：枯禅是什么意思？

反方三辩：就是我不吃不喝，我坐在那里冥想，我想一些佛法和道理，坐七天七夜，会困的，难还是简单？

正方二辩：我觉得先会饿死，当然一定会很难。

反方三辩：很难是吧？好，所以你可以看到，难易和你方所提的这个社会贡献没什么必然关系。来，再来你方很喜欢提的懒，好，你方认为我方所有的这些顺应的例子其实都顺应不过人的懒性，对不对？

正方二辩：出世生活比较慵懒嘛。

反方三辩：来，我们来想一想，我们都是学生，有的时候我们复习累了，有时候我们想颓废几天，于是我就不用复习，你方看来这个恰好顺应了出世，对不对？因为我放弃了复习，对不对？

正方二辩：放弃复习当然不能仅仅推导出来你这个人出世。

反方三辩：就是懒嘛，你方觉得只要我顺应了我懒就是出世，对不对？

正方二辩：没有，我们认为出世的生活相比起入世比较慵懒，但是当一个完人……

反方三辩：好，来，再往前看一步，但是在复习的前夜颓废之后你最终是不是还是会捡起书本？是不是说明了你想要追求的那个学术，你脑中知道我最终还是要去考这个试的，你脑中知道我最终还是要当一个好学生的，这种欲望压过了懒的欲望，所以你才会重新去学习呢？

正方二辩：是我知道我一定要考六十分，但不一定是我要做一个好学生。

反方三辩：如果你真的懒得很彻底，所有社会欲望、所有社会期待你都不考虑，你纯懒的话，在我方看待下你就很算出世。来，再来看你方举的陶渊明的例子，你方觉得陶渊明算出世对不对？

正方二辩：古今公认的出世啊。

反方三辩：你方知不知道陶渊明在他听闻刘裕篡权之后愤然把名字改为陶潜，说我要和朝廷断绝关系？（时间到）

反方陈词 2

反方二辩：

大家好，对方辩友告诉了我们入世的定义叫作兼济天下，有为别人做事的心态，但没有告诉我们出世是什么。出世，他说是一种很高的境界，我告诉你这种境界是什么，我告诉你之后你方跟我来比较，之后不要单说入世很难，你给我比较。出世叫我不在意这世间的价值评判标准，我去社会化，我不在意这社会的期许，这就是您方说的那个很高的境界。

明确了定义，我们再来看比较的过程。对方辩友说我方比较的过程不成立，是因为我们有本性，是不是顺应本性，本性有没有跟我们发生阻挠来比较不合适，是因为本性中还有懒惰、趋利避害这样的本性存在。但是大家想一想，这样的本性就让你不入世了吗？我们就是因为我们懒，我们有趋利避害的心态，所以说我们发明了汽车，我们发明了电脑，这东西恰恰就是因为我们本性就是懒，源于我们本性的懒惰，我们愿意趋利避害，我们寻求便利，这就是我们的本性啊，我们顺应本性去做社会化的事情，我们顺应本性去做入世的事情，真的有那么难吗？

进一步，对方辩友告诉我们说，你入世的过程中会有一系列的问题，你入世的过程超难的，很多人都阻挡你，你会面对这样那样的困难。对方辩友，你误解了，我们这个辩题让您评价、判断难易的这样一个标准是什么？判断的时候是什么？是您方说的第三种人，我选择是入世呢，还是出世呢？我选择的那个难，不是说我选了之后，我成为一个入世达人的难，就是说我入世之后我可能，可能就是一个每天工作很努力的独善其身的人，可能我也帮助了我身边少部分人，但是我做不到兼济天下、改变世界，所有人都被我帮助，我做不到，我做不到那个达人的状态，但起码我入世了呀，所以我选择的时候我很清楚可以选择我去入世，我做好事情，但是你方给我论证的所有困难都是做入世达人的困难，用这个来和我比较选择的困难，这公平吗？

我们现在来看选择的时候，我们会考虑什么。我们来做选择，我到底要入世还是要出世的时候，我做选择要入世，是因为这个社会本来就给了我，赋予了我社会角色，有些时候我这些选择入世的动因，这些我的责任，都不是我主动拿起来的，是社会给我的，推着我往前走，这个时候我因为我内心的这些本性，我有欲望，我有社会性的本性，这时候我自然地就去入世了，我很自然地就做出这样的选择，有时候我甚至都不知道我开始的那个点在哪，我就已经选择了，我就已经入世了，我已经达到你方所说的那个标准了。但是哪一天，我停下来的时候，我要出世，这时候我面对的是什么？有很多我和很多人关系的割裂，我可能面对的是别人的嘲讽，我要放下的时候很难很难，我要看开，我不在乎什么利弊的时候，很难很难。在说这样的选择的时候，这个困难的比较是不是已经得出了我方结论呢？

谢谢大家。

反方质询 2

正方三辩： 好，对方辩友，你好。请问您第一个问题，出世有没有层级之分？

反方二辩： 没有层级之分。

正方三辩： 出世只是一条坎，过了这条坎，所有人都叫出世，是吗？

反方二辩： 过了这个坎是，就是我不在意这个世间的价值评判标准，我不在意……

正方三辩： 这样吧，可能一个人我贪嗔痴，我放下了贪，嗔痴没放，算出世吗？

反方二辩： 不算。

正方三辩： 放下了贪嗔没放痴也不算？

反方二辩： 不算。

正方三辩： 贪嗔痴都放才算？

反方二辩： 我不在意这世间的评判，算。

正方三辩： 那你认为所有人的出世都一个样子，对吧？

反方二辩： 就是彻底看开了，是。

正方三辩： 那为什么入世就会分很多很多层级？

反方二辩： 不，按照您方的这个其实也没分，就是我愿意为别人做贡献就叫入世了嘛，大家都是一样的，大家都是一个坎就行。

正方三辩： 好，既然这样，那我问你下一个问题，您知道令狐冲吗？

反方二辩：知道知道。

正方三辩：令狐冲他想不想当恒山派掌门？

反方二辩：他不想吧。

正方三辩：对，他想和任盈盈归隐山林，逍遥自在，对吧？

反方二辩：对对对。

正方三辩：他的本性是什么？

反方二辩：他的本性就是追求快乐幸福。

正方三辩：他的本性至少不是入世，对吧？当恒山派掌门叫入世，跟任盈盈归隐田园叫出世，可以这么理解吧？

反方二辩：和任盈盈归隐田园也未必，他的身体出世，他的心未必出世。

正方三辩：这个不重要，重要的是令狐冲和任盈盈想要归隐田园，是一个想要出世的本心，请问为什么今天他的本心是出世，而不是您方所谓的入世？

反方二辩：哪怕他们两个到了田园之间，依旧挂怀世间之事，还在意世人的评判标准，所以不算。

正方三辩：同学，你不要揣测令狐冲和任盈盈归隐田园之后怎么样，但至少从金庸小说来看，我们可以知道他们是不想做掌门，他们想出世，不想入世，所以这个本心您方没能解释得了。我问第二个例子，介子推你知道吗？

反方二辩：不好意思，我不知道。

正方三辩：介子推，晋文公的一个大臣，他后来就是归隐田园了，晋文公想把他请出山，但他坚决不出山，最后晋文公说了，你不出山我就把你烧死，大家知道他被烧死也没有出山，请问他的本心是什么？

反方二辩：这个人叫超出世，他已经出世了，不在乎这个世界的评判了。

正方三辩：他的本心是不想入世为国家做贡献，那为什么他的本心也不像你方所说的？

反方二辩：不，他已经不在意我要不要为这个世界做贡献了，他不在意这些好和坏了，不在意你的判断标准。

正方三辩：出世之人的本心叫出世，入世之人的本心叫入世，是这样子吗？

反方二辩：没有，人的本心就是没有出世那个部分，我们一辩跟您论证过了，人就是个社会化的动物嘛……

正方三辩：介子推和令狐冲他们的本心为什么不像您方所说的想进入这个凡俗之间去做一些事情？

反方二辩：因为他们的本心。令狐冲原来可是为这个世界做过很多很多事情的，他已经觉得这个世界没什么……

正方三辩：他们之前可能是被迫不想做，但他们最后表达出的是我想归隐田园，这两个例子您方都没解决。问您下一个问题，您方认为迎合社会很简单，背离社会遵从本心很难，是这样吧？

反方二辩：可能那个细节我听不清，可能令狐冲最后看开了……

正方三辩：同学，您回答我问题，是这样子吗？

反方二辩：不好意思，问题是？

正方三辩：我问的是珠海今天天气怎么样。好，接着问您，请问一个同性恋违逆社会遵从本心难不难？（时间到）

反方质询小结

反方三辩：

盘问比较乱，我们来理一下。今天对方辩友的标准，出入世的标准，叫作我心里想不想做贡献，想做贡献的叫入世，不想做贡献的叫出世，但他刚刚也说有第三种人，叫平凡人，平凡人可能也会不怎么想做贡献，那么单单用心里想不想做贡献怎么区分出世之人和平凡的人呢？所以您方这个定义是很有问题的，您基于这个心里想不想做贡献从而推断出了出世很简单，为什么？因为你们说，因为人很懒啊，因为人我天生就想休息啊，令狐冲、任盈盈不想承担社会责任，所以他们就放弃了，所以他们就出世了呀。您方错了，在今天这个社会中，每个人都是社会动物，他在这个社会当中会承担角色，这个社会会给他一个社会期待和社会期许。我刚刚问您那个例子，每个学生在上学的时候都可能会有懒的时候，都可能有那么几个小时、那么几天我不想复习，但只要你不是一直懒到最后，你不是懒到毕业，你只要最后还是捡起了书本老老实实地复习，就证明了一件事情，就证明了你意识到你作为一个学生终归是要承担起学习的责任，终归是要满足社会对一个学生的期望，终归是要好好考试，终归是要去毕业，最后找工作的，这个比较才是我们今天提出出入世的关键，就在于你以不以这个社会评价，sorry，你用不用这个社会现有的价值评判，来评判你自己的生活。我方说顺应，不是完全顺应人的动物性，错了，人除了动物性之外还有社会性，而动物性中不只有懒而已，我人还想要更好的生活。假如说人的本性只有懒的话，我们为什么会从远古年代进化到今天？我们为什么会绞尽脑汁发明汽车？为什么会绞尽脑汁发明这些灯光把我们照得更漂亮？是因为我们想活得更好，我们有更大的欲望，是这些东西推着我们继续去努力。

其次，社会这个规范对每个社会角色来说是有期待的，这个期待为什么在我方看来更容易？很简单，我方今天作为一个人，我想打辩论，坦白讲，有美术组的同学为我们搭建这个舞台，请评委，他会奖励我这种向上追求好的价值的行为；我如果说我想作为一个好学生，学校有图书馆，学校有奖学金，学校有海外交换项目，坦白讲，我条件挺好的。您方的担心无非是我要做一个像哈佛那样的学生很难，考哈佛可能比考港中大更难，您方讨论的只不过是入世之后更成功比不那么成功更难，而没有比较入世难还是成功简单，所以你方举了很多例子，包括陶渊明，他们本心来说不是出世的。陶渊明为什么听说刘裕篡权之后会那么生气？因为即使他隐居起来的时候他心中仍然心怀家国，心中仍然想要符合这个社会的期许，还是入世的。

谢谢。

正方质询小结

正方三辩：

听完今天对方同学整篇立论，给我一个什么样的感觉呢？就是今天同学给我讲了句大白话，这句大白话叫什么？叫作你呀，当一个普通人很容易，你要想干出一点不平凡的事情很难，这是您方今天告诉我的吗？这句话今天您不说，您不用四十分钟嚼口舌跟我们讲，场下所有人都知道，当个普通人当然容易了，因为按你方所说，因为人有世俗性嘛，人本身在这个世界上活着，你方所谓的活着，跟大家都一样，当然容易了。你要想脱离这个大家的讨论，当一个不那么正常的人，或者说做一个不那么平凡的人当然难了，这是您方的标准嘛。您方这叫什么标准？叫作我要做一个普通人很容易，要做一个不那么普通的人很难，这很奇怪。然后您方认为说，因为本心是什么，但您方对这本心的定义很奇怪，非常的片面。我问您令狐冲和介子推他们的本心是什么，他们一心都不想要踏入世俗，他们想要归隐田园，自己快乐就好，那他们的本心不就是想要追求出世吗？为什么所有人的本心都像您方所说，是要追求入世呢？您方没有解决。

第二个问题，您方认为，人啊，从小就依附于社会，跟着社会大路走，所以呢，你要违抗这个社会非常难。问您一个简单的问题，一个人可能是同性恋，这个社会对同性恋的评价是不接受，那这个时候他顺从这个社会叫作我还是装作异性恋一样，他内心痛不痛苦？所以顺从社会从来不代表这是件简单的事情，他有可能要违逆本心，更何况您方讲的这种社会叫作一个依附于社会，什么意思呢？人嘛，总要跟社会有交流，那肯定啦，都要吃饭嘛，那肯定跟社会有交流，总不可能自己种地自己织布吧，这叫什么脱离社会呢？

然后您方讲了，标准叫作能不能看别人的评价，可是您方今天也说了，有第三种人，叫俗人对吧？俗人看不看社会评价？要看。按您方标准能不能区分出俗人和入世之人？如果您方今天承认有第三种俗人，但是您方标准却把入世之人和俗人都混在一起，您方标准如何分辨出来呢？然后您方攻击我说，我方今天啊其实没有什么比较，我方比较在哪里，我方今天比较叫作，你今天入世和出世都需要放下，都需要舍弃，你出世放下的是你的情缘，你放下的是你的身外之物，可能是名利，等等，它很难，我方承认，但入世是不是也需要舍弃？综我方所讲，古时候的皇帝他要把女儿送到匈奴那儿或异民族去和亲，都说和亲，但实际上都是当人质嘛，可能意味着回不来了，舍弃亲情难不难？可能很多人去当特务，当特工，那面临的就是什么？我可能连生命都舍弃了，我可能回不来，这样难不难？都难。但是入世难在什么？难在你在社会上打拼，你难免要跟很多不可控因素去打交道，你控制不了他们，你很煎熬，你很纠结。就像鲁迅所说的，我看到祥林嫂看到闰土看到很多人，我哀其不幸怒其不争，鲁迅想要真正自己一个人快活很容易，但他今天不，我要入世，我要强行带他们一起飞，难不难？

谢谢。

自由辩论

正方四辩：既然您承认入世有社会性，那么入世之后和人交流的过程中是不是有更多的不可控因素，相较于出世？

反方四辩：对方辩友，来，偌大一个江湖，有多少个令狐冲，有多少人为掌门人之位争得血雨腥风，有多少人像令狐冲一样他的本心是自由，拥有令狐冲这样的本心难不难？

正方三辩：所以今天变成一个例子多少的比较，是不是这样子？那我方给您来一个例子好了，今天孙中山他如果觉得这些愚民我不拯救了，自己快活就好，但他不，他要拯救这些人，他投身于社会的众多不可控因素当中，至死都没有完成自己的夙愿，难不难？

反方三辩：所以孙中山才是国父啊，所以我们平凡人想做一个国父很难啊。来，令狐冲，看完本心，来看社会性。令狐冲武功高强，道德也很好，所以当那些恒山派的小尼姑拉着他不放的时候，他想要辞去那个掌门人，哇，超难，他是因为辞不掉才被迫当掌门。是不是出世很难啊？

正方二辩：对方辩友，不要强推本心这点。入世和出世都有可能违背本心，但是入世的同时他还要面临不可控因素，面临民众，面临复杂的国际环境。孙中山是不是入世比出世更难？

反方二辩：那按照您方的意思，一个人只有达到孙中山成为国父那样的成就，才成为一个入世的人，如果没有达到，我只是帮助我们班级的同学，这个人就不算一个入世的人了是不是？

正方二辩：刚才您承认了，今天出入世都没有一个等级之分对不对？请问您了，您一直在说那些平凡人也是按照社会标准，那些框框来要求自己，平凡人和您的入世之人有什么区别？

反方一辩：入世没有等级之分。但我方说入世之后成不成功，有得分。您方只不过是在区分当我有了这个想法之后，做不做得到。做得到很难，您方是在论证这个。但今天我们比较的是产生这样的想法是不是很难，您方要注意这个区别。

正方四辩：我不懂，为什么只讨论产生想法？为什么不能说我今天选文科选理科哪一个难？我进去之后发现理科还要学这么多东西，我发现非常难。为什么行此路就不难呢？问您了，您方说的那些本心究竟能不能论证出来？是不是您方说的入世一定有本心，出世就不是本心？

反方三辩：我们今天出入世谈顺应，您听不懂，给你举个类比，讨论的相对于是一艘船，是顺风好走还是逆风好走，您方只不过是说，哎呀我顺风的时候也不一定能够走多远嘛，所以那超难，但你没有跟逆风比呀，如果我方是在违背社会性，违背人的本性，那怎么比呢？

正方四辩：您方论证一下风向是什么好吗？

反方四辩：来，您方说的，当一个好皇帝很难，有的时候要违背本心把女儿送去和亲，可是我当一个皇帝有那么难吗？与之相反，我要像顺治那样出家不当皇帝了，多少人拦着他，难不难？

正方三辩： 所以你方今天论证就是你顺从这社会当一个老老实实的普通人超简单，你要做一个不那么平凡的人超难，这叫什么比较标准？

反方三辩： 李煜他是个皇帝，但他很喜欢写词，于是大家都骂他，哎呀，你不好好当皇帝，你很讨厌，因为你辜负了社会对你的期望。所以你想一想你要丢开社会对你的枷锁，遵从本心，不依照这套社会的评价体系，是不是很难啊？

正方四辩： 我们就来看顺治，他出家之后，康熙去找他说我管不了这个国家，你回来重新当皇帝吧。他怎么说的？贫僧法号行痴，施主回去好好照理国家，是不是按照这一点我方可控，你只要管好自己，想出世就能出世，但入世不是这样，是不是更多不可控？

反方四辩： 都已经出世逃到五台山了，康熙都能千方百计地找到他，入世多难，出世多难啊。

正方三辩： 同学，您没听懂我方例子，我方说是只要你想出世，内心坚定，万匹马拉不回你，但今天你即使坚定入世之心，如此多的不可控因素让您如何成功，既生瑜何生亮，您方懂吗？

反方一辩： 问题就在于这个"只要你想"怎么做到，请问在座各位，我就问最简单的一件事情，要你们把手机放到一边一个星期你们干不干？你们想不想？要产生这样的想法难不难？

正方一辩： 您今天一直说，想法很难，做决定很难，您给比较下到底哪个难。跟您说了，出世是放下一些东西，今天入世也要舍弃很多东西，您怎么比的？

反方三辩： 来，比一比，您方要入世，要打辩论，它很曲折，现实当中你方说不可控，有可能会输比赛，但如果你要让我一个很爱辩论的人放下辩论，你要让我从此再也不碰辩论，哇，真的很难，你不能说一句话放下就能解决，对不对？

正方一辩： 那今天一个爱辩论的人，放下自己的学业，放下自己的女朋友，放弃很多的东西，都对他很重要，您觉得这不难，是吗？

反方三辩：那就不叫出世了呀，我心中明明就还有一个那么好的社会价值要追求，所以有损其他东西恰恰是我方出世的例子，所以很容易啊，我喜欢辩论，所以全情追求，反而是我要放下我的执念才很难，对不对?

正方四辩：您方也发现了，这不叫出世。我方想告诉你的，出世、入世都有放下，您方说了放下辩论很难，我方说了为了辩论你也要放下一些东西，你要放下学业，还要放下女朋友陪你，是不是也有放下？放下这一点上您比的出来吗?

反方一辩：两个放下是不一样的，我为了辩论而放下学业是因为我有奔头，可是出世你放下为了什么？不为什么呀。

正方二辩：有奔头呀，可以得到一个安静恬然的生活环境，所以说放下两者都有，但是你有没有想过出世放下之后很痛快，但是入世放下之后可能要面临一次又一次的煎熬啊。

反方二辩：如果我是为了一个更好的生活环境，我挣更多的钱去买大房子，这个和去田园有什么区别呢？没区别。所以说我不在意我的房子大小，我不在意我的社会地位高低，我什么都不在乎了，这个时候才是真的出世，你要什么都不在乎了，超难。

正方三辩：同学，出世的放下是什么？我不想要了。我今天一个长发女生想换个发型，剪个短发，就叫长发剪短发，我放下。什么叫舍弃？入世了我还想要，还留恋，我一个女生本来头发很长，被教导主任逼去剪短发，这叫舍弃。您方的故事是什么都想要，您方不是不要亲情，只是它很，它被舍弃掉了，而我方直接是你不想要那个，更难。

反方三辩：错，你方的女生长发剪短发也许是因为短发更美，那还是入世。出世是长发短发我无所谓，您方觉得美不美不重要，这就是出世，要摒弃掉这些社会的评价体系是不是才最难?

正方四辩：我方想要告诉你，这个类比是想告诉您放下和舍弃是有区别的，您方那个叫舍弃，我方这个叫放下，放下是什么意思呢？我不想要了，是空。而舍弃是叫我两者抉择，一个舍一个得，我要得这个，但我也想要这个，我不得不舍这个，是不是更难？

反方四辩：可是要放下真的很难，就算您方眼中的陶渊明超能放下，可是他隐居田园之后都不忘向朝廷上书，对时政发表看法，放下真的很难呢。

正方三辩：同学，您方说放下很难，我方从来没有说放下简单，但是您方的舍弃是不是也超级难？您方没有比吧。我方说在你入世的过程当中要不断与社会做抗争，因为有很多不可控因素。而出世呢？做好自己即可，不是吗？

反方二辩：我方说的放下就是所有都看开，我不在意，什么都不在意，也就是舍弃一切，这个时候是不是更难呀？

正方三辩：同学，您要舍弃一切为什么就更难？一个叫作放弃辩论理想，一个叫放弃爱情，您方怎么比？比不出来。是不是您方告诉我，今天因为我这个可能看起来更高尚，你方看起来可能就更渺小一些，您方就更得证了呢？

反方四辩：不对，您方的有所舍弃只不过是我这个人有很多兴趣爱好，我总要在不同的东西当中做选择，可是我做了选择就证明那个选择更吸引我。今天打辩论就证明我比读书更开心，可是今天放下是什么？无所谓了，难不难？

正方四辩：您方今天只说了动这个念头，但您方有没有看到动这个念头之后我还要踏上这条路，我要享受入世或者享受出世？请问您一下，这种享受的过程是不是也要比较难度？

反方三辩：您方错误理解出世的重要原因就是，我方动这个念头，动完之后，我方出世就达到了，而您方只是在论证我选择入世之后我做得越多越成功比不那么成功更难对不对？没有论证辩题哦。

正方一辩：您一直在说只有选择的过程，为什么选择之后走这条路的过程的那些难度您不看？您回答一次好不好？

反方二辩：不，是你选择之后的难度纳入我方考量，但是这不是一个要比较的难度。

反方总结陈词

反方四辩：

大家好。对方辩友今天的比较标准非常奇怪，他们一方面说，我们看的是态度，但是他们又对入世有一个很高的限定，就是要做出很大贡献，要做到孙中山，要先天下之忧而忧，那种人才叫入世。对方辩友，我方可以做同样的事情，我们也来对出世搞一个很高的限定行不行？对世界做出很大贡献的人总归是有的，可是出世的极高境界，比如说涅槃，有没有人做到过我都还不知道呢，我方不想跟您占这样的语言上的便宜。如果我们真要讨论走这条线的现实状况有多难，那我今天告诉你，你要出世，买一块地建个房子在今天中国你都做不到的。可是我们今天讨论出世与入世是两种态度，您方说得好，我们找一个中间状态，这个中间状态叫作活着，这个状态是很轻松的，就好像心理学里面说一个人最舒服的时候是什么呢，发呆的时候，脑子里面只有意识流。这个时候我要入世，我要很积极，我要努力地听您方说话，然后我用力地说话，和您方沟通，这叫入世。

出世是什么？我冷眼旁观你们说话，你要求我说话的时候我不说，您方的言辞不能左右我的思想，评委的眼神和观众的掌声不能改变、影响我，这叫出世。第一种入世难不难？挺难的。因为比较辛苦，我要很辛苦地听您方说话，我要很辛苦地努力让你们接受我说的话，这个过程叫辛苦。可是这个过程顺应我的本心，因为我就是一个爱说话的人，我在这个过程中很快乐，这是人的本性来的。我总是有表达和交流的需要，如果在这个时候有人对我微笑点头，我说了很多话以后有人给我鼓掌，还给我发奖状，我超开心。这个过程辛苦，但是不难，可是您方的那种出世，我独立思考，这个超难。我们今天想一想，我们为什么觉得 iPhone 手机好？我们为什么觉得上大学好？为什么觉得打辩论赢超重要？这些想法从哪来的？你仔细一想，都想不出来从哪来的，是在不知不觉中来的，这个超可怕。我们是不知不觉中就拿起了这么多东西走到了今天，这个拿起的过程很容易，因为它就在不知不觉中，社会在方方面面无时无刻地影响着你，可是你今天要把它放下，就变得超难了。就好像陶渊明那样的人，他已经放到那种程度，心里总是悬挂着那个国家。就像我今天花几千块钱去上一个禅修班，只要别人寄过来一张名片，我可能又会向世俗妥协了。就像我今天，因为我，这个东西是很好理解的，因为人总有不甘心啊，如果今天打输了辩论，我可能难过好几天，我说我再也不打辩论，因为打辩论只会让我伤心，可是过了几天之后我还会回来的，因为我不甘心啊。

理性的经济学里面会说人应该用沉默、沉稳的方式思考问题，可是在现实中人做不到的，我们已经付出了这么多，我已经为打辩论付出了这么多，我已经拿起了这么多，我再想要放下是很难的，可是我回头想想，我有什么动力让我打辩论呢？我说我要给一个交代，教练培养了我这么多年，这个队培养了我这么多年，我要给一个交代，我拿到一个成绩我就收手，这个时候我那么努力地打辩论，是为了给自己一个不再打辩论的理由。我那么努力地在尘世中工作和入世，是为了给自己一个很好的出世的理由。你说诸葛亮一生求什么？他最终想求的是归去来兮，我夙愿，余生还做陇亩民，他是想出世的，可是为了达到这个夙愿，又放不下心中的牵挂，他说我必须先做到羽扇纶巾赴征程，为民播下太平春后才可以，可是他最后就没做到啊，很难。

谢谢。

正方总结陈词

正方四辩：

我们校队的队训第一句话叫作“辩字双馨，十年一剑，方知大道苦中求”。就像您方四辩说的，您方打了那么多年辩论就想拿一个冠军，那是不是有的队打了一辈子辩论都没有拿到冠军，难不难？所以说所有的问题都出现在你方在划定区域这方面。您方认为今天只考虑念头，不考虑这念头之后怎么走。举个例子，今天在比较赢比赛难还是输比赛难，您方认为输比赛嘛，哎呀，你要放下那种求胜欲超级难，赢比赛顺从本心嘛，我们都想要获得冠军，都想要获得荣誉，所以您方得出一个结论，输比赛比赢比赛难，所以说今天您方不比较后面我们要怎么达成这个目标的过程根本就是不合理的。

再来看您方第一点论证，告诉我们本心。本心是什么我也在想，其实我们说句老实话，归根到底四个字，趋利避害，但问题就在于为什么今天我们入世之后一定能得到利，一定能去掉害？为什么今天不是我们出世之后反而更符合我们的诉求，反而更能得到我们想要的东西？您方没有解释，您方只是在说人有社会性。您方说的是什么意思呢？人不能脱离于社会，不能脱离于社会告诉我们的就是人必须要依附于社会，人不能独立地生活，尤其在现在的情况下，但是不能脱离于社会就叫作入世了吗？既然您方也承认，就像我们现在的生活中我们有凡人，我们可能体会不到什么叫入世，什么叫出世，那我们就浑浑噩噩地活着，我们这一部分活着的人，那算入世吗？所以说您方今天的第一点本性也讨论不出来。

第二点，您方说我方至少有放下吧，放下这种念头难不难呢？但是我告诉你，出世确实是有放下，但那放下就像什么呢？一个女生失恋了，我要放下我的一头短发，我觉得，哎呀，这头短发就是我的烦恼丝，我要放下，我要手中只有空，这叫作放下。但是我方说的入世它有一种放下是什么？这种放下准确的定义叫作舍弃。什么叫作舍弃？就是有舍有得才能比出来舍弃。汉武帝要求和亲，他是真的不喜欢他的女儿吗？他觉得他的女儿送给别人一定能让女儿幸福吗？那他为什么还要和亲呢？他是为了在这个社会中不断地权衡，尤其到了这么高的地位，他知道儿女情长不能牵绊国家大事，他要权衡，他要妥协，他要不断地让位，这样的情况难不难？这种舍弃是不是比您方的放下更难呢？所以说今天您方放下这一点上也比不出来。

我方想要告诉大家的是什么？今天我方站在一个公平比较的角度，我方看到的入世和出世最根本的区别在于什么？在于和别人有没有交集，你要达成这个目标或动这个念头的时候，是不是只要你自己做到就可以？出世之人就像我刚才说的，顺治皇帝出家之后，康熙回来求他，你回来重新治理这个国家吧，他难道没有心系国家安危？他难道不心疼他的儿子吗？但他告诉他，贫僧是个出家人，贫僧法号行痴，施主请回去好好照理这个国家。所以说今天您方是不是也看到入世有更多的不可控因素呢？所以说不可控因素摆在那里，我们这么多的人根本无能为力，要不断地权衡，不断地妥协，才能达到您的目标，难不难呢？我方今天说出世容易入世难，不是要泼大家冷水，不是要告诉大家出世容易入世难，大家就去趋利避害吧，就去出世吧，不是这样的。我们都是平凡人，可能我们都知道自己能力有限，我们不能去改造世界，可能真的达不到我方所说的这种入世的境界，但是我们知道今天还有一群人，他们秉持着虽然出世容易入世难，依然虽千万人吾往矣的态度，他知道这个社会的责任在我的肩上，就像两座大山摆在我的面前，一条出世一条入世，但他依然向上攀登。我们这群平凡人可能能力不及，但是依然在山脚下望着他们，望着他们远去的背影，告诉他们，你们一路向前向上攀登，我们会怀着憧憬与向往祝福你们。谢谢各位。

比赛点评实录

周玄毅（印象票投给反方）：

正好啊，我们按年龄来说，这个泾渭分明，这个年纪大一点的，大爷大妈们就等会再说。我先说，因为我会说的尽量简短，把时间留给大家。

我的判准理由很简单，反方的观点，入世是顺风，出世是逆风，对吧？就这么一句话。然后呢，这个时候正方问了一句话，你先告诉我哪边是顺风，哦，大家哈哈一乐，但是反方没理，反方继续说，为什么？因为反方的观点似乎大家都能接受，对吧？入世比较是正常人的作为吧？出世比较是不那么正常人的作为吧？我的名字里有个“玄字”，“玄”的意思就是出世嘛，对不对？但这不是个正常人的名字啊，你想想，什么玄悲、玄慈、玄苦、玄难，哪个是正常人，对不对？我也问我父母为什么起这个名字，他们也搞不清楚，就说当时就随便取了一个，这也是个正常事儿。

现在我们来确定，我的判准，只要正方能说清楚为什么出世也是本心这一点，正方也在试图说，只要正方能说清楚为什么出世也是本心，那正方就赢了，对吧？就说，唉，出世也是本心啦，入世也是本心啦，而入世又受到很多条件的限制，所以入世更难，逻辑很清楚吧？出世也是本心，入世也是本心而，入世需要的条件更多，出世需要的条件更少，我“啪”一刀就出世了，很简单。问题在于正方论证的这点，就是为什么我们是二比三，很纠结啊。因为正方在论证这一点的时候他举这个例子不是特别好，正方说了下“懒”这个词，对不对？一直讲懒，出世就是懒吗？我提醒正方同学一个问题啊，当你想反驳对方的时候，你不要把对方想太笨，你把对方想得太笨，想得太……那个东西明显太low了，就显得你是不讲道理啊。假设我要说的话，出世也是本心，因为每个人都追求那种比较超然物外，淡然的，要不然怎么这么多人考公务员咧？我问你啊，考公务员和商海搏杀，哪个更入世，哪个更出世？当然公务员啦，每天早上一杯茶一根烟，一张报纸看半天，不管世事烦恼，你们都在为商海拼搏挨老板骂是吧？这样的事情，我在这看世界局势，出世在云端，对吧？你也说了出世入世是个相对的概念嘛，出世就是一直和尚吗？凭什么呀，我觉得公务员挺出世的，对吧？所以事实上，这只是我的一个建议，但是我的判准的原因，是因为我觉得出世不只懒而已，出世也一定是人的本能，但是没你们说的那么简单，正是因为你们把出世说得太简单，用了这个“懒”，所以我是不太认同这一点，这是印象分的原因。好，谢谢各位。

胡渐彪（印象票投给反方）：

我虽然也是判给反方，但是我不太认同周帅的意见，因为懒不懒那是正方做反驳用的，那个不是他本身就论证的线。

我的判准是这个样子的，我听到的是今天台上双方谈的其实不是一回事，这个辩题有两个语境，出世入世哪个难易。一个是说出世和入世的方向，做这个决定要往这个方向走，哪个决定做的更难，这是反方所说的。就是人活于世，我们决定放下，出世比较容易，还是决定拿起，入世比较容易，这是反方的语境。正方的语境讲的基本上是，出世路和入世路走起来哪条更难，就听到是两个截然不同的语境，所以我这一场的判准，我会以谁抢到这个语境、谁破到对方的语境为胜负的判断。

正方对反方的归纳，他是说不能看决定方向，为什么？因为如果看决定方向的话，这个辩题会变得很无聊，因为在他们的语境中，决定入世这一码子事，其实就普通人嘛，就活得很普通嘛，那有什么难，对吧？如果出世非得要成为高僧，那这个比较平台无意义，所以他们认为这个辩题要探讨得有意义，就必须看两者在有所追求的时候，各自朝各自的入世和出世的目标前进的时候，哪个更容易达成自己的目的，这是正方来否定反方语境的说法。反方否定正方语境的说法，基本上就是，对方说的不是讲出世和入世哪个难，对方说的是说成为入世达人和出世达人哪个难，然后后面，他有没有很直接就破呢？没有，坦白说没有。但是因为台上双方都没有把话讲透，告诉我对方错在哪里，那对于正方攻击他那个普通人那一说，反方这一边是有回应的，反方的回应方式是如果今天对方告诉我说入世就一定要有目的，要成为一个成功的人，那我们这边反方也可以讲出世也可以要求成为一个出世的成功的人，那我要成就涅槃容不容易呢？你说你成就一代国父难，我涅槃也难啊，对，所以其实双方或多或少都碰到对方的东西，都指出对方在整个语境上有其难论证或者用他们的语境就是没意义之处，但是说实话，没有彻底的把对方给打爆。如果双方能够及早在场上意识到双方的分歧在这边，按道理说，这场辩论应该深化一程走下去，你们必须跟我们辩论出用哪方的语境来谈这个辩题才比较有意义，但是双方没有往下深化。

好了，我刚才说我的判准是谁抢到语境谁破到对方语境，至此，我心中的那一条线是没有成功，双方都没有成功把对方的语境破掉，也没有很成功地把语境全抢到手，那我唯有退而求其次，就是谁更快意识得到这一点，谁更频密地有意图去抢这一点。我的判准是反方在中间阶段已经意识得到，从他开始丢成功达人那个说辞出来开始已经意识得到而且一再地去重复，而正方似乎只有他的四辩意识到，我明确可以聆听到记录在案的是在自由辩四辩，正方四辩两个发言词中有讲出来，他的总结有讲出来，但是只是在说，我们为什么不看踏上那条路的难呢？晚了，浅了，所以这一部分算是我的，已经援引主观裁决了，已经不再是你们口中打出来的东西，从你口中打出来的东西没法判，所以我尽量客观地从我听到的东西来判，我把优势判给反方。

黄执中（印象票投给反方）：

我也是判反方，可是我的理由又跟胡渐彪不太一样，我先说一下我对这个题目，前面你们有一定争执的一个点的理解。人的群性，群居动物的这个群性是与生俱来的，可是社会化这件事情不是与生俱来的，这两件事情是有差别的，所以人一出生下来是个群居动物可是还没社会化，你要花力气去让自己社会化，不然的话你就是个中二，对不对？就是你如果，所以，所以要努力学习社会化其实是要压抑自己的一些本性，这是要学的，可是群性，倒是与生俱来没有错的。那在两个点上正方反方用的是同一个词嘛，诠释不一样嘛，所以常常跳来跳去，没有得到应该有的效果。

好，那我认为分辨出胜负的是什么呢？这场比赛打得很紧，在于双方只要一方有人提出标准，另外一方马上拆，拆得又快又漂亮。好，马上就可以举例，比如说，其中一方说这个社会阻力我方比较大，你方比较小，对方马上说谁说的，入世出世都有各自的社会阻力，对不对？你出世当和尚，你妈会留你，对不对？你入世想当皇帝，隔壁会笑你，对不对？都有各自的阻力，这比不出来，他又说啦，那要舍弃呢，啊？都要舍弃一些东西，你当皇帝也要和亲，对不对？喜欢的女人要嫁到吐蕃，那你这个要当和尚，你要舍弃，对不对？喜欢的女人不能喜欢，对不对？意思都一样，都要舍弃，也比不出来。好，正方讲了我有多一个，我有一个现实的挑战，比如说你当国父总得面临很多现实的挑战。在自由辩前大概的局势是这样，之后我认为有个小小的转折，第一个转折是在自由辩当中，我认为反方有一段答得很漂亮，他把同样被归类为舍弃的东西做了一个划分，他说不对，看似都要抛弃，理由不一样，我喜欢辩论，因此现在我抛开了我学校的课业，这种舍弃叫作取舍，对不对？有拿有舍这叫取舍，两个要取舍，皇帝要做皇帝就得和亲，取舍。可是呢，那种出世的舍，割舍，我不要了我不在意了，比如说我割舍了辩论不是因为我要别的，是因为我不要了，我看透了。他说取舍看似难，没那么难的原因是可以衡量嘛，毕竟你还留了一个你最喜欢的，可是割舍这样东西就是都不要了，这玩意儿难，这玩意儿难，因为我是都不要了，要看透这一点呢，很难，所以他说这两个舍是不一样的。

我认为中间这一轮打得还蛮漂亮的，因为反方难得的有志一同，就是对这一点解释清楚了，这是一个；第二个，关于现实的挑战这个部分，我先讲一个我个人脑补没有放进去的，我一直觉得是这样子，就是求仙出世的过程真的很难的，不是什么你想通就没事的，都有读过以前那种什么南柯一梦、黄粱一梦，都有看过吧？我记得我小时候，不好意思，因为忘了是哪个故事，大意还记得，有个年轻人要求仙，好，人家跟他讲，你要求仙很容易，你服了我这个丹睡一觉，不要讲话，无论梦到什么都不讲话，沉默地醒来了你就成仙了，OK，他就不讲话，打坐不讲话，在他的梦里，在这个迷幻之中，猛兽要去扑他，恶鬼要来索他，对不对？然后人家要来欺压他，不讲话，强盗说你再不讲我就一刀砍了你，不讲话。然后又转世，是个女的，从小不讲话，忍，哑巴，被欺负，忍，嫁给人家，婆婆认为你是个不讲话的媳妇，忍，终于生了个孩子，遇到乱世，抱着孩子逃，强盗追你，不讲话，求救，不讲话，然后最后一刻强盗夺走了你的孩子，一刀砍下去的时候说“啊”，身为母亲她叫了一声，梦醒来了，梦醒来了，然后那个方士就跟她说可惜啊，求仙很难，对不对？就是你历经的这一梦，就是我们每一种的七情六欲爱恨贪嗔痴，你好不容易克服到最后一关，你看见你小孩被砍死的时候你忍不住叫了出来，所以其实是很难的。好，那当然因为这个反方你就只能讲个涅槃，我觉得程度有差，不过到了结辩的时候有一点我觉得很有意思，这就不是我脑补，是她自己讲的，不，我脑补的我不能算进去嘛，对不对？她自己讲一个什么呢，很有意思，她说什么叫作现实的挑战，就是为了能够出世，我们其实都要在俗世做个了断。这个所谓的了断可以是等我把我的这个，主公的这个，讲诸葛亮嘛对不对？把我这些事情，这个复兴汉室之后我就可以归隐田园了。等我拿到一个杯赛之后，我就可以安心离开了，等我怎样之后我就可以如何如何了，就我把俗世做个了断。令狐冲也是嘛，令狐冲他要出世是不是也要做个了断，对不对？日月神教的事情也好，恒山派的事情也好，什么他师父的事情也好，他得做个了断，我了断完了我就走，可这个了断其实不也就是呼应了现实中的起起伏伏、各种困难吗？好，这一点我觉得回的还不错，回的还不错，那就是讲的晚了点，讲的晚了点。可是我的这个票，我在这边评的时候我得这跟正方这一点有个地方就是拉开了，这就是我印象票投这里的原因，以上。

路一鸣（印象票投给正方）：

我接着执中来说，那香港中文大学这场的表现不如他在复赛当中给我的印象那么好，当然天津大学我是第一次看他们的比赛，因为我来得晚，我得的比较晚，我是第一次看他们的比赛，他们的表现呢确实也不能令我十分满意，也没有超出我的预期，我特别期待一个特别精彩的半决赛能出现在我们眼前，但是由于这个题目的原因，还是由于我们准备时间的原因，双方的这个浑身解数好像都没有使出来。

我为什么接着执中说呢？这个辩题很容易让人联想到宗教，尤其是双方可能更擅长讲佛教里面的道理和例子，但我个人从来不认为宗教有一套出世的隔绝的体系，宗教本身是非常入世的，它可以在人世间的基本伦理中教会我们与人相处的方法。由此，我和执中一样也在脑补反方的这个逻辑线，当我们动了这个念的时候，我记得是反方三辩说过，我们动了这个念的时候就算出世了，不对，我认为不对，如果我们动了这个念就叫出世，我们为什么要皈依？皈依之后为什么要修行？所以反方举出的例子，它难在社会关系的切断，亲情的割舍，个人事业对他人影响的放弃，但是，对我自己的要求呢？我割舍去了这些东西之后，我有没有放下我本人受到的来自自己的困扰？我们在现世生活当中，也会有很多道理来教育我们，不要太偏激，不要太执着，不要太狭隘，不要太钻牛角尖，慢慢地程度不断增加，我们画一条横轴的话，发展到极限点，也许是我们追求的佛家大德们的境界，在此之前这都是过程，哪怕你已经剃度皈依，不要说长发变短发，成了尼姑连头发都没有了，可是依然要修行，这个时候斗争的对象是自己，所以一样处在路径当中、过程当中。这是正方今天一直想要强调的过程和路径。

正反双方最让我遗憾的地方是他们比较来比较去说的都是当我入世或出世的时候，我自己要做出多大的牺牲，可是明明在入世这一方的立论当中我能想到入世不仅要改变自己啊，还要改变他人，这才叫你们追求的入世啊。改变自己就是放弃我原来的偏好，为了追求理想，我可以舍弃我的很多东西，而我追求的理想恰恰在于改变芸芸众生，所以改变的对象其实不是一个量级的。而反方呢，按照正方的理解，他们只要改变自己就可以了，为什么我要坐到正方这一边，因为至少我在辩论当中还能听到正方在努力地做比较，而反方这个一下子犯了，产生这个念头之后，由于世间其他人对他的牵绊，你都出家了儿子还能找到你，这是他的原因，还是另外的人的原因，难在他自己还是难在世人对他的期待，反方的这个理论逻辑我不太能够接受。而正方呢，虽然他有一些道理没有讲清楚，哪怕是正方立论当中，在四辩对一辩的质询当中一下被对方逼出了一些破绽，把自己的框架越来越强化到近乎走到极端了，在自由辩论当中还好这个裂口没有被撕得更大。自由辩论其实其他三位辩手也没有对我们的立论的框架做出更大的拓展，可是他依然在努力地做比较。有这样的比较，我就有了对反方更强烈的印象，他们在做这样的努力，所以我的印象是给正方的。

林正疆（印象票投给正方）：

好，那跟各位稍微说明一下，我觉得主办单位必须要负非常大的责任，因为你们在黄执中跟周玄毅这两个辩论界已经达到巅峰的辩手华山论剑之后安排这样比赛，会使得我对于双方辩手是先天就带有歧视的。

我会用上一场我评比赛所体验到的快感，然后对你们产生了相对的失落，然后再加上诚同一鸣所说的，我个人对于年轻后辈采取的是比较严厉的态度，所以我尤其对于已经进入了四强的队伍的要求更为严格。

那我个人觉得今天双方辩手都是脱光了衣服躺在马路上赌谁没有被车撞到，好，为什么我会这么说呢？我解释给你们听，这个比赛题目双方都很有共识地使用了大量的佛教用语，有人讲贪嗔痴有人讲涅槃，好，既然你敢讲，然后你们都没有解释什么叫涅槃什么叫贪嗔痴，你让我来听，我就强行介入我对佛教的理解，那你就等于已经走到马路上了。来，我举例给你听，在反方一开始的时候，他说他对出世入世的标准很简单，就是接受跟拒绝啦，接收世俗价值就叫作入世，不接收世俗价值就叫作拒绝，可是当今天正方去问他，你的世界里面是不是贪嗔痴都要放下，只放一样算不算？他说全部都要放下。各位，拒绝世俗价值跟放下贪嗔痴，你回去用佛学十八讲第一讲的程度你会觉得是一样的东西吗？放下贪嗔痴基本上已经是菩萨道了，不对，其实比菩萨道还高，因为痴其实就是执着，菩萨还有执着，所以地藏王菩萨才会地狱不空，誓不成佛，众生度尽，方正菩提。连菩萨都放不下执着，岂是你一开始说的单纯拒绝世俗价值而已，好，你要走到马路上，不用担心，也有人陪你，正方马上争先恐后地来陪他，什么意思呢？正方一开始说啊，他如何来形容出世容易呢？我简直认为我到了异次元时空，他一开始说什么叫出世，他说超凡脱俗无欲无求，纵使我只有国小程度，我对无欲无求的最基本概念就是没有欲望，无所求。人都是有欲望的，是常识吧？绝大多数的众生都有欲望叫作常识，你们懂我意思吗？但是他一方面鼓吹出世容易，他又说出世叫作无欲无求，然后他又说自己比较顺应人性，你到底在讲什么啊？于是双方手牵手一起走到了马路的中间，走到马路中间就开始赌，赌什么呢？赌谁被车撞。好，但是他们感情好，你到马路中间，我到马路中间，我不忍心看你被撞，于是我赶快把我的背心要害卖给卡车。

第二个问题是，都已经打到了准决赛，我对于辩论的学术水平要求会提高，你不要在我面前跟我举小说的虚构人物或者是目前历史考证康熙没有去五台山找过顺治，你举什么例啊，人生这么多例子你给我举这个东西啊，你只剩金庸老师的书可以举啦？知识有这么浅薄吗？再举范仲淹，我听得快昏倒，举范仲淹，因为你举那个顺治上五台山啊，不，康熙追过去，《鹿鼎记》的剧情，你已经把背心要害卖给人家。但是这边很够义气，很够义气，我马上把下阴要害也卖给人家。他怎么说，他马上举范仲淹。各位，你稍微懂一点宋史都知道范仲淹是不是达人，他是吗？你不要被宋朝士大夫特有的宣传技巧，那种肉麻宣传技巧蛊惑什么意思？小范老子胸中自有数十万甲兵，非似大范老子可欺，这是恶心的肉麻话，事实上他驻守边疆的时候被打得乱七八糟。你也不要跟我说“军中有一范，西夏闻之惊破胆”，你不要跟我当真呢。稍微懂宋史袁腾飞老师一点点的皮毛，或者是你吃饱饭没事做去看古装剧你都知道，宋朝士大夫最强的一点就是对内宣传，明明在外面窝囊废到极点，回国用宣传技巧把自己包装成非常伟大的人物，这是宋朝士大夫的特色，因为赵匡胤本身就是这样喜欢士大夫而变成这样的人，勇于内斗，对外没有批调，喜欢这个样子。结果他举了范仲淹，你们又没办法在知识上击败他，你还立刻说那个是达人，你不要跟我讲达人。好，真够义气，你把背心要害卖给人家，我立刻露出了我知识上的无知，把下阴要害卖给人家，我们手牵手迎接下一台卡车。好，这个基本上是让人难以置信的辩论水平，评到后来我就胃痛了。然后呢，他们感情非常好，我绝对不肯自己赢，我绝对不肯自己赢，我一定陪你输，就开始继续了，感情越来越好。接着他们开始说什么呢，反方看到正方这么够义气，居然讲范仲淹，马上情不自禁啊，他觉得你要害露那么多，索性啊，索性我就直接在胸口挂一个“请撞我”。好，他怎么做呢？我几乎看到正方惊喜的表情，因为各位，正方的题目叫作“出世容易入世难”，他最害怕什么？各位，你用一般角度去想，他最害怕什么？他最怕你把一般谋生活求温饱的人全部解释成入世，因为他要证明入世难嘛，他最怕你把一般老百姓解释成入世，那他就很难站得住脚嘛，所以他就提心吊胆地问对方，你其实有第三种人，就是单纯地活着，对不对？他就问反方，结果反方很够义气地说，对，他马上把这块地割给人家，原本他只需要很简单地说入世，就是按照他的定义啊，就是，就是什么？就是接受世俗价值地活着。结果他把一般人这块地割出去给人家，诶，一般人接收世俗价值活着不就是你一开始的入世定义吗？那你把一般人割出去你还剩下什么，你不就只剩下达人跟人家比较了吗？你神经病啊！好，于是他就割给人家了，他就割给人家了，你知道吗？真是难以置信，感情好到这样啊，要不要缔结为姐妹校啊？他把一般人这块割出去之后他自己的立意就全部掉光了，变成他只能跟人家比达人了你知道吗？他割出去这个，我都……这个经典质询出现在正一的答辩，我几乎都看到反方四辩难以置信的笑容了，可是，很神奇，不，反方一辩的答辩，我看到正方四辩了，呐，可是正方也没有很充分地掌握这一点，但他有提到说，你一方面跟我讲一般人，一方面跟我讲顺应世俗价值的人叫入世，我都听不懂你在讲什么，那个一般顺应世俗价值的人不早就被你割地割到我家来了吗？你怎么又拿来跟我谈入世呢？所以到最后，我会觉得大家手牵手走在马路上并且把要害都露出来的时候反方还多挂了一块牌子，他还多挂了一块牌子，他比较糟糕，我会有这样的观念。更何况正方，有敲到反方两个我觉得很微弱的东西，就有如我番薯吃多了的时候发出的声音一样微弱。他讲哪两个东西？有，但是都是灵光一闪，他讲，第一点，你以为顺应价值这么容易吗？在特定的环境时空里面不接受同性恋的情况底下，顺应社会价值隐藏自己是同性恋你知道有多痛苦吗？这一点深深打动了我，因为我有很多这方面的朋友，我非常清楚他们在这方面的压抑，我知道，可是他完全不回，反方完全不回哦，理都不理你哦。第一点，他有去提到。第二点，我会非常期待反方主动跟我解释他自己丢出来的两个东西。第一个，为什么大家都只看决定，不去看后面的实行过程，因为反方提出了这个判断标准，标准是你提的，你要解释给我听啊，为什么是看决定不是看过程？当然，你不能够怎么样之后不理呀，你懂我意思吗？你不能够做了什么之后你就不理呀。好，马上做完之后就跑了，不行，你不能这样，你丢的标准，你要告诉我为什么这样来看，他并没有说清楚，好，他并没有说清楚，所以在我基本上的观念里面我会认为双方打得其实并不好，或许技术面上是OK的，但是你在知识面上面所卖弄的贫乏，只有金庸能够成为你的好朋友，然后范仲淹这种人居然能够被你认可是达人。然后讲到后来，你跟我卖弄佛教名词，我就用我的佛学素养进来评，所以我会觉得双方犯了太多的错误，那仅仅是因为我个人在印象里面认为反方挂了一个“请撞我”，好，所以我会认为反方要负较多的责任，所以我把印象票给正方。但是，只要你看我评比赛，你都知道我有一种高度倾向，就是我是浪漫主义者，到最后一秒钟的时候，谁能够打动我，他就会有力挽狂澜的效果。谢谢。

2014 新国辩半决赛第二场

比赛场次

2014 国际华语辩论邀请赛半决赛第二场

比赛辩题

正方：坚持追求真爱是理智的行为

反方：坚持追求真爱不是理智的行为

对阵双方

E 组出线队伍：（正方）马来西亚精英大学

一辩：简慧玲

二辩：邓卉珺

三辩：蔡捷暘

四辩：颜如晶

H 组出线队伍：（反方）中国人民大学

一辩：田诗瑶

二辩：韦皓诚

三辩：李睿婕

四辩：王璟峰

比赛辩词实录

正方陈词 1

正方一辩：

先理清几个概念，什么是理智？理智是让我们把理性功能发挥在正确地方的能力。什么是真爱？真爱指的不是一个人，不是一个对象，因为如果把真爱当成对象，双方都能成立立场，就好像我的真爱是基督耶稣，我想要追求，那当然不理智。但如果我说，我的真爱是我方三辩，那我坚持追求当然理智。所以，我们不能把真爱当成一个人来讨论。

那什么是真爱？真爱是有品质的感情，一段真挚深厚的感情。什么是追求真爱？追求真爱是把一般的爱变成真爱的过程，是把感情、激情、冲动为基础的爱变成以承诺、抵御诱惑为基础的真爱。

那么今日辩题应该怎么看？我方必须论证：第一，追求真爱是不是理智的；第二，坚持追求是不是理智的。

第一，以社会的角度而言，追求真爱能让我们幸福最大化，因此是理智的。社会大部分的人都想要有个终身伴侣，憧憬老夫老妻牵手的画面，人生可以这样最美好了，而这恰恰好要坚持追求真爱才能够做到。各位想想，在社会中大家都秉持着坚持追求真爱的观念，也就是大家都会承诺守候对方一辈子，承诺创造深厚的感情。一般的浪子都会问，只爱一个人理智吗？放弃整片森林理智吗？不理智。错，这才是理智人会计算出来、做出来的行为，只守候一个人别人才会真心地对待你，双方互不背叛，真诚相待，回报率才会高。刘德华与朱丽倩就是经典案例。刘德华放弃森林里所有的野花，专注经营她们的感情，即使他老了，不再是巨星了，但是他有儿有女陪伴，就是最美好的晚年。可见坚持追求真爱能为我们带来稳定的生活，因此是理智的行为。

第二，坚持追求真爱需要以理智为核心，是一个理智的行为。追求真爱会让我们幸福，不过要做到不容易，追求是个必须守候的过程，在追求真爱的追求过程中，会有诱惑动摇你，他们叫小三；会有欲望左右你，他们叫权利，叫美色；会有挑战考验你，他们叫意外病痛。要经营有品质的感情，对外要经得起诱惑，对内要求协调彼此生活，这个过程中理智扮演了重要的角色，帮助我们解决问题，帮助我们压抑情绪。用理智来引导，一对夫妻的感情才能够变成真爱；用非理智来引导，感情只会化为激情，会化成追求形和欲的过程。九把刀的出轨，就是经典用激情来引导的例子。可见坚持追求真爱，才是用理智守护我们，为我们把关的过程，谢谢。

反方质询 1

反方四辩：请教一辩啦，您方说今天真爱不能定义为一个人，为什么呀？

正方一辩：我刚刚说了，因为人的话双方都能论证，就好像，我重复多一次，我爱的是基督耶稣，那就不理智，我爱的是你或者我方三辩那当然理智啊，对不对？

反方四辩：等一下，对方辩友，您稍微等一下，耶稣他已经去世了，他是神，你说不能讨论，你不能通过不能讨论神来论证不能讨论人。

正方一辩：好好好，我告诉你，如果我爱的是王力宏，总是个人吧，但你不理智，对不对？

反方四辩：所以说，如果说我对王力宏就是真爱，但是这个时候追求他是不理智的，对不对？

正方一辩：当然我连见王力宏都见不到，怎么追求？当然不理智啊！

反方四辩：所以您也告诉我们了，当我们追求一个具体的人作为真爱的时候是不理智的。

正方一辩：讲得很好，所以不能用对象来论证真爱，真爱是感情。

反方四辩：第一点共识。好，对方辩友，来第二点。您方告诉我，您方定义下的追求真爱就是把一般的爱变成高品质的爱，对不对？

正方一辩：是这个过程。

反方四辩：过程，好。我方的论证义务是把一般的爱变成高品质的爱不理智，我方的论证义务是，把高品质的爱变成垃圾的爱是理智的，对不对？

正方一辩：啊，很庆幸你知道了你的那个义务。

反方四辩：好，所以说这是我方的论证义务。

正方一辩：请你按照义务论证好吗？

反方四辩：没关系，这是您方定义下我方的论证义务。再来，对方辩友，第三个问题，您方告诉我论证第二点说，我们在试图把所谓的低品质的爱变成高品质的爱，且不说这个叫不叫追求真爱，就这样的一个行为，我们需要理智，所以说追求真爱是理智行为，是吗？

正方一辩：它的核心是理智，一个事物核心是理智的行为，当时是理智的行为呀！

反方四辩：稍等一下，您方如何衡量什么东西是核心？标准是什么？

正方一辩：因为我们要用理智来驾驭情感，不然的话你会追求不到真爱，我可以进行解释吗？

反方四辩：对，要用理智来驾驭情感为什么叫作核心？

正方一辩：当然啊，你用理智来驾驭情感这还不叫核心？好好好，那你告诉我什么叫核心。

反方四辩：好，对方辩友，按照您的逻辑，什么情况之下我们不需要用理智来驾驭情感，有没有？

正方一辩：当你不是坚持追求真爱的时候。

反方四辩：如果说我不坚持追求真爱的时候，我就应该不要用理智去驾驭。

正方一辩：不，你可以选择，或许你不要用理智来驾驭感情啊。

反方四辩：所以说您方是不是认为，不论什么情况之下，我们用理智来克服情感都是一个比较好的选择。

正方一辩：不不不。

反方四辩：所以，按照这样的逻辑，什么行为它都是一个理性的行为。

正方一辩：你硬要反驳我也没有办法。

反方四辩：好，您说。

正方一辩：我终于可以说了。我方说的是，如果你用感情主导那些坚持追求不到真爱，因为如果有激情，突然发现一个更帅的男生，我忽然间就不喜欢我老公了……

反方四辩：对，我知道我们在追求真爱的过程中，对方辩友，我可以打断？

正方一辩：好。

反方四辩：您方不外乎告诉我们，在我们把一般的爱变成高品质的爱的过程中，需要理智，理智很重要，所以这个行为就是理智的。对方辩友，我是一个人，我需要呼吸，空气对我很重要，按照您的逻辑，我是空气，对不对？

正方一辩：你的呼吸驾驭了什么东西，没有对不对？

反方四辩：对方辩友，所以说嘛，一个东西要驾驭另一个东西……

正方一辩：你的类比不当。

反方四辩：好，对方辩友，没有关系。

正方一辩：好，你类比不当。

反方四辩：所以说我们通过前面的分析已经发现了，第一，您方定义之下的这个追求真爱，只能把人剥离出来；第二，您方要我方论证，高品质的爱变成垃圾的爱才是有意义的，我方论证无法成立。

反方陈词 1

反方一辩：

总结一下对方的逻辑，我需要什么，这个东西能给我带来好处，我就是什么，按照这个逻辑，我需要吃饭，同样符合对方辩友的第一个立论点，吃饭可以给我带来一个好的生活，我就是吃饭吗？

真爱它到底是什么？我们今天讨论追求真爱到底是不是一个理智的行为，老实说难度很大。因为理智，我们非常难界定，连哲学家都没有一个统一答案，我方其实绞尽脑汁，说实话，想不出。但是呢我方知道，有一种行为它绝对不理智，什么呢？坚持追求一种无章可循且会让人失去痛感的东西，这种行为绝对不理智。举例来说，普通人想通过坚持赌博来发财的做法就非常不理智，为什么呢？对我们普通人而言，我根本不知道怎么样去判断能赌赢，赌博还可能会让我们失去痛感。我输了一万，不痛不痛，赶紧赢回来；我输了十万，也没事儿，不痛不痛，下局赢来更多。这样一步步沉沦，最后倾家荡产，结果并不好。而我方发现，坚持追求真爱的行为就是这样一种行为，所以不理智。

第一，追求真爱无章可循，根本没有可操作化的方法，我知道我考六十分就是及格，不挂科就是毕业，但是我永远不知道做到什么程度可以追求到我的真爱。我要天天给他送早餐，搞不好人家觉得我烦人；我要天天给他写情诗，搞不好人家觉得我太庸俗，于是我去问他，你怎么才会喜欢我，人家说他喜欢打一辩的妹子，于是呢我跑来打一辩了，结果发现他还是不喜欢我，为什么呢？人家喜欢长得好看的打一辩的妹子，但是啊我还是有点理智，所以啊我不能跑去韩国整容，不好意思，我只能放弃他。但是你看啊，哪一个真的在追求真爱的人，他不是像没头苍蝇一样乱飞乱撞呢？有人可能会问，终究还是有人坚持追求真爱之后得到真爱了呀。话是没错，可是坚持追求赌博还可能大赚一笔，但它不理智啊。

第二，真爱会让人失去痛感，原本对你很重要的东西在真爱面前它忽然变得无足轻重了。就好像原本给你一耳光会觉得痛，但你真爱给你一耳光说不定会觉得爽。坚持追求真爱，久而久之那个人会一步一步地付出自己，直到极其可怕的程度。天龙八部中的游坦之，他坚持追求真爱阿紫，最开始为了阿紫让毒蜘蛛吸自己的血，后来挖出双眼给阿紫治眼睛，后来干脆跳下悬崖无怨无悔，这是真爱的伟大之处，却也是追求真爱的不理智之处。谢谢。

正方质询 1

正方四辩：对方辩友，你好。

反方一辩：你好。

正方四辩：你第一个论点是告诉我理智的人通常知道程度到哪里，当你不知道程度到哪里的时候就是不理智的状况，是吗？

反方一辩：不对不对，两个要放在一起说，你不知道程度在哪里，不知道怎么去做，并且这个东西会让你失去痛感，一起说是这样的。

正方四辩：好，就是说两条要一起做。

反方一辩：对。

正方四辩：这样，你分两个点，我先问第一个，很多理智的人，比如我想要读书，或我想要打好比赛，这是一个理智的行为吗？

反方一辩：是一个理智的行为，因为它不会……

正方四辩：是，但是我不知道打好比赛可以做到什么程度，我也不知道我未来的方向，可以走到哪里，这样这时候是不是变成不理智了呢？

反方一辩：所以说对方辩友，因为打好比赛读好书并不会让你丧失掉自己，其实我们的论点是两个要放在一起说。

正方四辩：所以你还要我打比赛，等等哈，所以你还要我打比赛打到我打自己都不痛的时候，才叫作不理智？

反方一辩：是这样的，你追求一个无章可循并且这个东西会让你……

正方四辩：你不用解释这么多大道理，你先告诉我，打比赛打到连我打自己都不痛的时候，那是叫理智还是不理智？

反方一辩：不理智，打到打自己一点痛感都没有不理智。

正方四辩：不理智，哦，那也没有什么会出现不理智的状况，因为痛是肯定会有的嘛，谈恋爱过后你会失去痛感，你可以解释下这个情况吗？

反方一辩：对方辩友，这个痛不只是你身体上疼不疼，而是你受到伤害也无怨无悔。

正方四辩：就是说，如果你老公，假设你今天结婚了，你老公打你打到你肿了，你会以为你只是肥了。

反方一辩：对方辩友，如果说你遇到你的真爱，他打你一巴掌你并不会觉得痛，你会觉得说不出的爽。

正方四辩：所以说看来她真的是以为她是肥了，她自己讲她不会痛的，这样是不是，如果我认为它还是会痛，就我不爱我老公?

反方一辩：对方辩友，老公已经不需要追求，他打一巴掌你很开心呐。

正方四辩：等等，你先不要激动，如果我们的四个都认为我们的伴侣打的时候还是会痛，是我们不爱，是这个意思吗?

反方一辩：不是这样的，是在你追求这个过程……

正方四辩：不是，所以痛与不痛和爱与不爱之间其实还有一段很远的距离。

反方一辩：错，对方辩友，你类比错了，我们是说追求真爱的过程它不理智。

正方四辩：等一下，我这个类比是沿着你刚才稿件里面讲打人的那个例子……

反方一辩：对方辩友，最后要落到理不理智上，如果你老公打了你一巴掌，你不痛了，理智吗?

正方四辩：我老婆打我，我不是同性恋的哦。我老公打我，不对，你搞乱我们了。痛感跟谈恋爱，真的是想象不到这两个是怎么在一起的，如果你要告诉我痛感可以决定一个人理不理智的话，这样你等一下要跟我讲了，可能你是止痛员还是什么啦。

反方一辩：对方辩友，要不我换一个例子?

正方四辩：来，我们再谈，刚才第三个你觉得你抓到我的逻辑了，你说我讲需要不代表一定是那样，对不对?

反方一辩：对，要看它本质属性是什么。

正方四辩：我需要吃饭，这是不是一个吃饭的行为？

反方一辩：所以我不是吃饭呀。

正方四辩：我没有讲我要变成吃饭。谢谢。（时间到）

正方陈词 2

正方二辩：

各位好。今天对方逻辑很简单，他告诉我们，需要不等于他是的行为。在反盘环节他用到空气，可是请问各位，空气是我们什么的核心？是我们生存下来的核心。这代表什么？我们生存下来的这个举动，是一个在呼吸着的行为。所以我方才说，一个核心，大部分驾驭着什么行为，就等同于是。这个逻辑概念没有问题。

再看看对方认为不理智的两个原因：

第一，他告诉我们无迹可寻，其实对方最大的问题就是错把真爱当成对象，就我方从头到尾认为，一个对象如果是主是耶稣是王力宏，这种对象不理智，因为你看都没看过他；可是如果对象不是我方三辩或者任何一个身边的附近的一个人，那就是理智的，因为你有可能接触到他。所以我方才说，把真爱当成对象双方都能论证立场，所以不能把它当成对象。

再看看，真爱其实在我方的世界其实是什么。真爱是一种真挚的感情，是一种有素质的感情，如果我们把真爱当成一种有素质的感情来培养它，是不是真的无迹可寻？一个真爱你需要什么？你需要互相包容，你需要与对方信守一个承诺，就是你们有至死不渝的爱情，你们永远白头到老，是不是真的是无迹可寻的呢？其实今天最大的问题是认为真爱好像见鬼一样无迹可寻，纯粹只是他看错了真爱。

再看第二，对方告诉我们失去痛感才算一个不理智的行为，他举出了家暴的例子。可是请问各位，当你的老公在打你的时候，你真的认为那个老公是真的爱你吗？还是纯粹把你当成出气筒？所以我们说对方最大的问题是要举出一个没有真爱的例子，可能对方要告诉我因为我认为他是真爱，所以我失去了理智，被他打我也爽。可是请问各位，如果那个人可以确定这个老公不是真爱的时候她应该怎么样追求真爱？如果我坚持要追求真爱，我应该做的是跟这个老公离婚，找另外一个更疼我的男人。所以今天最大的问题就是提出既没有真爱那个人又不理智来论证，今天坚持追求真爱是不理智的行为，我方只能说对方完全离题。

所以今天对方最大最大的问题就是误以为，今天我们看上了一个人，我们误以为他是真爱就能够论证。可是我方今天要表达的是什么？是一个人坚持追求真爱的时候他需要什么。他需要理智来驾驭自己的情感，当我们用激情来驾驭情感的时候就往往出现，他不是真爱我也不会发觉到，他打我的时候我也会觉得爽。所以我们才说要认清谁是真爱需要理智判断，要怎样追求真爱需要理智来驾驭情感，所以追求真爱需要理智，它是一个理智的行为。谢谢。

反方质询 2

反方三辩：好，请教您了，您方刚才的论证是不是说，首先理智驾驭情感，其次驾驭就是核心，因为它是核心，所以说它就是理智的，是吧？

正方二辩：是理智的行为，对。

反方三辩：好，驾驭是核心，请教您了。

正方二辩：它大部分在驾驭。

反方三辩：人开车，我驾驭我的车，车是我的核心还是我是车的核心？

正方二辩：你在驾车，你没有在驾驭你的车，类比不当。

反方三辩：好，请问你了，发动机总在驾驭我的车吧？

正方二辩：谁？

反方三辩：发动机总在驾驭我的车吧？请问一下，你的车是你的发动机，对吗？

正方二辩：对啊，是核心，你没有发动机你驾什么车啊。

反方三辩：对，没错，可是是核心，第一，是核心不代表它就是什么，你的车永远不是你的发动机，对不对？ A 属于 B 才叫作 A 是 B，你的车永远不会属于你的发动机，这是你方的一个逻辑问题。第二个问题，再想请教您了，您刚才说的要驾驭，您好像说的是需要驾驭，对吧？

正方二辩：你又类比不当，就是它是我驾驭的核心，对。

反方三辩：对，您需要它来驾驭，意味着它对你有用对吧？

正方二辩：我需要理性来驾驭我的情感。

反方三辩：对，您需要理性来驾驭它是不是想恰恰说明它没理性，你缺理性才要理性？

正方二辩：不是不是，你可以很理性，同时有感性。

反方三辩：对方辩友，我们对一个完全理性的斤斤计较的经济家，会不会说你还要再理性一点？

正方二辩：不是，是在这个感情生活的里面你缺乏理性追求不了真爱。

反方三辩：没错，你缺乏理性。爱情是什么，就是刚才她说的那一段感情。正因为真正的爱缺乏理性，所以我们现在需要一份理性来驾驭你的爱情。

正方二辩：你缺乏理性就追求不了真爱，需要理智才追求到真爱。

反方三辩：好，所以说为了这个结果我们需要一种工具，请问一下这个结果等不等同于这个工具呢？

正方二辩：不是，如果我需要理智来追求我的真爱，就代表我追求真爱这整个过程是一个理智的行为，因为我需要理智才做到它。

反方三辩：不不不，你需要某种东西不代表它就是，为什么呢？当我需要去信仰宗教的时候，我需要去信仰它，宗教等不等同于是我呢？

正方二辩：对，所以你信仰一个宗教，就我信佛教就是个信仰的行为，不是吗？

反方三辩：不是这个意思，当我去追求一种宗教的时候，我现在需要坚定不移的信仰对吧？意不意味着佛教就等于信仰？

正方二辩：对，所以我追求宗教是一个让我坚定不移的行为。

反方三辩：那好，对方辩友，我追求我的成绩好，请问一下，我的成绩好等不等于我追求？

正方二辩：你追求你的成绩好，你的核心主要是努力，所以追求成绩好是一个你努力的行为。

反方三辩：所以成绩好是努力的结果，而不是成绩好就是努力。

正方二辩：难不成我们追求成绩好不是努力的表现吗？

反方三辩：再问您一个问题，请问你，对方辩友，如果我现在去无偿地付出，我不觉得后悔，是不是可以比喻成我不觉得痛？

正方二辩：如果您是无偿地付出，可是……

反方三辩：可是我不觉得后悔呀，我觉得划得来呀，是不是从比喻意义上可以说我不痛？

正方二辩：那是变态。

反方三辩：对，很变态嘛，游坦之为阿紫挖掉了自己的双眼，他不是肉体上不痛，可是他心理上觉得我划得来嘛，他很变态，他没有理性。

反方陈词 2

反方二辩：

问候各位。先解决这个辩题定义的问题，先看这个辩题，是不是这样一种情景：我有一个喜欢我的人，我对他有源自真心的喜爱，我觉得他是我的真爱，我认定就是他了，于是我开始追，结果发现追不到，这个时候我开始考虑我要不要坚持去追求，我坚持去追求真爱这个行为理不理智。但是对方辩友今天告诉我们，这种情况讨论不了，为什么讨论不了？因为不能针对对象。对方辩友告诉我们可以讨论的是我和一个人产生感情之后，我让这个感情变得更有品质，这个过程需要理智。但按照对方辩友这个逻辑，我们来想一下情景好了，今天焦仲卿听说他母亲把刘兰芝逼死之后，他去找他母亲哭，他母亲说，没有关系，不要紧，你还可以追求真爱，我帮你随便找一个媳妇，你想办法把这个爱变成有品质的爱，这个叫追求真爱。对方辩友，如果你这个说法有道理的话，焦仲卿恐怕就不用自杀了。

所以问题的根源在于对方驳论说的最后一句话，理智可以帮我们认清真爱。但是各位，真爱是可以认清的吗？是可以用我们的理智认清的吗？我们可能很多人有这样的经历，在我们遇见自己的真爱之前，我们可能会设想我们的真爱符合很多很多条件，他可能很高，可能很帅；可能男生认为她皮肤很白，脸蛋很漂亮。可是，在我们遇到真爱的那一刻，我们才会发现我们之前的那些设计都是徒劳，我们之前想的那些条件可能一个都不符合。但是没有关系，我看到他的那一眼我就可以认定这就是真爱。所以对方辩友逻辑的根本问题在于，真爱不是可以拿来认清的。

分析完论义的问题，我们来看论点，对方辩友告诉我们追求真爱可以让社会更幸福。简单地给你举一个反例好了，李莫愁追求真爱，她追求陆展元这个真爱，她到死都忘不了陆展元啊，可是她这辈子是一个全武林公认的大魔头。对方辩友，追求真爱是不是一定可以带来社会幸福？这个例子里面好像不太可以解释得通。

最后一点解释，我方的痛感，我方解释了很多次，什么意思呢？如果那个人打我一巴掌我觉得无所谓的话，那大家都觉得我神经病，对方辩友觉得我疯了。可是有些人他真的这样子哦，就像游坦之那样，阿紫让他把手伸到那个毒虫盆里面去给她试毒，阿紫让他把眼睛掏出来他就真的掏了，这比打一巴掌疼多了，可是为什么游坦之做了？因为游坦之认定阿紫就是他的真爱。所以这个痛感是一个引申的含义啦，当我们认定一个人是自己的真爱的时候，我们有时候会麻痹自己的痛感，比如说上瘾，会觉得这个不痛，不管对我做了什么伤害，我们可能都对他心心念念放不下。对方辩友也会觉得这很疯狂很奇怪，一个人对我这么坏，为什么会放不下他？为什么陆展元对李莫愁那么坏，李莫愁到死之前还对陆展元念念不忘？我方也难以理解，所有局外人都难以理解，这正是我方觉得不理智的地方。谢谢。

正方质询 2

正方三辩： 对方辩友，你好，刚才举李莫愁的例子吧，我们问一下，在现实的生活中，有哪一个女人因为坚持得不到真爱乱就拿拂尘来拂人的？

反方二辩：现实中有可能……

正方三辩：现实中有剩女拿着一把刀到处砍人吗？有吗？

反方二辩：对方辩友，有些人他也可以做出很多奇怪的事情啊。

正方三辩：所以现实生活没有对不对？谢谢。所以你的那些例子呢，我们还是回归现实比较好。好，再下一个例子，您说您的第一印象是这个辩题必须要看对象来谈，对不对？

反方二辩：对方辩友，您要例子我举给你您听，您听不听？

正方三辩：不用不用，您回答我的问题就好，这个辩题要谈对象对不对？

反方二辩：对象我们觉得，按照我们的常识……

正方三辩：也就是是嘛，好，那我就告诉你为什么对象不能谈。比方说，如果我今天追求的女人养了一条狗，那我追这样一个女人理智不理智？

反方二辩：那个女人是养狗的，你不喜欢狗是吗？

正方三辩：你先忘记那条狗吧，追求那个女的理不理智？

反方二辩：追求那个女人，我觉得看你是不是真爱了。

正方三辩：我就觉得她是我的真爱了，理智吧？

反方二辩：看你做了什么咯。

正方三辩：对，如果我是用正常方法追求她，理智吧？

反方二辩：没错。

正方三辩：没错，那如果我的真爱是她的狗呢？理智吗？

反方二辩：不理智。

正方三辩：对，不理智，所以看到没有，对方如果按照对象来论证立场的话，根本就论证不出理智还是不理智，因为不同的对象会产生不同的心境。下一个问题，对方辩友在告诉我说，我方刚刚说的是需要理智，意思是表示它是一个理智的行为，对吗？

反方二辩：没错。

正方三辩：好，那我请你举一个例子，什么东西是以需要理智为核心，可是同时它又还是一个非理智的行为呢？给你五秒。

反方二辩： 对方辩友，我爱一个人爱得很疯狂，可是我给她挑花的时候……

正方三辩： 我叫你给一个例子。

反方二辩： 我就在讲例子嘛。

正方三辩： 啊？这是例子吗？

反方二辩： 是例子，听我说听我说。我给她挑花的时候我总要用我的理智去想，哪一朵花好看一点对不对？

正方三辩： 所以你选花是非理智的行为吗？

反方二辩： 就算我今天为了她去杀人，这个理智不理智？

正方三辩： 选花怎么突然就变成杀人，这个反差怎么就那么大呢？

反方二辩： 不对不对，听我说，因为您喜欢极端的例子嘛。

正方三辩： 没有没有，您刚刚举的例子是选花，那我们就来谈选花，他很理智地选花，可是选花是一个不理智的行为，解释一下。

反方二辩： 对方辩友，就算我要去杀人，我总要选一个毒性非常强的毒药啊。

正方三辩： 对方辩友总喜欢跳例子，我问你选花，正面回答，他选花用了理智，可是选花是一个非理性的行为，这是您的意思吗？

反方二辩： 所以需要理智不等于这个行为的本质是理智的。

正方三辩： 所以选花是不理智的？

反方二辩： 选花需要理智。（时间到）

正方三辩： 谢谢，选花需要理智，选花也是理智的。谢谢各位。

反方二辩： 谢谢。

反方质询小结

反方三辩：

对方辩友，您刚才好像质询了我方一个选花的例子，告诉您，我方很为难啊，因为世界上不是所有的行为都可以用理智和不理智来概括的，还有一种东西叫作无从谈起嘛。您今天问我吃饭理不理智，我告诉您，真的无从谈起，我一天要吃三餐，可以吃呀，可是如果我跑到非洲那端就为了吃它一根草，理智吗？不理智。再说这个时候，这种行为本质上没有和理智发生什么关联，什么时候发生关联了呢？爱呀，因为爱的时候，你需要的是：第一，不计成本，而且你不计成本遵循的是一个没有规律的东西；第二，它让你忘记疼痛，忘记疼痛不代表你肉体上不疼。我老公打我一巴掌，我觉得我脸肿，不是，而是说老公打我一巴掌我觉得划得来，我心理上觉得好爽，这种时候我在心理上我就是不痛，我疯狂吗？我疯狂。我爱他吗？我爱他。我理智吗？我不理智。

其次，对方辩友今天的论证好粗暴。对方辩友从头到尾其实就一点逻辑，爱需要理智，爱就是理智。请问您了，世界上什么不需要理智？一个疯子需不需要理智？我们都说：哇！那神经病，你到底能不能冷静一点？你能不能理智一点？按您方定义，我需要理智来约束我的神经病，神经病是理智咯？进一步而谈，什么时候我们会谈到需要理智？恰恰是你没理智呀！感情这种东西我就是一种感觉，一种机缘，一种缘分，我看到他的第一眼我就对他一见钟情，有什么理由？没理由。这个时候旁人会劝你，理智一点。我爱上一个人，我疯到我把自己的眼睛挖出来给他，我陪着他一起跳崖，旁人会劝你，理智一点。这个时候你会发现爱的本质是什么，爱的本质就是不理智，所以你需要理智。

再来谈一下，今天我方其实想告诉大家什么呢，不是说理不理智等于追不追求，而是说今天我们得认清爱是什么。就像我方一辩也提到的那样嘛，爱情在人生中无非是一场豪赌，你倾尽你的所有，放弃真的不一定有结果。可能很多女生会觉得，如果有一个男生为了我放弃一切，我会觉得我很爱他。可能一些女人一开始会觉得我想要一个高富帅，一个男生会觉得我要一个一米七的本科以上的妹子，可是，当那个人真的走到你面前，符合你的所有条件，你又会觉得，哎，不对，我没有动心。这个时候你会发现，所有客观的考量，你所谓的准入门槛都没啦。有的时候你会觉得一个东西让我放弃所有，让我堵上全部，这个时候我不爱他了。可是你发现，我在一个女生身上花了十万，我好爱她；花了二十万，我好爱她；我为她倾家荡产，我为她付出性命，我还是好爱她。豪赌到底值不值？谢谢。

正方质询小结

正方三辩：

对方辩友告诉我们两点，为什么追求真爱不是理智的行为呢？第一，对方辩友告诉我们无迹可寻。他告诉我们，感觉是很虚幻的，有时候，他来到你面前了，你反而不爱他了。对方这点，充其量是论证了，在一段爱情里面，其实是有感觉存在的，感觉是无法捉摸的。可是你有论证到坚持追求真爱就不是一个理智的行为吗？恐怕还有一段距离吧。今天我们要看你的理性能不能驾驭你的情感，不是单单说爱情里面有感情，捉摸不定，就代表说坚持追求真爱就不是一个理智的行为。这是第一点，对方辩友没有论证立场。

第二点，对方辩友告诉我们失去痛感。他告诉我们，如果坚持追求真爱的话，如果有人打我，我觉得划得来。我以后回到家，看到什么我都觉得不必惊慌了，如果我看到我爸爸在抽打我妈妈，我不用去救她，可能她觉得划得来；如果我看到我爸爸杀了我妈妈，我不用去救她，可能她觉得划得来。对方辩友为什么那么奇怪呢？坚持追求真爱为什么会等同于这一切都划得来呢？这一切究竟是盲目，还是追求所带来的东西呢？对方辩友没有论证。

对方辩友总爱论证极端的立场，为什么就不能看看我们平凡人呢？为什么就不能看看我们自己的爸爸、妈妈呢？这么正常的爱情呢？没有失去痛感啊！对方辩友最大的错就是，把盲目等同于真爱了，有真爱才有盲目，有盲目才有真爱。可是，事实上是这样吗？不是，大家都很正常，只有对方辩友极端而已。

再来看对方辩友质疑我方论点：对方无非是告诉我们说，追求真爱为什么不是一个理智的行为呢，因为需要理智，这两者不同的逻辑关系。可是我方第一个论点已经跟大家论证，为什么这样的东西是一个理智的行为，因为它符合社会利益，因为它是符合幸福最大化的行为。其实我方跟对方辩友一样，两个论点是要一起来看的，所以它这个行为，本身是个理智的行为，也需要以理智为核心，所以它是一个理智的行为。刚刚我问对方，他也提不出什么东西是需要以理智为核心的，这反而就是一个非理智的行为。他提不出，可见这点，我方得证。

再看最大的概念，其实对方辩友最大的错，就是我们今天坚持追求真爱，那个真爱是个对象。而刚刚我们已经跟大家说明，为什么这个对象是不可以用的。如果我说，我的恋爱对象是今天的主席，那我说我是理智的；我的恋爱对象是一条狐狸，那么理不理智呢？当然不理智啊。所以如果看对象，有些难追，有些容易追，有些可以追，有些不能追，看对象论不出理不理智，所以我们才说，要看从爱升华到真爱的这个过程。因为我们应该看的是看他经不经得起考验，经不经得起诱惑。而我方告诉大家，只有用理智驾驭情感的时候，万难才能排除。谢谢各位。

自由辩环节

正方二辩：请问你，你只告诉我们，需要不等同于是，可是我方第一个论点跟你证明了，我们的追求真爱，是让我们幸福最大化，为什么这个不理智？

反方三辩：对方辩友，我发现往往是好女人爱上坏男人，社会利益最大化了吗？请教你，好女人为什么总是爱上坏男人？

正方三辩：为什么好女人总是爱上坏男人？可是也有好女人爱上好男人啊，对方辩友这点好像有点以偏概全吧？

反方四辩：正方辩友，我就想你分析一下，当你本来预设，我当然不能找一个坏男人，但是坏男人出现在我面前的时候，我突然间爱上他了，您说这理智吗？

正方四辩：好可以变坏，坏也可以变好，所以好坏不重要，重要的是两个人一起经营这段感情，以后就可以把幸福最大化，这是一种理智的行为。

反方四辩：对方辩友，您觉得您配偶好坏都不重要啦，您是不是魔障啦？您理智吗？

正方三辩：有没有听过，浪子回头金不换。各位辩友，为了爱情，男人的心也可以是软的吗？坏的可以变好吗？重点是，幸福最大化是不是理智的行为？请您正面回答。

反方一辩：所以对方辩友，好坏超重要，为什么？看例子好了，在《碧血剑》里面女主角爱上了一个渣男，这样的爱理不理智？

正方四辩：为什么你的爱都是看书看回来的，你是不是没有谈过恋爱？

反方三辩：对方辩友我告诉你，我谈过恋爱，我的第二个男友他超人渣，他背着我劈腿，可是我现在还想着他，请问我理智吗？

正方一辩：所以你说，你第二任男友对你超坏，你第一任男友就是对你超好的，可以好又可以坏，所以你怎么可以用真爱来论证立场？

反方四辩：问题就在这里，对她很好的男朋友被她甩了，甩她的男朋友她念念不忘，理智吗？

正方三辩：所以我们才讲，我们今天不能谈对象，对方辩友开稿就开错了，所以对方辩友就一直逃避问题，证明了我们坚持追求真爱达到了幸福最大化，这是一个理智的行为。

反方一辩：可是对方辩友，爱他真的不是幸福最大化，他有的时候会让你超痛苦，这种痛苦却让你怡然自得。

正方二辩：你超痛苦，对你好你就甩，对你坏你就念念不忘，这根本不是理智不理智，你根本就是变态嘛。

反方二辩：对方辩友，所以你觉得变态理智不理智呢？是什么让我们觉得她看起来像变态？还是那个小说里的例子，像何红药她本来可以成为下一任女帮主，但是发生了很多问题，她变成了一个女乞丐，对方辩友，理智不理智？

正方四辩：什么乞丐、女帮主，很久以前的，你还要提古代的爱情小说。你刚才一直讲，爱情只有痛，只有那个感觉，你确定你讲的是真爱，还是性爱而已？

反方四辩：我们举书上的例子，你不听，举个人例子你还是不听，那举一个名人的例子好了。张爱玲那么爱胡兰成，他这么浪的一个人，找了张爱玲又甩了张爱玲，对方一直这么爱。对方辩友，是不是所有痴情人都是变态啊？

正方一辩：不是我方不听你的例子，而是你的例子都不是真爱，所以你说来说去都是一些变态的爱，是不是变态的爱才能是真爱呢？

反方四辩：对方辩友，您告诉我张爱玲的爱不是真爱，那您举一个真爱好不好？

正方四辩：对方辩友，我爸跟我妈，我妈打他的时候，他还是觉得疼，可是他们两个之间不叫真爱吗？

反方四辩：对方辩友，你爸跟你妈为什么没掰，因为他们觉得划得来。很多痴情的人都是觉得划得来，所以在心理上他不痛。请问一下，痴情为什么叫痴情，不叫智慧的情啊？是不是因为傻？

正方四辩：不好意思，我妈没有觉得划得来，她打回去两巴掌，这个时候你可以告诉我，他们之间没有真爱的。

反方四辩：所以对方辩友，来想一下，如果是我给你一个耳光，你再打给我两个而耳光，以后我们老死不相往来，但是你爸和你妈为什么在打完耳光之后还和和美美过日子？这不是已经觉得不疼了吗？对方辩友，这理智吗？不理智啊。

正方四辩：幸好我劝他们，为什么劝他们？因为我理智嘛！所以当我们遇到问题的时候，要理智来驾驭我们，不然他们两个早就分开了。

反方一辩：可是对方辩友，如果你打了我一巴掌，我再回一巴掌，人家说，哎呀，他是爱你的，对方辩友，你信吗？

反方总结陈词

反方四辩：

回答对方问题，其实今天的这场辩论，您方的两点论证我真没怎么听，因为就算您方两点论证都成立，您方也不得证，为什么？您方论证的东西就错了，您告诉我您方的定义下的坚持追求真爱，叫作坚持把低品质的爱变成高品质的爱是一个理智行为。您方一辩告诉我们，我方的论证义务是，坚持把高品质的爱变成低品质的爱，变成垃圾的爱是理智行为。对方辩友，你想把一个东西做好很难，你想把一个东西做坏太容易啦！你想把高品质的爱变成垃圾的爱太容易啦！你想破坏夫妻关系你就去出轨啊，这太容易啦！但是你让我方论证，我出轨是理智行为。对方辩友，不光我论证不了，场下这么多辩论大神，你问问他们他们能论证吗？绝对也论证不了，所以对方辩友今天讨论的话题就错啦。

回到今天辩题想让我们讨论什么，我们在生活中司空见惯的一种场景，什么场景？我们在喜欢一个人但是暂时还没有追到时总在游移，该不该继续坚持追呢？这么追她到底理不理智？这是辩题的本源。不过，好在我方很庆幸的是，整场自由辩基本都在探讨我方提出的今天值得探讨的话题。好，跟您解释一下这两点我方是怎么论证的。我方告诉你这两点必须并列在一起，一条都不能少，不能单独拎出来看。第一点，您追求的这个东西是无章可循的。你看着别人依照这个方法追到一个女孩子，你按这个方法照做，你不一定追得到，所以这是第一点。第二点，有很大的风险，因为爱情会让人变傻。没错，人都有理智，但是当你不断追不断追却一直追不到的时候，你可能就会一遍一遍地丧失自我，有这样的风险变成像游坦之这样的人来自残。当然，不是说所有人都会自残，有这样的风险，所以当两者都在一起的时候，告诉您不理智。现实中我方三辩这样的例子，名人张爱玲这样的例子，您方一个都不看，只说你的爸爸妈妈。对方辩友，你方爸爸妈妈关系好，好像天下人的爸爸妈妈关系都好，对不对？

好，对方辩友，说了这么多，跟大家解释一下，既然坚持追求真爱是一个不理性而且有可能非常不理性的行为，为什么我们还要追求它？我们还需要它。

我方认为人生有三种境界，第一种境界是婴儿刚刚出生的时候脑子里面没有一点理智，你想做什么就做什么，这个境界我把它叫作看山是山，看水是水。后来，我读了一身书，脑子里面形成了理智，我做事情之前会先考虑一下，权衡利弊，比较优劣，不是想做什么就做的。这个时候叫作什么，叫作看山不是山，看水不是水。还有一种人，他们到了第三种境界，他们发现这个世界上呀，有一个人，他跟我没有关系，但是我会为他哭为他笑，甚至为他不顾一切的利弊和优劣，我甚至原意为了他付出我的全部。这，叫作真爱。这个时候他那些脑子里所谓的理智好像都不存在了，这个境界叫作看山又是山，看水还是水。那你说第三种境界好不好哇？无所谓好坏，只是一种客观存在。要不要所有的人都达到第三种境界？千万不要，这个社会会乱掉。但是，能不能一个人都不到第三种境界呀？也不好，因为这样的话，整个人类就活得太拘束太束缚了，就这么简单。

那你说，有没有第四重境界呢？其实也有，到那个时候，也没理性了，也没感性了，更加没真爱了，也没山水了，四大皆空。不过这个时候，你不是人了，你是佛。谢谢。

正方总结陈词

正方四辩：

大家好，今天我要解决真爱是一个对象还是一份浓厚的感情，这是我能不能赢这一场比赛的关键。我再讲最后一次，其实为什么我们认为真爱不是一个人，基本上普遍每一个人，其实一看到这个真爱他觉得应该是一个人来的。书、小说也是这样子教我们的，所以大家都认为你要找真爱很难，为什么？因为你理解错了。真爱不是一个人，真爱不是靠捕捉回来的，不是今天你去逛街，东逛一下，西逛一下，哎，这个可能是真爱，那个可能是真爱，拿回来去试一下，发现原来我们是真爱。用捕捉的方式来找真爱，永远找不到真爱。真爱是要升华出来的。

用一个类比，比如成就感，你能不能捕捉成就感回来？不可以。成就感是你找到一份工作，你努力地做，有成绩了你就有成就感。我们今天有了一份爱情，有了一个爱人的话，我跟他一直培养感情，做很多事情，一直一直，不断地做，我们一起做很多的时候，我们有了真爱，真爱就好比成就感。对方同学一直在告诉我成就感是一个人，我告诉你，你永远都找不到成就感。就好像你今天要告诉我，你今天要做辩神，其实你是怎样，出去外面，把黄执中学长抓回来，你就变成黄执中了，是吗？你要努力地练你的辩论技巧，不断地练，不断地练，你有了成就了，你做到那个程度了，啊，你是辩神。这就是我跟你讲，真爱是一个过程，而我们说需要守护这个过程，为什么？因为外在诱惑很多，这些外在诱惑要用理智来抵挡，不然我们在这个过程当中会盲目或是失去方向，失去到我们以为只要挖去双眼跳下一个崖，我们就可以找回我们的真爱。所以真爱是份深厚的感情，这我解释了，就看你们接不接受了。

第二点，对方告诉我们追求真爱为什么是不可取的，不理智的。因为他说他去看了很多例子过后，他误以为真爱是对象，看了很多例子，他就会发现怎么样判断一个人是真爱。哇，他可以做到跳崖，真爱！哇，他给人家打了，不痛哦，真爱！就是一开始就搞错了，你以为做的很极端的事情，他还做得出的时候，就是真爱，所以你就认为真爱是不理智的。所以说来说去你最大的问题就是，你把真爱当成了一个对象，还这样教我们在座的观众，教我们怎样找真爱。

所以各位朋友，各位观众，真爱是很容易找到的，只要你一直维持守候，你在谈恋爱那个感情里面，慢慢地培养你们的感情，就可以找到。我们说今天真爱像什么，像我要把一碗水煮成一锅浓汤。水变成汤呢，是一个过程。这中间如果用煤气炉的话，我可能会扭煤气咯，我就要换煤气咯。如果中间煲着煲着，你知道夫妻之间很容易出油的，肥了，你要割油哟，你要割油，你要扫清这种障碍嘛！有时候突然有人把葱丢进去了，我不吃葱的要一点一点挑出来，因为有人有坏缺点出现了嘛！夫妻之间，所以这时候你要继续煲你的汤，它要慢慢变成一锅浓汤，这就是我们讲，从爱变成真爱的那个过程。你告诉我，其实你煲的那个浓汤，外面买回来的罐头汤他更快、更好，你这样子煲就是不理智的、变态的、不好的，为什么？因为这个汤最后要煎汤，我煲的嘛。如果外面跟你讲这是浓汤，是好汤，其实也只不过是味增汤而已。所以我们才讲，为什么这么多浪花你一整片森林，你这里玩一下，那里玩一下，不好，做浪子不好。你只能做一只没有脚的小鸟，最差的是在哪里吗？你不可以停下来，你要一直飞。谢谢。

比赛点评实录

林正疆（印象票投给正方）：

其实，主席还没有宣布之前，你们大家就都知道我要投哪一方。

还有，打辩论，要做功课，做功课其中有一项就是做情报，中国人民大学，显然上一场没有做情报，你们有没有发现当你们不断举小说人物的时候，底下都一直笑，没有一个人观众是因为你举的好而笑的，对不对？所有的观众都你居然敢在我面前举，而且一举再举，人家上一场，比赛举了三次令狐冲跟两次康熙就已经被我骂道不行，你举了六次游坦之，一次李莫愁，最后连碧血剑的桥段都举了三次。打到这种国际水准的比赛，打到这种准决赛，我现在正式宣布，如果明天的冠军赛，提醒一下香港中文，这场胜方，反正都在底下，如果再有人拿小说拿来当例子，我的评分单，我先从你的满分只有六十分开始算，别人是一百分。好，你让我的印象坏透了，我认为，不要在国际水准的比赛打到了这个程度你再跟我拿小说当例子，那你干脆拿台湾一些作家，像琼瑶那种来举例子不是更棒，反正他小说里面的人都是神经病，不是更不理智，你更好证吗，你整本琼瑶往对方辩手脸上丢你就赢了，是这样讲的吗？不是嘛，好，另外再记住一件很重要的事情，打辩论不是过马路，记得这个千古不变的真理。好，打辩论不是过马路，所以大家不要手牵手，一起走到马路中间，等人撞，为什么？因为第二场，又这样，本来我心里面期待的是上一场大量的历史资料跟宗教资料之战，这一场轻松小品文，大家能够打动人心当中最深层的那一点感触。结果不是，欢乐十足，欢乐真的十足。

那我为什么又这么气呢？我跟大家说明一下，今天首先正方提出了一个相当特殊而且完全超乎我想象的说法，有创意，好，有创意。他一开始的时候呢，毫不犹疑地自己就抢先一步走到马路中间。他说什么呢？他说啊，所谓追求真爱是追求一段感情，一段完美的感情，一段承诺守候一生，一辈子只爱你一个人，绝不背叛的感情，在追求的过程当中，有许多的磨难，都需要靠理智解决，因此坚持追求真爱是理智的，一句话就结束了，一辩能撑这么久真了不起。完全没有论证哦，最关键的那一句话，小三诱惑跟相处都要靠理智解决，一句话就结束了，完全不论证哦，简直令人难以置信啊。你会觉得，学长，你嘴炮，你有本事你论证给我听，行，我就论证给你听：很简单嘛，八个人没有任何一个人结过婚，我们底下的评审除了执中仍然是黄金单身汉之外，没一个人没结婚。我给你讲，要打动人心很简单。各位，谁在爱情里面没有弦外之音？谁在婚姻里面没有对外在的条件心猿意马？但是总是那么一点点舍不得，总是那么一点点曾经共有的经验跟记忆，你要或是不要，决定了旁边到底是有人还是没人。这么一点点舍不得，这么一点点心头在回忆间的荡漾，就是思索的过程；这么一点点心里的挣扎，就是理智的轨迹。你这么说要解决婚姻问题不需要理智，不就好了嘛！而你不是，你就直接这样先冲到马路中间你知道吗？你就不论证，一个主论点你不论证，你是找死啊。

不过，你的对手非常爱你，他看到你这么奋不顾身之后，他也冲到马路中间，他从头到尾直到睡到最后，才开始用床头吵床尾和这样的东西来告诉你，说有很多时候解决问题不是靠理智。有很多时候解决问题靠的是一种盲目，或者是一种疯狂的爱。所以很多问题他就吃下去了，但是在此之前呢，他是犹如鬼打墙一样地配合着你的调调。所有的交锋都是在一些无聊的地方，比如说，你怎么可以这样讲啊！那个，我承认呐，要解决问题核心是理智，但是核心是理智就表示爱是理智的吗？我非常难以置信你为什么去承认，爱情的核心是理智，你那么快就跟人家达成共识，简直不可思议。身为一个反方，想要捍卫自己的论点，居然毫不犹疑地就同意正方的论点说核心是理智，不过核心是理智不表示爱是理智。先承认对自己不利的前提之后再展开讨论，你是不是有收人家钱啊？马上毫不犹豫哦，马上毫不犹豫就顺着人家打，立刻就毫不犹豫跟人家达成核心说是理智，到后面睡醒了之后，才开始讲一些：不对吧，关键点靠的是盲目的那种床头吵床尾和的那种，大家可能亲亲搂搂抱抱，很多恩怨就忘了。你才想起来说不要去承认是核心，会不会两边感情太好啊？

那整场比赛就在这种情况下，那身为反方，那学长你别嘴炮，那反方到底该怎么打呢？其实你反方为什么不一开始的时候你就直接讲一个最重要的观念，我示范给你看：对方辩友讲得很美好，我们都希望能够追求到这样的爱情，可是对方辩友从头到尾，有一个观念他没有提到，那就是人生有失败的可能。人有看错的可能，因为人的眼界有限，想法一厢情愿，所以你有可能看错人，你有可能失败。对方辩友完全没有去论证，当失败的时候要觉醒靠的是什么。你们没有注意到其实正方最大的漏洞在这边，在正方的架构里面都会，各位，你们没有发现在正方的构架里面他完全不去谈失败的可能，反方也不跟他谈，他们约好了一样，好像约好了一样，完全不去谈失败的可能性。好像正方的环境里面一心去经营就一定会成功，好，绝对没有看错人。反方虽然不断讲，用那种很微弱的爱王力宏或者其他的例子来解释，我个人觉得其实没有太大的意义。

那这场比赛有没有介入专业的空间呢？当然有啊，年轻人努力查一下资料。根据欧洲的研究报告指出，人在谈恋爱的时候前十二个月到第十八个月脑下垂体分泌是不正常的，刚好就是根据统计人大多数都是在一年半之后分手的，为什么？因为十八个月之后脑下垂体正常了，你看清楚对方是牛鬼蛇神，不是真爱了。你稍微用一些关键字去索引，或是去图书馆查一下资料，这样就可以成为你反方的论点，结果你反方不查资料，在我面前一直讲金庸，你瞧不起我啊？为什么学长会生气？就是这个原因。你身为反方，你不要跟我说，学长，资料很难查，我就先亮一个科学数据给你听，还有四五样我懒得教你。也就是你身为反方，你要去证明人在爱情中不理性，社会学、心理学，甚至医学，底下坐着刘京京，你去问他，甚至医学都有报告指出爱情的感觉会让人的脑啡，我连这个，我连名词都告诉你了，吗啡的啡，大脑的脑，会让人的大脑脑啡分泌不正常，为什么你不能够认真，稍微努力那么一点点查资料，打出一场有品质的比赛？希望明天能够稍微有一点点改变，谢谢。

路一鸣（印象票投给反方）：

顺便替反方回应一下正疆学长，对于还在学校里读书的同学们来说，他们大概没有勇气去表达对现实生活中那么多真爱非爱的例子的解剖能力，因为他们自己还年轻，他们对能不能理解真爱自己还没有信心。所以为了让更多的同学，听懂他们想要说明的道理，他们举出了，大概大家都看过的小说中的例子。他们认为，我们在看这些小说的时候，看到这样的人物关系，我们的反应是一样的。他们不是故意要冒犯你，他们只是没有勇气剖析自己。事实证明，当反方三辩很有勇气地用自己的例子去问对方的时候，得到的答复是，变态。因为他们也不能确定，对方几个年轻的选手，有能力，有资格，对真爱给出解释。这是正方一、二位辩手同时说过的一个词，叫变态。

来自马来西亚的辩论队总是有这样的风格，他们经常会打得我们大陆的辩论队措手不及。就是一个浅显的道理，用在他们手里，变得非常鲜活，而且他们场上的态势如此勇猛。甚至，敢在质询阶段和你抢时间，和你抢话，我也能理解来自马来西亚的同学们为什么总是这种风格，因为在马来西亚，华语的辩论是华人争取社会权益的工具，在场上我们不欣赏他们，但是，由此我们能理解他们在马来西亚作为华人的处境，我们反倒敬佩他们，同情他们。这就是大陆的辩论队在遇到来自马来西亚辩论队的时候总是会措手不及的原因。我们大陆的辩论队之间打比赛不是这样说话的呀，不是不听你说完就抢着，我要说话的呀，不是不管你类比背后的逻辑而且直接攻击你类比本身的内容的呀！我们要理解他们，就是在这样的抢话，强行解构对方类比逻辑的这种招式之下，他们才有了声音被更多的族群听到的可能。

回到对辩论这场比赛本身的分析，虽然在赛场上，两队表现出了截然不同的风格，虽然人民大学队不知死活地举了那么多小说中的例子，其实可以举例子，举一些更现实的例子就会更好。可能这样的小说中的情节给我们印象太深了，所以我们举起来很方便，我们在准备资料的时候更方便，一说，大家也就能听懂，但这不是一个更高品质的辩论。所期待的例子，你可以举梁思成啊，林徽因啊，其他的，哪怕谢霆锋也行啊。

我们先明确一下，什么叫理智？双方其实没有给出明确的解答。反方甚至一上来就承认，我们没有办法给理智下一个公正的定义，但我们知道什么是不理智，然后用赌博来做全场的类比，你们看，他赌博，他失去痛感，他麻木，所以在追求真爱的过程当中，人表现出来的这些特性都符合不理智的特征，这就叫追求真爱，不理智。反方对正方的攻击，一开始是非常有效的，就是需要什么，就证明他是什么嘛。当然，就像我刚才讲的那样，对正方的这种攻击，反方总是用类比的方式去攻他，目的是破解他背后的逻辑。可惜正方他只对你攻击过来的类比的内容感兴趣，他才不去管你背后的逻辑。所以我们的攻击往往就会显得，反而有些滑稽，因为正方总是有现场表现力很强的表达方式来回应我们，但不要担心，哪怕笑声更多地给了正方，评委们是能听懂你们想要做什么的，这就是要评委的意义。

正方其实也没有告诉我们什么是理智，他只是告诉我们，当人们面对挑战和诱惑的时候，我们需要用理智来解决这些问题，来保证真爱的实现，如今才告诉我们其实，这是一个过程，这是一个提升的过程。但我很奇怪，为什么真爱就只存在男女之间的情爱呢？谁规定了？对于更广泛的人群，我们能不能表达自己的真爱，有没有真爱？然后今天辩题当中的一个非常关键的概念就是坚持，双方都没有把他当成主着力点。而恰恰在坚持上，我觉得才能反映出一个人，他的选择，他的行为，是理智，还是不理智。所以，既然大家的生活经验，还仅限于从小学、中学到大学，既然大家的阅历，还仅限于看师兄师姐们、身边的同学们他们各人的经历，对这个辩题的开拓没有达到我们已婚人士的那种深度和广度，我觉得是可以理解的。但是我们应该对你们提出更高的要求，因为对关键词的拆解和着力，这是一个对辩论队伍最基本的要求啊。

那什么叫理智，大概应该是一个人可以用逻辑判断的方式表明自己的目标，和它相近的一个概念叫理性。什么叫理性，是人在实现这个目标的过程当中，总是符合逻辑，用经济学的方法解释，就是总是会效用成本分析的方法去一步步地接近这个目标。这是理智和理性的细微差别。如果你承认 A ＞ B，B ＞ C，你必须承认 A ＞ C。这个时候，这个人，就是理性的。他的行为符合逻辑。在逻辑的前提下他会对自己的行为作出选择、判断、计算，那么我们就说这个人的行为是理性的。可是爱情，它怎么能够被明确地表明？在追求爱情的过程当中，我们不计代价，这就是我们说的打脸，他不疼，不管他爸是不是打回来，无关基本逻辑。打脸是在追求吗？还是对真爱的解读不同。

在这个回合里，双方都表现为对真爱的解读不同，可是命题要求我们解读、解释，这个叫追求吗？这个叫坚持追求吗？这是我们要谈的重点吗？不是，那我站在这里支持了反方，是我觉得反方至少四个人都在努力地去阐释，无章可循，和失去痛感。我个人觉得，这个，两条基本条件，可以跟我们说得更亲近一点，因为毕竟是追求真爱嘛，可以用人的感受来替代。如果用失去痛感或者是赌博导致的这种失去痛感，可能让我们联想到真爱的痛感还差点意思。我尤其要对反方的四辩提出批评，你显然被对方的语言花式打乱了自己的风格，作为辩手，不论对方有什么样的表现，我们要记住，我们是谁，我们要说明什么问题。如果我们对我们的立场足够自信，哪怕是正疆学长，刚才劈头盖脸骂了你们一顿，我也敢站在这里维护你们，而一个经验不够丰富，对自己的立场不够自信，或者对局势的判断觉得我方处于劣势情况下，辩手更要考验他的心理素质。在这种情况下，力挽狂澜，才能实现。否则，被对方牵着走，会死得更惨，谢谢。

马薇薇（印象票投给正方）：

非常感谢，刚才两位学长站着结辩，我也可以站起来秀下腿，谢谢。OK，那么，一般来说，就是被我评过比赛的同学都会知道，我对三轮投票的分类是这样的，第一轮印象票我会投给场上攻防。那么场上攻防的场面，而且并不是具体到某个环节，是我整个一场看下来，我觉得谁比较有优势。但这个时候，我判断谁比较有优势，不是说，谁获得的掌声多，或者笑声多，他就一定在场面上有优势。因为有一些队伍，是以冷静说理见长，明白吗？所以他们未必会在场面上像你们以为的那么有优势，那么我所看的印象的场面是什么呢？是在整体上，在整体攻防上，有没有对对方造成真正意义上的压力，明白我的意思了吧？就是谁最快发现对方的立论的漏洞和痛角，并及时抓住他，那么这个时候，你整场能够贯穿你这个意志，我就会把这个票投给这一方。

好，实际上双方在立论展开以及几轮攻辩之后都做到了这一点。可是，正方做这一点的时候，他抓得很快，而反方无力解释，快，而且无力解释，快而浅，无力解释。所以我们发现，在所有的例子上，就算抛去正疆学长所说的，我们不能讲小说里的例子，其实也用一句话让反方挺尴尬的。对方辩友讲得很奇幻吗？个个都是小说里的，有没有现实生活中的真爱，这个时候你讲任何小说已经尴尬了，这个时候就应该换掉固有的东西了。

好，在印象票里面，双方都有夹对方痛角，但是正方抓到之后形成的压力大，反方抓到之后，其实你们没把逻辑打透，他们这个立论里面，对你们真正有威胁的不是他们的论证，而是他们的定义。你发现了没有，就像正疆学长和一鸣学长刚才所说的，正方其实是完全没论证的，他只是说，我方重新定义了什么叫追求真爱，我方立场已经成立。所以，各位，他们在描述所以例子都是我方立场成立之后的现象，明白了吧？所以一开始你们就，必须指出两点：第一点，是刚刚正疆学长指出的，你们没论证啊，各位朋友们，你们这个理性驾驭感性的过程能不能给我们描述一下？你们只是描述了理性驾驭感性之后的现象啊。明白我的意思了吗？好，这是第一点，你们从头到尾都没有提出过的。

然后紧接着，第二点，你们定义，一直没有将它打下来，反方四辩质询正方一辩的时候其实企图打过，你在做结辩的时候你也挣扎着打过，叫什么呢？说，对方辩友，你方辩友论证追求真爱，不能指对象，只能是过程，所以，你是要我方论证追求真爱这个东西，因为他们讲这个过程是从低品质到高品质嘛，所以你是要我方论证从低品质到高品质，我方疯啦。然后这边一辩超坦荡，对啊。搞的你就很尴尬，你知道吗？实际上你这个解法很错，你应该这样问他：对方辩友，假设我承认你定义正确，你们这就是个过程，就是从低品质到高品质的过程，没问题啦，他也是一直人类行为啦，对方辩友你告诉我，哪种人类行为是完全不需要理性的？你给我举一个。他举的所有例子你都说，哎，他们都有理性成分，都得被理性驾驭，所以对方辩友，你是要我方论证，追求真爱不是一种人类行为咯？这个时候，你们的逻辑才顺，发现了没有？这样你才能够打痛对方，所以你那个解法，逻辑上是不对的。

紧接着再往下，这是我印象票的给评。那么紧接着，第二轮，环节票的给评，坦白讲我记不太清，因为一个环节一个环节过去，高低分会有差别啦，那么其实就是在看你们选手的单个表现，我尽量做到，你们每一个环节的对攻和论证之间，我不会受到太多的整场气氛的影响，纯粹就个人选手对己方立场维护的这样一个给分。好吧，这是我对分数票的评决。

好，紧接着，我对论点票的评决，这个时候比较有趣，它分两个层次的。第一个层次是什么呢，就是你的切题对不对？好，如果你切题不对，不符合我们正常人类的认知的话，我忍你，就像正疆学长和一鸣学长讲的，你已经抢先站到马路中间了，我忍，但抱歉，你比正常切题的队伍，你要付出更多的论证义务，明白吗？因为你上来先反常识嘛，那么你既然上来先反常识的话，那你一定要改变的是我的常识，你是不是要说更多的废话啊？不是不是，有用的话啊，对吧？好，那么在这样一种情况之下，你论证义务比较重。好，从切题角度，这是第一个层次的给分，甚至是分三个层次，你在对方反复攻击下，你自己的立论能不能圆回来，对不对？好，如果双方都圆得回来，我会进入第三个层次的比拼，就是拼立论深度，明白了吧？你们双方立论都得证啦，都圆得回来啦，我看你们哪边有深度给那边咯？这是我对所有比赛的一个评抉模式，好吗？以满足后续会不幸遇到我做评审的队伍，对我个人心理的揣摩，如果以上三轮你们都能做到完全打平，坦白讲，我到现在都没有遇到过，那我争取看脸咯。

好，那么这一轮里面，分数票我记不清，论点票，坦白讲，我觉得，如果你们，其实这边有打下来，你们打得不清楚，明白我的意思了吗？你们是死撑着必须跟他们谈对象的，凭什么他们说我们只谈过程不谈对象啊？你们好像默认了。他们什么意思呢？他们其实隐含的一个意思在这里，他们的意思就是，你先爱，而且你爱对了人，然后我们两个人一起努力开始煲汤，然后，把汤熬成真爱，这是一种绝对理想的状态，他保证你的是什么？一开始你就怎么样，爱对人，而且对方正好也爱对你，你们永远不会变心，专心煲汤，都没有煮熟的鸭子会飞的，看对的人会错的，你找工作，找工作你也要跳槽的吧，对不对？好，所以说对方辩友，你脱离对象谈过程是不可能的，明白我的意思吗？

还有一个词，对你们超有利，从头到尾没提过，叫坚持。这好奇怪，人类一旦开始坚持做一件事情的时候，往往都会陷入，怎么样？疯狂，哪怕这件事超对，明白我的意思吧？所以在这么一种情况之下，这些例子超好解。你们问，女人和狗，哇，你们这边被狗追得好惨。其实你们立论是圆得回来的，逻辑上是对的，但是你们不太会从语言上解，什么意思？对方辩友，你们爱一个女人是理智的，爱一条狗是不理智的，所以谈对象是不对的。这结论很粗暴，马上就反抗他：对方辩友，说实话，我在爱上一个人之前，根本不知道他是人是狗，有的时候我爱上一个男人，相处几年之后发现，还不如一条狗，我们生活中经常发现这种现象吧？所以你不跟我谈对象是吧，对方辩友？你方这么自信，上来就用爱对人，请把你方挑对人的方式赶快介绍给我方，因为我方三辩已经失恋三次。而且他们还讲，能控制，超奇怪的，这边很自信，能控制吗？对不对？你们俩越熬越深越熬越深越熬越深，对方辩友，你们家爱自带开关是吧？温控，你扭一扭爱深一点，扭一扭爱深一点，扭一扭爱深一点，不过这种技能超强的，对方辩友，你不出书，对不起全人类啊，千古爱情难题被你解决了！对吧？武大郎为什么失恋？因为他没掌握对方的爱情秘籍，对不起，又是小说，学长。王菲和李亚鹏为什么离婚？第一，不具备对方辩友这样优秀的挑人眼光，尤其是王菲，挑错好几回；同时他们不具备对方辩友这种控制火候的能力，不然一开始就跟谢霆锋煲汤咯！煲了十几年了！明白吗，所以，你们的说法是对的，可是你们总是在挣扎。

坦白讲，就像一鸣学长说的，正方是一支很容易让对方形成压力的队伍，这个时候我们会面临两个选择，到底是跟他对喷，还是我们抱住自己的？这实际是我经常在想的一件事情。喷，这件事，坦白讲，我超强，可是，其实我个人是认为，一个队伍应该有一个基本的分工，什么意思呢？就是有人负责解他们的逻辑，这是四辩和三辩质询应该做的。就是你方说得再好，我方始终很淡定，我不停地攻你逻辑上的问题，你怎么嘲讽我，我脸皮厚，我当没发生，明白我的意思吧？好，三辩解完逻辑，二辩、一辩接质的时候，只要你方逻辑破，借他的逻辑破口再开始嘲讽，明白我的意思了吧？四辩结辩，不要再嘲讽，开始怎么样？语重心长讲道理。其实我个人认为，就是大陆队伍最擅长的，也不是老成持重，也不是讲道理，当然更不是开喷，而是什么呢？是他队伍齐整，错落有致，明白我的意思了吧？所以，如果说，因为这场比赛，我大概判决，我刚刚已经讲过这样一个基本思路，那么不管哪一支队会晋级或者哪一支队会不幸离开，就是暂别这个舞台，我希望大家会相应的作出调整。大概就是这样，谢谢。

周玄毅（印象票投给反方）：

我先说一个事儿，就是，今天大家都来了，这么晚了，给大家一个建议。就是说，什么建议呢？这跟辩题没有关系啊，就是这个辩题给我们一个思考，怎样才能够理智，就是在爱这个问题上，最理智的行为是什么？很简单，男生使自己变得更帅、更智慧、更有钱，女生变得更漂亮、身材更好、更有feel，然后等着别人来追你，别人追了你之后，你被爱了之后，你爱怎么对待他，怎么对待他，总之你不吃亏，这是最理智的。

所以你有没有发现，我说完这句话之后，你就会发现为什么追求真爱是不理智的，很清楚，对不对？但这不是我们今天本场比赛的判准，现在我开始喷各位，主要是对方的三位。首先我要说一件事情就是，这是一场半决赛，所以最后我们一定要慎重，那我要说两个跟判准有关的事儿：第一，对方三位要冷静，为什么呢？整个的评判过程之中，我们五位评委，只有我跟陆大哥，既不怒，也不笑，比较近的工作人员可以作证，我们是没什么太大表情的，笑也笑，但是也没有像对方二位笑得那么嗨，也没有像林大哥那么地怒，所以我们现在冷静一下，思考一下这个问题，这是第一个。

第二个，关于林大哥刚刚那个指责，我斗胆来应对一下。正方说，你们为什么老谈小说老谈武侠，是不是没谈过恋爱啊？谈我老婆你认识吗？然后，你谈你爸妈，谈你爸妈，我信吗？对吧？事实上我要说一句就是，在上一场辩论里边，林大哥说他们讲武侠，这个我是非常认同的，但这场辩论，像这一个辩题，说实在的，你看像刚刚马薇薇，说着说着一溜又说到武侠了，或者说到小说了。因为，很难不说到小说，谁知道谁跟谁的爱情，这个时候关着门做的嘛，对不对？还有另外一个，正方就问，你们举那么多神经病的例子，现实生活中哪有那么多像李莫愁那么疯狂的啊。为什么现实中没有那么多疯狂呢？因为现实生活中，没有人是以追求真爱作为自己主要的追求吧，谁是罗密欧？谁是朱丽叶？我们都是很正常的人类嘛，我们都是理智的人嘛！这不是我们的计分点，但是，这两点说完之后，我是想说，正方的这种最出彩的攻击，在逻辑上并不能够完全地成立，就要考虑。

第三，我要讲到的是，我们的评判标准，环节分、印象分、商讨票。环节分主要是看气势，两边在对辩，谁怂了谁就分低，谁有优势谁就分高。印象分，就是现在我们这个分数。说实在的，我们现在五个人，可以稍微任性一点，我们现在这个分数，印象票其实谈个人的评判标准和好恶，真的。当然我不是说你们就说得不对，我只是充分展示我们的好恶：我们到底喜欢什么样的辩手、我们喜欢什么样的队伍、我们希望辩手是什么样子的、我们觉得评委是什么样的人。最后商讨票我等会儿建议啊，我们在都说完之后，我们再用一两句话讲清楚为什么评判，这个错，那个对，好不好？我们每个人说一句，然后我们再静一下，给他三十秒，我们再想投他哪一个队伍。

我们现在说第四个问题，辩论赛为什么是有评委的？哎，我想过这个问题哦，假设辩论赛就是讲，我怎么样使你显得很尴尬，或者我怎么样使你显得招架不住，支支吾吾，那是可以量化的，懂吗？现在电脑科技很发达的，你比如说你测我的语速，过程中，我打了个结，我说的话不顺了，我气势上低了一点，我的表情难看了一点，所有东西都是可以量化的，可以科技化的。然后，机器在打分，我们看到两个血槽，我的怒气值上来了，然后一个龟派气功，那边的血槽空掉了，对方辩友就挂了，对吧？这是可以量化的。那么人作为评委，他的意义是什么呢？他的意义是，就算在某些环节里面，你可以看到场面上会有某方优某方劣，那么，这真的就好吗？这个就需要人来评判了，这是我说的第四点。

那么说完这四点之后你大概就会发现我投印象票的根据是什么。我的印象票的根据是，我认为在这一轮里面，我们现在假设我们正在看一场拳击，有很多的血，说实在的，我不懂拳击啊，我从来看不懂拳击谁得几点，我看拳击是双方的拳击都像雨点一般落在对方身上，两个人如果没有击倒的话。辩论击倒，除非有人哭了你知道吧，打倒对方，哭着说“我错了”这个不太可能。所以，基本上就得点了，所以我们就看，这个点是什么。

我们来梳理一下，正方的观点是说，把爱要熬成真爱汤，使幸福最大化。正方还做了很多其他的东西，这个技术处理我们不算分，我们不谈对象的问题，不谈爱错人的问题，说白了什么叫不谈爱错人，就是我们只谈爱对的那个情况，对吧？爱对的情况下，这个就是理智咯，这个很简单。那么，正方这个观点，当然自圆其说了，这不废话吗？我这么说吧，正方立了这么一个论，然后就是来虐反方的，我说得实在一点，正方只要坚持这个论，管你是谁都照虐。所以有一句话，反方四辩打动了我，我觉得反方四辩都快哭了，说实在的。反方四辩说，你看你们在座的几个评委，你们别看你们在笑，你们上来在这儿坐坐试试，你们跟他打，看你怂不怂，你照样怂。后来我想了一下，有道理啊，我们这几个人里面，说实在的，除了马薇薇之外，我觉得我们所有人都怂，这个，这个我可以承认。

路一鸣：我不承认。

周玄毅：我代表我，我觉得我怂，好吧。不是，你们扪心自问啊，你看啊，你说，对方辩友，你总不至于让我方论证说，追求真爱就是让爱越来越烂吧。“对啊，你才知道啊”。说实话，走到这一步，我作为一个评委的良知就体现出来了，我觉得，如果我都怂的话，那你这样一个论，你要怎么办呢？

好吧，现在我只谈印象票，我接受不接受的问题。我觉得，这样一个定位，确实比较难以说服我，这就是这个辩题坚持追求真爱是理智行为这个题本来的意思，就像上一场中山大学输的那一场比赛一样，我就打工业大麻，你奈我何，我谈得很诚恳。

好，最后一句话，那么反方有很多的问题，正方也有很多的问题，但是反方的核心逻辑我是认的，就是追求真爱是一种无章可循的类似赌博的行为，而且它会让你失去痛感，这个失去痛感被嘲讽打了很多轮，然后反方说，至少心不会痛，然后正方说，你太荒谬了吧。反方说，对啊，真爱就是这么荒谬啊，这是自圆其说的。这一套东西虽然反方显得很怂，但这个东西逻辑上是站得住的，所以这就是我的判断理由。我觉得，抛除那种所谓的效果，之外的东西，我认为这两个核心的逻辑之前，反方的逻辑比较能够让我接受，这只代表我的观点。好，谢谢各位。

黄执中（印象票投给正方）：

前面大哥他们都是站着讲，我偏要坐着讲。我坦白说，今天的这个论，我真不觉得有什么特别奇。我跟大家介绍一下，在谈真爱这一面，当然每个人接受的知识点可能都不一样，都互补，我讲一下我这边的理解。因为在讨论爱情这个概念的时候，本来就有两派说法。第一种说法，你们最常听过的就是，每个人都是个半圆嘛，对不对？要寻找另外的搭档，完美配上的另外的一个半圆嘛，所以是要去追寻的，是要寻觅的，所以才有追求真爱、寻找真爱、我总是碰不到我的真爱的这种说法，这是一种说法。另一种说法，其实也相当主流，可是哲学家他们没听过，很显然这就是为什么你们在当哲学家的缘故，就是，第二种常见的说法，什么叫作真爱，倒没有一个特定的对象，否则坦白讲，全世界六十几亿人，如果只有一个半圆适合你，那比中乐透还难，那真的是比中乐透还难。所以第二种说法，什么叫真爱呢，是借油加温，让你的爱越来越真，也就是换言之，没有什么叫只合得了你的半圆，每个人都是有弹性的，他捏一捏，你涨一点，两个人就可以套起来，就可以切合起来了。所以在这一种说法里，一个人要培养的，不是那种追寻的雷达，或扫描，一个人要培养是要培养爱人的能力，爱一个人是需要能力的。不是你不够爱，是我爱不了你，从我爱不了你，到我能够爱你，爱人是需要培训的，是需要更强大的。所以基督才会跟你讲，要爱仇敌，什么意思？你从你爱父母，爱自己的子女，到老吾老以及人之老，幼吾幼以及人之幼，这爱的能力是膨胀了对不对？以至于最高境界叫什么，爱仇敌。哇，你连仇敌都能爱，你这个爱的能力，沛然莫能御。这个时候，你给我凤姐，我都能给她爱成真爱。当然我没事不需要特别这个样子，我只是强调我们有这个能力，我的这个“我”当然是个代称，我在讲话的时候，所有的“我”都是个代称。

所以从这个角度，我坦白讲，比如说，我有几个前女友，有几个前女友一定是我人生中的半个呢？老实说都没有，可是也都可以，只要当时你愿意，其实就可以。所以本来就有这两派说法。可是今天这场比赛的正方，我在听的时候，我有感受到，他想讲的就是第二种，让他加温，让他越爱越真的这个过程。不过，受限于两件事：第一个，你的表达不像我现在讲的这么清楚，你所谓，今天讨论真爱，不是指某个对象，不是那个贵妇跟狗，其实不是，你要讲我这个意思，对不对？所以你的用语、用词会影响你概念上的传递。我有听懂，因为这个概念，不好意思，本来存在于我的概念里，你不算我脑补，因为你这样讲我真的懂啦。可是的确我也承认，没听过这两个差别的人，以至于你的对方辩友，他也未必会懂。所以我说，正方虽然有令人感到有亲切感的表达方式、有趣的形容，可是他的话语，精准描述能力上不够，这是一个很严重的致命伤，尤其是他要打一个比较特色的点的时候，而不是通俗的点的时候，这是个致命伤。你看我在讲话的时候从来不快，可是我要讲一个概念永远很简单。

反之，反方当你在遇到这个概念的时候，老实说，当然也要看你们的脑子里真爱有没有两种啦，如果你认为真爱就只有第一种，你认为对方从头到尾都在胡扯，真爱明明就是只有那个半圆，我不知道你在谈什么，让爱加温，我不知道你在说什么，胡说八道。你可以选择这种方法，死呛住这种定义，这是一种方法。那么这种方法的情况下，你就不再需要理对方在干嘛了。当然也有另一种可能，是你听懂了，而且当你在准备的时候，你本来也就知道，这有两派说法，所以我们在讨论哪一种才叫，真正的真爱。为什么这个说法会有两派？因为各有各的缺点，其实前面学长他们都讲过了，对不对？你说世间只有那个半圆，那未免太巧了，你说每个人都能加温，那未免你也太幸运了，对不对？

所以本来就有两派说法，基本上你说后面的这些道理到底要不要理性，能不能论证呢？坦白讲，抢赢这个战场，后面就顺水推舟了。你想想看，如果你抢赢了，第一个战场，真爱就是那个半圆，坦白讲，你要相信这个半圆的存在，以及相信对方是这个半圆，这需要多大的不理性啊。六十亿人，你就相信你买的这张彩票会中，这真的很不理性。这需要信念去决定，你要刮开他，开奖，需要很大的信念，对不对？他一定是不理性的，乃至于，他为了一个还没刮开的彩票，都愿意作出偌大之牺牲，他刮开之后，哇，又没中，这都需要强大的非理性。

可是话又说回来，如果是第二种，是只要凭你的加温就行，来，你要怎么个加温法？爱情的元素里面有几项，一叫信赖，对不对？信赖，可以让爱情越来越深，越来越真，其实是不是真爱，就是看你信赖有多强嘛，对不对？爱越真，信赖就越强。这个是不是靠理性来培育出你的信赖，让他相信你，以及让你相信他，我们是不是要有很多共同协作的行为，协调？

第二个是什么？共同分享之经验，对不对？就像正疆学长一开始所讲的，当你想外遇的那一刻，你心中回荡着过去的一些轨迹，那就是你共同分享的时光咯，以及熟悉感。这些就是要用理性慢慢去培养它，维持它。因为你知道任何一段感情，只要你越来越信赖，越来越熟悉，分享的经验以及共同的回忆越多，这个感情相对就越真。这个汤，可以热到什么程度？水的沸点是100度，可是爱情是没有止境的，永远可以越来越浓烈，你还可以爱仇人唻，对不对？所以在这个过程当中，本来就不是单纯靠非理性的去对讲的，是靠理性一起去培养，所以大家才会说，去经营一段爱情。可是你不会去经营你跟耶稣之间的关系，因为那个需要理性。

所以这两种说法，我完全同意刚才周帅的说法，就是我们身为裁判，本来我也不觉得要去靠场上的这种好笑或不好笑、气势有没有压到对手而作出判断。

我唯一给的一个建议是，我也不是在讲小说的问题，我只是给一个建议，尤其是参加国际赛的大陆的朋友，因为大陆的朋友比较容易出这个问题，就是当你的对手来自其他的地方的时候，不要以为大家都知道夏雨荷，对不对？因为很多人他没看过，这不是正疆学长喜不喜欢举小说人物的问题。你讲金庸还好啦，我是认为，可是你讲的有些东西太冷门了，你要注意你的对手可能不像你这样看过这么多的，所以你讲到《天龙八部》的时候，他搞不好还听得懂，你讲什么金蛇郎君，这不是他小说当中最著名的。你一讲到夏雨荷，他们四个辩手面面相觑。他嘲笑你老讲小说的原因之一就是，他可能真的没有看过，你以为这是人人都见过的小说吧，懂我意思吗？所以他狗急跳墙之后，你不要讲这个嘛，对不对？只能这样咯。所以，这个时候，你举例要相对体贴一点，因为你想，马来西亚的辩手一直跟他讲马来西亚，以国内情事为例，对不对？我们的顾大志，对不对？我们的梧桐派，你也听不懂啊！所以这个时候你相互体谅可能会比较好，我只有这个小小的建议。

摆开场上的这种局势不谈，我为什么会投给正方票，是因为，我认为刚才的这个差异，我认为不是那么好讲的差异，我讶异的是，他们的结辩，其实我听得还是蛮清楚的，你说我前面在听的时候包含了我个人的一些脑补，我还写了一些在记事本上，我说你要讲的是这个，只是你没讲好，可是等到结辩讲完的时候，其实我觉得你已经讲得蛮清楚了，煮汤啊这些例子，我觉得还蛮清楚的，我觉得已经还好了，这样的时候我认为，我接受你这个点，已经不算是我的脑补了，这是我判这一票的原因。

林正疆（二次发言）：

稍微说明一下，虽然我个人对举小说例子极度反感，但是我基本上认为，不知者不罪。所以在评判这场比赛的时候，阶段性的给分，人民大学没有因为他举小说的任何一个例子而吃掉0.1分。但是如果你们晋级的话，明天就不是这样了哦，因为我已经跟你讲这么白了，我不会因为执中，或者是一鸣，帮小说说话，就丝毫放宽我的标准，如果你真的觉得我的这一票不重要，明天你有种，你就继续举小说，我是绝对不会改我的判准的。如果你觉得你已经上场做好丢掉一票的准备了，那叫气魄 。

所以我的阶段性给分，完全取决于场上的每一次交锋，我不是很确定，因为我没有算，想要算，又被收走了，那会反映我在每一个环节里面的感觉，但是我绝对没有因为你的举例我不爱而扣分。我不断地暗示你，后面都有看到我的肢体动作吗？都有看到我极度的不耐烦，或者是直接看着你，对你一直点头，然后露出凶恶的眼光，但是显然在这种反光的情况下你看不到我是人之常情。

好，那至于最后的一轮投票，我要顺便补充一下下就好了，我最后在商讨票上的判准其实很简单，就是我所认知的爱情模式，一共有三种情况。前两种是跟执中一模一样，第一种就是每一个人都是一个残缺的圆，他在找寻他那一块；第二种模式呢，就像执中所说的，有很多东西是可以一起磨掉的，棱棱角角的部分磨掉之后，共同运作的；还有一种情况是，你要先努力让自己变成一个圆，你要有正确的观念，你再找另外一个圆，如果说一样大的话，就像轮轴一样，一起滚向未来，如果大小不一样的话，或者是你成为他的轮轴，他成为你的轮轴，你们一起前进。

正因为在我的观念里面，爱情有不同的模式，也不一定是靠加温，所以我可以认同，正方所提出的那三种其中的一种，但是不是因为全部，只是三分之一的概念，我就会异常地重视。你能不能够通过举证跟说明，来说服我解决问题靠的就是理智，我就会异常地要求，因为那是三分之一啊，你要把三分之一说成普世价值就不是那个全部，因为如果你是一半的话，你省去很多论证功夫，你在我心目中已经占了一半的位置。但是如果你只是三分之一的话，然后你又跟我说，近乎于断言的方式跟我说，要解决诱惑、解决相处，这个时候靠的是理智，谢谢大家。完全没有说明的情况下，我会对基础架构打问号。那反方的话，我会认为，他比较能够说服我，就是毫无章法，就是没有办法预测他的可能性，像赌博一样，无章可循，然后失去痛感。那举的例子呢，在不知者无罪的情况下，你的例子我收下。但是因为我对你极度不爽，所以我的印象票绝对不是投给你。但是你的例子我收下，我收下的情况下，我就会认为，反方比较能照顾到他一开始所提到的观念。

所以我的商讨票呢，其实我是给反方的，理由就是我刚才所说的。因为，我所认为的爱情世界有三种运作模式，当你只占三分之一的时候，我不会因此放松一点点我对你要求的举证义务。而反方虽然举出来的东西不见得正确，但是他确实是在无章可循跟失去痛感这两个方面能够充分地对我作出说明，所以我的商讨票，应该是给反方。谢谢。

路一鸣（二次发言）：

我的商讨票也会给反方，理由跟正疆兄说的一样。

周玄毅（二次发言）：

我的理由很简单，对不起啊，我讲一个，心结的事儿，真的是让我很郁闷的事儿。我有一年啊，给武大的锦州辩论赛出了一系列的辩题，因为他们不知道是我出，他们知道他们也不敢骂啊。哇，被喷的啊，被骂得狗血淋头，但是我也不生气。我为什么不生气呢？很简单，你给我任何一个辩题我都能说出脑残的地方，信不信？我一定能自圆其说，你一定搞不过我，而且显得这个辩题很脑残的一个立论，我也能干啊。所以，人与人之间说好的善意呢？对不对？比如说，我说我想喝点咖啡，你说，对啊，我也想喝点咖啡，这没意思嘛！

所以我的判决标准很简单，我觉得任何一个立论，如果这个立论，它是以显得出题者弱智为前提来证明对方很脑残的话，我不太能接受这个立论。这是我的一个判决标准，谢谢。

马薇薇（二次发言）：

那我也一句话简单地说：第一，我有被对面两位束缚，因为我的论点票实际上是看得证的，就是看哪一方更得证；然后，第二呢，其实我有被执中为正方作的申论所打动，那么，可是你们有没有发现，当他在帮你们补价值的时候，补一种新的阐释和立论方式的时候，这意味着你们在场上没有说出来，那么如果你的观点需要是这样的阐释才得证的话，那往往意味着没得证，所以我的观点票会给反方。

黄执中（二次发言）：

我其实不用说什么，因为我刚刚最后一个讲，我要讲的已经讲完了。

2014 新国辩正赛决赛

比赛场次

2014 国际华语辩论邀请赛决赛

比赛辩题

正方：在当代犬儒主义是弊病

反方：在当代犬儒主义不是弊病

对阵双方

C 组出线队伍：（正方）香港中文大学代表队

一辩：郭仁举

二辩：韦腾捷

三辩：唐立培

四辩：詹青云

H 组出线队伍：（反方）中国人民大学代表队

一辩：田诗瑶

二辩：沈宇亮

三辩：李睿婕

四辩：王璟峰

比赛辩词实录

正方陈词 1

正方一辩：

大家好。

犬儒主义在当代被定义为一种不相信伦理价值与社会风俗的价值立场，并对之报以冷嘲热讽，有着玩世不恭的处世态度。

个体层面来看，不相信始终深深地被刻在犬儒主义者的内心。面对种种现实的困境，他们无比失望又深感无力，继而选择不相信别人的热情，不相信正义的呼喊，甚至不相信有任何办法能够改变这个令他们失望的世界。信念的缺失又让他们把对现实世界的不满转化为一种不反抗的清醒，一种不认同的接受，及事实上的不作为。与此同时，改变世界的无力感和自身才识的优越感，交织成犬儒主义者的不甘心，带来对世界和他人不断的嘲讽和揶揄。不相信，让人失去了前进的方向；不作为，让人失去了自强的能力；不甘心，让人陷入了精神的撕裂。这些，都是病态。

而从社会层面来看，犬儒主义的扩散，更会让这个社会溃于积弊，难以自拔。

首先，犬儒主义消极回避的态度对解决种种社会问题毫无裨益。当代犬儒主义奉行者大都受过良好教育，拥有体面职业，有相当的知识储备和思考能力。他们本该是这个社会进步的反思者和先驱者，但犬儒主义却让他们沉溺于浅层的思考，对体制的触碰止于调侃，用各种理论创新来麻痹自己，这是对社会资源极大的浪费。

其次，当代犬儒主义不是简单地独善其身，而是对他人具有强烈的扩张和侵略性。犬儒主义否定为扭转社会而积极努力的行为，认为这样做的人是被虚妄的理想蒙蔽的愚人，并对之报以无情的嘲讽。这种声音越扩散，效果越强烈；效果越强烈，影响越深远。希望改变现状的人尚未行动，已感受到精神上的无助和压抑，甚至转而变为犬儒。这种价值上的绑架和压迫，会加速塑造一个社会堕落的大螺旋。

最后，犬儒主义化的社会将迎来公众社会准则的危机。芝加哥大学教授法德格布指出，当代犬儒主义是一种以不相信来获取合理性的社会文化形态。犬儒主义者否定体制、法律、舆论、传统，认为这一切充斥着阴谋、谎言和腐败，却忽视了这一切恰恰是公众生活赖以维持的基准。犬儒主义者解构的同时，却不试图重塑，只能让虚假成为一切的规范，最终引发社会理想的混乱与崩塌。

综上，犬儒主义在当代对个人是病，破坏了人自强不息的健康机理；对社会是弊，阻碍了社会改革完善的发展进程。犬儒主义无法领我们进入一个超脱的明天，只能进入一个绝望的未来。谢谢。

反方质询 1

反方四辩：请教正方一辩第一个问题：什么叫社会弊病？

正方一辩：社会弊病就是社会上的弊端、毛病和缺点。

反方四辩：好。社会弊病和可能对社会产生一些不良影响的社会现象的区别在哪里？

正方一辩：如果这个社会现象能够对社会造成恶劣的结果，比如像犬儒主义一样，它就是社会的弊病。

反方四辩：所以说达成第一点共识，可能有一些影响不叫弊病，必须对社会造成巨大冲击才叫弊病，对不对？

正方一辩：嗯，可以。

反方四辩：好的。第二个问题：有了一个弊病，是不是我们一定要革除弊病？

正方一辩：这个不一定，要看你有没有能力革除。

反方四辩：好。不一定，所以说我们能容忍一种弊病，我们不要革除它，让它依然在这里存在，姑息养奸，有这样的情况，对不对？

正方一辩：有可能，但是我方倡导的是尽量革除弊病，比如犬儒主义。

反方四辩：好的，所以说今天您方的立场是面对犬儒主义，我们的理想状态不要存在，一个都不留，对不对？

正方一辩：我们倡导大家不要得这种病，不要得犬儒主义这种病。

反方四辩：明白明白。倡导大家最好是一个都不要留。好，这是您方的两点前提。来看您方展开的论证，是个人层面、社会层面和生活准则层面三个维度，对不对？

正方一辩：个人和社会两个层面。

反方四辩：两个层面，好。对方辩友，您方告诉我个人层面的论证是他自己不作为，对不对？

正方一辩：他不相信，不作为，又不甘心。

反方四辩：对对对。他自己不相信，不作为，不甘心，对于社会的巨大冲击力表现在哪里？

正方一辩：首先这对个人来说是不是病？在个人层面是病吧？

反方四辩：论证的是社会的弊病，你要从个人推证到社会。

正方一辩：来，告诉我今天辩题有没有说是社会的弊病。

反方四辩：对方辩友，您告诉我您只需要论证出在个人层面这个弊病是如何论证的。

正方一辩：好，个人层面是弊病。

反方四辩：论证一下。

正方一辩：个人层面，“不相信”让我们失去前进的希望和动机，不作为让我们失去自强不息的能力，不甘心让我们精神撕裂。

反方四辩：对方辩友，打断一下，您告诉我，我一个人不相信、不前进为什么叫作弊病？

正方一辩：对方辩友，你作为一个正常的人有正常的生理结构和机理，为什么要选择一种犬儒主义的消极态度呢？

反方四辩：对方辩友，您方定义之下，一个人必须昂扬向上，必须像刑天一样舞着斧头从头拼到尾，一旦有所止步，有所停歇，就叫作弊病。这是您方的第一点论证。

正方一辩：不对，少一个层次。

反方四辩：什么层次？

正方一辩：你既不相信又不作为的同时，还不甘心，你自我分裂。你的分裂让精神撕裂，这也是一种病态。

反方四辩：好，对方辩友，在您的定义之下，我只要第一不做，第二心里面有一点不甘心，就叫作弊病。好，问清楚了。对方辩友，社会层面为什么是弊病，论证一下。

正方一辩：好。第一点，你不相信、不作为，会使社会资源被极大地浪费；而且你的嘲讽打击了那些想试图去积极扭转社会的人的前进。

反方四辩：前提是必须对社会有巨大冲击，你必须向我论证对其他的人有多大影响。谢谢。

反方陈词 1

反方一辩：

首先非常开心我方在标准上与对方达成一致：就是看到底有没有恶劣的结果。澄清一点：犬儒主义者并不是完全的不作为，他只是以明哲保身为前提之下的有所行动。

我们来看，犬儒主义源自古希腊，最初的犬儒主义者以第欧根尼为代表，追求德性而蔑视规则。因为心中对道德理想的崇高信仰而蔑视现有的制度。而犬儒主义发展到今天产生了一定的变化，现实的约束使得犬儒主义者因为内心道德理想的破灭而蔑视现实制度，用讽刺与戏谑的方法面对一切。具体说来，当代犬儒主义就是意识上普遍质疑，愤世嫉俗；行为上明哲保身，顺从制度。而社会弊病是对社会造成明显冲击或者阻碍的社会问题，显然不包括仅有较小负面影响的社会现象。下面我方向大家论证，在现代犬儒主义几乎没有太大的危害，而且其存在还有必要价值。

首先，在当代，犬儒主义危害几乎不大。当代社会对社会契约的维护具有空前的威慑力。而犬儒主义有两大特征：一是极度精明，二是精神洁癖。这两个看似矛盾的特征在犬儒主义者身上完美结合，确保了他们不会违反社会契约。一方面，因为极度精明才会明哲保身，所以顺从体制。他们对社会人心看得太明白，对社会契约了解得太清楚，他们知道违背道德撕毁契约有多么危险才不会以身试法；因为精神洁癖所以才会看不惯，所以才会愤世嫉俗。但另一方面，一个有精神洁癖的人绝不会拥抱罪恶与丑陋的灵魂。所以这两大特质决定了怀有犬儒主义的人轻道德而不反道德，蔑视底线但不会冲破底线。一种不可能做太大恶的思想主义怎么可能是弊病呢？

其次，在当代犬儒主义还有其必要的存在价值。一方面，犬儒主义实质是对任何意识形态背后利益的憎恶与无奈。无论国内外，任何意识形态都无法屏蔽其背后利益。马哈理想主义的知识分子为社会理想奋斗到头破血流，才发现找不到人类社会发展的一个完美方案。此时幸亏有犬儒主义，不然他们将在现实中找不到出路，理想中无法放下极致追求的矛盾中精神分裂，甚至轻生。所以犬儒主义是这些当代知识分子在无力中的救赎。第二，犬儒主义作为当代社会主流思想的一个绝对反方，是投射在人身上的一种批判精神，对整个主流意识乃至整个思想领域保持冷静、避免狂热是非常有益的。所以犬儒主义并不可怕，相反它有巨大价值，谢谢。

正方质询 1

正方四辩：对方辩友明确一下我们今天讨论的“在当代”，讨论的是古希腊时代的古典犬儒主义还是当代犬儒主义。

反方一辩：我们觉得可以是由古典引发出来的现在的犬儒主义。

正方四辩：好，您方跟我讲犬儒主义的特征是明哲保身、愤世嫉俗，您知道这是古典犬儒主义的本质特征吗？

反方一辩：对方辩友，为什么现代不是这样？

正方四辩：好，您不知道从公元三世纪开始犬儒主义的内涵就在发生变化，今天已经截然变成了另外一种东西，我们今天应该讨论哪一种犬儒主义呢？

反方一辩：对方辩友，现在这种东西到底和古典的有什么区别，您要告诉我。

正方四辩：您方没有仔细阅读犬儒主义的发展历程，我告诉你，传统的犬儒主义揭穿伪善、寻找真善，而发展到今天的犬儒主义已经不相信世界上有真善。这种不相信是当代犬儒主义的特征。

反方一辩：对方辩友，是您方没有看到实质。实质是原来那种理想的，外在的东西没有办法实现，所以变成了最深层的内在。

正方四辩：明哲保身是犬儒主义，陶渊明的“结庐在人境，而无车马喧”是犬儒主义？

反方一辩：可是对方辩友，不只是明哲保身哦，还有愤世嫉俗。

正方四辩：愤世嫉俗是古典犬儒主义，今天已经变了，您方不知道？

反方一辩：对方辩友，为什么今天就变了呢？您给我举一个例子好不好？

正方四辩：我们今天要讨论社会主义对中国经济发展的影响，您方是讨论空想社会主义还是中国特色社会主义？

反方一辩：对方辩友，是讨论现在的社会主义，但是您方还是没有告诉我……

正方四辩：好，既然您要讨论当代社会主义，我方会跟你论证什么叫当代犬儒主义。再来，您方觉得，必须造成巨大伤害才叫弊病，阻碍我的个人发展叫不叫一种弊病？

反方一辩：对方辩友，巨大伤害、恶劣结果是您方提的哦。

正方四辩：好，自闭症有没有阻碍我的发展？

反方一辩：自闭症？不好说。

正方四辩：它是不是一种病呢？

反方一辩：不好说，有些自闭症艺术家发展得很好。

正方四辩：那对方辩友您觉得巨大伤害，这个伤害要有多深您方才觉得那是一种病呢？

反方一辩：巨大伤害是您方提的，您方要论证，我方觉得伤害并不大哦。

正方四辩：来看看当代犬儒主义在做什么。今天我们这个社会地沟油泛滥，本来我们应该解决这个问题，可是犬儒主义者说：哎，至少我们中国人有着世界上最坚强的胃呀，至少中国人体内的化学元素比别国人民都多啊。这种自我解嘲、不作为，是不是一种病？

反方一辩：对方辩友，一方面他是自我解嘲，一方面嘲笑地沟油，而您方的比较标准错了……

正方四辩：他嘲笑的不是地沟油，而是有人想要解决这个问题的时候，他们在嘲笑那些努力解决问题的人，是不是加深了这种病？

反方一辩：对方辩友不要片面看他都在嘲笑，而比较标准是个人选择，他是选择犬儒主义还是其他东西。

正方四辩：您方说犬儒主义是一种批判精神，我告诉您他是怎么批判的。今天我们批判中国政治制度不够健全，犬儒主义的批判是：可是政治都是这样，天下乌鸦一般黑。

反方一辩：可是只有犬儒主义能这到这种效果了。谢谢。

正方陈词2

正方二辩：

大家好。我们来看一下今天对方是怎么跟我们论证的。

先看定义，他告诉我方，明哲保身是犬儒主义的一种表现，可是对方辩友，我方举的陶渊明是明哲保身的人吧，他算是犬儒主义吗？我们还要加上一个愤世嫉俗，可是恰恰您方没有看到愤世嫉俗的内核发生了转变。以前是因为我觉得世界上的善是伪善，我相信有真善，所以我要揭露这一切，我要寻找真善。可是三世纪以后古典犬儒主义转身了，他告诉大家，其实我觉得根本就没有真善可言。他开始怀疑这个世界上一切的价值，他觉得全都是功利的计算、金钱的考量，而没有真正内在的价值。你没有认识到什么是当今犬儒主义根本之所在。

第二，您方告诉我什么叫弊病：一定要有巨大的危害才叫弊病。请问，绝症、癌症当然是弊病，可是感冒虽然危害没有那么大，难道它不是弊病吗？弊病是什么？对于社会而言就是有阻碍，您方不要因为这个阻碍没这么大，就说它不叫弊病了。您方告诉大家，其实它有存在的必要啊？我方说有时候感冒也挺好的，为什么？感冒之后你身体的免疫机能得到了调节，它也有必要。可是感冒就因此不是弊病了吗？这不是很可笑吗？所以您方必须告诉大家的是它没有像我方所说的产生了种种阻碍。

好，来看一下您方具体如何论证了它不是弊病。

第一点，您方告诉大家：犬儒主义者不会做极端的恶，他不会拥抱那些很邪恶的价值。我方承认，有时他确实不会做出极端的行为。可是诚如刚才所言，我们不需要论证到这种行为才能够承认犬儒主义是弊病。另外一方面，您方只论证他没有做极端的恶，可是您方能否认，我方真正提出来的他能够造成的危害吗？他自己的沉默，自己不作为，他对别人的行动的嘲讽以及对别人的讽刺，对社会上的希望的灭绝，难道不是我们所说的恶吗？您方必须要否定我方所说的恶，您方论点才能够成立。

第二点，您方告诉大家：其实它不仅不是弊病，反而是社会上的一种解脱，对于现在而言，我们有很多压力也好，我们对于世俗的不相信也好，通通必须要找到一个出口。有两个问题：第一，犬儒主义真的是解脱吗？您方只不过是在短暂的对于别人的嘲笑当中换来自己的一丝快感，可是之后呢？因为犬儒主义者的不作为，因为他打压别人的不作为现状不会改变。你讽刺过一次之后就会有第二次，看到第二次不平的事件你还会继续讽刺下去。这像什么？就像毒药啊。这哪里是真正的解脱呢？其次，就算我承认有暂时的快感，有暂时的解脱，这跟它是弊病有冲突吗？反而更论证了它是弊病。我们想一下，如果世界上的人全都是用您方的方式来获得短暂的解脱，而对于真正的问题不着手解决，这还不叫社会的阻碍，还不叫社会的弊病，又叫什么呢？对方辩友，您方如果要阻止别人放弃治疗……（时间到）

反方质询 2

反方三辩：好，请教您了，您方不认同我方定义的两个点，第一个愤世嫉俗，第二个明哲保身，对吧？

正方二辩：我方说您方没有看到内核的变化。

反方三辩：没关系，就是您方觉得这两个东西在现代的犬儒主义中存在吗？

正方二辩：愤世嫉俗的表现存在。

反方三辩：好，明哲保身的表现存在吗？

正方二辩：明哲保身并不存在。

反方三辩：并不存在是吗？给您举个例子啊，像辜鸿铭，当时他也是一个典型的犬儒主义者，他愤世嫉俗，他嘲笑那些学生不敢剪掉辫子，然后当时张作霖看不惯他，这个时候他选择了明哲保身，对吧？

正方二辩：我不太明白为什么当我去嘲笑那些人的时候我还算是一种明哲保身。

反方三辩：不太一样，就是当初张作霖，当时他的上司看不惯他，这个时候他选择卷包袱走人，他没有选择直接冲突，所以说明哲保身是可以有的，对吧？

正方二辩：承认可以有。

反方三辩：好，请教您第二个问题，不作为是一种现象描述，也是一种行为，对吧？

正方二辩：对方辩友，明哲保身并不是犬儒主义的核心，您方只告诉我犬儒主义者有明哲保身的行为也不能论证问题。

反方三辩：就是有明哲保身。想请教您的问题是：不作为等不等于犬儒主义？

正方二辩：犬儒主义有不作为嘛。

反方三辩：对，有不作为，不作为必然是由犬儒主义导致的吗？

正方二辩：你不能告诉我可以有别的东西导致，犬儒主义带来不作为就不是弊病。

反方三辩：没关系，就想具体请教一下您方具体提出的不作为，比如说您方提出的地沟油问题，这个时候很多人选择不作为，请问有没有可能是由于功利主义？

正方二辩：可以。

反方三辩：好，有没有一种可能是因为道德虚无主义？

正方二辩：您方都是在告诉我有其他的弊病。

反方三辩：对。没问题，您方刚才在质询中与我方达成一致，您方需要论证犬儒主义带来了较大的危害，请您论证一下在不作为这个问题上，犬儒主义带来的危害有多大。

正方二辩：坦白讲，刚才我说了，有阻碍就叫弊病，再小也是弊病。

反方三辩：好。请教您，这是一个问题，您方一辩很矛盾，有阻碍对吧？世界上什么东西对另外一个东西毫无阻碍？

正方二辩：坦白承认，如果说这个世界上您方觉得大多数的东西都有阻碍，那其实都有病，没有问题。

反方三辩：对，但是我们今天谈是不是一个社会的弊病嘛，对不对？首先，我现在跑步也会对身体造成一点点伤害，比如说我跑太多也会让身体不太舒服，请问你，是不是我跑步也可以叫我得病了？

正方二辩：不适当的跑步是一种弊病。

反方三辩：没问题。那比如说现在我身体里有一种细胞，它可能过量的时候会对我产生危害，平时的时候有一点点损害，请问您，这也是一种病吗？

正方二辩： 过量也是一种弊病，只是您方觉得一定要是绝症才叫弊病，问题就在这里。

反方三辩： 对方辩友，喝水对身体是有毒的，其实水是有毒的，药也是有毒的，是药三分毒，药也是病吗？

正方二辩： 水是有毒的是怎么来的？

反方三辩： 没关系，您方不太清楚，就拿药这个类比好啦。是药三分毒，您方听过吧？药是病吗？

正方二辩： 我需要吃药，不是病。

反方三辩： 对，需要吃药没错，可是，药不是病。这是您方的一个根本逻辑问题。按照您方的推论，所有东西，包括药，都是病。

反方陈词 2

反方二辩：

其实打到这里，双方对于犬儒主义基本达成共识。对方辩友可以认同犬儒主义的表现是愤世嫉俗和明哲保身，他方二辩亲口承认的。那再看关于弊病的认识。其实他方一辩和二辩有明显冲突。对方一辩告诉我们只有造成巨大冲击才叫作弊病，对方二辩告诉我有阻碍才叫弊病。为什么同样一个标准，您方两个人嘴里说出来就不一样呢？再看您方二辩这个标准，其实这个标准也有问题，为什么？我们想一想，今天环保会不会阻碍经济发展？其实是会的，它会降低我们 GDP 的增速，但我们想一想回报是不是这个社会的弊病，不是，为什么？因为它有它的利处，不可规避。所以您方二辩告诉我有弊端就是弊病，有阻碍就是弊病，好像这个标准有点问题吧。

再看，您方第一点告诉我们对个人有问题。您方无非告诉我们说，今天个人层面我可能会不作为、不甘心，可是对方辩友，我们想一想，个人有问题等于对当今社会他是问题吗？比如说今天全社会只有一个自杀的人，他对他自己很有问题，可是我们能说当今社会自杀是弊病吗？只有一个人自杀的时候好像不能。因为他没有造成对社会的巨大冲击，对不对？再看，即使我说今天我不反抗、不作为又怎么样？我们想一想，小学的时候老师让我加入少先队，我那个时候其实不太想加入，老师让我加入我不太想加入。这个时候我不作为。然后其他同学都加了，我不甘心，你这个时候能告诉我不加入少先队对我来说就是弊病吗？它可能没有那么好我承认，但是对方辩友这是弊病吗？好像不是。所以您方对弊病的定义有点低。而且个人战场好像不太能论证出来。更何况是我方三辩与你方二辩已经达成共识，就是一个问题，比如地沟油，这个问题可能是由功利主义带来的，也有可能是由犬儒主义带来的，所以您方今天在举例子的时候请一定要注意一下，一定要告诉我它为什么是犬儒主义带来的，而不是功利主义带来的。

再看您方对社会层面。

您方第一点告诉我们社会层面本该贡献。您想一想，今天我们校辩论队其实还有一个很厉害的辩手没有来到这里，他有考试，他本该来但没有来，他就等于是人大辩论队的弊病了吗？好像不是。我们不能这样苛责一个人，对不对？我承认他如果来了更好，可是不等于他不来就是弊病。

再看，您方第二点告诉我们说他会嘲讽改变现状的人。但是我们想一想，他是对一切都嘲讽，他既嘲讽改变现状的人，也嘲讽制造现状的人，比如说您方地沟油的例子，他既嘲讽那个想去改变地沟油的人，同样也嘲讽那个制造地沟油的人。所以对方辩友，为什么你只拿一半跟我比较，那一半你就不比较？您方告诉我嘲讽改变现状的人会让改变现状的人不往前走，可是为什么嘲讽现状不会让现状进行改变呢？所以对方辩友您拿一半进行比较，这是您方公允的论证标准吗？不是吧。

再看，您方第三点告诉我们犬儒主义化。您方是在告诉我们什么？是“当大家都是犬儒主义者的时候”，可是我们想一想，当下社会大家都是犬儒主义者了吗？没有吧。在座这么多人可能只有部分人有一些时候有这个倾向。所以您方告诉我所有人都是犬儒主义者这种情况在当下社会本来就不存在嘛。谢谢。

反方质询2

正方三辩：来，请教您方，在您方定义下什么叫弊病？

反方二辩：我方认为弊病就是他对社会有很大的危害。

正方三辩：很大伤害？多大叫很大？

反方二辩：我方的标准已经告诉您方了，就是他对社会造成明显冲击或阻碍社会发展。

正方三辩：明显冲击，什么叫明显冲击？

反方二辩：阻碍社会发展。

正方三辩：好，很好，我方也认同弊病就是阻碍社会发展。我们来举个例子，感冒是不是病？小病。

反方二辩：对方辩友……

正方三辩：感冒是不是病？

反方二辩：对方辩友，我可以解释一下我的标准吗？

正方三辩：你回答是或不是。

反方二辩：感冒是病。

正方三辩：癌症是不是病？

反方二辩：癌症是病。

正方三辩：癌症是病。好，所以说都是病，只是病的程度严重不一样而已，第一个共识达到了，只要阻碍社会发展、阻碍个人发展就是弊病。很好，再来。您方举了药的例子，举了环保的例子，是不是您方认为这些东西又有利、又有弊，所以不能统称弊病，对不对？

反方二辩：所以您方就是没有让我解释标准，我给你解释一下，对方辩友……

正方三辩：来来来，确认第二点，是您方一定要论证到犬儒主义有利处您方才成立，对不对？

反方二辩：对方辩友，我可以解释一下标准吗？

正方三辩：我现在在和你确认嘛。您方举了环保的例子，您方的意思是环保会阻碍经济的发展，但同时对地球又有好处，所以我不能统称环保是弊，是因为环保里面有好的东西。那按照这个逻辑，您方是不是要论证犬儒主义当中有好的东西可以促进社会发展呢？

反方二辩：对，对方辩友，犬儒主义在当代有它必要的存在价值，而且对方辩友，我可以解释我的标准吗，对方辩友？

正方三辩：好。我听懂了你的逻辑，之后您就要向我们论证，有值得推崇的价值，第二个共识。来，我们再来看您方所说的危害不大。您方今天告诉我因为犬儒主义没有使社会崩塌，所以就没有弊病是么？

反方二辩：对方辩友，我方不是这样论证的。

正方三辩：您方一辩说它没有违背社会契约，所以就不是弊病。

反方二辩：不是。我方是告诉您方，在当代犬儒主义危害几乎不存在。

正方三辩：好，来，看一个危害：著名学者、政协委员于丹，当她在雾霾很严重的时候说不要紧，我们可以在心里建立精神防护，就可以让雾霾不进到我们心里。这种不看现实的做法，您方认为，这一种本应该承担起反思社会问题的知识分子角色都选择麻木的时候，是不是问题？

反方二辩：所以对方辩友，于丹是觉得当下雾霾很好么？

正方三辩：所以她这样的行为，她作为一个知识分子，不承担起反思者的义务，是不是问题？很简单。

反方二辩：对方辩友，首先跟您明确一点，就是于丹她本身也认为雾霾不好……

正方三辩：不要逃。我方不是想要论证于丹认为雾霾好。

反方二辩：而且对方辩友……

正方三辩：来来来，对方辩友，您可以不打断我吗？于丹是认为雾霾不用解决，我们内心建立精神防护，对于政协委员来说，这种不去解决社会问题的无奈，在您方看来没什么大不了。

反方二辩：对方辩友，跟您说得很清楚了，两面都不好，才是犬儒主义行为嘛。

正方三辩：在您方看来，社会反思者不反思，也不是问题。（时间到）谢谢。

反方质询小结

反方三辩：

先纠正对方辩友一个非常常识性的问题，于丹犬儒主义吗？不对，犬儒主义首先你得愤世嫉俗吧？于丹天天给人讲心灵鸡汤，哪里愤世嫉俗啊。

告诉您，您方今天对我方逻辑层面很有质疑，跟您简单梳理一下我方逻辑好了。我方逻辑很简单。第一，对现在的社会没什么危害；第二，它现在的存在有价值，并且很合理。一点一点跟您看好了。弊害那一端刚好和您方构成一个矛盾，您方告诉我，现在危害很大，两轮质询中已经跟您确认的很清楚了，您方根本无法论证。第一，这个危害对社会造成了多大冲击，我不作为对这个社会目前有多大影响，没有论证。第二，您方没论证的是：它是不是由犬儒主义带来的。告诉您，当下功利主义的泛滥比犬儒主义严重多了。现在社会大多数的不作为是为了自我保护，恰恰是因为利己主义，您方也没论证犬儒主义到底发挥了多大功效，您方没论证。第三，关于犬儒主义它的价值在哪里。正像您方在第一轮质询中承认的一样：现在您方觉得犬儒主义是种病，得消除。所以说，您方现在认为不应该有犬儒主义存在。就问您一个问题，对现在的政治体系，或者思想主流心怀不满的知识分子怎么办？您方看来现在有两条出路：第一条，奋起革命。我要表达我的声音，因为我必须得表达我的思想，我才叫有所作为嘛。第二条，我方说的犬儒主义，您方不要。第三条，再给您补充一条好了，他还有可能走上一条自我毁灭的道路。您方有没有发现，知识分子好像蛮容易自杀的。给您举一个例子好了，刚才我在质询中提出了辜鸿铭的例子，给您举一个非常对应的例子叫王国维。王国维怎么了呢？他非常地不满于现实，最后自杀了。当时梁启超对他的点评是：本来可以不死，但是不能服从社会，所以最后不得不死。但是辜鸿铭呢？他自己剪掉了辫子，学生嘲笑他没辫子，他嘲笑学生甚至不敢剪掉你的辫子。张作霖看不惯他，没关系啊，我也不跟你斗，我卷起包袱走人。我继续嘲笑你。这种嘲笑的心态，反而是对他自己的一种解脱。就最后想请问您一个问题，您方待会在小结和自由辩中也必须向我方论证，您方封死了他像王国维一样犬儒主义的道路，您方留下了一条是不是只有王国维的道路。

正方质询小结

正方三辩：

先提醒您方一个矛盾之处，您方告诉我犬儒主义是明哲保身，但是又说利己主义不是犬儒主义，那么明哲保身者难道不是利己主义吗？很奇怪哦。

再来看，首先很高兴跟您方达成了第一个共识，我们今天讨论弊病就是只要阻碍了我的个人发展，只要阻碍了社会发展就可以了。正如感冒和癌症两种疾病程度不同，但他们都是病啊对不对？所以您方打到这里充其量在论证犬儒主义不是这个社会的不治之症，犬儒主义还不至于让这个社会瓦解而已。但是不能论证您方不是弊病，不阻碍社会发展的观点。所以我方才需要向你论证，如果说我是个退休的老太婆，在家里看到雾霾后说一句“哎呀，不用管，雾霾这个问题嘛，反正都这样了”，其实没有人会怪她的，因为她只是个平凡人，她的话坦白讲不那么重要。但是我们今天发现犬儒主义者很多都是受过良好教育、有体面的职业，他们很多人在公共话语权上面垄断了很大的权力，所以他对这种社会问题的视而不见，他的这种以为社会价值的不存在，才那么危险。我方并不是说每个人，不作为都是病，但如果你是个社会赋予你巨大责任的人，你还不作为的时候，那就是病。如果今天我们的当权者鱼肉百姓却没有任何作为，你会怪他，但一介草民不为国家苍生考虑的时候，你也不会去苛责他的。这是第二个区别。

第三，您方混淆了一个概念，叫作批判和嘲弄。什么是批判呢？如果我们今天要去批判美国的两党制，我们会说两党制选举浪费了很多金钱，这样不好，我们批判者认为你们不要那么作秀，你选举的时候节省一点好不好？这叫批判，批判是有破有立的。嘲讽是什么？嘲讽当听到美国人民两党制的时候：哎呀，你看嘛，这个政治天下乌鸦都一般黑。他只有嘲弄没有立。批判者批判一种理想，但他回去说出自己的理想，他会知道有另外一种追求。而嘲弄者是嘲弄有理想本身。犬儒主义者的嘲弄是嘲笑你们这些还有社会价值的人，你们都太傻了。您方说伤害不大，伤害其实挺大的。当你犬儒主义都在嘲笑别人的时候，您方怎么知道那些被嘲笑者的感受呢？清华大学的著名政治学副教授刘鱼在微博上长期都会有一些介绍美国民主生活的细节的东西，然后有一个网友就说，哎呀，你说这些其实都差不多，没所谓的，甚至去诋毁刘鱼的学识、诋毁刘鱼的私生活，最后刘鱼愤而退出了微博这个公共对话的平台。如果犬儒者天天去嘲弄别人，这不会把真正想要说出自己理想，真正想要有所作为的人逼出公共对话空间，才是最大的弊病。谢谢。

自由辩论

正方四辩：来，对方辩友。功利主义带来地沟油，可是犬儒主义用中国人最强的胃来为地沟油辩护，这是不是病？

反方一辩：我刚好想讲这个。您方小结暴露的定义问题实在太大了，不得不先提。您方是不是认为利己主义者都是犬儒主义者？

正方三辩：不是，是您方自己暴露的矛盾。您方一边说明哲保身是犬儒，一边又说利己主义不是犬儒，那么您方的明哲保身难道不是利己吗？第二次请问您：当今天中国出现食品安全的时候，我们这些人不是去反省这一制度，而是去轻描淡写地说一句我们中国胃最棒，我们吃过每种化学元素。这是幽默还是弊病？

反方一辩： 对方辩友，定义问题没搞清楚，别急着推例子。给我区分一下利己主义者和犬儒主义者。利己主义者不都是犬儒主义者。

正方三辩： 犬儒主义者利己，而且他甚至不相信别人有利他的可能。就好像如果有人要为食品安全愤世嫉俗，大声疾呼的时候，他会告诉你：你有病吗？干嘛要呼呢？

反方四辩： 所以对方辩友理解错啦。利己主义者可能是伤害别人的利益保全自己的利益，而犬儒主义者充其量可以做到保护自己的利益而不会伤害别人。回到地沟油的例子。一个犬儒主义者可不可能骂：喂，你这个搞地沟油的人用这种方式赚钱，你好下作。这是不是一种犬儒主义？如果是的话，有没有正面效果，对方辩友？

正方一辩： 对方辩友，利己主义者自嗨可以，但犬儒主义者自嗨的同时还要伤害我，我自己想改变中国的现状，你却说我是个傻子，对方辩友，你觉得这是社会的弊病吗？

反方四辩： 对方辩友，他不但伤害你，还伤害那些危害中国的人，你怎么只看一面呢？

正方四辩： 不对。他嘲讽中国政治的方式是什么呢？天下乌鸦一般黑。这种嘲讽是驱使我们的政治进步呢，还是替它辩护。

反方三辩： 对方辩友，没关系。您方对犬儒主义的理解很偏狭。犬儒主义，您方自己说的怀疑一切、否定一切，政策辩中有没有一种东西叫绝对反方？有没有意义？

正方四辩： 什么叫怀疑一切、否定一切？就是我不止怀疑中国政府，而是怀疑世界上没有好政府这件事本身。这种辩护和不作为是不是弊病？

反方一辩： 来，回答问题啊。刚刚问你了，我们在政策辩中有一个立场叫绝对反方，就是您方说什么我都要怀疑。对方辩友，有没有意义？

正方一辩： 来，对方辩友回答这个问题：今天有个犬儒主义者不仅仅批判中国政府的制度，而且告诉你今天所有的制度都一样，没有必要去追求，你觉得不是社会的弊病？

反方三辩：对方辩友，我怀疑世界上没有一种绝对正确的制度，这个观点有没有价值？

正方二辩：所以您方觉得批判主义跟犬儒主义没有区别。

反方一辩：对方辩友，批判主义就是怀疑一切吗？犬儒主义才是这样，对不对？还是问您现代社会犬儒主义到底有没有价值，请论证。

正方二辩：对方辩友，区别在于批判者相信有真善，犬儒主义者觉得全都是伪善。

反方四辩：好，对方辩友，当一个人告诉你，他在质疑这个世界上到底有没有一种完美无瑕的政治制度的时候，你可以不认可，但是你可以说这样的一种思想没有任何价值吗？

正方三辩：您说的是一个还在挣扎中的怀疑主义者。犬儒主义者挣扎过了，他想清楚了，这世界上根本就没有好东西，世界上根本就没有真善，这才是区别，您方区分一下好不好？

反方三辩：对方辩友，也想请您方区分一下，犬儒主义和虚无主义有没有区别啊？

正方一辩：有区别啊。我今天不光认为所有的价值都是虚无的，而且我认为你们所有认为有价值的人全都是傻子。

反方三辩：所以说对方辩友您方认为犬儒主义是一个超级虚无主义，对不对？

正方一辩：不是。是我不光要自嗨，还要以伤害你为我自嗨的原因，所以这个就是社会上最大的弊病。

反方一辩：可是对方辩友啊，伤害你让我自己开心，那不是利己主义吗？

正方三辩：来来来，空谈没有意义，我们来举个例子让您看看什么叫犬儒主义里的伤害。我们看到有些人会喊什么，年轻人哪，太天真啦，你们都会被政治玩弄，会被政治所利用。这种所有的努力，都是徒劳无功的。这种情况下你自己不疾呼，还要对别人的疾呼指手画脚，让他们停手，这还不是弊病吗?

反方二辩: 对方辩友，同样的例子回给您，您方今天定义中有个“不甘心”，是不是我对现状也不甘心?对方辩友是不是也会嘲讽现状?所以对方辩友，说来说去我们的嘲讽是两面都嘲讽，为什么您方只拿一面呢?

正方三辩: 您方理解错了。不甘心是不甘心我不作为，不甘心是不甘心我那么聪明但是我也不想作为。所以他方用嘲讽来当借口要不要来解释一下?

反方三辩: 没关系，我方在刚才达成了一个共识：批判至少有价值。来看一下另外一个共识，您方刚才一直告诉我，现在要消灭犬儒主义，那些有所谓的变革者是不是说知识分子必须成为变革者，不成为变革者就是不作为，就是弊病。

正方一辩: 批判有价值，批判一切没有价值。

反方四辩: 对方辩友，您要看他是不是只打击这一种人嘛。回答我方的例子，您方是不是认为知识分子必须做王国维，对这个社会有不满必须跳湖，不能像辜鸿铭这样做一个相对保全自己的人?

正方四辩: 对方辩友，知识分子为什么不能像龙应台一样做这个社会的批判者，而一定要像犬儒主义一样煲鸡汤、回避我们的社会问题?

反方四辩: 对方辩友核心问题来了，第一，于丹她不是犬儒主义者；第二，您告诉我按照辜鸿铭的做法不如龙应台，那么好，所以他就是坏的。您方辩论今天打得也不如评委好，所以您方辩论打得很差，是这个逻辑么?

正方三辩: 辜鸿铭按照您方观点也不是犬儒主义者哦。

反方一辩: 对方辩友，为什么?

正方三辩: 因为您方说明哲保身啊。于丹也是明哲保身，为什么又不是犬儒了呢?

反方二辩: 明哲保身是一些主义都会带来的，但是您不能告诉我因为他明哲保身了他就是犬儒主义，对不对?再请教您方了，您方告诉我，从过去投江的屈原到现在叶赛宁、海子、王国维，请您告诉我您断绝了他们犬儒主义这条出路，您是不是希望知识分子都去投湖啊？

正方三辩：打到这里您终于承认明哲保身和犬儒主义没什么太大关系，非常好。您方最后一个担心就在于，你不让我犬儒我怎么办？你可以转变成批判分子呀，对不对？我结辩跟你说了嘛，批判不等于嘲弄。你变成一个理性批判者，有什么不好呢？

反方三辩：对方辩友不太懂为什么那叫犬儒主义。只是想向您确认最后一个问题，您告诉我，知识分子应该怎么做才不会成为社会弊病？

正方一辩：您这是两害相权取其轻，取一个轻一点的不还是害吗？对不对？

反方一辩：那对方辩友，坚持经济会损害环保，坚持环保会损害经济，两害相权取其轻喽？

正方三辩：您全场自由辩都没论证犬儒主义的利，所以和环保类比不恰当哦。

反方三辩：我正是在跟您论证它的利，您方告诉我，知识分子该怎么办，犬儒主义是不是他们的一条出路？

正方三辩：跟你说他们成为批判者不是很好吗？

反方二辩：对方辩友，今天我们告诉您如何保护知识分子，让他们正常地发声。请教您，一会儿结辩中告诉我，犬儒主义是不是今天知识分子一条很不错的出路？

反方总结陈词

反方四辩：

大家可能都听清楚了，质询中一辩告诉我，有巨大的危害叫作社会弊病，二辩又告诉我，有一点阻碍就叫社会弊病。我方说不对，有一点阻碍的同时如果有好处呢？所以对方要求我们，必须论证阻碍不大而且有很重要的好处。好，按照您方的要求，我方来论证一下。第一，论证危害不那么大。我怎么论证呢？我试图把您方举出的危害拆解掉，看能不能论证，大家听一下。

对方辩友第一点说在个人层面有危害，为什么？第一，你不干了，你不奋斗了。第二，这还没完，你还心有不甘，你精神分裂，这叫病。对方辩友，按照您的逻辑，我现在年级比较高，可能打完这场比赛我会放弃辩论，再也不打了，如果今天您方表现比我们好，我方没有得到冠军，对方辩友，以后我也不能打辩论了，我不干了，我心里面对此一直耿耿于怀，有一点点的不甘心，对方辩友，我得病了！这是您的逻辑。按照这样的说法的话，在座恐怕很多人都得病了。不成立。

第二点，社会。对方辩友跟我说：你质疑一切，可能会有危害，对方辩友，但是您方有论证吗？我方告诉您，地沟油的例子，犬儒主义者是批判一切，批判那些想改变地沟油的人，也批判那些制造地沟油的人，对方辩友，你怎么不看？再来，我方告诉您啦，让一个社会无动于衷的不光光是犬儒主义者，还有利己主义者、功利主义者、虚无主义者，等等。您方必须向我论证在有些人不作为的过程中，犬儒主义者贡献了多大的力量，造成了多大的影响，您方统统没有论证。反面说，如果大家都是犬儒主义者的话，这个社会不能运转啦。没错。但您论证的是：大家都是犬儒主义者，是弊病。但今天辩题不是这个啊。所以说您方两点对于危害的质疑，回击你了，危害没那么大。

跟大家说一说犬儒主义者他有什么作用，两点。第一点，政策辩中绝对反方的作用：您说什么我就质疑你什么。这样的一个做法对方辩友您可能看不惯，诸位想一想是不是一点用都没有。再来，知识分子一种在无力状况下的精神救赎。我方告诉您，我方不太希望所有的知识分子都像海子一样，都像叶赛宁一样，都像王国维一样，这样的在对现实不满的情况下就了结自己的生命。想辜鸿铭这样找到一个暂时保护自己的方式我们也觉得不错，这是他的优势所在。您方回应是不行，必须像龙应台这样，写好多文章，鼓励大家唤醒世人。对方辩友，充其量说我方做得不如您好，为什么我们就病啦？还是那个逻辑，我打得不如评委好，是不是就说明我真的打得很差？当然，也许我打得真得很差，但这个逻辑是不成功的。

最后，对方辩友，您方对犬儒主义者的认知是有偏差的。您知不知道，在犬儒主义者刚刚兴起的古希腊时代，他们是怀着一种对道德的极端理想主义的，所以，他才会说，亚历山大大帝，你不要挡住我的阳光哦。您是不是以为到了今天这些徒子徒孙们只会嘲讽了？不对。您想一想，一个嘲讽者如果对这个世界没有任何理想的话，他会不满么？不会。所以说他们对这个世界还是有理想主义情怀的，只不过压迫得很深。对方辩友，今天谁不会戴着一张保护自己的面具呢？但是犬儒主义者知道，这个世界要求我戴着面具是多么的可笑，我自己必须戴面具是多么的可笑，这是他的坚持啊！所以说，他今天会说，即便我戴着保护自己的面具，我也会面向阳光。谢谢。

正方总结陈词

正方四辩：

大家好。对方辩友，知识分子可以把犬儒主义当作一条出路，不代表它不是弊病。恰恰是因为今天的中国许许多多的知识分子都把犬儒主义这种不作为的嘲讽态度当作出路，它才成为了严重的社会弊病。知识分子不是没有其他出路，您方给了啊。我可以愤世嫉俗精神洁癖，做一个批判者。可是这不是当代的犬儒主义。

我方都不用现代哲学界达成的共识跟您说，愤世嫉俗和明哲保身这种传统古典犬儒主义变化到今天已经变成了虚无主义和玩世不恭。我直接用您方的说法，为什么当代的犬儒主义表现为嘲讽，嘲讽和批判有什么区别？我如果只是一个批判者，我的心中是想要把这个世界变得更好，我有一个可追求的目标，我才批判。可是嘲讽是一种什么口吻，是你再努力也没有用，你在做傻事，我来嘲讽。您方说它对个人和社会都不是弊病，我们来看一下。您方觉得不甘心不是一种弊病，可是一直耿耿于怀、不甘心，这真的是一种心病。可是更重要的是，犬儒主义者的不甘心不只是对社会不满的不甘心哦，他是实践过以后、自己追求过以后觉得我一切看透了，我不甘心放下我这种聪明，来点醒你们这些还在奋斗的人，这种不甘心。我本来可以变为一个更好的人，可以追求道德追求善，可是今天犬儒主义告诉我，这个世界上不是真小人就是伪君子，所有利他的行为其实都有自利的动机，所有的道德都是面具，所有的慈善都是演戏，我还有什么动力去追求那个善？我自己没有了这个动力，作为一个犬儒主义者我还去打击别人，我还说你们这些追求善的人不是在演戏就是你蠢。我不仅害自己，我还害别人，这是不是病？再来看社会，您方说今天犬儒主义病不够大，因为好像只是一部分人，因为好像旧社会的病还有其他的来源，可是我方没有说他带来所有问题，但他让所有问题得不到解决。而犬儒主义者抱持着这种不相信，又阻碍那些想要改变社会的人，到头来他们自我实现了。你看我阻碍你，你实现不了，证明我是对的，我聪明。

对方辩友，今天我们理解犬儒主义者，我知道，从古典到今天犬儒主义者本来是一群极端的理想主义者，他们是怀着理想来到这个世界的。就像哲学家欧文·豪说的那样：一个极权的社会常常从乌托邦的梦想开始，在狂热的理想主义中走入恐怖统治，在最后变成了愤世嫉俗、玩世不恭的虚无，变成了犬儒。到了今天，这些人做完了这一场大梦以后，他们觉得我看透了，他们看着今天还在做梦的人说：这些梦我不是没有做过，我做得比你更用力，可是到头来我得到了什么？今天我在这个社会中作为一个奋斗者本来已经很难，可是这些权威和精英告诉我，你这是傻，我是说有什么动力我会想，那好，我不要奋斗了，我不仅不用用力，我还可以加入聪明者的行列，这个社会还怎么前行？谢谢大家。

比赛点评实录

林正疆（印象票投给反方）：

我人少，所以我先讲。

基本上我给予这场比赛相当高的评价。这场比赛打的不管是知识层面、所举的例子、辩手的表达能力，基本上都是上上之作，终于让我看到了这一次足以称之为我评过的所有比赛中最精彩的一场比赛。它取代了原本我认为最精彩的香港中文大学对中山大学的比赛，已经变成本系列我看到的最好的比赛。恭喜各位辩手。昨天我曾经跟各位说过打辩论不要像过马路，今天基本上双方辩手都没有过马路，把自己置身在危险之中。

那我交代一下我给印象票的最大原因，是因为今天站在正方的立场上，他站在一个批判犬儒主义的角度，他跟各位说犬儒主义有诸多弊病。然后在第一个环节的时候，他的一辩就说了他们的观念：就是当反方四辩去问他的时候，问他说那你的立场是不是要消灭犬儒主义者。那各位知道我的职业基本上是法律，当你决定公开地说你要消灭某一种言论的时候，我会苛与你最高程度的举证义务，因为你违宪，因为基本上你要打击言论自由。我会给他最高程度的举证义务，因为他明白地告诉我，他不要让这个主义有任何人存在。好，那他后来有没有进行论证，明白地告诉我有充足的理由呢？没有。后来战场退到，可能有几分弊病，可能有几分好处，然后正方至少维持住了不会有人死啊，至少你要给他一个出路啊。我怀疑他是照抄昨天执中的东西啦，不过他显然经过了一些包装，至少你给他一条出路，至少你得过一点利益，我看不出来为什么你要消灭这样的东西。那这就会在我的印象里面形成一个东西，就是我会根据我最基本的所学，虽然裁判应该要像白纸，当你公开地说你要消灭某种言论的时候，你就必须明白地告诉我它一无是处。可是后半战场其实你在进行的是利害比较。对方也告诉你犬儒主义基本上不是嘲笑，那些你认为可怜的人、那些可恶的人他也一并嘲笑，可能带来的社会动力你不去看。而正方举出来的实际弊害只是一位名人索性关掉微博。不知道各位有没有注意到，在实际损害的举证上正方唯一举出来的实际损害，实际比较大的损害是某一位名人关掉了微博，剩下的是推论，剩下的全都是推论。他推得通不通就会反映在我的阶段评分里面。而实害只是关闭微博，关闭了微博不跟你们这些人打一些无谓的嘴炮、口水战，究竟算不算弊害，这是一个问题。

讲到这边，我想跟各位稍微提醒一下，其实今天我会认为正方先天性站在一个比较不利的位置。倒是之所以站在这个不利的位置，是因为他必须要论证所谓的弊害。可是啊，基本上我个人认为所谓的弊害其实是一个相对流动的概念。什么意思？各位有没有听过一句话，没有最坏，只有更坏。也就是说如果正方在一开始的策略上面，他是论证：相较于目前知识分子的主流或是非主流最常持有的各种主义而言，犬儒主义是最糟糕的。其实对我这种裁判来讲你就可以说服我，一个弊害是比出来的，弊害在我的观点里不是绝对的。它可能是相较于其他的，然后其实也没必要一开始就退让到说“对对对，我根本就觉得这种主义就是混账”，因为那会让我觉得你在封锁广大群众嘴炮的能力啊，封印他这方面的技能。那嘴炮无罪啊，嘴炮能调剂精神。反方这方面的说法至少能说服我，至少在我观点里面让我觉得如果我对一切无能为力也不想有所作为的时候，嘴炮一下对我的生活是一种帮助的时候。其实正方一开始不必坚守这么强硬的立场，说我就希望这个世界上不要有这种主义。你可以展现你的豁然大度，说我认为它确实是弊端重重，但是基于更崇高的言论自由这一价值，我不会取缔它，我也不会鼓励大家不要碰。今天我是来这边告诉你这个主义不够好，但是我尊重每个人的言论跟选择。你避开了庞大的举证义务嘛。因为一旦你把你的举证义务提升到政策层面，你认为这个世界上不该有人有这种主义的时候，那么你负的责任对于我这个裁判而言就会异常的沉重。好，给各位稍微作参考。

我其实觉得，今天这一场视频早一点上传，我觉得这一场的水品足以成为新国辩的代表作，当之无愧。因为双方的辩士我都评过，各位也都知道我一向都是浪漫主义的裁判。我始终相信这个世界上有力挽狂澜，只要你坚持到最后一秒能够打动我，你就会在我这里翻盘。今天有没有打动我，你们后面就知道了。那个阶段性给分就充分反映了我的观念。最后的商讨票是反映我最后听完比赛的感觉。交代一下我的判准，谢谢。

黄执中（印象票投给正方）：

好，那我接正疆学长这边。我觉得这场比赛打得不错，因为我们本来中午在吃饭的时候，我都是在聊，说这种题目从头到尾双方都有可能在吵犬儒的定义，吵完了以后比赛就结束了，我们本来是这样预设的。嗯，没有花那么多时间讲这个。好，很快进入正题，还是不错的。虽然中间没有花很多时间在“犬儒”上，还是花了很多时间在什么是弊病上，有可以改进的地方。因为我也知道，打这种辩论赛，大家都是圈内人，都是过来人，我也知道，身为反方呢，他一定会希望，由于我要讲它不是弊病，所以要把这个门槛调得高一点比较好；那正方呢，我要说它是弊病嘛，最好把它标准降得低一点比较好。这种司马昭之心我们大家路人皆知喽，对不对？那既然大家都是道上的人，都上道，这其实不用搞得那么复杂，我知道你想干嘛，你也知道我想干嘛，对不对？这种东西我不会轻易答应你，你也不会轻易答应我，我们就照着走，看裁判能不能接受就好。不用扯那么久这个弊病标准，因为这玩意儿你稍微用正常人类思维想一下，这玩意儿也不能量化嘛，对不对？这也只是一个口语嘛。所谓弊病是一个俗语嘛，对不对？它本来就没有什么科学的定义嘛，扯太久是没有什么意思的。而我们所有人都是瞎子吃汤圆——心里有数，都知道你要说他很重或者说他很轻是在干嘛，那么没有关系，这一段就可以跳掉。事实上真正上道的，是连这个问题都不太需要问。我反正就努力把它讲大点就好了，可是我并没有讲只有大的才叫弊病；你就努力把它讲小一点就好了，就这样子而已嘛，要知道努力的方向。

其二，有一些特色。比如明哲保身是不是犬儒的特色，这很妙，有四条腿是不是大象的特色？明哲保身什么都有嘛。儒家也讲明哲保身，道家也讲明哲保身，犬儒也讲明哲保身，你们今天讲的功利主义也讲明哲保身。这是很多东西的一个特色嘛，对不对？小乘自己修的佛家叫不叫明哲保身？拔一毛而利天下不为叫不叫明哲保身？这就不太需要吵这个。光由四条腿这一点是辨认不出大象的。可是有一个是比较容易辨认出来的，什么？嘲讽。这个比较明确。所以呢，在这个地方争论到一半的时候，要有一方能够跳出来，说这个不用了，这个不是重点。

不好意思，我们稍微自打广告一下，我跟周帅在辩犬儒时最爽快的地方，我们不用花力气去扯这个，我一说我认为犬儒的关键在嘲讽，他马上就说，对，没错，我们来谈嘲讽这件事情。我不用跟他扯是不是什么明哲保身啦，因为我们两个都可以抓到这不是那个的重点。好，这就是我们讨论比赛有时候过瘾或者不过瘾的地方。

那再来，嘲讽是怎么一回事？我觉得在这场比赛里头，我之所以投票给正方，是因为他有做一个区分，嘲讽跟批判是不一样的。不过他讲的我不完全接受，因为他说要有破有立才叫批判，不是不是，批判不是说一定要有立才叫批判，单纯解构也是批判。嘲讽和批判有什么差别呢？比如说，我看香港黄子华的脱口秀，他很好笑。我看他很多年前讲一段，那时候是董建华想要连任香港特首的时候，他说在香港要连任特首好简单，不用那么麻烦呐，在香港，今天任何一个官员，只要有本事，身边没有任何一个保镖，没有任何一个随从，走进香港一个屋村，绕一圈，你还能出来，你就是香港特首啦。哎，这是什么？这个叫嘲讽。他有没有指出任何实际的利益或功能？他有没有提出任何明确的指向？我就要他解构你批判你，我要有路径有理论，他有没有？没有。他纯嘲笑你而已，对不对？董建华还说黄先生你这样讲对么？对什么对，我笑你，单纯笑你。也就是说什么意思，嘲讽就是泼冷水，而犬儒主义者泼的是威力十足的冷水，足以熄灭和冷冻所有热情的强大的冷水、冰水、冰桶。那对于今天的正方而言，他的意思是说这种威力十足的冰桶是很强的。那你说一种很弱的犬儒主义者你拿你的冷水浇不灭我火热的心就算了，可是犬儒主义者这里头是存在什么？是有那种牛人的。我们是冰水界的牛人。因为什么，我不但笑，而且笑到你觉得，回不了，完全回应不了。对，完全无法自我解释，无法再点燃热情。不过你看看，仔细看，今天正方讲的也没错，他两边都会嘲笑。像刚才，黄子华他嘲笑的是谁？董建华。为什么？我这种冰水，是灭那种最有资源最有权力最有企图心最有野心的人对不对？如果是三国时代，我肯定不会笑路边卖草鞋的，我要笑曹操，这才显得我牛。我笑一个卖草鞋的，我牛什么牛，对不对？我是牛人呐！冰水界的牛人呐！我用我这么冷的水灭香烟火？我要灭曹操的火。所以老实讲，讲到这里，我这种人你觉得我真明哲保身吗？我能活着是运气，你懂吗？我能活着是运气。所以我要真的明哲保身我不讲话了，懂吗？我还忍不住想要见势就泼一盆冷水，我没那么想明哲保身，因为怎么样？我对我的聪明压抑得实在太难过了，不骂骂曹操我不甘心。当然有时候遇到有气质有风度的我没事，遇到刘表那样的骂两句砍我头的，对不对？那就没办法。所以，这样的话整个概念会比较圆。

好，所以我们现在回来，在这个角度为什么我投的是正方的票？是因为他在对于区隔嘲讽跟批判这一点，我觉得讲得不错。这是我可以接受的点。而对于今天的反方而言，反方你们今天讲的一个概念我很喜欢，只要稍微调整一下就会更容易让我接受。什么意思？你说的是，犬儒主义者啊，泼泼冷水而已，他并不真的对抗体制，他没有要造反，没错，对不对？他没有什么实质的弊害嘛。所以你要进一步讲，这个题目是说什么，我们讲犬儒主义是不是弊病，都是对社会而言是不是弊病，所以辩题再挖深一层就是：一个不把犬儒当弊病的社会才是一个更好的社会，才是一个当代更该追求的社会。你泼冷水没关系，可是我们社会体制很健康，我不把泼冷水当成一种问题。这社会总有人泼冷水，大冷水小冷水都有，可是无所谓，我们看得很自然，有人泼冷水也有人烧热灶，都可以，都要。在这个地方就更符合正疆学长所讲的言论自由的真正的价值，那样的话整个概念就会更圆。好，这是给反方的一点建议。以上。

胡渐彪（印象票投给正方）：

我尽量整理，一般我评决时喜欢把整个架构梳理出来，然后我解读战场是怎么样的，谁打了多少，谁抢赢了什么东西。但是这一场要做这个归纳比较难，也因为大家交锋的节奏感比较快，资讯内容比较多，所以这是好的，谢谢你们为难我。

基本上今天辩题双方的这个冲突从两个层面单同辩题的语义上来看，第一重，犬儒主义是什么东西，这个场上构成了第一重的交锋；第二重的交锋在辩题的后半句，怎样才算是当代的弊病。好。第一部分关于什么叫作犬儒主义，坦白说，双方定义上的差异并不会对他们双方论证会是弊病或者不会是弊病造成太大的影响。当然，会有影响。举个例子，像反方，他之所以会说有好处，有存在的必要，这一个跟他的定义有关，因为他把犬儒主义说成明哲保身、愤世嫉俗。那犬儒主义的这种明哲保身和愤世嫉俗很当然的，它可以是知识分子选择的一种态度，是一个必要存在的出路。好，所以是有关。但是双方在前面这一重犬儒主义是什么的咬法并没有延伸到后面。

是不是弊病这一层的判断，所以按照我的判法，其实双方你不管再怎么咬这个犬儒主义，你不连到你的辩题要推断的命题，也就是是不是弊病没有太大作用的话，那我这个，因为时间有限哈，我就搁开不谈。他们之间的这个这一层有关犬儒主义是什么的这个判决，不影响我最终级的印象票判决，只会在个别环节的分数票，哦，这个他抢到，哦，那个他抢回去，这样子做一个技术比分而已。

好，现在来到今天辩题双方推论的关键，到底是弊病，还是不是弊病。看看双方的这个判断标准是什么。正方其实很简单，什么叫是弊病，有害处。然后他列出三个论点。反方说，不是弊病。他就两个方面来讲：第一，没有太大的害处；第二，他是必要存在的，然后自由辩的时候，偷偷一滑，变成有好处的。哦，本来是讲有必要存在的，后面变成有好处的。那只要它是没有太大坏处的，而且它是有必要的或者有好处的，那它就不是弊病。所以现在就要看，双方谁抢赢了。后面这个弊病的准则，还有他的推论，谁被破坏了，基本上谁输。先看第一重，正方讲：是弊病，因为有害处。我这边听了，成立。废话嘛，有害处还不是弊病吗？那反方的整个推论，他第一个讲没害处。严格上来说，他不能够直线地否定正方的。因为很简单，我说，你有毛病（拍黄执中的肩膀），然后执中说我没毛病，基本上你再给我看说身体健康没毛病嘛，是吧？那如果我跟你说你的脚趾有毛病，我只要能举证到有毛病，那肯定是有毛病，你跟我彰显他没有别的毛病不代表你没毛病，明白我意思吗？逻辑是这个关系。

但反方在这一边，他有一点弄巧。就是他说成：其实你眼中看到的这一些毛病，不见得是一种毛病。这个就滑去了第二层，有必要存在的这一层。首先在第一部分，正方在这一边有害的这一个已经成立了。那么从有害无害接下去的冲突点在哪里呢？就是到底害处要多大才算有害。正方讲只要有一点害处，就是有害，反方讲不行，你一定要有相当大的害处，才叫有害。反方这边有试图推，很多东西都有一点害处的，那是不是说把这些都定性为毛病呢？老实讲这个攻法，前面我还接受能够向正方施压，他没有破他逻辑哦，他有施压。但是来到正方四辩又提出像辩手啊，这些心态上的无奈呀，我今天有不甘呐，老实讲，我听不出为什么这些心态上的扭曲不算是弊病，这个很靠心证。所以反方对正方有害无害这方面的作用，只做到施压，没破。但是正方反推过去，我觉得是成功逼到的。就是无论再怎么说，只要你有所伤害，那你不能够否定它是弊病。他的破法主要是从你跟我交代，如果伤害大叫弊病，你告诉我程度到多大，他一直问，然后反方交代不出。所以在有害无害这一层的对立上，我会判断是反方无法自洽，基本上，一出现反方无法自洽这种说法，正方的标准线就成立，那基本上他的架构就已经通了。

那这个时候反方就只剩一个点跟正方有害抗衡了。那反方还可以圆，虽然有害处，但是只要它是有必要存在的话，它就不应定性为弊病。好，那这个时候，要看正方反过来喽，是正方要破反方这一说法喽。那正方破没破到呢？老实讲，有破，不透。这是我的判断。正方对反方的有没有必要存在这一说法，他提出了一个这样的观念：出路，其实还有别的。知识分子为什么要这样做呢？逻辑上是好像破反方，因为反方说这是必要的出路。那如果正方告诉你说还有别的出路，逻辑上来讲哈，我不是讲你们实质语义哈。那正方就算是破掉反方这一字面逻辑，其实还有别的出路哦。你别说没有出路，这是必要保留的出路，这不是必要保留的出路那当然是弊病。但是实质上，反方要说的话，不只停留在表面逻辑这么简单，他是说当你无力时你可不可以给我保留这样一条出路。他实质要打的语境是这样子的，但是反方没有把这样一条语境彻底给端出来。然后他有没有办法告诉我为什么这样一条出路是必要的？他有两个环节企图论述，用价值论述的方式告诉我说：知识分子，留一条活路给他嘛，一个人两个人，没问题嘛。但是你要知道，把价值论述当作场上对攻的点的时候，除非你说到我心坎，感动我，不然从字面上我感觉你论证不透。所以，第二层的交锋其实我也是隐隐约约进入相当程度的主观判决之后，我会觉得正方好像破到了反方。所以我是在这样隐约的情况下判断，以我听到双方的架构推论，正方的好像通了，然后反方的好像被干扰了。好，以上。

周玄毅（印象票投给正方）：

接着刚才渐彪说的这个观点，跟我观感非常像。就是我觉得其实双方的体系都是能够自圆其说的，但是反方我觉得可能在操作的时候缺少那么几块，可能是被干扰了。那么为什么能够自圆其说呢？正方讲的很简单，他说犬儒主义，不甘心不接受不作为会侵犯他人，类似于自闭，是个病。然后呢，只嘲讽不批判，有很多很多问题。这是非常简单的一个论证思路。有问题嘛，当然是弊病喽，太简单对吧？那反方讲什么呢？反方讲的是刚才渐彪所总结的：没大危害，有必要性。那么双方的问题在于，我觉得，反方可能对于自己的立论吃得不是那么的透。比如说，大家回想一下，正方举了个例子，他说你刚才讲说不影响社会契约，精神洁癖，等等，正方四辩说那自闭症呢？自闭症违反什么社会契约啊？自己在那老老实实呆着，对不对？精神洁癖吧？我不理你，自闭症是不是病啊？对啊，自闭症就是个病。反方没有回应。反方当然可以回应啦，对方类比不当，为什么是自闭症，为什么是内向，内向是病吗？很多辩手都很内向的啊。内向、愚笨、懒惰、胖、瘦、丑，等等。事实上啊，今天这个辩论其实就是在论证，正方说犬儒主义的危害已经到了自闭症的程度了，反方说没有，它只不过是内向而已。这才是双方争论的焦点嘛。按照反方这套打法，其实反方完全可以用很轻松幽默的方式，把整个正方的东西给冲击掉。正方是很严肃地讲，啊，我们要批判，我们要怎样怎样。反方的逻辑是说：为什么他逼着我们批判呢？为什么就不能给他一条活路呢？对吧？所以你的操作在逻辑上是能够自洽的，只是在操作过程之中，反方并没有很轻松地讲，它为什么不是个大问题。那么反方似乎想告诉我们说，因为有更大的问题。可是渐彪说得很清楚，有更大的问题不一定代表这个就不是一个大问题。

好，现在涉及了我的第二个点。这是个哲理的思考，就是弊病是相对的，而不是绝对的。比如说我告诉你啊，在一个所有人都很胖的世界里边，瘦就是弊病啊，对不对？当年我们为什么认为同性恋是弊病，因为我们觉得所有人都应该是异性恋，后来觉得不是，所以同性恋就不是病，对吧？那我觉得，如果说所有人都很胖，标准两百斤，你只有五十斤，那我觉得你就是病喽。所以弊病是相对的。一个人内向到什么程度算是自闭，这是相对的。假设人类本来就是个很自闭的物种，那像我这样的就是有病了，对不对？太过分的外向嘛。所以事实上并被来就是相对的。这个时候就是刚才执中说的那个问题了。在当代社会，到底当代社会是一个把犬儒当弊病的时代还是一个不把犬儒当弊病的时代呢？这个总结一出，逻辑就顺了，差这一环。比如反方可以这么说：哎呀，当代这个社会啊，问题多啦，犬儒主义算什么病啊。就像一个人，他身上有很多很多问题，然后你说这个人长得丑，就是他的病，不对。如果一个人像渐彪一样，这么完美，当然他也没什么病，啊好，再来一点点小问题，那就是病啦。所以它不是弊病，是因为相对而言的一个概念。这是我觉得反方之所以缺那么一环的原因。

最后，作为评委要提出的改进性意见。执中提的改进性意见是当代这个问题。那我要讲一个改进性意见是什么呢？病和征是不同的。反方今天隐隐透出一个观点来，就是这个根源不在犬儒。反方的意思是说，你看到的犬儒是弊病，不对，犬儒只是一个所谓的病征。病征并不是病。而你错把病征当成了病会出大问题的。我举个例子。感冒是病，打喷嚏是病么？它们是病征。然后你说，哇哦，打喷嚏是病哦，不准打喷嚏！憋死我呀？对吧？是这个意思。然后我说感染是病。然后相应的发烧是病，那不是病，那是病征。当我们以为发烧是病，我们就吃退烧药把这个烧降下去，自己的身体会受到更大的损害。所以犬儒是病征而不是病。这是我对于反方的一个建议。而我一般的判准是：我会给你更多的建议，说明你这个立论可能还缺一个环节。这是我的判准，谢谢各位。

路一鸣（印象票投给正方）：

技术上的东西他们讲得已经很透彻了。我坐到这里的一个印象主要是反方无数次地来攻击正方的嘲讽。这样一条基本的逻辑，但是没有打破他，而正方四个辩手恰恰每个人都利用了嘲讽给这个社会带来的伤害，这就是我的观感。

反方缺乏一个全队贯穿的武器来攻击对方，好像每个人手里都有一个武器，但这个武器没有形成集合的力量。有的人说，那怎么不谈谈嘲讽恶人？四辩经常说，嘲讽负面属于四辩的武器；三辩的武器是把它转化，这是其他的武器带来的，不是犬儒主义带来的，这是三辩的武器；二辩的武器我其实没有太看清楚，大概更多的努力在弊病和阻碍之间的必然联系上，因为二辩在质询的时候被打破过一次，被正三打破过一次，刚好截到了正方的立论上。我们要努力从弊病和阻碍之间的区别上去攻击对方的话，可能关于弊病的解析会更透彻。如果我们能把这武器都给大家分配一样的攻击方式的话，那么攻击的效果会更明显一些。

但这不是今天我最想说的。这是一个激发了双方的辩手对于当今社会如何去改造、知识分子该如何承担责任的命题。我很欣慰地看到我们年轻的大学生有这样的勇气去直面现实，有这样的思考去反思责任。这在双方立场一以贯之的展开中，这在双方四辩高屋建瓴的表达中，我们都能看到他们对社会现象保持如此强烈的关注。他们也在思考，一个知识分子，一个有知识的人，应该在社会的变革当中承担什么样的角色。恰恰由于双方一个来自于相对成熟的民主社会，一个来自于不太成熟的正在朝民主方向发展中的社会，所以在他们的言论当中，一方就强调知识分子势不可挡的历史责任，他不能接受在问题面前回避，甚至犬儒；而一方处在不那么自由的言论社会当中，所以他更能深切地感受到，一个知识分子面临的巨大两难和内心的挣扎，他甚至更惋惜那些精英由于时机未到就英年早逝给这个民族带来的伤害。我们如果能够从双方的价值立场和他们所生活的环境去理解他们的辩题，也许他们中间所犯的那些错误，就不会显得那么幼稚。这些错误甚至让我们心疼，会让我们反思，这个国家，这个社会，这个民族，应该用什么样的方式去朝前发展，应该用什么样的态度来面对知识分子的言论。可惜的是，反思一直在进行，但历史并不因反思而明确方向。这就是那些曾经经历过政治风波的人回过头来再去看他们曾经经历过的那些事情的时候，发出的由衷的感叹。一个人的力量，和我们的政治激情，甚至不能影响政治进程的丝毫之间。所以不是所有的对于年轻人的劝解都来自犬儒，不是所有的一时权宜的委婉表达甚至是示好、退缩、妥协也都是犬儒。我们都在努力地寻找一种现实的、可行的、能够适于我们个人、我们每一个个体所实施、所接受的道路。而这个道路，到目前为止，还没有在我们民族内部形成共识。所以，在对这个辩题的理解上，最能打动我的是双方都已经认识到他对现实知识分子、知识界的巨大影响。我觉得能做到这一点，就已经足以令这场比赛无愧于所有同学们的期待和评委们的评价了。谢谢大家。

▲ 2014 新国辩正赛复赛第一场
天大 vs 莫纳什

▲ 2014 新国辩正赛复赛第一场
反方莫纳什

▲ 2014 新国辩正赛复赛第一场
正方天津大学

▲ 2014 新国辩正赛复赛第二场
正方港中文（1）

▲ 2014 新国辩正赛复赛第二场
港中文 vs 中大（1）

▲ 2014 年新国辩正赛复赛第二场
评委点评环节（右二：路一鸣先生；
右一：林正疆先生）(1)

▲ 2014 新国辩正赛复赛第二场
正方港中文（2）

▲ 2014 新国辩正赛复赛第二场
港中文 vs 中大（2）

▲ 2014 年新国辩正赛复赛第二场
评委点评环节（右二：路一鸣；右一：
林正疆先生 ）(2)

▲ 2014 新国辩正赛复赛第二场
反方中山大学

▲ 2014 新国辩正赛复赛第三场
马精 vs 澳大（1）

▲ 2014 新国辩正赛复赛第三场
马精 vs 澳大（2）

▲ 2014 年新国辩正赛复赛第一场评委点评环节（左：黄执中先生 中：马薇薇女士 右：周玄毅先生）（1）

▲ 2014 年新国辩正赛复赛第一场评委点评环节（左：黄执中先生 中：马薇薇女士 右：周玄毅先生）（2）

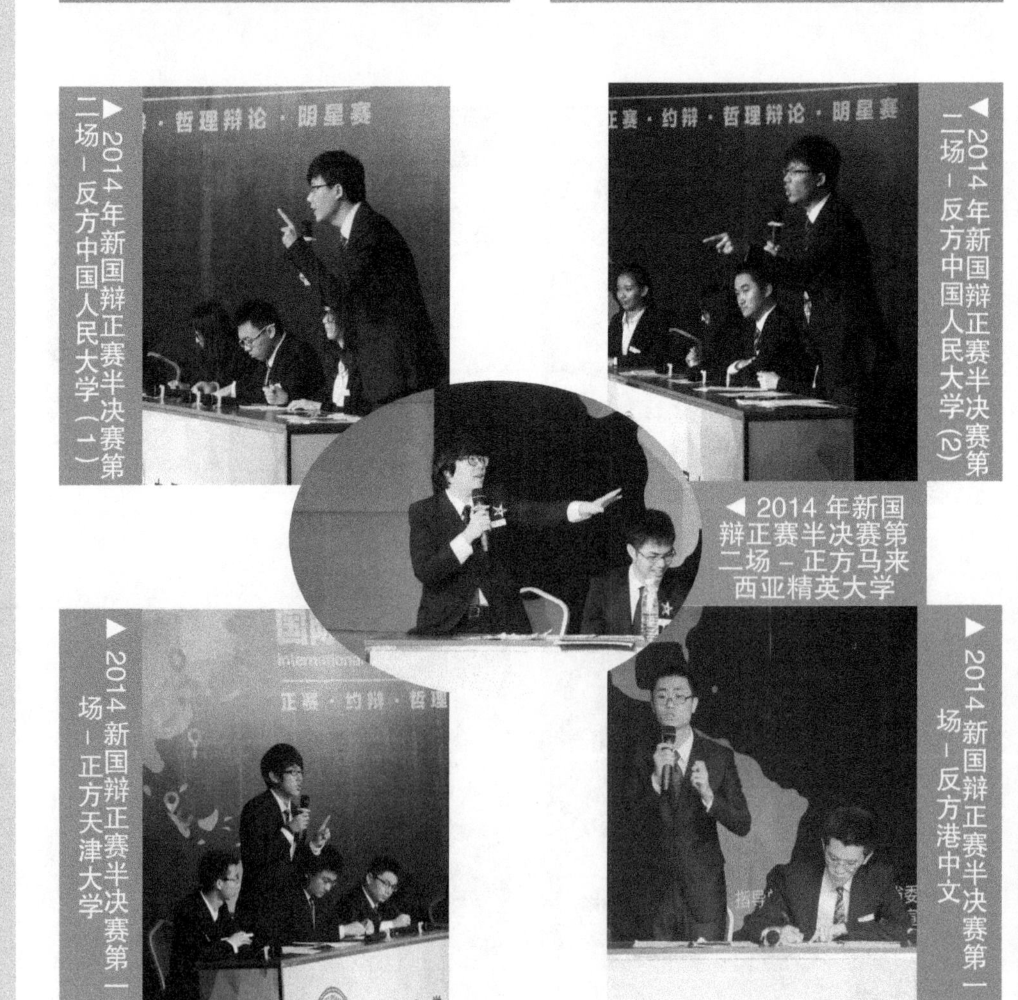

▲ 2014 年新国辩正赛半决赛第二场－反方中国人民大学（1）

◀ 2014 年新国辩正赛半决赛第二场－反方中国人民大学(2)

◀ 2014 年新国辩正赛半决赛第二场－正方马来西亚精英大学

▶ 2014 新国辩正赛半决赛第一场－正方天津大学

▶ 2014 新国辩正赛半决赛第一场－反方港中文

▲ 2014 年新国辩正赛复赛第二场 反方中山大学

▲ 2014 年新国辩正赛复赛第二场 评委梁泽宗先生点评

▲ 2014 年新国辩正赛复赛第四场 – 台大 vs 人大

▲ 2014 新国辩正赛决赛 – 港中文 vs 人大

2014 新国辩“哲理辩论”

比赛场次

2014 国际华语辩论邀请赛主题活动之哲理辩论

比赛辩题

正方：犬儒主义是精神解脱之道

反方：犬儒主义不是精神解脱之道

对阵双方

正方：黄执中

反方：周玄毅

提问团主席

马薇薇

比赛辩词实录

马薇薇：

各位观众，两位选手，以及三位评审，大家晚上好，不对，中午好，不对，下午好。可见我的时差有多么的混乱。辩论这个东西，本身就是为了解决我们对一些事物的混乱认知，我们会凭直觉在人生中做出一些选择，而对我们而言，最大的痛苦，是我们没有办法解释我们的选择，于是我们就混乱了。那么，为了解决这种混乱，于是就产生了辩论。

那么，在这种情况下，我们常见的辩论有三种，一种就是我们新国辩的这种辩论赛，这种赛制叫作竞技型赛制，考验的是大家的准备、语言、反应能力；另外一种，是台湾比较流行的，即奥瑞冈式的辩论，这种辩论更多的是倾向于政策性辩论，帮助大家在公共决策中做出选择。

而今天的哲理辩论是如何诞生的，首先要感谢三个人，一个是黄执中先生，一个是周玄毅先生，一个是在旁边围观的胡渐彪先生。这个事是这么回事，简单地给大家介绍一下，是因为我们在参加了很多辩论赛以及做了很多辩论赛的评审之后，发现有一类命题的探讨实际上是刚才我所提及的大家都很熟悉的赛制没有办法解决的，这个东西的契机来源于什么？来源于有一次我们组团去西安做评审，做完评审之后，主办方招待我们去进行西安一日游，那么在旅游的过程中，人有三急，我去了一个洗手间，但是由于这是一个相对比较山野的旅游区，所以它的洗手间也比较原始，回来之后我就不停地在抱怨，从而引发了周玄毅先生和黄执中先生关于人类如厕发展史的探讨。当时，我们甚至想过做一个节目，叫作《舌尖上的厕所》，但是觉得哪里不对。那么在这个时候，在围观中的胡渐彪先生就想到一点，如果说我们生活中这么细微的一个琐事，在两个有趣和有知识（的）人的探讨下，它都可以给我们更深的启发的话，那么是不是其他的一些事情，给予他们足够的时间，他们能给我们带来比简单的竞技表演或是政策辩论更多的启示呢？特别是周玄毅先生你也知道，他需要比较长的时间，在这样一种情况之下，胡渐彪先生，设计了这个哲理赛制，那也是我们今天有幸能一起看到二位表演的原因。

下面我们就有请黄执中先生和周玄毅先生来登上我们的舞台。

我们今天的题目是犬儒主义是不是精神解脱之道，跟台下的诸位一样，这里面的每一个字我都认识，组合起来不太了解。今天的正方是"犬儒主义是精神解脱之道"，黄执中先生；反方是"犬儒主义不是精神解脱之道"，周玄毅先生。那么下面呢，允许我介绍一下今天的评审，首先有请的是来自台湾的林正疆先生，来自中国大陆的路一鸣先生，以及来自马来西亚的梁泽宗先生。

下面我简单介绍一下今天的赛制是怎么样的。第一阶段，是今天的陈词阶段，先由正方发言，再由反方发言，双方各计时八分钟。所以可以允许自由如厕吗？那么至少有一件事情是自由的，在他们开始陈词一分钟后，双方可以互相打岔提出疑问，表示对对方陈词的不满，不过，你们下面的人在陈词阶段是不能打岔提问的。在第一轮双方八分钟时间耗尽之后，我们将进入提问环节，提问环节是由下面的三位评审来进行的，那么，他们会针对双方的发言，进行一些质疑，以便帮助问题的深入讨论。请注意，这跟我们之前进行的比赛最大的不同是，我们的提问是为了帮助大家更好地理解辩题，而不是把台上的两位噎死，所以不懂就问， 那么鄙人也拥有提问的这种权利，所以台下的三位评审代表的是帮助大家深入理解辩题这个立场，我代表的是压根没听懂这个辩题的普通观众的立场。好，那么当第一轮提问结束之后，将进入第二阶段的陈词，第二阶段的陈词依然先由正方发言，再由反方发言，他们各拥有六分钟的时间，依旧在发言一分钟之后可以进行互相的打岔和提问。在第二阶段陈词完成之后，我们进行第二轮提问，同样的，也是三位评审可以进行提问，我个人也会表达一些不懂。在第二轮提问完成之后，进行总结陈词，双方各四分钟，由反方先进行总结，正方再进行总结，这个时候，就不可以打岔，大家专心看我就好。那么下面呢，我们的比赛就将正式开始，计时员准备好了吗？首先有请正方黄执中先生发言，时间八分钟。

正方陈词 1

黄执中：

不同的人有不同的痛苦，不同的痛苦当然就有不同的精神解脱之道。

什么是犬儒，犬儒就是一种，特别是聪明人的精神解脱之道。什么叫聪明人的精神解脱之道？我举个例子，在座各位你们假想一下，假设自己是只狗，而且是只宠物狗，可是很不幸地，你意识到了自己是条宠物狗，这很痛苦，一般的宠物狗不知道自己是只宠物狗，你知道自己是只宠物狗，你完全了解，生来我就是一条宠物狗，你很痛苦，这个时候要怎么办呢？你肯定有几种办法。

第一种，要么我就去反抗。很多意识到这件事情的宠物狗也起来反抗啦，可是我比它们更聪明，因为我不但知道自己是条宠物狗，不但有反抗的念头，而且我还会更深地想到的是，你反抗什么呢？谁是坏人呢？主人是坏人吗？严格上讲他也不是，他爱我，他爱我他才养我，而且他已经是我所认识的所有人类当中最爱动物的人了。宠物店老板，那我可不可以反抗，他总是坏人了吧？严格想想，则又未必，我是只聪明的狗，我可以理解很多，一般的狗的确不会在当宠物的过程中感受到痛苦，所以宠物店老板严格上讲也不是双手染满鲜血的，只有那个痛苦专属于我，只有我知道，所以我很难义正辞严地说你们这些王八蛋。那体制，体制总是坏人了吧？可是，当其他稍微聪明的狗在反体制的时候，不好意思，我觉得我比他们更聪明，就是，不然呢？我已经是这个体制的得益者了，没有这个体制还不会有我呢，就是如果不养宠物狗，对不对？凭我这种已经被豢养完的这种四肢，我活不下去的，我是得益者，受益的一方啊。所以很痛苦，反抗解决不了我的痛苦。事实上看到其他在反抗当中的狗的时候，我还觉得你们搞不懂嘛。

也有人说，那就拥抱它咯，接受现实就可以不苦啦，你顺从它。难！难！为什么？因为聪明这种事情是一个不可逆的过程，什么意思？就是你笨你可以变聪明，可是你一旦聪明了，你一旦知道之后，除非有什么意外，不然你笨不回去。我无法抛弃掉我已经知道的这一切，更重要的是，我以此为傲，你们那些绝圣弃智，把智慧当成诅咒的人是因为你们不够聪明，我聪明到我知道这不是个诅咒。这是我异于常人，啊不，傲于常狗的了不得的地方，是我自身之价值，我不愿意抛弃它，以至于我不能够心甘情愿去拥抱它。那些有点聪明，又觉得我们笨一点有点返璞归真、忠君爱主的人，我觉得那是因为你没有聪明到顶，你才能抛掉你那个其实没有很聪明的聪明。那有人说那我们逃吧，逃走，遇到这些逃走的同伴，那的确它们已经比一般的狗聪明了，可是我还是不逃，我比它们更聪明，你逃哪里去呢？逃回丛林，你以为丛林过得比现在好吗？逃离主人，你以为逃离了眼前这个具体的、实在的主人，你就没有主人了吗？你就全然自由了吗？不，你逃不了，你永远都有主人，各式各样的主人，换一种面目、换一种身份、具体或抽象的主人，你逃不掉的！那你很痛苦，我没有办法跟我其他笨的狗类做朋友，稍微聪明的狗，我也嘲笑它们的聪明，我没有办法跟它们搭档，它也解脱不了我的痛苦。

那我怎么办？那我留下来，可是我嘲笑这一切。我改变不了世界，可是我可以嘲笑你，你们这些小样，你们这些傻子。我不但嘲笑这个世界，我还可以嘲笑试图改变这个世界的人，你们都是傻子，不同程度的傻而已。这已经是我唯一的武器跟价值了，太过聪明的人逃不掉。佛家讲因果，这个安慰不了我；儒家讲君君臣臣父父子子、各安其分，这个改变不了；基督教说最后有审判，你放心吧，你当我傻？既有的精神解脱之道解决不了我，所以怎么办？这就是我们一般讲犬儒，对，我是狗，我是狗不可笑，可笑的是你们以为你们是人，你们以为你们是人啊，人模人样的，错了，你们都是狗，还不知道自己是狗，或是你们知道自己是狗，居然还妄想变成人啊。

这是犬儒，这是我们活在社会上，某一种的这个自我证明、自我存在、自我自处的一种方法。你觉得这个很难吗？其实不难，有时候你上网看周帅的微博，看他写一个道理，底下一堆，不管是嘲笑他也好，假意去附和他也好，“周帅你讲的好有道理”，那个讲的理解的完全是错的也好，跟他辩论的那些也好，你真的就是活在一个狗的世界里，这个时候你要很认真地把那些跟你对话的人都当成人，你多痛苦，你要逃，枉费了你周帅的一个好脑子，怎么办呢？像邱晨一样跟他们争辩到底吗？没那么大劲儿，没那么大劲儿。笑这些王八蛋！我们狠狠笑他们这些王八蛋，对不对？

人家来问我问题，或是拿同样的问题也来问我，如果是问正疆学长或是一鸣大哥，问辩题，他们很认真地回答，回答完之后只带来了更多愚蠢的问题，他们再怎么经世济民……其实大哥，你们笑他们一顿就好了，我就是这么干的，我常这么干，我笑他们。我也不是单纯无聊地笑他们，我讽刺他们，讽刺，这个是犬儒干的。单纯是嘲笑那我就是个呆瓜，我讽刺你，你以为你理解我讽刺的点，差远了，你说“哎呀，少爷，你这句话好有道理好机智”，其实我在笑你呢大哥，你连我笑你的点都达不到的时候，才是我真正发笑的地方，这也是我唯一还愿意留在微博上和网志上的原因。我不打算把你们都教得很聪明，因为我已经发现这件事无能为力，可是，我还是可以做一些怎么样，让我自己有乐子的事，所以每一个人在某一个领域的某一个时刻都会有犬儒的那一面。我不是说我自己就真的很聪明，我在别人眼中也是很蠢的，只是，每一个人都要了解，这就是犬儒精神的解脱之道。

马薇薇：

非常感谢执中八分钟的发言成功帮周玄毅和他自己洗粉了，没关系，大家可以关注我，因为我只上传自拍。好，那么下面呢，我有请反方周玄毅先生进行八分钟的陈词，依然可以打岔。

反方陈词 1

周玄毅：

好，谢谢各位。接着刚才执中所讲的，真的，引起了我很多的思考，我经常关注马薇薇和黄执中这两个人的微博，我希望从这两个朋友身上学到精神解脱之道。经常关注微博的人就会发现，执中兄是一个比较淡泊的人，不太愿意直接去反讽、嘲讽对方，或者是很高冷地嘲讽——看起来很淡定；马薇薇女士，有冤报冤、有仇报仇、以直报怨，而且反击得特别漂亮。我就经常在想，两种方式到底哪一个才是精神解脱之道呢？遇到有人笑我、遇到有人误解我、遇到有人攻击我，我到底是马上直接去回击更能心态平和晚上睡个好觉呢，还是"切，真没意思"更能睡个好觉呢？

我经常去思考这个问题，说实在的，我原来以为，是你一直淡定，就是鄙视、嘲讽这些人，或者直接嘲讽，或者心里面嘲讽，无论如何都是嘲讽，就是刚才之中所说的，不管你是高冷的嘲讽还是直接嘲讽，那你都是心平气和了。不过似乎也不对，为什么不对？我想请问各位两个问题，什么时候你开始睡着的？什么时候你知道你不爱一个人？你们仔细想想这两个问题，今天晚上睡觉的时候你们仔细想想，人是什么时候、哪个点开始睡着的呢？你一定睡不着！然后你想一想，我是不是不爱他了，我是不是还爱他，我是不是不爱他，我是不是还爱他……那你一定还爱着他，可能是一种恨的方式表达。什么时候你真的解脱了、睡着了、不爱了、真的淡定、真的云淡风轻了，是你根本就想都没想这个事情，所以最后我对微博这个事情的解决，是马薇薇也不是精神解脱之道，黄执中也不是精神解脱之道，那些不怎么玩微博的老师才是精神解脱之道。

第一点，所以我的观点很简单，什么是真正的精神解脱之道？四个字——"追求真理"，就这四个字。基督徒，一个好的、得救了的基督徒，不是因为他的信仰精神解脱了，我可以信很多奇奇怪怪的东西，我的精神却得不到解脱，是因为他把信仰当作真理不断地去实践、追求，活出生命；一个真正的伊斯兰教徒，不是因为他归顺了所以他解脱了，不是因为他的皈依所以他解脱了，是因为他把真主当作真理一辈子去热爱，在万物之中看到万物非主唯有真主；同样，佛教徒也是一样，所有的信徒都是因为在追求真理的时候发现了真正的淡定之道，就是所谓的淡定、无动于衷、漠然。

犬儒这种，所谓 cynic，犬儒的英文叫作 cynic ，这就是来自希腊文的犬儒学派，嘲讽能达到吗？我方观点是不能。为什么不能？执中刚才讲的一句话非常好，废掉了我的所有立论，全部废掉，为什么呢？他第一句话告诉我们说，犬儒是聪明人的精神解脱之道，我前面本来准备打算给大家讲犬儒的社会学调查，以及犬儒的思想史发展，但我知道你肯定会这么回答我，“那些人不够聪明咯”，对不对？好，我就不说这个事儿，我就说那些最聪明的犬儒，我举三个人物，当然，你刚才讲的都是犬中的儒者，我现在讲是真的犬儒，是人哦，不是狗，犬儒学派的代表人物总算是聪明吧？你总不能犬儒学派最具代表性的人物都不够聪明，对不对？

那就举三个人物。第一个，安提斯泰尼，第一代的犬儒。这个人让我想起来其实执中有一个粉丝啊，一个小女粉丝，特可爱，执中讲话特别喜欢讲一句话叫“你懂我意思吗”，这句话，是执中讲得非常清楚，他知道你懂，只不过给你一个时间去缓冲、稍微想一想，我的知识信息含量太高，怕你消化不了，对不对？我想一想，所以“你懂我意思吗”。结果看见一个小粉丝，也是打辩论的时候，她不停地问，“你懂我意思吗”“你懂我意思吗”“你懂我意思吗”，她是根本讲不清楚，“你懂不懂啊，你不懂我再给你讲一遍好不好”。安提斯泰尼学苏格拉底，正如这个小粉丝学黄执中，经常讲新手学执中必死，犬儒学苏格拉底之精神解脱，也已经死掉了。安提斯泰尼跟苏格拉底混了很多年，他比苏格拉底年长二十岁，他是很崇拜苏格拉底，为什么？因为苏格拉底淡定。这个犬儒主义所崇尚的道德是简朴、反虚荣、淡泊、节制、刚毅、淡定的解脱之道，无动于衷，不动心，所以他去观察苏格拉底为什么不动心，因为苏格拉底显得很嘲讽，为什么？因为苏格拉底可以使所有和他对话的人显得特别傻，可是安提斯泰尼忘记一件事情，苏格拉底为什么会使其他人显得傻，不是因为我在嘲讽你，而是因为我在追求真理，我在淡定自若，我根本就没有看见你，拜托，我不是在嘲讽你，你之所以觉得你被嘲讽，是因为我根本就没看见你，你太渺小，所以其他人就觉得，“喔，我真渺小，我被你讽刺到了！”“sorry，诶？你谁呀？”，这时候安提斯泰尼说：“老师真棒！一辈子嘲讽人。”在雅典大街上打着灯笼，我要找人！别人说，你看满街都是人诶，“你们都不配叫做人。”嘲讽吧？比马薇薇还会嘲讽。可是后人对安提斯泰尼的一句总结，我觉得说得太到位，他说：“安提斯泰尼，你是一只强悍的斗牛犬，终身都在用言辞去撕咬你的灵魂。”请问，一个终身都在用言辞撕咬自己灵魂的人，他什么时候精神解脱了？

他的弟子，叫作狄奥根尼，这个人最有名的一件事就是“贱”过亚历山大，而且是贝字旁的那个贱。他既见过，也“贱”了他一下。亚历山大说，“有什么可以帮助你的呀？我可以给你干点什么呀？”狄奥根尼说，“你可以给我滚啊，你不要挡着我的阳光啊，我才懒得见到你呢。”很拽，精神淡定吧，他是怎么实现的呢？后人对他的评价是四个字，叫作“极擅嘲讽”，你看，嘲讽传承下来了吧。

那下面还有一个问题，你嘲讽完了以后别人也会嘲讽你啊，怎么办呢？他有一个弟子叫作克拉特斯，这个人特有趣，我一直都怀疑周星驰有一段情节就是从他这学的，他定期跟性工作者约架、约辩、约吵架，干嘛？因为她们特别会吵架嘛，跟你骂，对着骂，为什么呢？他要练习适应辱骂，你看，不败之金身吧？我又擅于嘲讽，我又脸皮厚不被辱骂，对不对？我打你打到你疼，打我我不疼，百毒不侵，精神淡定。

这三代犬儒，他们用生命在实践着一个错误，就像很多新辩手，用生命在学执中，“你懂我意思吗？”但是其实我都不懂。所以事实上，我方的观点很简单，真正的精神解脱，不能靠那个所谓的纠结于睡着了没有啊、爱不爱呀、你是不是傻啊之类的那种东西，没法解脱。你嘲讽得再漂亮，心中有如雷般的掌声，你仍然是一只强悍的斗犬，终生都在撕咬你的灵魂，不得解脱。谢谢各位。

评委提问 1

马薇薇：

执中的发言成功帮他自己和玄毅洗了粉，玄毅的发言成功使我和执中对他取了关。没有关系，下面呢，我们在双方的陈词之后，将进入评审提问环节，请问下面的评审目前有什么问题要问吗？

林正疆：

我对两位同时只问一个问题，因为我想先确定一下等一下要问两位对我以下要问的问题的解读是不是一致的。

执中这边的说法呢，聪明人呢必须要使用犬儒主义的方法才能精神解脱。玄毅这边的说法呢，是追求真理才是精神解脱的方式，犬儒有它的盲点，因为真正地追求真理才会使用嘲讽，而并非使用嘲讽来达到解脱。

这就是我目前对两位说法的理解，我想请问两位对于“解脱”这两个字的深层涵义的理解。也就是说，似乎两位都有一个共识，解脱是对于痛苦而言，自痛苦当中而解，自痛苦当中而脱，所以我想分别请问两位，在两位的立论当中，所谓的痛苦是什么？这样的痛苦跟犬儒主义的关系又是什么？这是我的问题，谢谢。

马薇薇：

非常感谢正疆学长的提问，那么两位哪一位可以先发言了呢？都要酝酿一下吗？

周玄毅：

因为公平起见，刚才是你先说的，我跟着你说，现在我说，你再跟着我说，我是为了公平起见。

我觉得林老师这个问题问得非常好，解脱这个问题就是 free，free from

what？ free from pain，free for happy，那么什么是痛苦呢？昨天料想的是人处在荆棘丛中，不动则不痛，动则痛，所以你动次就打次，动次就打次，动次就打次，动次就打次，这就是佛教所讲的痛苦，这就是一种最广义的痛苦。痛苦有狭义有广义，所以我们说最广义的痛苦，痛苦是业力，就是执着，就是关注、关切。我把所有东西都切断，切断烦恼丝不就不痛苦了吗？这一点，我是同意的。真正解脱痛苦的方式是切断烦恼，但我们的方式是，所谓的超然物外，由空而入空，由切除而切除，由开解而开解是开解不了的，你必须找到一种东西的执着，去对抗另一种东西的执着，你不可能完全从不执着到执着。曹雪芹讲过一句话，叫作欲洁何曾洁，云空未必空，讲的是妙玉。这就是我的观点，但我肯定大家都没听懂，等会儿再讲。

马薇薇：

下面轮到执中。

黄执中：

先讲犬儒的痛苦是什么。那个，我们看孔子，周游列国到处碰壁，中间有一段，人家就跟他讲，你啊，滔滔者天下皆是也，而谁以易之嘛，对吧？你要那么努力改变世界，你怎么能改变得了？那你不如避开这一切就算了。那孔子怎么说，鸟兽不可与同群，就是聪明人的痛苦在于，鸟兽不可与同群，我没有办法跟你们这些蠢人相处。他眼中的鸟兽当然是大自然啦，犬儒者眼中的鸟兽其实就是眼前各位，他觉得跟你们相处起来实在是太痛苦了，鸟兽不可与同群。那孔子的聪明也还有限，他觉得只要不要在山林里跟那些畜生在一起，他要拥抱群众，他才比较能找到自己的归属。那些再往上一些的痛苦叫作什么？那些群众在他眼中都是鸟兽，那我该怎么自处？刚才讲的解脱是什么，我接玄毅的话……（铃声）时间到了是吧？好吧。

马薇薇：

其实我隐隐有觉得你的意思是在于，你觉得你跟其他人，就是聪明人跟别人并非同类，所以你必须把他们当作不存在的，通过嘲讽这种模式当他们没到，这种情况之下才可以解决掉这种痛苦，是这个意思？

黄执中：

太好了，你问了一个问题就可以回答了。按照规则我必须要回答问题。

是这样，因为你知道犬儒这种聪明人跟一般聪明人不一样，逃走不是他的选项，就像玄毅刚才讲的，有一种选择叫作不在意，你完全不在意，你什么时候觉得你不爱这个人，你什么时候觉得自己睡着，你根本没有在在意这个问题的时候，其实你已经睡着了，你还在在意的时候你一定是醒着的，对不对？然后你什么时候不爱这个人，不问的时候，不在意就行了。你看犬儒，聪明的热情的徒劳，这个世间是有热情的，可是因为他聪明，他发现这聪明一切都是假的，没有意义的。我如果对世间毫无热情，我就逃离这一切了，我有热情，可是我找不到同伴。我为什么笑你们，是因为恨铁不成钢，这种痛苦是这种人才独有的，不是单纯我逃离就没事了。我拥有知识，我多希望知识可以取得共鸣，我多希望我讲的幽默可以得到响应，可是你们听不懂，我只好嘲笑你们。

马薇薇：

其实我还有个问题想问执中，不过没关系，一会再问他，这样玄毅才有机会说话。

玄毅，我想问你一个问题，刚刚你讲的实际上是，你之所以要斩断一切，对不对？这样的话，你就没有烦恼了，你斩断对一切的关注，那么，斩断对一切的关注你认为嘲笑是不能达成的对不对？你认为，这个时候你的意思是不是，必须你寻找到一样东西，比世界上的一切都更值得你关注，这个时候，你才能切断对世间一切的关注，而这个东西，你认为是真理，是这样的吗？

周玄毅：

太好啦，一分钟。对，我本来一个字就可以回答，对。但是我想举一个例子跟大家讲，在座很多位都是辩手，这个例子非常有利于大家打辩论。很多辩手上场会慌乱，你一痛苦啊慌乱啊，面对黄执中、面对马薇薇，被她“贱”死了，被她在场上“贱”得吐血而亡了怎么办？我告诉你如何不慌乱。一种教练会告诉你，马薇薇这么说，你就那么说，黄执中这么说，你就那么说。大家就觉得如果黄执中那么说，我就不会这么说……你永远不可能很好地预备，对不对？你永远慌、永远怕，你永远不知道那个痛苦是什么。我当教练一般会告诉我们的小朋友，你要记住，对手不存在，你真正所有的精力……哪有时间去管你对阵的是黄执中还是马薇薇，你要管的是你现在要讲给观众一种什么样的道理，这个道理多么重要，你用什么方式尽可能简洁地、明快地把它讲出来，让大家懂，这就是你的任务。只要你真正地集中于你那个真正的任务，就没有任何烦恼。谢谢各位。

马薇薇：

执中，其实我还是有一个问题想问你的，不好意思，评审有没有？下面请一鸣学长进行提问。

路一鸣：

我还是站起来问吧，这样显得我对你们表示尊敬，因为我确实不懂。聪明人的解脱之道，是要用嘲讽的方式来去看待和他不一样的人、无法理解他的人，所以我其实想问执中的是两个问题。一个是操作层面的问题，如果犬儒主义要嘲讽这个世界和要改变世界的人，我们能不能相信这个世界是被聪明人改变的，因为这个世界的进步方式有两条路径，一个是演化，就是大家都不知道是怎么回事，在误打误撞中走到今天；一个是规划，就是我们有明确的目标、路径、方法、制度，来保证我们在朝着目标的大方向前进，而下一条规划之路，是现在各个国家主要采取的发展道路，那这些是不是由聪明人制定的？这是我的第一个操作层面的问题。第二个问题，其实我和正疆学长一样，也是想问两位，我特别注意到了解脱这个问题，这个关键词，我倒并不觉得解脱一定是“free from pain”，解脱一定是 free，但 from 什么呢？我个人觉得也许是 from 现在我身上固有的这些东西，我身上固有的东西也许是来自社会已有的道德框架、法律体系制定的行为标准。也许来自我内心的心理结构、知识结构，让我确定了我的行为标准。如果是 free 的话，我有没有可能，最终实现解脱，我在行事的时候，要不要不得不选择一种我自己喜欢的、符合我自身的、能让我感到愉悦的方式，而这一种方式又恰好落在了某一类真理的范围内，所以从终极的意义上，我能解脱吗？

黄执中：

首先回答第一个问题，这个世界能不能借由聪明人改变，它到底是演化而改变还是规划而改变。我觉得对于犬儒的人而言，他不太信任人能够真正地改变什么，你推翻一个皇帝啊，叫大家起来打倒皇帝，还会有皇帝，不同形态的皇帝，那个不是我们能够规划得了的，这个历史没有办法靠我们某些人、某几个人的意愿，或者努力、才智而改变，他对这点看得蛮悲观的，当然，这也一定有乐观的看法嘛，对不对？可是犬儒的意思其实就是，他在这个地方为什么很悲观呢？因为他觉得他看得比人家多。乐观有趣的是，乐观一定是来自你少看了什么，你才能保持乐观，在座的各位，你对于女朋友对你的爱很乐观对不对？一定是因为你少看了什么，你才能一直保持这种乐观，甚至有时候你为了维持这种乐观，你会拒绝去看什么，比如说你伴侣的手机。

马薇薇：

轮到玄毅。

周玄毅：

刚才路老师讲了一个非常哲学的话题：我们从一个地方解脱总是到了另外一个地方去，总是出了虎穴又入了狼窝，可是问题在于，有没有终极的解脱？我非常简短地回答，有，但是绝不是我们想象的那种终极的解脱。很多人就是认为终极解脱就是我到了天堂，可是，你的思想如果不改造，仍然是心浮气躁，骂这、骂那，嘲笑这、嘲笑那，一天到晚有什么用？你只不过是住在高级住宅区而已，只不过是物业比较好一点嘛。所以真正的终极解脱是，永恒地驻于当下，安享于当下的那种追寻的状态。我觉得我们现在三个人或者两个人在讨论这个问题的时候，我们站在这里，就是我们人生中最美好的终极解脱状态，这就是天堂；跟一个非常明白你在想什么的人在打辩论，这就是天堂。我们生活在当下的永恒的追索当中，而不是突然定住了，音乐升起，幕布落下，终极解脱，不是这么干的吧？谢谢。

马薇薇：

其实我各有一个问题问二位啦，其实是这样的，执中他一直在讲的，他的这个犬儒主义的认知是什么呢，是我，假设有这么一个我存在，我是世界上最聪明的人，所以我觉得你们干的事情都蠢翻了，可是由于执中他有一个观点是在于，你们那么蠢，可是我还超爱你们，我希望你们也能变聪明，爱之深、责之切，这个时候，这种爱之深、责之切使我产生了痛苦，是这个样子的吧？（黄执中点头）好，那你解决这种痛苦地方法叫作，我笑你们，因为你有想到更深一层：就算我教你们，不会变更好，我只好笑你们来解决我对你们爱的痛苦。这是不是你认为犬儒主义是精神解脱之道的原因？

黄执中：

人对于自己得不到的东西有两种方式，第一种我得不到我哭，我得不到我哭；第二种呢，我得不到我笑。我嘲笑你们，倒也不是因为我嘲笑真的能让你们聪明，我没那么大期待。因为聪明的人他真的很聪明，他知道你们如果只是缺两个嘲笑就会变聪明，那这个世界的问题就还真简单。可他不想哭，我哭什么，我问题结构性看得很清楚，这不是谁的错，这没什么好悲伤的，身为狗，不知道自己是宠物狗不是什么悲伤的事，是我骄傲于我居然超越了这一层。所以呢，我笑，这叫不怒反笑，我用不着去痛苦于这件事情，我笑这一切，我关心，所以我还活在世间，我不愿意离开，而且我也知道离不开。反之，来听听刚刚周帅所讲的，他让我们活在当下的那个永恒的境界，可是你知道，智慧是没有境界的。我会更聪明的时候，我的痛苦就会来，所以我只好继续笑。

是不是时间到了？

马薇薇：

没关系，如果你想讲还可以继续加时，但不要加太多。

黄执中：

（摆手）

马薇薇：

玄毅，其实我想问你的问题是：你讲的精神解脱之道主要是在讲，当你关注真理的时候，你对世间的一切都不会太在意，但后面你又补了一个论点，实际上源自于一鸣大哥的提问，就是你会不会从一个囚笼逃到了另外一个囚笼，你从一个天堂，不，一个地狱逃到了另外一个地狱，那么如果天堂仅仅是我们幻想中更好的人间的话，那只是个很好的物业小区，当时你就做了一个解读，就是这个瞬间不是你要变这个现状，你是说这个瞬间凝滞住，其实就是最好的，但是我没太明白它跟追求真理之间的关系，我相信台下有些人一时被打动，也不是很明白，所以，我想问的是，如果我追求的是使我解脱的真理，使我不关注现在的真理，那么为什么这种追求可以使我愿意不改变现状呢？

（提问团主席马薇薇向双方提问）

周玄毅：

马薇薇问的这个问题，说实在的，我没有太听懂，因为你没有非常听懂我刚才所说的东西。（马薇薇：哟，怪我咯？）我所讲的，并不是所谓追求永恒的真理是凝滞在当下这一刻，永恒的当下，事实上是一个在不断的过程中流动的时间，这不是凝滞，这不是照片，那现在大家想想，什么是now？对不起，我在上哲学课了，好，cancel！我只讲一个最简单的东西，你想象一下你最爱的那个东西、你最爱的那个人，与它/他在一起的时候，我只问你，你有没有开启你的嘲讽技能？第二，当你开动你的嘲讽技能把别人骂得狗血淋头，你心理上的优越感和道德上的优越感油然而生的那种快感，你比一比，哪个是你真正的所追求的那种幸福，你就明白为什么犬儒不会是解脱之道。谢谢。

马薇薇：

问题争执到这里，我隐约感觉到，执中所讲的是因爱而生痛苦，而这种痛苦、伤心解决不了，不如笑，一笑解千愁；而玄毅的呢，可能我依旧也没有听懂，但起码他也在讲爱，不知道为什么今天都充满正能量，你们讲犬儒都讲出正能量也是棒棒的。那么这个时候玄毅他在讲的可能是什么，我猜：你嘲笑、你嘲讽这种模式并不会使你获得舒适，是你享受到了、找到了你追求的那个东西的时候，会使你感到舒适。那么呢，下面泽宗老师有一个问题，那我们有请梁泽宗老师。

梁泽宗：

谢谢两位，谢谢两位深入浅出地让我们了解犬儒主义还有真理追求之道，怎么样在各自安身立命中找到解脱。对不起，这句话有点客套了，其实我还不大清楚什么解脱之道。那执中，你大概提的是犬儒主义的人，第一个是聪明人才做的，而且呢，这个聪明人还要退而求其次，视其他聪明人为蠢蛋，才能进行嘲讽，我解脱，可是聪明的明应该被包含在其中，偶尔能够有自知之明，万一他一不小心察觉了自己和其他人是一样和光同尘的话，他这个痛苦，应该怎么用犬儒主义解决呢？这应该是另一层面的解决之道。好，这个是问执中的。那个玄毅老师，你刚才所提的意义，你提的是心灵上还是认知上停顿在现在上，在线即永恒，还是说，有一个所谓实际状况的永恒？不过我们大家知道，世事无常，事物总是无常的、流动的，那么追求真理本身，除了要克制物欲以及其他的干扰，对其他真理的相对比较，特别你提到宗教，也常常困扰这种人，那就好像马薇薇刚刚所提的，你会不会认为执中所提的犬儒是一个圈，圈住了聪明人增加烦恼，而你其实也为聪明人设了另一个烦恼？谢谢。

黄执中：

好，我先回答问我的这个问题，呃，聪明这种东西不是比较来，我必须要说明，就是笨人很少看到什么犬儒的，越聪明的人越容易有这一点。你想想看在座的各位，你们现在先不要想你聪明还是不聪明，你回去假如要教你国小的表弟或者表妹打辩论的时候，你都会忍不住要笑他们，然后你看到你那个国小的小弟跟小妹说，我有一天要成为周玄毅的时候，你会更加大力地嘲笑他们，因为他们根本什么都不知道。所以聪明、悲观，这两件事情往往是结合在一起的，你越聪明，你越悲观。即便刚刚周帅所讲的寻找真理，我也必须说，那是一定程度的乐观，我们打辩论的人，有谁会相信一个辩题中的正方是真理还是反方是真理，以至于你可以安心立命地待在那里，觉得你可以找到永恒的瞬间？我们都知道没有，我们一直很悲观。当正方嘲笑反方，当反方嘲笑正方，当那些刚进辩论社觉得真理越辩越明的，（我们）一起嘲笑他。

周玄毅：

接着刚才执中所讲的，以及梁老师所问的，以及路大哥的问题，我们刚才一直在讲所谓永恒真理的问题，其实这不是个哲学问题，其实这是个非常简单的问题，就是幸福存在于对某种事物的追求过程之中。大家是否想过，为什么童话最终讲到王子和公主 marry 了之后就是 happy ever since 了就不写了？因为他不敢写了，为什么不敢写？谁都知道他们之间真正的幸福就在他们追求的过程。刚才执中说，确实没有任何人的感受说我能够把握真理，所以我没有把握哦，我用的“追求”。其实关于追求真理为什么是幸福，中国人已经讲得很清楚了。为什么是幸福？好读书，不求甚解，每有所得便欣然忘食，谁敢说这就不是幸福，谁敢说他只是不求甚解，他只是每有所得，没有全部的真理，没有把真理全都把握在自己手里边，他就不幸福了吗？所以，事实上真理能且只能，对于凡人而言，存在于追逐的过程当中。好，谢谢各位。

马薇薇：

其实玄毅，我想追一个问题的，你是说，因为执中讲，你肯相信真理的存在好歹也是一种乐观主义，对不对？好，那么这个时候问题就来了。你说我们不是一定要掌握真理，我们可以在追求真理的过程中获得幸福，可是我都不知道它存不存在以及它在什么方位以及它具体长成什么样，我为什么要去追求它呢？

周玄毅：

问得很好，这就说明，信仰是所有追求真理的另外一个基石，追求幸福并不是单一条件可以达到的——我只是追就可以了。信仰是什么，是相信在彼岸有一个东西在等待着你，它是一个在哲学上所说的形而上学的预设，在宗教学上所讲的信心的跳跃，没有任何的根据，但是你就相信，所以信就是所望之事的实底，是未知之事的确据。那么这句话是什么意思？它是说明，它必须预设在那里等你去追求。但是另外一个问题，你现在已经进入了一个哲学系的学生所问出来的一个最终极的问题，就是为什么我们要信，但是，这只是为了要补充我们这个体系，并不是因为我们这个体系有问题，我们有终极的信仰，相信 something over there，苏格拉底就是这么认为的，真理在神手里边，人类快快乐乐地去追求，所以我们是爱智者，我们是爱神的人，我们是爱真理的人，而我们永远不是真理的保守者和拥有者，这就是我们，记住，作为人所能期待的最好的幸福。谢谢。

马薇薇：

非常感谢玄毅。好，那我们的第一轮提问就将结束了，下面呢，我们将进入第二轮的陈词，陈词之后三位评审依旧可以问问题。那么在第二轮的陈词阶段呢，双方各有六分钟的时间，你们是可以互相打岔的，呃，那么陈词顺序依然是先由正方黄执中先生发言。（周玄毅举手示意）啊？结辩才是你先。

正方陈词 2

黄执中：

我先，结辩才是你先。

首先我们接刚才周帅所讲的，追求的过程才是幸福，这是我们常常听到的一种论调，我要告诉你，我们是怎么嘲讽这种论调的。都听过……这个中外古今都有类似的故事，听过吴刚伐桂吧？他砍那棵树，每天砍了一点，第二天长回来。听过薛西佛斯推那个石头吧？这是什么，它是个永远的过程，而且我们都知道，这不会有结果的。我们嘲笑依旧乐在其中的傻子，也许你还是必须砍，可是呢，至少不要乐在其中，这是我身为一个聪明人唯一的骄傲，这是我唯一的骄傲。

如果我还会爽在里头，那就是自欺欺人。好读书，不求甚解，有陶渊明嘛，五柳先生嘛。可是，“采菊东篱下，悠然见南山”，他是出世，他是逃走的人，他爱的是菊花（众人笑）。你看网络对我们做了什么？（众人笑）他不爱人，他也不在乎跟人相处，所以我说犬儒这个人的特色越来越明显，我们的辩论就会鲜明。他的聪明导致了悲观，他追求真理，是因为他知道那是一场徒劳的过程；他不恨自己的智慧，是因为那是他存在的价值；他也不真的恨你们，因为他知道他逃离不了。而且他知道我们都是狗，可是呢，我可以嘲笑这个世界，我尤其嘲笑那些做着徒劳的努力，以为可以改变的人。我爱泼冷水，当然对于那些努力的人，我这种人很讨厌，怎么老爱泼冷水，这社会只要我们有正能量总能够改变的，是不是呢？

我不阻止你们，只是犬儒主义也不会破坏你们所谓的丰功伟业，我冷笑着看这一切，而且这是我唯一摆脱痛苦的方法。你们也不用担心人人都犬儒怎么办，我这种人，“我”这个“我”只是一个代称，不是真的我，我这种人只有几个，我破坏不了你们，我泼冷水时，我好痛苦，我爱你们，可是看你们那么蠢，我忍不住笑。周帅刚才说了，我们今天，如果我们在什么追求真理的过程当中，我们可不可以坚持自己想讲的，不要管对方的影响，告诉观众什么道理。连这一点也是我们嘲笑的范围啊，我根本不觉得观众能听懂什么道理的。他听得一时爽，爽完结束了。我们人生的一切努力都是个 game，唯有把这个 game 玩得很尽兴，没有问题，你要把它玩得认真，你是傻子，你是傻子。我不会离开这个 game，因为我也不想活在旷野中，我也承认这个 game 很好玩，没人陪我玩，可是很好玩，我一天到晚 PVP 攻击别的玩家，这是我唯一的精神解脱之道了。

儒家、道家、基督教，各种宗教、各种方法的精神解脱之道，也包含了刚才周帅所说的，他们也提出了几种，没几个可以对我这种人对症下药。我讲一句比较辩论的话，我们不可能有什么解脱之道适用所有人啦，犬儒是不是精神解脱之道，也许你们不是每个人都能用，就像是心脏病的药不是每个人都需要，很多人根本没心的，可是我需要。再强调一次“我”是代称。我绝对不会说我是个聪明人，只是聪明到足以嘲笑在网络上跟我掐架的各位而已，因为我实在没有那种乐观与勇气，在掐架的时候跟你连掐一百多篇，一定要拿一个好道理来说服你。我也没有办法背负起所谓的社会责任，认为我一定要写一篇好长好长好长的微博，解释清楚，把这个道理讲出来。我也没那个自信认为我能够找到一个真实的理由，我只是说你跟我掐架的那个论点太烂了，太烂了。我自己之所以站在这个持方跟你辩论这个，不是因为我真的觉得我是对的，只是你反对我的理由实在太烂了，烂到我没有人对话。你问的实在是太蠢了，请你告诉我除了笑你我，还能怎么办呢？不是上网吗，那我自己折磨我自己干什么呢？你们不能理解犬儒的原因是你们没有那种痛苦你知道吗？你们没有那种痛苦，你的不爽讲给隔壁人他就懂了，他也是狗啊？

我没有人对话，我连骂你都不要，只好笑你，这是我们之间最亲切的一种相处方式。这真的是我们之间最亲切一种相处方式，除了这个我就只能离开你，或者是天天哭，或者是追寻我永远也砍不倒的树，永远推不上去的石头，而且不断地说服自己这样是有意义的，不要，因为我以我的聪明为傲。谢谢。

马薇薇：

执中用六分钟的时间，表示了对会长篇大论跟人在网上掐架的人的嘲笑之后，我跟邱晨决定对他取关。这场辩论之后很多人都没有办法再做朋友了，而且呢，其实听完你们俩讲的，我觉得就是大家都是狗，你们这些比较聪明的狗的问题，你知道在于什么吗？（你们）不像我们贵妇犬可以上传自拍，精神解脱之道！不要紧，那么下面呢，我们有请周玄毅先生进行第二轮的驳论。

反方陈词2

周玄毅：

谢谢各位。刚才我得承认，三位老师问的问题让我很手忙脚乱，我一直在解决刚才三位老师的问题，不过我其实刚才忘记了，其实要解决执中最关键的一个问题，刚才没时间，我现在来给解决。最关键的问题是什么？聪明人很悲观，而且又不能够说去给你讲那么长篇的道理，去点醒你，因为你是狗嘛，所以我只能嘲笑你。这个观点有没有问题？我们仔细想一想。第一个，聪明人都很悲观吗？苏格拉底是个聪明人，他遇到无数的很傻很傻的人，那些人至少比我们今天的更傻吧，因为那时候没有互联网，没有其他的信息来源，他就耐心地跟所有的人非常非常认真地讲道理，自得其乐，最后雅典人决定，你这个人太离经叛道，我处死你。苏格拉底说：“那我尊重你们的决定，因为我从小生活在这个地方，生活了七十多年，总不说你现在判我个死刑，我就说你们不对啊，那我就认死。”另外一个人，耶稣算是个聪明人吧，耶稣被一个罗马士兵直接抽耳光，说：“你是个犹太人的王，你算什么老几啊。”耶稣这个时候能跟他讲得清楚道理吗？讲不清啊！耶稣当时讲了一句话非常好，以后大家受到嘲笑、受到诬陷、受到误解都可以讲这句话，就是说：“如果我说的是，就说是，如果我说的不是，就说不是，你为什么打我呢？”

（黄执中爆笑）

我当时看到这句话的时候，我跟《圣经》里面所说的那个罗马士兵一样，我也愣住了，对啊，有道理，你为什么要打我？所以说，犬儒最大的问题在于什么呢？就是，你觉得它对就对，你觉得它不对就不对，你笑他干什么呢？在这里插播一条广告，我的微博经常不回应人，为什么呢？如果你说对，我就默认你说的是对的；如果你觉得我说的不对，我也懒得理你，对不对？我基本不回应，因为你说的和我没关系，就算你在我的微博底下狠命地骂我，我一般也不回应，我也不拉黑，我也不删除，我也不回应，因为有些人你说的跟我无关，你只不过正好放在我这个贴子底下而已，对不对？我没有那么傻吧，你把我骂得那么傻，但我并非那么傻，我没有屏蔽啊，对不对？我觉得这才是精神解脱之道吧。所以第一，聪明人不一定很悲观的。第二，聪明人如果真的很悲观，是因为什么呢？仔细想想，聪明人会真的很悲观是因为什么，因为犬儒啊！

你想一想，一个聪明人本来自己过得好好的，可是现在来了一群很傻的那个秀智商的人，然后呢，把这个聪明人激怒了，聪明人说："你们这帮人这么傻，我要讽刺你！"他之所以那么的痛苦，那么的悲观，就是因为他心中有那么一种冷嘲热讽、尖酸刻薄的劲儿！如果这个聪明人是那种八风不动、淡泊自如的人，比如心灵法师啊，这样的高僧大德，他会这样跟你在你所擅长的特别低级的领域肉搏撕打吗？我才懒得理你咧！

所以真正有些聪明人，我承认，很聪明，也很悲观，是因为他们尖酸刻薄而且犬儒，所以你不要因为聪明人悲观就说我们就要犬儒，而是正因为他犬儒所以他悲观！你把犬儒给切掉不就好了吗？第三，真正来讲，有哪个人算是完全意义上的聪明人呢？有吗？比如说现在我们在打辩论，我不客气地说我们算辩论行业还比较资深的，假设现在来了一个辩论俱乐部的会员，智商一百四！然后他自带智商探测器，"（这个人）智商只有一百，啊！智商只有一百啊！唉呀，哦啧啧啧啧。"这个差得很远，然后他会怎么做呢？讽刺你咯！

犬儒主义者狄奥根尼就是这么讽刺人的。有一次，一个很不错的演讲家在那演讲，讲得很好，他本身是个智者，人家是个演讲家，道不同。演讲家当然没有哲学家的智商，哲学家当然没有演讲家的那种智力啊，每个人都有特长嘛！他怎么讽刺人家的？他花了一个铜板买了一条臭咸鱼，就在会场啊，就在这个后面晃，所有的观众就"嗯？"就看那个咸鱼，然后狄奥根尼就说："你看，所有的人宁肯看这条一个铜板的咸鱼，也不听你的演讲。"赢了吧？人生赢家！对不对？可是我请问你啊，他爽是爽了，他解脱了吗？对不对？而且你真碰到够狠的怎么办啊？比如说，狄奥根尼还曾经对另外一个人做过这个事儿，就是对柏拉图。他跑柏拉图家里去，他看柏拉图家地毯很不错，特别精美的地毯，他就用他很脏的脚拼命踩拼命踩拼命踩，柏拉图说：“你有病啊，踩什么踩。”他说：“我在践踏柏拉图的骄傲。你们这些虚荣的人啊，太骄傲了！哎呀，空虚啊，做那么好的地毯！”这时候柏拉图说了一句话，他说：“呵，你是在践踏我的骄傲，你知道你用的是什么吗？”“我用的不是脚吗？”“不是。你用的是你的骄傲！”这句话后面，他没再写狄奥根尼是怎么回答的，因为他没法儿回答了嘛！因为他的心里都是被捅上无数刀了啊！所以现在知道为什么犬儒主义者要练习和性工作者对骂的原因了吧，随时准备受辱啊！因为你能去嘲笑别人，别人也能嘲笑你啊！以暴制暴是正义吗？所以最后总结，很简单，你捅别人一刀就算痛得很爽，也不算精神解脱之道，而且如果你捅得不爽，又被别人反捅一刀，你就彻底崩溃啦！谢谢各位。

评委提问 2

马薇薇：

在两轮儿发言之后呢，我们将进入第二轮的提问环节，同时也是我们最后一轮儿的提问环节，那么首先有请三位评审，请问你们现在有什么问题吗？

路一鸣：

执中一直讲的是，犬儒主义者其实是放弃对别人的改造，但这个恐怕只是犬儒主义者表现的其中一面，犬儒主义者还表现在他不接受既有的事实，也不想改变既有的事实，所以容易变成接受所有的事实，但内心不认同，他愿意和这个世界同流合污，他只是内心还有崇高的善良的想法。所以，犬儒主义者这些痛苦的聪明人，他在现世当中，往往表现为这个积极向上力量的一种反动，因为他无所谓，高尚的人可以高尚，卑鄙的人可以卑鄙，没关系，跟我都没有关系，因为你高尚，高尚不了多久，卑鄙，卑鄙不了几时，所以我也可以卑鄙，我也可以高尚，这些都没关系，这些全部是既有世界强加给我的一些规则和标准。因为我无所谓高尚几时，无所谓卑鄙几刻，所以这样的人，他其实陷入了一种近乎虚无的态度之中，那他为什么要追求解脱？

黄执中：

这边先解释一下，当然，犬儒，我嘲笑高尚这件事情，看起来很负能量，可是我也嘲笑卑鄙的人，我其实都嘲笑。卑鄙的人你自以为得计，我告诉你你是傻子，你那点小聪明，你把别人当笨蛋；高尚的人你自以为能号召他人，我说你也是傻子，因为人很贱的。但这里头，老实说，如果我们今天玩电玩，他有点像绝对中立的那一种，我应该这样讲，要理解他为什么追求精神解脱之道，真的必须要理解他的痛苦。好，如果你不理解他的痛苦，只看他的药方，你会觉得这个药方没什么意义。就像刚才玄毅讲的，如果有一个人打了你，你说："你为什么要打我？"你并没有很生气，你不需要犬儒，聪明乐观的人不需要犬儒，你没那个痛苦，你干嘛吃这剂药！所以这是反过来的，不是吃了这剂药你变成这样，你不痛苦的人不需要这一剂药。

马薇薇：

好，那么剩下两位评审还有什么问题要问吗？好，请梁泽宗老师。

梁泽宗：

执中，两轮的演说之后我大概听到的，所谓犬儒主义，所谓犬儒主义痛苦，很大可能来自于这个聪明人，选择了一种解读世界的方式，然后从这种方式中跳脱出来，把大家，把相对于其他的人，变成聪明人之后，再推一个距离，进行嘲讽之后才能解脱。这样的一种模式，会不会是因为，他的解脱之因，就是因为他苦不自圆呢？这个苦和解脱如果是兜兜转转的话，如何是精神解脱之道？谢谢。

黄执中：

同意，我之所以能够嘲笑人，是因为我比你们聪明；我为什么会痛苦，也是因为我聪明。其实，最根本的，就是你胃疼最好是把胃割掉，那是最根本的。我不聪明，绝圣弃智，我就不会有这些苦了，这还是回到一个个性问题，我不甘愿，我为什么要变笨呢？难道我以此为耻吗？难道我认为这是诅咒吗？不是的。所以我同意，我们的解脱啊，没有办法像正疆学长所讲的，那真的是大解脱，我们这个真的是止痛片，我苦的时候，笑你们一轮，获得安慰与慰藉，获得自我的认定与存在，接下来我还要继续笑，当然在我笑的过程，我的嘲笑就是战斗，就像刚才玄毅讲，我笑你们你们，也可以笑我，来，我们看谁聪明，所以也是存在反被嘲笑的苦，可是让我弃掉这个智，我做不到。

林正疆：

我想先请问执中一个问题，也想问玄毅一个问题。请问执中的问题是说，聪明基本上很多时候是一个主观的观念，也就是我自以为我自己很聪明，所以在别人的眼中我完全不是这么回事，那么，如果说每一个人都对自己拥有强大的自信，也觉得自己很聪明的时候，那他们不约而同地都选择了犬儒主义，你笑我、我笑你的这个情况，那互相嘲笑的情况底下，我嘲笑完你，轮到你来嘲笑完我，我们互喷，喷到最后，如何达到精神方面的解脱？这是第一个问题。那想请问玄毅的问题是说，玄毅曾经有讲过几个观念，关于解脱的概念，曾经，一开始的时候是提到超然物外、斩断一切是解脱之道，后来提到追求真理是解脱之道，后来又提到永恒驻在当下是解脱之道，后来又提到追求的过程就是幸福，这四个定义我希望能够统和在一起给我一个完整的答案。谢谢。

黄执中：

好，那第一个我先说，可以。我们彼此之间意见不同的时候，都是聪明人，意见不同，可以互辩，就不会互笑，什么意思？我们其实是想找一个可以互相辩论的对手，就好像我现在跟玄毅一样，我跟他观点不同，我们可以互辩。因为他讲的有道理，我讲的有道理，我还不至于犬儒，你找一个太低级的人跟玄毅对话，对玄毅说，犬儒怎么怎么样，他说："什么？什么儒？狗啊？没有啦，狗怎么会讲人话，对方辩友，你这什么论点啊？楼上啊，那个楼主这种话我也是醉了……"哈哈哈笑而不语，哈哈哈。你这时候除了嘲笑他还能怎么办？所以我的意思是这样，不是说大家都是犬儒，除了互喷之外，就没有进展，我们能对话，其实不会有我们一开始的这些痛苦，能对话，能讨论，邱晨在网络上跟人家掐架，不是因为她是只斗犬，是因为如果我们能讨论，我就不用笑你了。

周玄毅：

接着刚才这个林老师的问题就是，我的核心的论点就是这四个字，追求真理，所有其他的一系列的东西，所谓超然物外也好，永驻于当下也好，追求我们最幸福的那些事情也好，所有这一切都是追求真理这四个字的各种外在的表现，我们会追求关于爱的真理，我们会追求关于信仰的真理，我们会追求关于任何……比如辩论的真理……任何事情的真理，所有的一切，及其事物的本身僵化得不能给我们幸福，不能给我们解脱，只有在这个追求的过程之中才能给我们解脱。爱能给我们解脱吗？世界上最漂亮的姑娘给你了，你就解脱了？哎呀，happy ever things，你得处在那个永恒的流动世界之中，才能感觉到解脱与幸福，这是我的观点。针对性地来讲，为什么犬儒不对？因为我刚才说了，追求真理的这个追求是要有渴慕感的，而犬儒，最嘲笑的恰恰就是渴慕感，犬儒的冷嘲热讽使我们缺乏这种动力。好，谢谢。

马薇薇：

请问三位评审还有问题吗？有请一鸣学长。

路一鸣：

我接着玄毅的话，问一个问题，当我追求的诸多真理当中——我们知道世界上没有绝对真理，绝对真理对某个人来说都是相对的，哪怕它自成体系——当我在追求的这些相对真理当中，我忽然选中了一个犬儒主义作为我的目标，我在追求的过程当中，我享受这个过程，我追求可以嘲笑别人、变成一个聪明人的这个过程，这算是解脱之道吗？

周玄毅：

这个问题非常好，这个问题就是一个逻辑上的问题，就是，你说追求别的东西都能幸福，为什么就追求犬儒，对吧？就不幸福了咧？奇了怪了！为什么？比如我们老是讲，对所有的人都应该按照法律或者按照这个惯有的和平时代的规则来做，可是对于恐怖分子来说，我们不跟他谈判，所有的路我们都要倾听你在说什么，对恐怖分子不谈判，为什么？因为恐怖分子是所有人群里边最奇特的一种人群，他根本上就不承认现在世界上任何的人类社会的规则。犬儒主义也是一样，所有追求真理的人，你的认知是不一样的，但你至少不会嘲笑这个追求啊，所有的人都不嘲笑这个追求本身，可是犬儒却嘲笑这个追求本身，借用刚才执中所举的那个例子，所有的医生都讲你的胃疼，所以呢我们就从这个方面去治，犬儒主义就是，“呵呵，胃疼是因为有胃嘛，痛苦就是因为你有追求啊，不追求不就不痛苦了，你追求个屁，你说一个字，解决所有痛苦——切！”

梁泽宗：

我延续一鸣兄的提问，那如果一个人，他先追求安于当下即淡然的真理，后来转去求科技的科学真理、真主真理，每一种不同的幸福的真理都追求过了，然后他追求民主、追求自由，不行转而为追名逐利，每一样现实事情他都追求过了，可是都失败了，他退而求其次，就像您所说的，“切！”这种是俗人的所为，这种是不是解脱之道？

周玄毅：

首先我要指出的是，梁老师这个问题，很好地反驳了执中，为什么？执中说犬儒是属于聪明人的，梁老师说不一定，它属于失败者的，对不对？追求所有东西都失败啦！最后心里想，我为什么痛苦？追求民主痛苦，追求科学痛苦，追求女朋友痛苦，所有事情都痛苦！我心里堵是因为追求，不是因为痛苦。因为我笨，而且我有追求，干脆“咔”一刀斩断是非根嘛，把这个东西切掉。所以，第一，这是对执中的反驳，执中待会儿要回答一下；第二，假设一个人真心觉得，说我什么都失败了，我追求犬儒可不可以呢？我告诉你两件事情，第一件事情，世界上最聪明的那些犬儒主义的代表人物，用他们自己的实际行为——终身的那种放浪形骸的行为艺术，告诉你这条路是走不通的；第二点，是“我有那么悲观吗”，你什么都追求不到了，你有那么失败吗？你看看韩剧行不行啊？

马薇薇：

请问三位评审还有什么问题吗？

那么实际上通过双方的两轮儿发言，以及三位评审老师的不断追问，我们可以发现整个话题会聚焦在这样一个方面，从执中这个角度来说，不知道大家有没有发现，他实际上讲犬儒主义的适用之道限定在一个非常狭窄的范围之内，他并不是说让所有人都要进行犬儒主义来得到精神解脱，它适用于一部分、极小部分的聪明并且悲观的人，对不对？好，那么这个时候玄毅可能就要解决执中的问题，就是什么呢？就是其实他刚才有提出一个反驳，不是因为你聪明你才悲观，从而寻求犬儒解脱，而是你聪明并且犬儒所以你才会悲观痛苦。好，这是第一个方面的焦点，紧接着还有第二个方面的焦点，来自于玄毅这一边，什么意思呢？就是玄毅他有讲到，我们要去追求真理，而非掌握真理，追求的过程会使我们感到幸福，可是，这样一种解决方式，是否适用于执中所说的真正的聪明人？因为真正的聪明人，如台上两位，和台下的三位评审一样，他是知道并没有唯一、绝对的真理，而我们人类也暂时不可能掌握它的。那在这样一种情况下，这种真正的聪明人已经意识到这点的时候，我们要如何产生追求它的动力呢？玄毅刚才跟我们讲了一个很有趣的解释，叫作你信就好，对不对？这是一个很宗教化的解释，可是非常奇怪，他解释不了这个聪明人从不信到信的这个瞬间，那个信仰的飞跃，是怎么起跳的？这是我们辩论到现在，起码，我作为一个对犬儒主义和精神解脱之道都没有太多了解的听众所产生的两个核心问题，在接下来的结辩阶段，我们也期望双方能做出总结和回答。下面我们就进入总结陈词环节，首先，有请反方周玄毅先生进行总结，时间四分钟。

反方结辩

周玄毅：

好，谢谢各位。首先来总结一下所有的问题，第一，我刚才也提到了，执中今天所立的这个论，他只谈些最聪明的人，首先这是不公平的，我们为什么只谈最聪明的人呢？你们想一想，从社会研究的角度来讲，整个社会里边犬儒的社会地位是什么，是边缘中的边缘。我请问大家一件事情，所有的人寻求精神解脱之道时他们会去哪里？你仔细想想这个问题，庙里边、清真寺里边、佛寺啊，等等等等，谁会去选择犬儒呢？谁会觉得我在微博上喷人是为了心情宁静之道呢？“对不起，我最近心情很纠结，我准备清净一下，我准备去下五台山。”“唉，算了算了，在微博上喷喷人吧，爽得很的嘞！”没人这么干吧？社会层面来讲的话，犬儒绝对不是精神解脱之道。

第二，从思想史的角度上来讲的话，犬儒是过渡中的过渡。刚才我讲的是边缘中的边缘，现在我讲的是过渡中的过渡，什么意思？犬儒主义真正的价值、真正的意义在于它是人类自原始宗教脱胎出来之后，主动地自觉寻求精神解脱之道的时候，智者给我们所有人类开出的第一剂药方，非常好，努力，很可嘉。可是我们都知道，第一味的新药往往是没有疗效的，在思想史上犬儒主义马上被它的后起之秀——像斯多葛主义、像伊壁鸠鲁主义、像怀疑主义、像新柏拉图主义，最后到基督教，很多的宗教，很快地在两百多年里边，被差不多四五个宗教取代了。所以在思想史上，它是过渡中的过渡，它这个时间点本身是哲学到宗教的过渡，而它本身又是哲学中的一个过渡，所以它是边缘中的边缘，过渡中的过渡，它不是精神解脱之道。好，就算我们今天就讲，不公平无所谓，我们只谈那些最聪明的人，可是我们今天要问的是，最聪明的人为什么要选择犬儒，是不是因为他意识到自己不够那么聪明啊？比如说我讲不通道理，是因为你很笨，我讲不通道理。我请问你，老师经常讲一句话，没有教不会的学生，只有不会教的老师，再笨的人也有方法教他啊，就针对他的那个方法，有教无类嘛，所以当老师很愤怒，“我不要教你，你怎么那么笨！”这种愤怒只来自于一个问题，来自于对自己无能的愤慨，所有的愤怒都来自于自己的无能啊，所以这个时候我们怎么办呢？所以这个时候我们就练习嘲讽。最后一个问题，这招到底对我个人而言，我很聪明，它真的有效吗？把这个问题关注起来，它到底有没有效果？通过嘲讽去解决所有的痛苦，最大的问题在于，他切断了所有的痛苦共同的来源，就是渴慕、需要、欲求。任何社会，你想一本正经地说我很想要的时候，哎呀，I will，I want，犬儒主义就告诉你一个字，“切！”这个“切”就是切的意思，切掉它，但是真的能带来和平吗？理论上真的可以咯，胃疼，切掉胃就可以了嘛，可是真的可以吗？我刚才一辩、开篇陈词的时候告诉各位，我们怎么样在辩论场上不紧张，我们怎么样确定自己睡着啦，我们怎么样确定自己不爱啦，大家自己想一想，所有的这一切给大家带来痛苦的、带来纠结的，真的是通过切掉，是我不爱，我不要，我去嘲讽你、去挖苦你能达到的吗？所有这一切，不都是由另外一种方式达到的吗？什么方式？很简单，真正地去寻找一个你所希望的一个东西。所以我刚才讲了很多很虚幻的、很玄奥的词汇，大家可能都忘了，都忘记它，我现在可以告诉大家一个最简单的方式，在辩论场上不紧张的方式是一门心思讲道理，而不要去嘲讽对方；在恋爱之中，忘记上一个对象的简单方式是什么，再找一个嘛，你再找回真爱就好了，天天坐在那儿青灯古佛，他不好，他不好，你以为你是泰勒·斯威夫特啊！好，谢谢。

马薇薇：

非常感谢玄毅的发言，下面有请执中进行四分钟的总结陈词。

正方结辩

黄执中：

恋爱的对象不好，解决的方法是什么？再找一个。就是跟那只宠物狗一样，这个主人不好，解决的方法怎么样？再找一个主人。对于一些相对聪明的宠物狗而言，这是一个解决方法，再换一个主人，下一个主人总会更好，对于某些宠物狗而言没有，它看得很清楚。我之前讲过，这是个结构性的问题，它放弃这一点。他们说，那我今天讲的只是极少部分的人，不是，我们每一个人都会在某一个面向以及某一刻，会有那个犬儒的影子，因为你总会在某一些对象某一刻感受到那种智力上的无力感，你清楚地理解到，这件事情是改变不了的人类的贫富差距的扩大，远远追不上一个人，人跟人之间，才智的差距的扩大。有钱的人，他可以赚得更有钱，贫富差距的扩大；你知不知道聪明的人，他由于懂得多、懂得快，你看两年的书，他一个月看完，他跟你的差距拉得更大。那种无力感你迟早会有，在某一科、某一刻、某一个对象，你都会有，所以并不是那么少见的，犬儒并没有消失过，嘲讽进而来表达、宣泄自己的感情这种行为从来没有消失过，只是很少人能聪明到面面都是如此，以至于他生活中面面都要如此，就是这样子而已。

刚才对方玄毅讲，我已经讲到"对方"，代表我很进入状况了哦。玄毅刚才讲，要怎么样才能找到真正的幸福，他刚刚用的词，我记下来了，淡然、木然、不要动心。这种追求真理的过程中的自我完善的心态，坦白讲，这跟抽大麻一样，你抽一根大麻，也可以淡然、木然、不动心，切。的确，信仰，任何形式，乃至于对真理的信仰，永远相信彼岸是对的，那些人就是在抽精神的大麻，他借由这种方式，解脱他现在的痛苦，而我们完全不批评，因为我能谅解，很多人需要这个。可是就像我们打辩论的人一样，我们在河流中央，我们在此岸望彼岸，永远不靠岸，因为我们知道了，科学，自然科学也许有解答，人生痛苦没解答，你连谁是坏人都找不到对象，你连愤怒都没有对象，你何不笑一笑呢？那何不笑一笑呢？其实就是这样的。对方说，那我们是不是切掉所有对世间的欲求，那是佛家，那就不是犬儒，是断绝欲望，对不对？那不是，你斩得太过，这不是，相反的，正是因为对世间还有一点留恋，我才会笑你们。真的不留恋，真把你们当狗，我不会生气，也不会笑的。犬儒，每一个人身上都有这个影子，就是这个原因，在座各位凡是当学长姐，总带过辩论很差的学弟妹吧，到了一定的程度，请问你除了笑他你还能怎么做？因为你知道啦，以学弟你这样的资质，这样天赋异禀，你努力打到大四，啧，也就这样啊，好样的，加油。就这样啦，就这样啦，很多问题就是什么，书读的不多，想太多，这种人怎么办？笑他。

马薇薇：

非常感谢正反双方的精彩发言，那么有请双方辩手退场，你们可以下去歇一会儿啦！那么……（鼓掌）那么下面我们将进入非常精彩的一幕，三位非常资深的评审将走到台前来，轮流，不要一起，站到你所支持的一方，进行点评，请问哪位先来？

评委点评

林正疆：

呃，在座各位大家好，呃，我个人呢，对于这次新国辩推行这个制度呢，我给予极高度的评价，我们姑且不论这个制度像不像一些选举场合能够出现的场，但是呢，我们纯粹从双方今天的表现方式可以发现，这个辩论的制度具有三大特色。

第一大特色呢，它非常非常仰赖，一对一的情况底下，辩手本身的素养。不只是技术，不只是知识，不只是幽默，不只是表演。非常非常重视这个部分，也就是说如果对于毕生在追求辩论境界的朋友来说，这是最好的舞台。

第二，它也深深地考验辩论这门活动对于群众吸引力的最大化。除非你要把辩论拿来当成综艺节目哦，或者是你要把辩论当成娱乐节目，否则，在保留辩论原本状态的情况下，能够做到最具吸引力和舞台效果的，是这种方式。

第三，如果将来伴随一些其他的元素介入的话，这个活动会更有意思，什么意思呢？比方说哦，我只是举例而言，如果在开场前二十分钟透过投影银幕，介绍个故事，大家都看到了，介绍故事。然后呢，各种题材的故事，如果今天我们辩证的是法律价值跟道德价值，像一鸣兄主持的《道德与法》嘛，哦，《道德观察》，哦，我记得你是《道德观察》，背景故事介绍完了之后再由选手各自选择立场，向大家说明社会可能面临的盲点跟人性可能面临的冲突和矛盾，那么辩论就不再只是单纯的逻辑上面的活动、思维上面的活动，更重要的是它更容易打动人心。所以我认为，这样的制度是非常好的尝试。这是一开始的前言，跟各位稍微说明一下。那跟各位稍微说明一下的第二个部分是我对这一场辩论比赛双方，极为优秀的学弟，他们展现出来的辩论成果的一些个人看法。

首先讲执中，基本上哦，我不懂各位有没有完全听懂执中跟玄毅他们想要表达的意思，我个人的理解是，其实玄毅的思维他没有明讲，但是他是比较接近佛家思想。但是，因为他不太愿意，或者是有其他考量，所以他不明白地告诉你，他的思想是用哪一方来当解药。但是举凡所谓的追求真理，信，相信的信，信就有。追求的本身就是一种快乐付出的过程，就是一项取得这样的观念，其实有很多的色彩，都跟佛家相互结合，只不过他没有讲得那么白。那执中的思想呢，基本上他认为透过嘲笑的方式达到精神解脱，其实我不知道各位有没有听出来他背后想要表达的含义。其实他的笑中是带泪的，他的笑中其实带着眼泪，只是他没有像我讲得这么白。来，他也可以讲佛家。什么意思，各位？佛教上面的一个简单的故事曾经说过，有两位大修行者，就是行菩萨道的大修行者，有一天呢，他们结伴路过了一户人家，这户人家呢，正在举办喜宴，两位大修行者扫视所有的观众，所有的亲友团后，一位大哭，一位大笑。为什么？两位哭完、笑完后共同写下了一段很简单的佛偈，简单来讲就是佛教的诗啦。他说什么？“可怜众生苦，孙儿娶祖母。牛羊坐上座，六亲锅内煮。”他看到了什么？他看到了轮回，因为他大智慧。他说，这个孙儿今天娶老婆，娶的正是二十多年前过世的祖母。你们都不知道，轮回开了天大的玩笑。而从前被你们宰杀掉的牛羊今天都是宾客，而你们过去的祖先和亲人正在锅子里面被煮。你看不到，我看到。各位，其实不只是嘲笑，大哭跟大笑其实都是最大的嘲讽，都是最大的嘲讽，因为他无能为力。他看到了轮回，他无能为力。

佛教上面讲了一个很简单的观念，菩萨到底是不落，掉进去那个落，到底是不落轮回，还是不昧，昧着良心的昧，不昧轮回。正确解答是什么？不昧轮回。大修行者，不说菩萨，菩萨已经跳脱出轮回，大修行者基本上仍然会落入轮回，只是他不会被轮回所迷惑。其实执中他想要传达的一个概念如果讲得更加精确一点，是笑中带泪，是一种基于我看的比你远，我看的比你透，我看到了你所看不到的地方，然而这玄之又玄，妙也好，痛也好，妙不可言或痛不可言，我不知对你如何说起。

我今天冲进你的宴席告诉你说，你知道你在煮的东西是你祖先吗？你信不信你会打我啊？我冲过去跟新郎说，你娶的是你阿妈，是你奶奶，你知道吗？他要打我。他都以为我是神经病。在这种情况底下，对于眼前所看到的遭遇无可奈何地发出沉重的叹息，对大修行者来讲，对大智慧者来讲，是一种解脱。所以，他的笑，如果……我跟他讲其实我不太满啦，你下届记得叫我来讲，好不好？我下届希望也有机会可以讲。所以其实我的理解，我的理解是执中他想传达的笑其实很沉重，强大的表演技能跟强大的辩论能力，使得在座的各位被他所撼动，面带微笑。可是如果你仔细观察执中的肢体语言，他的笑中是带泪的。是带泪的，只不过他没有讲那么白。因为，执中的风格一向都不以让你觉得泫然欲泣为荣，所以他没有讲出这个部分，但是我感受到他隐含的这个含义。

再来讲玄毅。那个不愧是哲学家，不愧是哲学家。他讲的东西之深，那个料之多，多到令人难以置信，耶稣的例子更是让人拍案叫绝。其实在玄毅的说法里面，玄毅的笑跟执中的笑不一样，玄毅也会笑，只不过玄毅的笑是怎样呢，笑而无视。我的眼睛不聚焦在你，我面带微笑把你拨开。我的眼睛不看到你，把你拨开。那，两个人的笑，两个人其实都会笑，而玄毅其实想要表达的是，笑，是我在追求过程当中所必然操持的一种观念，但它并不是我追求的本身。这已经进入了一种很玄的概念，其实简单来讲，玄毅他已经比较接近那种佛家所说的明心见性。在追求的一种道，追求的一种法，那么，在追求这个的过程当中，他觉得这就是真正的快乐，这才是真正的解脱之道，是出世的观念，而执中是入世的观念。我个人认为，我选择站在中间的原因是，当两种技巧跟知识都站在巅峰的情况底下的时候，我不便介入胜负的理解跟考量。那我所希望的是各位能够从这个过程中去理解，我认为这种辩论方式，只适用于最顶尖的辩论选手。那，如果这个辩论方式能够在我们这个圈子推广并且长期存在的话，其实它是对一个辩手毕生努力的最高肯定。因为你必须要累积相当程度的声望跟相当程度的共事之后你才有资格站在这边并接受提问团的提问。不管怎么样，我只想对主办单位引进这样的制度表示崇高的敬意，谢谢。

路一鸣：

其实，渐彪在准备设立这样的哲理辩论的时候是想设两场的，第一场就是我们刚才看到的这一场，第二场呢他是想让我和林正疆，正疆兄，站在两边。我拒绝了。我没有足够的自信，把我所学到的知识，我学到的知识也不多，嗯，能够在这样一个哲理的辩论当中，统统地传递给大家。所以这个哲理辩论，和我们平时看到的辩论赛，它不同就在于给双方更多的申论的时间，而没有短兵相接的过程。我们看到，我们现场两位虽然是顶尖高手，可是他们赢得现场的掌声和笑声，没有那么多。更多的时候，他们说完话的时候场下是一片寂静，因为大家都在思考他们说的含义在哪里，典故出自何处，为什么我不知道，为什么我没有及时跟上，能够理解。这就是这一类的辩论，对于辩手和听众，提出的更高的要求。这也是这一类的辩论它的特点所在。它不像我们四个选手，可以互相补充，可以互相支撑，能够在场上及时地反应，用精妙的语言和类比，来攻击对方。虽然语言的效果更好，但是他们引发我们思考的力量，却远远逊于这样一场哲理的辩论。对于犬儒主义，我并不比大家了解得更多，嗯，中午还特地百度了一下，看着看着就睡着了。所以，呃，对这场比赛的观感，我和大家一样，信息量非常大。玄毅确实像一个哲学老师，给我们传递了那么多的知识。而执中呢，确实像一个口语传播系的讲师，他把很深的道理，能用很浅显的类比，传递给大家，让我们更易于接受。所以对于哲理性的辩论而言，要操作起来，确实对于选手有非常高的要求。但这也恰恰是对我们平时看到的比赛的一种反动，因为平时看到的比赛，大家掌握得比较容易的是技巧，比较难以追求的是内容。所以很多人看完辩论赛，都不对辩手表示尊敬，因为他们得到的内容太少了。如果有一天，这样的哲理，也能出现在我们平时惯用的辩论赛里，我们辩论赛就会显得更吸引人。而哲理辩论，如果能加入更多的这个，对现场效果的追求的制度的要求，也许这个哲理辩论，也会诱使更多的不那么聪明的“狗”去变成聪明的“狗”。好。

梁泽宗：

各位辩论爱好者，午安。其实我在台下，听了两位如此睿智，如此能够将辩论，将教学中厚积薄发的能力，发挥得如此淋漓尽致的演说后；在听完两位，讲话掷地有声，直接点出这个赛制的优势，点出两位，刚才演说的两位的精髓之后，我上来，有点欲说已无言。此刻应该好好感受，而不是言传。可是怎么样讲都好，还是要讲几句。一进到讲台，用心传嘛，可能更加有感觉，不够认真。是的，这里的辩论，信息量、内涵都非常丰富，也唯有真正的高手，能够将一般的辩论比赛，不求感官刺激，快速灵巧，凌驾提升到直入精神感受。不平常的境界才有这个能力站在这个舞台上。我非常荣幸，所以上来之前特地向两位鞠躬，感谢，谢谢你们。也谢谢马薇薇女士，你适当的提问，非常灵巧，带动全场气氛。坦白说，我对犬，有点了解，对犬儒，不太了解。

曾经一段时间，自我怀疑，我是不是犬儒主义者。因为我来自的社会，我来自的国家，面对着整个社会制度，价值的变迁，往往没能站在最前线，不能站在最前线。我自我合理化自己的行为和心态的时候，我曾经怀疑过，我是不是就是那一个，自诩为聪明，大势非我一人能抵，因此，我不能改，但我不愿从。不改不从不去不留，是不是只能留在那边，进行讽刺？这样的一个反思让我发现，其实八十年代到九十年代，香港电影黄金的时代，很多所谓通俗电影，所传导的就是这样一种思想。以无智为真知，以不足为正的足够，太高深，可是这高深也是蠢的、徒劳的，那不如我退而求其次。当然，我这样的一个自我反思，正疆兄用大乘菩萨、不落因果不昧因果、昧因的心态讲得淋漓尽致，可谓是一种以出世观来看入世的修养。谢谢正疆兄。执中为我们提出了，这世上，人不可能每个时刻都聪明，遇到挫折的时候我们常常自诩聪明，而在这个状况下，如果有一种这样的方法，自我解嘲，可能在那一刻我们安身立命。虽不能治本，但能治标。玄毅兄，追求真理，从一神教的信仰，我都奇怪，正疆你怎么从他的一神教中的信仰，信，交付一个终极目标，那就是安定，跟我们佛家、道家所提的，还有解、行、正，能够把它画上等号？这个是你解读能力非常强。对我而言，犬儒主义是我们现在，面对边沁的社会，其中一种人，不够勇敢，自诩聪明人的一种暂时安身立命之道。可是，人作为人，我们怎么样摆脱这种自诩的束缚区，跑出来，即便是面对挫折，挑战一下，勇敢地批判一下，改变一下，或者是，勇敢地跑去宗教与哲学，了解一下痛苦的根源和烦恼的根源，那我们才有可能找到所谓的精神解脱之道。其实今天，我对精神解脱之道还有一点期许，对这片大地上曾经出现过的几个主要思潮，不管是儒家佛家道家，在精神解脱，都别有一套非常完善的方式，可是碍于时间或者辩题的局限，我没有办法完全地感受。这是我个人，个人偏执的一种遗憾，不是辩论本身的遗憾。我只能说一个欲望过强的人，享受了淋漓尽致的一种表演之后，还存有点遗憾，让我们继续追寻。总的来说，谢谢各位观众，重点是，谢谢主办当局，谢谢两位讲者，谢谢两位同僚，谢谢。

▲ 2014 新国辩“哲理辩论”
（上：周玄毅先生 中：马薇薇女士 下：黄执中先生）

▲ 2014 年新国辩“哲理辩论”会场全景（1）

▲ 2014 年新国辩“哲理辩论”会场全景（2）

▲ 2014 新国辩“哲理辩论”
（左：黄执中先生 中：马薇薇女士 右：周玄毅先生）

▲ 2014 年新国辩“哲理辩论”
马薇薇女士担任提问团团长

2014 新国辩“恐龙大战僵尸”明星赛

比赛场次

2014 国际华语辩论邀请赛明星赛

比赛辩题

正方：让是美德

反方：让不是美德

对阵双方

正方：恐龙复生

一辩：周玄毅

二辩：路一鸣

三辩：罗　淼

四辩：林正疆

反方：活泼老僵尸

一辩：邱　晨

二辩：马薇薇

三辩：刘京京

四辩：黄执中

比赛辩词实录

主持人：欢迎来到国际华语辩论邀请赛的现场，接下来马上进行的是明星表演赛恐龙大战僵尸，下面将比赛现场交给本场主席胡渐彪先生，有请！

胡渐彪：

各位下午好！谢谢！1993年央视和新加坡新传媒办了第一场国际华语大专辩论赛，从那时候开始到去年整整20年，20年来造就了很多杰出的辩手，20年来出来的这些杰出辩手成为了很多当前数一数二大专辩论队的教练，有一些成为了很多赛事的长驻评判，还有一些成为了这20年来我们大家各位辩论爱好者共同膜拜的心灵图腾，俗称大神。

去年2013年，国辩距离它的起点正好20年。就在去年，在马来西亚有一场这么个赛事，叫作国际华语辩论公开赛，俗称星辩，不以年龄为局限，哎，也不太对，它以18岁以上为限，多老都成，不以大专背景为限，不以地域国家为限自由组队。20年来的这些杰出辩手中就有一些不知死活的家伙组队参与，其中一队在去年和今年连续夺得星辩的总冠军，这支肆虐江湖的队伍叫作活泼老僵尸。于是乎，另外有一些大神看不过眼了，上古生物重出江湖，要阻遏这股老僵尸的恶势力，于是乎，恐龙复生队诞生了。

先给您介绍活泼老僵尸队。这位辩手，他辩风犀利，样貌俊帅，逻辑清楚，堪称辩坛中数一数二的辩手，他就是刘京京先生；另一位天生丽质，形象鲜明，堪称一代呆萌辩手，我们有邱晨；有一位辩坛中堪称人气之王，她就是，不，不知道怎么称呼她，她很不喜欢人家叫她"温柔一刀"，她就是最不喜欢人家称她为"温柔一刀"的马薇薇小姐；还有一位，大家说他的价值论述超强，辩风非常鲜明，堪称开启了华语辩论的一股新的清流，他也很不喜欢人家叫他"宝岛辩魂"，容我在这里给你隆重介绍，最不喜欢人家叫他"宝岛辩魂"的黄执中先生。

恐龙复生队。这位辩手说实在的，说他是恐龙其实有点污蔑，因为他根本没那么老，他比我还小，我是指年龄，逻辑非常清晰，我看过他舞台上的正赛，攻击很凌厉，四川大学的教练，我们有罗淼；这一位，严格上来说“恐龙”不太对，我们圈内戏称他为日本传说中的某类神兽，不，也是恐龙啦，这么说起来，上古生物啊，在昨天的一场比赛中我看到一个完全不一样的他，原来哲理辩论是他称王的地盘，我昔年的对手——2011年武汉大学的国辩选手周玄毅先生；这一位，其实我在想怎么来给他褒词，我觉得我根本不需要太多的赞扬，我只能由衷地这么介绍我的好朋友路一鸣；接下来这一位，一般我们说辩论你打了过后毕业出来很久之后，通常实力都或多或少会退减，火气或多或少都会开始消退，但是这一位火气我觉得比往年是有过之而无不及，我是看着他的录影视频长大的，我跟你说很难得我有机会这样来介绍辩手，显年轻，我们有比我年长的林正疆先生。有人时常会说，很崇拜我，是看着我的视频长大的，而林正疆先生是我当年很崇拜的一位辩手，现在也很崇拜啦。因为事实上，在当年国辩当中，是他开启了完全不一样的辩风，我相信有看过他视频的人应该都会有所感。

好了，八位介绍完了，请大家给一个如雷一般的掌声，把他们请上场！恐龙大战僵尸！今天我们这道题目是：让是美德，或者让不是美德。我们沿用的赛制是刚才决赛的赛制，不过有一点小调整，这个小调整是一个实验，如果行得通的话，下一届的新国辩就会用这个赛制进行。双方个人环节的总计分时间这一次会全部加在一起来做总计算，换句话说，每一个个人环节由他们决定时间的长短，如果你觉得你的一辩不需要三分钟，三十秒即能说完，哦，不行，最起码得用一分钟，说了一分钟之后你可以选择坐下来，那么余下的时间将会累计给下面的辩手，每一个辩手的个人环节起码占用一分钟，所以时间按照各队的战略需求来自行调控。

好，双方没问题？废话不多说，这场比赛开始，双方立场：让是美德，让不是美德。我们马上请正方一辩周玄毅陈词，请。

正方陈词 1

周玄毅：

谢谢各位！

我为什么要来打一辩？很简单，我的初衷是这个赛制一个人可以用完几乎所有的时间。昨天我一个人讲了半个小时，特别爽。不过我后来想了想，让是美德，我就稍微简短一点。我方辩题一共四个字：让是美德。“美”是一个修饰词，不用管它，“是”是一个系词，不用管它，我方主要论证两个事情：让和德。

什么叫让？你朝我冲过来，我偏过身子让你一下，你摔得满脸都是血，然后我说：“啊，哈哈，我刚才是在让你。”你不爽吧？你肯定不会认同，为什么？因为你没有在让我，你是在害我。相反你冲过来明明是要打我，可是我怕你摔倒，我顶了你一下，其实我是在让你。所以很多时候，让不是等，是一种形式。等一会儿对方不要用这种“让”来反驳我方。

让的实质是什么呢？很简单，一句话，就是将别人的地位，包括他的欲求、他的希望、他的利益等放在自己之前，我的人格让位于你的人格的第一性。这一点对于我们所有的自然人而言非常难，他的确是难能可贵，因为我们每个人有本能的欲望扩张。

第二个叫德。我在公交车上让座，大爷不坐：“我不坐，我锻炼身体，站着舒服着呢。”“坐不坐？！你真不给我面子，不坐我削你啊！”对吧？肯定不行，所以很多外在的德也不叫德。

那德的实质是什么呢？两个字，尊重！一切的德都是尊重，就算你有德的形式，如果没有尊重的心，也不叫德。这是德的实质。第二，德的实质领域是什么？什么叫德呀？我方四辩，林大状，那是大律师，他讲法律。德和法律的区别是什么呢？德是在没有明文规定的地方，所谓的约定俗成所形成的一套，所谓的在明文规定之外的规则，这叫作德。

所以为什么让是一种美德，很重要的一个原因是在我们生活之中很多地方都要争。很多地方，辩论赛、法庭你都可以争，但是这是有明文规则的，双方权利很对等的地方你可以争。可是这个世界上一定有很多的地方你真的是没办法争的。一个人跑去找林大状打官司，然后说，哎呀，我这个事情……怎么怎么样……然后林大状说，现在的法律规则其实没有明确的规定，你们双方打到明年打到后年都得不出利益的诉求的，所以我劝你们怎么样——庭外和解。我们双方根据一种让的原则。所以，我现在开始让时间，我方观点就是两点：让的本质是将自己的利益居于别人利益的次优的一个选择，而德的本质是尊重他人并且调节人际关系。所以我方认为，让是一种美德。谢谢各位！

胡渐彪: 谢谢，正方时间还剩下十五分钟四十九秒，呃……是三分多钟。来，我们请反方四辩进行盘问环节。

反方质询 1

黄执中： 好。对方辩友，您刚刚跟我们讲让是美德，其实你的定义跟我方差不多，我们在这里就不用争了，很好！好，来，对方辩友，在您方的情况下把别人的利益放在自己的利益之前其实是有很多种规范的。孔融让梨，小让大是美德，对不对？

周玄毅： 嗯。

黄执中： 可是也有另外一种标准，叫大让小，对不对？

周玄毅： 对。

黄执中： 那当哥哥也要让他的时候，两个人争着做一个有德的人的时候，该怎么办？

周玄毅： 那就是争咯，可见不是美德咯！

黄执中： 争着做一个有德的人就不叫？我让你，你让我，这很常见嘛，这个时候你们觉得该怎么办？

周玄毅： 我刚刚看到一个新闻，两个人争着买单，后来互相殴斗，差点死掉。

黄执中：对，不，两个人争着做有德的人的时候，当然我们知道两个人都是好人，我们在社会之中实际运作的时候，势必有着僵局嘛，对不对？怎么解释？

周玄毅：所以你看，两个人争咯！争着让的时候最后出错的是争嘛！

黄执中：为什么争着让的时候是因为在你的角度里头都努力想要取得这个德，在您方角度里也是争了？

周玄毅：嗯哼！

黄执中：也是争？也不是让？

周玄毅：呃，两个人争着让当然是争啊，对呀！

黄执中：所以我们俩在互让的时候其实你认为我们俩都不是在让？

周玄毅：呃，是…….

黄执中：我让你的时候我说："诶，不好意思，这个……老先生先来。"老先生讲："不，小孩子先来。"这个我们俩是在争还是让？

周玄毅：逻辑上我承认你是正确的，但在现实之中两个真的有忍让宽容之心的人他会争到这个程度吗？

黄执中：OK，没关系。

周玄毅：所以这两个人还是在争。

黄执中：OK，没关系，反正你懂我的意思，我也懂你的意思，好，这个点我们都知道。

周玄毅：好，嗯。

黄执中：好，下一个，下一个！在一场辩论赛里，我们知道一场辩论赛，目的是互相要让，对不对？

周玄毅：不不不，不是不是…….我们有义务的，我们有义务要证明我方观点。

黄执中：我们说在辩论赛中，一旦规则建立后，其实我们是鼓励大家尽其所能地争，对不对？在这个场域里争是美德，对不对？

周玄毅：对，呃，我原则上同意，但是是这样的，规则是鼓励我们尽可能地争，规则建立的那些不可能涵盖的地方……

黄执中：对对对，我不可能要害你的，我只是确认一下。

周玄毅：好好好。

黄执中：所以在这种辩论赛，运动场，但凡规则一旦建立之后，其实尽其所能地争反而是一种运动家精神，这时候是一种德，对不对？

周玄毅：运动家精神 ..... 那是运动家的精神啊，我不会说……

黄执中：是一种德对不对？比方说在战场上，在这场辩论赛中，我方觉得不对你相让，你方输了以后也别说什么承让承让，这种行为、这种态度是不是德？我只想问这一点，想知道你的态度是什么。

周玄毅：如果用最广义的角度来讲是德，但是并不是我们今天所说的美德。因为更高更快更强是奥林匹克精神……

黄执中：我……我了解你的意思，你也了解我的意思。好，OK！

周玄毅：好，谢谢！

胡渐彪：好，我们请计时员示意，反方还剩时间是？十六分钟二十秒。我们紧接着请反方一辩，请！

反方陈词 1

邱　晨：

谢谢主席，大家好！

让在字典里的定义呢，其实叫作不争，但不是所有的不争都可以叫作让。当我们说谦让的时候是指这份荣誉颁给了我，我不要；当我们说忍让的时候是说这个气我可以不受，但是我受了。所以说，让，是指本来该我的我放弃，或者是给别人。那美德又是什么呢？美德是辅助我们社会正常运转的一种软规则。其实我们承认在过去让可以算是一种美德，因为那时候社会规范是模糊不清的。比如说禅让就是当权力交接的规则不够清晰的时候所做的一种弥补。但是你会发现，随着社会的发展和规则的建立，我们需要用让来解决的问题其实越来越少了。哪怕是地铁和公交上面我们也清晰地标明了哪些是爱心座位，你去坐那些座位，那叫占座，你起身让那些老弱妇孺去坐那不叫让，那叫作还，还给他们。所以厘清概念之后我们不难发现，在这个规则已经建立且逐渐明晰的社会中，让从本质上面干扰了社会的正常运转并且妨碍了社会的进步，所以它不是美德。

首先在这个规则已经确立的领域里面，让显然不是美德。就比方说我们这场比赛，刚才我方也问了，我们两方都遵守辩论赛场的竞争规则，全力以赴，才能对在座的每一个人，包括我们自己都有所助益。可是我们让来让去的话，我让你先说，你让我多说，我让你因为你是前辈，你让我因为我是后辈；我让你因为你舟车劳顿，你让我因为我晚睡犯困。这么让来让去有什么意思呢？我们每一个人的期许都会落空，唯有最后那个让成功了的人可以获得美德的虚名。但是这是我们设计规则的目的吗？所以规则明确的地方让肯定不是美德。

那么在规则不完善分配尚且比较模糊的地带呢？让会破坏规则建立的可能。规则的建立离不开试探和博弈。是让的反面，也就是争，尤其是那些拼尽了全力充分地争才能真正勾勒出资源分配的边界，构建出社会运转所需要的规则。黑人需要人权的时候，他不能靠白人去让，要靠自己争。你觉得我要反对贫富悬殊，你也不能靠土豪的施舍，你要靠自己争。你反对自己，啊，你厌恶自己光棍的身份，要摆脱这个身份，你不能靠女生的怜悯，不能靠情敌的退出，你要靠自己争，不然就不是真爱，对不对？

而如果让是美德，在现实的社会层面，一定会对争形成嘲讽甚至打击和排斥，毕竟我们就活在这么一个虚无的犬儒主义的病态社会里面嘛！我们理解，当然我们也理解在某些特定的时刻让可以让对方感受到一定的社会温暖和他人的关心，这种心情我们可以理解，但是这种价值我们不能认同，因为一个更好的社会是争出来的而不是让出来的！所以我方认为，让不是美德，谢谢！

主席胡渐彪：请计时员示意，反方现在还剩下十三分钟十五秒。我们紧接着来到正方四辩的盘问环节，我们请!

正方质询 1

邱　晨: 学长好!

林正疆: 你好! 不好意思，我书读得少，有一些问题我想请问一下。呃，为什么我们讲法律是道德的底线? 对方辩友你可以教我吗，为什么?

邱　晨: 因为道德所涵盖的内容比法律要宽泛，这是我粗浅的理解。

林正疆: 那意思是不是说道德里面的最低限度被规定在法律里面，其他部分交给不明文的东西，是这个意思吗?

邱　晨: 呃，目前来说这是一种我们尽力想要摆脱的模糊状态。

林正疆: 也就是说道德最后的底线把它摆在法律里。好，如果说法律是道德的底线的话，那想请问您啊，《中华人民共和国民事诉讼法》第八章以及各种相关的条文都……第八章讲的是调解，其他各种相关条文讲的是和解，它都写进去了，完全充满让的色彩的制度，那你也同意法律是道德的底线，道德的底线里面写了让，那为什么让不是道德，不是美德?

邱　晨: 我认为那是妥协，那不叫让。

林正疆: 对啊，所以它写在法律里面啊。

邱　晨: 但那是妥协，那不是让。

林正疆: 可是问题是它本身是道德的底线，它是属于道德的最后一个阶段，最后一个阶段写进去了它还不是道德，那它是什么?

邱　晨: 不，学长，我们写进去的是妥协，就是双方在博弈，尽情地博弈的时候的妥协……

林正疆: 好，没关系，没关系，我再问你第二个问题，好。呃，你认为让不是美德，那争是不是美德?

邱　晨: 争是美德。

林正疆: 争是美德。好，我请教你一个问题了。大概在十七、十八世纪的时候，您仔细听哦，在那个时候呢，清圣祖康熙讨伐噶尔丹，一直讨伐到他孙子乾隆的时候获得重大的战果，准噶尔汗国在清高宗乾隆的时候完全已经打不过清朝了，然后他们躲到绿洲的沙漠里面，躲到山洞里面做最后的抗争，终于把清高宗乾隆完全地激怒，因此下令屠城。不分男女老幼，孕妇或是婴儿全杀，从此之后在中国准噶尔成为地理名词，再也没有这个种族。争，带来了亡国灭种，你现在赶快告诉大家美德在哪里。

邱　晨：那是杀人所带来的弊害，不是争。

林正疆：如果他不争，他不会激怒清高宗哦。清高宗当时要求他们签订合约成为藩属国，他不要。那希望你们待会能够解释当争带来亡国灭种的结局的时候你如何能够告诉我争是美德。谢谢！

胡渐彪：谢谢！请计时员示意正方还剩下的时间是……十三分二十秒。十三分二十秒？对，好！紧接着我们要进行的是正方的二辩环节，是第二轮的陈述。现在统计的时间是正方还剩下十三分二十秒，请正方的计时员准备。我们请正方二辩。

正方陈词 2

路一鸣：

让是不是美德为什么在今天成为一个辩题？是因为在今天这个社会里人们忽然想到了争，这个反中国传统美德这么多年的一种行为习惯的一种行为模式，可以带来类似解构、建构和分析这种来自西方的哲学基础给我们社会带来的变化。我们特别追求规则的明晰，所以我们发现在争的情况下，也许能导致规则的明晰哟。这就是对方邱晨同学告诉我们的为什么让不是美德，争才是美德的根本原因。

我们都知道这个社会的运行是分两套体系的。一，有正式的规则，有明确的规定，要么是法律，要么是规章制度；二就是非正式规则，在非正式规则这一方面，我们和对方其实是有共识的，因为他们叫它软规则。这就是法律和道德在社会运行当中各自所起的作用。在正疆学长的质询当中我们已经明确地看到，在一些大面积的道德地带当中，我们给它划了条底线，这个叫法律。我们看到在法律所代表的正式规则所起作用的领域里，我们其实不用非正式规则，在法律可以明确规定的范围中，道德是帮不了什么忙的。就像在竞技体育当中，在辩论当中，有明确的正式规则必须要求你如何表现，所以更高更快更强才是竞技场上的美德，而如果你消极比赛，会按照正式规则对你加以处罚，在这个辩论场上，正式规则在起作用。

第二，让是美德，是否意味着让是无处不在的？不见得，这个社会当中有些事情不用靠美德来调解。这就是对方担心的，道德是邱晨所说的我们想要摆脱的一种状态，就因为它模糊。可是我们想一想我们生活当中的一些行为举止和我们面临选择的时候做出的最终判断是源于我们长期以来受到的道德教化，所以导致了一个可能的尴尬是，当双方互相谦让的时候，结局会如何呢？同时解决执中和邱晨的问题。当互相争执不下去让的时候，这个叫争，不叫让。而双方都妥协的时候这个叫让，否则为什么叫各让一步？为什么妥协就不是让？我们来看一看，当老大爷说小伙子你要坐，小伙子说老大爷你要坐，两个人一定要像京华园里交易无法达成的那种理想状态的时候，哪怕他真的能够实现，这个有没有在让？没有，因为如果你仔细地听周帅的一辩发言，你会发现，让是要把对方的利益放在我的利益之前，而在争执不下的时候，对方的利益已经不再是能不能坐下，而是怎么从这个僵局当中摆脱。这个时候让他满足，让给我的这部分利益才叫真正的让。谢谢！

胡渐彪：正方时间剩下九分钟三十九秒，紧接着我们进行反方质询 2，请！好，反方计时。

反方质询 2

刘京京：好，路大哥，按照您刚才说的让座的例子哦，您方认为如果我们两个人争着让座的话，会导致我们都没有把对方的利益摆在自己的前面，对不对？

路一鸣：你能不能告诉我们，这个案例最后是怎么解决的？

刘京京：这个案例，哦不，我想检验您方的标准，所以您的意思是说，这时候突然有一方决定，那我还是坐这个座位吧，坐座位的人就把对方的利益摆在我面前了吗？

路一鸣：对。对方的利益正在发生变化。

刘京京：那没坐的人，那个人的利益您认为也是摆在我面前了吗？

路一鸣：对，双方的利益诉求发生变化。

刘京京：可是双方应该是都想坐这个座位，可是只有你一个人坐下了，这时候为什么两个人都把对方的利益摆在自己眼前了呢？

路一鸣：我说双方的利益诉求发生变化，是他们从都想让对方坐变成了一方想让对方摆脱现在的尴尬。

刘京京： 明白，可是，就算摆脱了现在的尴尬，他还是没有坐下，他利益终究没有实现，对不对？

路一鸣：我再说一遍，他们的利益诉求发生了变化。

刘京京：对，我知道，您说的利益诉求发生了变化，可问题是……

路一鸣：对，所以这个时候坐下不是他们的利益了。

刘京京：很好奇为什么一个人本来一开始想坐下，之后利益诉求发生变化，然后他不想坐下了？这时候只是因为您觉得开始尴尬对不对？因为尴尬，所以他突然发现，宁可尴尬，我只能在尴尬和坐下之间选一个。

路一鸣：我提供一个可能解决的方案好不好？争到最后还是老大爷坐下，因为我们这个社会通行的标准，一般情况下大家都认为，年长的人更有资格坐下。

刘京京：好，谢谢您方标准，过会儿解答。您刚才第二个，您方前面方立论说，我们模糊地带的时候其实用美德是没有什么太大意义的，是吧？模糊地带，就是正式规则之外的非正式规则，模糊地带其实这时候不需要道德的，这时候不需要法律的介入，但是需要道德的介入，对不对？好，我们辩论赛的规则是很清晰的，是正式规则，我们辩论赛的胜负判决目前还应该算是非正式规则，还很模糊，对不对？

路一鸣：呃，一半吧。

刘京京：好，为了形成我们华语辩论蒸蒸日上的这样一个华语辩论的胜负之道，我们要的是不同风格的辩论，大家互相碰撞去争呢，还是大家彼此互相让？哎，你的这个好，我们以后都按你的听了。哪个有助于实现我们辩论水平的不断提升？

路一鸣：你会发现最后评委选择的是让更有实力的队伍选手出线。

刘京京：对方辩友，您这个“让”是“使”的意思，不是谦让的让，不要欺负我方没有读过字典，好吗？好，所以您方的这个态度我也懂了，那么我再接下来找下一个，您刚才说到民事诉讼法第八章里有关于和解的规定？

路一鸣：对！

刘京京：和解是不是说，对方只要给我钱，我就让和解进行下去？套用您方的标准，这个让的使用，所以是不是和解的过程中不需要争？

路一鸣：不需要。

刘京京：好，很好。和解的时候是不是要尽量争取我自身的利益最大化？

路一鸣：不一定，真不一定。

刘京京：也是为了免受尴尬，是吗？

路一鸣：不是。

刘京京：那是为了什么？

路一鸣：是为了免受……是为了降低成本。

刘京京：好，为了降低成本，所以这个时候也可以转换诉求对吧？转换自己开始希望利益最大化的诉求？

路一鸣：转换计算方式，诉求还是一样的。

刘京京： 好，我的质询到此结束，谢谢。

胡渐彪： 好，时间反方刚才剩下十分钟零一秒，紧接着反方二辩，请。

反方陈词 2

马薇薇：

谢谢主席，大家好！

我们跟对方最核心的差别发现了没有？他们认为争着让，这个时候不是在让，是在争。好！拿对方一二辩所举出的案例来说吧，他说，无论是买单的情况也好，或者是让座的情况也好，当两个都具备让这种美德的时候，本来他们的权利应该是什么？要争的那个东西应该是什么呀？应该是那个座，对不对？但是我们都有让这个美德嘛，所以我们就让对方去坐，对不对？好，这个时候，对方说，但是让对方去坐的时候，我们的权利又发生了转移，是让对方成为那个有美德的人，对不对？好，这个时候他们就怎么办呢？那好，我为了让你成为有美德的人，因为我有让的品质嘛，那我就去坐，我有座，你有德，这样不是很好吗？对不对？可是这个时候问题又来了，站在那里的那个人心想，德是比座更好的东西啊，对不对？我这么有让这种美德的人应该把让这种德让给有座的那个人啊，因为我有美德，所以这个时候他们俩开始干嘛，两个超有让这种美德的人，开始抢座！因为我一旦坐下来，我就没德；我一旦站起来，我就有德。那我们争取要让那个比较不好的，缺德的那位，让我来，对不对？让我坐！让你有德！所以这个时候发现没有，两个超有德行的人在干吗？在抢座！所以对方这个定义超无聊，我们忘记它！

好，对方的第二个立论的点特有趣，他讲啊，让这种东西啊，体现了德的本质，它叫做什么呢？叫尊重。好，那么你想，你们我们都同意让是一种把自己的权利给别人的过程，对不对？好，那默认的前提是什么呢？这个权利属于谁？属于我吧，对不对？好，孔融让梨让给他哥哥，他默认的前提是什么？这个梨本身是我的，给哥哥。这里面有尊重吗？他成就了千古清名，可是你想过他哥哥的感受吗？他哥哥在爸爸妈妈眼中以及后世的传说中成为一个超贪吃，不懂得让弟弟的哥哥。你有尊重过他哥哥的感受吗？我吃个梨而已！而且如果他哥哥也是一个超有德行的人，问题又来了，他们俩要互相让梨嘛，又会回到我方立论。他们俩一直在那里互相让，哥哥你吃，不，弟弟你吃，你吃，你吃，你吃……梨烂了！没效率！对社会毫无增益！所以我们认为这个时候就应该争！抢！你说，哇，这样不是野蛮？不对，爸爸妈妈他们看到这个情况的时候他们会怎样？制定一套家庭规则，对不对？有的家庭就是哥哥先吃，永远情况下都哥哥吃，因为弟弟你小，以后吃的机会还多。有的家庭是什么，弟弟吃，因为弟弟还小，他比较不懂事。有了规则，可是规则是怎么来的，争来的！争，妥协，制定规则！感谢各位！

胡渐彪：六分十二秒，马上进入正方的质询环节，我们请反方二辩接受质询。我们统计的是正方的时间，好，请！

正方质询 2

罗　淼：其实归根到底刚才告诉我的第一个事例就是让这个事情容易出现我让你，你让我，我让你，你让我，直到地球毁灭的情况，是不是？

马薇薇：那也不会的，人类都毁灭了地球也还在。

罗　淼：对，也行，其实问题就在于不管是人类毁灭还是地球毁灭，你在现实中见到过吗？

马薇薇：呃，没见到过，因为我们都认为争是美德嘛。

罗　淼：为什么没见到过呢？原因不是我们认为争是美德，不是因为争是美德，因为如果争是美德的话，我争座，你争座，同样争到人类毁灭。问题在于我们都是有脑子的人啊，没脑子才会争来争去让下去啊，所以今天对方辩友是在说蠢是缺德，没有说让是缺德。

马薇薇：争是可以争出妥协，妥协才会出规则，现在社会叫什么博弈出规则，对不对？人怎样会博弈，因为我们都想争。

罗　森：您说规则，我正想和您聊规则。您方今天第二个主要论点是，当我们社会有明确的规则在的时候，不需要“让”来做弥补了，这是你方一辩说的点对吧？

马薇薇：而且不止这一个点，连规则的产生都来自于不同权益的主体，都在争自己的规则，争着争着大家发现这样两败俱伤，对不对？所以这个时候我们就彼此妥协，可是你有没有发现，妥协来自于我们都争。

罗　森：没问题。好，到我的问题了，那是不是我们的社会只要存在规则就不存在美德，不美德？我给你举个例子，在不久之前我们的医生达成一项规则，他们宣誓说我们不能收红包了，我们要安心来救我们的病人了，请问当一个本来应该成为美德的东西，你必须要用社会规则来规定的时候，这件事真的有那么好吗？

马薇薇：等一下，为什么医生不能收红包这件事会成为规则，恰是因为病人经常要被迫给医生拿红包，所以他们就抗争，我病人有权利，我们来看个病而已，为什么要送红包给你？通过病人的抗争，才会有医生不敢收红包的这种情况。

罗　森：正是有医生的不让，才会有被迫的本来应该是美德的东西却会要宣誓来限制的悲哀！谢谢！

马薇薇：什么意思！本身红包就不是你的！

胡渐彪：好，紧接着来到自由辩前的小结环节，我们先请反方三辩，计时员请准备。

反方质询小结

刘京京：

好，既然对方有辩手没有听到刚才争论的最后一个环节的最后一个问题，我来把它重申、引申一下。其实对方辩友今天一开始提出的关于让的概念，他其实欠缺了一个最关键的环节，我们要看一看他所让的这个东西，原本权利是属于谁的。这样才能清晰地界定，我的行为是在让，还是在还。如果这个东西，比如这个座位，原本它就应该是我的，那我把它给别人，这个通常称之为让。如果这个座位，原本就是老大爷的，那么这个时候一位老大爷上来，我把座位给他，这个时候叫还。这两个还和让其实是截然不同的概念，以此来回应对方辩友您刚刚三辩问的那个问题，红包原本就不该属于医生，所以医生在这个时候也谈不上让红包。所以在这种情况下，您方千万以后不要再用错误的让的概念。我方承认您方把人格利益摆在我之前的这个前提条件，也请您方承认我方。我们来看一看，他初始的权利属于谁，以此来进行以下的论证。

然后第二个，对方辩友您刚才通过转换我们的利益诉求，其实讲了一大堆，比如说会产生尴尬，等等，其实我方一直很好奇，为什么会产生尴尬？当然，对方辩友会说因为两人争着让啊，其实我想把问题再往前推一步，为什么我们都会争着让？因为让是美德，因为每个人都觉得，让这个东西是个好东西，它是个美德，所以我今天做了，我就是有美德的人，我不做，我就是缺德的人。有这个正常的想法，我们为什么不去争美德呢？有了这个想法我们才去争美德，也因此才会产生一系列的尴尬，一系列对方辩友您想急于摆脱的困境。所以对方辩友，初始的问题在哪里？初始的问题就在于您方所主张的观点，因为您方认为让是美德，就是因为您方把让定义成了美德，我们才这么拼命地去让，所以一切的问题出自于您方，不是出自于我方。所以解决办法很简单，说让不是美德，问题都解决了。根本不用像您方说的那么复杂，又尴尬又是利益诉求转变，太麻烦了。从根上去解决，庖丁解牛速度最好，谢谢。

然后对方辩友您刚才举了战争的例子，准噶尔那个，我方听了非常痛心。不过我方其实今天也想和你设定一下讨论前提哈，都不讨论极端非正常的状况。您坦率地讲，在战争状况下，杀人确实有可能成为美德啊。别人过来砍你，你说我引颈就戮，让你砍，对方辩友，有病！所以在这种情况下，你只有保卫家园才符合你所存在的一个社群的最基本的道德要求。所以对方辩友，在战争状态下，原有一切的道德体系都会发生翻天覆地的变化，你通过一个准噶尔的案例想以此推出争不是美德，好像这个答案最后很有可能确定不了。所以不如我们今天在正常人的环境下，比如梨啊、座位啊等方面来探讨。对方辩友你可能一直很好奇，说了这么多，那让是美德究竟有什么不好的地方？除了我刚刚讲的尴尬之外，其实我方二辩已经和您说得很具体了，一个梨烂了，导致我方对让是美德产生的种种问题。谢谢大家！

胡渐彪：果然视角恢弘、胸怀天下，非常棒！我尽责了吧？好，来，紧接着我们请正方三辩，请！

正方质询小结

罗 淼：

其实刚才从主席开始介绍双方辩友的时候就大概听出了问题，我只是不知道这样做得这么明显。第一，对方三辩刚才告诉我们说不要讨论太极端的问题，我说好。可是他们跟我们讨论的是什么，让座位让到人类毁灭，让梨让到梨烂掉。如果你坚持认为这是正常人类干出来的事情，我也没什么话好讲。你们要继续讨论呢，也可以陪你们讨论，如果觉得它不正常呢，咱们就别谈它了。

第二点，今天对方辩友主要告诉我们的是这个世界为什么让不是美德呢？因为它会使我们追求让，过于痴狂地追求让。那请问问题是不是在痴狂而不是让啊？有一个例子我们都听说过，啊，老奶奶，我扶你过马路啊，喂喂喂，小孩子，我不想过马路，哦不不不，我要让你过马路，我要孝啊。痴狂的追求孝，也会出问题，问题是出在孝上吗？不是。忠于一个愚笨的不正常的君主叫愚忠吗？问题又是出在忠上吗？如果按对方辩友今天的解法，忠孝仁义礼智信，中华道德荡然无存，所以问题出在哪里，是因为你脑子有病，不是因为道德。最后一个，对方辩友说什么呢？他说今天很多东西它有规则明确规定的。在辩论场上我需要利益争取辩论，没有问题呀。可是在辩论场之下如果你每句话都还要敲着我的话是不是又出了点问题了？

所以今天我方立论想要告诉大家一件事情，就是有正式规则的地方，就按正式规则办事，没有正式规则的地方，那就得用道德来。举个例子，在足球场大家都看过比赛，在比赛正常进行的时候，我玩命地灌对方球，这绝对是符合规则的，没有人会谴责任何一支足球队，可是当有一方足球队员受伤倒地的时候，足球规则没有规定，这个时候把球踢出界外这是一个明显的德，那有人会谴责踢出界外的这个球队缺德吗？不会吧。会觉得这个队伍超有道德，因为他在让啊，可是在 2002 年的时候有一支队伍在被这么"让"了之后，反而把球拿到然后掷回到了自己方队员的手里，这是哪支队伍我就不说了，可它被谴责成什么样大家都记得很清楚。这就是很明白的有规则的时候按规则办事，没有明确规则的时候道德就出现了。

所以今天对方在立论中给我们举了一个爱心座位的例子，相信大家都还记得很清楚，对不对？有规则的时候如果只按规则办事，一个公交车上只有四个或者八个爱心座位，可是如果今天让是美德，那么全车都是爱心座位，很多事情就不会有那么难解决，根本不需要规则。这也就是为什么我要举红包的那个例子，太过依赖规则，太过谴责所有的美德，就会让这个社会变得如此冰冷，也会让犬儒主义这样的病例在我们的社会中根本没有宽容和生存的空间。谢谢！

胡渐彪：好！紧接着自由辩论，双方各计时四分钟。我们请正方率先发言，我们请！

自由辩论

林正疆：对方辩友，我想请问，人类的规则是有限的，在正式规则出现之前，往往都有很长的过渡期，这个时候你如果不靠道德你靠什么？

马薇薇：靠争这种美德啊。

路一鸣：争可以导致明确正式规则的出现，你能证明正式规则是美德吗？

邱　晨：您也说了，过渡时期，什么叫过渡时期呢？就是我们赶快过去最好。请问你，规则怎么来，争出来，还是让出来？

林正疆：所以在您方的情况底下连梨给谁都要写条规则吗？显然不是。如果没有让的话，在孔融让梨的例子里面是大家把梨争到烂掉，没人吃得到，没人可以受益。

马薇薇：其实这种事问什么叫作弟弟，因为弟弟比较怕哥哥揍他，所以这个时候一般都是哥哥能吃到。

林正疆：对方辩友说得真好，所以对方辩友你自己告诉大家，大家不会争到天荒地老，大家也不会让到天荒地老，你所举的所有到天荒地老下不了台的，在你刚刚的说法里面，都因为大家有理性可以解决。

黄执中：好，来！我们现在回到具体的问题。对方辩友，你觉得黑人的投票权是靠白人让出来的还是黑人争出来的？这个规定是靠让还是争？

罗　淼：是靠黑人争取之后，白人让渡自己的权利所得来的。如果白人从头到尾都不让渡，估计民族战争打到现在。

黄执中：对方辩友，黑人投票权你说让，也就是说是你本来就觉得不是他们的，所以是让吗？

林正疆：对方辩友正确，因为十八和十九世纪的时候，黑人是财产不是人。正是因为白人在自己的宪法里面，认知到这一点，让渡了原本由他们独尊的权利，所以才解决了纷争，不然的话，到现在都还在纷争。

马薇薇：所以黑人这种弱势群体想要争取自己的权益，就只能靠指望奴隶主们能自觉意识到这一点。所以我就是怎么样？我要做一只最可爱的小黑奴，因为只有这样主人意识到我可爱，才会把权利让给我哟。

林正疆：对方辩友，刚刚已经跟你说了，是靠一方争，一方让。我们从来也没有说过只靠让。所以你的所有论证只在证明，争有可能是美德，但是完全不能够推翻让是美德。

刘京京：对方辩友，按您说的，总得先争后让嘛，但如果我们告诉大家让是美德,请问奴隶有什么动力做一件有违美德的事情去跟奴隶主争呢？

周玄毅：我在这里正式解决一下争的这个问题，是不是所有都是争的问题，不是吧？什么是有德，是不怕牺牲，让渡出自己的生命与安全去争，才叫美德。这个问题解决完了，继续往下一个问题。

黄执中：对方辩友想得太复杂，我还是回到刚才的问题。当我黑人在争投票权的时候，我相信人皆生而平等。这不是你让我，这本来就该我的，是你还我。这时候白人假装高大上，哦，我让你，让个头！那本来就是我的。

周玄毅：等一下， 回到我刚才说的那个问题，我刚刚已经解决了，你没有听清楚而已。商场里面讨价还价的争是不是美德？根本没有任何的关系。为什么那个时候黑人可以争是美德，因为那个时候受到压迫，争是有代价的。为了民族的利益，为了我们种族的利益，我让渡出这种权利，争不怕牺牲不怕坐牢，这种美德到底是不是在让？

邱　晨：付出，不是让。如果付出也是让的话，那我们干所有的事情都是在让。我今天来参加辩论赛也是让，我让出自己的时间，请问这是让吗？这叫妥协，不是让。如果妥协也是让，刚才正疆学长打断我，对不对？我妥协了，我不想那么难看。但是变成，正疆学长，我让你讲咯。

罗　淼：对方辩友，你那说的妥协当然是让，只不过受益方是观众，因为你的美德，献出一场高品质的辩论赛。要么只谈让方，要么只谈受让方，当然谈不出结果。只有双方一起谈的时候，由另一个黑人来评价第一个白人总统愿意赋予黑人权利的时候，请问你，有人觉得林肯是一个缺德的总统吗？

黄执中：让怎么会是妥协呢？枪指着他让他交出来，他妥协了，是怎样？让给你哦？

路一鸣：这恰恰就说明，美德在面对缺德行为的时候，往往是不利的，这符合我们的生活经验吧？所以在没有明确规则的情况下，我要有明确的规则来保护这些非正式的规则，才会有法律的出现，让强盗是美德，但束缚住强盗的手，正是规则的确立，也是美德。

马薇薇：对方辩友，辩论赛为什么会有规则，因为我们都超想赢，对不对？我们都在争，所以要规则束缚我们，恰恰我们都是在争这个荣誉，才会有规则束缚，如果我们都在让这个荣誉的话，好了，两家都不再吵了。

周玄毅：辩论赛为什么会出现，是我们本能的吵架的原则被束缚，被规则框定，以及我们让渡出我们本身吵架这种本能冲动，遵守规则。这是让在推动规则的进度，谢谢。

黄执中：不是，辩论赛的规则，正是要告诉我们，争没有什么了不起的，争得理直气壮，正大光明，公公平平。

周玄毅：对方辩友你先坐下。

黄执中：不不不，你先坐。这时候我叫他坐下来，就没有缺德，因为规则让我努力争取发言的权利。我不用低下头来，他也不用觉得我缺德，所以争是美德。

路一鸣：所以在有明确规则表明，一方在发言的时候另一方不能站起来发言，我们用行为艺术的方式告诉大家，争根本就不是美德！

马薇薇：对方辩友告诉我们德的本质是尊重，可是这个时候如果我们老僵尸不尽全力和你们争个输赢，而是说我们要让你，我比较尊重你，让你拿冠军咯，你觉得我们尊重你吗？这符合你的德的本质定义吗？

罗　淼：竞技上在有规则的时候，尽自己最大的努力去争夺荣誉，本来就是对对手最大的尊重。可是对方辩友啊，如果今天我说你们最后赢了比赛是恐龙僵尸队让你们，你承认吗？荣誉不在我手里，在这个时候讨论荣誉的让渡，是不存在的。有正式规则的地方就按正式规则办事，有道德而无正式规则的时候，再说道德的事。（正方时间到）

刘京京：对方辩友，那请问您了，在正式规则下我们倾尽全力，但让这种美德却让我们不倾尽全力，你刚刚说了一大堆话可以归结成为，美德是在让我们打破规则呢？

邱　晨：解释一下，为什么让能让到天荒地老，而争不会，因为争的定义是明确的，我为了维护我的利益，对方也讲啊，让来让去，利益会转移，让多了，利益会漂移，这时候你抓不住了，天荒地老。

马薇薇：按照对方辩友的逻辑，我在做一件事的时候，我的时间、精力，甚至身体都算是让的话。对方辩友，如果我跟你争抢荣誉的时候，不小心闪了一下腰，所以我让出我的腰是吧？

刘京京：其实让我们来回顾对方辩友，正式规则是怎么出来的？绝大部分正式规则都是非正式规则逐渐转化成的正式规则，被大家认可，你看对方辩友点头了，而非正式规则怎么转化成正式规则的，不是靠大家让一让它就转化成了，（反方时间到）就是大家抱着不同观点的非正式规则争，最后才成了正式规则的，谢谢大家！

路一鸣：我补充一句，不算时间，响铃之后他还在发言，这是非正式规则里的让在起作用！

胡渐彪：我刚才让你说了啊，你没发觉我的道德光环吗？好，紧接着来到反方四辩总结陈词，经过刚才他方辩友的大量耗时，执中你剩下三分零七秒。

反方总结陈词

黄执中：

好，说得很快，大家跟上啊。首先第一个问题，对方辩友跟我们讲说，你们的很多让的问题都来自于大家都是傻子，让到天荒地老。的确，我们讲到的天荒地老是一种花式的修辞，只想让大家了解，让会造成混乱、僵局，不效率，但你会争到天荒地老啊。可是这种你让我、我让你好不好呢？可这种状况的确会产生大大小小，形形色色，程度不一的混乱、僵局、不效率。解释完毕。

第二个，对方辩友今天在讲让，我们强调一个很重要的观念就是什么，过往，跟对方辩友说的一模一样。的确，没有规矩、没有规范的时候，一些穷人、可怜人，我怎么得到，怎么保障我的利益？靠有能力的人让，你得感谢他。可是时代改变了，社会进步了，观念翻新了。很多事情该你的，你去争取，该你的，就不要等人家来让，否则两个坏处。第一个坏处有资源的人成为一种道德绑架，本来都知道让座位是一种有德的行为，慢慢就变成，你是好人，你怎么可以不让位，再来变成你不让位，你是坏人，所以老大妈就会羞辱一个小男生。所以呢，我们认为其实这是一种道德的绑架。再来，我们为什么认为弱势的人争是道德？争不是乞丐，正是因为争，才能建立规则，如果是你看到可怜的人了，祥林嫂这种人，那会哀其不幸，怒其不争，什么意思？因为我也知道，你们这些可怜的人之所以可怜，不是能够通过别人的让来改善你的生活。你要站起来，击碎潦倒，去争！争到多少是多少。因为这个社会是靠不同力量去争才维持平衡的。

最后一点，就是，我们要讲什么，我们的社会道德其实很微妙，不要让好人难做人。什么意思？让是好人，坏人自然不用让了。所以好人所保有的位子，那么点资源，哪怕是公车上的一个座位，一个梨，我得让，不让我就不是好人，就要受到压力，于是好人的资源越让越少。坏人不一样，坏人过得很爽，很滋润。因此呢，坏人成了霸，有听过恶霸，好人成不了霸，越分越散，寡妇门前是非多，好人门前排队少。这是让好人越走越差，何必呢，对不对？你们争自己的嘛，该你的你就拿，如果你真的不要，也不用说这是德，这是你的选择，这不能说你在让，只能说这是你的选择。用不着别人千恩万谢，你也不用觉得自己道德高尚，这是你的选择。而别人不让的时候，他不是坏人，那是他该有的权利，没什么不对，而你如果真认为要该你的，你去争，这才是现代人。谢谢大家！

胡渐彪：谢谢！紧接着本场最后一个发言人，剩下的时间是四分二十六秒。时间不代表一切，用不完更尴尬，不过我相信正疆学长给他两个小时都可能不够用。我们请正疆学长，请！

正方总结陈词

林正疆：

各位朋友！我飞了一千多公里来到这边，不是来跟你讨论让座的，我是来跟你讨论究竟什么样的价值是正确的，所以暂时抛开一些你觉得可能发生的事情，先丢到一边，我们也不跟你讨论座位。

我们回归社会最本质的角度来看，究竟让是不是美德。对方辩友说得好，他说反复不断地让会导致无效率，姑且不论这种极度夸张跟荒谬的例子存在不存在，但是各位，反过来想，反复不断地不让，就是他所说的争，会造成什么结果？对方辩友说准噶尔汗国的例子是特例。好，我们来看二十世纪，各位请注意一件事情，直到最近这几年都有战争，战争就是最典型的不让，你不让我，我不让你，大家就流血；你不让我，我不让你，就有人要死！这时候我告诉你，让是什么东西，使得血不再流，人不再死，是因为合约签订，或者是有一方和另一方达成某种调和的状态，签订合约靠的是彼此让，调和状态靠的是彼此放弃部分利益。对方辩友自圆其说，这叫妥协，不叫让。不对，基本上是我方一辩所说的，只要主动让渡自己的权益，把别人的利益和资格摆在自己的前面做优先的考虑，本质上你不必区分彼此，因为没有利益。

所以你会发现，所有让人类掉泪跟流血的事情，都是来自于争，你绝对没有听过因为你让我、我让你，大家做好朋友而导致亡国灭种。同样的，再看犯罪，对方辩友立场是非常危险的，对方辩友这样的立场是非常危险的。你面对犯罪，面对拿枪持刀的罪犯，你应该争，你拿什么争啊？他有刀有枪，这时候你是识时务者为俊杰，去退让，维持住自己的尊严跟权益，暂时把对方的权益摆在前面，剩下的交给规则来处理，这才是正确的态度！规则是什么？法律嘛，警察嘛。对方辩友说，不对不对，因为如果按照你这种说法的话，会造成什么，会造成资源比较多的那个人占据社会优势，错了吧，这应该是我方立场吧。因为大家都争的结果会是什么？稍微有历史常识的朋友都知道，当大家都争的时候，最后的胜者永远是弱肉强食，所以对方辩友所创造的社会跟对方辩友所创造的阶级到最后必然的结果是拳头大、武力多、枪杆多的人说了算。对方辩友拿黑奴来做例子，可是其实如果大家都争的话，让我们回到那个年代去，如果没有人愿意退让，没有人愿意妥协的话，基本上到今天都还在打民族战役。

所以对方辩友，弗郎西斯·培根曾经说过，知识就是力量，其实面对一些知识的盲点，对方辩友显得较为不利。为什么？对方辩友自己也承认所谓的法律就是所谓道德品德的底线。各位，什么叫底线，就是你最后的一道防线，就是属于你的城墙，是你城墙的边缘，是属于你的领域范围最后的一道防线。所以，法律是道德的最底线化为具体的条文。那为什么，这道德的化身，道德最底线的化身，却写了一大堆跟让有关的条文，为什么？各位，调解是不是让？调解，任何稍有法律知识的人都知道，它是在一个大家可以信赖的场合里面，每个人考量自己可能面临的问题跟自己可能支出的成本跟自己可能付出的代价与费用之后，折中协调，各自让步，达成彼此能够相互同意的条件，这就是最理智的让。如果让不是美德的话，它怎么会被写在美德的最底线里？对方辩友崇尚规则，规则领域里面最高的位阶就是法律，然而里面就有让。谢谢！

▲ 2014 新国辩“恐龙大战僵尸”明星赛 活泼老僵尸队

▲ 2014 新国辩“恐龙大战僵尸”明星赛恐龙复生队

▲2014 新国辩"恐龙大战僵尸"明星赛辩论现场（1）

▲2014 新国辩"恐龙大战僵尸"明星赛辩论现场（2）

▲2014 新国辩"恐龙尸大战僵"明星赛　胡渐彪担任明星赛主席

Chapter 3

第三章

新国辩　论道

政策辩论与奥瑞冈辩论比赛

制度之分析（节选）

辩论的馈赠：独特的思考模式

大学生辩论赛（采访）

冲突与沟通（节选）

政策辩论与奥瑞冈辩论比赛制度之分析（节选）

——林正疆

政策辩论是以“政策推行与否”作为主题而进行的辩论活动，具有高度厘清社会议题，建议施政方针的功能。

所谓“政策”，不限于行政作为，但正方必定是以政策的制定者或推动者自居，通常情况下是政府，而反方则未必如此。

政策辩论高度要求数据和举证技术。政策辩论中，在最大的可能范围内，必须将一切得失“数据化”。

政策辩论的核心精神在于：达成政策效用，以及举证以实其所。

政策辩论有如下几个特色：第一，政策辩论的题目外观上必定是“具体可推行”的政策；第二，并非所有具备“应然性”题目外观的辩论都是政策辩论；第三，并非任何提到“政策”这个名词的题目，都是政策辩论。

政策辩论有几个基本原则。

第一，应然面与实然面之争。

首先，应然跟实然上，政策辩论要讨论应然也要讨论实然。如果你只是来告诉我一件事情应不应该做，但是实际上你不想讨论到底它能不能做的话，这个讨论没有任何意义。

第二，立即马上实行还是逐步实行。

除非主办方或者是题目有特别的定义，否则的话请记住一个铁律，所有政策性辩题都可以加上“立即马上”。例如“应不应该废除死刑”，其实它背后的含义是，“应不应该立即马上废除死刑”。因为，一件十年八年后才要去做的事情,现在讨论来干嘛？政策性辩论讲究实际的效用以及言以载道。

我曾经在一场国际型的大赛上听到过这样一个论点，题目叫作“我国应不应该延长退休年龄”。这个题目的正方，不知道为什么，大概是因为担心对方会攻击他说“人年纪大了，只为图一个温饱饭嘛，你为什么要让我工作”，他大概是担心正方这样打会让他方很吃力，所以他发明了一种打法，他说：我方坚决认为我国应该延长退休年限，所有的人到最后都应该在 65 岁或者 70 岁才退休，但我方知道，这个政策可能会与国计民生产生重大的冲突，因此我方主张，每年放宽一个月，共分三十年加以实行，采取逐步施行法，来规避政策讨论的时候可能负担的成本。

“延长”这个词带有玄机，导致会出现一些所谓的取巧。虽然这样做基本上是 OK 的，但是需要注意两件事情，第一，有一些题目不允许你这样做，有些题目在外观上来看就不允许你这样做，比方说，“我国刑法应不应该废除死刑”，“废除”两个字根本就没有讨价还价的空间；第二，我们受到传统的中庸思想影响，大多数人骨子里都有一种神奇的兴奋剂，叫作和稀泥，什么事情能够讲得面面俱到，大家都照顾到，和乐融融，就叫好方法。但是请记得一件事情，当你去采取一种你自以为和谐的方法的时候，请你记得一条铁则，你把战场缩得越小，你所获得的利益跟你所能解决的问题就会变得越小。但是要注意，当你采取这样限缩的方式的时候，好处是你被打的范围变少，坏处是你能够创造的利益也超小。如果你说，利益虽然小，但是像一个小布丁一样放在我的口袋里不好吗？当然不好，为什么？因为这个时候对方能去说服所有的裁判，去创造这个利益的成本超级大，你就完蛋了。

这里讲到另一条政策性辩论的铁则：政策到最后都会去比较，它耗费了多少成本，创造了多少利益。政策的世界里面，不存在“理当如此”“非得如此”。最大、最妥善的利益分配就是正义，简称最大的利益，就是正义。并不存在所谓的意义之辩，政策性辩论就是论斤论两地在跟你讨论利益。

第三，部分区域施行还是全面施行。

那什么叫作部分区域施行跟全面施行呢？有一个议题，“我国应不应该设置弃婴岛”。但是正方害怕说，会不会在鼓励大家生了小孩丢在里面不管，所以呢，我方认为弃婴岛应该从荒岛开始试办，试办之后如果没有这方面的问题呢，我方就会继续施行。

问题也是一样，第一，看题目允不允许；第二，你的问题只解决在部分区域，把利益缩得很小，是否真的有利，你自行斟酌。

第四，题目欠缺主词时，应该如何理解。

题目如果欠缺主词的时候怎么样，比方说题目是“同性恋婚姻是否应该合法化”，欠缺主词。记住一条铁则，如果题目与主办单位没有特别说明，所有的政策性辩题都可以加上“我国”二字。

第五，民意调查与强制认可权。

民意调查是最重要的一点，所谓拿民意调查来跟人家讨论是错的。错的原因在于，政策性辩论是建立在“正反双方谁说得有道理谁就可以说服民众”的假设前提之下的，民众的心是流动的，民意是随时改变的。

政策性辩论是建立在纯理性的假设上的，跟政策性辩论很像的是法庭辩论。法庭是讨论理性的地方，所以发明一个“强制认可权”，意思是，如果我说的有道理，就可以产生强制民众认可的效力，以便确保政策辩论在一个纯理性的讨论氛围之内，不至于被流动的民意所影响。不是所有的东西都可以让百分之百的民意来做，如果所有的事情都可以让百分之百的民意来做，第一个会被取消的制度就是上税。有些东西，是立法者在一开始就规定的，只要没有被民众推翻，它就一直存在，比方说税。

但是民意调查真的没有存在的必要吗？不然。政策辩论并没有脱离民意而存在，它只是不接受你直接拿民意来推翻对方，但是它可以接受你拿民意去建构某一个论点，然后拿这个论点去敲对方。

第六，政策辩论的正方与反方。

无论是单题制还是双题制，政策辩论的正方，因为其要推行的政策必定违反现状，现状之下没有这个政策，你要推这个政策，你就要承担举证义务，这一部分可以用法庭辩论来做理解。

政策性辩论的思考判断体系中有四大思考要领：需要性、根属性、解决力、损益比。

首先说需要性。一定是现状下发生了某个问题（问题意识的存在），问题本身必须具有解决的必要性。就如同法庭上，一个审判案件要进行的话，前提一定是有个凶杀案发生，凶手应该伏法，才有必要开庭嘛。所以政策性辩题，一定有问题。而反方要去否认这个需要性，证明现状不存在这个问题。

需要问题本质上可以是现状的缺失、损害，也可以单纯只是“现状不够好”。

根属性是现状之下，之所以发生前述问题，是因为这个辩题的正方没有被实行。根属性是实战交锋中最容易被忽略的角色。在 A 等于 B 的观念模块之下，人类所有的智商跟能力所能想出来的答辩和反驳，只有三种，A 不等于 B 、非 A（才会或者也会）是 B、B 不重要。仅仅这三种，绝不可能有第四种。

根属性的攻防基本上只有两种，A 不等于 B，非 A（才会或者也会）是 B。

至于B不重要是别的在讨论。

解决力在讨论的就是，这个政策能不能做，花多少成本来做，做不做得到，这样做有没有意义。正方必定违反现状，因此正方必须提出制度并论证其解决力。注意，在政策辩论中，任何企图逃避论述解决力的行为，皆属谬误。任何制度如果欠缺解决力（可行性），则伴随此制度的政策没有任何价值。

台湾打政策辩论的制度是奥瑞冈制，奥瑞冈制来源于美国奥瑞冈大学。为什么奥瑞冈大学会发明奥瑞冈制度呢？奥瑞冈制度最早是用来干嘛的呢？为什么会把奥瑞冈制度拿来讨论政策呢？正因为奥瑞冈辩论制度原本是用来模拟法庭辩论的，所以政策性辩论的要求，因为它对精确度的要求，就如同法庭辩论。法庭辩论不是在炒作价值，而是论斤论两地去讨论。辩论是用来看社会议题的。

所有的政策性辩题都要在损益比这一关通过考验。带来的利益，要比创造的成本来得大，两者相减之后绝不能是负数。损，是成本（风险）、弊端或损失；益，是需要性被满足的具体化程度。除了极少数普世且毫无争议的价值外，任何政策都需要经过损益比的考验。在损益比的论证上，具体化的数字大于推论式的论证大于诉诸经验的解释大于断言式的结论。政策辩论主要的战场在前面，你的需要、根属、解决都讲得很清楚的话，利益就很明显。而“损”，是由对方证明其存在，并强迫正方比较。记住一条论证的铁则：没有的东西无法证明。没有的东西通常要由主张有的那一方负举证责任。

辩论就是有规则的吵架，因为只有在这样的规则下，辩论才有意义。可是在现实世界里边跟辩论无关的论证法则叫作“一口咬定”，咬到最后世界就是你的。还有第二条规则，“只要你敢说，就有人会信”。这个与辩论无关，这个是冰冷世界生存法则。

我所传递给你们的，是一套知识分子应该具有的能力，当下一次你看到微博、微信上面有一个公共议题，你可以立刻进入自己的一个“电脑程序”：发生了一个问题，需要被解决。那有这一种解决方式吗，还是可以有其他的可能性，可以带来更好的效果呢？无论你处理之后得出的结论是怎样的，我都没意见，因为那至少是你理性思考之后的结果。

国家的未来，要靠着大家，当大家具有高度讨论政策的能力，国家将来就有可能出现更好的政策。一些不合理的政策，将来如果能够经由理性的讨论跟政策思维让它变得更合理的时候，你或者你的亲人就能够得到更大的利益。这也是学长为什么花了这么大力气，在大陆的各地、世界的各地，努力地推行政策辩论的原因。

辩论的馈赠：独特的思考模式

——胡渐彪

辩论赛是一门综合性竞技活动。在现有的辩论形式中，不论是政策辩论、竞技辩论、议会辩论、哲理辩论，其共同的特质在于：考验辩手的思考、表述、舞台呈现能力。对我来说，其中最重要的，是其独特的思考方法。

一直以来，教育体系都侧重知识培养。自小学至高校，大部分的教育工作，都是为了让学生在脑海中储存大量的知识。然则，我们似乎没有专项培养“思考方法”的系统化教学。应该怎么推理、判断出一件事情的是非善恶？要怎么分析一套理论的合理性？要怎么运用自己的认知能力？要怎么应对否定意见？按照现行教育制度，我们似乎都在仰赖人类的自然理性。意思是：你自个儿琢磨琢磨去吧。

如果我们活在过去，这也许行得通。在过去，每个人只需要应对和自己切身相关的小世界，如家庭和工作；在这些小世界中，个人行为可能带来的后果，是可以通过人类直观轻易预见的。在过去，社会的价值体系相对具有权威性、稳定、单一，个人的自由空间也较小；对事情的是非对错判断，只要借助该社会认定的道德标准来判定即可。

然则，今天的世界可不一样。民众的公共参与会影响国家政策（像闯黄灯的法规，就是因为民意影响，而在执行后的短短5天内宣告搁置；又比如，汹涌的民意会左右希腊的经济政策）；那人民就必须能认知，每一个国家政策的落实，会在复杂的社会机器中造成极其复杂的后果。今天的价值观体系开始松动而多元，每一个社会行为，都可能被认定为“正确”或“不正确”，而且两者都说得通。我们要评断行为对错、评断事情善恶，就需要一个更复杂、更全面的思考过程。

这也就是为什么，思考方法的培养，变得非常重要。因为在这个时代，一个相信正义的人可能不小心成为了暴民；一个存心善良的举动，随时可能

会导致害人害己的结果。人和人之间的利益冲突，不能再单纯靠"道德正确"来协调，更需要通过每个人的利弊考量和博弈能力，来进行行为的判定。

我认为，学校里的辩论比赛，就是思考模式培训的活动。辩论能给学生其中一种自成体系的思考方法。那是一种以对手和观众为坐标的论述型思考模式。

辩论的思考方式是什么？我们先看看辩论赛的特点：

第一，你必须说服评委接受你的立场。讨厌的是，在说服过程中，有一个立场极端对立的对手会随时对你发动攻击；同时这个对手也正在努力说服评委。

第二，你必须拥护的立场，是抽签决定的。不以你个人的价值观和情感做抉择。

就是这么简单的两个特点，铸造了一些不一样的思考习惯：

第一，思考两线化。辩手在台上说的话，不仅要说动评委，更要预防对手的攻击。任何的理论破绽，都可能给对方机会把你打得落花流水。因此，辩手在思考辩题时，脑袋要随时设想台上正反方对立的两线状态。辩手现在在想事情时，脑袋中总有另一个小声音扮演对手的角色，随时对自己的想法做反驳、挑战。这个小声音迫使我们在思考时更谨慎，更容易发现自己的思路错漏。这个习惯，鞭策我们在思考或传达观点时，超乎常情地要求逻辑严密、小心。

第二，思考前必须先去除个人情感和价值观。网络舆论上，大多数人会先根据感觉和价值观来选定立场，而后再寻找理由支持这个立场。任何和自己价值观对立的观点，也总会优先抗拒。但辩论比赛不一样。辩手的立场持方是抽签决定的。场上要用力拥护的论点，可能和自己的信念相抵触。辩手的思考，必须要能摆脱先天情感、价值观、世俗常理的束缚。我们可以放任自己的脑袋去为某个和自己情感相悖的立场构思论点，甚至是反驳自己先天认定的那些观点。

辩论让我们养成思考和情感、价值观脱钩的能力。坦白说，这有点违反人性常态。但正因如此，它让我们在思考时束缚更少、更自由、更活络。

第三，思考时刨根问底地自问“为什么”“一定这样吗”。一般新手在想论点时，总会止于“常理”。

举个例子，像“应该禁止毒品贩卖”，新手常见的论述不外是：应该禁止，因为毒品伤害健康和社会。然后呢？没有然后了。但是辩手的思路不能至于此。我们还需要再想：为什么伤害健康和社会就要禁止？有没有其他社会允许的行为一样会伤害健康和社会？如果这个伤害可以被控制在一定范围内，是不是就可以允许？

为什么要想这么多？因为在辩场上，不管你的立场再怎么“先天正义”，只要对方敢挑战，而你又说不出其中道理，那你就注定要输。在辩场上，说不出任何道理的立场哪怕再符合正义，也一律不能作数。因此，在思考论点时，哪怕是公认的常理，我也常常会自设“为什么”“一定会这样吗”等问题来自我怀疑、寻求答案。

这样的思考要求，现实中确实不太需要，也略嫌严苛。但就是这个习惯，迫使我们在想事情时，把道理摸得更通透些，再通透些。

第四，思考前，优先探寻所有可能性视角，而不是直奔论点内容。很多学弟妹抽到辩题持方，总是先想论点：“有什么支持或反对的理由”。但长期的场上战斗，让我每次碰到辩题，都会优先思考：这个辩题，可以从几个视角来探讨？这就是辩论中所谓的“剖题”。

为什么会这样？因为辩论是说服的竞技。我们的立论一定要比对方全面。我们不希望在台上被对方突如其来的新视角吓呆。我们要避免一味老生常谈而被嫌弃。

这个战斗习惯，促使我们在日常思考时，要求自己的视角比别人更全面、更宽广。我认为竞技辩论赛在本质上就是一门竞技活动。然而，生产架构、设计论点、演练攻防、模拟辩论，直至在场上真刀真枪地一较高下，都是在锻炼你的脑袋和嘴巴，所谓“辩论的思考方法”，正是通过辩论赛这一实践活动，不断练习、拓展，方能体悟其中奥妙。在竞技的过程中，参与者才能真正掌握这门活动独特的思考方法。

大学生辩论赛（采访）

——黄执中

首先提一提国辩十年，也就是 1993 年到 2003 年辩论赛的特点。在我的理解里，国辩的前十年其实是国辩最受人关注的那十年。

它主要的关注点来自于，第一个，这种新的形式的辩论，对当时观众而言是新鲜的；那第二个是，因为当时由于收视率的关系，所以对各校的官方而言，是特别注重的辩论赛。

这十年辩论赛的第一个特点是，他们打辩论其实非常强调借由辩论展现你的学养跟知识面。所以当时的辩论赛不管是武大，或者是西交，还是我们一开始最早的复旦，它们都会强调在辩论赛当中表现你的博学多闻、表现你的知识底蕴、表现你的儒雅风度。也就是与其说它是辩论，不如说它是一个学生教育成果的展示会，它会更像这一点。它会希望能够展现我们学校教出来的学生有知识、有气度、有底蕴。

而当时辩论赛的裁判也都是以教授、老师作为主体。他们看辩论一方面会从绝对的角度层次来判断你讲的东西是不是有所本、有什么根据、有没有引用或者引经据典之类的。这些教授老师他们本身就不是辩论人，他们是学者，所以他们这种学者的观点跟学者的偏好会主导一开始辩论的发展。

那国辩的后十年，也就是 2003 年到 2013 年的那时候呢，它最主要的一个变化产生的原因就是社会越来越多元。辩论在收视率上不再一枝独秀，而辩论赛收视率的下滑也带给央视最直接的压力，使得接下来的国辩发生的改变，来自于央视为了要拉抬它的收视率所做的很多市场化的靠拢。

可是当时的央视，我个人认为，并没有那么地抓到或理解到辩论的魅力之处。也就是说它把它认为大家会觉得枯燥的那个论的部分越缩越短，辩的部分加长，那你们就上台多“撕”几下吧，它感觉上大家都比较爱看场上双方互撕，不爱看你一本正经地站在台上讲。

传统上的那个学院派的引经据典，他们觉得可能大家都不喜欢了，所以把申论时间不断缩短，立论陈词时间最后缩短到 30 秒，大量的时间就让你上来演一演，互相盘问，或者是做角色扮演。它用各种方法试图拉开收视率。可是这种过程当中，因为你不管怎么改变，你没办法跟真正商业性的节目做比较、做竞争，而原本对辩论觉得有兴趣的观众又因为这样而流失。

所以我觉得国辩的后十年——2003 到 2013 年，其实是它一路往下跌的过程。不过比起这段时间当中辩论一直往下跌，反而另外一种情况在改变。

因为早年国辩前十年当中都是教授老师做评委，那这些教授老师他们是辩论的评委，可是他们可能本身也没有辩论的经验。可是过往的第一阶段的十年所累积的辩手，他渐渐在第二阶段的十年当中慢慢地找到了土壤和根基，开始有纯辩手出身的评委、纯辩手出身的教练。他们在辩论当中借由指导，借由担任评审，然后慢慢地民间的辩论赛因此得到资源，得到机会。所以很多校园的辩论赛，小规模的辩论赛慢慢开始出现。

第二，辩论也开始渐渐以更激烈的交锋而不是单纯的言辞或风路的展示为主。这是国辩后十年的特色。而往这之后，就是 2013 年之后，那我个人的经验是，到了 2013 年以后，通常我们华语辩坛所谓的三大赛事慢慢都已经成型了，大概的辩论的比赛规模可以达到多大，有企图心的人也都在尝试。

以至于至今还有推赶到一个新的领域，这就是娱乐圈，就是辩论已经开始在娱乐节目当中使用。而这个娱乐圈跟当时央视的最大差别是，负责这边的人是打过辩论的，所以他们非常知道辩论的趣味性在哪里，他们比央视的编导更能了解哪里才是辩论的趣味点，所以他们出手的时候直接就抓到了辩论有趣的部分。而且在这个点上，目前的印证是相对成功的。

那一旦开到了娱乐这个领域之后，也就是说辩论它接下来会往社会化的这个形式演变，也就是说它不一定需要的是一个正经的竞赛似的辩论，它可以是一个相对松散的、娱乐式的、各种观点各种看法的形式。辩论会变得更不拘泥于形式，然后它的趣味也不来自于单纯的胜负，而来自于提出各式各样的观点，这是我认为未来可能的一个走向。

那我认为当下高校的校内辩论赛的主要问题，坦白讲我接触的不多，可是在我接触过的很多学校里头的辩手，在跟他们的接触中，我认为他们的主要问题是，老话一句，如果这个学校出去比赛的经验不多，那么校内比赛的裁判，多半就是校内的团委老师或者教授，他们的口味会主导学校同学准备的方向，然后这些打出来的学长又会依据他们的口味继续遗传给下一代，所以他们的辩论风格很容易僵化，然后跟不上外头改变的节奏。

你去看一些校内的比赛，偶尔看到的时候我会惊讶于他们的那种风格好像还停留在好久前的时光，几乎没有在动。所以我觉得问题是交流。可是当你问他们想不想交流，他们超想交流，可是没有交流的机会。因为打不好就没有交流的机会，你没有交流的机会就打不好，我认为这种死循环是目前主要的一个问题。

这也许不是哪个学校能够改变的，可是这是在未来的整个辩论的环境当中，这个活动要进一步地升华、拓展时可能要面对的问题。

那，你说高校区域内的校际市赛省赛的主要功能是什么？抛开一般的功能，我觉得另外一个部分，地区性的比赛有弥补我刚才讲的功能的目的。我们现在需要很多交流性质的比赛，因为如果只是省大赛会很容易一个地区的某一个学校一直称王，所以辩论想要进一步地推广，需要很多种不同阶层的比赛。

教育意义什么的就不用讲，那个对辩论有什么好处，对同学有什么好处，这个太多人说了，我这个就不多提。我只是提，地区性的比赛有助于让前面所讲的这种学校封闭的环境得到缓解。

至于我认为现在最高规格的比赛——亚太赛、新国辩、华锦赛都是目前为止办得最成功而且有益于永续发展的辩论赛。因为它们的基础都还蛮稳固，我对这个地方非常的期待。我认为是它们的主要方向是，亚太赛是我看过邀请范围最大的比赛；新国辩则是我所看过裁判最为重视、邀请的裁判规格最高的比赛，它的范围不大，可是它却求精，它希望能够办出辩论圈最高、最精的赛事；华锦赛则是希望能够在最广的地方、最大的范围造成影响。

如果我们用社会科学的研究方法讨论新国辩和华锦赛，我们会说信度跟效度，它们一个重信度一个重效度，因为这两个往往不能够并重，代价太高了。你要办规模，又要大比赛又要精的成本太高，所以它们两个各往一个。那亚太赛则是走另外一个角度。因为亚太赛目前为止是唯一除了大陆之外的、境外的一个国际辩论。我们每次去新加坡看这个比赛的时候，主要的倒不是选手，因为选手其实还是就那些队伍，可是在不同的环境下的辩论，亚太赛对于辩题的选择，对于我们在打辩论时所发挥的空间都有一些奇妙的开放感，这个地方是亚太赛很有意思的一个环节。

我觉得台湾最大的特点毫无意外是政策辩论，至于这个地方造成了什么影响，那就是台湾的辩手在讨论辩论这里挺务实的。我们不太擅长于特别去讲比较抽象的东西，可是对于扎实的问题，台湾强调数据资料鉴证这个地方是有这样的习惯在。

那另外一个台湾辩论的发展特点是，台湾辩论赛的举办，跟大陆现在已经不太一样了。大陆现在是各校在办比赛，台湾反而是很多的比赛的背后其实有企业支持辩论赛的传统在，台湾很多的辩论赛背后都是企业的赞助。他们为什么要赞助辩论赛，也不一定是为了单纯的打广告，他们有公益性质的目的。因为拓展学生思维、鼓励学生思考，这本来就是一个公益的活动。台湾历史最悠久的几个比赛都是专业辩论赛，会计专业辩论赛、法律或政治专业辩论赛。这种辩论赛，同时它也可以帮助企业挑选人才。台湾的律师事务所或者是会计师事务所，都喜欢从辩论赛当中挑选人才，因为这是一个很直接的面试。你的会计念得好不好，你在专业问题上打一轮就很容易看出来。

台湾的辩题很专业，不像人性本善人性本恶，也不像出世或入世哪个更好。台湾的辩题往往都是，比如说，"遗产税是否应调价"，或者是"上市公司集团企业是否应提出合并之财务报表"，类似这样的很实际的问题，这可以很扎实地看出学生对于资料的掌握跟对于社会的了解。

台湾还有一个特色——台湾政府机关赞成办辩论赛。他们办辩论赛，因为在对于政策宣导上，他们都认为是有帮助的。很多人认为，为什么政策所宣导的，辩论让人家正反辩，不是不利于宣导吗？事实上刚好相反，正因为同学都试过从正面跟反面来辩论这个政策，所以他们才会知道，当正方、当政府的这一面其实也有自己的苦衷。

事实上最麻烦是，由于不辩论，你就会安安心心只站在反面来批评，或者是傻傻地只站在正面来支持，以至于你支持正面的被人家骂“五毛”，支持反面的被人家骂“美分”，这些都是没有意义的。可正由于辩论，你可以知道对方有什么样的特色、有什么样的想法、有什么样的思路，你的批评才不会变得无的放矢。单纯的因为立场不同而批评，你的批评就会来自于你的理解，这样的批评也比较有建设性。

传统的竞技辩论，它永远都是起主要作用，娱乐的辩论主要是来自于让大家先领略一下辩论的趣味。如果让我举例，蛋糕上的草莓，很多人都是先吃了草莓。可是竞技辩论才是里头最扎实的东西，竞技辩论里对逻辑、对于辩论当中的攻防，这个部分是逃不过的。

如果观众只看那个娱乐的部分、有趣的部分、松软甜蜜的部分，那辩论很容易就会被下一波的谈话节目跟讲段子给取代。那些会讲段子，讲得好笑的人为什么取代不了辩论，是因为我们的骨干里头有一个竞技争胜。这就是为什么艺人想上《奇葩说》打辩论没那么容易，可是打辩论的人在《奇葩说》上却有可能找到自己的综艺点，这是不一样的。

冲突与沟通（节选）

——马薇薇

首先我们来了解一下一些加入辩论或者对辩论有兴趣的人为什么会来上这门“辩论与逻辑”的课程，也就是辩论对我们的生活有什么好处？

我认为，辩论对我们生活的好处有两项。第一项是开拓视野，增强你对这个世界的认知。

我们在实际生活中、在网络上看文章的时候经常会发生强烈的不理解，跟你先天直觉判断或者观点不同的人或者文章，你是不理解的，是抗拒的。而辩论是帮你理解别人的，但其实当你去理解别人时，最终受益的还是你自己。所以我从来不教各位一些很圣母的观点说，“理解别人，你的心胸就开阔了，阳光就灿烂了，你看到的这个世界感觉就不同了”，那怎么可能呢？百忍是不会成钢的，百忍只会成病。但是你理解别人如果最终的落点是使自己受益，那你理解别人的动力就会更足，这是辩论对你们的意义。

那辩论的第二重意义是什么呢？

有些时候会有一些无可避免的冲突，而这些无可避免的冲突到底该不该回避？我个人认为不应该。你们现在在读书，所遇到的冲突其实是很少的。但是当你们到了社会上之后，工作，跟人商务谈判，一定有一些底线是不能让的，所以在这种情况下你们就会跟人产生无可避免的冲突。当遇到这些无可避免的冲突的时候，你应该怎么样与人发生冲突，这也是一门技巧。

这个就更像辩论了。辩论有一个特点，双方都是死不让步的。正反双方都觉得自己掌握了宇宙真理，所以他们之间产生的，一定是无可避免的冲突。但是裁决他们谁胜利的，是评委，是观众，对不对？在无可避免的冲突中，往往是由第三方裁决谁是好的谁是坏的，谁是对的谁是错的。

回归我们的生活，当你跟别人产生无可避免的冲突的时候，不是由你或者与你产生冲突的那个人来判断谁对谁错，而是来观看你们的冲突并且拥有裁决权的人来判断你们谁对谁错。比如在学生时代，当你和你同学吵架的时候，负责裁决你们谁对谁错的人，是你们的老师和班上围观的无聊群众。那么到了工作上的时候，你和你同事发生冲突，则是你老板来裁决谁对谁错。

所以冲突的能力也是现在人际关系能力的一种。就是你不要畏惧发生冲突，但是你遇到无可避免的冲突的时候，是要据理力争的，要让第三方觉得你占道理。这种时候也是由辩论能力带给你的，这也就是我说大家需要学辩论的原因。你会发现辩论赋予你的理解沟通能力和争执冲突能力其实都是你们日后为人常见的两个能力。

我们首先来讲如何跟人进行有效的沟通。

跟人沟通的时候要了解两样东西，一个叫“别人的痛点”，另一个叫“别人的痒处”。这是完全不同的两样东西。

那什么是痛点呢？就是说，在生活中，是没有人会随时随地暴躁的。如果有一个人会随时随地地暴躁，他是有病，你们不是需要沟通，你是需要带他去看病。一个人暴躁一定是因为一些特殊的事件引起了他的暴躁。

那么这个时候正确的沟通方式是什么呢？先承认自己的不对，先把责任揽到自己身上，无论是哪一种情况，你先规避了他容易暴躁的这个点，然后提出一套你认为合情合理的解决办法。那如果在你提出了一套合理的解决方案以后，他依旧不从的话，那冲突就升级了，但是这时候冲突升级时，你是占尽了理的。因为第一你没有戳到他的痛点，第二你提供了解决方案，第三你说明了你俩目前状态的对比。

所以你会发现，避免戳别人痛处可以使他从暴躁的情绪中缓和下来，从而共同找出一个解决方案。沟通的时候偶尔让一下步，那很多事是都能过去的。

其次，沟通中还有第二个注意点，就是不要搔到别人的痒处。

每个人心中都有一些引以为傲的东西，或者每个人内心都有一些难以纾解的东西导致了他们的行为异常。回归到我们日常生活中去，宿舍女生唱歌也好，化妆也好，男神打游戏也好，无论我们与人发生什么冲突，都是有原因的。

所有的辩论都是问一个为什么，和一般生活中的判断不一样，辩论是先问他为什么会这么做。

你在了解他为什么这样做的时候，你会了解到他的痛点和痒处。一个人做一件事，一定是有他自己的诉求在的，那么你为了长期跟他维持这种关系，首先你要了解他的诉求是什么，如果我们能够通过一些简单的方法，满足他的诉求，就有可能避免冲突。同样的，有一些冲突的产生是因为他需要舒缓心情，缓解压力。每个人舒压的方式不同，有的人狂喊，有的人狂哭，有的人狂打游戏。

那么，你要明白这个行为背后带给他的爽点是什么，理解他为什么痴迷于这件事情。有时候他可能只是想吸引其他人的注意力，或者只是想跟你聊聊天而已。不管是哪种情况，他做的事情一定是有原因的。

我们去解决行为背后的原因比起解决行为本身或者是有此行为的人是要好得多的。

下面我们来讲一些不可解决的冲突，这在进入社会之后会遇到更多。但是你们现在遇到的不可解决的冲突或者你们勇于去跟人进行的冲突，其实主要是在网络上，这也是为什么现在网络上这么多喷子的原因。

现在大家在生活中都有压力，那么这种压力应该怎么样去舒缓，很多人选择上网去舒缓。那在上网去舒缓压力的时候就难免会对一些社会议题的讨论形成偏差。所以我现在讲的是，在网上遇到的你认为绝对不可让步的议题的时候，应该怎么去解决。这也是对你进入社会的一个锻炼，当你进入社会以后，这样不可让步的冲突会更多。

那这时你的态度是什么呢？很多没有学过辩论的人，都是本能性点赞或者转发，这样其实并没有表达你任何的态度，只是表达了你的一种直觉，这里面没有什么逻辑的。所以当你面对跟别人的冲突的时候，你一旦发表这种观点就会被人反击得很厉害，时间长了你就会怒从心头起。这就是为什么网络争执最后会变成网络骂战。所以当你们在网上对社会事件表达意见的时候，有辩论能力其实是一件很好的事情。

我们来看，这种无可避免的冲突到底是什么？比如玉林狗肉节的这个问题上，你本能性地觉得不该吃狗肉，但是对于一些传统吃狗肉的民族或地区，他本身并没有什么特别的恶意。对于那些一直在吃狗肉的人，有一天突然冒出来一群人不让他吃，他是会委屈的。而委屈之余，不让他吃他偏要吃，这是容易导致冲突升级的。

每个人的内心想的都是不一样的，无论哪一种观点，其实都不是简单粗暴的支持或者反对。每一个上网发表自己观点的人，他背后的原因其实都是不一样的，由于他又不能将自己的观点表达清楚，最后变成一场大乱战。

我们来讨论一下吃狗肉这件事。首先要分析的是，人该不该吃动物的肉？其实大部分人是吃肉的，并且你吃不吃狗肉和你爱不爱护生命是不太相关的。那第二个点呢，一定是狗有某种特殊性才让我们特别爱护狗吧？这种特殊性是什么？大家会说，“狗是人类最好的朋友”。但狗是人类的朋友，为什么猪不是呢？每个人的朋友其实都不太一样的呀，所以狗是人类朋友这个点也说不通。

那为什么我们不能吃狗肉，会不会还有一种比较正规的说法，狗是一种陪伴性的动物？很多屠宰场的狗其实是偷来的宠物狗，它不是肉食狗。猪是分宠物猪和肉食猪的，狗也一样。一般你吃那些肉食狗大家是没意见的，但是你吃那些家养的宠物狗，把宠物狗偷来之后，丢到菜市场，然后把别人家养大的东西吃掉。第一，这个就不人道了。第二，这是算盗窃财产。

这种时候再区分来看第一点，有些人反对吃狗肉是有原因的，就是你们的狗肉来源不明，甚至是非法获得的。这一个理由站住了，然后要求所有的狗肉屠宰场都有屠杀资格证，因为很多小型屠宰场是没有这个正规文件的。站在这一点在网上跟人家争论，就显得你比较有道理，不太容易被人反驳，而不是简单一句我接受不了，我看着难受。这个世界上你接受不了看着难受的事情多了去了，个人感受不是衡量这个世界的指标。

第二种反保护方式是什么呢？就是我们为什么会那么反对屠狗，其实是因为屠杀过程特别残忍。人道主义是人们的一种本能直觉，处死方法的残忍是我们反对的一个原因。如果你要屠杀狗、屠杀猪或者屠杀任何一种动物的话，你不要在大街上做这种事情，公示给大家看。残忍有的时候都不仅是对动物残忍，而是对观看者残忍。

但是这两点，你会发现都是考虑到对方的立场之后你才能做出这样的观点表达，如果你仅仅是表面直觉不爽，那这样没有意义的。

那么这些观点是给谁看的？我个人认为是给中立派看的，有些人对吃不吃狗肉这个事情其实不太关心，他自己的确不吃，他也不杀，他也不反对什么，大部分人都是这样。但是当你们去反对吃狗肉的时候，你能够站住反虐杀和反盗窃这两点，你能够争取到这绝大多数的中立人群的支持，这就会使动物保护主义不偏激，从而壮大人群。

人能保护的东西很少，当你能保护的东西越少，你保护它的心就会越坚定。我们经常会骂一个人“圣母”，不是因为他保护不了任何东西，而是因为他想不付出任何代价地保护所有东西，甚至他想付出别人的代价去保护自己的东西，这就会导致别人的不爽。

我们反过来说一下吃狗肉这一方，他其实也是可以做出妥协的。其实我们都在吃不同的动物，就算你不吃动物，你还吃植物。人类本身就是杂食动物，而我之所以吃，是因为我正好爱吃这类食物。再带着他需要做出的妥协，第一，我不吃违法的狗肉；第二，保证不把屠杀过程展示给大家。我们不能把一个屠杀行为当作一种过节。所以玉林狗肉节的症结其实在于过节，任何一种屠杀行为，都不应该成为一种节日，任何屠杀行为都不应该成为一种艺术。现在的人类文明已经到了一定高度，无论是屠杀同类还是屠杀异类，屠杀本身是不好的。我们吃肉，那是我们不得以，我们承认。但是屠杀这个事，不能成为我们过的节。

网络上的很多议题，用辩论的思维从正反双方去看，就会不容易陷入对对方的人身攻击。当别人在看到这种言论的时候，你是体面不丢人的。很多人觉得在，比如微博评论下骂人是很刷存在感的，其实不是，骂人显示的是自己词汇量和思维的匮乏，你没有对任何人造成伤害，只会使被骂的人产生一种优越感。在这种情况之下辱骂是没有意义的，真正有效的是让第三方觉得对方不对，而不是让对方和第三方发现你已经抓狂，因为在不可避免的争端中谁先抓狂谁就先输。

这是我们文明世界的事。